W0341768

Karl Duch

# Handlexikon der Kochkunst

## Band 2

Menükunde

Speisenkarten

Neubearbeitung von
Dr. Christian Duch
Kurt Bauer
Siegfried Schaber
Arthur Ramsebner

# HANDLEXIKON DER KOCHKUNST

## Band 2

## Menükunde Speisenkarten

Rudolf Trauner Verlag

3. Auflage 1999

Copyright © 1993 by Rudolf Trauner Verlag,
A-4021 Linz, Köglstraße 14

Fotos und Gestaltung: Mag. Wolfgang Kraml
Lektorat: Birgit Berger, Mag. Ingrid Trauner,
Dipl. Diätass. u. ernährungsmed. Beraterin Edith Gertlbauer
Herstellung: Trauner-Druck, Linz

ISBN 3 85320 604 2

# Vorwort

Band 1 des nunmehr zweibändigen Handlexikons der Kochkunst hat seit seiner vollständigen Überarbeitung viele neue Freunde und Anwender im In- und Ausland gefunden. Der vorliegende Band 2 wurde nicht nur überarbeitet, sondern vollständig neu verfaßt. Ein interdisziplinäres Autorenteam in gemischt österreichisch-deutscher Zusammensetzung stellte sicher, daß die neuesten fachlichen Erkenntnisse eingeflossen sind und die Breite und Vielfalt gastronomischer Angebotsformen berücksichtigt wurden, die unsere Branche in den letzten Jahren hervorgebracht hat.
Band 1 behandelt die fachgerechte Zubereitung von Speisen, Band 2 deren Zusammenstellung zu Menüs, mit welchen sich der Gastronom gegenüber seinen Gästen wie auch gegenüber seinem Wettbewerb profilieren kann. Eine Kompositionslehre also, welche auf Regeln hinweisen muß, ohne eigene Kreativität zu behindern, und auf Vielfalt, ohne die Gebote von Spezialisierung und Angebotssegmentierung zu vernachlässigen. Die Praxis ist immer noch der beste Lehrmeister, und dementsprechend groß sind Anzahl und Vielfalt der aufgezeigten Beispiele. Eine ausführliche Menükunde und andere Erläuterungskapitel bringen Ordnung in die Vielfalt, indem sie Gemeinsamkeiten und Gesetzmäßigkeiten in ihr aufzeigen und geben damit Anregungen, die Beispiele zu eigenständigen Kreationen zu verarbeiten statt bloß zu kopieren.
Band 2 wendet sich an alle Fachleute im deutschsprachigen Europa, zu deren Aufgaben die fachgerechte, aber auch innovative und wirtschaftliche Zusammenstellung von Speisenfolgen zählt. Dazu gehören nicht nur Küchenchefs, Alleinköche und Leiter von Gemeinschaftsverpflegungseinrichtungen, sondern auch Restaurantleiter, Oberkellner und Bankettmanager. Sie alle stehen tagtäglich vor der Aufgabe, Menüs unter Beachtung fachlicher Regeln, des angesprochenen Gästekreises, des jeweiligen Anlasses, aber auch unter Kosten- und Gewinngesichtspunkten neu zusammenzustellen. Mit dieser Erweiterung des fachlichen Spektrums um ganzheitlich-unternehmerische Aspekte unserer Branche

wendet sich der vorliegende Band gleichermaßen an erfahrene Profis wie an Nachwuchskräfte. Steigender Wareneinsatz und höhere Lohnkosten haben bei einem sich immer breiter auffächernden gastronomischen Angebot einen Wettbewerbsdruck auf den einzelnen Betrieb erzeugt, dem in der Ausbildung durch eine stärkere Berücksichtigung betriebswirtschaftlicher, insbesondere Marketing- und kostenrelevanter Fragen, Rechnung zu tragen ist.
Wir danken allen Fachkollegen und Unternehmen, die durch bereitwillige Zurverfügungstellung von Material unser Anliegen unterstützt haben. Wir hoffen, den damit in uns gesetzten Erwartungen gerecht geworden zu sein, und danken bereits im voraus für zusätzliche Anregungen.
Besonderer Dank gilt dem Verlegerehepaar Mag. Ingrid und Dr. Rudolf Trauner. Mit unternehmerischem Weitblick haben sie frühzeitig die Notwendigkeit der Ergänzung von Band 1 erkannt und uns mit großer Geduld im Ringen um pädagogische Konzeption und angemessene Stoffauswahl beraten und begleitet.

Die Autoren

# Inhaltsverzeichnis

# Gastronomische Planung aus betriebswirtschaftlicher Sicht

# Gastronomische Planung aus betriebswirtschaftlicher Sicht

## Vorbemerkung

Ein Menü ist eine Angebots-Zusammenstellung, eine geplante Abfolge von Speisen und Getränken, kurz: ein Angebots-**Programm.** Programme wollen sorgfältig geplant sein, das wissen wir von Darbietungen aus Theater und Shows etc. Das Schlagwort „Erlebnisgastronomie" ist zwar bereits reichlich überstrapaziert, unsere Branche verdankt ihm jedoch viel. Es hat uns begrifflich faßbar gemacht, daß wir nicht Nährwerte, sondern Erlebniswerte zu liefern haben. Als Gastronom verdienen Sie Ihr Geld heute ebensowenig mehr mit Hunger und Durst wie die Bekleidungsindustrie mehr mit Kälte und Nässe. In der Sprache der Marketingfachleute heißt das: In gesättigten Märkten (und auf dem Markt gastronomischer Leistungen besteht zweifellos ein Überangebot) tritt der materielle Grundnutzen in den Hintergrund und der sogenannte immaterielle Zusatznutzen (wie z.B. Erlebnisnutzen, Prestigenutzen, Sich-Verwöhnen etc.) wird kaufentscheidend für den Konsumenten.

Der Satz „Laß uns bei einem guten Essen in Ruhe darüber sprechen..." erinnert uns daran, daß eigentlich nur der kleinere Teil der Gäste zum Essen oder Trinken in ein Lokal kommt. Der eine will einfach Freunde treffen, der zweite hat ein Geschäft zu besprechen, der dritte will seine Frau ausführen, der vierte seiner Freundin imponieren, der fünfte will den Geburtstag feiern etc. Wenn wir zwischen **Anlaß** und **Grund** des Aufenthalts in einem Lokal unterscheiden, finden wir ebenso viele Aufenthaltsmotive wie menschliche Bedürfnisse. Und erfahrene Gastronomen sind sich immer bewußt, daß die Logik ihres Geschäfts viel mit Psychologik zu tun hat.

Wie vielschichtig die Aufenthaltsmotive auch sein mögen, allemal muß Ihr Lokal den geeigneten Rahmen oder besser: die geeignete **Bühne** für die Rollen abgeben, welche die Gäste darauf spielen wollen. Und das Ambiente („Bühnenbild") muß dazu passen, das Personal muß in der richtigen Kleidung mitspielen und ... und ... Der manchmal gebrauchte Begriff „Inszenierung" mag zwar übertrieben klingen, ist für das richtige Verständnis unseres Geschäfts aber hilfreich. Die Tiroler Bauernschänke wird deshalb so „urig" und der Gourmet-Tempel deshalb so „in", weil alle Teile des gesamten Leistungsprogramms untereinander und auf den Bedarf ihrer Gäste abgestimmt sind – eben einfach „alles stimmt..." Ganzheitlichkeit und innere Stimmigkeit des Angebots sind die Schlüsselfaktoren, die über den Erfolg jeder gastronomischen Konzeption bestimmen. Daß dies keineswegs nur für das Haubenrestaurant zutrifft, wird einsichtig, wenn Sie sich selbst fragen, weshalb Sie dasselbe Bier, denselben Kaffee nicht im Lokal um die Ecke, sondern eine Straße weiter trinken.

Dieses Buch widmet sich ausschließlich jenem Teil Ihres gastronomischen Leistungs- und Angebotsprogramms, welches mit der Speisen- und Getränkefolge zu tun hat. Bis hierher sollte aber deutlich geworden sein, daß es sich dabei nur um einen Teil einer erfolgreichen Betriebskonzeption handelt, wenn auch um einen ganz zentralen.
Die Ableitung einer gesamten unternehmerischen Betriebskonzeption aus der Vielfalt von Einflußfaktoren wie Standort, Zielgruppenschwerpunkte, anzusprechende Motive, Art und Umfang des vorfindlichen Wettbewerbs etc. kann nicht der Anspruch eines Menülexikons sein. Dasselbe gilt für die zahlreichen kaufmännisch-betriebswirtschaftlichen Detailfragen der Umsetzung und der Betriebsführung. Wir meinen jedoch, daß es nicht richtig wäre, Anleitungen zur Zusammenstellung von Speisenfolgen und eine Fülle von Beispielen dazu zu geben ohne Hinweise auf die Gebote von **Marktfähigkeit** und **Wirtschaftlichkeit.**

„Marktfähig" ist Ihr Angebot, wenn es von Gästen nachgefragt wird, weil seine Angebotselemente

- untereinander abgestimmt sind („ganzheitlich"),
- auf die Gästebedürfnisse abgestimmt sind („zielgruppengerecht").

Ein marktfähiges Angebotspogramm bringt Ihnen zwar ein volles Haus, aber noch nicht notwendigerweise einen Gewinn. Deshalb muß Ihr Angebot nicht nur marktfähig, sondern auch rentabel sein. Für beide Aspekte wollen wir Ihnen Hinweise geben, auch wenn wir Sie im Rahmen eines Lexikons an vielen Stellen auf weiterführende Literatur verweisen müssen. Wer jedoch unter Vernachlässigung einer Gewinnplanung sein Angebot nur nach den Gästewünschen plant, wird es ebenso wenig lange aufrechterhalten können wie derjenige, der unter Vernachlässigung der Nachfragewünsche es nur nach dem Gewinn plant. Wir teilen unsere Ausführungen deshalb in Angebotsplanung einerseits und Gewinnplanung andererseits.

# Angebotsplanung

Dabei kann kein Zweifel sein, daß im Mittelpunkt aller gastronomischen Aktivitäten der Gast zu stehen hat. Er bezahlt Ihr Gehalt, wenn Sie Mitarbeiter eines gastronomischen Betriebes sind, oder Ihren Unternehmerlohn und Ihre Bankzinsen, wenn Sie selbständig sind. Wir wollen folgerichtig das erste Kapitel dem Gast und seinen – gegenwärtigen und künftigen – Bedürfnissen und Erwartungen widmen.

## Essen und Trinken im Wandel

Eßgewohnheiten waren immer schon ein Spiegelbild des Entwicklungsstandes einer Gesellschaft. Auch die heute zu beobachtenden Änderungen in den Eßgewohnheiten spiegeln den Wandel in der Sozialstruktur unserer Gesellschaft wider. Die Tendenz zu kleineren Familien, das gestiegene Einkommen, die zunehmende Berufstätigkeit der Frau, das vergrößerte Lebensmittelangebot und nicht zuletzt die vermehrten Auslandsaufenthalte haben grundlegende Änderungen gebracht.

Verschiedene Umfragen, die zu diesem Thema (vor allem in Deutschland) gemacht wurden[1], zeigen folgende Tendenzen:

- Essen ist nicht mehr ausschließlich die optimale Versorgung mit Nährstoffen wie in der Vergangenheit, sondern die **Lust am Essen,** die Freude am Genuß steht im Vordergrund.
  Essen ist ein Stück Lebensqualität und nimmt einen hohen Stellenwert im Leben der Menschen ein. Essen steht im Vergleich zu anderen Lebens- und Konsumbereichen an dritter Stelle in der Wertehierarchie.

[1] Ernährungsstudie „Mensch und Ernährung 2000" von Nestlé Deutschland und GfK Nürnberg, 1985.
Szallies, R., Wiswede, G. – Wertewandel und Konsum: Fakten, Perspektiven und Szenarien für Markt und Marketing, Verlag Moderne Industrie, Landsberg am Lech, 1990.

- Das zukünftige Ernährungsverhalten wird von **neuen Trendgruppen** geprägt. Die Marktforschung hat fünf Gruppen identifiziert, die heute innerhalb der Gesellschaft eine Leitbildfunktion haben. Es sind dies:
  - **junge Doppelverdiener,**
  - **berufstätige Frauen mit qualifizierter Berufsausbildung,**
  - **soziale Aufsteiger,**
  - **vermögende Etablierte und**
  - **Ältere mit überdurchschnittlichem Einkommen.**

  Alle diese Bevölkerungsgruppen wachsen zur Zeit sehr stark. Vor allem ältere Menschen mit hohem Einkommen und Doppelverdiener ohne Kinder werden zunehmend wichtigere Zielgruppen für die Gastronome.
- Das Thema **„Gesundheit und Ernährung"** steht ganz weit oben in der Rangordnung.
  Disziplіniertes Eßverhalten aus eigenem Antrieb erhält zunehmend Vorbildcharakter, wobei vor allem vitaminreiche, frische, fettarme Vollwertkost (und zwar in dieser Reihenfolge) für den Begriff „gesunde Ernährung" steht. Besonders ältere Menschen und Frauen wägen den gesundheitlichen Wert des Essens und den Genuß durch Geschmack gegeneinander ab. Junge Menschen hingegen wollen das Essen genießen und nicht dauernd an die Gesundheit denken.
  Immerhin kaufen derzeit rund 15% der Konsumenten regelmäßig Bio- und Vollwertprodukte. 49% der Befragten meinen, daß das Angebot an gesunden Speisen und Getränken in der Gastronomie größer sein könnte, nur 44% sind mit der derzeitigen Situation zufrieden. Mehr als zwei Drittel der Gastronomiebesucher würden Speisen aus Naturprodukten, Bio- und Vollwertkost auch regelmäßig oder zumindest ab und zu bestellen.
- Essen schmeckt in Gesellschaft wesentlich besser. Das **gesellige Beisammensein** während des Essens macht ebensoviel Freude wie das Essen selbst. Vor allem (ältere) Singles wünschen sich mehr Geselligkeit beim Essen. Allerdings steigt auch die Zahl der „situativen Einzelesser". Bereits ein Viertel der Bevölkerung ißt mittags allein, bei den Doppelverdienern beträgt der Anteil sogar ein Drittel.

- Vielfalt und Abwechslung beim Essen sind sehr wichtig – **Kreativität** wird großgeschrieben.
  85 % der Bevölkerung legen Wert auf abwechslungsreiche Kost. Offenheit für neue Ideen und Spaß am Probieren signalisieren eine hohe Ansprechbarkeit. Die Experimentierfreude wächst, angeregt durch Urlaubsreisen, vermehrten Außer-Haus-Konsum und neue Produkte der Industrie.
  Besonders die jungen Trendgruppen sind neuen Ideen gegenüber aufgeschlossen. Über 60 % der jungen Doppelverdiener und der berufstätigen Frauen haben Spaß am Ausprobieren neuer Gerichte.
  An der Spitze der kreativen Zielgruppen stehen junge Hausfrauen (85 %). Aber auch vertraute Gerichte werden variiert (von 78 % der Bevölkerung).

- Die **Qualität** muß stimmen.
  Das hohe Qualitätsbewußtsein zeigt eine weiter steigende Tendenz. Haushalte mit hohem Einkommen geben bis zu dreimal mehr Geld für Essen und Trinken aus als Familien mit geringer Finanzkraft. Für die Gastronomie ist dieser Trend sehr erfreulich, bedeutet er doch, daß es lukrativer ist, Qualität zu einem entsprechenden Preis anzubieten als mit einem Billigangebot das Auslangen zu finden.
  Die Gäste sind also wählerischer geworden. Allerdings sind sie im Gegenzug auch bereit, für das Gebotene mehr auszugeben. Diese Aussage bezieht sich einerseits auf gesundheitlich wertvolle Nahrungsmittel, andererseits auch auf die vielseitige und abwechslungsreiche Gestaltung des Essens. Gesundheit (hohe Qualität) und Abwechslung werden nicht zum Nulltarif erwartet.

- Essen wird in steigendem Maß zum **Statussymbol.**
  Individualität und persönlicher Lebensstil drücken sich zunehmend darin aus, wie man sich ernährt, nach dem Motto: „Der Mensch ist, was er ißt". Bereits 40 % der Männer kochen gelegentlich. In den Haushalten der jungen Trendgruppen ist dies noch häufiger der Fall. Das heißt also, daß auch Männer heute Qualität und Kreativität der Gerichte beurteilen können und zu schätzen wissen.

- Bei der **Bewirtung von Gästen** zu Hause dominiert Nicht-alltägliches.
  Nicht mit überladenem Tisch, sondern mit Kreativität in der Küche soll der Gast beeindruckt werden. Diese These gilt bei einem Viertel der Bevölkerung. Bei Gastgebern mit hohem Einkommen liegt der Prozentsatz sogar noch höher.
  Hier hat ein origineller und flexibler Partyservice gute Chancen.

# Von den Gästebedürfnissen zum Betriebskonzept

Aus der oben genannten Vielfalt an Trends ist leicht zu erkennen, daß es „den" Gastronomiebetrieb schlechthin nicht geben kann. Zu unterschiedlich und zu vielfältig sind die Gäste und ihre Wünsche. Das heißt für den einzelnen Betrieb, daß er sich spezialisieren muß. „Allen Herren recht getan, ist eine Kunst, die niemand kann." Die wichtigsten Einflußfaktoren für eine angebotsgestaltende Leitidee sind:

- Makrostandort (Großstadt/Kleinstadt, Urlaubsort etc.)
- Mikrostandort (Zentrumslage/Peripherie, Nachbarschaft etc.)
- Größe und Erscheinungsbild des Betriebs
- potentielle Zielgruppen (Geschäftsleute, Senioren, Familien etc.)
- Aufenthaltsmotive (auch in Abhängigkeit von Tagen und Tageszeiten)
- Wettbewerb (Stärken und Schwächen der Konkurrenzbetriebe)
- eigene Stärken und Schwächen
- verfügbares Kapital
- gesetzliche Bestimmungen

usf.

Diese Faktoren müssen in eine schlüssige gastronomische Leitidee einfließen, auf deren Basis dann ein ganzheitliches Betriebstypenkonzept erarbeitet wird. Eine vollständige Anleitung hierzu würde ein eigenes Buch füllen. Dennoch: Wenn Sie sich die folgenden drei Fragen gewissenhaft beantworten (gegebenenfalls mit Unterstützung von Betriebsberatern und weiterführender Literatur), haben Sie 80 % schon geleistet:

1. Welches Problem will ich lösen?
2. In welchem Preisrahmen will ich es lösen?
3. Welche meiner Wettbewerber widmen sich demselben Problem, und was macht sie erfolgreich/weniger erfolgreich?

Das hört sich zunächst recht abstrakt an. Wir wollen deshalb Schritt für Schritt vorgehen.
Die erste Frage klingt zugegebenermaßen befremdlich. Heimwerkermärkte verkaufen aber schon lange keine Bohrmaschine mehr, sondern das Loch in der Wand. Die Kosmetikbranche verkauft keine Cremes, sondern Schönheit. Die EDV-Branche verkauft keine Computer, sondern Rationalisierung. **Produkte sind Problemlösungen.** Der Steh-Italiener inmitten eines Großstadt-Büroviertels löst offensichtlich das Problem von Schreibtischarbeitern, in der kurzen Mittagspause schnell, gesellig und mit Tapetenwechsel einen Imbiß einzunehmen. Eigentlich ist er nicht im Pizzageschäft, sondern im „Wie-gestalte-ich-eine-nette-Mittagspause-Geschäft". Für das Problem, nach einem Theaterbesuch bei einem Kerzenlichtdiner die Dame seines Herzens zu noch größeren Gemeinsamkeiten zu überreden, ist dieser Steh-Italiener aber offensichtlich nicht die geeignete Lösung. Das kleine, besinnliche Abendrestaurant, welches dafür zweifellos geeigneter ist, kann dafür das Problem des Verkaufsleiters einer großen Firma nicht lösen, der seine Verkäufer in einem ganztägigen Seminar auf das neue Produkt der Firma einschwören möchte usw. – Sind Sie sicher, daß Sie wissen, welches Problem Sie mit Ihrem Angebot lösen?

„In welchem Preisrahmen will ich es lösen?" ist dagegen eine völlig andere Frage. Gleichgültig, ob Sie sich dem Problem der Büroangestellten in ihrer Mittagspause oder dem des Verkaufsleiters mit seiner Mannschaft widmen: Es kann Nachfrage im oberen, mittleren oder unteren Preisrahmen bedeuten oder – falls das Nachfragevolumen groß genug ist – wahrscheinlich sogar in allen dreien. Und Sie müssen sich für eines von den dreien entscheiden! Die richtige preisliche Positionierung eines gastronomischen Angebots ist ein schwieriges Unterfangen. Wir werden später einige Anregungen dazu geben. Generell kann man sagen, daß der Preis für Ihr Angebot um so bedeutsamer wird, je ähnlicher und deshalb vergleichbarer es mit dem Ihrer Wettbewerber ist. Daraus folgt der Grundsatz „Leistungsbewerb vor Preiswettbewerb", der nichts anderes als den Ratschlag bedeutet, lieber ein anderes Leistungsprogramm zu konzipieren als über den Preis zu verkaufen. Halten Sie sich an diesen Ratschlag, und beachten Sie, daß es sich um ein **anderes** und nicht einfach nur **besseres** Angebot zu handeln hat. Denn nur das „Anders" ist neu, und nur das Neue hat im Wettbewerb die Chance, Gäste zu gewinnen.

Das ist bereits die Überleitung zur dritten Frage nach dem Wettbewerb. Sie bringt Sie auf die Spur von äußerst wichtigen Informationen in Ihrer Konzeptfindung, wie Sie gleich sehen werden. Zwar gibt es Marktforschungsmethoden, mit denen die mögliche Nachfrage nach Art und Umfang direkt einzuschätzen ist. Sie sind aber aufwendig, relativ ungenau und außerdem zumeist nur professionellen Beratern bzw. Instituten zugänglich. Wir empfehlen Ihnen deshalb, den Umweg über das bestehende Wettbewerbsangebot zu nehmen und von dessen Auslastung auf Art und Umfang der Nachfrage zu schließen. Ein bißchen erlaubte Betriebsspionage müssen Sie also schon betreiben, wenn Sie herausfinden wollen
- welches Angebot
- bei welchem Wettbewerber
- zu welchen Zeiten (Saison, Wochen, Tage, Tageszeiten)
- von welchen Gästekreisen/Zielgruppen
- zu welchen Preisen
- weshalb

nachgefragt wird. Die „Weshalb"-Frage lenkt Sie auf die Gründe für den Erfolg von Konkurrenzkonzepten und ist ebenso wichtig wie die „Weshalb-nicht"-Frage.

Dabei kann Ihnen natürlich passieren, daß Sie wieder bei Frage 1 beginnen müssen, weil der Bedarf an leichter, gesunder Kost, den Sie in der Nähe von zwei Sportcentern und einer Tennishalle ohne eigene gastronomische Versorgung ausfindig gemacht haben, bereits von zwei Salatbars und einem Steakhaus abgedeckt wird. Die drei Fragen können also kein „Man-nehme"-Patentrezept sein, sondern nur Kreativitätsanleitung. Und wer weiß, vielleicht gibt es unter den „Sportsfreunden" genügend, die „Kaninchenfutter" und Steak-Einerlei satthaben und an eine moderne Eintopftheke zu locken sind.

Gleichgültig, wie oft Sie durch die drei Fragen hindurch müssen: Die Zeit und Mühe, die Sie an dieser Stelle investieren, lohnt sich. Was Sie in den späteren Planungsschritten richtig machen, kann nicht mehr korrigieren, was Sie an dieser zentralen Weichenstellung falsch gemacht haben. Es ist der Unterschied zwischen „das Holz richtig hacken" und „das richtige Holz hacken"!

# Vom Betriebskonzept zur Angebotsplanung

Sie haben Ihre gastronomische Leitidee gefunden und damit die Basis für ein erfolgreiches Betriebstypenkonzept erarbeitet. Sie haben festgelegt
- die Anmutung Ihres Lokals und des Einrichtungsstils (rustikal, elegant, poppig etc.)
- die Ausstattung (Lampen, Vorhänge, Geschirr, Gläser, Besteck etc.)
- Ihr Verkaufsprogramm (Spezialitäten, länderbezogen oder produktbezogen, traditionsreiche, kleine Speisen etc.)
- Ihre Qualitätspolitik (Frischwaren, Halb- und Fertigprodukte, offene Getränke, Flaschenangebot etc.)
- Ihre Preispolitik (hoch-, mittel-, niedrigpreisig, Menüpreise, Aktionspreise etc.)
- die Servierart (Platten-/Tellerservice, Buffet, Selbstbedienung, Straßenverkauf etc.)
- Ihre Mitarbeiter (ungezwungen oder traditionell, zurückhaltend oder kommunikativ, Kleidung, Gästeansprache etc.)
- Ihre Werbe- und Verkaufsförderungspolitik (Kundenbindungsinstrumente, Anzeigenwerbung, Gästekartei etc.)

Dabei ist die Abstimmung all dieser Faktoren zu einem stimmigen **Erlebnis-Ganzen** entscheidend. Die beste Küchenleistung kann fehlendes Ambiente, die beste Atmosphäre nicht unfreundlichen Service usw. ersetzen. Der Gast wird Ihr Angebot nur so gut wahrnehmen, wie das schwächste Glied darin.

Beginnen Sie Ihre Angebotsgestaltung immer mit der Planung des Speisen- und Getränkeangebots. Was auf den Teller und ins Glas kommen soll, hat entscheidenden Einfluß auf die Raum- und Ausstattungsplanung. Das betrifft insbesondere
- die öffentlichen Räume (Größe und Ausstattung des Restaurants, Servicestationen, Tischgrößen und -anordnungen, Geschirr, Abrechnungssystem etc.)

- die Küche (Größe, Anbindung, Geräteausstattung, Warenfluß etc.)
- die Lagerräume (Größe, Anbindung, Anteil Frisch- zu Lagerware etc.)
- Schank und Keller (technische Anlagen, Gläser, Getränkekontrollsysteme etc.)

Häufiger als eine völlig neue Betriebskonzeption und Angebotsplanung wird möglicherweise der Fall sein, daß Sie einen bestehenden Betrieb, ein bestehendes Angebot überprüfen oder verbessern möchten. Sie tun gut daran, eine solche Überprüfung von Zeit zu Zeit vorzunehmen, denn die alte Regel lautet: „Stellen Sie Ihr Angebot in Frage, bevor es Ihre Gäste tun!"

In diesem Fall sollten Sie die Analyse des Wettbewerbsangebotes gleichwohl abgeschlossen haben. Starten Sie nun mit der Verkaufsanalyse Ihres bestehenden Angebots. Eine Verkaufsanalyse spiegelt die Verkaufsstruktur aller angebotenen Speisen und Getränke, also den Beliebtheitsgrad, unter Berücksichtigung der Jahreszeit, der Tageszeit, einer eventuell wechselnden Gästestruktur und sonstiger beeinflussender Faktoren, wie Sonderveranstaltungen (z. B. Bankette, Buffets, Reisegesellschaften, Catering), Preisgestaltung, wirtschaftlich notwendige Absatzschwerpunkte usw. wider.

Für eine aussagekräftige Verkaufsanalyse sind folgende Punkte zu beachten:

- Sie ist über einen bestimmten **Zeitraum** exakt zu führen.
- Es sind **alle Speisen** laut Speisekarte zu analysieren.
- Die Analyse wird getrennt nach der **Tageszeit** (z. B. Mittags- und Abendgeschäft) durchgeführt.
- Sind in einem Betrieb **mehrere Verkaufsstellen** (verschiedene Teilbetriebe, z. B. in Form von Restaurant, Brasserie, Café, Bar usw.) vorhanden, ist für jedes eine eigene Analyse durchzuführen.
- Es wird die **Anzahl der verkauften Portionen** je Speise erfaßt. Diese werden aus den Abrechnungsunterlagen (Bons, Kasse oder PC) ermittelt.

- Aus den gesammelten Daten errechnet man den **Beliebtheitsgrad** der einzelnen Gerichte in Prozent (im Verhältnis zur Gesamtzahl der verkauften Speisen):

$$\text{Beliebtheitsgrad in \%} = \frac{\text{Anzahl der verkauften Portionen} \times 100}{\text{Gesamtzahl der verkauften Speisen}}$$

Beispiel: In einer Woche werden 600 Portionen verkauft, 150 davon waren Wiener Schnitzel. Das Wiener Schnitzel hat also einen Beliebtheitsgrad von 25 %.

## Beispiel für eine Verkaufsanalyse

Noch genauer wird die Verkaufsanalyse, wenn man sie mit einer **Gästestrukturanalyse** koppelt. Diese ist notwendig, wenn Ihr Betrieb im Laufe eines Jahres unterschiedliche Gästestrukturen aufweist. Das ist in sehr vielen Häusern der Fall. Diese veränderten Gästekreise können sich zum Beispiel in Hotels durch saisonabhängig unterschiedliche Zimmerpreise ergeben. Für die Erstellung eines zielgruppengerechten Speisenangebotes ist aber die Kenntnis solcher Unterschiede ganz wesentlich.
Die Checkliste für eine Gästestrukturanalyse, gekoppelt mit einer Verkaufsanalyse, könnte wie das Beispiel auf S. 30/31 aussehen.

Sie haben nun eine Art „Bundesligatabelle" oder „Hitparade" vorliegen, die Ihre angebotenen Speisen und Getränke vom Spitzenreiter bis zum Schlußlicht in eine klare Rangfolge der Beliebtheit bei Ihren Gästen bringt. Das heißt noch keinesfalls, daß Sie die Schlußlichter aus dem Angebot nehmen sollten. Bei dieser Entscheidung hat nämlich der Deckungsbeitrag noch mitzureden, worauf wir auf S. 51 ff. noch kommen werden. Aber Sie haben zwei wichtige Dinge für Ihren Geschäftserfolg erledigt:

- Sie haben erkannt: „Was ein gutes Angebot ist, bestimmt der Kunde durch seinen Kauf."
- Sie haben die wichtigste Voraussetzung für Ihre Produktionsplanung geschaffen, auf die wir jetzt eingehen wollen.

# Von der Angebotsplanung zur Produktionsplanung

Das Restaurant hat soeben für das Mittagsgeschäft geöffnet. Der erste Gast kommt und bestellt Kalbsragout. Es kommt der nächste Gast und möchte ebenfalls Kalbsragout. Der Kellner antwortet: „Tut mir leid, das gibt es nicht mehr, es wurde soeben bestellt ..."

Das ist Unterproduktion. Überproduktion ist, wenn Sie auch nach Tagen noch auf unverkauften Portionen Kalbsragout sitzen. Da hilft auch kein Hinweis auf Gulaschsuppe oder auf Personalessen. Der Begriff „Resteverwertung", so kreativ diese bei Ihnen auch angewandt werden mag, zeigt bereits, daß Überproduktion nicht hinwegdefiniert werden kann. Sie liegt vor, wenn mehr produziert wurde, als diejenigen wollten, für die das Angebot bestimmt war.

Unterproduktion verscheucht langfristig Ihre Gäste, Überproduktion Ihren Gewinn. Beide sind somit gleich gefährlich. Vor beiden schützt Sie nur eine sorgfältige Produktionsplanung.

Es ist ein Irrglaube zu meinen, daß bei Überproduktion nur der Wareneinsatz auf das Verlustkonto zu buchen sei. Es fehlt der Beitrag zur Deckung der Gemeinkosten wie Energie, Mieten etc., die unabhängig davon anfallen, wieviel Gäste im Lokal sind. Ebenso falsch ist die Annahme, der Überproduktion seien keine Lohnkosten zuzurechnen, „denn der Koch war ohnehin da und bezahlt ...". Wenn ein Betrieb permanent 20 % Überproduktion hat, hat er auch 20 % zuviel Produktionskapazität, und dazu zählt gewiß auch Personal.

Wir wollen nicht behaupten, daß Überproduktion gänzlich zu vermeiden ist. Prognosen, sagt das sarkastische Sprichwort, sind bekanntlich dann besonders schwierig, wenn sie die Zukunft betreffen. Aber wir wollen Ihnen Hinweise geben, wie Sie Überproduktion wenigstens verringern und Ihr Betriebsergebnis damit erhöhen können.

# Gästestrukturanalyse

(Zeitraum von .......................... bis ..........................)

Tägliche Öffnungszeiten:
v = vormittags
m = mittags
n = nachmittags
a = abends

| | | Hotelgäste | | | | | | | | | | Außer-Haus-Gäste | | | | | | | |
|---|---|---|---|---|---|---|---|---|---|---|---|---|---|---|---|---|---|---|---|
| | | prozentualer Gäste-anteil des gesamten Restaurantvolumens | | durchschnittlicher Umsatz pro Person | | Gästeverweildauer im Hotel | | Alter | | Nationalität | | prozentualer Gäste-anteil des gesamten Restaurantvolumens | | durchschnittlicher Umsatz pro Person | | Alter | | Nationalität | |
| | | Ist | Ziel | Ist | Ziel | Ist | Ziel | Ist | Ziel | Ist | Ziel | Ist | Ziel | Ist | Ziel | Ist | Ziel | Ist | Ziel |
| Topmanagement mit Repräsentationsverpflichtungen | m | | | | | | | | | | | | | | | | | | |
| | a | | | | | | | | | | | | | | | | | | |
| Geschäftsleute, die die Essenszeit geschäftlich nutzen | m | | | | | | | | | | | | | | | | | | |
| | a | | | | | | | | | | | | | | | | | | |
| Handelsreisende | m | | | | | | | | | | | | | | | | | | |
| | a | | | | | | | | | | | | | | | | | | |
| Tagungsgäste (pauschal/à la carte) | m | | | | | | | | | | | | | | | | | | |
| | a | | | | | | | | | | | | | | | | | | |
| Tagungsgäste | m | | | | | | | | | | | | | | | | | | |
| | a | | | | | | | | | | | | | | | | | | |
| Messegäste | m | | | | | | | | | | | | | | | | | | |
| | a | | | | | | | | | | | | | | | | | | |
| Pauschalgruppenreisende | m | | | | | | | | | | | | | | | | | | |
| | a | | | | | | | | | | | | | | | | | | |
| Individualtouristen (mit/ohne Pension) | m | | | | | | | | | | | | | | | | | | |
| | a | | | | | | | | | | | | | | | | | | |
| Erlebnisgäste, Verwöhngäste | m | | | | | | | | | | | | | | | | | | |
| | a | | | | | | | | | | | | | | | | | | |

| | | | | | | | | | | | | | | | | | | | |
|---|---|---|---|---|---|---|---|---|---|---|---|---|---|---|---|---|---|---|---|
| Familienfeiern mit Kindern | m | | | | | | | | | | | | | | | | | | |
| | n | | | | | | | | | | | | | | | | | | |
| | a | | | | | | | | | | | | | | | | | | |
| Firmenfeiern | m | | | | | | | | | | | | | | | | | | |
| | n | | | | | | | | | | | | | | | | | | |
| | a | | | | | | | | | | | | | | | | | | |
| Staatsgäste | v | | | | | | | | | | | | | | | | | | |
| | m | | | | | | | | | | | | | | | | | | |
| | n | | | | | | | | | | | | | | | | | | |
| | a | | | | | | | | | | | | | | | | | | |
| Flaniergäste | n | | | | | | | | | | | | | | | | | | |
| | a | | | | | | | | | | | | | | | | | | |
| Spätgäste nach Veranstaltungen | a | | | | | | | | | | | | | | | | | | |
| Stammgäste | m | | | | | | | | | | | | | | | | | | |
| | n | | | | | | | | | | | | | | | | | | |
| | a | | | | | | | | | | | | | | | | | | |
| Kurgäste (mit/ohne Pension) | m | | | | | | | | | | | | | | | | | | |
| | a | | | | | | | | | | | | | | | | | | |
| Aktivurlauber (mit/ohne Pension) | m | | | | | | | | | | | | | | | | | | |
| | a | | | | | | | | | | | | | | | | | | |
| Feiertagsgäste (mit/ohne Pension, mit/ohne Kinder) | m | | | | | | | | | | | | | | | | | | |
| | a | | | | | | | | | | | | | | | | | | |
| Familienurlauber (mit/ohne Pension, mit/ohne Kinder) | m | | | | | | | | | | | | | | | | | | |
| | a | | | | | | | | | | | | | | | | | | |
| Nebensaisongäste (mit/ohne Pension, mit/ohne Kinder) | m | | | | | | | | | | | | | | | | | | |
| | a | | | | | | | | | | | | | | | | | | |
| Spaziergänger (mit/ohne Kinder) | m | | | | | | | | | | | | | | | | | | |
| | n | | | | | | | | | | | | | | | | | | |
| | a | | | | | | | | | | | | | | | | | | |
| Ausflügler (mit/ohne Kinder) | m | | | | | | | | | | | | | | | | | | |
| | n | | | | | | | | | | | | | | | | | | |
| | a | | | | | | | | | | | | | | | | | | |
| Andere Gästekreise | m | | | | | | | | | | | | | | | | | | |
| | a | | | | | | | | | | | | | | | | | | |

Grundsätzlich können Sie zwischen zwei Ansätzen wählen:

1. Sie machen sich unabhängiger von Nachfrageschwankungen, indem Sie die Lagerfähigkeit Ihres Angebots erhöhen („Mehr Lagerfertigung statt Auftragsfertigung").
2. Sie erhöhen die Qualität Ihrer Nachfrageprognose, um sich mit Ihrer Produktion besser an Nachfrageschwankungen anpassen zu können („Verbesserte Vorhersage der Nachfrage nach Art und Umfang").

Beides ist leichter gesagt als getan. Das wird deutlich, wenn wir die Konsequenzen jeder Alternative im Extrem betrachten. „Mehr Lagerfertigung statt Auftragsfertigung" reduziert den Anteil Ihrer À-la-minute-Gerichte so lange, bis im Extrem aus Ihrer Küche eine Produktionsstätte für portionierte Tiefkühlkost (oder für welche der heute verfügbaren Technologien Sie sich entscheiden) geworden ist. Je nach dem Anteil zugekaufter Ware kommt dann das böse Wort von Dosenöffner und Schere als den wichtigsten Küchenwerkzeugen zum Tragen.
Die Alternative, „Verbesserte Vorhersage der Nachfrage nach Art und Umfang", muß ebenfalls wie ein Märchen klingen. Die Vorstellung, sich für morgen mittag auf 42 Rostbraten, 17mal Geschnetzeltes, drei Portionen Tomatensuppe usw. einrichten zu können, muß wohl auch eines bleiben. Dennoch, Sie werden erstaunt sein, wie gut die Näherungswerte sind, die Sie mit einer regelmäßigen Verkaufsanalyse erreichen.

Insgesamt wird Ihnen aber nichts anderes übrigbleiben, als beide Wege zu gehen, so weit es Ihnen möglich ist. Wie weit, hängt von Ihrem Betriebskonzept ab. Der Grad der Verschiebung von Auftragsfertigung zu Lagerfertigung hängt neben zahlreichen anderen Faktoren sicher davon ab

- welche Gerichte Ihres Angebots sich überhaupt für Vorfertigung, Lagerhaltung und rasche thermische Wiederaufbereitung eignen. Machen Sie aus Frische kein Dogma, insbesondere wenn der Gast nicht bereit ist, den dafür zu fordernden Preis zu bezahlen. Erinnern Sie sich: „Was ein gutes Angebot ist, bestimmt der Kunde durch seinen

Kauf." Entscheidend ist die Qualität dessen, was auf den Teller kommt. Bei Beachtung einiger Verarbeitungsregeln und Beherrschung der Technologie erstaunt immer wieder, wie selbst Experten im Blindtest die Frischware nicht mehr von der aufbereiteten unterscheiden können. Erkundigen Sie sich nach neueren Verfahren, wie z. B. sous-vide, und prüfen Sie deren Anwendungsmöglichkeiten in Ihrem Bereich!

- wie umfangreich und verschiedenartig Ihr Angebot ist. Je mehr Gerichte sich bei gegebener Nachfrage auf Ihrer Karte finden, desto größer wird das Risiko der Überproduktion: **Ein** Hauptgericht auf der Speisekarte bedeutet rechnerisch eine Bestellwahrscheinlich von 100 %, **zwei** Hauptgerichte eine von 50 % pro Gericht, **zwanzig** Hauptgerichte nur noch eine von 5 % pro Gericht.
- in welcher Preiskategorie sich Ihr Angebot befindet. Je hochpreisiger, desto höher werden in der Regel die Ansprüche Ihrer Gäste an Frische und Abwechslung sein. Beide Begriffe sind gleichzusetzen mit einem großen Anteil von À-la-carte-Gerichten und damit überwiegender Auftragsfertigung.

In welchem Maße Sie auf den zweiten Weg setzen können, nämlich auf die Verbesserung der Vorhersagegenauigkeit Ihrer Nachfrage, wird neben zahlreichen anderen Faktoren hauptsächlich davon abhängen

- wie gut Sie Ihre Verkaufsanalyse durchgeführt haben, denn deren Ergebnisse liefern Ihnen über den Beliebtheitsgrad zumindest Angaben zur Art der Nachfrage.
- wie stark Ihre Nachfrage mit bestimmten vorhersehbaren Ereignissen schwankt. Das einfachste Ereignis ist das Wetter, welches für ein Ausflugslokal zum zentralen Nachfrageindikator wird. Als Gastronom an einem Messestandort wird es Ihnen möglicherweise aufgrund der Erfahrungen der letzten Jahre nicht schwerfallen, zumindest schon einmal die Messetage als Nachfragespitzen vorherzusagen. Festspiele, Sportveranstaltungen, Ferienzeiten etc.

sind andere Nachfrageindikatoren, auf die der erfahrene Gastronom sich stützt.

- ob Sie in Ihrem Betrieb auch Übernachtungskapazitäten anbieten. Im Ferienhotel werden Sie in der Saison Zimmer wahrscheinlich nur mit Halb- oder Vollpension verkaufen. Ihr Prognoserisiko wird damit erheblich reduziert. Im Stadthotel können Sie auf Vergangenheitserfahrungen zurückgreifen, welcher Anteil der Gäste im Haus Mahlzeiten einnimmt.
- wie groß der Anteil Ihres Bankett- und Veranstaltungsgeschäfts ist. Da es sich bei allen Tagungen, Feiern etc. zumeist um vorausbestellte Menüs handelt, sinkt um diesen Anteil Ihr Prognoserisiko.
- wie genau Ihre Aufzeichnungen zur Vergangenheit sind und wie weit diese zurückreichen. Es reicht nicht, die diversen Nachfragelöcher wie Sommerloch, Januarloch oder Wochenendloch im Kopf zu haben. Zukunft beginnt immer in der Vergangenheit. Es gibt kaum einen Betrieb, in dem sich nicht ein relativ konstantes saisonales, wöchentliches, tägliches oder sogar stündliches Verteilungsmuster der Nachfrage herauslesen läßt. Sie müssen nicht PC-Freak sein, um die Daten einiger Perioden auszuwerten. Ein Blatt Millimeterpapier tut es auch, um zu sehen, wie sich die Kurven wiederholen.

Auch für andere Zwecke sind Ihre Verkaufsaufzeichnungen der Vergangenheit (Bonrolle, Durchschläge, PC) eine wichtige Quelle. Daß Sie damit auch wertvolle Daten für die Planung von Anwesenheitszeiten und für die Dienstplangestaltung bekommen, versteht sich von selbst. Auch dort gibt es immer ein Zuviel oder Zuwenig.

Sie sollten nach einiger Anlaufzeit mit ca. 85–90%iger Genauigkeit die Nachfrage pro Gericht wie folgt ermitteln können:

$$\text{Vorausberechnete Anzahl pro Gericht} = \frac{\text{erwartete Gäste} \times \text{Beliebtheitsgrad}}{100}$$

Welchen Betrachtungszeitraum Sie dabei wählen und ob Sie die Vorhersage täglich, wöchentlich oder monatlich machen, hängt von der Lagerfähigkeit Ihrer Verkaufsartikel und somit von Ihrem Einkaufsrhythmus ab. Je höher der Anteil an Lagerfertigung, desto länger kann logischerweise der Zeitraum sein. Es macht wenig Sinn, sich über die Monatsnachfrage nach „frischen Pfifferlingen mit Serviettenknödel" den Kopf zu zerbrechen, wenn die Lagerfähigkeit der Pilze nur einige Tage beträgt. Je höher also Ihr Anteil an Frischware und je kürzer Ihre Einkaufszyklen, desto kürzer der Prognosezeitraum. Auch wenn Sie eine kulinarische Ein-Mann-Boutique sind und Ihre täglich wechselnde Karte nach dem Marktangebot an Tagesfrischware gestalten, müssen Sie eine Vorhersage darüber treffen, was und wieviel absetzbar sein wird.
Spätestens beim nächsten Kapitel, der Gewinnplanung, werden Sie sehen, wie sehr sich die Mühe im wahrsten Sinn des Wortes bezahlt macht.

# Gewinnplanung

Erinnern Sie sich? Marktfähigkeit und Wirtschaftlichkeit sind die beiden unabdingbaren Voraussetzungen für ein nachhaltig erfolgreiches Angebot. Marktfähig ist Ihr Angebot, wenn es genügend Nachfrage findet und sich gegen den Wettbewerb durchsetzen kann. Wirtschaftlich ist Ihr Angebot, wenn es nachhaltig Gewinn für Sie abwirft. Wer das eine ohne das andere plant, wird nicht lange zu planen haben.

Marktfähigkeit und Wirtschaftlichkeit stehen dabei in einem Konkurrenzverhältnis. Das ist zunächst auf den ersten Blick nicht ohne weiteres einsichtig. Stellen Sie sich aber einen Autohersteller vor, der ein neues Auto auf den Markt bringt, welches zum Preis eines Kleinwagens einen Zwei-Liter-Motor, 160 PS, Klimaanlage, ABS und elektrische Fensterheber bietet. An der Marktfähigkeit dieses Produkts kann kein Zweifel sein, die Nachfrage wäre enorm.

Die Verluste allerdings auch. Der Preis könnte niemals alle Kosten decken, die in das Produkt eingebaut sind. Umgekehrt würde ein Kleinwagen mit Minimalausstattung zum Preis eines Mittelklassewagens eine hohe Gewinnmarge ermöglichen. Er würde nur auf keine Nachfrage stoßen, da er nicht marktfähig wäre.

Sie befinden sich in demselben Dilemma wie der Autohersteller bzw. wie jeder, der mit seinem Angebot Umsatz **und** Gewinn machen möchte. Wer die Gratwanderung zwischen Marktfähigkeit und Wirtschaftlichkeit seines Angebots am besten beherrscht, hat im Wettbewerb die Nase vorn.

## Gewinn ist nicht das, was übrigbleibt

Ein Gast kommt ins Lokal, bestellt ein Glas Tee, bezahlt – und beschwert sich unter Hinweis auf die Kosten eines Teebeutels und heißen Wassers über den vermeintlich viel zu hohen Preis. Der Wirt eilt freundlich herbei und erläutert: „Ich hoffe, Sie haben sich bei mir wohl gefühlt. Sie sehen, ich habe ausreichend Raum für Sie angemietet, schöne Möbel

und Vorhänge angeschafft, eine Küche für Sie eingerichtet, die Ihnen in wenigen Minuten eine volle Mahlzeit bereiten kann, schönes Geschirr gekauft etc. Das alles habe ich für Sie bezahlt, und das alles möchte ich natürlich gerne vergütet haben. Und den Tee – den schenke ich Ihnen...!"
Die kleine Anekdote ruft in Erinnerung, welche Kosten zuerst zu decken sind, bevor der erste Gast das Lokal betritt. Am Anfang jedes gastronomischen Leistungsprogramms steht die Investition. Ihre Höhe ist abhängig vom Betriebskonzept. Einen Gourmettempel hinzustellen kostet sicher mehr als eine Sandwich-Bar.

Für ein einfaches Rechenbeispiel lassen Sie uns annehmen, Sie mußten 2 Mio. RE[1] investieren, um gästebereit zu sein. Warum sollten Sie 2 Mio. in eine riskante gastronomische Unternehmung stecken, wenn Sie das Geld gegen Zinsen auf die Bank und sich selbst auf die Bahamas bringen können? 2 Mio. bringen je nach Zinslage zwischen 120.000 und 160.000 RE pro Jahr, und damit läßt sich durchaus ein schönes Leben mit Nichtstun führen. Also ist das Minimum, was Sie oder jeder andere Investor an Gewinn in diesem gastronomischen Unternehmen erzielen wollen, jene 120.000 oder 160.000 RE. Oder anders ausgedrückt: mindestens jene Verzinsung, welche Ihnen die Bank für das Geld gäbe, wenn Sie es bei ihr arbeiten ließen statt in diesem Unternehmen, also z. B. 140.000 RE, also 7% auf das eingesetzte Kapital.
Tatsächlich dürfen und müssen Sie mehr erwarten, denn
- die Anlage des Geldes bei der Bank kann völlig risikolos erfolgen, unternehmerisches Tun aber ist immer mit Verlustrisiko behaftet.
- Sie arbeiten selbst im Unternehmen und wollen dies nicht für Gottes Lohn, sondern für ein angemessenes Gehalt tun; zumindest vergleichbar jenem, das Sie als Angestellter bekämen.

Die Diskussion über die Höhe der Zuschläge für Unternehmerlohn und Risiko würde uns hier zu weit führen. Es erscheint uns angemessen, zwischen 15 und 20% auf das

[1] RE = Recheneinheit (oder Währungseinheit)

Eigenkapital als **Gewinnanforderung** zu formulieren. Wichtiger als die Höhe ist uns hier Ihre Einsicht, daß der Gewinn Kostencharakter hat.
Vielfach hat nicht der Gastronom selbst, sondern ein Verpächter die Räumlichkeiten – mit Einrichtung oder ohne – zur Verfügung gestellt und verlangt dafür Miete oder Pacht. In diesem Fall deckt die Miete die Kosten **seines** Kapitals ab, das er investiert hat. Sie sehen, gleichgültig, wer finanziert, Geld hat seinen Preis, und den müssen Sie bezahlen, ob Sie einen Gast im Lokal haben oder keinen.

Daraus folgt zweierlei:

1. Betrachten Sie Gewinn nicht als Profit, sondern als Kosten. Als Unternehmer wollen Sie nicht umsonst arbeiten, und Geld verursacht jeden Tag seiner Verfügbarkeit Kosten. Und der Risikozuschlag ist wie eine Versicherungsprämie gegen Mißerfolg und damit ebenfalls eine Kostenart.

2. Der Gewinn darf nicht am Ende Ihrer Planungsüberlegungen und Berechnungen stehen, sondern am Anfang. Gewinn ist nicht das, was übrigbleibt! Kalkulieren Sie nicht einseitig „von oben nach unten", d. h. vom Umsatz über alle Kosten hinunter zum Gewinn. Beginnen Sie statt dessen „von unten nach oben"!

Das wollen wir – in einer vereinfachten Rechnung – gleich tun. Wir wollen annehmen, die Investitionssumme in Höhe von 2 Mio. habe der Gastronom zu 0,5 Mio. aus Eigenkapital und zu 1,5 Mio. durch zinsgünstige Darlehen finanziert. Für das Eigenkapital setzen wir 15 % kalkulatorische Verzinsung an, das Darlehen koste 6 % Zins pro Jahr. Somit sind 165.000 RE pro Jahr zu erwirtschaften.

Um nun in einer einfachen Formel zu errechnen, wieviel Umsatz Sie dafür benötigen, müssen Sie von einer bestimmten Umsatzrentabilität ausgehen. Sie sei in unserem Beispiel 5,5 %, d. h. nach Abzug sämtlicher betriebsbedingten und anlagebedingten Kosten verbleiben 5,5 % vom Umsatz als Gewinn.

Dann beträgt der geforderte Umsatz

$$\text{Umsatzhochrechnung} = \frac{\text{Gewinnanforderung aus Kapital und Unternehmerlohn} \times 100}{\text{Umsatzrentabilität in \%}}$$

In unserem einfachen Beispiel:

$$\frac{165.000 \text{ RE} \times 100}{5{,}5} = 3 \text{ Mio. RE Jahresumsatz}$$

Erst nachdem Sie auf diese Art „von unten nach oben" gerechnet haben, können Sie jetzt „von oben nach unten" zurückgehen und prüfen, ob der Umsatz erreichbar und ob eine Umsatzrentabilität von 5,5 % bei Ihrem Kostengefüge realistisch sind. Dabei gibt es nicht mehr als drei Stellschrauben, an denen zu drehen ist:

- Preis (Durchschnittspreis des Gerichts oder geeigneter Durchschnittsumsatz pro Gast)
- Menge (Anzahl, Gerichte oder Gäste)
- Kosten (alle, einschließlich Steuern und Abschreibungen, in unserem Beispiel allerdings ohne Zinsen und Unternehmerlohn, da beide bereits in der Gewinnanforderung enthalten sind)

Weil Sie richtigerweise „von unten nach oben" mit der Gewinnanforderung begonnen haben, wissen Sie in unserem Beispiel jetzt, daß Ihnen 94,5 %, also rund 95 % Ihres Umsatzes bleiben für

- Warenkosten
- Personalkosten
- Gemeinkosten

Auf die wollen wir im nächsten Abschnitt kommen.

# Von der Produktionsplanung zur Kostenplanung

Ihr Kontenrahmen splittet Ihre Kosten ausreichend tief auf. Für unsere Planungs- und Kalkulationszwecke hier reicht die Dreiteilung in Warenkosten, Personalkosten und Gemeinkosten. Setzen Sie Ihre eigenen Zahlen ein! Warenkosten und Personalkosten sind kaum erklärungsbedürftig. In den Gemeinkosten zählen Sie alles, was **nicht** entweder Waren- oder Personalkosten ist. Achten Sie auf Vollständigkeit:

- Drucksachen, Marketing, Werbung etc.
- Verwaltung, Büromaterial, Steuerberatungskosten etc.
- Ersatzbeschaffung für Glas, Wäsche, Geschirr etc. und andere geringwertige Wirtschaftsgüter, die sofort in den Aufwand gebucht werden
- Reinigung, Reparaturen, Instandhaltung
- Abschreibungen
- Dekoration, Blumenschmuck, Gästeunterhaltung, Musik etc.
- Energiekosten
- Steuern, Versicherungen, Beiträge etc.
- Mieten, Pachten
- Zinsen (sofern Sie sie nicht bereits im Gewinn berücksichtigt haben), Kosten des Geldverkehrs

u. v. a. m.

Sie werden feststellen, daß der überwiegende Teil dieser Kosten Fixkostencharakter hat, d. h., daß sie kaum oder wenig mit der Anzahl der Gäste schwanken. Mieten und Abschreibungen sind absolut **zeitabhängige** und damit Fixkosten. Kosten für Wäsche hingegen oder für Verschleiß z. B. sind zumindest teilweise **mengenabhängig** und damit variable Kosten.

Im allgemeinen lohnt es sich für Kalkulationszwecke aber nicht, die Aufteilung allzu weit zu treiben. Zumeist werden für jene Kostenarten, die teilweise mengenabhängig sind, Durchschnittswerte genommen und zu den Fixkosten gezählt. Wir wollen es pragmatisch halten und sehen für unsere Kalkulationszwecke den gesamten Gemeinkostenbereich als Fixkostenblock an.

Wir könnten uns vorstellen, daß Ihnen nach Planung Ihres Gewinns und der Gemeinkosten jetzt noch ungefähr 60 % Ihres Umsatzes für Wareneinsatz und Personalkosten verbleiben. Diese Zahl kann in Abhängigkeit vom Betriebskonzept, der Finanzierung, der Kostenstruktur und der Auslastung erheblich schwanken. Finden Sie Ihre eigene Zahl heraus!
Wichtig ist die Reihenfolge, in der Sie vorgehen. Als nächstes kommt der Wareneinsatz. Dabei handelt es sich ganz sicher um **variable,** d. h. mengenabhängige und beschäftigungsproportionale Kosten.

Bevor Sie die Kosten für ein Gericht festlegen können, muß das Gericht selbst festgelegt sein. Das klingt logisch, ist aber vielfach ungenügend praktiziert. Letztlich handelt es sich nur um eine weitere Detaillierung Ihrer Angebotsplanung. Dort haben Sie festgelegt, was auf die Karte kommt, jetzt müssen Sie festlegen, was auf den Teller kommt. Das heißt Standardisierung. Die Festlegung von Standards sichert Wiederholbarkeit. Wiederholbarkeit sichert nicht nur Verläßlichkeit der Leistung für den Gast hinsichtlich

- Portionsgrößen
- Zubereitung
- Beilagen, Garnituren
- Anrichteart
- Servierweise

sondern **Ihnen** Verläßlichkeit hinsichtlich der Kosten. Wiederholt sich das Gericht nicht, können sich auch die Kosten nicht wiederholen. Das macht aus einer gezielten Gewinnsteuerung einen unternehmerischen Blindflug. Und die Aufschlagskalkulation mit einem Prozentsatz, der schon lange nicht mehr stimmt, tut das Ihre dazu. Deshalb an dieser Stelle schon unsere prinzipielle Empfehlung zur Kostenplanung: Berechnen Sie Ihre Kosten soweit wie möglich in absoluten Beträgen und nicht in Prozenten. Wir wissen, daß die Prozentberechnung weit verbreitet ist, und es liegt uns fern, sie als falsch zu bezeichnen, aber sie hat ihre Gefahren.

Wir kommen noch darauf. Halten Sie sich an die alte kaufmännische Weisheit: „Prozente kann man nicht auf die Bank bringen."

Standardisieren Sie Ihr Angebot und legen Sie eine Rezeptkartei an, in der pro Verkaufartikel

- die Zutaten
- deren Mengen (je nach Portionsanzahl)
- deren Einkaufspreis (!)
- die Zubereitung (siehe hierzu Band 1)
- Hinweise zur Anrichte- und Servierart

festgelegt sind. Ziehen Sie Band 1 des Lexikons hinzu. Ergänzen Sie die Kartei durch Fotos des fertigen Gerichts, wenn Ihnen dies hilfreich erscheint. Vor allem aber: Halten Sie die Einkaufspreise nach! Zur Planung der Einkaufsmengen werden Sie Verbrauchs- und Gewichtstabellen heranziehen, um Gewichtsverluste, Abfälle und bei Fleisch Knochenanteile und Parüren berücksichtigen zu können.
Die Soll-Wareneinsatzkosten werden nun mit der Anzahl der verkauften Portionen gemäß Verkaufsanalyse multipliziert. Ein Zuschlag von 5 % zu den Gesamtkosten soll Ungenauigkeiten beim Portionieren, die Kosten für Brot und Butter, für Schaustücke etc. abdecken. Das Ergebnis der Multiplikation sind die **Soll-Warenkosten.** Geteilt durch den Umsatz, der mit den verkauften Artikeln getätigt wurde, ergeben sie den prozentualen Wareneinsatz.

Nur diese eine Zahl, absolut oder in Prozenten ausgedrückt, kann nunmehr mit dem **Ist-Wareneinsatz** verglichen werden. Die Art und Weise seiner Ermittlung hängt sehr von Betriebsgröße und -struktur ab. In Großbetrieben mit einer EDV-gestützten Materialwirtschaft sind fortschrittliche Systeme in Gebrauch, in kleineren Betrieben hilft der Küchenverbrauchsbogen. Die Vielzahl möglicher Systeme verbietet hier eine auch nur annäherungsweise Vertiefung. Allemal aber sind sämtliche Entnahmen der Küche aus dem Lager zu erfassen, Frischware ohne Zwischenlagerung wird direkt der Küche belastet. Regelmäßige Bestandserfassungen stellen sicher, daß nach dem Schema der Inventurformel

Anfangsbestand
– Endbestand
= Verbrauch

die tatsächlichen Warenkosten und der tatsächliche Wareneinsatz in Prozent ermittelt werden.

Der Vergleich mit dem Soll-Wareneinsatz wird immer kleinere Differenzen ergeben. Größere Differenzen aber sollten Ihren Blick schärfen für

- Überproduktion (Produktionsplanung)
- Einkauf (Zu viel? Zu teuer?)
- Einhaltung der Portionsgrößen und Rezepte
- Diebstahl

Diesen Gewinnzehrern kommen Sie aber nur auf die Spur, wenn Sie in der aufgezeigten Weise Ihre Soll-Warenkosten ermitteln. Sie ergeben Ihnen den Kosten-Fahrplan, und die ermittelten Ist-Kosten zeigen Ihnen, ob Sie richtig angekommen sind. Wer sich, wie so viele Betriebe noch, auf die regelmäßige Ermittlung des prozentualen Wareneinsatzes beschränkt, handelt wie ein Lokführer, der seine verschiedenen Ankunftszeiten vergleicht, aber nie weiß, ob er zur richtigen Zeit angekommen ist, da er keinen Fahrplan hat.

Die Steuerung der **Personalkosten** dagegen ist wesentlich komplexer als die des Wareneinsatzes und schwieriger, als dies auf den ersten Blick erscheinen mag. Wünschenswert wäre eine verursachungsgerechte Zuordnung zu den einzelnen Gerichten, denn einige sind bekanntlich wesentlich arbeitsintensiver als andere. In der Bekleidungsindustrie z. B. lassen sich jedem einzelnen Fertigungsstück Nähminuten zuordnen. In unserer Branche ist dies nicht möglich. Man muß sich nur einen vollen Herd vorstellen, an dem kaum jemals aufzuteilen sein wird, wieviel Zeit der Koch dem Tafelspitz, der Tagessuppe und dem Kalbsbraten in der Röhre gewidmet hat. Bei den Pfannengerichten trifft dasselbe zu. Während das Schnitzel in der Pfanne gart, kann eine Omelette zubereitet werden. Was aber, wenn zur selben Zeit keine Omelette bestellt wurde?

Der Schlüssel für die Steuerung der Personalkosten liegt somit neben vielen anderen Faktoren wie Qualifikation und Motivation in
- Arbeitsablaufanalysen
- Dienstplangestaltung

Begnügen Sie sich auch hier nicht mit der bloßen Errechnung der Personalkosten in Prozent vom Umsatz. 38% sind zwar **besser** als 40%, aber ob sie **richtig** sind, steht damit noch lange nicht fest. Bilden Sie sich zusätzliche Kennzahlen, um die Wahrheit besser einzukreisen und Rationalisierungsmöglichkeiten aufzuspüren. Die Kennzahl „Personalkosten pro Couvert" knüpft diesen Kostenblock wenigstens bereits an eine Leistungsmenge. Schwankungen außerhalb von Ihnen festgelegter Toleranzbreiten signalisieren Leerzeiten. Letztlich geht es bei der Personalkostensteuerung neben Arbeitsvereinfachungsmethoden vor allem um die Anpassung des Personaleinsatzes an die Gästefrequenz. Je genauer Ihre Verkaufsprognose sein kann, desto wirtschaftlicher kann Ihre Personaleinsatzplanung erfolgen.

Die Mengenplanung erfolgt zweckmäßigerweise nicht nach Köpfen, sondern nach der Fragestellung, wie viele **Schichten,** Frühschichten, Spätschichten etc. gemäß Anzahl erwarteter Gäste erforderlich sein werden. Wenn Sie sich die durchschnittlichen Kosten einer Schicht errechnen (Personalnebenkosten nicht vergessen!), können Sie Ihren Dienstplan „auspreisen". Das hat zweierlei Wirkung. Zunächst wird dadurch deutlich, daß das Ausfüllen eines Dienstplanformulars dem Ausstellen eines Gehaltsschecks gleichkommt. Wäre sich dessen jede Führungskraft in unserer Branche bewußt, würde manche Schicht kritischer mit dem erwarteten Beschäftigungsvolumen abgestimmt und auf ihre Notwendigkeit hinterfragt. Der zweite Vorteil dieses „Auspreisens" ist, daß Sie Ihre Personalkosten – zumindest in einer guten Annäherung – nunmehr tageweise berechnen können und Tagesumsätzen gegenüberstellen können. Selbstverständlich werden Sie dies nicht ständig, sondern nur stichprobenweise oder über einen begrenzten Zeitraum tun. Die durch die Durchschnittsbildung in die „Kosten pro Schicht" eingebaute Ungenauigkeit ist gegenüber dem Vorteil, die Verlaufsunterschiede zwischen Umsatzkurve und Personalkostenkurve nunmehr wesentlich besser analysieren zu können, durchaus in Kauf zu nehmen.

Der zweite wesentliche Hebel zur Steuerung der Personalkosten setzt nicht beim Personal, sondern bei der zu leistenden Arbeit an. Arbeitsablaufanalysen zerlegen Arbeitsvorgänge in Teilschritte und wollen so erstens herausfinden, wo besonders aufwendige Arbeitsschritte liegen, und zweitens, ob und wie diese zu ersetzen oder zu vereinfachen sind. Sie werden vor allem in zwei Hauptrichtungen fündig werden:
- Leistungszukauf
- Automatisierung

Das Stichwort „Leistungszukauf" führt Sie zu der Frage „Selbermachen oder Einkaufen". Die Entscheidungsregel hierfür besagt, daß Sie alles das zukaufen sollten, was sie in der geforderten Qualität selbst nicht preiswerter herstellen können. Damit wird die Produktqualität in dieser Frage zum zentralen Thema, vielfach aber auch zur Ausrede, weil das Ansinnen offensichtlich vielen an die Berufsehre geht. Weil es aber auch an den Geldbeutel geht, sollten Sie sich dieses Themas vorurteilsfrei annehmen. Dazu brauchen Sie die zwei Begriffe „Fertigungstiefe" und „Fertigungsstufe": Jeder größere Arbeitsschritt, der das Produkt auf der Strecke zwischen Rohmaterial und fertigem Gericht eine Stufe weiterbringt („veredelt"), ist eine **Fertigungsstufe.** Je mehr dieser Fertigungsstufen Sie selbst durchführen, desto größer ist Ihre **Fertigungstiefe.** Bei Gulasch aus der Dose ist Ihre Fertigungstiefe sicher am geringsten, denn es bleiben nur die Fertigungsstufen „Erhitzen" und „Anrichten". Kaufen Sie aber portioniertes Fleisch oder vorgeputztes Gemüse, haben Sie bereits einige Fertigungsstufen zugekauft. Es bleibt Ihnen aber noch genügend Fertigungstiefe, um Kreativität und Wirtschaftlichkeit (und vielleicht auch Berufsehre) in Einklang zu bringen. Schließlich sind auch Fertigprodukte noch so abzuändern und zu verfeinern, daß das Gespenst des Geschmackseinerleis noch lange nicht droht. Es steht Ihnen frei, das Fertigprodukt als Halbfertigprodukt zu behandeln.

Bei welchen Artikeln die für Sie richtige Fertigungstiefe liegt, können nur Sie selbst herausfinden. Halten Sie sich dabei an die obige Entscheidungsregel!

Das Stichwort „Automatisierung“ führt Sie in die Rationalisierungsmöglichkeiten, welche Ihnen Küchengeräte, Dispensersystem, Transportwagen u. v. a. m. bieten. Messebesuche und Lieferantengespräche können Ihnen eine Fülle davon aufzeigen. Seien Sie sich jedoch der Gefahr bewußt, daß Sie vielfach nur Arbeit durch Kapital ersetzen. Letztlich kann Ihnen nur eine – leider immer mit vielen Annahmen behaftete – Kostenvergleichsrechnung aufzeigen, ob Sie tatsächlich eine Einsparung realisieren oder nur aus Personalkosten Abschreibungen machen. Das kann gefährlich werden, wenn Sie starken Beschäftigungsschwankungen ausgesetzt sind. Personal kann innerhalb der gesetzlichen Vorschriften an Beschäftigungsschwankungen angepaßt werden, die Abschreibungen für Geräte und Maschinen nicht.

Auf der Suche nach den für Sie richtigen Personalkosten werden Sie in Abhängigkeit von den Besonderheiten Ihres Betriebes auf eine Reihe zusätzlicher Erkenntnisse stoßen. Mit großer Wahrscheinlichkeit werden Sie auf das Stichwort „Aushilfskräfte“ zur Abdeckung von Spitzenbelastungen kommen. Auch das Thema „Lagerfertigung versus Auftragsfertigung“ wird sich Ihnen bei dieser Gelegenheit wieder stellen. Schließlich gibt es kein einziges Thema aus dem großen Bereich des Personalmanagements, welches nicht Einfluß auf die Personalkosten hat. Stichworte wie Fluktuationskosten, Training, Entlohnungssysteme (Prämien) etc. zeigen die Vielfalt der Einflußmöglichkeiten.

Wir sind jetzt die Hauptkostenbereiche
- Gemeinkostenplanung
- Wareneinsatzplanung
- Personalkostenplanung

durch und mehr als 2,58 Mio. RE oder 95 % von 3 Mio. RE Umsatz waren in unserem Beispiel nicht auszugeben. Wenn Sie mit Ihren eigenen Zahlen – wie empfohlen – beim Gewinn begonnen haben, danach den Wareneinsatz aus Ihrem Verkaufsprogramm und der kalkulierten Absatzmenge errechnet haben, werden Sie zu der Feststellung gekommen sein, daß es hinten und vorne klemmt. Spätestens jetzt werden Sie ins Grübeln kommen, ob mit diesen Waren- und Personalkosten das von Ihnen geplante Angebot

- in der gewünschten Menge
- in der gewünschten Qualität

zu erstellen ist. Wahrscheinlich – und damit hätten wir unser Ziel erreicht – werden Sie alle Kostenarten nochmals auf Rationalisierungs- und Kostensenkungsmöglichkeiten überprüfen. Vielleicht müssen Sie auch Ihre Preise überprüfen. Diesem Aspekt wollen wir uns im nächsten Abschnitt widmen.

# Von der Kostenplanung zur Preisgestaltung

„Preise sind Kosten, und Kosten sind Preise". Diese zunächst etwas verwirrende Feststellung gibt am prägnantesten den untrennbaren Zusammenhang wieder. Ihr Fleischlieferant hat letztendlich für sein Geschäft dieselben Überlegungen anstellen müssen wie Sie, wenn er Ihnen die Hochrippe zum angegebenen Preis anbietet. Und wenn Sie ein preiswerteres Angebot für die vergleichbare Qualität erhalten, macht dieser Anbieter offensichtlich irgend etwas besser als sein Wettbewerber. Vielleicht kommt er mit viel weniger Personal aus, oder seine Gemeinkosten sind niedriger. Finden Sie es heraus, um zu entdecken, ob sein Angebot fair ist.
Auch Ihre Abnehmer, Ihre Gäste, haben ein Gefühl dafür, was ein fairer Preis ist. Mit Absicht haben wir dabei den Begriff „Gefühl" gewählt, denn es ist nicht das Ergebnis eines rationalen Preisvergleichs, sondern das Ergebnis einer Eindrucksbildung. Der wichtigste, aber nicht alleinige Eindruck ist sicher der von der erhaltenen Leistung. Aber auch diese besteht, wie wir eingangs verdeutlicht haben, nicht aus Zwiebelrostbraten mit Grilltomate, sondern aus Einrichtung, Freundlichkeit, Atmosphäre, Zuwendung, Aufmerksamkeit und – dem Parkplatz. Die vielzitierte Forderung nach einem „ausgewogenen Preis-Leistungs-Verhältnis" klingt überzeugend, aber die Ausgewogenheit ist schwer zu finden, weil Preiswürdigkeit oftmals mehr mit Wahrnehmungspsychologie als mit Rechnen zu tun hat.

Für Sie muß es umgekehrt sein, auch wenn Sie niemals die Sicht des Gastes aus dem Auge verlieren dürfen. Ihre eigene Preisfindung pro Gericht wird zunächst mit dem Wunsch beginnen: So hoch wie möglich. Das ist menschlich verständlich, kaufmännisch richtig, aber marktwirtschaftlich unsinnig. Denn in der Sprache der Betriebswirtschaft spiegeln Preise immer Knappheiten wider. Daraus folgt: Haben Sie ein Angebotsprogramm (und damit ist nicht nur das Speisen- und Getränkeangebot gemeint), welches weit und breit nicht zu finden ist, können Sie zweifellos einen höheren Preis verlangen, als wenn es dasselbe um die Ecke gibt. Deshalb hatten wir Ihnen auch von Anfang an geraten, ein **anderes** und nicht nur ein **besseres** Angebot als Ihr Wettbewerb zu planen.

Sollten Sie darüber verfügen, lassen Sie dennoch die Kirche im Dorf. Gäste haben ein feines Gespür für Übervorteilung, und „Essengehen" ist kein rationaler Kaufakt, sondern ein emotional aufgeladenes Ereignis. Das ist mit ein Grund dafür, daß Gäste in der Regel nicht Preise einzelner **Gerichte** vergleichen, sondern **Lokale untereinander** nach ihrem **Preisniveau.** Ein anderer ist, daß die meisten Gäste damit auch überfordert wären. Eine Ausnahme bilden Getränke, weshalb dort preislich Vorsicht geboten ist. Ein weiterer Grund ist, daß die immateriellen Einflüsse wie Ambiente, Freundlichkeit, Wertigkeit der Ausstattung etc. einen oftmals höheren Einfluß auf wahrgenommene Preiswürdigkeit haben als das, was materiell auf dem Teller liegt. Erinnern Sie sich an unsere Anekdote vom Glas Tee, und es wird erklärlich, daß die Portion Beuschel im Hochpreis-Restaurant bis zum Fünffachen des Preises eines einfachen Gasthauses kostet.

Überschätzen Sie deshalb auch nicht die Hebelwirkung des Preises als Nachfragesteuerungsinstrument, nach oben wie nach unten: Selbst eine spürbare (besonders für Ihren Gewinn!) Preissenkung wird Ihnen nur in Ausnahmefällen mehr Nachfrage bringen. Kein Grund also, das Heil in Niedrigpreispolitik zu suchen. Die Zusatzmenge ersetzt Ihnen in aller Regel nicht die Umsatzminderung.

Ihr Preisfindungsrahmen hat eine klare Ober- und Untergrenze: Die Untergrenze ist durch Kostendeckung **und** Gewinn bestimmt. Das „und" ist zu unterstreichen. Wenn der durchsetzbare Preisrahmen für ein bestimmtes Angebot – von Einzelfällen abgesehen – keine Gewinnerzielung mehr ermöglicht, sollte man das Angebot aus dem Markt nehmen, statt umsonst zu arbeiten.

Die Obergrenze ist identisch mit der „Schmerzschwelle" Ihrer Gäste, ab der diese sich überlegen, noch zu Ihnen zu

kommen. Sie ist offensichtlich schwieriger zu ermitteln als die Untergrenze. Hier wird Ihnen nichts anderes übrigbleiben, als den Wettbewerb heranzuziehen. Wiederum nicht so sehr, was einzelne Gerichte betrifft, sondern das **allgemeine Preisniveau.** Unter anderem:
- Was kostet ein Hauptgericht im Durchschnitt?
- Die Suppen?
- Ein Glas Bier oder Wein?
- Welche Wertigkeit strahlt die Einrichtung aus?
- Die Außenarchitektur?
- Welche Exklusivität vermittelt das Personal?
- Wie wird serviert?
- Welchen Eindruck machen Glas, Wäsche, Silber(?) und Porzellan?
- Legt man auf Vorbestellung Wert?
- Wie sind die Gäste angezogen?

Tragen Sie danach alle Ihre Wettbewerber auf einer Preisniveauskala von eins bis zehn ein und positionieren Sie sich anschließend selbst darauf. Danach mag es als Plausibilitätsüberprüfung hilfreich sein, die Preise jener Gerichte, in denen Sie mit den Wettbewerbern noch am ehesten vergleichbar sind (also Standardgerichte wie Rumpsteak oder Wiener Schnitzel), einzeln gegenüberzustellen. Das bringt sie auf Ideen, der alten Marketingregel zu folgen, wonach das Vergleichbare unvergleichbar zu machen ist: Ist Ihr Wiener Schnitzel in Butter ausgebacken, schreiben Sie es auf die Karte, wenn es der Wettbewerber nicht hat. Und wenn der Wettbewerber Lammkotelett anbietet und Sie auch, dann fügen Sie auf Ihrer Karte hinzu, daß Sie Nüßchen anbieten, und zwar vom schottischen Hochlandlamm usw. Das mag Sie auch berechtigen, einen anderen Preis zu fordern und dem Gast ermöglichen, ihn zu akzeptieren, weil der Unterschied erklärt ist.
Stimmigkeit, Ganzheitlichkeit, Widerspruchsfreiheit und Geschlossenheit in der Anmutung, das sind auch hier die Stichworte. Was für die gesamte Angebotsgestaltung gilt, gilt auch für die Preisgestaltung: Machen Sie sie „schlüssig" für den Gast, und Sie haben den Schlüssel zu Ihrem Geschäftserfolg.

# Gewinnsteuerung mit der Deckungsbeitragsrechnung

Mit der Deckungsbeitragsrechnung kommen wir zum letzten Abschnitt der betriebswirtschaftlich-unternehmerischen Aspekte Ihres Leistungsangebotes. In ihr gipfelt die Gewinnsteuerung, denn sie vereint Ihre
- Mengenplanung
- Kostenplanung
- Preisplanung

zur Gewinnplanung und -kontrolle.

Alles, was Sie dazu brauchen, ist die Unterscheidung in fixe und variable Kosten, wie wir sie schon auf Seite 40 f. angesprochen hatten. Identische Begriffe, die Sie vielfach antreffen mögen, sind
- mengenabhängige versus zeitabhängige Kosten
- beschäftigungsabhängige (-proportionale) versus beschäftigungsunabhängige Kosten.

Immer ist gemeint und als Unterscheidung beabsichtigt, daß es Kostenarten wie Energie, Mieten, Abschreibungen, Zinsen, Verwaltungskosten, Werbung etc. gibt, die sich kaum oder überhaupt nicht verändern, ob ein Gast mehr oder weniger ins Lokal kommt. Anders dagegen bei den Warenkosten, die in direkter Beziehung zur Anzahl der verkauften Speisen und Getränke stehen.
Auf Seite 41 haben wir bereits festgestellt, daß fast alle Gemeinkosten überwiegend Fixkosten sind. Bei den Personalkosten kann man streiten. Streng genommen sollten es variable Kosten sein, denn wozu sollte ein Betrieb Personal beschäftigen, wenn er selbst keine Beschäftigung mehr hat. Und wir selbst haben gefordert, alles zu tun, um Ihre Personalkosten den Beschäftigungsschwankungen anzupassen, um Über- und Unterkapazitäten zu vermeiden. Dennoch werden wir im folgenden aus pragmatischen Überlegungen heraus die Personalkosten als Fixkosten behandeln. Zum einen, weil – wie aufgezeigt – die Zuordnung zu einzelnen Gerichten praktisch unmöglich ist, zum anderen, weil sich jeder Betrieb mit seinem Personalbestand auf eine durch-

schnittliche Auslastung einrichtet und Personalkosten deshalb zu den **Kosten der Leistungsbereitschaft** gezählt werden können.

Somit nehmen wir für die Zwecke der Gewinnsteuerung mit Hilfe der Deckungsbeitragsrechnung nur den Wareneinsatz als variable Kosten und alle anderen als Fixkosten. Und nur die variablen Kosten wollen wir den Verkaufsartikeln zurechnen und mit deren verkaufter Anzahl schwanken lassen. Die Fixkosten (Gemeinkosten und Personalkosten) betrachten wir als zeitbezogen geplant und festgelegt.

Auf Seite 39 hatte unser Beispiel 3 Mio. RE Umsatz, ca. 5 % Umsatzrendite und damit ca. 95 % oder 2,85 Mio. Gesamtkosten. Je nach Betriebstyp, Preisstruktur, Zusammensetzung des Angebots und einer Reihe anderer Einflußfaktoren könnte die Grobaufteilung dieser Kosten z. B. wie folgt aussehen (Zahlen gerundet):

| | |
|---|---|
| 35 % Gemeinkosten | = 1,05 Mio. |
| 38 % Personalkosten | = 1,14 Mio. |
| 22 % Wareneinsatz | = 0,66 Mio. |
| 95 % Gesamtkosten | = 2,85 Mio. |

Aus Vereinfachungsgründen wollen wir annehmen, der Durchschnittsumsatz pro Couvert und Gast sei 60,– RE netto und die 3 Mio. Jahresumsatz ergeben sich aus 50.000 Couverts im Jahr. Da damit alle Kosten abgedeckt werden müssen, teilen wir also 2,85 Mio. durch 50.000 Couverts und erfahren, daß uns das Couvert im Durchschnitt 57,– RE kostet.

So weit, so gut. Nun sinkt die Auslastung um 15 %, d. h. es werden noch 42.500 Couverts à 60,– RE verkauft. Da wir aus der obigen Rechnung wissen, daß uns das Couvert 57,– RE kostet, multiplizieren wir nunmehr 42.500 Couverts mit 57,– und kommen auf Gesamtkosten von 2.422,500,– RE. Es erscheint einleuchtend, daß, wenn 15 % weniger verkauft werden, auch die Kosten um 15 % sinken müssen, und wie die Berechnung zeigt, tun sie das auch: 2,422.500,– sind 15 % weniger als 2,850.000,–. Einem verringerten Umsatz in Höhe von 2,55 Mio. (42.500 × 60,– RE) stehen Gesamtkosten von 2,422.500,– RE gegenüber und unser Gewinn ist zwar geschrumpft, beträgt aber immer noch 127.500 RE.

Mitnichten! Soeben hat die Vollkostenfalle zugeschlagen! Tatsächlich verändern sich bei 15 % weniger Couverts nur **Teile** der Kosten, nämlich die variablen Warenkosten. Und nur diese dürfen mit der Anzahl der Couverts variiert werden, während die Fixkosten stehenbleiben.

Das wahre Bild der neuen Kostensituation erhalten wir durch folgende Rechnung:

1. Der Wareneinsatz pro Couvert betrage im Durchschnitt 13,20 RE (0,66 Mio. Warenkosten p. a. durch 50.000 Couverts)
2. Die Fixkosten (Personal- und Gemeinkosten) betragen 2,19 Mio. RE
3. Für 50.000 Couverts ergibt die Rechnung 2,19 Mio. + (13,20 RE × 50.000) = 2,85 Mio. Gesamtkosten bzw. 2,85 : 50.000 = 57,– RE pro Couvert
4. Für 42.500 und damit 15 % weniger Couverts ergibt die Rechnung: 2,19 Mio. + (13,20 RE × 42.500) = 2,751.000,– RE Gesamtkosten bzw. geteilt durch 42.500 Couverts 64,73 RE pro Couvert.
5. Einem von 3 Mio. auf 2,55 Mio. um 15 % verminderten Umsatz stehen Gesamtkosten gegenüber, die sich nur um 3,5 % (!) von 2,85 Mio. auf 2,751.000,– verringert haben. Dies ergibt einen Verlust von 201.000,– RE pro Jahr und von 4,73 RE durchschnittlich pro Gedeck.

Und somit nicht, wie uns die Vollkostenrechnung glauben machte, 127,500,– RE Gewinn! – Wir halten fest:

- Ein **Rückgang** der Absatzmenge **senkt** die Gesamtkosten nicht **proportional,** sondern nur die variablen Kosten. Der Fixkostenblock bleibt bestehen und verteilt sich jetzt auf weniger Couverts. Dadurch wird das einzelne Couvert teurer, auch wenn es selbst nichts dafür kann, da sich die ihm zurechenbaren Warenkosten **nicht** verändert haben.

- Eine **Steigerung** der Absatzmenge **erhöht** die Gesamtkosten nicht **proportional,** sondern nur die variablen Kosten. Der Fixkostenblock bleibt bestehen und verteilt sich jetzt auf mehr Couverts. Dadurch wird das einzelne Couvert billiger, auch wenn es selbst nichts dafür kann, da sich die ihm zurechenbaren Warenkosten **nicht** verändert haben.
- Daraus ergibt sich, daß der Gewinn mit der Veränderung der Absatzmenge immer stärker schwankt als diese selbst:
- Sinkt die Absatzmenge, dann sinken nicht **alle** Kosten mit, der Gewinn **schrumpft stärker** als die Absatzmenge.
- Steigt die Absatzmenge, dann steigen nicht **alle** Kosten mit, der Gewinn **wächst stärker** als die Absatzmenge.
- Die Vollkostenrechnung birgt die Gefahr, diesen Zusammenhang zu verschleiern. Erst die Deckungsbeitragsrechnung (als sogenannte Teilkostenrechnung, die mit den Fixkosten gar nicht „rechnet") deckt auf, daß sowohl die Talfahrt wie auch die Bergfahrt des Gewinns immer schneller ist als die des Absatzes.

Die Aussagefähigkeit der Deckungsbeitragsrechnung liegt darin begründet, daß sie den für eine von Ihnen gewählte Zeitperiode (Saison oder Jahr, nicht darunter) geplanten Fixkostenblock als **geplante Leistungsbereitschaft** stehen läßt und alles, was vom Umsatz nach Abzug der variablen Kosten verbleibt, als **Beitrag zur Deckung dieses Fixkostenblockes** betrachtet – daher der Name.

Das Grobschema lautet:

| | |
|---|---|
| | Netto-Verkaufserlös |
| – | variable Kosten |
| = | Deckungsbeitrag |
| – | Fixkosten |
| = | Gewinn |

Es bleibt Ihnen frei, dieses Schema nach Ihren Informationsbedürfnissen zu untergliedern und z. B. einen Deckungsbeitrag nach Wareneinsatz, aber vor Personalkosten als Dekkungsbeitrag I und einen nach Personalkosten als Deckungsbeitrag II auszuweisen. Für den Aufbau einer solchen sogenannten „abgestuften Deckungsbeitragsrechnung" gibt es keine einheitlichen Empfehlungen. In der Regel wird sich eine Untergliederung um so eher empfehlen, je

- größer das Unternehmen
- schwankender die Gästefrequenz
- breiter die Angebotsvielfalt

des Betriebes ist. Gibt es mehrere Betriebsteile bzw. Verkaufsstellen, ist möglichst für jede eine separate Deckungsbeitragsrechnung zu erstellen.

In jedem Fall ist auch das einfachste Schema besser als gar keines. Weshalb die Mühle lohnt, wollen wir Ihnen anhand unseres vereinfachten Rechenbeispiels aufzeigen. Dabei ist zu unterscheiden zwischen der Anwendung

- auf der Ebene des Gesamtbetriebs
- auf der Ebene einzelner Betriebsteile und Verkaufstellen (Restaurant, Bar etc.)
- auf der Ebene von Produktgruppen (Hauptgerichte, Desserts, Weine etc.)

Auf der **Ebene des Gesamtbetriebes** oder einzelner Betriebsteile zeigt Ihnen die Deckungsbeitragsrechnung, wann Sie überhaupt ins Verdienen kommen, d. h. die sogenannte Gewinnschwelle überschreiten. Denn der Mindest-Deckungsbeitrag, den Sie erwirtschaften müssen, ist der Fixkostenblock. So lange dieser nicht abgedeckt ist, befinden Sie sich noch in der Verlustzone. Jeder Deckungsbeitrag darüber geht dafür voll in den Gewinn. Das Deckungsbeitragsschema kann mit unserem Zahlenbeispiel wie folgt gefüllt werden:

| | | |
|---|---|---|
| | 3,00 Mio. | Nettoumsatz (100 %) |
| – | 0,66 Mio. | Wareneinsatz (22 %) |
| = | 2,34 Mio. | Deckungsbeitrag (78 %) |
| – | 2,19 Mio. | Fixkostenblock (73 %) |
| = | 0,15 Mio. | Gewinn (5 %) |

Lassen Sie uns Ihnen den Bergfahrteffekt des Gewinns bei einer – wenn auch noch so kleinen – Absatzsteigerung zeigen. Die Anzahl der Gäste oder deren Konsum sei mit dem Effekt eines 5%igen Umsatzzuwachses gestiegen. Das bedeutet, daß der Deckungsbeitrag (und nur dieser!) ebenfalls um 5 % steigt (Zahlen gerundet):

| | |
|---|---|
| | 3,15 Mio. Nettoumsatz (100 %) |
| – | 0,69 Mio. Wareneinsatz (22 %) |
| = | 2,46 Mio. Deckungsbeitrag (78 %) |
| – | 2,19 Mio. Fixkostenblock (69 %) |
| = | 0,27 Mio. Gewinn (9 %) |

Sie sehen, wie eine 5%ige Absatzsteigerung Ihren Gewinn fast verdoppelt hat! Die Erklärung ist einfach: Der Fixkostenblock ist zwar in absoluten Beträgen gleichgeblieben. Relativ in Prozenten ausgedrückt beträgt er aber vor der Absatzsteigerung 73 % des Umsatzes und nach der Absatzsteigerung 69 %. Errechnen Sie die Wirkung einer 5%igen Absatzsenkung! Sie werden feststellen, daß diese reicht, um den Gewinn fast auf Null (3,– RE) zu bringen.
Die Deckungsbeitragsrechnung beantwortet Ihnen alle unternehmerischen Fragen. Z. B. werden Sie wissen wollen, wo Ihr Mindestumsatz liegen muß, um nicht in die Verlustzone zu kommen. Im Fall unserer Beitragsrechnung und bei der ihr zugrunde gelegten Kostenstruktur liegt er bei 2,81 Mio. Er errechnet sich nach der Formel

$$\text{Gewinnschwellen-Umsatz} = \frac{\text{Fixkosten}}{1 - \text{variable Kosten in \% vom Umsatz}}$$

$$= \frac{2{,}19 \text{ Mio.}}{1 - 0{,}22}$$

$$= \frac{2{,}19 \text{ Mio.}}{0{,}78}$$

$$= 2{,}807.690{,}\text{– RE} = 2{,}81 \text{ Mio.}$$

Setzen Sie die Zahl Ihres eigenen Betriebes ein! Arbeiten Sie dabei prinzipiell mit Nettoumsätzen nach Abzug aller Steuern. Lassen Sie aber das Bedienungsgeld im Umsatz, denn es dient zur Deckung der Personalkosten. Bevor Sie Ihr eigenes Schema, eventuell in größerer Abstufung mit verschiedenen Deckungsbeiträgen, erstellen, sollten Sie Ihren Steuerberater hinzuziehen. Er kann Ihnen aus der Kenntnis Ihres Betriebes wertvolle Anregungen für einen auf Ihren Betrieb maßgeschneiderten Aufbau geben.

Auf der Ebene des Gesamtbetriebs oder einzelner Betriebsteile empfehlen wir Ihnen, die Deckungsbeitragsrechnung monatlich durchzuführen. (Auf die Anwendung auf Artikelebene kommen wir noch.) Dabei wird der Fixkostenbeitrag gezwölftelt. Sollten Sie im Fixkostenblock größere saisonale Schwankungen haben, was vor allem bei den Personalkosten der Fall sein kann, dann lösen Sie die entsprechende Kostenart gegebenenfalls heraus und bilden sich ein abgestuftes Deckungsbeitragsschema, wie wir es Ihnen nachstehend für die Herauslösung der Personalkosten zeigen:

Netto-Verkaufserlöse
– Wareneinsatz
= Deckungsbeitrag I
– Personalkosten
= Deckungsbeitrag II
– Fixkosten
= Gewinn

Auf diese Art und Weise können Sie beliebig Kostenarten isolieren. Mehr als drei Deckungsbeiträge abzustufen, ist selten, vier halten wir für die Obergrenze, bevor die Rechung zu kompliziert und zu unübersichtlich wird. Entscheidend sind nicht die Zahlen, sondern welche Maßnahmen Sie nach der Auswertung ergreifen.

Vielleicht wollen Sie nicht den Gewinnschwellen-Umsatz als Mindestumsatz wissen, sondern Ihren **Ziel**-Umsatz, um Ihre Fixkosten zu decken und einen bestimmten Gewinn zu erwirtschaften.

Die Formel hiefür lautet:

$$\text{Ziel-umsatz} = \frac{\text{Gewinn + Fixkosten}}{1 - \text{Anteil der variablen Kosten in \% vom Umsatz}}$$

Angenommen, in unseren Rechenbeispiel seien die Warenkosten gleichgeblieben, aber der Fixkostenblock von 2,19 Mio. sei um 10 % auf 2,41 Mio. gestiegen. Sie möchten aber dennoch Ihren Gewinn von 150.000 RE p. a. erwirtschaften. Um den hierfür erforderlichen Zielumsatz zu errechnen, setzen wir ein:

$$\frac{0{,}15 + 2{,}41}{1 - 0{,}22} = \frac{2{,}56}{0{,}78}$$

= 3,28 Mio. Ihr Umsatz muß um 9,3 % von 3 Mio. auf 3,28 Mio. steigen, um Ihnen bei der veränderten Fixkostensituation denselben Gewinn zu bringen.
Und wenn nur die Warenkosten gestiegen sind statt der Fixkosten? Dann müssen Sie einen anderen Prozentsatz „Anteil der variablen Kosten am Umsatz" einsetzen. Steigen z. B. Ihre Warenkosten von 22 % auf 24 %, dann benötigen Sie 3,37 Mio. Umsatz, um diese Kostensteigerung auszugleichen und Ihren Gewinn zu halten.

Wir wollen jetzt zur Anwendung der Deckungsbeitragsrechnung auf der **Artikelebene** kommen. Bis hierher haben wir mit einheitlich 22 % (gerade mit einheitlich 24 %) Wareneinsatz als variable Kosten gerechnet. Tatsächlich setzen sich die 22 % als Durchschnitt aus dem Wareneinsatz der einzelnen Speisen und Getränke zusammen. Daß mit Durchschnitten zu rechnen gefährlich ist, weiß der Volksmund, wenn er die Kuh zitiert, die ertrunken ist, obwohl der Fluß im Durchschnitt nur 50 cm tief war. In Ihrem Angebotsmix mögen Artikel mit einem Wareneinsatz von 10 % und solche mit einem von 60 % sein. Je mehr von den wareneinsatzintensiven Gerichten verkauft wird, desto schlechter wird logischerweise der Durchschnitt.
Das belegt zweierlei: Erstens, daß die Deckungsbeitragsrechnung pro Artikel mindestens ebenso wichtig ist wie die für den Gesamtbetrieb; zweitens, wie wichtig die Verkaufs-

analyse ist, denn sie sagt Ihnen, welche Artikel werblich und im Verkauf zu forcieren sind.

Wir wollen deshalb das Thema „Verkaufsanalyse" von Seite 28 unter Deckungsbeitragsgesichtspunkten an dieser Stelle wieder aufgreifen. Die Deckungsbeitragsrechnung pro Artikel ist einfacher, da sie diesem nur die variablen Kosten zurechnet und dort auch stehen bleibt. (Sie erinnern sich: Für die Fixkosten als Kosten der Leistungsbereitschaft können die Artikel nichts, denn sie **verursachen** nur die variablen.) Das Schema verkürzt sich deshalb bei Anwendung auf Artikelebene auf

Nettoverkaufspreis pro Artikel
– Wareneinsatz pro Artikel
= Deckungsbeitrag pro Artikel

Zum Gewinn kommen Sie – der Logik der Deckungsbeitragsrechnung folgend – dabei überhaupt nicht. Dazu müssen Sie erst von der Summe der Deckungsbeiträge aller Speisen und Getränke – multipliziert mit ihrer tatsächlichen oder geplanten Verkaufsanzahl – den Fixkostenblock abziehen. Andernfalls würden Sie unversehens in die Falle der Vollkostenrechnung fallen. Statt dessen ermitteln Sie, welchen Beitrag jeder Artikel zur Deckung Ihres Fixkostenblocks leistet.
Bilden Sie für diesen Vergleich Gruppen, weil es keinen Sinn macht, Äpfel mit Birnen zu vergleichen! Trennen Sie in jedem Fall Speisen und Getränke und danach Untergruppen je nach Breite und Tiefe Ihres Angebots. Es macht Sinn, die Deckungsbeiträge der Hauptgerichte zu ermitteln und diese dann am Deckungsbeitrags-Durchschnitt aller Hauptgerichte zu messen. Auf diese Art und Weise ermitteln Sie die **Nährer** und die **Zehrer.** Dasselbe mag für andere Gruppen hilfreich sein, über deren Bildung und Abgrenzung Sie selbst entscheiden müssen. Für ganze **Menüs** empfehlen wir es Ihnen auf jeden Fall.

Erinnern Sie sich an die „Bundesligatabelle" Ihrer Artikel auf Seite 28? Dort ging es um die Rangfolge nach Beliebtheit bei Ihren Gästen. Jetzt kommen Sie zu einer Rangfolge nach Deckungsbeiträgen. Natürlich wäre es schön, wenn die beiden Rangfolgen identisch wären, d. h. wenn die Artikel mit den höchsten Deckungsbeiträgen auch die beliebtesten bei Ihren Gästen wären. Weshalb eine solche Erwartung unrealistisch ist, brauchen wir nicht mehr ausführlich zu begründen, sondern können uns mit dem Hinweis auf den Widerspruch zwischen Marktfähigkeit und Wirtschaftlichkeit begnügen.

Also kommt es darauf an, die Zusammensetzung Ihres Angebots nunmehr nicht nur nach Beliebtheit bei Ihren Gästen und damit Marktfähigkeit zu optimieren, sondern auch nach Deckungsbeitrag und damit Wirtschaftlichkeit. Gehen Sie in folgenden drei Schritten dabei vor:

1. Errechnen Sie den Deckungsbeitrag jedes angebotenen Artikels, sei es eines Gerichts, eines Menüs oder eines Getränks.
2. Ermitteln Sie die Verkaufsanzahl pro Artikel.
3. Ordnen Sie jeden Artikel einer der nachfolgenden Gruppen zu.

- Hoher Deckungsbeitrag und hohe Verkaufszahl = **Gewinner.**
  Diese sind für Sie sehr gewinnbringend und daher von wichtiger Bedeutung.
  Maßnahmen: Diese Produkte werden nicht verändert und bekommen auf der Speisen- und Getränkekarte die beste Plazierung. Wichtig sind auch eine gleichbleibende Qualität und Präsentation.

- Niedriger Deckungsbeitrag und hohe Verkaufszahl = **Renner.**
  Das sind Produkte, die bei den Gästen sehr beliebt sind, die aber unter dem durchschnittlichen Deckungsbeitrag der entsprechenden Artikelgruppe liegen. Sie bringen in vielen Fällen die notwendige Frequenz in den Betrieb und bilden die Basis für einen gewissen Bekanntheitsgrad.
  Maßnahmen: Nach einem Vergleich mit den Konkurrenzbetrieben ist eventuell eine geringe Preiserhöhung möglich (Verkaufszahlen beobachten). Auf der Karte werden diese Artikel so plaziert, daß sie nicht sofort ins Auge ste-

chen, da die Gäste sie anscheinend ohnehin suchen. Außerdem könnte die Qualität oder die Portionsgröße verändert werden. Es ist zu überprüfen, ob der Artikel mit weniger Arbeitsaufwand bei Einsatz von Halb- und Fertigprodukten in gleicher Qualität erzeugt werden kann und ob die Kombination mit anderen Artikeln mit hohem Deckungsbeitrag möglich ist (klassisches Beispiel: Kaffee und Torte).

- Hoher Deckungsbeitrag und niedrige Verkaufszahl = **Schläfer.**
  Bei diesen Artikeln wird pro verkaufter Einheit ein hoher Deckungsbeitrag erwirtschaftet. Sie verkaufen sich aber schlecht.
  Maßnahmen: Wenn die Konkurrenz günstiger verkauft, ist vielleicht eine leichte Preissenkung möglich (wenn der Verkaufspreis überzogen war). Herausheben dieser Artikel auf der Karte bringt vielleicht eine Steigerung der Verkaufszahl. Eventuell sollten diese Artikel einen neuen Namen bekommen. Der Verkauf ist außerdem mit gezielten Verkaufsförderungsmaßnahmen (Tischaufsteller, Verkaufsschulung) anzukurbeln.
  Da die sogenannten „Prestigeartikel" meist oder häufig „Schläfer" sind, ist darauf zu achten, daß ihre Zahl begrenzt bleibt.
- Niedriger Deckungsbeitrag und niedrige Verkaufszahl = **Verlierer.**
  Diese Speisen und Getränke sind bei den Gästen nicht beliebt und haben einen geringen Deckungsbeitrag. Sie tragen wenig zum Betriebserfolg bei.
  Maßnahmen: Es ist zu überlegen, ob dieses Produkt weiter auf der Karte bleiben soll. Oder es wird der Verkaufspreis erhöht, so daß wenigstens ein Schläfer daraus wird (Verkaufszahlen beachten). Vielleicht kann dieser Artikel in Zukunft auch auf einer Sonderkarte (mit neuem Namen, neuer Präsentation, neuem Preis) aufscheinen (Konkurrenzanalyse – wie ist die Präsentation bei dem gleichen oder einem ähnlichen Produkt bei der Konkurrenz – bringt vielleicht weitere Aufschlüsse über dieses Produkt).

Demgegenüber birgt die weitverbreitete Rechnung mit Rohaufschlägen erhebliche Gefahren, auf die wir Sie hinweisen müssen. Natürlich liegt der Gastronom rechnerisch richtig, wenn er seine Gesamtkosten pro Verkaufsartikel ermittelt, indem er auf den Wareneinsatz einen prozentualen Aufschlag für seinen Fixkostenblock vornimmt. Dieser sogenannte „Rohaufschlag" errechnet sich nach der Formel

$$\frac{\text{Fixkosten} \times 100}{\text{variable Kosten}} \text{ oder } \frac{\text{Fixkosten} \times 100}{\text{Wareneinsatz}}$$

Wir wollen der rechnerischen Einfachheit halber annehmen, der Küchenwareneinsatz betrage 0,5 Mio. RE oder 33 % vom Umsatz und der Fixkostenblock 1,4 Mio RE.

Das ergibt einen Rohaufschlag von

$$\frac{1{,}25 \text{ Mio.} \times 100}{0{,}5 \text{ Mio.}} = 250\,\%$$

Die Gesamtkosten eines Gerichts mit einem Wareneinsatz von 10,– RE errechnen sich somit aus 10,– RE + (10,– × 250 : 100) = 35,– RE.
Ein anderer Rechenweg teilt den Aufschlag durch 100, addiert 1 und multipliziert damit den Wareneinsatz:
250 : 100 = 2,5 + 1 = 3,5
10,– RE Wareneinsatz × Aufschlagsfaktor 3,5 ergibt wieder 35,– RE Gesamtkosten.

Die Gefährlichkeit der Aufschlagskalkulation resultiert nun daraus, daß der Aufschlagsprozentsatz (oder Aufschlagsfaktor, je nach Rechenweise) nur für einen ganz bestimmten Absatzmix und einen ganz bestimmten Umsatz Gültigkeit hat. Wiederum an unserem Rechenbeispiel aufgezeigt: Angenommen, der Umsatz sei gegenüber dem letzten Halbjahr um 10 % gesunken. Das vermindert auch den Wareneinsatz als variable Kostenart. Er sinkt ebenfalls um 10 % von 0,5 Mio. auf 0,45 Mio. RE. In die Formel zur Ermittlung des Rohaufschlags eingesetzt

$$\frac{1{,}25 \text{ Mio. Fixkosten}}{0{,}45 \text{ Mio. Wareneinsatz}}$$

ergibt diese Veränderung einen neuen Rohaufschlag von 278 % statt 250 % oder einen Multiplikationsfaktor von 3,78 statt 3,50. Das Gericht kostet nun 37,80 RE statt 35,–, obwohl sich die ihm zurechenbaren Kosten nicht verändert haben. Der Zusammenhang ist logisch, da sich der Fixkostenblock nunmehr auf weniger Gerichte verteilt. Das bedeutet letztlich nichts anderes, als daß weniger Gäste mehr bezahlen müssen. Das ist kaufmännisch richtig, wird Sie aber bei sinkendem Umsatz bald an die Preisobergrenze führen. Passen Sie Ihren Rohaufschlag nicht an, erhalten Sie ein falsches Kostenbild.

Für das Rechnen mit Rohaufschlägen halten wir fest:

- Mit Rohaufschlägen zu arbeiten ist nicht falsch, aber gefährlich.
- Der Anwendung eines Rohaufschlags liegt immer eine Umsatz- und Absatzprognose zugrunde, und die Richtigkeit des Aufschlags hängt vom Eintreffen der Prognose ab.
- Die weithin verbreitete Formel zur Ermittlung des Rohaufschlags verschleiert diesen Zusammenhang aber, weil sie einen umsatz**abhängigen** Gesamt-Wareneinsatz in ein **festes Verhältnis** zu den Fixkosten setzt, und dieses zementierte Verhältnis anschließend umsatz**unabhängig** auf das einzelne Gericht anzuwenden droht.
- Rohaufschläge sind somit mengenabhängig ständig neu zu errechnen, zu überprüfen und anzupassen. Vielfach kommen Rohaufschäge zur Anwendung, die über ein Jahr alt sind und deren Ermittlung ein völlig anderes Mengengerüst zugrunde lag.
- Letztlich liegt die Gefahr des Rohaufschlags in der weiter oben erwähnten Vollkostenfalle, in die man leicht tappt, wenn der Fixkostenblock auf einzelne Verkaufsartikel aufgeteilt wird.

Die Logik der Deckungsbeitragsrechnung fragt deshalb: „Warum mit einem Rohaufschlag arbeiten, der ständig neu

zu ermitteln ist, um Fixkosten jeweils richtig auf Verkaufsartikel zu verteilen, obwohl sich diese Fixkosten ohnehin nicht verändern? Ist es da nicht besser, auf der Artikelebene das Rechnen mit Fixkosten ganz zu unterlassen und sich nur auf die Steuerung des Beitrags zur Deckung dieser Fixkosten zu konzentrieren?"
Wir schließen uns dieser Logik an und empfehlen Ihnen, Rohaufschläge äußerst vorsichtig und sparsam anzuwenden und statt dessen mit Deckungsbeiträgen zu arbeiten. Sie haben gesehen, welche Vielfalt an Steuerungs- und unternehmerischen Aktionsmöglichkeiten Ihnen die Deckungsbeitragsrechnung aufzeigt. Ziehen Sie die vielfältig verfügbaren Checklisten sowie ergänzende Marketing-Fachliteratur hinzu und drehen Sie an allen verfügbaren Stellschrauben. Es sind nur **vier,** und Sie können sich mit der Tatsache trösten, daß keiner Ihrer Wettbewerber über mehr als diese vier verfügt:

- Produkt/Angebotsmix
- Absatzmenge pro Artikel
- Kosten (variable und fixe)
- Preise

# Schlußbemerkung

Viele vertiefende Hinweise zu jedem der behandelten Themen wären noch zu geben und wichtige Einzelheiten, wie Warenwirtschaft sowie Personalplanung und -führung, mußten wir ausklammern. Zur Vertiefung müssen wir Sie auf die entsprechende und mittlerweile auch ausreichend vorhandene Fachliteratur verweisen. Es war uns wichtiger, den betriebswirtschaftlich-unternehmerischen Bogen möglichst weit zu spannen und für Sie den Verständniszusammenhang der miteinander untrennbar verzahnten Themenblöcke sicherzustellen. Den großen Bereich der Marketingfragen meinen wir, mit den ausführlichen Hinweisen zum richtigen Produktverständnis und unter den Überschriften der anderen Kapitel in angemessener Weise berücksichtigt zu haben.

Passen Sie die empfohlenen Instrumente und Methoden Ihrem individuellen Betriebskonzept und Angebotsprogramm an! Suchen Sie dabei zusätzlichen Rat von Fachleuten in den jeweiligen Gebieten!

Vor allem aber: Beginnen Sie sofort, denn Unterlassen ist bekanntlich das Gegenteil von Unternehmen...!

# Einführung in die Ernährungslehre

# Einführung in die Ernährungslehre

Körperliches Wachstum und die Erhaltung des Lebens sind an die Zufuhr von Stoffen gebunden, die in ihrer Gesamtheit als Nahrung bezeichnet werden. Laut dem österreichischen Lebensmittelgesetz sind Lebensmittel Stoffe, die in unverändertem, zubereitetem oder verarbeitetem Zustand überwiegend zu Ernährungs- und Genußzwecken gegessen oder getrunken werden. Lebensmittel kann man also in **Nahrungsmittel** und **Genußmittel** unterteilen.

| LEBENSMITTEL | |
|---|---|
| **Nahrungsmittel** | **Genußmittel** |
| *Grundnährstoffe* | *alkaloidhaltige* |
| *Wirk- und Reglerstoffe* | *alkoholische* |
| *Begleitstoffe* | |
| *Wasser* | |

Ausgewogene Ernährung bedeutet eine dem Bedarf angepaßte Energiezufuhr sowie das richtige Verhältnis von Nähr- und Wirkstoffen.

Folgende Punkte sind zu berücksichtigen:
- Die Nahrung soll die notwendige Energiemenge für den betreffenden Menschen (je nach Alter, Tätigkeit usw.) enthalten sowie die richtige Nährstoffrelation (Nährwert). Das optimale Verhältnis der Grundnährstoffe ist 55 % Kohlenhydrate : 15 % Eiweiß : 30 % Fett.
- Sie soll sättigend wirken (Sättigungswert).
- Sie soll geschmacklich gut zubereitet und appetitlich angerichtet sein (Geschmackswert).

- Sie soll regelmäßig eingenommen werden.
- Sie soll abwechslungsreich sein.

**Nahrungsmittel** bestehen aus **Grundnährstoffen** (Eiweißen, Fetten, Kohlenhydraten), **Wirk- und Reglerstoffen** bzw. Ergänzungsnährstoffen (Vitaminen, Mineralstoffen), **Nahrungsbegleitstoffen** (Farb-, Geruchs-, Geschmacks-, Ballaststoffen) und **Wasser.** Jeder dieser Nahrungsmittelbestandteile hat im Körper bestimmte Aufgaben zu erfüllen.
**Grundnährstoffe** werden im Magen-Darm-Kanal durch Enzyme (Fermente) in kleinste Bausteine gespalten. Diese werden vom Körper aufgenommen (resorbiert) und dann entweder zum Aufbau körpereigener Substanzen benutzt oder verbrannt, d. h. in Wärmeenergie umgewandelt.
Grundnährstoffe werden nach der Menge an Wärmeenergie bewertet, die aus ihnen gewonnen wird. Der Wärmewert, auch Brennwert oder Nährwert genannt, wird in Wärmeeinheiten angegeben.

Seit dem 1. Jänner 1978 heißt diese Einheit Joule (früher Kalorie).
**1 Kilojoule** (kJ) = 0,239 kcal
**1 Kilokalorie** (kcal) = 4,184 kJ

Die von den einzelnen Grundnährstoffen gelieferte Wärmeenergie ist unterschiedlich groß:
1 g Fett = 39 kJ (9,3 kcal)
1 g Eiweiß = 17 kJ (4,1 kcal)
1 g Kohlenhydrate = 17 kJ (4,1 kcal)

Eiweiß und Kohlenhydrate liefern also bei der Verbrennung gleiche Energiemengen, Fett jedoch mehr als doppelt soviel.
Zu den **Wirk- und Reglerstoffen** (Ergänzungsnährstoffen) zählen Vitamine und Mineralstoffe. Sie regeln die Stoffwechselvorgänge, schützen vor Mangelkrankheiten und dienen zum Aufbau der Knochen, Haare und Nägel.
Die **Ballaststoffe** sind unverwertbare **Begleitstoffe der Nahrung.** Diese unverdaulichen Nahrungsfasern sind für eine geregelte Verdauung unbedingt notwendig. **Farb-, Duft- und Geschmacksstoffe** (z. B. Duft einer Zitrone) sind ebenfalls unverwertbare Begleitstoffe. Sie regeln die Produktion und

Abgabe der Verdauungssekrete und beeinflussen die Darmbewegungen und den Blutdruck.
Bei den **Genußmitteln** werden alkaloidhaltige Genußmittel (Tee, Kaffee, Kakao, Tabak) und alkoholische Genußmittel (Wein, Bier, Spirituosen usw.) unterschieden.

## Verdauung von Nährstoffen

Den Vorgang, durch den die Nahrung vom Mund bis zum Darmausgang verändert wird, bezeichnet man als Verdauung. Durch Enzyme werden unter Anlagerung von Wasser hochmolekulare Nahrungsbestandteile in ihre Bausteine zerlegt. Diese Bausteine werden durch die Darmzotten in die Blut- und Lymphbahnen aufgenommen, zu den Zellen transportiert und dort weiter umgesetzt.

# Grundnährstoffe

## Eiweiße

### Aufgabe

Eiweiß kann im Gegensatz zu Fett nur in kleinen Mengen gespeichert werden. Eiweiß, auch Protein genannt, dient hauptsächlich der **Erhaltung und Erneuerung der Zellen.** Weiters wird es zur Infektionsabwehr und zur Regelung des Wasserhaushaltes in unserem Organismus herangezogen. Als Baustein für die Bildung von Enzymen, Hormonen und Immunglobulinen[1] und für viele andere lebensnotwendige Stoffe benötigt der Organismus Eiweiß.

### Aufbau

| EIWEISS-STOFFE | |
|---|---|
| Einfache Eiweißstoffe = PROTEINE | Zusammengesetzte Eiweißstoffe = PROTEIDE |
| – *Globuläre:* *Albumine*, *Globuline*, *Gluten*<br>– *Fibrilläre:* *Kollagene*, *Myosin, Actin*, *Elastine*, *Keratine*, *Fibrinogen* | *Phosphoproteide*<br>*Lipoproteide*<br>*Glycoproteide*<br>*Chromoproteide*<br>*Nucleoproteide* |

Chemisch gesehen handelt es sich um stickstoffhaltige organische Verbindungen, deren einfachste Bauelemente die **Aminosäuren** sind.

[1] Abwehrstoffe im Blut.

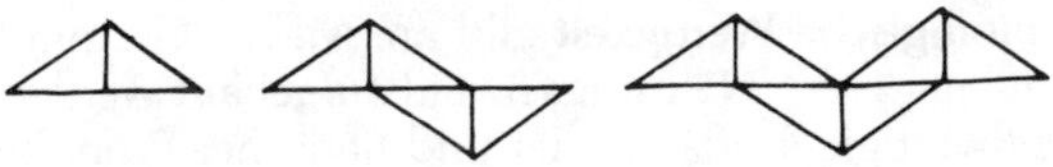

*einfach* *zweifach* *dreifach*

Man unterscheidet **einfache Eiweißstoffe (Proteine),** z. B. Albumine, Globuline, Kollagene und Elastine, und **zusammengesetzte Eiweißstoffe (Proteide),** z. B. Phosphoproteide und Glycoproteide, bei denen noch andere Stoffe beteiligt sind.

*Einfache Eiweißstoffe (Proteine)*

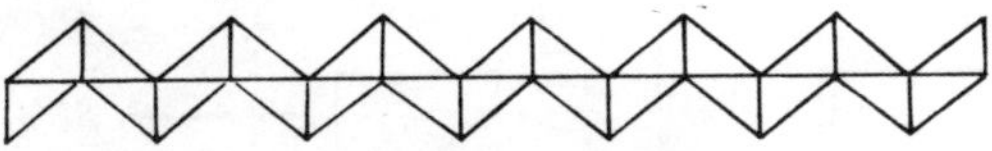

*Zusammengesetzte Eiweißstoffe (Proteide)*

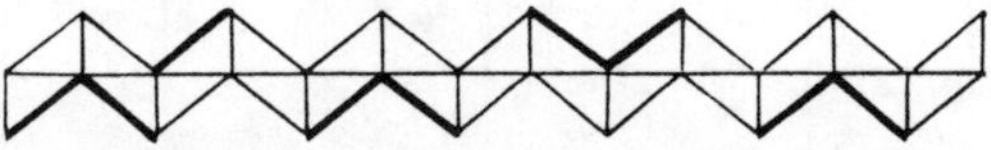

Eiweißstoffe werden durch den Zusammenschluß von **Aminosäuren** (oft 100 bis 1.000) zu entsprechenden Großmolekülen (Peptiden) gebildet. Diese langen Peptidketten nennt man Polypeptide. Am Aufbau dieser Eiweißgroßmoleküle beteiligen sich insgesamt nur 20 verschiedene Aminosäuren. Zwölf dieser zwanzig Aminosäuren kann der menschliche Organismus nicht selbst aufbauen. Sie müssen dem Körper zugeführt werden und sind deshalb essentielle, d. h. lebensnotwendige Nahrungsbestandteile.
Beim Aufbau von körpereigenem Eiweiß spielen die **essentiellen Aminosäuren** eine bedeutende Rolle. Je mehr das Aminosäuremuster dem menschlichen entspricht, desto biologisch hochwertiger ist das Eiweiß. Aus diesem Grund ist tierisches Eiweiß biologisch hochwertig. Die Wertigkeit pflanzlicher Produkte liegt mit Ausnahme der Sojabohnen weit darunter. Trotzdem ist eine Ernährung ganz ohne tierisches Eiweiß grundsätzlich möglich. Sie ist aber viel schwerer zusammenzustellen und bedenklicher für Personen mit einem erhöhten Eiweißbedarf wie Schwangere, Stillende und Kinder.

Die **biologische Wertigkeit** gibt an, wieviel Gramm Körpereiweiß aus 100 g Nahrungseiweiß aufgebaut werden kann.
Eiweißwertigkeit pflanzlicher und tierischer Produkte:

| | | | |
|---|---|---|---|
| Sojabohne | 72 % | Eier | 94 % |
| Kartoffeln | 67 % | Milch | 86 % |
| Weizenmehl | 35 % | Fisch (im Durchschnitt) | 80 % |
| Hülsenfrüchte | 30 % | Fleisch (im Durchschnitt) | 76 % |

Die Ausnutzung von Milcheiweiß in Prozent

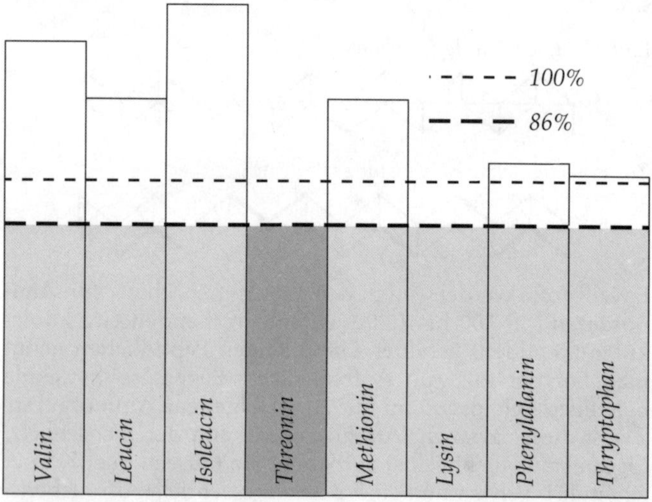


*Die Aminosäure Threonin im Milcheiweiß zu 86 Prozent vor. Sie ist hier die limitierende Aminosäure. Alle anderen Aminosäuren könen daher ebenfalls nur zu 86 Prozent ausgenützt werden.*

Die niedrige biologische Wertigkeit bzw. der niedrige Eiweißgehalt mancher Nahrungsmittel kann durch Kombination verschiedener Nahrungsmittel in einer Mahlzeit ausgeglichen werden.

Einen besonders guten Ergänzungswert haben:
- Kartoffeln mit Milchprodukten, Fleisch, Fisch oder Ei
- Getreideprodukte mit Milch, Fleisch, Fisch oder Ei
- Hülsenfrüchte mit Milch, Fleisch, Fisch oder Getreide

Einige Gerichte:
Linseneintopf mit Semmelknödel, Nudelauflauf, Kartoffelpuffer, Käsespätzle, Getreide- oder Sojalaibchen

## Verdauung

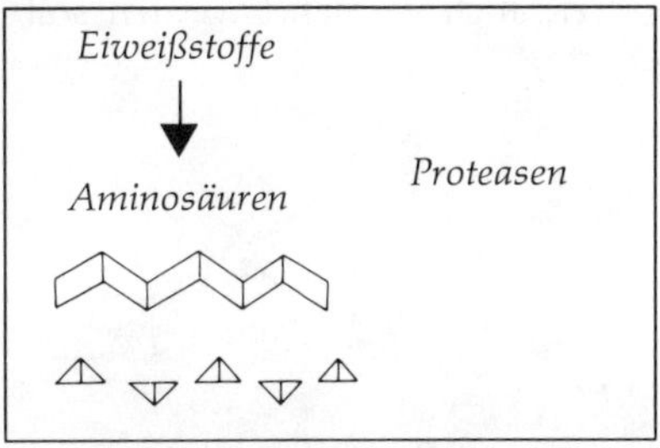


Die Eiweißstoffe werden im Magen durch die Magensalzsäure zur Gerinnung gebracht. Das erste eiweißspaltende Enzym ist das Pepsin des Magens. Pepsin spaltet die langen Peptidketten der Proteine in ein niedermolekulares Peptidgemisch. Die Enzyme der Bauchspeicheldrüse spalten dann dieses Gemisch in die einzelnen Aminosäuren, die anschließend über die Darmwand in den Blutkreislauf gelangen.
Eiweiß ist unser wichtigster Körperbaustoff, er kann aber nur in kleinen Mengen gespeichert werden. Wenn wir mehr aufnehmen, als wir zum Aufbau brauchen, wird es in Fett umgewandelt und gespeichert.

## Bedarf

Körpereiweiß unterliegt einem ständigen Ab- und Aufbau. Innerhalb von 80 Tagen wird etwa die Hälfte unserer menschlichen Eiweißsubstanz durch neues Eiweiß ersetzt. Dies ist ein Mittelwert, denn der Eiweißbestand mancher Organe wird sehr rasch erneuert (Leber), während die Eiweißerneuerung anderer Organe (Haut, Skelett, Muskulatur) langsam verläuft.
Der tägliche Eiweißbedarf liegt beim Erwachsenen etwa bei 0,8 g pro kg Körpergewicht und Tag, also im Durchschnitt

bei 60 g am Tag. Die typischen Eiweißquellen sind gleichzeitig die wesentlichen Fettquellen (Fleischwaren, Wurstwaren, Milch und Milchprodukte). Das heißt bei einer empfohlenen Fettreduktion kommt es gleichzeitig zu einer verminderten Eiweißzufuhr.
In einer Wachstumsphase, wenn die Zellsubstanz nicht nur erneuert, sondern auch vermehrt werden soll, erhöht sich der Eiweißbedarf.

# Fette

## Aufgabe

Fette als **Energielieferanten** liefern mehr als doppelt soviel Energie als Eiweiße und Kohlenhydrate. Sie sind Träger fettlöslicher Vitamine (A, D, E, K) sowie Träger der essentiellen Fettsäuren, die Bestandteil aller Zellstrukturen im Organismus sind und die Ausgangsstoffe für die Synthese bestimmter Gewebshormone herstellen (ein Mangel an essentiellen Fettsäuren kann sich in Hautveränderungen und Fortpflanzungsstörungen bemerkbar machen). Weiters sind sie auch Träger von Geschmacksstoffen. Nur mit Hilfe ihrer **Trägerwirkung** können all diese wichtigen Stoffe wirklich vom Körper aufgenommen und verwertet werden.
Fette sind also die energiereichsten Nährstoffe, die u.a. in Form von Butter, Margarine, Schmalz, Pflanzenfett und Speiseöl verwendet werden (sichtbare Fette). Während Speiseöl, Pflanzenfett und Schmalz beinahe zu 100% aus Fett bestehen, enthalten Butter und Margarine auch einen erheblichen Anteil an Wasser (Butter bis zu 18%, Margarine bis zu 20%).
Der Mensch deckt seinen Bedarf an Fett jedoch keineswegs nur aus den angeführten Fetten, sondern zu einem beträchtlichen Maß aus den versteckten Fetten. Diese kommen in unterschiedlicher Menge in verschiedenen Nahrungsmitteln vor (z.B. Milch, Mayonnaise, Backwaren, Schokolade, Wurst, Käse).

## Aufbau

| LIPIDE | |
|---|---|
| **einfache Lipide** | **komplexe Lipide = Lipoide** |
| *Neutralfette* | *z. B.* |
| *Wachse* | *Phosphatide* |
| | *Steroide* |
| | *Carotinoide* |

Die **Fette (Neutralfette)** und **fettähnlichen Substanzen (Lipoide)** werden zur Gruppe der **Lipide** zusammengefaßt. Fette und Öle der menschlichen Ernährung sind Neutralfette. Sie sind, egal ob tierisch oder pflanzlich, ob fest oder flüssig, nach demselben Schema aufgebaut, d. h., ein Fettmolekül besteht chemisch immer aus einem Glycerinmolekül, das mit drei verschiedenen Fettsäureresten verestert ist.

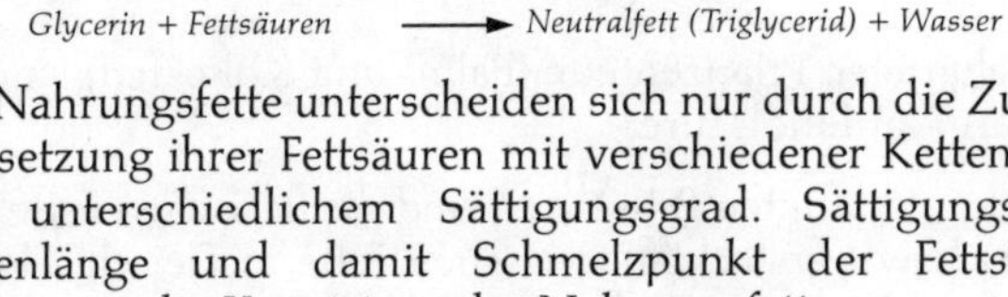


*Glycerin + Fettsäuren ⟶ Neutralfett (Triglycerid) + Wasser*

Die Nahrungsfette unterscheiden sich nur durch die Zusammensetzung ihrer Fettsäuren mit verschiedener Kettenlänge und unterschiedlichem Sättigungsgrad. Sättigungsgrad, Kettenlänge und damit Schmelzpunkt der Fettsäuren bestimmen die Konsistenz der Nahrungsfette.

**Man unterscheidet nach der Sättigung**

– gesättigte Fettsäuren (z. B. Fleisch, Wurst, Käse)

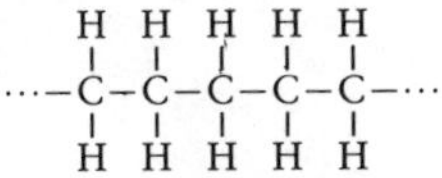

- einfach ungesättigte Fettsäuren (z. B. Erdnüsse, Olivenöl)
- mehrfach ungesättigte Fettsäuren (z. B. Sonnenblumenöl, Maiskeimöl)

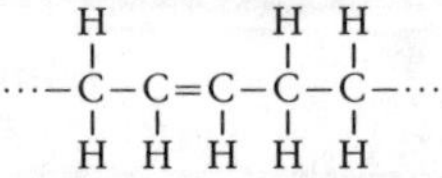

**Man unterscheidet nach der Kettenlänge**
- kurzkettige Fettsäuren (z. B. Butter) – leichter löslich

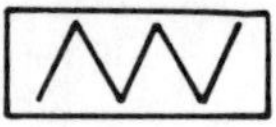

- langkettige Fettsäuren (z. B. Öle)

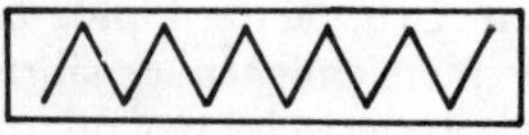

Besonders lebensnotwendig für den Organismus sind die mehrfach ungesättigten Fettsäuren, die wichtigste ist die **Linolsäure.** Einen besonders hohen Anteil an Linolsäure haben.

| | |
|---|---|
| Safloröl (Distelöl) | 75 % |
| Sonnenblumenöl | 65 % |
| Maiskeimöl | 75 % |
| Sojaöl | 54 % |

Die gehärteten Pflanzenfette (Palm- und Kokosfett) sind frei bzw. arm an Linolsäure.

Reich an gesättigten Fettsäuren sind die tierischen Fette (z. B. Butter) bzw. versteckten tierischen Fette in Fleisch, Fleischwaren und Käse. Sie sind auch reich an Cholesterin, welches wiederum einen Risikofaktor bei der Entstehung von Herz-Kreislauf-Erkrankungen darstellt. Näheres dazu finden Sie im Kapitel Diätetik.

## Verdauung

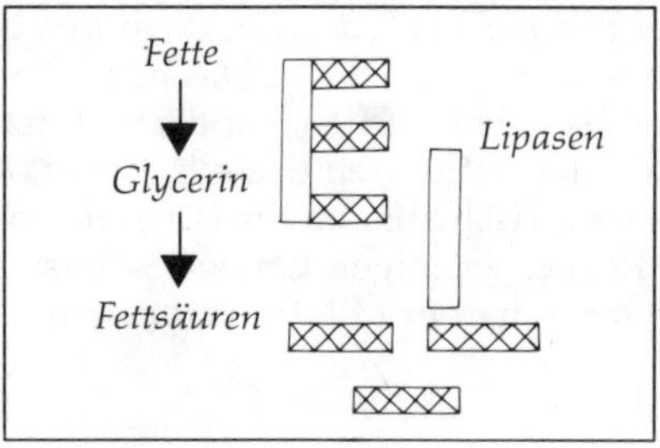


Fette werden zum Teil im Mund verändert. Im Magen erfolgt keine Reaktion, denn erst im Zwölffingerdarm, dem ersten Teil des Dünndarms, beginnt die eigentliche Fettverdauung.

Es kommt dort zu zwei Vorgängen:

- **Emulgierung**
  Der Gallensaft vermischt sich mit dem Speisebrei und zerteilt (emulgiert) das Fett in kleinste Teilchen. Dadurch wird die Oberfläche der Fetttröpfchen stark vergrößert, sodaß die fettspaltenden Enzyme leichter einwirken können.
- **Enzymatische Spaltung**
  Die fettspaltenden Enzyme (Lipasen) aus der Bauchspeicheldrüse wirken auf das Fett ein. Dabei werden Fettmoleküle stufenweise in ihre Bestandteile (Fettsäuren und Glycerin) zerlegt. Diese können nun im Dünndarm über die Darmzotten ins Blut aufgenommen werden.

## Bedarf

Die Fettmenge soll 30 % der gesamten Energiezufuhr betragen.

Das ideale Fettsäureverhältnis

| | | | | |
|---|---|---|---|---|
| 1 | : | 1 | : | 1 |
| gesättigte Fettsäuren | | einfach ungesättigte Fettsäuren | | mehrfach ungesättigte Fettsäuren |

Zur Zeit sieht das Ernährungsverhalten so aus, daß 44% statt 30% der Energie aus Fett gedeckt werden und das Fettsäureverhältnis 2,6 : 2,7 : 1 beträgt. Das heißt die Gesamtfettaufnahme soll reduziert werden, vor allem durch Einschränken der gesättigten Fettsäuren (Fleisch, Wurst, Käse). Dafür soll öfter magerer Fisch auf den Speisenplan, weil dieser die für unseren Körper wichtigen Omega-3-Fettsäuren enthält, die die Fließeigenschaft des Blutes verbessern.

## Kohlenhydrate

### Aufgabe

Kohlenhydrate werden als **schnelle Energielieferanten** – „Benzin" für den menschlichen Motor, z. B. für Muskelarbeit, Denkvorgänge, zur Aufrechterhaltung der Körperwärme, Organtätigkeit und zum Denken – benötigt.
Kohlenhydrate bestehen aus den chemischen Elementen Kohlenstoff (C), Wasserstoff (H) und Sauerstoff (O). Sie werden in Pflanzen mit Hilfe von Lichtenergie gebildet (Photosynthese).

### Aufbau

Es werden folgende Kohlenhydrat-Gruppen unterschieden:

| KOHLENHYDRATE | | |
|---|---|---|
| *Einfachzucker (Monosaccharide)* | *Zweifachzucker (Disaccharide)* | *Mehrfachzucker (Polysaccharide)* |

Zu den **Einfachzuckern** gehören
- Traubenzucker, der in Obst und Honig vorkommt
- Fruchtzucker, kommt ebenfalls in Obst und Honig vor und ist ein Bestandteil des Rohr- und Rübenzuckers
- Schleimzucker, ist Bestandteil des Milchzuckers

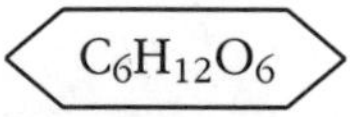


*Einfachzuckermolekül*

Zu den **Zweifachzuckern** gehören
- Rohr- und Rübenzucker, er besteht aus 1 Teil Traubenzucker und 1 Teil Fruchtzucker
  Vorkommen: Zuckerrohr und -rübe
- Malzzucker, entsteht in keimender Gerste durch Stärkeabbau, besteht aus 2 Teilen Traubenzucker
- Milchzucker, besteht aus 1 Teil Traubenzucker und 1 Teil Schleimzucker – von Bedeutung in der Säuglingsernährung
  Vorkommen: Milch, Milchprodukte

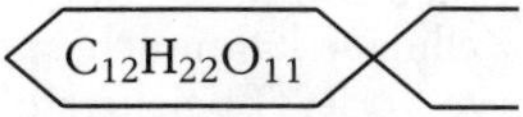


*Doppelzuckermolekül*

Die **Mehrfachzucker** finden sich überwiegend im Pflanzenreich, aber auch im Tierreich werden sie als Speicherstoff und Gerüststoffe angetroffen.
Pflanzliche Mehrfachzucker werden eingeteilt in
- Speicherstoffe,
- Füllstoffe,
- Gerüstsubstanzen.

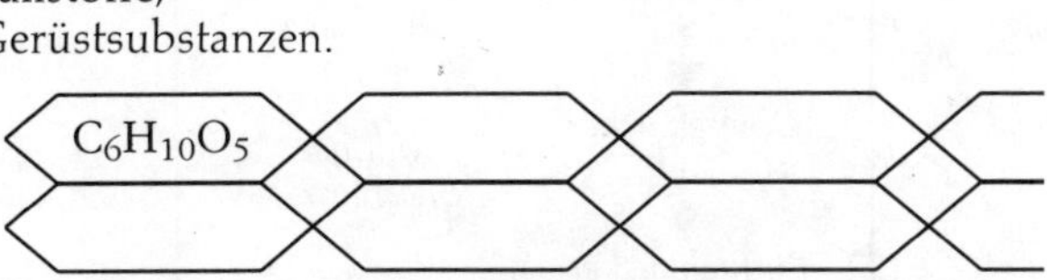


*Mehrfachzuckermolekül*

Zu den **Speicherstoffen** zählen:
- Stärke
  besteht aus zwei Traubenzuckerketten mit unterschiedlichem Bau; Vorkommen: Getreide, Kartoffeln, Reis, Hülsenfrüchte.
- Dextrine
  entstehen beim Erhitzen und Rösten von Stärke und Stärkeprodukten (z. B. Brotrinde, Zwieback ...). Sie sind leichter verdaulich als Stärke.

Zu den **Füllstoffen** zählen:
- Ballaststoffe
  besonders enthalten in Vollkornbrot, Haferkleie, Weizenkleie u. ä.
- Pektine
  besonders reich in unreifen Äpfeln, Quitten, Ribiseln. Verwendung als Geliermittel, Emulgatoren, Verdickungsmittel, Feuchthaltemittel und in der Pharmazie.
- Schleimstoffe
  der Algen und Pflanzengummi (z. B. Agar-Agar). Verwendung als Geliermittel.

Zu den **Gerüstsubstanzen** gehört:
- Zellulose
  Bestandteil der Pflanzenwände (gibt den Pflanzen Form und Festigkeit). Zellulose kann nicht mehr abgebaut werden (kein Reserve- oder Speicherstoff), sondern wird unverwertet ausgeschieden.

## Verdauung

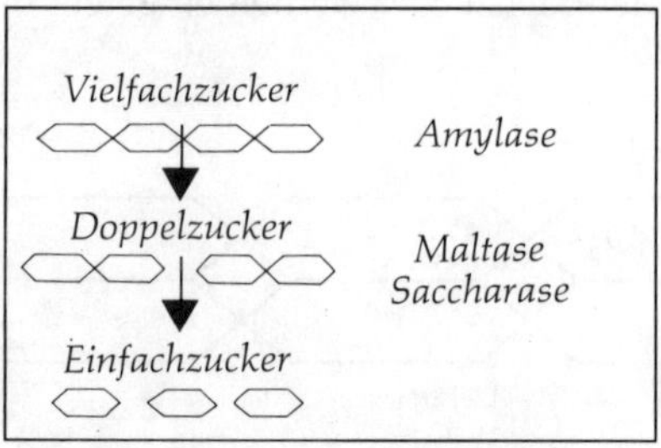


**Einfachzucker** können unverändert, also ohne weiteren Abbau, aus dem Darm ins Blut aufgenommen werden.
**Zweifachzucker** und **Mehrfachzucker** müssen durch die Verdauungssäfte im Magen in ihre Bestandteile (Einfachzucker) zerlegt werden, um über den Darmtrakt ins Blut zu gelangen.
Nur bestimmte **Füllstoffe** (vor allem Ballaststoffe) und **Gerüstsubstanzen** werden von den Verdauungssäften nicht

angegriffen, kommen unverdaut in den Darm, quellen auf und wirken anregend auf die Darmperistaltik.

## Bedarf

Nach Empfehlungen der DGE (Deutschen Gesellschaft für Ernährung) sollen 50–55 % des täglichen Gesamtenergieverbrauchs durch Kohlenhydrate gedeckt werden.
Bei der Erstellung von Tageskostplänen soll nicht alleine auf die ausreichende Deckung des Kohlenhydratbedarfes geachtet werden, sondern ganz besonders auf die **richtige Auswahl der Kohlenhydratträger.**

Zwei Gruppen von kohlenhydrathältigen Lebensmitteln können unterschieden werden:

- Sogenannte „reine" Energielieferanten, die vollständig zu Traubenzucker abgebaut werden (Zucker, Stärke etc.),
- und solche Kohlenhydratträger, die neben ihrer Funktion als Energielieferant auch Vitamine, Mineralstoffe, Spurenelemente und Ballaststoffe zuführen (Vollkornprodukte, Obst, Gemüse). Diese sollen bevorzugt in den Speisenplan eingebaut werden.

# Wirk- und Reglerstoffe (Ergänzungsnährstoffe)

## Vitamine

### Aufgabe

Vitamine sind organische Verbindungen, die vom Organismus für bestimmte **lebensnotwendige** Funktionen benötigt werden, jedoch im Körper nicht oder nicht in genügendem Umfang hergestellt werden können.

Die Vitamine müssen deshalb regelmäßig mit der Nahrung zugeführt werden, und zwar fertig oder als sogenannte **Provitamine** – diese stellen sozusagen die Vorstufe der Vitamine dar und können vom Organismus in die entsprechenden Vitamine umgewandelt werden.

**Wichtige Vitaminquellen**

- **Pflanzliche Lebensmittel** (Obst, Gemüse, Getreide, Kartoffeln, Pflanzenfette usw.)
- **Tierische Lebensmittel** (Fleisch, Milch, Fisch, tierische Fette, Innereien usw.)
- **Mikroorganismen im Darm;** in welchem Umfang die Darmflora zur Vitaminversorgung beiträgt, ist noch nicht genau bekannt. Bei Biotin und Vitamin K ist das Ausmaß der eigenen Produktion nach heutigen Erkenntnissen als ausreichend zu bezeichnen. Wird jedoch die Darmflora zerstört (durch entzündliche Erkrankungen der Darmwand beispielsweise), müssen die Vitamine mit der Nahrung zugeführt werden.

## Aufbau

| VITAMINE | |
|---|---|
| **fettlösliche Vitamine** | **wasserlösliche Vitamine** |
| *A, D, E, K* | *B-Komplex, C, Folsäure, Niacin, Biotin, Pantothensäure* |

## Verdauung

Nach der Einteilung der Vitamine in

- **fettlösliche Vitamine:** A, D, E, K. Sie werden im Körper gespeichert.
- **wasserlösliche Vitamine:** B-Gruppen, Folsäure, Niacin, Biotin, Pantothensäure, Vitamin C. Sie können nicht oder nur in sehr geringem Umfang gespeichert werden. Über den Bedarf zugeführte wasserlösliche Vitamine werden meist mit dem Harn ausgeschieden. Sie müssen dem Körper also besonders regelmäßig zugeführt werden, um Mangelerkrankungen zu vermeiden.

## Bedarf

Der Vitaminbedarf wird von Alter, Geschlecht, Gewicht und Größe, körperlicher Aktivität, Stoffwechsellage, eventueller Erkrankungen und Belastungen (z. B. benötigen Raucher doppelt soviel Vitamin C als Nichtraucher) beeinflußt. Den einzelnen Bedarf jedes Vitamins finden Sie nachfolgend.

**Störungen der Vitaminversorgung**

- Unterversorgung oder völliges Fehlen
  durch einseitige Ernährung, allgemeine Unterernährung, Zerstörung der Vitamine (z. B. durch falsche Lagerung oder Zubereitung der Vitaminträger – siehe auch folgende Tabelle), Störungen des Verdauungstraktes bzw. der Darmflora (z. B. Durchfall).

- Überversorgung
  gefährlich bei den fettlöslichen Vitaminen.

| Vitamin | Zerstörung durch | | | | | |
|---|---|---|---|---|---|---|
| | Wasser | Hitze | Licht | Sauerstoff | Säuren | Alkalien |
| A | | ● | ●● | ●● | ● | |
| D | | ● | ● | ● | ● | ● |
| E | | ● | ● | ● | | |
| K | | ● | ● | ● | ● | ● |
| $B_1$ | ●● | ●● | ● | ● | | ● |
| $B_2$ | ●● | ● | ● | ● | | ● |
| $B_6$ | ●● | ● | ● | ● | | |
| $B_{12}$ | ●● | ● | ● | ● | | |
| C | ●● | ●● | ●● | ●● | | ● |
| H | ● | | ● | | | |

●● = starke Zerstörung ● = geringe Zerstörung

## Die Vitamine im einzelnen

### Vitamin A – Retinol

Es ist beteiligt am Sehvorgang, für gesunde Haut und Schleimhäute, beim Wachstum.
Bei gemischter Kost ist der Versorgungszustand gut.
**Täglicher Bedarf:** 0,8 bis 1 mg.
**Mangelerscheinungen** sind Lichtempfindlichkeit des Auges, herabgesetzte Sehschärfe bei Dämmerlicht, Nachtblindheit, Hautschäden, Haarausfall, erhöhte Infektanfälligkeit, Wachstumsstörungen der Knochen.
**Überversorgung** an Vitamin A löst Kopfschmerzen, Hautveränderungen, brüchige Fingernägel, Knochenschmerzen, Leberveränderungen und Spontanfrakturen (Knochenbrüche) aus.

**Vorkommen:** Leber und Lebertran, Butter, Margarine, Obers, Milch, Dotter (liefern fertiges Vitamin A), Karotten, Spinat, Kohl und Tomaten (liefern Carotin, also die Vitamin-A-Vorstufe).

## Vitamin D – Calciferol

Es wird unter dem Einfluß von UV-Strahlen (vor allem aus der Sonnenstrahlung) in der Haut gebildet. Es ist beteiligt am Calcium- und Phosphatstoffwechsel und unerläßlich für die Knochenbildung. Bei alten Menschen ist der Versorgungszustand meist problematisch. Ebenso wie Säuglinge, Kleinkinder (Rachitisgefahr), Schwangere und Stillende benötigen sie häufig Vitamin–D-Präparate aus der Apotheke.
Bei gemischter Kost ist der Versorgungszustand gut.
**Täglicher Bedarf:** für Erwachsene 5 mg, für Kinder und Jugendliche 10 mg.
**Mangelerscheinungen** sind Rachitis, Knochenerweichungen und -brüchigkeit.
Bei **überhöhter Zufuhr** kommt es zur Beeinträchtigung des Allgemeinzustandes und zur Bildung von Nierensteinen.
**Vorkommen:** Fische, Lebertran, Dotter, Obers, Käse, Butter, Margarine.

## Vitamin E – Tocopherole

Es dient als Oxidationsschutz der mehrfach ungesättigten Fettsäuren (vor allem in der Lebensmittelindustrie, z.B. in der Margarine).
Bei gemischter Kost ist der Versorgungszustand gut.
**Täglicher Bedarf:** 10 bis 12 mg.
Bei **Mangel** kommt es zu Erschöpfungszuständen, Abbau körpereigener Fette, Durchblutungs-, Wachstums- und Entwicklungsstörungen.
**Überversorgung** bewirkt Störungen der Sexualfunktion, Sehstörungen, Müdigkeit, verminderte Konzentration der Schilddrüsenhormone.
**Vorkommen:** Pflanzenöle, Butter, Margarine, Eier, Haferflocken, Leber, Milch, Gemüse und Salate.

## Vitamin K

Es ist verantwortlich für die Blutgerinnung.
Bei Säuglingen und alten Menschen kann der Versorgungszustand problematisch sein.
Bei gemischter Kost ist der Versorgungszustand gut.
**Täglicher Bedarf:** 0,01 bis 0,03 mg/kg Körpergewicht.
Bei **Mangel** kommt es zur Verlängerung der Blutgerinnungszeit und zu Blutungen.
Symptome einer **Überversorgung** sind unbekannt.
**Vorkommen:** Leber, Fisch, Milch, Tomaten, Kohlgemüse und Spinat.

## Vitamin $B_1$ – Thiamin

Es ist im Stoffwechselgeschehen unentbehrlich, sichert den vollständigen Zuckerabbau in den Zellen, wirkt im Fettsäurestoffwechsel und bei der Erregung von Nerven.
Auch bei gemischter Kost ist der Versorgungszustand oft kritisch (vor allem bei Ernährungsfehlern, z. B. bei Mangel an Vollkornprodukten).
**Täglicher Bedarf:** 1,2 bis 1,4 mg.
**Mangelerscheinungen** sind Störungen im Kohlenhydratstoffwechsel und Störungen des Nervensystems, Herzstörungen, Müdigkeit, Konzentrationsschwäche, Infektanfälligkeit, Beriberi-Krankheit.
**Vorkommen:** Innereien, Schweinefleisch, Vollkornerzeugnisse, Kartoffeln, Germ, Getreidekeime, Hülsenfrüchte, Milch.

## Vitamin $B_2$ – Riboflavin

Es ist Bestandteil vieler Enzyme (zur Energiegewinnung), für die Herstellung des Blutfarbstoffes, den Sehprozeß, die Haut.
Auch hier ist der Versorgungszustand trotz gemischter Kost oft unbefriedigend.
**Täglicher Bedarf:** 1,5 bis 1,8 mg.
**Mangelerscheinungen** treten meist infolge von Resorptionsstörungen (die Enzyme zur Energiegewinnung fehlen) auf,

z. B. in Form von Wachstumsstörungen, Lichtempfindlichkeit, Hautveränderungen wie Rötung, Schuppen, Rissen der Mundwinkel, verminderter Eiweißbildung.
**Vorkommen:** Innereien, Milch und Milchprodukte, Schweinefleisch, Gemüse, Vollkornerzeugnisse, Kartoffeln und Germ.

## Vitamin $B_6$ – Pyridoxin

Es wirkt im Eiweißstoffwechsel und ist beteiligt an der Blutbildung.
Bei gemischter Kost ist der Versorgungszustand gut.
**Täglicher Bedarf:** 1,6 bis 1,8 mg.
**Mangelerscheinungen** sind Wachstumsstörungen, Muskelschwund, Hautveränderungen, Krämpfe, Anämie.
**Vorkommen:** in allen Lebensmitteln außer Zucker, Stärke und Speisefetten.

## Vitamin $B_{12}$ – Cobalamin

Es ist beteiligt bei der Blutbildung.
Der Versorgungszustand ist bei gemischter Kost meist zufriedenstellend.
**Täglicher Bedarf:** 5 mg.
**Mangelerscheinungen** sind Blutarmut, Veränderung der Zungenschleimhaut, nervöse Störungen, Wachstumsstörungen.
**Vorkommen:** Leber, Fisch, Fleisch, Milch und Milchprodukte, Eier.

## Vitamin C – Ascorbinsäure

Es hat seine Bedeutung im Zellstoffwechsel, für Knochen und Zähne, zur Förderung der Eisenverwertung, Abwehr von Infektionskrankheiten.
Der Versorgungszustand ist gut.
**Täglicher Bedarf:** 75 mg.
**Mangelerscheinungen** sind Müdigkeit, Erschöpfungszustände, schlechte Wundheilung, Infektanfälligkeit, Blutungen, Zahnausfall und Skorbut.

**Vorkommen:** alle Obstarten – insbesondere Zitrusfrüchte, schwarze Johannisbeeren, Kiwi, Hagebutten; auch in Gemüse (z. B. grünen Paprika) und Kartoffeln.

## Pantothensäure

Es ist Koenzym-A-Bestandteil und am Fett-, Kohlenhydrat- und Eiweißstoffwechsel beteiligt.
Bei gemischter Kost ist der Versorgungszustand gut.
**Täglicher Bedarf:** 8 mg.
**Mangelerscheinungen** sind Einschlafen der Arme und Beine, Reflexstörungen, Nierenversagen.
**Vorkommen:** in allen tierischen und pflanzlichen Lebensmitteln.

## Biotin

Es ist beteiligt am Stoffwechsel von Kohlenhydraten und Fetten.
Bei gemischter Kost ist der Versorgungszustand gut.
**Täglicher Bedarf:** 100 mg.
**Mangelerscheinungen** sind Hautentzündungen, Haarverlust.
**Vorkommen:** Leber, Niere, Dotter, Sojabohnen, Haferflokken.

## Folsäure

Es ist ein wichtiger Faktor bei der Blutbildung.
Oft ist der Versorgungszustand auch bei gemischter Kost kritisch. Erhöhter Bedarf besteht in der Schwangerschaft und Stillzeit.
**Täglicher Bedarf:** 400 mg.
**Mangelerscheinungen** sind Blutarmut, Veränderungen der Mundschleimhaut.
**Vorkommen:** Leber, Sojabohnen, Germ, Vollkornprodukte, Weizenkeime und grünes Gemüse.

## Niacin

Es ist beteiligt am Eiweiß-, Fett- und Kohlenhydratstoffwechsel, für das Funktionieren des Nervensystems unentbehrlich.

Im allgemeinen guter Versorgungszustand.
**Täglicher Bedarf:** 15 bis 18 mg.
**Mangelerscheinungen** sind Müdigkeit, Appetitverminderung, Gewichtsverlust, Hautveränderungen, Verdauungsstörungen, nervöse Störungen und Erkrankungen an Pellagra (Hautveränderungen, Durchfall, Psychosen).
**Vorkommen:** Innereien, Fleisch, Fisch, Kartoffeln, Getreideerzeugnisse, Obst und Gemüse, Hülsenfrüchte, Germ.

## Mineralstoffe

| MINERALSTOFFE | |
|---|---|
| **Mengenelemente** | **Spurenelemente** |
| *Calcium* | *Eisen* |
| *Phosphor* | *Kupfer* |
| *Magnesium* | *Mangan* |
| *Chlor* | *Zink* |
| *Natrium* | *Jod* |
| *Kalium* | *Kobalt* |
| | *Molybdän* |
| | *Selen* |
| | *Fluorid* |
| | *Chrom* |

Einteilung in
- **Mengenelemente** (Zufuhr mehr als 100 mg pro Tag)
  Calcium, Phosphor, Magnesium, Chlor, Natrium und Kalium

- **Spurenelemente** (Zufuhr weniger als 100 mg pro Tag) Eisen, Kupfer, Mangan, Zink, Jod, Kobalt, Molybdän, Selen, Fluor und Chrom

## Calcium

Ist beteiligt am Aufbau von Knochen und Zähnen, aktiviert Enzyme, wichtig für die Blutgerinnung und für die Nerven und Muskeln. Der Versorgungszustand ist meist unbefriedigend.
**Täglicher Bedarf:** 800 mg.
**Mangelerscheinungen** wirken sich aus in Knochen- und Zahnentkalkung (vermehrte Knochenbrüche), Übererregbarkeit von Nerven und Muskeln.
**Vorkommen:** Milch und Milchprodukte.

## Magnesium

Ist erforderlich für die Erregbarkeit von Nerven und Muskeln, bildet zusammen mit Calcium und Phosphor das Material zur Festigung von Knochen und Zähnen.
Ausreichender Versorgungszustand.
**Täglicher Bedarf:** 300 mg.
**Mangelerscheinungen** treten nur bei sehr einseitiger Ernährung (Stoffwechselstörungen und Übererregbarkeit der Muskulatur) auf.
**Vorkommen:** Milch, Käse, Haferflocken und Spinat.

## Phosphor

Ist vor allem mit Calcium im Skelett gebunden, er ist Zellbestandteil und wichtiger Energieträger.
**Täglicher Bedarf:** 1.200 mg.
Ein **Mangel** an Phosphor durch Ernährung ist nicht bekannt, da praktisch alle Lebensmittel Phosphor enthalten. Lediglich aus Getreide wird Phosphor schlecht resorbiert.
**Vorkommen:** in allen Lebensmitteln.

## Natrium, Chlor und Kalium

Dies sind die wichtigsten **Elektrolyte** der Körperflüssigkeit.

Sie sind für die Erhaltung des Drucks und der Elektroneutralität erforderlich.

## Kochsalz (Natriumchlorid)

Der Kochsalzverbrauch ist in unseren Breiten im allgemeinen zu hoch – die durchschnittliche Zufuhr liegt bei 15 g.
**Täglicher Bedarf:** 5 g wären aber mehr als ausreichend.
**Mangel** kann durch übermäßiges Schwitzen, Durchfall und Erbrechen verursacht werden. Mangelsymptome sind Kopfschmerzen, Muskelkrämpfe und Kreislaufversagen.
Eine **Überversorgung** führt bei salzsensitiven Menschen zu Bluthochdruck, der wiederum einen Risikofaktor bei der Entstehung von Herz-Kreislauf-Erkrankungen darstellt.

## Kalium

Ist wichtig für den osmotischen Druck im Körper und nimmt somit Einfluß auf die Wasserverteilung.
Bei Kalium ist der Versorgungszustand bei gemischter Kost ausreichend.
**Täglicher Bedarf:** 2–4 g.
Aufgrund schwerer Durchfälle und Erbrechen können **Mangelerscheinungen** wie Muskelschwäche und Herzstörungen auftreten.
Eine **Überversorgung** wirkt blutdrucksenkend.
**Vorkommen:** vorwiegend in pflanzlichen Lebensmitteln wie Bananen, Kartoffeln, Trockenobst, Spinat, Champignons.

## Eisen

Ist Baustein des roten Blutfarbstoffes (Hämoglobin).
**Täglicher Bedarf:** bei Frauen: 18 mg, bei Männern 12 mg.
Der Versorgungszustand ist bei Frauen oft kritisch. **Mangel** führt zur Eisenmangelanämie (Blutarmut). Pharmazeutische Präparate helfen bei extremer Unterversorgung.
**Vorkommen:** Innereien, Fleisch, Wurst, Vollkornerzeugnisse und Gemüse.

## Kupfer

Hat Einfluß auf die Blutbildung, ist Bestandteil vieler Enzyme.

Guter Versorgungszustand bei gemischter Kost.
**Täglicher Bedarf:** 2–4 mg.
Bei **Mangel** treten auf: Anämie, Knochenbrüche, Haarausfall und Pigmentstörungen.
**Vorkommen:** Innereien, Geflügel, Fisch, Getreide, Gemüse, Hülsenfrüchte, Obst, Kartoffeln, Nüsse, Kakao.

Bei **Mangan, Chrom, Kobalt, Molybdän** und **Selen** ist der Versorgungszustand bei gemischter Kost im allgemeinen gut, Mangelerscheinungen sind bisher nicht bekannt.

## Zink

Bedeutung im Zellstoffwechsel, Bedeutung für die Insulinspeicherung und zum Aufbau des Immunsystems.
Der Versorgungszustand bei gemischter Kost ist gut.
**Täglicher Bedarf:** nicht genau bekannt!
**Mangelerscheinungen:** Wachstumsstörungen, Haarausfall, Hautveränderungen, Augenschäden, schlechte Wundheilung und geschwächtes Immunsystem.
**Vorkommen:** Fleisch, Geflügel, Fisch, Innereien, Milch, Milchprodukte, Getreide.

## Jod

Beteiligt am Aufbau von Schilddrüsenhormonen.
Ausreichender Versorgungszustand bei gemischter Kost.
**Täglicher Bedarf:** 200 mg.
**Mangelerscheinungen** sind Kropf und Wachstumsstörungen.
**Vorkommen:** Seefisch und Seefischerzeugnisse, Milch und Ei.

## Fluor

Zur Härtung des Zahnschmelzes als Schutzfaktor gegen Karies.
**Täglicher Bedarf:** 1 mg.
Der Versorgungszustand ist zur Kariesprophylaxe nicht ausreichend, Karies tritt häufig als **Mangelerscheinung** auf.

Bei **Überdosierungen** können bräunliche Flecken im Zahnschmelz auftreten (Fleurose).
**Vorkommen:** Seefische, Getreideerzeugnisse, Innereien, schwarzer Tee, einige Mineralwässer.

# Begleitstoffe

## Ballaststoffe

Ballaststoffe sind Nahrungsbestandteile, die durch die Enzyme des menschlichen Darms nicht spaltbar sind. In erster Linie sind es **unverdauliche Kohlenhydratbestandteile.** Sie haben die Fähigkeit, mit Wasser zu quellen, und fördern somit die Darmperistaltik und Darmentleerung, außerdem verringern sie das Hungergefühl.
Zu den Ballaststoffen gehören in erster Linie **Zellulose** und **Hemizellulose** (als Bestandteile der pflanzlichen Zellwände), weiters **Pektine, Lignine, Pflanzengummistoffe, Schleimstoffe und Wachse.**
**Täglicher Bedarf:** 30 g.
**Mangelerscheinungen** bei ballaststoffarmer Kost sind in allen Industrieländern das Überhandnehmen von Obstipation (Verstopfung), Darmkrebs, Atherosklerose (Verkalkung) und Fettstoffwechselerkrankungen (erhöhte Blutfettwerte).
**Vorkommen:** Vollkornprodukte, Gemüse, Obst, Kleie.

## Geschmacks- und Geruchsstoffe

Geschmacks- und Geruchsstoffe entstehen in den Pflanzen als Stoffwechselprodukt oder als Rest des Zellstoffwechsels. Sie sind **flüchtige organische Substanzen,** die in großer Vielfalt vorliegen und bereits in kleinsten Mengen wahrnehmbar sind. Geschmacks- und Geruchsstoffe geben den Nahrungsmitteln den typischen Geschmack (süß, sauer, salzig, bitter) und Geruch (Duft, Aroma). Sie erfüllen als **Auslöser der Speichelproduktion** eine wichtige Aufgabe in diesem Teil unseres Verdauungssystems.

**Ätherische Öle**
Kommen in Pflanzenzellen vor, haben eine ölige Beschaffenheit und sind in Wasser unlöslich, z. B. Zimt-, Nelken-, Pfefferminz-, Pfeffer- und Senföl.

Klassische Kartengestaltung (mit austauschbaren Einlageblättern)

*Beispiele verschiedener Speisenkartencovers*

SPEZIALITÄTENRESTAURANT
havelland grill
grillbar
Orchidee
Luisenstube
AUGUSTINER

*Klassische Kartengestaltung (mit gedruckter Innenseite)*

**Organische Säuren**

Sind in Obst und Gemüse enthalten und verbrennen meist zu $CO_2$ und $H_2O$, z. B. Oxalsäure (Sauerampfer, Tomaten, Rhabarber), Apfel-, Zitronen-, Wein- und Milchsäure, Gerb- und Bitterstoffe (z. B. Tannin im Wein).

Ein Teil der Geschmacksstoffe gibt den Nahrungsmitteln ihren natürlichen Eigengeschmack, andere entstehen bei der Zubereitung durch Rösten, Backen, Garen usw., und schließlich findet man Geschmacksstoffe in Form von Gewürzen, Würzkräutern und Säuren (wie Essig).

Die Zubereitung und das Würzen sollen stets den Eigengeschmack einer Speise unterstreichen und nicht überdekken. Salz kann bei manchen Speisen den Eigengeschmack verderben, daher sind Kräuter und Gewürze dem Salz vorzuziehen.

## Farbstoffe

Hier unterscheidet man zwischen **Naturfarbstoffen** (z. B. Carotinoiden in Tomaten und Karotten, Chlorophyll in grünen Pflanzenteilen) und **künstlichen Farbstoffen.** Die erlaubte Art und Menge dieser künstlichen Farbstoffe sind im Lebensmittelgesetz geregelt.

# Wasser

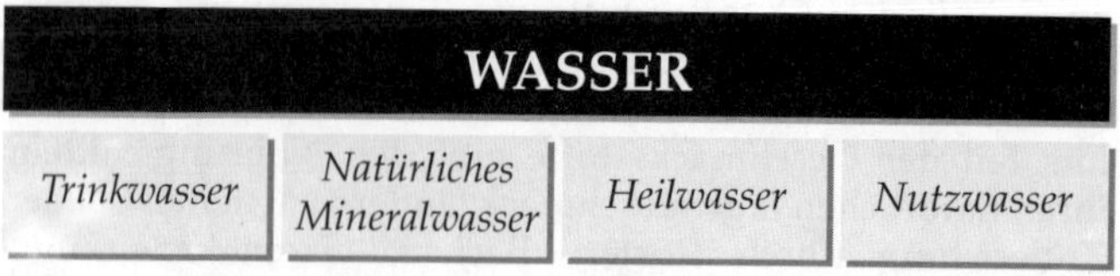


## Aufgabe

Zirka 75 % des menschlichen Körpers bestehen aus Wasser. Die Verteilung beträgt davon intrazellulär (in der Zelle) 70 % und extrazellulär (außerhalb der Zelle) 30 %.
Wasser ist notwendig, um den **Druck in den Zellen** aufrechtzuerhalten. Es dient als **Lösungs- und Transportmittel** – die verwertbaren Nahrungsbestandteile liegen in gelöster Form vor und können so durch die Darmwand ins Blut aufgenommen werden.
Wasser wird also auch beim chemischen Abbau von Eiweiß, Fett und Kohlenhydraten benötigt. Wasser hat außerdem noch große Bedeutung als **Temperaturregler** (z. B. erzeugt Schweiß sogenannte Verdunstungskälte).

## Aufbau

Reines Wasser besteht chemisch aus zwei Teilen Wasserstoff und einem Teil Sauerstoff *($H_2O$)*. Reines Wasser ist **neutral** und hat einen pH-Wert von 7.

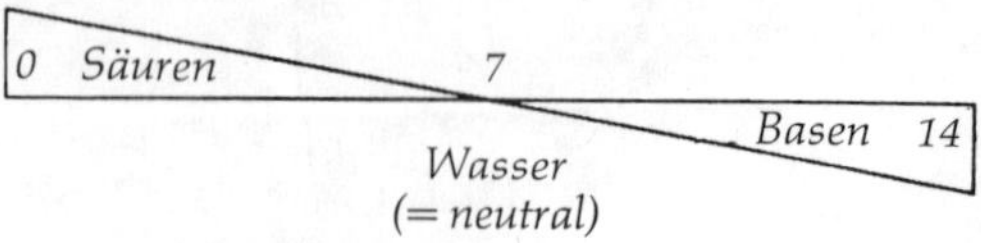


Die **Wasserhärte,** also der Gehalt an gelösten Mineralstoffen, wird nach deutschen Härtegraden (° dH) gemessen und mittels Indikatorpapiers bestimmt. Bis 8° dH ist Wasser sehr weich bis weich, zwischen 9 und 18° dH ist es mittelhart bzw. ziemlich hart, und über 19° dH wird es als hart bis sehr hart bezeichnet. Hartes Wasser hat einen frischen Geschmack, hingegen schmeckt weiches Wasser schal.

## Verdauung

Zu zahlreichen **enzymatischen Vorgängen** wird Wasser benötigt, z.B. zur hydrolytischen Spaltung der Nährstoffe im Verdauungstrakt. Wasser ist aber auch das Endprodukt von Stoffwechselvorgängen, bei denen Energie gewonnen wird (z.B. beim Abbau von Eiweiß, Fett, Kohlenhydraten). Das Wasser wird bei diesen Abbauvorgängen als **Oxidationswasser** bezeichnet, was sich vom Begriff der biologischen Oxidation (Verbrennung der Nährstoffe) ableitet.

## Bedarf

Die medizinisch empfohlene tägliche Trinkmenge liegt bei **zwei Litern pro Tag.**

Der Bedarf wird jedoch besonders durch die **Wasserausscheidung** bestimmt:
- als Wasserdampf mit der Atemluft aus den Lungen
- als Ausdunstung und Schweiß durch die Haut
- als Harn durch die Nieren
- als Kot durch den Darm

Eine **Steigerung des Wasserbedarfs** erfolgt durch:
- trockenes und heißes Klima
- starke körperliche Betätigung (Wasserbedarf kann bis auf zehn Liter pro Tag ansteigen)
- hohen Salzgehalt der Nahrung

Eine Abnahme des Körperwassers kann von verminderter Speichel- und Harnproduktion (bei einer Abnahme von zirka 3 %) über beschleunigte Herztätigkeit, erhöhten Puls und Temperaturanstieg (bei einer Abnahme von zirka 5 %) bis zu Lebensunfähigkeit (bei einer Abnahme zwischen 15 und 20 %) führen.

**Trinkwasser**
ist klar, farblos, geruch- und geschmacklos; darf keine schädlichen Stoffe und krankheitserregenden Bakterien oder Viren enthalten.

**Natürliches Mineralwasser**
ist natürlich vorkommendes Wasser, das gelöste feste Stoffe enthält. Österreichische natürliche Mineralwässer enthalten meist hohe Natrium- und Calciumhydrogencarbonatanteile, teilweise auch Magnesiumhydrogencarbonat. Kohlensäure darf bei natürlichen Mineralwässern zugesetzt werden. Eisen, Mangan, Schwefel und Fluor werden meist teilweise entzogen.
Säuerlinge enthalten mehr als 1 Gramm Kohlendioxid pro Liter.

**Heilwasser**
enthält besonders wirksame Stoffe, z. B. Eisen, Jod, Arsen oder Schwefel.
Heilwässer können auch gleichzeitig natürliche Mineralwässer mit einem entsprechendem Stoff sein – auf dem Etikett steht dann „natürliches Heil- und Mineralwasser".

# Genußmittel

Genußmittel (Kaffee, Tee, Kakao, Tabak und Alkohol) verwendet man wegen ihrer **anregenden Wirkung.** Bei der Aufnahme von geringen Mengen wirken die enthaltenen Genußmittelbestandteile (Koffein, Theobromin, Nikotin und Ethanol) leistungssteigernd auf Stoffwechselorgane und Nervensystem. Sie können den Körper entspannen, belebend, krampflösend und schweißtreibend beeinflussen. Übermäßiger Genuß schadet dem Körper und kann zur **Sucht** führen.
Koffein, Theobromin und Nikotin gehören zu den **Alkaloiden;** das sind meist starke Gifte, die sich in Pflanzen finden. Manche von ihnen werden als Arzneimittel verwendet (z. B. Koffein in Kopfschmerztabletten).

## Koffein

Koffein ist in **Kaffee und Tee** (früher als Thein bezeichnet) fast gleich viel enthalten. Es ist in heißem Wasser löslich und wirkt **stark anregend** auf die Nerven- und Muskeltätigkeit, dadurch auch auf die Herz-, Atmungs- und Darmtätigkeit.
Der Geschmack von Tee und Kaffee hängt jedoch nicht vom Koffein ab, sondern von den ätherischen Ölen, der Röstung bzw. der Fermentation (beim Tee auch noch von der Gerbsäure). Koffein ist neben Kaffee und Tee auch in der Kolanuß enthalten (Cola-Getränke).

## Theobromin

Theobromin ist im **Kakao** enthalten und dem Koffein verwandt, jedoch in der Wirkung viel schwächer. Deshalb kann Kakao auch von Kindern getrunken werden.

## Nikotin

Nikotin (in **Tabak**) liefert weder Nähr- noch Wirkstoffe und hat keinen Energiegehalt. Nikotin ist ein Nervengift, das Nervenfasern zuerst anregt und dann lähmt.

Tabakteer setzt sich in den Atemwegen (Lunge, Luftröhre...) fest und begünstigt die Entstehung von Krebs. Nikotin wirkt außerdem negativ auf die Entwicklung und Tätigkeit der Keimdrüsen.

## Alkohol (Ethanol)

Alkohol **verbrennt im Körper** rasch zu $CO_2$ und $H_2O$ und liefert dabei Energie von etwa 30 kJ/g Alkohol (oder 7 kcal). Der schnellen Erwärmung des Körpers folgt eine erhöhte Wärmeabgabe durch die Erweiterung der Blutgefäße, so daß besonders bei äußerer Kälte vom Körper mehr Energie verbraucht wird, als durch den Alkohol aufgenommen wurde (Erfrierungsgefahr).
Der ständige Genuß von alkoholischen Getränken kann zur Gewichtszunahme führen.
Alkohol ist ein Zellgift für alle Organe. Ein Getränk ist um so schädlicher, je höher sein Alkoholgehalt ist, auch wenn man nur kleine Mengen davon trinkt. Regelmäßiger und übermäßiger Alkoholgenuß führt zur chronischen Schädigung des Körpers und zu schweren Gesundheitsschäden an Leber, Nieren, Herz und Zellen sowie zu einer Verminderung der kognitiven Leistung (z. B. Sprechen).
Der durch die Magen- und Darmwand resorbierte Alkohol ist im Blut und in der Atemluft meßbar.

# Energiebedarf und Energieverbrauch

Die Menge der Nahrungszufuhr richtet sich in erster Linie nach dem Energiebedarf des Menschen. Der Gesamtenergiebedarf setzt sich aus dem Grundumsatz und dem Leistungsumsatz zusammen und wird in Kilojoule (kJ) oder Kilokalorien (kcal) angegeben.

## Grundumsatz

Der durchschnittliche Grundumsatz (Grundenergiebedarf) einer in Ruhe befindlichen Person, die 70 kg wiegt, beträgt etwa 6.700 kJ (1.500 kcal) am Tag.
Als allgemeine Rechnungsformel gilt:
**Grundumsatz = 4,184 kJ (1 kcal)/kg Körpergewicht × 24 h**

Der Grundumsatz gibt an, welche Energiemenge der Körper für die Aufrechterhaltung seiner Körperfunktionen aufbringen muß, davon entfallen
- 5 % auf die Herztätigkeit,
- 7 % auf Atmung und Darmbewegung,
- 18 % auf das Gehirn,
- 70 % auf den Ruhestoffwechsel[1] der Zellen.

Änderungen des Grundumsatzes ergeben sich aufgrund von Alter und Geschlecht. Ab dem 25. Lebensjahr sinkt der Energiebedarf um 418,4 kJ/100 kcal pro zehn Jahre, und Frauen verbrauchen grundsätzlich weniger Energie als Männer.

## Leistungsumsatz

Der Energiebedarf des Menschen ist also abhängig vom Grundumsatz (für die Körperfunktionen) und außerdem noch von verschiedenen anderen Aspekten:

1 Der Stoffwechsel ist die Summe aller in einem Lebewesen vor sich gehenden chemischen Reaktionen.

- Arbeitsleistung (Bewegung)
- Körperoberfläche
- Umgebungstemperatur

Es handelt sich also nicht um einen feststehenden Wert. Der Energiebedarf steigt z.B. bei schwerer körperlicher Arbeit, bei sportlicher Leistung und bei sinkenden Außentemperaturen.
Alle Angaben können also nur Richtwerte sein.

Beispiele für einen Energieverbrauch von 418,4 kJ/100 kcal:
- 10 Minuten Dauerlauf, Treppensteigen, Fußballspielen, Langlauf
- 10–20 Minuten Radfahren, Schwimmen, je nach Tempo
- 15–20 Minuten Gymnastik, Tanzen, Federballspielen, Tischtennis, Tennis, Rudern
- 20–25 Minuten Kegeln, Reiten
- 20–30 Minuten Gartenarbeit
- 20–40 Minuten Wandern, je nach Tempo

Der Gesamtenergiebedarf einer 70 kg schweren Person beträgt bei leichter Arbeit etwa 10.000 kJ (2.400 kcal) und bei mittelschwerer Arbeit rund 12.500 kJ (3.000 kcal) am Tag. Siehe auch im Kapitel Diätetik.

# Grundregeln für die Ernährung

Es ist nicht notwendig, daß täglich eine vollständige Bedarfsdeckung aller Nähr-, Wirk- und Begleitstoffe erreicht wird. Es ist nur erforderlich, daß im **Durchschnitt über längere Zeiträume** (zirka vierzehn Tage) hinweg Nährstoffe und essentielle Nahrungsfaktoren in ausreichenden Mengen zugeführt werden.

Richtlinien
- Energie- und somit Nährstoffzufuhr dem Bedarf (Alter, Geschlecht, Tätigkeit...) anpassen.
- Kein einzelnes Lebensmittel kann gesunde Ernährung bewirken, sondern nur das Zusammenspiel aller wichtigen Inhaltsstoffe. Deshalb ist es am besten, ein ausgewogenes Verhältnis aller Nährstoffe bei der Zusammenstellung des Speisenplanes anzustreben (keine Überbetonung eines Rohstoffs, nur weil er angeblich gesund ist).
- Eiweißbedarf vor allem mit biologisch hochwertigem Eiweiß decken (siehe auch „Eiweiße" in diesem Kapitel)
- Als Kohlenhydratlieferanten Vollkornprodukte bevorzugen.
- Fettmengen reduzieren, pflanzliche Öle und leichtverdauliche tierische Fette in ausgewogenem Verhältnis verwenden. Auch auf versteckte Fette achten.
- Vitamine und Mineralstoffe ausreichend zuführen (z.B. durch schonende Zubereitung der Speisen, um die Vitamine zu erhalten).
- Täglich Frischkost einbauen.
- Mehrere kleine Mahlzeiten am Tag statt wenig Mahlzeiten mit großem Volumen einplanen (siehe auch nachfolgend „Verteilung der Mahlzeiten").
- Salz nur sparsam, Küchenkräuter dagegen reichlich verwenden.

## Verteilung der Mahlzeiten

Leistungsfähigkeit und Wohlbefinden hängen nicht nur von der richtigen und ausgewogenen Energiezufuhr ab, sondern

auch im besonderen Maße davon, wie die Energiemenge auf den Tag verteilt wird, das heißt, wie viele Mahlzeiten und wie große Mengen man einnimmt.
Es ist ratsam, die täglichen Mahlzeiten auf drei Hauptmahlzeiten und zwei Zwischenmahlzeiten aufzuteilen:

## Anteil der Tagesenergiemenge

Frühstück 25 %
Gabelfrühstück 10 %
Mittagessen 30 %
Jause 10 %
Abendessen 25 %

Das **Frühstück** ist der Start des Tages und daher die wichtigste Mahlzeit. Fruchtsaft, Obst, ein warmes Getränk, Vollkornprodukte, Müsli, Milch- und Magermilchprodukte liefern beispielsweise alle wichtigen Bestandteile einer vollwertigen Ernährung.
Für die **Zwischenmahlzeiten** sind Obst, Frucht- und Gemüsesäfte, Buttermilch, Joghurt, Topfen und Vollkornbrot geeignet.
Zum **Mittagessen** bieten sich klare Suppen, mageres Fleisch und fettarmer Fisch an. Als Beilagen sind Kartoffeln oder Vollkornnudeln, Naturreis, viel Gemüse, Salate und Rohkostplatten zu bevorzugen, da sie wertvolle Ballaststoffe enthalten, die positiv auf die Verdauung und durch ihr Quellvermögen sättigend wirken. Als Dessert sollen Fruchtsalate, Topfencremes oder frisches Obst fettreichen Mehlspeisen vorgezogen werden.
Es ist ratsam, das **Abendessen** nicht zu üppig zu gestalten. Leicht verdauliche Nahrungsmittel sind zu empfehlen, z. B. Getreideprodukte, gekochtes Gemüse, Kräutertee und Kompott.
Der Darm schaltet nachts ebenfalls auf Sparflamme und arbeitet nicht voll. Man soll daher mindestens drei Stunden vor dem Schlafengehen die **letzte Mahlzeit** zu sich nehmen. Ausreichende Bewegung an der frischen Luft regt den Kreislauf an.

Es ist auch wichtig, daß die Mahlzeiten **regelmäßig,** möglichst zu bestimmten Tageszeiten, eingenommen werden. Dadurch wird der Verdauungsapparat gleichmäßig belastet, der Blutzuckerspiegel ist keinen starken Schwankungen ausgesetzt, und es kommt zwischen den Mahlzeiten kein starkes Hungergefühl auf. Letzteres ist besonders bei Übergewicht von Bedeutung.

## Tips für den täglichen Speisenplan und für die Zusammenstellung von ernährungsphysiologisch wertvollen Menüs

Richtige Ernährung ist eine wesentliche Voraussetzung für Gesundheit und Leistungsfähigkeit. Man soll bei der Zusammenstellung des täglichen Speisenplans darauf achten, daß der Körper alle Nährstoffe, die er zur Aufrechterhaltung der Stoffwechselvorgänge benötigt, in der richtigen Menge erhält. Eine **abwechslungsreiche Mischkost** ist die beste Voraussetzung dafür, daß der Körper mit allen lebenswichtigen Stoffen versorgt wird.
Der Speisenplan kann aus **sieben Nahrungsmittelgruppen** zusammengestellt werden. Aus jeder Gruppe sollen täglich ein bis zwei Nahrungsmittel in kleinen Mengen gegessen werden.

### Nahrungsmittelgruppen

1. Gruppe
Milch, Milchprodukte (mager), Käse mit maximal 35 % F. i. T.

2. Gruppe
Magere Fleischsorten (z. B. Kalb- und Rindfleisch, Geflügel, Wild), magere Fischsorten (z. B. Forelle, Zander, Dorsch), magere Wurstsorten (z. B. Schinken- und Truthahnwurst, Krakauer, Schinken), Innereien, Eier

3. Gruppe
Brot, Getreideprodukte, Vollkornteigwaren, Vollkornreis, Kartoffeln

4. Gruppe
Gemüse, Hülsenfrüchte, Salate

5. Gruppe
Obst

6. Gruppe
Fette (z. B. Butter, Pflanzenmargarine und -öle)

7. Gruppe
Getränke (stark gesüßte Getränke meiden)

Beim Zusammenstellen von Menüs sind außerdem **folgende Tips** beachtenswert:
Das **vollwertige Menü** der modernen Küche erhält seine besondere Note durch **vielfältige** und **abwechslungsreiche Gestaltung.** Besser ist eine kleine Karte mit unterschiedlichen, täglich wechselnden Gerichten als eine große Karte mit einer Vielzahl von Gerichten, die einander mehr oder weniger ähnlich sind und ständig wiederholt werden.
Jedes Menü enthält als Hauptbestandteil Schlachtfleisch, Wild, Geflügel, Fisch oder Eier, dazu Beilagen aus Getreideerzeugnissen, Kartoffeln, Hülsenfrüchten usw. in landesüblicher Zubereitung.
Unerläßlich bei jeder Mahlzeit sind reichliche Zugaben von Gemüsen, Salaten und Früchten. Die Zugabe mehrerer dieser Beilagen vergrößert die Vielfalt und erhöht die Vollwertigkeit der Mahlzeit.
Ein Teil dieser Beilagen soll so oft wie möglich roh und in ansprechender Zubereitung angeboten werden. Rohkostsalate eignen sich auch sehr gut als Vorspeise.

## Koch- und Küchentechnik

Jedes Nahrungsmittel hat eine ganz bestimmte Zusammensetzung von Nähr-, Wirk-, Begleit- und Genußstoffen. Es ist

wichtig, daß diese Stoffe durch schonende Vor- und Zubereitung erhalten bleiben.
Die Kochkunst hat viele Methoden entwickelt, um besonders die in den Lebensmitteln enthaltenen **Aromastoffe zur Wirkung zu bringen.** Es muß jedoch darauf geachtet werden, daß auch die **Nährstoffe weitgehend erhalten** bleiben.

## Beispiel von Nährstoffverlust bei der Lagerung

Auch bei der kurzfristigen Bevorratung von Lebensmitteln ist mit einer deutlichen Abnahme an **Vitamin C** in Obst und Gemüse zu rechnen. Keine oder nur sehr geringe Verluste sind bei den anderen Vitaminen (z. B. $B_1$ und $B_2$) zu erwarten. Allgemein gilt: Je höher die Lagertemperatur und die Lagerzeit, desto höher die Verluste an Vitamin C. Die Verlustraten in Blattgemüsen, grünen Bohnen, Erbsen und Lauch sind erheblich höher als in Knollen- und Wurzelgemüse. Bei der Lagerung von Tiefkühlgemüse oder sterilisiertem Gemüse ist der Vitamin-C-Abbau erheblich verlangsamt – durch die Inaktivierung von Enzymen –, aber die Ausgangswerte an Vitaminen sind in Tiefkühlgemüse oder sterilisiertem Gemüse ohnehin niedriger!

## Beispiele von Nährstoffverlusten bei der Zubereitung und Verarbeitung

**Kurzes Waschen** von unzerkleinerten Lebensmitteln beeinträchtigt den Nährwert nur unwesentlich. **Wässern** führt jedoch insbesondere bei Gemüse zu ansteigenden Verlusten an Vitamin C, $B_1$ und Mineralstoffen.
Das **Zerkleinern** bewirkt nur eine geringe Abnahme (2 bis 9 %) an Vitamin C in Gemüse und Obst. Werden die zerkleinerten Lebensmittel allerdings stehen gelassen (Zimmertemperatur), können die Verluste schon nach zwei Stunden auf 30 % ansteigen.
Durch **Zugabe von Essig oder Zitronensaft** wird der Vitamin-C-Abbau verlangsamt. Kühl aufbewahren.

Beim **Kochen** von Gemüse und Kartoffeln sind die Verluste im Gargut an Mineralstoffen und Vitaminen nahezu doppelt so hoch wie beim **Dämpfen und Dünsten.** Günstig: auch beim Kochen die Garflüssigkeit mitverwenden. Beim Kochen oder Dämpfen von Fleisch liegen die Verluste an Vitamin $B_1$ – auch bei Verwendung der Garflüssigkeit – wesentlich höher als beim **Braten und Grillen.**
Vitamin $B_2$ ist im Vergleich zu Vitamin C und $B_1$ weniger hitzeempfindlich. Die wärmebedingte Zerstörung liegt für Vitamin $B_2$ bei den meisten Lebensmitteln unter 10%. Aussagen über das Verhalten der Vitamine Niacin, Vitamin $B_6$, Folsäure, Pantothensäure, Biotin, Vitamin $B_{12}$, Carotin und Vitamin A beim Zubereiten von Lebensmitteln sind noch nicht ausreichend untersucht, um Allgemeingültigkeit zu haben. Näheres dazu finden Sie in Tabellenform in diesem Kapitel unter „Vitamine".

## Allgemeine Richtlinien für eine möglichst optimale Verwertung von Nährstoffen

Durch die Zubereitung lassen sich neue **Geschmacksstoffe** entwickeln (z.B. bei Fleisch oder Früchten: Marinieren, Rösten, Backen, Flambieren usw.)
**Wasser** löst Nähr- und Geschmacksstoffe aus den Lebensmitteln.
Der **Sauerstoff** der Luft zerstört empfindliche Vitamine. **Wärme** und **Licht** beschleunigen das Auslaugen bzw. Altern der Lebensmittel oder wirken selbst zerstörend.

Deshalb ist die Einwirkung von Wasser, Luft, Licht und Wärme auf das unbedingt notwendige Ausmaß zu beschränken:

- Lebensmittel sachgemäß transportieren und entsprechend den hygienischen Anforderungen lagern.
- Leicht verderbliche Lebensmittel nicht zu lange aufbewahren und so frisch wie möglich verarbeiten.
- Vor- und Zubereitung von Speisen zeitlich so abstimmen, daß bis zum Verzehr möglichst keine oder nur kurze Pausen entstehen.

- Gemüse und Obst nur kurz, unzerkleinert und unter fließendem Wasser waschen, nur grob zerkleinern, nicht zerkleinert im Wasser stehen lassen (wenn es nicht gleich weiterverarbeitet werden kann, mit Folie oder einem feuchten Tuch abdecken), mit wenig Wasser garen (möglichst dünsten oder dämpfen), kurz vor dem Anrichten mit einem Teil feinzerkleinerter Rohkost und mit frischen Kräutern versehen, blanchieren nur, wenn es unerläßlich ist, und auch dann nur kurz.
- Garen so spät wie möglich beginnen, damit die Speisen erst kurz vor dem Anrichten fertig werden.
- Ankochzeit (Ansetzen im kochenden Milieu) sowie anschließende Garzeit so kurz wie möglich halten (z. B. nach kurzem Kochen gar ziehen lassen; entsprechende Kochgeräte einsetzen). Garwasser von Gemüse für Soßen und Suppen nutzen.
- Warmhalten und Wiederaufwärmen möglichst ganz vermeiden, deshalb bei längeren Tischzeiten mehrmals nacheinander kleinere Mengen ansetzen und fertigstellen.

# Menükunde

# Menükunde

**Menüs** sind aufeinander abgestimmte Zusammenstellungen verschiedener Speisen, aufgebaut nach der traditionellen, klassischen Menüreihenfolge.

Unter **Menükunde** versteht man sowohl die eigentliche Menüplanung als auch die Gestaltung von Menü- und Speisenkarten sowie die korrekte Menürechtschreibung.
Dazu ist es notwendig, daß man sowohl Kenntnisse über ernährungsphysiologische Grundsätze, aber auch über die Ernährungsgewohnheiten hat.

## Ernährungsgewohnheiten

Sie bilden sich über eine lange Zeit durch das Ernährungsbedürfnis und das zur Verfügung stehende Lebensmittelangebot. Beeinflußt werden sie durch geschichtliche Überlieferungen, kulturelle und religiöse Bräuche, gesellschaftliche Verhältnisse, geographische Lage, Bodenbeschaffenheit und Klima, wirtschaftliche Bedingungen und vorkommende Rohmaterialien.

Nun haben sich aber besonders die gesellschaftlichen Verhältnisse in den letzten Jahrzehnten durch verschiedene Faktoren, wie Berufstätigkeit der Frau, zunehmende Industrialisierung und Rationalisierung, Arbeitszeitregelungen, Schicht- und Nachtarbeit, Kurzarbeit oder Arbeitslosigkeit, neue, geänderte Ernährungsformen, Kriege und Krisenherde usw., dramatisch verändert.

Auch das Lebensmittelangebot ist heute ein ganz anderes als noch vor wenigen Jahren. Die Umwelteinflüsse und der internationale Handel haben hier einiges verändert.

Alle diese Faktoren beeinflussen die Ernährungsgewohnheiten der Völker. Sie sind in den einzelnen Ländern sehr unterschiedlich. Durch die zunehmende Internationalisierung muß die Gastronomie heute aber so flexibel sein, daß sie bei den einzelnen Mahlzeiten die Gewohnheiten ihrer internationalen Gäste berücksichtigt.

## Frühstück

Das Frühstück spielt im romanischen Raum eine unbedeutende Rolle, in den anglo-amerikanischen Ländern dagegen ist es die Hauptmahlzeit.

- Einfaches Frühstück: Am häufigsten ist es in Frankreich und Italien anzutreffen. Im deutschsprachigen Raum ist es fast nur noch im Espresso, in Österreich auch im Wiener Kaffeehaus üblich.
- Vollständiges oder komplettes Frühstück: Das ist die am meisten verbreitete Frühstücksart (mit Ausnahme von England und Amerika).
- Erweitertes Frühstück: Hierbei wird das komplette Frühstück um Wurst und/oder Käse und/oder Ei erweitert.
- Wiener Frühstück: Es ist eine Form des erweiterten Frühstücks (mit weichem Ei oder Ei im Glas) und wird heute fast nur noch im Wiener Kaffeehaus serviert.
- Interkontinentales Frühstück: Das ist ein Sammelbegriff für englisches und amerikanisches Frühstück. Diese beiden Frühstücksarten sind Hauptmahlzeiten.
- Frühstücksbuffet: Es ist vor allem in Sommer- und Wintersporthotels für Halb- oder Vollpensionsgäste, aber auch in Groß- und Luxusbetrieben üblich. Angebot und Umfang sind verschieden. Sie richten sich nach den Wünschen der Gäste, der Art und den Erfahrungswerten des Betriebes und dem Preis des Frühstücks. Die Überschaubarkeit von Speisen und Getränken am Buffettisch und ausreichender Platz vor dem Buffet sind erforderlich.
- Luxusfrühstücksbuffet: Es wird neben dem normalen Frühstücksbuffet in einem anderen Raum aufgebaut. Angebot und Umfang sind je nach Art des Betriebes verschieden.
- Thermosfrühstück: Dabei handelt es sich nicht um ein Frühstücksservice im üblichen Sinn, sondern es wird für Gäste, die das Frühstück schon vor Beginn der Dienstzeit

des Küchen- und Servierpersonals einnehmen wollen, am Vorabend von den Servicemitarbeitern vorbereitet. Speziell für Reisegruppen und in Terminalhotels (z. B. am Flughafen).

- Etagenfrühstück: Es wird in guten Hotels, vor allem aber Kurhotels angeboten. Das Frühstück wird im Zimmer serviert.

## Vormittagsjause, Gabelfrühstück, Vesper

Im allgemeinen wird die Vormittagsjause zwischen 9 und 10.30 Uhr angeboten. Serviert werden einfache kalte oder warme Gerichte mit dazupassenden Getränken.

## Sektfrühstück, Diplomatenfrühstück

Man serviert es am späten Vormittag, vor festlichen Anlässen. Gereicht werden Canapés, an Getränken Sekt oder Champagner.

## Brunch

Dieses Wort setzt sich zusammen aus **Br**eakfast und L**unch** und bedeutet, daß es ein Mittelding aus diesen beiden Mahlzeiten ist.
In der Gastronomie wird der Brunch meist an Sonn- und Feiertagen zwischen 11 und 14 Uhr in Form eines kalten bzw. kalt-warmen Buffets angeboten.

## Mittagessen

In Österreich, Deutschland und der Schweiz ist das die Hauptmahlzeit. Es wird zwischen 11.30 und 14 Uhr serviert und besteht in der Regel aus zwei bis drei Gängen.
In südlichen Ländern und im Orient serviert man das Mittagessen nicht vor 14 Uhr.

## Nachmittagsjause

Sie wird regional unterschiedlich angeboten, meist jedoch in der Zeit von 15.30 bis 16.30 Uhr, und zwar als
- Nachmittagsjause oder Vesper,
- Kaffeejause,
- Afternoon tea.

## Abendessen

In Österreich, Deutschland und der Schweiz wird das Abendessen zwischen 18 und 21 Uhr, in den südlichen Ländern und im Orient nicht vor 21 Uhr eingenommen.
Im Gegensatz zum Frühstück und Mittagessen hat der Gast für diese Mahlzeit meist genügend Zeit. Daher werden Unzulänglichkeiten im Service weniger leicht entschuldigt. Der Umsatz ist aber höher als beim Mittagsgeschäft, im allgemeinen werden auch mehr als drei Gänge serviert.

## Souper

Das ist eine Spätmahlzeit nach Veranstaltungsbesuchen, eine leichte Mahlzeit, bestehend aus kleinen Gerichten.

# Klassische Menüreihenfolge

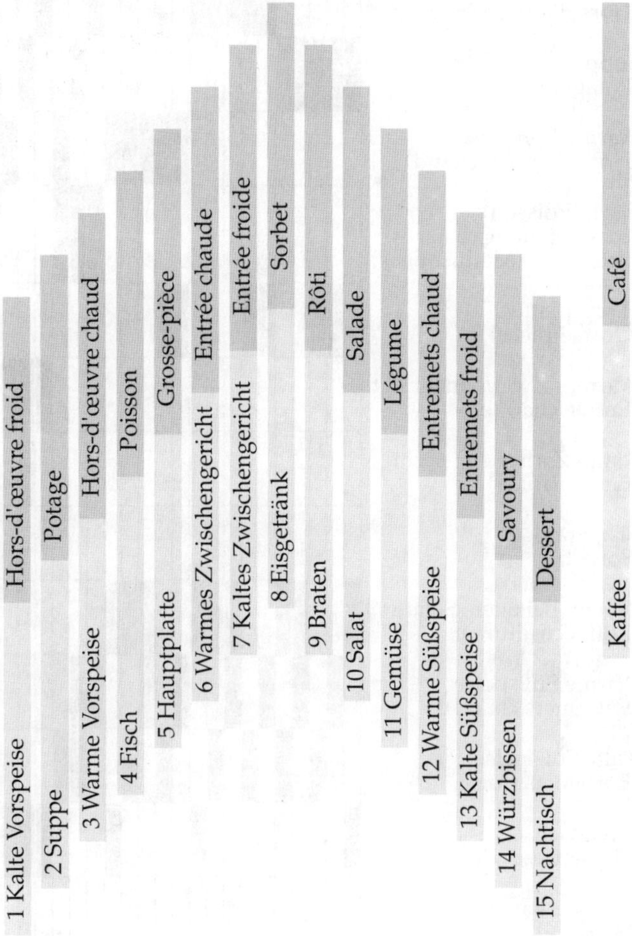

# Servierreihenfolgen für dreigängige Menüs

Kalte Vorspeise
(Hors-d'œuvre froid)

Suppe
(Potage)

Warme Vorspeise
(Hors-d'œuvre chaud)

Fisch (Poisson)
Krustentiere (Crustacés)
Weichtiere (Mollusques)

Hauptplatte
(Grosse-pièce)

Warmes Zwischengericht
(Entrée chaude)

Kaltes Zwischengericht
(Entrée froide)

Eisgetränk
(Sorbet)

Braten, Beilagen, Salate
(Rôti, Garnitures)

Warme Süßspeise
(Entremets chaud)

Kalte Süßspeise
(Entremets froid)

Nachtisch
(Dessert)

Würzbissen [1]
(Savoury)

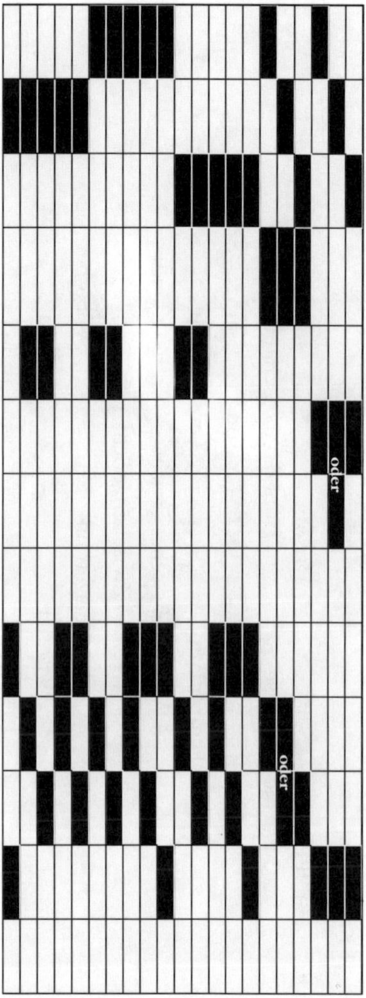


[1] Würzbissen können als Ergänzung fast überall dazugegeben werden.

# Servierreihenfolgen für viergängige Menüs

Kalte Vorspeise
(Hors-d'œuvre froid)

Suppe
(Potage)

Warme Vorspeise
(Hors-d'œuvre chaud)

Fisch (Poisson)
Krustentiere (Crustacés)
Weichtiere (Mollusques)

Hauptplatte
(Grosse-pièce)

Warmes Zwischengericht
(Entrée chaude)

Kaltes Zwischengericht
(Entrée froide)

Eisgetränk
(Sorbet)

Braten, Beilagen, Salate
(Rôti, Garnitures)

Warme Süßspeise
(Entremets chaud)

Kalte Süßspeise
(Entremets froid)

Nachtisch
(Dessert)

Würzbissen [1]
(Savoury)

[1] Würzbissen können als Ergänzung fast überall dazugegeben werden.

# Servierreihenfolgen für fünfgängige Menüs

Kalte Vorspeise
(Hors-d'œuvre froid)

Suppe
(Potage)

Warme Vorspeise
(Hors-d'œuvre chaud)

Fisch (Poisson)
Krustentiere (Crustacés)
Weichtiere (Mollusques)

Hauptplatte
(Grosse-pièce)

Warmes Zwischengericht
(Entrée chaude)

Kaltes Zwischengericht
(Entrée froide)

Eisgetränk
(Sorbet)

Braten, Beilagen, Salate
(Rôti, Garnitures)

Warme Süßspeise
(Entremets chaud)

Kalte Süßspeise
(Entremets froid)

Nachtisch
(Dessert)

Würzbissen [1]
(Savoury)

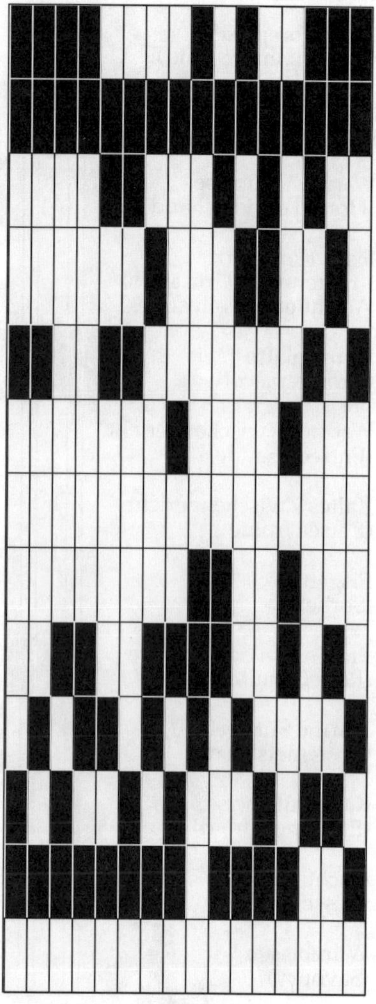

[1] Würzbissen können als Ergänzung fast überall dazugegeben werden.

# Servierreihenfolgen für sechsgängige Menüs

| | | | | | | |
|---|---|---|---|---|---|---|
| Kalte Vorspeise (Hors-d'œuvre froid) | ■ | ■ | ■ | ■ | ■ | ■ |
| Suppe (Potage) | ■ | ■ | ■ | ■ | | ■ |
| Warme Vorspeise (Hors-d'œuvre chaud) | | ■ | ■ | ■ | | |
| Fisch (Poisson) Krustentiere (Crustacés) Weichtiere (Mollusques) | ■ | | | | | |
| Hauptplatte (Grosse-pièce) | ■ | | | | | |
| Warmes Zwischengericht (Entrée chaude) | | | | | ■ | ■ |
| Kaltes Zwischengericht (Entrée froide) | | | | | | |
| Eisgetränk (Sorbet) | | ■ | ■ | ■ | ■ | |
| Braten, Beilagen, Salate (Rôti, Garnitures) | | ■ | ■ | ■ | ■ | ■ |
| Warme Süßspeise (Entremets chaud) | | ■ | | | ■ | ■ |
| Kalte Süßspeise (Entremets froid) | ■ | | ■ | | | |
| Nachtisch (Dessert) | ■ | | | ■ | | |
| Würzbissen [1] (Savoury) | | | | | ■ | ■ |

[1] Würzbissen können als Ergänzung fast überall dazugegeben werden.

# Grundsätze der Menüreihenfolge

- Es werden niemals alle Gänge serviert. Die Speisenfolgen sind heute kürzer und den neuesten Erkenntnissen der modernen Ernährungswissenschaften angepaßt. Sie orientieren sich aber noch immer, was die Reihenfolge anbelangt, an der klassischen französischen Menüreihenfolge.

- Grund- und Tagesmenüs bestehen normalerweise aus drei, maximal aus vier Gängen. Erweiterte Menüs (Abend-, Fest-, Bankettmenüs) umfassen im allgemeinen vier bis sieben Gänge.

- Die Speisenfolge ist dem Gästekreis anzupassen. Faktoren wie Nationalität, religiöse Ansprüche, Alter, Beruf der Gäste dürfen nicht außer acht gelassen werden.

- Auch die Tageszeit und die dem Gast für das Essen zur Verfügung stehende Zeit haben Einfluß auf die Zusammensetzung des Menüs, nämlich hinsichtlich der Anzahl der Gänge, der Art der Speisen (leichter oder schwerer), des Umfanges an Rohmaterial usw.

- Der Anlaß ist ebenfalls zu berücksichtigen. Bei einer Hochzeit sind feine, zarte Speisen angebracht, während sie bei einem Herrenessen ruhig etwas kräftiger und stärker gewürzt sein dürfen.

- Angepaßt an die Jahreszeit, sollten saisonbedingte Nahrungsmittel gewählt werden, da diese zu dem Zeitpunkt am schmackhaftesten, aber auch am preisgünstigsten sind, z. B. frische Salate, Gemüse, Früchte, Fische, Wild.

- Innerhalb eines Menüs dürfen sich weder die Rohmaterialien noch die Zubereitungs- bzw. die Garmachungsart wiederholen. Auch eine Abwechslung in der Farbe (hell, dunkel) und in der Konsistenz (klar, gebunden) sollte gegeben sein. Von dieser Regel werden heute vielfach Ausnahmen gemacht, z. B. durch die Erstellung spezieller Fisch- oder Wildmenüs, aber auch die neue Küche hält sich häufig nicht an diese Norm.

- Zuerst muß die Speise für den Hauptgang festgelegt werden. Sie ist der Höhepunkt des Essens, dem sich die übrige Speisenfolge unterordnet.

- Begonnen wird ein Menü in der Regel mit leichten, appetitanregenden Speisen, sich steigernd bis zur Hauptplatte, um gegen Ende des Menüs wieder mit leichten Gerichten aufzuwarten.

- Die Beilagen ergänzen den Hauptgang harmonisch. Jede, auch die kleinste Speisenfolge soll eine Vitaminbeilage (Gemüse, Salat) und eine Sättigungsbeilage (z. B. Kartoffeln, Reis) enthalten. Es sind die ernährungsphysiologischen Erkenntnisse zu berücksichtigen, d. h., die Nährstoffe (Eiweiß, Fette, Kohlenhydrate), Wirkstoffe (Vitamine, Mineralstoffe) und Ballaststoffe sollten in einem ausgewogenen Verhältnis sein.
  Neuzeitliche Ernährungsformen, Vollwertigkeit, Sättigungswert, Bekömmlichkeit sowie geschmackliche Abstimmung müssen berücksichtigt werden.

- Beim Erstellen eines Menüs sollte folgende Reihenfolge hinsichtlich der Bestandteile der einzelnen Gänge eingehalten werden: Hauptrohstoff → evtl. mit einer besonderen Präparation → Garnitur → Sauce → Gemüse → Pilze → Sättigungsbeilage → Salate → kalte Beilagen.
  So entsteht Schritt für Schritt der gesamte Gang bzw. das ganze Menü.

- Je umfangreicher ein Menü ist, desto mehr Bedeutung bekommen die einzelnen Garmachungsarten. Die Speisen sollten möglichst leicht verdaulich sein. Das erreicht man durch Dünsten, Pochieren, zartes Braten, Grillen und eventuell Kochen. Backen, Fritieren, Rösten sowie die Herstellung fettreicher Saucen ist bei umfangreichen Speisenfolgen zu unterlassen.
  Der Trend in der zeitgemäßen Küche geht überhaupt hin zur leichten und natürlichen Garmachung. Man verwendet viele frische Zutaten, frische Kräuter, kaltgepreßte Öle, Gärungsessig und so wenig wie möglich an Würzmitteln. Statt gebundener Suppen ist es besser, klare, entfettete,

konzentrierte Suppen zu servieren. Diese sind zugleich appetitanregend.

- Bei kleinerer Menüreihenfolge kann man als Hauptgericht auch Fischgerichte, Zwischengerichte bzw. Hauptplatten oder Braten reichen, wobei die passenden Beilagen, Gemüse und Salate mit einbezogen werden.

- Kaffee wird nicht in die klassische Menüreihenfolge einbezogen, bildet aber bei jeder Speisenfolge (teilweise auch außerhalb der Tafel) den Abschluß.
  Kaffee dient der Anregung des Nerven- und Verdauungssystems und der Überwindung des Völlegefühls und der Müdigkeit.

- Bei der Erstellung von Menüs – besonders für Veranstaltungen – ist natürlich auch die Leistungsfähigkeit des Betriebes zu beachten:
  - Die Anzahl und Eignung des Personals muß überprüft werden.
  - Die technischen Einrichtungen müssen ausreichend zur Verfügung stehen, ebenso Anrichtegeschirr und sonstige Serviergegenstände.
  - Der organisatorische Ablauf muß küchen- und serviertechnisch gewährleistet sein.

- Schließlich muß bei der Menüplanung auch die Wirtschaftlichkeit beachtet werden. Dieser Punkt wird leider vielfach vernachlässigt.

# Grundsätze zur Erstellung einer Speisenfolge

**Warenangebot**
Saisonbedingt frische Nahrungsmittel, Salate, Gemüse, Früchte, Fische, Wild, Geflügel, Einsatz von Halbfertig- und Fertigprodukten

**Ernährungsphysiologische Grundsätze**
Neuzeitliche Ernährungsformen, Vollwertigkeit, Sättigungswert, Bekömmlichkeit, geschmackliche Abstimmung

**Betriebstyp und Gästekreis**
Anzahl der Gäste, Anlaß des Essens, Angebotsform, Nationalität (Landesspezialitäten), Herkunft, Alter, religiöse Ansprüche

**Speisenfolge**

**Küchentechnische Möglichkeiten**
Genügend Räumlichkeiten, Lager- und Kühlräume, Geräte und Maschinen, Anrichtegeschirr, Anzahl der Fach- und Hilfskräfte

**Gastronomische Regeln**
Abwechslung, keine Wiederholung der Rohmaterialien, Farben und Garmachungsarten, richtige Sachbezeichnungen, einheitliche Menüsprache

**Wirtschaftlichkeit**
Menüvorausplanung, genaue Rezepte, Zählen, Messen, Wiegen, Mengen errechnen, Kalkulation, Preisgestaltung, Absatzmöglichkeit

# Menügrundplan

Ein gut aufgebauter Menügrundplan (mindestens für eine Woche) ist die Voraussetzung für einen rationellen Einkauf und einen klaglos funktionierenden Küchenbetrieb.

Im Menügrundplan werden die Hauptplatten für jeden Tag der kommenden Woche eingesetzt (Fleisch, Geflügel, Wild, Fisch). Frischgemüse, Salate werden je nach Marktlage, Lokalbedarf oder Betriebsart zu den Hauptplatten passend ergänzt, wobei Saison und Preise bestimmend sind.

Im Zusammenhang mit der Hauptplatte ist zugleich das Personalessen festzulegen, weil sehr oft aus arbeitstechnischen Gründen eine Verbindung zwischen den beiden besteht.

Der Menügrundplan ermöglicht die Übersicht. Der Ausbau des Gesamtspeisenplanes durch Suppen, Vorspeisen, Beilagen und Nachtische wird erleichtert. Wiederholungen können vermieden werden.

Menügrundpläne für einen längeren Zeitraum (z. B. einen Monat) beinhalten nur Hauptplatte und Nachtisch. Suppe und Beilagen werden passend eingesetzt.

## Menügrundplan für eine Woche

| Tag | Mittag | Personal | Abend | Personal | Anmerkungen |
|---|---|---|---|---|---|
| Montag | gekochter Tafelspitz | gekochtes Rindfleisch | Schweinskotelett vom Rost | Beuschel mit Knödel | |
| Dienstag | gerollter Kalbsnierenbraten | glasierte Kalbsbrust | Rostbraten mit Zwiebel | Reisfleisch | 13 Uhr: Reisegesellschaft, 35 Personen, Menü mit Kalbsbraten |
| Mittwoch | Selchkarree | Selchfleisch | Wiener Schnitzel | Saftfleisch | |
| Donnerstag | gedünsteter Rindsbraten | gedünstete Rindsbrust | Kalbsleberfilet mit Speck | Schinkenfleckerln | 15 Uhr: Cocktailparty, 20 Personen, Canapés, Snacks |
| Freitag | Fogosch am Rost | gebackenes Seefilet | Butterschnitzel | faschierter Braten | |
| Samstag | gebratener Lammschlegel | steirisches Schöpsernes | Kalbsgulasch | Rindsgulasch | 20 Uhr: kaltes Buffet für 60 Personen |
| Sonntag | junges Brathuhn | Schweinsbraten | kaltes Buffet | Aufschnitt | |

# Menüarten

## Tagesmenüs

Siehe auch Kapitel „Österreichische und deutsche Menüs". Sie bestehen aus drei, maximal vier Gängen. Meist werden ein oder zwei Mittags- und Abendmenüs geboten.

## Wahlmenüs

Siehe auch Kapitel „Österreichische und deutsche Menüs". Wahlmenüs bieten dem Gast die Möglichkeit, aus einer vorgegebenen Anzahl von Gerichten sein Menü selbst zu erstellen. Sie bestehen immer aus gleich vielen Gängen und haben denselben Preis. Wahlmenüs werden vor allem Pensionsgästen und Reisegruppen angeboten.

Die sonst sehr häufigen Tauschwünsche der Gäste werden dabei auf ein Minimum reduziert. Die Zusammenstellung der Wahlmenüs (des Wahlmenü-Wochenplanes) erfordert
- das Kennen des Gästekreises,
- viel Abwechslung und Ideenreichtum im Speisenangebot,
- genaue Wareneinsatzberechnung und Preiskenntnis.

**Auswahlmöglichkeiten**

| | | |
|---|---|---|
| warm | oder | kalt |
| gebundene Suppe | oder | klare Suppe |
| Fleisch | oder | Fisch |
| dunkles Fleisch | oder | helles Fleisch |
| gedünstet, gekocht | oder | gebraten, gegrillt, gebacken |
| Eingemachtes und Saucen | oder | Natur und Jus |
| sättigend, schwer | oder | leicht verdaulich |
| hoher Nährwert | oder | geringer Nährwert |
| Mehlspeisen | oder | Früchte, Käse, Eis |

## Vegetarische Menüs (ovolactovegetarische Menüs)

Siehe auch Kapitel „Österreichische und deutsche Menüs". Fleischlose Menüs müssen ebenfalls sättigend sein. Die fleischlose Hauptspeise wird daher kompakter gehalten. Auch die Süßspeisen sollen sättigend sein.

## Vollkost- und Naturküchenmenüs

Siehe auch Kapitel „Österreichische und deutsche Menüs". Bei der Zusammenstellung von Vollkostmenüs ist auf die Ausgewogenheit von basen- und säurehaltigen Lebensmitteln besonders zu achten, d. h.:
- weniger fleischliches Eiweiß,
- keine denaturierten Kohlenhydrate (Weißmehl, geschälte Getreide, Zucker),
- keine gehärteten, raffinierten Fette und Öle.

**Dafür:**
- frisches Obst und Gemüse, frische Salate und Küchenkräuter,
- pflanzliches Eiweiß (Hülsenfrüchte) und Milcheiweiß,
- Kartoffeln und Getreide, natürliche Süßstoffe,
- kaltgepreßte Öle.

## Diätmenüs und Menüs der leichten Vollkost

Siehe auch Kapitel „Österreichische und deutsche Menüs". Die Ernährungsform eines Erkrankten oder Diätbedürftigen wird vom Arzt festgelegt. Eine Diätassistentin erstellt den Speiseplan.
Menüs der leichten Vollkost (gastroenterologische Basisdiät) können bei nicht akuten Erkrankungen unter Beachtung der Grundregeln selbst zusammengestellt werden.

Leichte Vollkost unterscheidet sich von der Normalkost durch Weglassen jener Nahrungsmittel, die erfahrungsgemäß Belastungen, Völlegefühl und Unverträglichkeit in den inneren Organen (Magen, Darm, Galle, Leber, Bauchspeicheldrüse) auslösen. Sie ist eine geeignete Kostform für Autofahrer, Personen mit sitzenden Berufen, ältere Menschen.

**Erlaubt sind:** fettarme Suppen, magere Fleisch- und Fischsorten, Topfen und Topfenspeisen, Joghurt, milde und fettarme Käsesorten, Gemüse und Obst (gedünstet oder in Form von frischgepreßten Säften), gedünsteter Reis, Kartoffeln (gekocht oder als Kartoffelpüree), Biskuitspeisen, Teigwaren, abgelegenes Brot (Mischbrot, Grahambrot, Weißbrot, Knäkkebrot).

**Getränke:** Tee, Malzkaffee (oder koffeinfreier Kaffee), Fruchtsäfte, kohlensäurearme Mineralwässer, Buttermilch.

**Empfohlene Zubereitungsarten:** Kochen, Dämpfen, Dünsten, Grillen.

**Nicht erlaubt sind:** Hülsenfrüchte, Gurken, Kohl- und Krautsorten, fette Speisen, fritierte Speisen, kohlensäurehaltige Getränke, süße und fette Backwaren, Zwiebeln, hartgekochte Eier, frisches Brot, Mayonnaise, Geräuchertes, zu stark gewürzte Speisen, rohes Obst.

## Kindermenüs

Siehe auch Kapitel „Österreichische und deutsche Menüs".
Kindermenüs sollen individuell und ernährungsphysiologisch richtig zusammengestellt werden und nicht aus halben Portionen des Tagesmenüs bestehen.

Die Menüreihenfolge wird nur bedingt eingehalten. Die Speisen dürfen nicht zu scharf gewürzt sein und werden in kleinen Portionen angerichtet.

Auf den (Kinder-)Speisenkarten werden die Speisen nach Märchenfiguren oder sonstigen bekannten Figuren aus Kinderfilmen, -büchern usw. benannt.

## Autofahrermenüs

Siehe auch Kapitel „Österreichische und deutsche Menüs". Rasthäuser oder Restaurants an stark frequentierten Überlandstraßen bieten häufig spezielle Autofahrermenüs an. Das sind kleine, leicht verdauliche, joulearme Speisenfolgen, die keine Ermüdungserscheinungen hervorrufen und somit zu keiner Beeinträchtigung der Fahrtüchtigkeit führen (siehe auch „leichte Vollkost").

## Seniorenmenüs

Siehe auch Kapitel „Österreichische und deutsche Menüs". Auch die Verpflegung älterer Menschen wird immer mehr zu einem Thema für die Gastronomie. Senioren sind heute sehr reisefreudig und gesundheitsbewußt. Dem tragen schon viele Betriebe (vor allem Kur-, Fitneß- und Schönheitshotels) Rechnung, indem sie spezielle Menüs für Senioren anbieten.

Diese Menüs haben folgende Kennzeichen:
- leicht verdaulich
- kalorienarm, fettarm
- ballaststoffreich
- nicht blähend
- mit wenig Zucker
- leicht zu kauen

## Menüs für die Gemeinschaftsverpflegung

Siehe auch Kapitel „Österreichische und deutsche Menüs". Das sind Menüs, die speziell für Erholungsheime, Kurheime und Spitäler, Personalrestaurants, Kantinen, Betriebsküchen und Schulen zusammengestellt werden.
Je nach Betriebsart werden die Gerichte aus der Normalkost, der Vollwertkost, der leichten Vollkost (Schonkost) oder der Diätkost gewählt.

## Menüs zur Fastenzeit (Fastenmenüs)

Siehe auch Kapitel „Österreichische und deutsche Menüs".
Fastenmenüs, d.h. fleischlose Menüs, wurden früher an jedem Freitag (Fasttag) angeboten, in einigen ländlichen Gegenden ist dies heute noch üblich. Im großen und ganzen werden Fastenmenüs aber heute nur noch am Aschermittwoch (Mittag) und am Karfreitag offeriert.

## Ostermenüs

Siehe auch Kapitel „Österreichische und deutsche Menüs".
Ostermenüs sind wie alle Festtagsmenüs im Jahreskreis geprägt vom jahreszeitlich bedingten Angebot an Nahrungsmitteln, vor allem aber von Tradition und Brauchtum. Junge, zarte Frühlingsgemüse, zartes Lammfleisch, Kitzfleisch und der traditionelle Osterschinken prägen das Ostermenü.

## Menüs anläßlich von Wildwochen (Jagdessen)

Jagdessen und Wildwochenmenüs werden vom örtlichen Brauchtum beeinflußt und weichen häufig von den üblichen gastronomischen Regeln ab.
Die Menüs sind festlich, die Zusammenstellung ist eher einfach, die Speisen sind herzhaft. Man reicht: Wild und Wildgeflügel, Pilze, Waldfrüchte und Beeren.

## Weihnachts- und Silvestermenüs

Siehe auch Kapitel „Österreichische und deutsche Menüs".
Diese Festmenüs sind ebenfalls geprägt vom jahreszeitlich bedingten Angebot sowie von Tradition und Brauchtum. Beliebt sind Weihnachtskarpfen, Gans, Truthahn, Ente oder Poularde und Spanferkel. Die Süßspeisen beschränken sich manchmal auf Näschereien (Weihnachtsbäckerei), aber auch

typische Weihnachtskompotte (Kletzen und Dörrpflaumen) sowie Früchte- oder Kletzenbrot werden gereicht.

## Bankettmenüs

Siehe auch Kapitel „Österreichische und deutsche Menüs".
Bankettmenüs werden für verschiedene Veranstaltungen zusammengestellt und angeboten, z. B. Verlobungen, Hochzeiten und andere private Festlichkeiten, Firmenfeiern, Tagungen, Präsentationen usw.
Im allgemeinen handelt es sich je nach Anlaß um vier- bis siebengängige Menüs.

## Degustationsmenüs

Siehe auch Kapitel „Österreichische und deutsche Menüs".
Degustationsmenüs (déguster: kosten, probieren) werden in niveauvollen Betrieben für Gourmets angeboten. Es werden erlesene, abwechslungsreiche, nicht sättigende, leichte Gerichte jeder Art serviert, wobei ausschließlich frische Grundnahrungsmittel und Kräuter verwendet werden. Die Speisen werden besonders dekorativ auf Tellern angerichtet.
Degustationsmenüs haben bis zu zehn Gänge. Vor dem eigentlichen Menü werden kleine, delikate kalte oder warme Gerichte oder Mundbissen, sogenannte Amuse bouche (oder Amuse gueule), gereicht.
Besonderes Augenmerk wird auf die Auswahl der passenden Getränke gelegt.

# Speisengruppen

## Kalte Vorspeisen (Hors-d'œuvre froids)

Kalte Vorspeisen sind kleine Gerichte, die die Mahlzeit einleiten und durch ihren pikanten Geschmack den Appetit erhöhen sollen.

Kalte Vorspeisen werden immer vor der Suppe serviert; eine Ausnahme bildet der Salat, der heute zwischen allen Gerichten serviert werden kann.

Fachlich richtig zubereitete kalte Vorspeisen sind:
- nicht sättigend, daher leicht und fein gehalten
- nicht zu scharf gewürzt
- appetitlich angerichtet und dezent dekoriert
- geschmacklich und farblich abwechslungsreich, harmonisch zusammenpassend
- gut gekühlt präsentiert und serviert

Als kalte Vorspeisen werden gereicht:
- Vorspeisencocktails (aus Krustentieren und Fischen, Früchten, Gemüse und Pilzen)
- Früchtevorspeisen (z. B. aus Grapefruits, Orangen, Melonen)
- Gemüsevorspeisen (vor allem aus Avocados, Artischokken, Tomaten, Melanzane und Spargel)
- Eiervorspeisen (gefüllte Eier, pochierte Eier, Mayonnaiseeier usw.)
- Vorspeisensalate (entweder Blatt-, Gemüse- und Rohkostsalate oder kompaktere Salate mit Fisch, Fleisch und Geflügel)
- Fischvorspeisen (geräuchert oder in Aspik, mit diversen Saucen usw.)
- Vorspeisen von Fleisch und Fleischwaren (z. B. Schinken, Pökelzunge, Bündner Fleisch, Roastbeef, Carpaccio, geräuchertes Schlachtfleisch, Geflügel oder Wild)

- Pasteten, Galantinen, Terrinen und Parfaits (aus Schlachtfleisch, Geflügel, Wild, Wildgeflügel, Innereien und Gemüse)
- Delikateßvorspeisen (z. B. Kaviar, Austern, Langusten, Gänseleber)

Zu den meisten kalten Vorspeisen werden Butter und Jourgebäck oder Toast separat serviert.

## Suppen (Potages)

Suppen werden entweder als erster Gang oder nach der kalten Vorspeise bzw. vor der warmen Vorspeise gereicht.

Die Suppen werden eingeteilt in:
- klare Suppen (Bouillon, Consommé)
- gebundene Suppen (Einmach-, Creme-, Ragout- oder Püreesuppen)
- Spezialsuppen
- kalte Suppen
- Regional- und Nationalsuppen

## Warme Vorspeisen (Hors-d'œuvre chauds)

Warme Vorspeisen sind kleine, appetitanregende, pikante Gerichte, in der Menüreihenfolge ein leichter Übergang nach der Suppe zum Fisch oder zum Hauptgericht. Sie werden vielfach statt der Suppe oder auch als warme Zwischengerichte gereicht.

Warme Vorspeisen scheinen auf Speisenkarten oft als kleine eigene Gerichte aus. Sie werden aus Schlachtfleisch, Innereien, Wild und Wildgeflügel, Geflügel, Gemüse, Reis, Teigwaren usw. hergestellt.
Warme Vorspeisen sind beispielsweise:
- Gebackenes (in Backteig oder paniert)
- Spießchen aus Fleisch, Fisch, Innereien usw.
- Blätterteigpastetchen

- Verschiedene Teigwaren
- Reisgerichte (Risottos)
- Pizzen
- Gratinierte Gerichte
- Aufläufe
- Gefüllte Palatschinken (Pfannkuchen)
- Gemüsevorspeisen
- Eiergerichte
- Belegte Mürbteigtörtchen (sogenannte Quiches), z. B. Käsetörtchen, Zwiebelspeckkuchen (Quiche lorraine)
- Strudel

## Fische, Krusten- und Weichtiere (Poissons, crustacés et mollusques)

Bei den **Fischen** unterscheidet man grundsätzlich Seefische und Süßwasserfische. Nach der Qualität teilt man sie ein in Edelfische (z. B. Forelle, Lachs, Seezunge) und Konsumfische (z. B. Rotbarsch, Seelachs, Kabeljau).
Es gibt eine Menge von Zubereitungsarten, z. B. Kochen, Blaukochen, Dämpfen, Pochieren in Wein, Dünsten, Braten, Backen (Natur, paniert, in Backteig) und Garen in der Folie, aber auch Glacieren und Gratinieren.
Fische werden, wie bereits erwähnt, für kalte Vorspeisen und Suppen verwendet, aber auch für warme Vorspeisen, als separater Gang vor dem Hauptgericht, als Hauptgericht in einem kleinen, dreigängigen Menü, als Zwischengericht und für Buffets.
Werden Fische als Vorspeise oder als eigener Fischgang serviert, sind die Portionen klein und/oder keine Beilagen dabei. Werden Fische als Hauptgericht angeboten, sind die Portionen entsprechend größer und mit Sättigungsbeilagen, Gemüse oder Salaten versehen.

Auch **Krusten- und Weichtiere** werden sowohl für kalte Vorspeisen, Suppen und warme Vorspeisen als auch für Haupt- und Zwischengerichte und für Buffets verwendet.

Von den Krustentieren werden vor allem Hummer, Langusten, Krabben, Scampi und Süßwasserkrebse, von den Weichtieren Austern, Pfahl- und Miesmuscheln, St.-Jakobs-Muscheln sowie Schnecken zubereitet.

## Hauptplatten (Grosses-pièces)

Grosses-pièces sind gedünstete oder gekochte große Stücke von Schlachtfleisch, Geflügel, Wild und Wildgeflügel. Sie werden im ganzen nach verschiedenen Variationen zubereitet. Dazu reicht man Sättigungs- und Vitaminbeilagen.

Im großen Menü reicht man die Hauptplatte nach dem Fisch. Selbstverständlich sollen im Rahmen des Menüs sowohl die Fleisch- als auch die Beilagenportionen nicht zu groß und reichhaltig sein.

## Zwischengerichte (Entrées)

Entrées sind Gerichte aus Schlachtfleisch, Geflügel, Wild und Wildgeflügel, Innereien, die im Rohzustand portioniert und erst dann zubereitet werden. Beim klassischen Menü sind Entrées die zwei Gänge nach dem Grosse-pièce. Heute werden sie aber vielfach nach dem Fisch anstelle des Grosse-pièce gegeben.

Es gibt warme und kalte Zwischengerichte.

Die **warmen Zwischengerichte (Entrées chaudes)** umfassen alle Fleischgerichte, die vor der Zubereitung roh portioniert oder in kleine Stücke geschnitten werden, wie Steaks, Koteletts, Medaillons, Schnitzel, Sautés, Grilladen, Ragouts, Gulasch, Faschiertes und Innereien. Die wichtigsten Zubereitungsarten sind Backen (Natur, paniert auf Pariser oder Wiener Art, in Backteig), Braten in der Pfanne, Braten auf dem Rost, Schwingendrösten, Dünsten und Kochen von Ragouts und Gulasch.

Die **kalten Zwischengerichte (Entrées froides),** wie Pasteten, Galantinen, Terrinen, Parfaits, Mousses und Krustentiere, werden auch gerne als kalte Vorspeisen gegeben, während Aufschnittplatten und kaltes Geflügel in der warmen Jahreszeit vielfach als Hauptplatten serviert werden.

Die Portionsgröße des Entréegerichtes mit Beilagen hängt davon ab, ob das Gericht in die Menüreihenfolge (als Vorspeise, Haupt- oder Zwischengericht) eingeplant oder ob es à la carte angeboten werden soll.

## Eisgetränke (Sorbets)

Sorbets sind Eisgetränke, die im großen Menü vor dem Hauptgang bzw. nach dem Zwischengericht als erfrischende Abwechslung serviert werden.
Beliebt sind vor allem Sorbets aus Orangen, Erdbeeren, Äpfeln, Kiwis, Karotten sowie Champagnersorbets (Zitroneneis mit Champagner).
Als Gang vor dem Hauptgericht wird das Sorbet stets in Gläser gefüllt und mit Likör, Wein oder Schaumwein aufgefüllt serviert.

Heute werden Sorbets auch gerne als süße Nachspeise verwendet. Dies umso mehr, als es unzählige Variationsmöglichkeiten sowohl in der Zusammensetzung als auch in der Anrichteweise bietet. Man kann es mit Saucen, Likören, einheimischen und exotischen Früchten kombinieren und je nach Konsistenz im Glas, in der Schale oder sogar fest portioniert auf dem Teller servieren.

## Braten (Rôtis)

Unter Braten versteht man alle im ganzen gebratenen Stücke von Schlachtfleisch, Wild und Geflügel mit Garnituren, Beilagen und Salaten. In der klassischen Menüreihenfolge wird der Braten nach dem Sorbet serviert.
Zubereitungsarten sind Braten im Rohr, Braten am Spieß, Braten und Glacieren, Backen im Rohr.

# Beilagen (Garnitures)

Zum Unterschied von früher, wo das Gemüse als eigener Gang nach dem Braten serviert wurde, sollen heute die Beilagen das Gericht passend ergänzen.
Entsprechend den neuesten Erkenntnissen der Ernährungswissenschaft wird den **Vitaminbeilagen** der Vorrang gegeben. Dementsprechend wird der Umfang der **Sättigungsbeilagen** kleiner gehalten.
Sättigungsbeilagen haben nur im kleinen, einfachen Menü eine größere Bedeutung.

## Sättigungsbeilagen

**Kartoffeln** sind besonders durch die Vielfalt an Zubereitungsmöglichkeiten beliebte Beilagen. Außerdem sind Kartoffeln gut verdaulich, wirkstoffreich, enthalten hochwertiges Eiweiß und sind, abgesehen von den in Fett gebackenen Kartoffeln, energiearm.

Zubereitungsarten:
- Gekochte Kartoffeln
- Gebackene Kartoffeln
- Im Rohr gebratene Kartoffeln
- In der Pfanne gebratene Kartoffeln
- Passierte Kartoffeln
- Saucenkartoffeln
- Beilagen aus Kartoffelteig

**Knödel** werden überwiegend zu deftigen Gerichten aus Schlachtfleisch, Wild und Wildgeflügel serviert. Sie sind daher auch in der regionalen Küche stark vertreten, z. B. Semmelknödel, Serviettenknödel, Kartoffelknödel, Grießknödel, Speckknödel, Tiroler Knödel.

**Teigwaren** werden gerne als Sättigungsbeilage, aber auch als selbständiges Gericht (warme Vorspeisen und Hauptspeisen) angeboten, z. B. Makkaroni, Tagliatelle (Bandnudeln), Spaghetti, Spiralnudeln, Tarhonya, Nockerln und Spätzle.

Alle Teigwaren werden heute auch als Vollwertprodukte angeboten. Sie werden zur Fleischspeise passend mit Butter, Käse, Tomaten etc. serviert.

Von den **Getreidegerichten** wird vor allem der Reis als Beilage gegeben. Wichtige Zubereitungsarten sind gekochter und gedünsteter Reis, Pilaw-, Curry-, Paprika-, Safran-, Champignon-, Gemüse-, Erbsen- (Risipisi), Schinken-, Tomaten- und Kräuterreis sowie gedünsteter Naturreis, wilder Reis und Risotto.
Andere Getreidegerichte sind Polenta (gekochter Maisgrieß), Mais- und Grießplätzchen, gedünstete Hirse, gedünsteter Perlweizen.

## Vitaminbeilagen

**Gemüse** sind joulearme, aber vollwertige Nahrungsmittel und werden
- als Beilagen und Salate,
- als Garnituren und Garnierungen und
- für selbständige Gerichte (z. B. kalte Vorspeisen, warme Vorspeisen, Zwischengerichte und Hauptspeisen) verwendet.

Gemüse als Beilagen werden vorwiegend als Vitaminbeilage gegeben und müssen zu den Fleisch- und Fischgerichten in Farbe, Geschmack und Zubereitungsart passen.
In der Regel passen zu hellem Fleisch und Fisch junge, feine Gemüse und zu kräftig schmeckendem Fleisch eher derbe, geschmacksintensive Gemüse.

Die wichtigsten Zubereitungsarten für Gemüsebeilagen sind:
- Auf englische Art (in Salzwasser kochen und mit Butter belegen)
- Kochen oder dünsten und in Butter schwenken
- Kochen oder dünsten und mit Obers, Béchamel- oder Einmachsauce binden
- Kochen oder dünsten und mit Sauce Mornay gratinieren
- Glacieren

- Auf polnische Art (mit Butter und Bröseln)
- Braten in Öl (z. B. Melanzane, Zucchini, Tomaten)
- Braundünsten (z. B. Kraut- und Kohlarten)
- Backen (Natur, in Backteig, paniert)
- Als Püree
- Füllen: Gefüllte Gemüse werden häufig als selbständige Speise serviert

**Hülsenfrüchte** werden überwiegend als Beilagen zu Wildgerichten oder fettem Fleisch gereicht.

**Pilze** werden – sautiert, gedünstet oder in Rahmsauce zubereitet – als Beilage zu Fleischgerichten serviert.

Statt Gemüse oder zusätzlich gibt es den **Salat** als Vitaminbeilage. Salate werden als Vorspeise, Beilage oder Hauptgericht sowie bei Buffets gereicht.

Nach der Zusammensetzung unterscheidet man:

- einfache Salate (Blattsalate, einfache Rohgemüsesalate, Salate von gekochtem Gemüse – typische Beilagensalate)
- zusammengesetzte Salate (einfache Salate, die einzeln zubereitet und dann bukettartig angerichtet werden – als Beilage oder als eigener Gang)
- Salatplatten (Verfeinerung der zusammengesetzten Salate, größer und reichhaltiger – meist als eigener Gang)
- Mischsalate (Salate, bei denen alle Teile miteinander vermengt und mit passender Salatmarinade oder Dressing zubereitet werden – als Vorspeise oder Imbiß)

Vielfach wird Salat heute in Form von Salatbuffets angeboten. Die Saisonsalate und -gemüse werden ihrer Art nach vorbereitet und in Salatschüsseln gekühlt angeboten. Verschiedene Dressings stehen bereit. Der Gast wählt selbst die Portion des Salates, die Salatarten und nach Belieben das Dressing.

# Süßspeisen (Entremets)

Die Süßspeisen, in Österreich oft fälschlich als Mehlspeisen bezeichnet, gehören fast zu jeder Mahlzeit in irgendeiner Form. Die österreichische Küche ist besonders durch ihre „Mehlspeisen" berühmt geworden. Mehlspeisen sind durch die Zutaten – Eier, Fett, Zucker, Milch und Getreideprodukte – sehr nährstoffreich und meistens leicht verdaulich. Mineralstoffe und Vitamine sind dagegen nur wenige enthalten.

## Süßspeisen in der Menüreihenfolge

**Nach reichhaltigem Hauptgericht:**
- Frucht- und Topfen-(Quark-)Speisen
- leichte Cremes
- Gelees
- Kompotte
- Eis

**Nach leichtem, nicht sättigendem Hauptgericht:**
- Aufläufe, Puddinge
- Germteigspeisen
- verschiedene Obersgerichte
- eventuell Torten und Schnitten (sie werden vielfach als Nachtisch offeriert, sind aber besser zur Jause und zum Fünfuhrtee geeignet)

Grundsätzlich unterscheidet man warme und kalte Süßspeisen.

**Warme Süßspeisen (Entremets chauds)** sind u. a. Aufläufe und Koche, warme Germteigsüßspeisen (Buchteln, Dampfnudeln, gebackene Mäuse, Savarins), gefüllte Knödel, Omeletten, Palatschinken (Pfannkuchen) und Crêpes, warme Puddinge, Schmarren, Strudel und warme Früchtesüßspeisen.

**Kalte Süßspeisen (Entremets froids)** sind u. a. Blätterteig-, Brandteig-, Mürbteig- und Germteigbäckereien, Cremes, kalte Puddinge, Petits fours, Gelees, Früchtesüßspeisen und Eisgerichte, eventuell Kuchen und Torten.

## Nachtisch (Dessert)

Die Bezeichnung Dessert wird in der modernen Speisenfolge für den letzten Gang eines Menüs verwendet. Bei größeren Bankettmenüs bzw. Galadiners bleibt nach wie vor eine Trennung von Süßspeisen (Entremets) und Nachtisch (Dessert), bestehend aus Käse, Früchten, Kompotten, Eis und Nüssen.

Im romanischen Raum wird der Käse vorzugsweise nach dem Hauptgericht gegessen. In Großbritannien hingegen wird der Käse immer erst nach der Süßspeise gereicht.

## Würzbissen (Savouries)

Das sind vorwiegend pikant gewürzte kleine warme und kalte Gerichte. Savouries wurden früher häufig als eigener Gang zur Geschmacksneutralisierung nach einem Menü serviert. Heute scheinen sie in der Praxis als eigener Menügang selten auf, sondern werden vorwiegend als warme Vorspeise, aber auch außerhalb eines Menüs als kleine Zwischenmahlzeit und bei Partys usw. als Snacks, Cocktailbissen oder Gourmandises (pikante Näschereien) sowie zu Spezialsuppen (z. B. Fleurons) gereicht.
Warme Würzbissen sind u. a. überbackene Toasts, gebackener Käse, Käsekrusteln, Käsetörtchen, geröstete Käseschnitten, Meat balls (kleine Fleischknödel).
Kalte Würzbissen sind beispielsweise Kümmelplätzchen, Käsekrapferln, Käsebäckerei, Fleurons.

# Österreichische und deutsche Menüs

# Österreichische und deutsche Menüs

## Tagesmenüs für bestimmte Zielgruppen

## Tagesmenüs – regional gegliedert

### Österreichische Regionalmenüs

Rindsuppe mit Grießnockerln
Wiener Backhendl
Petersilerdäpfel
Feldsalat oder Kopfsalat in Kräuterdressing
Gezogener Apfelstrudel mit Schlagobers

•

Kaiserschöberlsuppe
Gedünstete Beiried in Sauerrahmsauce
Kräuternudeln
Feines Gemüse
Überbackene Topfenpalatschinken

•

Schlickkrapferlsuppe
Salzburger Rahmschnitzel
Goldnockerln
Gemüsestrudel
Kaiserschmarren mit Zwetschkenröster

•

Sämige Gartenerbsensuppe mit Minzenockerln
Ausgelöste Kalbsstelze mit geformtem Gemüse
Erdäpfelspritzstrauben
Wachauer Marillenknödel mit Rahmeisperlen

•

Klare Steinpilzsuppe mit Waldkleeknöderln
Medaillons vom Kalbsfilet mit Kräuterhaube
Karotten in Zwiebelfond
Kichererbsen
Gebackene Erdäpfelscheiben
Das Feinste von der Schokolade auf Karamelsauce, geeister Baumstamm

•

Blattsalat mit gebeiztem Brüstchen vom Bauernhendl in Joghurtdressing
Streifen von der Bachforelle in Safranfond
Geformtes Gemüse mit Erdäpfelperlen
Mokkamus auf Schokoladeschaum mit pochierter Birne

•

Cremesuppe vom Gartenkürbis
Scheiben von der Ganslbrust
Eingemachte Rahmlinsen
Kukuruzfladen
Schmankerlgefrorenes auf Ribiselmark
Mandelbögen

•

Salzburger Speckknödelsuppe
Gekochtes Hieferscherzel mit Semmelkren
Eingemachter Speckkohl
Erdäpfelschmarren

Powidltascherln mit
Butterbröseln

•

Sämige Gemüsesuppe unter
der Blätterteighaube
Gefülltes Kalbskotelett mit
Zwiebelmarmelade
Streifen von Knollengemüse
Erdäpfelgitter
Waldschaum mit Erdbeeren in
Pernod

•

Kalte Paradeisersuppe mit
Hendlbruststreifen
Gedämpfter Waller mit
Senfbutter
Erdäpfelschifferln mit Krebsen
Marilleneisauflauf mit kleinen
Bäckereien

•

Klare Hühnersuppe mit
Kräuternudeln
Wildschweinschlegel auf
Wacholderrahmsauce
Apfelrotkraut
Birnenkartoffeln
Lebkuchenparfait in
Obersschaum

•

Mousse von der Räucherforelle
mit Preiselbeer-Kren-Rahm
Eingemachte Hendlsuppe wie
aus der Biedermeierzeit
Gedünsteter Lungenbraten in
Petersilwurzelfond
Kleines Gemüse
Apfel-Erdäpfel-Gratin
Zwetschkengelee auf
Zimtschaum

•

Champignonsalat mit
Schinkenstreifen und Wachtelei
Rindsuppe mit Leberreis
Jungschweinsbraten mit
Kümmelsaft
Erdäpfelroulade
Warmer Krautsalat
Schneenockerln in Vanillesauce

•

Marinierte Steinpilze in
Vinaigrette
Paradeisersuppe mit
Basilikumnockerln
Esterházy-Rostbraten
Hausmachernudeln
Schwarzbeerplatteln mit
saurem Rahm

•

Kalte Erdäpfelsuppe mit
Profiterolen
Nudelteigtascherln mit Lachs
in Safranschaum
Gefüllter Kaninchenrücken
Erbsenschoten und junge
Karotten
Erdäpfelgitter
Mohr im Hemd

•

Parfait von der Entenleber mit
Preiselbeergelee
Legierte Rahmsuppe von
kleinen Karotten
Kotelett vom Rehrücken in
zwei Saucen
Pilzknöderln
Erdäpfelkrusteln mit
Piniennüssen
Apfelkompott mit Zimt
Buchteln mit Vanillesauce und
Erdbeermark

•

Gefüllte Wildkrapferln auf
Wacholdersaft
Kalte Biersuppe mit
Vollkornkeimlingen
Donauschill in Weinteig mit
Gemüsesauce
Eisauflauf mit Früchtemus

•

Gemüseterrine mit
Kernöldressing
Kräftige Rindsuppe mit
Schinkennockerln
Glacierter Kalbsnierenbraten
mit der Rippe
Saisonfrische Gartengemüse
Champignonreis
Schmankerlparfait mit
Preiselbeeren

•

Mild geräuchertes
Rheinankenfilet in
Rieslinggelee
Hendlsuppe
Medaillons vom
Jungfernbraten im Netz
Eingemachter Kohlrabi
Schnittlauchplatteln
Topfennockerln mit
Rhabarberkompott
Schweinsöhrchen

•

Gebratene Entenbrustscheiben
auf Blattsalaten in
Himbeeressig
Klare Ochsenschleppsuppe mit
Gemüsen
Kalbsrahmgulyas
Spätzle
Gemischter Salatteller
Nußauflauf mit
Veltlinerschaum

•

Waldpilzterrine mit pochiertem
Wachtelei
Rahmsuppe mit Bachkresse
Gefülltes Brüstchen vom
Bauernhendl
Gemüse-Weinbergschnecken-
Ragout in Knoblauchschaum
Kleine Knöderln
Schokoladenblätter mit
Erdbeerparfait auf geeister
Vanillesauce

•

Rindsuppe mit
Gamsleberprofiterolen
Pochierter Schill in
Schnittlauchcreme
Gebratene Rehrückenfilets mit
Weichseln
Schupfnudeln
Walderdbeeren in
Strudelteigblättern

•

Entensulz auf Rotkrautsalat
Gurkenrahmsuppe mit Dille
Gefüllte Kalbsröllchen in
Eierschwammerlsauce
Erdäpfelauflauf mit Schinken
Karamelpalatschinken mit
Schlagobers und Nüssen

•

Gepökelte Rinderbrust mit
buntem Gemüse in Mostessig
und Kernöl
Reibgerstlsuppe mit
Speckstreifen
Innviertler Kornmehlknödel
Gebratener Schöpsenschlegel
in der Kruste
Majoranerdäpfel
Zwiebelragout
Wiener Wäschermädel

•

Gefüllte Beinschinkenrolle mit
Wurzelgemüse
Schwammerlsuppe mit
Gartenkräutern
Vanillerostbraten
Mitgebratene Süßerdäpfel
Gemüseflan
Windbeugel mit Rahmeis

•

Schüsselpastete vom
Wildgeflügel mit Sauce von
gebratenen Äpfeln
Salzburger Erdäpfelsuppe
Tauernlammrücken
Zwiebelerdäpfel
Paradeiserauflauf

Rahmgefrorenes auf
Ribiselmark
Mandelbögen

•

Gepökelte Rinderbrust mit
buntem Gemüse in Mostessig
und Kernöl
Klare Steinpilzsuppe mit
Semmelschöberln
Nockerln vom Waller in
Senfbutter
Krebsenstrudel
Weintraubenauflauf mit
geeister Vanillesauce und
Haselnüssen

•

Gesulztes vom Hauskaninchen
mit Vinaigrette von Pilzen und
Kräutern
Rindsuppe mit Lebernockerln
Jungfernbraten im Netz
Schnittlauchplatterln
Kohlrabistifterln
Gesulzte Mandelcreme mit
Schokoladensauce

•

Kräftige Bouillon mit
Spinatfrittaten
Pochiertes Ei in der
Artischocke mit
Kräuterhollandaise
Gekochter Tafelspitz und
Brustkern
Zwiebelröstkartoffeln
Dillkohlrabi
Kaiserschmarren mit
Traubenröster

•

Zucchinisuppe mit
Basilikumpaste
Schlickkrapferln von der
Blutwurst auf Bärlauchcreme

Gebratene Nüßchen vom
Tauernlamm im Lavendelsaft
Gratinierte Rahmkartoffeln
Glacierte Steckrüben
Gebackene Marilleneisknödel
mit Krokantbröseln

•

Gemüsebouillon mit
Käsetropfteig
Hechtnockerln auf
Mangoldgemüse mit
Safrancreme
Pochiertes Brüstchen vom
Freilandhuhn (ausgelöst) in
Mandel-Krenschaum-Sauce
Polentadukaten
Junge Erbsenschoten
Biskuitomelett mit
Zitronenobers und heißen
Sauerkirschen

•

Tomatencremesuppe mit
Obersnockerln
Grüne und weiße Spargel mit
Schnittlauchrahm
Zartes Kalbsleberfilet, in Butter
gebraten, mit einer Sauce von
schwarzen Ribiseln
Briochekartoffeln
Schalottengemüse
Apfelschnitte mit Zimteis

•

Rote-Rüben-Suppe mit
Krennockerln und Schnittlauch
Eingemachtes Kalbsbries mit
Morcheln im Nudelkränzchen
Gefüllte Ente mit heimischen
Früchten im Nelkensaft
Kartoffelgaletten
Rotkraut
Haferflockencreme mit
Rumrosinen

•

Kraftsuppe mit gebackenen
Frittatenwürstchen
Frische Steinpilze in Rahm mit
Spinatknödel

Gefüllter Kaninchenrücken mit Basilikum, im Netz gebraten
Naturreis
Karotten mit Grün
Schwarzbeerbuchteln mit Kardamom-Vanille-Sauce

•

Cremesuppe von Pastinaken und Petersilie
Kalbsrahmbeuscherl im Knödelpastetchen
Rosa gebratene Hochrippe vom Almochsen mit Natursaft
Folienkartoffeln mit Sauerrahm
Schnittfrischer Brokkoli
Schmelztomate
Kletzenroulade mit Lebkuchensabayon und Früchten

•

Geflügelbouillon mit Hühnerlebernockerln
Selchfleischravioli auf Weinsauerkraut mit Schmelzbutter
Gebratene Schweinelendchen auf Apfelringen
Calvadossauce
Erdäpfelpüree
Erbsengemüse
Gedünstete Honigbirne mit Sirup und Pistazien

•

Legierte Eierschwammerlsuppe mit Wachtelei
Gebratene Entenleber mit Birnenragout und Vogerlsalat
Kalbspaillard vom Grill mit Limettenbutter
Polentakrusteln
Chicorée in Rahm
Germknödel mit Haselnußbutter und Zimtstaub

•

Schalottensuppe mit Zweigelt und Croûtons
Gedämpftes Filet von der Bachforelle in Frischgurkensauce
Mastochsenfilet vom Holzkohlengrill
Pfefferschaumbutter
Edelpilzkartoffeln
Gemüse vom Markt
Zwetschkensulz mit Marzipanmus und Mandeleis

•

Klare Suppe vom Hauskaninchen mit Karottenknöderln
Gekochtes Kalbszüngerl auf Krenobers mit Gemüsestreifen
Gebratener Milchkalbsrücken mit heimischen Shiitakepilzen
Brokkolicrêpes
Blattspinat mit brauner Butter
Geeister Reindling mit heißen Herzkirschen und zweierlei Sabayons

•

Champignoncremesuppe mit Anisette und Obersnockerln
Lasagne vom Lamm mit Eierfrüchten und Tomatensauce
Gefülltes Poulardenbrüstchen im Rotkrautblatt
Petersiliencreme
Hausgemachte Safrannudeln
Topfenpudding mit Erdbeersauce

•

Knoblauchrahmsuppe mit frischen Gartenkräutern
Gefülltes Zucchinigemüse, mit Drautaler Käse überbacken
Geschmorte Lammhaxe in brauner Minzensauce
Kukuruzschupfnudeln
Dreierlei Bohnen

Gebackener Apfelknödel auf
Mostsauce

•

Kraftsuppe vom
Ochsenschwanz mit
Hirnschöberln
Karottenflan mit
Walnußoberssauce
Gebratenes Rückenfilet vom
Wildhasen
Hagebuttensauce
Kartoffelcroûtons
Selleriepüree
Mandarinenplunder

•

Kartoffelsuppe mit Speck
Strudel vom Lavanttaler
Spargel mit lauwarmer
Räucherforelle
Piccata von der Putenbrust in
Kräuterpanier
Hausgemachte Spinatspaghetti
Gorgonzolaoberssauce
Ribiselschaumschnitte

•

Consommé von
Räucherfischen mit
Dillnockerln
Risotto von ersten Pilzen der
Saison mit Riesling
Gebratene Rinderfiletwürfel in
pikanter Grünpfeffersauce
Schinkenkroketten
Verschiedene Blattsalate mit
Kräutervinaigrette
Gebackene Birnenspalten mit
Kokosflocken

•

Sulz vom Hauskaninchen mit
kleinen Zupfsalaten in
Mandelöl
Consommé mit Hascheeravioli
Gebratene Perlhuhnbrust und
-keule auf Kartoffel-Apfel-
Gratin
Eierschwammerlsauce

Sauermilchhalbgefrorenes mit
Kefir-Walnuß-Sauce

•

Spargelcremesuppe mit
Estragon und Obershäubchen
Gedämpftes Saiblingsfilet auf
Buchweizennudeln
Rotweinschalotten
Ausgelöster Rehrücken mit
Wirsing im Strudelblatt
Lebkuchensauce
Mandelbällchen
Gelbes Kürbisgemüse
Orangengelatine mit
Karameleis

•

Gefüllte Blätterteigschnitte mit
Hühnerlebermousse
Glacierte Apfelperlen
Ribiselgelee
Gemüsebouillon mit
Käsekrusteln
Fangfrisches gebratenes
Zanderfilet auf Sauce von
roten Linsen mit
Sojasprossenkeimlingen
Salzkartoffeln
Topfenpofesen mit Früchten
vom Markt

•

Schwammerlconsommé in
Blätterteigkruste
Grammelknöderln auf
Weinsauerkraut
Gespickter Lungenbraten in
pikanter Mostsauce
Gebratene Semmelroulade
Apfelrotkraut
Himbeeroberstorte

•

Parfait von der Blutwurst mit
Knoblauchrahm
Getoastete Brioche
Klare Paradeisersuppe mit
Champignonknödel

Gebratene Freilandente mit
Sauce von roten Ribiseln
Ingwerplätzchen
Obersrotkraut
Marilleneistorte mit Cherry-Brandy-Sauce

•

Geflügelgalantine mit Pfeffer-Kirsch-Sauce und Selleriesalat
Lauwarme Walnußweckerln
Karottencremesuppe mit Kerbelblättchen
Gedünstete Damhirschkeule in Geneversauce mit frischen Eierschwammerln
Kartoffelschupfnudeln
Gebutterte Kohlsprossen
Lebkuchengewürzauflauf mit Traminersabayon

•

Lachsschinken mit Radieschencreme und kleinen Blattsalaten
Consommé vom Kalbsfuß mit Milzroulade
Gebackenes Gemüseschnitzel mit Majoransauce
Kartoffelrose
Wildblüten-Honig-Parfait

•

Ochsenmaulsulz mit roten Zwiebeln und Kernöldressing
Geflügelcremesuppe mit Spinat
Mandelnockerln
Gegrilltes Schweinerückensteak mit ersten Spargeln, mit Gorgonzola überkrustet
Kipfler-Pilz-Gröstl
Gebackene Orangentopfentorte mit heißer Waldbeerensauce

•

Kopfsalatherzen mit mildem Räucherfischallerlei und pochiertem Ei in Basilikumvinaigrette

Gemüsebouillon mit Kräuterschöberln
Sauerbraten vom Lammschlegel mit gekochten Kletzen
Polentaecken
Fenchelgemüse
Hausgemachtes Schilchereis im Hippenstanitzel

•

Geeiste Scheiben vom Rinderfilet mit Steinpilzen in Sonnenblumenöl-Kräuter-Paste
Lauwarme Brioche
Kleines Ragout vom Kaninchen in der Kohlrabiknolle
Pörkölt vom Spiegelkarpfen mit dreierlei Paprika
Haferflockenpuffer
Soufflierte Birne auf Himbeermark

•

Geräucherte Ganslbrust mit zarten Saisonsalaten in Sherrydressing
Kräutertoast
Consommé vom Lamm mit Ratatouille-Maultaschen
Piccata vom Schweinelendchen in Basilikumpanier auf Schaumweinrisotto
Apfelcharlotte mit glacierten Apfelspalten
Rothschildbiskotten

•

Terrine vom Kalbsbries mit heimischen Pilzen und Rieslinggelee
Kräftige Rinderbouillon mit Grießknöderln
Gekochtes vom Tafelspitz und Freilandhuhn
Krenschaumsauce
Zwiebelröstkartoffeln
Frisches Marktgemüse

Kefirsulz mit ersten
Walderdbeeren und
Schokoladetrauben

•

Geräucherter Hirschschinken
und Gamsfilet mit
Hagebuttensauce und
Preiselbeerobers
Ofenfrisches Walnußgebäck
Consommé mit Gemüsestrudel
Geselchter Jungschweinerücken
mit Sauce von roten Zwiebeln
Schmelzkartoffeln
Stangensellerie mit
Markscheiben
Eingelegte Birnen im Senfsud
Geeiste Biskuitroulade mit
Mohneis und Brombeeren

•

Garniertes Ei auf Käsesalat
Passierte Linsensuppe mit
Speck und Wurzelgemüsen
Geröstete Kalbsnieren mit
Austernpilzen in
Senfrahmsauce
Breite Nudeln
Gebackene Zucchinischeiben
Frische Rhabarbercreme

•

Tatar von Matjesherigen mit
Äpfeln und Sellerie in
Sauerrahm
Erdäpfel in der Folie
Kraftsuppe mit Sherry und
Schinkenkipferln
Kalbsfilet im Mangoldkleid auf
Spitzmorcheln in Rahm
Vollwertreispilaw
Marktgemüse
Gratin von Zitrusfrüchten mit
Honigeis

•

Marinierte Gänseleber mit
zweierlei Spargeln im Salatbett
mit Steinpilzöl
Legierte Geflügelsuppe mit
Koriander und Eierflocken
Gedämpfte Lachsröllchen,
gefüllt mit Mozzarella
Basilikumschaumsauce
Safrankartoffeln
Sorbet von grünen Äpfeln mit
Apfelbranntwein
Zimtstangerln

## Deutsche Regionalmenüs

### Regionalmenüs aus Schleswig-Holstein

Natursalat von verschiedenem
Fleisch, in Striemen geschnitten
Hamburger saure Suppe
Dorsch, zu kochen mit
Petersilienbrühe und
ungestoften Kartoffeln,
Kopfsalat
Gekochtes Ochsenbein mit
gestoften Bohnen,
Muskartoffeln
Aprikosengrütze mit
Mandelsoße

•

Gesulzter Flußaal mit
Tatarensoße und gebratenen
Erdäpfeln mit Zwiebeln
Abgerührte Spargelbrühe mit
Eidottern
Kleist mit
Champignonüberguß, Reis und
Salat von Zichorien
Karbonade vom Kalb mit
Schweserragout, gestoften
Pahlerbsen und gelben Rüben,
Eiernudeln
Grießflammeri

•

Heringssalat mit Äpfeln und Kälberbraten
Stuhrensuppe mit Rahm
Gröne Hechtklöße mit Muschelüberguß, Stampfkartoffeln und Salat von roten Rüben
Hirschmürbebraten mit Kronsbeeren, rotem Kohl und Kartoffelklöße
Zwetschgenkoch mit Zimteis

•

Artischockensalat mit Paradiesäpfeln
Buttermilchsuppe mit Klackerklüten
Gestofte Aale mit Kartoffeln und Salat von Augurken
Bregen (Ochsenhirn), schmackhaft zugerichtet mit Eiern und Kräutern, Béchamelkartoffeln, gelber Rübensalat mit Zitrone
Fliederbeersuppe mit Grießklößchen

**Regionale Menüs aus Mecklenburg-Vorpommern**

Pommersche Graupensuppe
Gebratene Leber mit Kartoffel-Apfel-Mus
Dicke Milch

•

Heringssalat Ostsee
Birnenklöße mit Kloppschinken
Pommerscher Mandelkringel mit hausgemachter Vanillesoße

•

Gänseweißsauer auf Blattsalaten
Jasmunder Pflückhecht mit Salzkartoffeln und Blattsalat
Geschlupfter Apfelkuchen

•

Pommerscher Kaviar mit gerösteten Brotscheiben
Rügener saure Rippchen mit Stampfkartoffeln und Schwarzwurzeln
Scheiterhaufen

•

Aal, sauer, mit Bratkartoffeln
Gefüllter Gänsehals mit Schmantkartoffeln
Buttermilchplinsen mit Beerenkompott

•

Saßnitzer Matjesfiletschleifchen auf Rügener Roggenbrot
Gekräuterte Zwiebelsuppe mit Knoblauchcroûtons
Rehmedaillons in Kirschrahm, gebratene Apfelspalten, Preiselbeerrotkohl, Kartoffelzapfen
Jasmunder Götterschale

•

Räucherlachs nach Jasmunder Art
Schwarzwurzelcremesüppchen mit Garnelen und Dillspitzen
Gebeizter Hirschrückenbraten auf Göhrener-Heide-Art, Rosenkohlröschen, Kartoffelpüree mit gerösteten Mandelsplittern
Eisdessert Nordperd

•

Gelee vom Rügener Aal auf Porreesalat
Spinatsüppchen mit Wachtelei
Rügener Lammrücken auf Zwiebelpüree, grünen Bohnen, Petersilienkartoffeln
Lauwarmer Apfelstrudel mit Sahneeis

•

Champignontoast
Rindsbouillon nach Boddenfischer Art
Ostseebuttfilet im Speckmantel auf Rügener Grünkohl, Kartoffelkroketten, Salate der Saison
Rote Grütze Rügeneaud

•

Geflügelleber auf Toast
Wildkraftbrühe auf Belmer Art
Entbeintes Wittower Landhähnchen auf Sauerkirschsamt, gedünsteter Wirsing, Pommersche Kartoffelplinsen
Birne Schloß Spyker

•

Königinpastete, gefüllt
Reddevitzer Aalsuppe
Gefüllter Jungschweinrücken auf Mönchguter Art, gebutterte Möhrenkugeln, Spritzkartoffeln
Preiselbeeren mit Quarkrahmschaum

•

Dorschleber auf Salatkräutervinaigrette
Kartoffelcremesüppchen mit feinen Lauchstreifen
Lammhaxe im Kohlmantel, Thymianjus, Dampfkartoffeln
Rügener Sauerkirschgelee mit Sahnehäubchen

**Regionale Menüs aus Niedersachsen**

Pastetchen mit Dillgranat
Friesische Ente mit Wirsing und Kartoffeln
Ostfriesische Teecreme

•

Cuxhavener Fischsuppe
Labskaus mit roter Beete
Beerenkaltschale

•

Bremer Heringssalat
Hackus und Knüste mit Blattsalat
Butterkuchen

•

Klare Tomatenconsommé mit Brokkoliklößchen
Nordsee-Steinbuttmedaillons im Wurzelsud mit holländischer Buttersoße, Fleuron
Taubenbrüstchen auf Vogelbeerenjus, Rosenkohlschaum, geröstete Kartoffelnocken
Grüne Grütze mit Vanillesoße

•

Heidschnuckenschinken mit Feigen, Toast und Butter
Niedersächsische Hochzeitssuppe
Calenberger Hochzeitsschmaus von Rind und Schwein mit Rahmsoße, Gemüseplatte der Saison, gebackener Kartoffelschaum
Welfenspeise

•

Harzer Rehmus mit Rotweingelee, Orangen-Apfel-Salat, Butter und Melbatoast
Ammerländer Grünkohlsuppe mit kleinen Würstchen
Steinhuder Aal auf kleinen bunten Nudeln mit Tomatenschmelz und Basilikum
Gesottene Heidschnuckenkeule in Safran-Zitronen-Soße, Brokkoliröschen, Karottenflan, kleine geröstete Kartoffeln

Hannoverischer Quarkauflauf
mit Williamsgeist auf
Aprikosenmark

•

Hamburger Hummersuppe
mit Cognac
Kalbsbriesen auf
Estragonschaum, Fleuron,
Gemüseperlen
Heidschnuckenkeule in
Rahmsoße mit Spitzmorcheln,
Moosbeeren, gefüllter
Weinapfel, Romaneskoröschen
und geröstete Heidekartoffeln
Rapshonigparfait mit frischen
Walderdbeeren

•

Feldsalat in Kartoffeldressing
mit gerösteten Speckstreifen
und Croûtons
Rinderkraftbrühe mit
Markklößchen
Oldenburger Kalbsbraten mit
Heidepilzen, Auswahl feinster
Braunschweiger Gemüse,
Kartoffelplätzchen
Pistazieneis auf warmer
Multbeerensoße mit Hippen

**Regionale Menüs aus Sachsen-Anhalt**

Anhaltinisches
Kartoffelsüppchen mit
Perlwürstchen und
Knoblauchcroûtons
Kasseler Rücken nach
Hallorenart, in Rotweinsoße
und Wurzelgemüse geschmort,
Weinsauerkraut, Erbspüree und
Schmelzklößchen
Quarkkeulchen auf
Holundersoße und Obstallerlei
Hallorenkonfekt

•

Linsensuppe mit feinen
Gemüsen und
Rotwurstscheiben
Geschmorte Schweinehaxe in
würziger Bier-Rosinen-Soße,
Speckbohnen, Kümmelrübchen
und halleschem Fruchtkloß
Aprikosenpfannkuchen mit
warmer Himbeersoße und
Schlagsahne

•

Spickendorfer
Meerrettichbrühe
Gefüllte Schmorgurke in
Specksoße, dazu
Butterkartoffeln
Apfelkrapfen mit warmer
Holundersoße und Schnee-
Eiern

•

Altmärkische Hochzeitssuppe
mit frischen Kräutern
Hühnerkraftbrühe mit
Eierstich, Spargel und
Klößchen
Gedünstetes Zanderfilet in
Krebssoße, Krebsschwänze,
Wurzelgemüsestreifen und
Rote-Bete-Kartoffeln
Gebackener Freyburger Apfel,
mit Rosinen und Backpflaumen
gefüllt, Vanillesoße

**Regionale Menüs aus Berlin-Brandenburg**

Berliner Kartoffelsuppe mit
kleinen Würstchen und
Brotkrusteln
Gefüllter Ochsenschwanz mit
frischen Gartengemüsen und
Zwiebelkartoffeln
Hausgemachte Beerengrütze
mit Vanillesoße

•

Brandenburgische
Hochzeitssuppe
Zanderfilet auf warmem
Linsensalat
Majoranfleisch mit Lauch,
Karotten und Sellerie, dazu
Semmelknödel
Märkische Mohnpielen mit
Beerenragout

•

Hausgeräucherte
havelländische
Fischspezialitäten auf kleinem
Salat
Graupensuppe mit
Backpflaumen
Kasseler nach Altberliner
Rezept, im Brotteig gebacken,
Teltower Rübchen und
Porreeherzen
Zimtparfait und Apfelküchlein
mit Weinschaum

•

Leichte Kartoffelsuppe mit
geräuchertem Aal und Kresse
Geschmorte Ochsenbacken mit
Wurzelgemüse und
Markklößchen
Warme Holundersuppe mit
Mandelgrießklößchen

•

Hühnerbrühe mit Gemüse
Knusprige Entenkeule auf
Apfel-Zwiebel-Ragout mit
Rotkohl und gebratenem
Semmelknödel
Parfait von der
Schattenmorelle

**Regionale Menüs aus Nordrhein-Westfalen**

Frische Entenleber mit Salaten
und Champignons
Legierte Sauerampfersuppe
Frische Flußkrebse im
Karottensud
Lammkeule mit feinen
Kräutern, Streifen von weißen
Rübchen, Prinzeßbohnen und
Brokkolipüree
Brombeeren mit Hagebutteneis

•

Salat von Steinpilzen und
Sumpfdotterblumen mit
gebratener Taubenbrust
Wels auf gelben Bohnen
Rehmedaillons mit Wirsing
und Markklößchen
Lammfilet mit kleinem Gemüse
und Trüffelkartoffeln
Rohmilchkäse
Birnentörtchen

•

Blutwurst auf Apfelmeerrettich
Geräucherter Wels und Aalmus
mit einer Karottenvinaigrette
Lammbouillon mit
Schneckentaschen
Steckrüben, Karpfen und
Schleie in Altbier
Hasenfilet im Mangoldblatt auf
Holundersoße, Kartoffelklöße
Stippmilch mit Sandorn

•

Das Beste vom Kaninchen in
Korinander
Kartoffelsalat mit Krebsen
Pochierter Zander und dicke
Bohnen
Ochsenschwanzgelee
Gefüllte Wachtel auf
Holundersoße und geröstetem
Meerrettich
Rehkotelett mit Pfifferlingen
und Wirsingstrudel
Ziegenkäse
Mohnklöße auf Pflaumen

**Regionale Menüs aus Thüringen**

Gartentomatensalat mit Fleischblutwurst
Rostbrätel mit Kräuterzwiebeln, Thüringer Specksalat und Erfurter Brunnenkresse
Kirschpfanne mit Vanillesoße

•

Sauerkrautsuppe mit Hackepeterklößchen
Marbacher Kaninchenrolle mit Rosenkohl, Thüringer Klößchen
Zwetschgenkuchen mit Öl

•

Weimarer Zwiebelsuppe
Heldrunger Sauerbraten mit Möhren- und Selleriestiften, Hütes (Thüringer Kartoffelklöße)
Kompott aus Schattenmorellen

•

Brotsuppe mit Leberwurst
Berstädter Topfbraten, gebackener Blumenkohl und Stärkknölle
Rupfkuchen

•

Erfurter Zwiebelkuchen
Gänsekeule, in Rotwein geschmort, Bratapfel
Schleizer Bamser

•

Süßsaure Linsensuppe mit Blutwurst
Tischel mit Schinken oder Knackwurst
Thüringer Schlachtplatte, Thüringer Rotwurst, Sauerkohl und Kartoffelbrei
Rote Grütze mit Vanillesoße

**Regionale Menüs aus Sachsen**

Feine Kaninchenwürfel in pikantem Gelee auf Bornaer Frühlingszwiebelsalat, dazu kleines Butterbemmchen
Kräftige Rinderbrühe mit Gehacktesklößchen im hausgemachten Kräuternudelsäckchen
Kalbskotelett, belegt mit zarten Sommergemüsen und garniert mit Morchel, Krebsnase und gebratenen Kartoffelwürfeln
Warmer Krostitzer Apfeltasche mit Zucker und Zimt auf Bierschaum

•

Sächsische Lachsforellenterrine
Kräftige Schwammerlsuppe
Kaninchen im Hahn mit Rosenkohl und Buttermilchgätzen
Leipziger Lerchen

•

Hausgemachte Kalbsbriesterrine auf grüner Meerrettichsoße zu frischem Bauernbrot
Kartoffelsüppchen mit Weinbergschnecken und Morcheln
Frikassée von Süßwasserfischen in Sauerrahmsoße mit gefülltem Sellerie und Rote-Bete-Nudeln
Eisdessert Fürst Pückler-Muskau
Eierschecke mit „e Schälchen Heeßen"

•

Gepökelte Schweinezunge auf süßsaurem Linsensalat

Wermsdorfer Forellenfilets, in Butter gebraten, auf Streifen von Wurzelgemüse, Kartoffel-Dill-Gratiné
Quark-Eierkuchen in Soße von Waldbeeren

•

Gänsekleinsuppe mit Dill
Macherner Karpfenfilet, in Rosinensoße gargezogen, ofenwarmes Roggenbrötchen
In Krostizer Bier marinierte Schweinelende, Leipziger Allerlei und Reibeküchlein
Borsdorfer Weinapfel in Holundersoße

**Regionale Menüs aus dem Saarland**

Bibbelsches Bohnensauf
Gefüllte Klöße, Speckrahmsoße, Sauerkraut
Herziger Viz-Sorbet

•

Riwwel in Brühe
Saarbrücker Schinkenpastete, geröstete Kartoffeln, Bettseichersalat
Saarlouiser Mirabellentorte

•

Schnittlauch-Eier-Salat
Eingelegter Schwenkbraten, Speckkartoffelsalat
Kirschpfannkuchen

•

Lyoner Kuchen (Torte nach Saarbrücker Art)
Gefülltes Spanferkel mit Saumaskronsbeere
Applewein-Sabayon mit Dunstapfel

**Regionale Menüs aus Baden-Württemberg**

Odenwälder Fasanenpastete mit eingelegtem Kürbis
Rehkeule aus dem Ofen auf Hagebuttensoße mit gebackenen Birnschnitz
Quetscheterrine auf Orangen-Honig-Soße

•

Variationen von Kartoffel und Hüttenthaler Forelle
Wirsingkrautwickel von Kartoffeln und Lammfilet auf Trompetenpilzsoße
Kartoffel-Quetsche-Krapfen mit Weinapfel und Hollundersoße

•

Kalbskopfsalat mit saure Kartoffelrädle
Süpple von Bodenseefischen mit Sauerampfermaultaschen
Rehschäufele im Wacholderrahm mit Pfifferlingen, handgeschabte Spätzle, Kopfsalatherzen
Eisgugelhupf auf Zwetschgensoße

•

Schwäbische Hirnsuppe
Bodenseekrätzerfilet mit Brennesselgemüse
Eingemachtes Kalbfleisch mit Gemüsle und Bauernnudeln
Holderküchle auf Vanillesoße

•

Terrine von Felchen und Saiblingen
Schwäbische Hochzeitssuppe
Schlachtbraten nach Schwäbischer Art mit Gemüsle und Bubenspitzle
Kirschenmichel mit Chaudeau

•

Maultaschen in der Brühe
Hechtklößchen in Dill mit Gurken
Alblammbraten mit Linsen und Hefeknöpfle
Brestling auf Rieslinggelee mit Vanilleeis

•

Tellersulz mit warmem Zwiebelkuchen
Fleischbrühe mit Milzroulade
Kalbsnierenbraten mit Spargel und gesalzenem Rahmkuchen
Gefüllte Nonnenfürele auf Himbeersoße

•

Gaisburger Marsch
Aal in Salbei
Filettöpfle mit Morcheln, Spinat und nackete Dampfnudeln
Geeister Ofenschlupfer auf Zimtsoße

•

Gugelhupf vom Ochsenschwanz
Gebratener Waller auf Kräuter-Senf-Soße
Gefüllte Brust vom Freilandhuhn mit Heppenheimer Spätburgunder auf Graupengemüse
Schafsfrischkäse mit Kräutern
Bergsträßer Gewürztraminereis mit Rhabarber

•

Badische Schneckensuppe
Gebratenes Kalbsbries mit Schneckensauce und gelben Nudeln
Schwarzwälder Rehgulasch mit Spätzle
Sorbet vom Gewürztraminer

•

Baeckaoffa
Badischer Hecht aus dem Backofen mit Petersilienkartoffeln
Das Beste vom Milchferkel mit geschmortem Wirsing und Bubenspitzle
Quarkcreme mit frischen Erdbeeren

**Regionale Menüs aus Bayern**

Gesulzter Tafelspitz, Essiggemüse
Kraftbrühe mit Brieslaiberl
Spanferkelkeule, Bierkümmelsoße, Brezenknödel, Speckkrautsalat
Bayrische Creme mit Waldbeeren

•

Kalbskopf in Kräuteressigmarinade
Bayrische Hochzeitssuppe
Chiemsee-Mastente, gebraten, glacierte Maronen, Apfelblaukraut, rohe Kartoffelknödel
Quarknockerln mit Rhabarberkompott

•

Gefüllte Kälberfüße auf Wurzelgemüse
Grünkernsuppe mit Lamm
Donauwaller im Biersud, Petersilienkartoffeln, geschabter Kren
Topfenstrudel mit heißen Schattenmorellen

•

Nockerln von geräucherten Fischen aus bayrischen Seen, Frühlingssalate
Kalbshirnsuppe mit Kerbel

Böfflamott, Grünwalcher
Ritterzipfe
Semmelauflauf mit Früchten,
Beerenchaudeau

**Regionale Menüs aus Rheinland-Pfalz**

Dudenhöfer
Spargelpfannkuchen,
Orangensauce
Grünkernsuppe mit
Markklößchen
Bachforelle in Portugieser,
Kartoffelwurst, Grilltomate
Fasan in Weinblättern, Jus mit
Dornfelder, Kastaniengemüse,
glasierte weiße Rüben
Backofenknepp mit
Traminersauce

•

Weinbergschneckenterrine auf
Kräutersauce
Saure Kartoffelbrühe
Hechtfilet im Mandelkleid,
Rahmnudeln, Dillgurken,
Pfälzer Quittenschnitze
Grießklöße mit Elmsteiner
Heidelbeerkompott

•

Käse im Weinblatt
Lewwerknödelsupp
Rinderbrust, Meerrettichsauce,
Mirabellen, Kürbisse und
Quetschen, süßsauer
Lammkeule mit Thymianjus,
Stännerbohne, Speckkartoffeln
Zimtnudeln mit Vanillesauce

**Regionale Menüs aus Hessen**

Griebenschmalz mit
Apfelstückchen und Gebäck
Münsterländer Pfefferpotthast,
Salzkartoffeln, Kopfsalat
Pumpernickelpudding mit
Rotweinsoße

•

Münsterländer Altbiersuppe
Sauerbraten von der
Lammkeule, Pfifferlinge mit
Pflaumen in Rahmsoße,
Kartoffelnockerln
Apfelpfannkuchen, mit
Vanilleeis gefüllt

•

Spargelragout mit Gurken und
gebratenem Kalbsbries
Münsterländer Schweineweiß
mit Rote-Bete-Gemüse und
Pumpernickelplätzchen
Warmer Milchreis mit Früchten

•

Münsterländer Brotsuppe
Rinderbraten in Braunbier mit
Jean im Sack
Warme Rübenkrautcreme

•

Schwarzwurzelsuppe mit
Petersilie
Schweineschinken mit
Zimtkruste, Kartoffelpüree
Münsterländer Stippmilch mit
Pumpernickel

•

Champignonpudding mit
Kaninchenleber
Karpfen in Altbiersoße,
Petersilienkartoffeln,
Gurkensalat
Quarkcreme mit
Beerenfrüchten

# Menüs für Reisegruppen

Kräftige Rindsuppe mit Lebernockerln
Glacierte Jungschweinebrust mit Semmelfülle
Warmer Speckkrautsalat
Profiterolen mit Vanillecreme in Schokoladesauce

•

Erdäpfelcremesuppe mit Pilzen
Gekochtes Rindfleisch mit Wurzelgemüse und Kren
Rösterdäpfel
Wiener Apfelstrudel

•

Steirische Landterrine mit kleinen Salaten, mit Nußöldressing garniert
Frikassee von der Poularde mit Gemüserisotto
Milchrahmstrudel mit Vanillesauce

•

Sautierte Hühnerleber mit frischen Pilzen in Blätterteig
Rosa gebratene Lammkeule auf Kräuterjus
Gratinierte Erdäpfel
Saisongemüse
Mohneisgugelhupf

•

Bouillon mit Gemüsestreifen
Tranche vom gebratenen Schweinskarree mit Serviettenknödel
Gemischter Salat
Biskuit mit Früchten

•

Artischockencocktail mit Knollensellerie in Kräutervinaigrette
Gebratenes vom steirischen Masthuhn
Petersilkartoffeln
Salat der Saison
Warme Birnenschnitte in Blätterteig

•

Legierte Geflügelcreme mit marinierten Hühnerleberstreifen
Mit Gemüse gespickter Rindsbraten in Rotweinsauce
Röstkartoffeln
Vanilleeis mit Zwetschkenkompott

•

Südsteirische Knoblauchsuppe mit Rauchschinkenstreifen
Gebirgsforellenfilet, in Zwiebackbröseln gewälzt
Butterkartoffeln
Mohr im Hemd

•

Hausgemachte Nudeln mit Pilzen
Gebratenes Schweinsfischerl mit Madeirasauce
Birnenkartoffeln
Glacierte Karotten
Waldhonigparfait mit Früchten

•

Hasenpastete mit Moosbeerenschaum
Tranche von der gedämpften Lammkeule
Prinzeßbohnen im Speckmantel
Weincharlotte mit Hippenblättern

•

Pilzterrine mit Preiselbeeren
Aufgeschlagene Kräuterrahmsuppe
Medaillon vom Schwein auf Gorgonzolasauce
Hausgemachte Nudeln

Gebratener Marzipanapfel mit Zimtsabayon

•

Marinierte Krevetten in der Honigmelone
Filet Wellington mit Madeirasauce
Überbackene Rahmkartoffeln
Glaciertes Gemüse
In Rotwein pochierte Birne mit Zimteis

•

Salat der Saison mit Walnüssen in Sherrydressing
Kalbscremesuppe
Gekochter Tafelspitz
Röstkartoffeln
Apfelkren
Schnittlauchsauce
Gezogener Wiener Apfelstrudel

•

Terrine vom Karpfen mit Dillrahm
Schwammerlsuppe mit Kräutern
Knusprig gebratene Landente
Rotkraut
Serviettenknödel
Geeistes Lebkuchensoufflée mit Veltlinersauce

•

Kräftige Rindsuppe mit Leberfarcenockerln
Hausgemachte Nudeln mit Meeresfrüchten in Safransauce
Schweinsfilet, im Stück gebraten
Blattspinat
Schloßkartoffeln
Früchteteller, mit Marzipanschaum gratiniert

•

Salat von sautierten Austernpilzen in Kräuterdressing
Heiße Avocadocreme mit Walnüssen
Gebratene Gemüselaibchen mit Sojasprossen
Charlotte Metternich in Malagasabayon

•

Sulz von Waldpilzen auf Kräuterschaum
Geflügelconsommé mit Lebernockerln
Gefüllte Hasenkeule auf Ginsauce
Blattspinat
Birnenkartoffeln
Gebackene Apfelspalten in Mostschaum

•

Karpfenterrine auf Limonenschaum mit rotem Kaviar
Legierte Fenchelsuppe
Gebratene Wildente
Glacierter Bratapfel
Maronenbuchteln
Waldhonigparfait im Kardamommantel

•

Carpaccio vom Rinderfilet in Limonen-Pfeffer-Marinade
Geeiste Kräuterrahmsuppe
Gefüllte Poulardenbrust in Noilly-Prat-Sauce
Gemüseflan
Marinierte Weintrauben in Brioche mit Zimtsabayon

•

Vogerlsalat in Rahmdressing mit Speckwürferln und Kürbiskernen
Wildconsommé mit Farcenockerln

Gebratenes von der Gans mit Semmelfülle
Preiselbeerrotkraut
Lebkuchenparfait in Obersschaum

•

Poulardenstreifen auf Blattspinat in Himbeerdressing
Klare Suppe von Flußfischen
Tranche von der Beiried auf Rotwein-Mark-Sauce
Rahmkartoffeln
Brokkoliflan
Helle und dunkle Schokoladenmousse

•

Parfait von der steirischen Gebirgsforelle
Lamm-Mousse mit altem Port
Ausgelöste Mastpoulardenbrust im Blätterteigmantel
Erlesenes Gemüse
Fruchtpalette auf Mascarponecreme

•

Geflügelleberparfait auf Blattsalaten im Himbeerparfait
Lammfilet mit Kräutern im Strudelteig
Gemüse der Saison
Frisch marinierte Erdbeeren in der Mandeltulpe

•

Salat von Avocados mit Grapefruits
Zucchinicreme mit rotem Kaviar
Mignons vom Schwein auf Calvadossauce
Schloßkartoffeln
Frisches Gemüse
Käseauswahl (Morbier, Brie, Ziegenkäse)
oder Früchte auf Walnüssen

•

Ochsenmaulcarpaccio in Kernölmarinade
Tranche vom ausgelösten Kalbsrücken auf Schilchersauce
Nußkartoffeln
Gratinierter Käse auf Zwiebelbrot
Ofenwarme Orangentorte

•

Salate der Saison mit Walnüssen in Sherrydressing
Legierte Lachscremesuppe
Gefüllte Poulardenkeule auf Sherryrahm
Frisches Gemüse
Eisparfait Grand Marnier

•

Marinierte Krevetten mit Honigmelone, Luisensauce
Französische Zwiebelsuppe, mit Käsecroûtons gratiniert
Gemischte Filetspitzen in Paprikarahmsauce
Hausgemachte Nudeln
Weincharlotte mit Hippenblättern

•

Norwegischer Räucherlachs mit Oberskren
Klare Bouillon mit Kerbelroulade
Tranche vom Schweinsrückenstück in Rahmsauce
Pignolienreis
Salat nach Saison
Bayrische Creme mit Obersschaum und Früchten

•

Geflügelleberterrine mit marinierten Honigäpfeln
Steirische Weinschaumsuppe mit geröstetem Weißbrot

Tournedos vom Kalb mit
Gravad lax auf Kräuterrahm
Ofenkartoffeln
Warmer Zwetschkenstrudel mit
Zimtobers

•

Hausgebeizter Räucherlachs
auf Dillsenfsauce
Tomatencreme mit Basilikum
Tournedo vom Rind in
Blätterteig auf Senfrahmsauce
Erlesenes Gemüse
Gebackener Brie
Topfenknödel auf Erdbeermark

•

Sautierte Geflügelleber in
Brioche
Lachscremesuppe mit Kräutern
Gegrilltes Kalbssteak
Rahmkartoffeln
Glacierte Karotten
Tiramisu

•

Geräucherte Entenbrust auf
Salaten der Saison in
Apfeldressing
Frische Blattspinatcreme mit
pochiertem Wachtelei
Medaillon vom Reh auf
Wacholderrahm
Mandelkartoffeln
Kohlsprossen
Weiße Schokolademousse in
der Mandelglocke

•

Salat von Avocados mit
Scampi in Aceto balsamico
Heimische Pilzrahmsuppe
Lammfilet in der Teigkruste mit
Kräutern
Feines Gemüse
Früchte in Grand-Marnier-
Schaum

•

Gemüseterrine in
Sesamdressing
Legierte Kalbshirnsuppe mit
Lauch
Wildschweinrücken auf
Pilzsauce
Mandelbällchen
Waldhonigparfait mit
pochiertem Weinapfel
Kleine Bäckereien

•

Carpaccio vom Lachs auf
Blattsalaten mit Sherrydressing
Gurkenschaumsuppe mit Dille
Medaillon vom Rind in der
Kartoffelkräuterkruste auf
Madeirasauce
Saisongemüse
Marinierte Erdbeeren in der
Mandeltulpe
Kleine Bäckereien

•

Salat von Avocados und
Walnüssen mit sautierten
Scampi
Consommé mit Gänseleber
und Portwein
In Weißwein pochierter Lachs
mit Safran
Gegrillte Lammkoteletts im
Kräutermantel
Prinzeßbohnen
Lyoner Kartoffeln
Dreierlei Sorbets mit Früchten

•

Carpaccio vom Ochsenmaul in
Kernölmarinade
Schnittlauchcremesuppe
Soufflierter Heilbutt mit
Chablisschaum
Rotes Traubensorbet
Gefüllte Poulardenbrust auf
Morchelrahmsauce
Hausgemachte grüne Nudeln

Creme von Granatäpfeln mit gebrannten Nüssen

•

Kalbsbriesterrine auf Kresseschaum
Lachscremesuppe mit Kräuternockerln
Apfelsorbet mit Calvados
Mariniertes Lammfilet im Strudelteig mit Kräuterjus
Blattspinat
Gratinierter Käse auf Nußrisotto
Mousse von weißer Schokolade in Mürbteigbaguette

•

Salat der Saison in Himbeerdressing
Essenz vom Wildgeflügel mit Farcenockerln
Pochierte Lachsforelle auf Schilchersauce
Kiwisorbet
Mignon vom Rind mit Mark-Kräuter-Kruste
Kartoffelzucchini
Marinierte Früchte auf Mascarponecreme

•

Gänseleberterrine mit in Rotwein pochierten Äpfeln
Tomatencremesuppe mit Gin
Gegrillter Gravad lax
Stubenkücken in Sherrysauce
Hausgemachte grüne Nudeln
Gratinierter Käse
Früchte der Saison auf Karamelblätterteig

•

Salat der Saison in Himbeerdressing mit geräucherter Entenbrust
Heiße Avocadocreme mit Macademinüssen
Medaillon vom Seeteufel in Gemüsenage
Sorbet von rosa Grapefruits mit Gin
Gefüllte Wachtel, in der Salzkruste gegart, mit Morchelsauce
Wilder Reis
Ziegenfrischmilchkäse auf Tomatenscheiben mit Basilikum
In Rotwein pochierte Birne mit Zimtsabayon

•

Consommé von geräucherter Bachforelle mit Walnußklößchen
Tournedos vom Schweinefilet mit Artischocken und Kräuterschaum, Sauce hollandaise, Brokkoliflan und Mandelkroketten
Zimtmousse mit Zwetschkenkonfit

•

Kerbelrahmsuppe mit Crevetten
Gefüllte Perlhuhnbrust mit Sherrywalnüssen, Marktgemüse und Rösti
Erdbeerrosette mit Mangoschaum

•

Klare Gemüsesuppe mit gezupftem Rinderfilet
Schweinerücken nach Florentiner Art, Tomaten-Zucchini-Gemüse, Gnocchi in Sahne
Cassata mit Asti Spumante

•

Petersilienwurzelsuppe mit Schinkennocken

Streifen von Putenbrust in Gemüse-Safran-Reis, Wolkenohrpilze, Mango-Kiwi-Chutney und Sambal
Warme Banane mit Akazienblütenhonig, Pinienkerne und Vanilleeis

•

Champignon-Rahm-Suppe
Gekochte Rinderbrust mit Meerrettichsahne, Preiselbeeren und Bouillonkartoffeln
Mousse au chocolat

•

Piroggen mit Gemüsewürfel
Rinderbraten nach Burgunder Art mit Speckbohnenröllchen und Käsecroûtons
Obstsalat von exotischen Früchten mit Grand Marnier und Gebäck

•

Schaumsuppe von Sauerampfer mit Krebsfleisch
Kalbsroulade mit Parmaschinken und Käse
Tagliatelle mit Basilikumspitzen
Limettensorbet mit frischen Himbeeren

•

Gänsekleinsuppe
Rinderhüfte, am Stück gebraten, mit Champignon-Kräuter-Duxelles gefüllt, Nadelbohnen und Herzoginkartoffeln
Burgunderbirne mit Gorgonzolacreme

•

Schwäbische Flädlesuppe
Champignonsteak – mageres Steak vom Schweinerücken mit frischen Champignons behäuft, Spätzle mit Butterschmelze
Vanilleeis mit heißen Himbeeren

•

Rinderkraftbrühe mit Suppenmaultäschle
Rahmgeschnetzeltes vom Schwein, kleines Marktgemüse und Schupfnudeln
Salat von frischen Erdbeeren und Kiwi

•

Tomatenconsommé mit Basilikumklößchen
Zopf von Seezunge und Lachs auf Champagnersauce und Safransauce, wilder Reis
Medaillons vom Rehrücken, Holunderbeersauce und Haselnußspätzle, kleines Marktgemüse
Mousse au chocolat, hell und dunkel, auf exotischen Früchten

•

Klare Hummersuppe unter der Blätterteighaube
Seeteufel auf Mangospalten, Avocadosauce
Gedämpfte Lachsschnitte auf Sauerampfersauce, tournierte Kartoffeln
Feuilleté von weißer und brauner Schokolade

•

Kräuterrahmsuppe
Eichblattsalat mit marinierter Bachforelle
Ausgelöster Rehrücken, gerahmte Pfifferlinge, Brokkoli mit Pinienkernen, Mandelbällchen und gefüllte Williamsbirne
Bühler Zwetschgen, gefüllt mit Marzipan und Pistazieneis

•

Geräuchertes Forellenfilet und Lachsterrine, kleiner Salat mit Kartoffeldressing
Marmite von Mittelmeerfischen
Seezungenschleifen auf legiertem Champagnerkraut, Safrankartoffeln
Erdbeeren nach Romanoff

•

Fasanenconsommé mit Profiterols
Marinierte Seezunge auf Blattspinat mit Sauce von Flußkrebsen
Frischlingsrücken mit Brombeerensauce, Zuckerschoten und Kartoffelgratin
Zimtmousse mit frischen Feigen

•

Tomatenbouillon mit Kräuterfischnocken und frischem Dill
Cadgery von Meeresfrüchten
Lachsforelle auf Rieslingsahnesauce, Fleurons, Gurken-Karotten-Fenchel-Gemüse, Vollwertreis
Warmer Apfelstrudel, Vanilleeiscreme, Sahne

•

Schwäbische Festtagssuppe mit Maultäschle, Flädle und Markklößchen
Galantine von Lachsforelle mit Kräuterdip
Tournedos vom Wildschwein in Trollingersauce mit Walnüssen, Wachteleier im Rotkohlnest, Schupfnudeln
Grütze von herbstlichen Früchten mit leicht geschlagener Sahne

•

Kartoffellauchsuppe
Schweinerücken im Kräuternetz, Kümmelsauce, Gemüse der Saison und Schupfnudeln
Joghurtmousse auf einem Dialog von Früchten

•

Grünkernsuppe mit Markklößchen
Tafelspitz, gekocht, dazu Preiselbeer-Sahnemeerrettich, tourniertes Wurzelgemüse und Bouillonkartoffeln
Weckauflauf mit Rosinen und Vanillesauce

•

Schwäbischer Suppentopf mit geschmelzten Zwiebeln
Schweinerückensteak, gebraten, auf Gemüsestreifen, Sauerrahmsauce, Blattspinat und Schupfnudeln
Apfelküchle auf gekühlter Weinschaumsauce

•

Geflügelkraftbrühe mit Maultaschen
Kalbsfleischröllchen, geschmort in Buttermilchsoße, kleines Marktgemüse und Kartoffelnocken
Eisparfait mit warmem Sauerkirschkompott

•

Buntes Gemüse mit Seezungenfilet
Gefüllte Kalbspiccata auf Blattspinat, dazu Pommes macaire
Minzparfait auf Orangensauce

•

Rinderkraftbrühe mit Eierstich
Schweinefilet, mit Pilzen im Wirsingmantel gebraten, Thymianbuttersauce, glasierte Karotten, Kartoffelplätzchen
Quarkknödel auf Zwetschgensauce

•

Legierte Kraftbrühe mit Gemüsewürfel und Kerbel
Poulardenbrust, im Salatblatt gebraten, auf Rieslingsahne, Brokkoli und breite Nudeln mit Kracherle
Karamelcreme mit Krokantsahne

•

Rinderkraftbrühe mit Lauchstreifen und Eierfäden
Gefüllte Schollenfilets mit Butterreis, Weißweinsauce und Fleuron
Eisparfait mit Kirschwasser

•

Frühlingssalat mit gegrilltem Rotbarbenfilet
Gedünstete Poulardenbrust in Gurkensauce, dazu Butternudeln
Kirschwasserparfait mit Ananas auf Honigsabayon

•

Sülze von Lammfilet auf Tomatenmosaik
Kalbsrücken in Edelpilzsauce, Romanesko und Butterspätzle
Nelkencreme mit Feigen

•

Forellenroulade in Rieslingsauce, Gemüsereis
Kohlrabisuppe mit Shrimps
Lammrücken in der Thymiankruste, feine Bohnen, Kartoffelgratin
Tiramisu mit Mandeleis

•

Siebenkräutersuppe
Mozzarella mit Kirschtomaten und Basilikum
Schweinefilet, am Stück gebraten, gerahmte Wiesenchampignons, kleines Saisongemüse und Schupfnudeln
Frische Williamsbirne mit Zimteis und Schokoladensauce

•

Hausgebeizter Lachs mit Kartoffelpuffer, Crème fraîche
Filet vom Steinbutt auf frischen Waldpilzen
Cassoulet von Edelfischen in Safransabayon, wilder Reis, Fleuron
Exotische Früchte an Weinbrandparfait

•

Hummersuppe
Muschelragout
Potpourri von Feinfischen, Gemüseallerlei, Pommes Dauphin
Vanilleeis in roter Grütze

# Wahlmenüs

Darunter versteht man zur Auswahl angebotene Menüs mit gleichem Preis, was die Arbeit des Servicepersonals bei der Rechnungslegung erleichtert. Sie beinhalten selten Gerichte, die hinsichtlich der Preisgruppe differenziert sind.

Wahlmenüs bieten dem Gast die Möglichkeit, aus einer vorgegebenen Anzahl von Gerichten sein Menü selbst zu erstellen. Die sonst sehr häufigen Tauschwünsche der Gäste werden dabei auf ein Minimum reduziert. Die Zusammenstellung der Wahlmenüs (des Wahlmenü-Wochenplanes) erfordert

- das Kennen des Gästekreises,
- viel Abwechslung und Ideenreichtum im Speisenangebot.

Diese Methode hat den Vorteil, daß man sich auf eine bestimmte Warengattung konzentrieren, ökonomisch disponieren und das Küchenpersonal teilweise entlasten kann. Dem Gast bietet das Wahlmenü Abwechslung und erleichtert ihm die Zusammenstellung der Mahlzeit nach seinem Geschmack.

Ein Wahlmenü bedarf einer besonders sorgfältigen Zusammenstellung, weil die einzelnen Gänge trotz ihrer Vielfalt aufeinander abgestimmt sein sollen.

## Auswahlmöglichkeit

| | | |
|---|---|---|
| warm | oder | kalt |
| gebundene Suppen | oder | klare Suppen |
| Fleisch | oder | Fisch |
| dunkles Fleisch | oder | helles Fleisch |
| gedünstet, gekocht | oder | gebraten, gegrillt, gebacken |
| Eingemachtes u. Saucen | oder | Natur und Jus |
| sättigend, schwer | oder | leicht verdaulich |
| hoher Nährwert | oder | geringer Nährwert |
| Mehlspeisen | oder | Früchte, Käse, Eis |

**Suppen oder Juices**
Rindsuppe mit Frittaten
Schwammerlcremesuppe
Minestrone
Orangen-, Grapefruit- oder Tomatenjuice

**Kalte und warme Vorspeisen**
Tiroler Rohschinken mit Melone
Rohkostteller mit Walnußdressing
Russisches Ei auf Gemüsesalat
Blaugekochte Bachforelle, zerlassene Butter, Salzkartoffeln
Blätterteigpastetchen mit Geflügelragout

**Hauptgerichte**

Gekochter Tafelspitz
Cremespinat
Geröstete Kartoffeln
Apfelkren

Gebratener Lammschlegel mit Rosmarin
Grüne Bohnen
Zwiebelkartoffeln

Kalbsrahmgulyas
Spätzle
Grüner Salat

Gegrilltes Schweinskotelett mit Kräuterbutter
Kleine Gemüseplatte
Petersilienkartoffeln

Ausgelöstes Backhuhn
Gemischter Salatteller mit Kräuterdressing

**Süßspeisen oder Desserts**
Gezogener Apfelstrudel
Topfencreme mit Kiwi
Vanilleeisbecher mit Birne und Schokoladensauce
Obst nach Wahl oder Fruchtsalat mit Schlagobers
Käseauswahl vom Wagen, Landbrot und Butter

## Festliche Wahlmenüs

Frische Salate zu allen
Hauptgängen von unserem
Buffet

•

Kukuruzsuppe mit Muscheln
und geröstetem Spargel
oder
Lachsmaultaschen mit
Gemüsestreifen und Trüffeln
im Basilikumbutterfond
oder
Auswahl von Fruchtsäften
Lasagne von Kalbslende und
Gänseleber auf Limettensauce
mit Sauerampfer,
Gartengemüse, Safrannudeln
oder
Rehrückensteak auf
Hägemarksauce,
Rotkrautstreifen mit Renetten,
Preiselbeercrêpes
Dessert vom Wagen

•

Radieschensprossensuppe mit
gefüllter Reisrolle
oder
Zandergugelhupf mit
Riesengarnele auf Rote-Bete-
Creme, Selleriefrucht
oder
Auswahl von Fruchtsäften
Gefülltes Stubenkücken auf
Jakitorisauce, Kaiserschoten,
Grünkernrisotto
oder
Berglammrücken in
Kräuterbrotkruste,
Schalottenjus,
Mangoldtörtchen mit Tomaten,
Basilikumnudeln
Dessert vom Wagen

•

Tafelspitzbrühe mit
Kräutermarkknöderl
oder
Gegrillte Riesengarnele mit
Rapunzelsalat und
Bärlauchkrüstchen
oder
Auswahl von Fruchtsäften
Gebeiztes Entenfilet, gekocht
auf Rettichsauce,
Gemüseallerlei,
Preiselbeercrêpes
oder
Tournedos vom Schottlandrind
auf Estragonglace, junge
Bohnen mit Schmelze,
Strohkartoffeln
Dessert vom Wagen

•

Rote-Linsen-Suppe mit
Jakobsmuschel und Bärlauch
oder
Mit Mozzarella und Spinat
gefüllte Teigtascherln im
Tomatensud mit
Gemüsestreifen
oder
Auswahl von Fruchtsäften
Saiblingfilets auf getrüffeltem
Lauchragout, rosa
Champignons, Frühkartoffeln
oder
Nüßchen vom Frischling in der
Maiskartoffelkruste auf
Quittensauce, Brokkolirosen
Dessert vom Wagen

•

Brennesselsuppe mit
Lachsstreifen und
Forellenkaviar
oder

Rotbarbenfilet auf Mangold
mit Bärlauchsauce
oder
Auswahl von Fruchtsäften
Krautwickerl vom
Kaninchenrücken auf grüner
Pfeffersauce, Fingermöhrchen,
Lasagnekartoffeln
oder
Eintopf von Hummer,
Briesperlen und grünem
Gemüse, Bamberger Hörnchen
in Basilikumbutterfond
Dessert vom Wagen

•

Lachsrilette mit Kaviar auf
Buttermilchschaum
oder
Consommé mit Mettkrusteln
oder
Auswahl von Fruchtsäften
Kalbszüngerl, gekocht in
Kerbelsauce, Grillzucchinis,
Haferkernrisotto
oder
Ochsenfiletwürfel mit
Morcheln und Paprika in
Schnittlauchsauce, bunte
Nudelschnecke
Dessert vom Wagen

•

Rinderbouillon mit grünen und
weißen Maultaschen
oder
Muschelragout in
Wurzelkräutersahne,
Blätterteigfisch
oder
Auswahl von Fruchtsäften
Zwei Lendchen, gegrillt, auf
Tomaten-Schwarzwurzeln,
Balsamicosabayon,
Reiberdatschi
oder
Gröstel von der Rehnuß in
Hagebuttensauce mit feinen
Pilzen und Maronen,
handgeschabte Spätzle
Dessertauswahl vom Wagen

•

Wurzelsuppe mit Sauerrahm
und Rote-Rüben-Streifen
oder
Casolette von
Weinbergschnecken mit
kleinem Gemüse in
Basilikumfond
oder
Auswahl von Fruchtsäften
Schweinsfiletblättchen in
Lauchcreme, Kohlherzen,
Tomaten, Safrannudeln
oder
Gekochte Heidschnuckenkeule
in Senfsaatsauce mit Kerbel,
tourniertem Gemüse,
Kürbiskartoffeln
Dessertauswahl vom Wagen

•

Geraffelte Rohkost mit Kefir
und Nüssen in der
Pampelmuse
oder
Berchtesgadener Brotsuppe mit
Wammerlschmelze
oder
Auswahl von Fruchtsäften
Milchkalbsleber auf schwarzer
Ribiseljus, Sahnelauch,
Safranapfel mit Röstzwiebeln,
Mousselinekartoffeln
oder
Rinderfilet, im Gemüsesud
serviert, Petersiliencreme,
Meerrettich, Kartoffeln
Dessertauswahl vom Wagen

•

Rahmsuppe von
Winterzwiebeln und
Parmesankrusteln
oder
Garnelen und Krebsschwänze
in Dillrahm auf Kräutercrêpes
oder
Auswahl von Fruchtsäften
Pot-au-feu von Hummer und
Seezungenröllchen mit kleinem
Gemüse im
Basilikumbutterfond,
Kartoffelperlen
oder
Geschnetzelte Rindslende in
der Schwarzbrotsauce,
Sauerrahm, glasierte
Perlzwiebeln und
Champignons, grüne
Butterknöpfle
Dessertauswahl vom Wagen

•

Schwarzwurzelsuppe mit
Muscheln
oder
Langostinos im Sesammantel
auf Zucchinischaum
oder
Auswahl von Fruchtsäften
Rebhühnchen, in Speck
gewickelt, auf
Champagnerkraut,
Armagnacbutterjus, glasierte
Eistrauben, Spritzkartoffeln
oder
Salbeischnitzerl auf
Gemüserisotto, Grillgurken,
gelbe Paprikacreme
Dessertauswahl vom Wagen

•

Fischbeuscherlsuppe mit
Kaviarsauerrahm
oder
Blankette von Kaninchen mit
Gemüseperlen im Reisrand
oder
Auswahl von Fruchtsäften
Gegrilltes Kalbskotelett auf
Kümmelwirsing, Tomate mit
Estragonbuttersauce, geröstete
Knödellasagne
oder
Tauben- und Kükenfilet auf
Rosenkohlpüree, Trüffelsauce,
Birnenragout,
Kartoffelplätzchen
Dessertauswahl vom Wagen

•

Gänsekraftbrühe mit roten
Linsen und Haselnußnockerln
oder
Basilikum-Gemüse-Nudeln mit
Trüffelspänen
oder
Auswahl von Fruchtsäften
Eintopf von Kalbsfilet,
Hummer, Brieschen, kleinem
Gemüse und Kartoffeln im
gebundenen Krebsbutterfond
oder
Rindsfilet, mit Wurzeln und
Austernpilzen gefüllt, auf
Kornbrotsauce,
Wirsingkrapferl mit Mark,
Steckrübchen,
Herzoginkartoffeln
Dessertauswahl vom Wagen

•

Weinkrautsuppe mit einer
Belonauster
oder
Gebackene Auberginen und
Zucchinis auf Thymiantomaten
oder
Auswahl von Fruchtsäften
Kalbsbrieschen und Niere auf
zwei Saucen, Perlen von
Möhren-Kohlrabi und
Kartoffeln
oder

Bitkis mit Krebsschwänzen und
Muscheln im Kaviarsauerrahm,
Rautengemüse, Spinatnudeln
Dessertauswahl vom Wagen

•

Badische Schneckenrahmsuppe
mit Pernod
oder
Schwarzwurzelbündel mit
Lachsrose auf
Kräuterbutterschaum
oder
Auswahl von Fruchtsäften
Gegrillte Atlantikfische auf
Champignonspaghetti mit
Basilikumtomaten,
Kohlblättern
oder
Ochsenschwanzragout mit
Pilzen im Wirsing auf
Markbrotsauce, Eiszapfen,
Kartoffelpüree
Dessertauswahl vom Wagen

•

Cremesuppe von Kaiserschoten
und gerösteten
Sonnenblumenkernen
oder
Vollwertwaffeln mit Muscheln
und Kräuterschmant
Gekochte Ochsenbrust, Zunge,
Herz und Mark im
Gemüsefond, geraffelter
Meerrettich, grüne Sauce,
Schnittlauchkartoffeln,
Preiselbeeren
oder
Variation von Wildgeflügel mit
krossem Dörrfleisch auf
Apfelrotkraut, Cognactrauben,
Wacholderrahm, Butterknöpfle
Dessertauswahl vom Wagen

•

Linsensuppe mit gerösteten
Würstchen und
Knoblauchkrüstchen
oder
Pot-au-feu vom Kalbsbries und
Hummer im Clementinen-
Basilikumfond
oder
Auswahl von Fruchtsäften
Im Bierteig gebackene
Seezungenstreifen auf
Thymiantomaten, tournierte
Gemüse, geröstete
Kartoffelbällchen
oder
Rehnüßchen im
Pistazienmantel auf
Calvadossauce, Schwammerl,
Apfelragout, Mandel-
Beerencrêpes
Dessertauswahl vom Wagen

•

Consommé mit Lauchnockerln
oder
Hechtkrapferl und Ritterling
mit Zucchiniperlen in Dillsauce
oder
Mangosekt
Maispoulardenbrust auf
Blattspinat, Kurkumasauce,
Gemüsekartoffelplätzchen
oder
Gekochte Rinderrose mit
grünem Semmelmeerrettich,
Wirsingbällchen, gespritzten
Möhren-Sellerie-Kartoffeln
oder
Tatar von Lachs –
Jakobsmuscheln mit Sylter
Austern, Rapunzel,
Bärlauchdressing
Rhabarberhalbgefrorenes mit
Anisblättern auf
Sauerrahmspiegel

•

Lachsmedaillon auf Karotten-Orangen-Creme mit Kerbel-Vogerl-Salat in Kartoffeldressing, Stangenbrot und Butter
oder
Weißlauchsuppe mit Knoblauchkrüstchen
oder
Beerenbuttermilch
Wildhuhnkeule mit Leber-Kräuter-Füllung auf Steinpilzsahne, Majoranjus, Gemüsetimbale, Polentanocken
oder
Entrecôte mit gebackenen Bierzwiebeln, Tomatenschmelze, Pumpernickelsauce, Fadenbohnen, Reibekuchen
oder
Geräucherte Gänsebrust und Leber mit Krauseln und Feldsalat, Birnenvinaigrette, Butter, Stangenbrot
Apfelcharlotte in Sahnekaramelsauce, Calvadoseis

•

Tatar von Matjes und Filet auf Sauerrahmspiegel mit geraffeltem Apfel und Rettich
oder
Rahmsuppe von frischen Spitzmorcheln
oder
Mix von Bananen mit Kefir
Ossobucco in Erdwurzelsauce mit Romaneskorosen, Basilikumnudeln, Parmesan
oder
Cutsteak vom Hochlandrind auf Schalottenglace, Frühlingsgemüse, gespritzte Kartoffeln mit Bärlauchsahne
oder
Gebackenes Züngerl mit seiner Sülze auf lauwarmer Koriandervinaigrette, Röstkartoffeln
Frisches Käse-Sahne-Gebäck aus unserer Backstube

•

Wirsingsuppe mit gebranntem Sesam
oder
Salat von Kalbsbries und Egerlingen auf Roggennudeln, Krebssauce
oder
Melonenfruchtsaft
Jungentenbrust aus der Salbeibeize auf Hollerjus, junge Bohnen, Honigschalotten, Kartoffelkücherl
oder
Im Käseei gebackene Kalbsschnitzerl auf Kräutersahnenudeln, Thymiantomaten, Romanesko, Reibekäse
oder
Kaninchenfilet auf Sauerkrautsalat, Trauben und grüner Pfeffercreme, Butter, Stangenbrot
Dessertplatte aus unserer Hauskonditorei

•

Sülze und Biskuitroulade von Königsseerauchfischen mit Artischocke, Feldsalat, Butter, Roggensemmel
oder
Kraftbrühe mit Grieß-Gemüse-Nockerln
oder

Feigensekt
Paillard vom Kalb, mit Gemüse und Pilzen gefüllt, auf weißer Portweinsauce, grüne Kohlrosen, Brandteigkartoffeln
oder
Rücken vom Aberdeenrind auf Apfelessigsauce, Chicorée, Brokkoli, Würfelkartoffeln mit Panaché
oder
Pfefferkresse im Eissalat mit gebratener Garnele und Lotte, Estragonvinaigrette, Butter, Stangenbrot
Limettenmus auf marinierten Weichselkirschen und Sorbet

•

Markknödelsuppe mit Wurzelrauten
oder
Gemüse-Schwammerl-Pastete auf Kerbelbuttercreme
oder
Rosa-Pampelmusen-Filets im Apfelmost
Weichsellachsschnitte auf Blattspinat, Schnittlauch-Weißwein-Sauce, Möhrchen, Wildreistimbale
oder
Osso Bucco Gremolata auf grünen Nudeln, gebackene Selleriewürfel, geriebener Emmentaler
oder
Kaiserschoten und Radieschensprossen in Apfelvinaigrette mit Wachtelallerlei auf Quittenmus, Butter, Stangenbrot
Eigugelhupf auf Pralinenschaum

•

Klare Ochsenschwanzsuppe mit altem Sherry
oder
Maultaschen im Gemüsesud mit braunen Zwiebeln
oder
Mangokaltschale
Jungschweinslendchen im Champignonnetz auf Pommerysenfsauce, Kräuterkohlrabi, Kartoffelknödel mit Brotkrüstchen
oder
Lammrücken in der Kräuterkruste, Aromatenjus, Fadenbohnen, Tomatenschmelze, Zwiebel-Würfelkartoffeln
oder
Wildhasenfilet mit Ananaspüree, marinierte Safrannudeln, Senffeigen, Butter, Brioche
Ein süßer Wintertraum aus unserer Lebzelterei

•

Riesengarnele auf Mascarponecreme mit Rosa-Pampelmusen-Filets, Kräuterbrioche
oder
Gebundene Baumtomatensuppe mit Pinienkernen
oder
Ananasgratinée
Brüstchen von der Maispoularde auf Mandarinensauce, Trüffeljus, Wintergemüse, Mandelkartoffeln
oder

Wiener Tafelspitz, gekocht,
Meerrettichsauce mit
Pfefferkresse, Wirsingkrapferl,
Möhren und Sellerie,
Kürbiskartoffelplätzerl,
Preiselbeeren
oder
Variation von Terrinen mit
grünem Spargelbündel,
Fruchtsauce, Butter,
Stangenbrot
Dattelcreme auf Asti-
Spumante-Schaum mit
Schokoeis

•

Rinderkraftbrühe mit
Briespofesen
oder
Lauchrahmtorte auf
Schinkenkoriandercreme
oder
Kiwikaltschale
Königsseeforelle auf
Blattspinat, Veltliner-Wurzel-
Sauce, Gemüsereis
oder
Kalbsrückensteak mit Zwiebel-
Kräuter-Mus auf
Orangensauce, Marsalajus,
Staudensellerie mit
Zucchinifäden,
Birnenkartoffeln
oder
Marinierter Mozzarella mit
Mascarpone, Artischocken,
Salami, Parmaschinken,
Oliven, Butter, Polentabrot
Krokanteisbömbchen auf
Kakaobutterspiegel mit
Himbeermark

•

Rindsuppe mit Milzschnitten
Filetgulyas Stroganoff mit
Spätzle
oder
Truthahnschnitzerl in
Cornflakes, gebacken mit
Kartoffeln
oder
Truthahnschnitzerl Natur mit
Reis und Dunstapfel
Sachertorte mit Schlag
oder
Pfirsich Melba

•

Lauchcremesuppe
Schollenfilet in Backteig mit
Petersilienkartoffeln
oder
Curryschweinsschnitzerl mit
Obstreis
oder
Vollkornspaghetti mit
Gemüsesugo
Zwetschkenfleck
oder
Bananenjoghurt

•

Rindsuppe mit Fleischstrudel
Glacierte Kalbsvögerl mit
Gemüsereis
oder
Pizza Capri (Schinkenwürfel,
Salami, Käse, Oliven und
Tomaten)
Esterházyschnitte
oder
Heidelbeerjoghurt

•

Rindsuppe mit Nudeln
Kalbsschnitzerl in
Safranschaum, Risotto
oder
Vollkornrolle (Fülle: Tofu,
Lauchstreifen, Gemüse,
Sojakeimlinge),
Petersilienwurzelsauce,
Kartoffeln
oder

Folienerdäpfel mit
Kräutertopfen
Besoffener Kapuziner
oder
Birnenjoghurt

•

Kohlrabisuppe
Burgunder Rinderbraten,
Kartoffellaibchen mit
Leinsamen und Zucchini
oder
Zigeunerschnitzerl mit Reis
oder
Gedünsteter Rinderbraten,
Kartoffeln, rote Rüben
Schokoladepudding mit Schlag
oder
Himbeerjoghurt

•

Rindsuppe mit Eierstich
Gespickter Hasenrücken,
Serviettenknödel,
Apfelrotkraut
oder
Cordon bleu mit Kartoffeln
oder
Truthahnröllchen mit
Perlweizen
Malakofftorte
oder
Früchteeisbecher

•

Rindsuppe mit Leberreis
Gekochtes Rindfleisch mit
Röstkartoffeln und
Cremespinat
oder
Bami-goreng (indonesisches
Nudelgericht mit
Hühnerfleisch)
oder
Gekochtes Rindfleisch mit
Kartoffeln, Gemüsepüree
Reis Trautmannsdorff
oder
Apfeljoghurt

•

Serbische Bohnensuppe
Forelle, gebraten nach
Müllerinart, mit
Petersilienkartoffeln
oder
Schweinskotelette,
Apfelscheibe mit Preiselbeeren
und Reis
oder
Ravioli mit brauner Butter
Biskuitroulade mit
Weinschaum
oder
Mandarinenjoghurt

•

Rindsuppe mit Grießnockerln
Kalbsbeuscherl mit
Semmelknödel
oder
Gefülltes Schweinsschnitzerl
Natur mit Pommes frites und
Maiskolben
oder
Putenspieß auf Reissockerl
Ribiselschaumschnitte
oder
Erdbeerjoghurt

•

Spargelcremesuppe
Rahmrostbraten mit
Broccolitascherln und
Mischgemüse
oder
Ungarisches Schweinsröllchen
mit Reis
oder
Gedünsteter Rostbraten mit
Kartoffeln und Mischgemüse
Obstsalat mit Maraschino und
Schlag
oder
Weichseljoghurt

•

Selleriesuppe
Gerollte Beiried mit
Erdäpfelkrapferl und
Butterfisolen
oder
Schweinskotelette, gebacken,
mit Mayonnaisesalat
oder
Gedünstetes Beiried mit
Vollkornnudeln und Pariser
Karotten
Kastanienreis mit Schlag
oder
Orangenjoghurt

•

Rindsuppe mit
Fleischpalatschinken
Brathenderl mit Kartoffeln
oder
Letscho-Schweinsschnitzerl mit
Pommes frites
oder
Kalbskotelette Natur mit Reis
Nußtorte
oder
Weichseleisbecher
Schwarzwald

•

Frankfurter Brotsuppe
Rindsschnitzerl in
Rotweinsauce mit
Erdäpfelstrudel und Kohlrabi
oder
Gegrilltes Schweinskotelette
mit Speckscheiben und Chips
oder
Gedünstetes Rindsschnitzerl
mit Kartoffeln und
Selleriewürfel
Mousse au chocolate
oder
Weintraubenjoghurt

•

Rindsuppe mit Frittaten
Gefülltes Brathenderl mit
Kartoffeln
oder
Pariser Schnitzerl mit Reis
oder
Gedämpftes Henderl mit
Grießschnitte
Schwarzwälder Kirschtorte
oder
Eiscafé

•

Rindsuppe mit
Brandteigkrapferl
Kalbsbraten mit Reis
oder
Sojabohnengulyas mit
Sesambällchen
oder
Folienerdäpfel mit Topfen
Tiramisu
oder
Orangenjoghurt

•

Rindsuppe mit Hirnschöberl
Rindsroulade mit
Dauphinekartoffeln und
Schwarzwurzeln
oder
Balkanspieß auf Tomatenreis
oder
Rindsroulade mit Kartoffeln
und Schwarzwurzeln
Irish-coffee-Creme
oder
Kirschenjoghurt

•

Champignoncremesuppe
Selchkarree (Kasseler) mit
Erdäpfelpüree und Erbsen
oder
Kümmelschweinsschnitzerl mit
Krautfleckerln
oder
Gebratene Putenbrust mit
Erdäpfelpüree
Mangocreme

oder
Ananasjoghurt
•
Rindsuppe mit Butternockerln
Kräuterkalbsschnitzerl mit Reis
oder
Lasagne Bolognese
oder
Naturreis mit Apfel
Schoko-Obers-Schnitte
oder
Weichseljoghurt
•

Klare Gemüsesuppe
Zanderfilet, gebraten, mit
Oberskren und
Petersilienkartoffeln
oder
Schweinskotelette Bauernart
oder
Gebackener Emmentaler mit
Sauce tartare
Marillenkuchen
oder
Erdbeerjoghurt

# Vollwert- und Naturküchenmenüs

## Österreich

Unter Vollwerternährung versteht man den Verzehr vorwiegend vegetabiler Kost im höchstmöglichen biologischen Wertzustand, der durch geringen Einsatz von chemischen Hilfsmitteln in der Landwirtschaft und durch Verzicht auf übermäßiges Verfeinern der Lebensmittel erreicht wird.
Ziel ist die optimale Versorgung des Organismus mit allen essentiellen Nahrungsinhaltsstoffen.
Dem Gast müssen also nach den neuesten ernährungsphysiologischen Erkenntnissen möglichst hochwertige und bekömmliche Gerichte angeboten werden.
Nach Männle, Koerber und Leitzmann stellt die Vollwerternährung eine Synthese altbewährter Erfahrungen mit sinnvollen neuen wissenschaftlichen Erkenntnissen dar.
Die Grundregel zur Vollwerternährung wurde von dem Mediziner und Ernährungsforscher Werner Kollath erstellt und lautet: Laßt unsere Nahrung so natürlich wie möglich!
Je weniger die Lebensmittel be- und verarbeitet werden, desto größer ist die Wahrscheinlichkeit, daß alle für die Gesundheit und das Wohlbefinden notwendigen Bestandteile erhalten bleiben. Das bedeutet, je naturbelassener ein Lebensmittel ist, als desto vollwertiger wird es eingestuft. Mit dem Grad der Behandlung wird somit auch der Anteil an lebensnotwendigen Inhaltsstoffen bestimmt.
Außer dem Vollwert von Lebensmitteln ist auch der Reinwert von Bedeutung, der sich an einem möglichst geringen Gehalt an Schadstoffen in Lebensmitteln orientiert (z. B. Rückstände, Verunreinigungen, Zusatzstoffe, natürliche Gifte).
Nach Leitzmann wird zur Beurteilung von Lebensmitteln eine Einteilung in Wertstufen von sehr zufriedenstellend (Stufe I) bis nicht empfehlenswert (Stufe V) vorgenommen.
Für diese Bewertung sind der ernährungsphysiologische Wert und der Verarbeitungsgrad ausschlaggebend, außerdem werden ökologische Aspekte berücksichtigt.
Getreide und Getreideprodukte aus Vollkorn stehen bei der Vollwerternährung im Vordergrund.

Pflanzliche Lebensmittel, zum Teil Rohkost (Gemüse, Obst, Nüsse), und milchsaure Produkte sollen bevorzugt werden. Besonders empfohlen werden Vorzugsmilch (Rohmilch) und daraus hergestellte Produkte sowie naturbelassene Fette und Öle.
Gemieden werden sollen alle Produkte aus Auszugsmehlen, aus isoliertem Zucker, extrahierte und raffinierte Fette, Öle und alle Genußgifte. Fleisch und Eier sollen nur als gelegentliche Zugabe verwendet werden.
Die verwendeten Lebensmittel sollten möglichst aus kontrollierter ökologischer Landwirtschaft stammen.
Um vom Image des Asketen der Vollwertkost-Ideologen loszukommen, trennt die Gastronomie mit den Begriffen Vollwertküche und Naturküche die Vielfalt von Formulierungen ab.
Die Richt- und Grenzwerte der Schadstoffe sowie Produktionslinien biologisch erzeugter landwirtschaftlicher Produkte pflanzlicher und tierischer Herkunft sind im Österreichischen Lebensmittelbuch (Codex alimentarius Austriacus) geregelt.

**Richtlinien zur Zubereitung von Vollwert- oder Naturküchenspeisen**

- Ausgeglichenheit von säure- und basenhaltigen Lebensmitteln
- vor der Mahlzeit frische Rohkost in Form von Salaten, Obst, frisch gepreßten oder milchsäurevergorenen Säften oder marinierten Gemüsen
- eine ausreichende Zufuhr von ballaststoffhaltigen Lebensmitteln zur Anregung der Peristaltik
- reduzierter Fleischkonsum, Fleisch ist nicht wertbestimmender Bestandteil der Naturküche, Fleischeiweiß durch die Kombination von Milcheiweiß (Weißkäse, Joghurt, Buttermilch) und pflanzlichem Eiweiß (Kartoffeln, Getreide, Hülsenfrüchte) ersetzen, als Ergänzung Fisch und Eier verarbeiten
- bevorzugte Getränke sind Mineralwasser, Quellwasser, Kräutertees, Süßmoste, reine Fruchtsäfte, nicht zu starker Kaffee, mäßiger Genuß von Alkohol (Obstweine, naturbelassene Weine)

Schonendes und kreatives Zubereiten und Anrichten
- kurzfristige, wenn möglich, à la minute zubereitete Rohkost, Salate und Säfte
- kurze Garzeiten (quellen, dämpfen, dünsten)
- fettarme Zubereitung, kaltgepreßte Öle, nicht über 40 °C erhitzen
- salzarm zubereiten, mit frischen Kräutern würzen
- Speisen in kleinen Portionen und für das Auge appetitlich anrichten
- Speisen nicht regenerieren (aufwärmen)

**Wirtschaftlichkeit**
Nicht nur in Vollwertrestaurants oder vegetarischen Restaurants und Hotels wird Naturküche angeboten. Die Nachfrage nach Vollwert- bzw. Naturküchenspeisen steigt ständig. Als Zusatzangebot zur traditionellen Küche kann jeder gastronomische Betrieb dadurch einen neuen Gästekreis gewinnen. Dabei sollten folgende Punkte beachtet werden:

- Verkaufsanforderungen
  Marktanalyse erstellen – Betriebsform, Lage (z. B. Sporthotel, Kurhotel, Stadtrestaurant)
  Welchen Gästekreis möchte ich ansprechen?
  Umfang des Angebots – anfangs als kleine Karte oder als Alternativmenü
  Preisgestaltung – eine gute Vollwertküche kostet Geld, da die Speisen aus hochwertigen Grundprodukten hergestellt werden

- Einkauf
  Bekomme ich alle Rohprodukte im gewünschten Zustand (kontrolliert) täglich frisch, ohne längere Lieferzeiten, womöglich direkt vom Erzeuger

- Investitionen
  Zusätzliche Geräteanschaffungen wie Getreidemühle, Teigwarenmaschine, Reib- und Schneidemaschine, Saftpresse, Backofen etc.

- Personalaufwand
  Ernährungsphysiologische Schulung der Mitarbeiter

Servierpersonal muß in der Lage sein, Gerichte und ihre ernährungsphysiologische Wirkung zu erklären
Vollwertgerichte haben teilweise längere Garzeiten, müssen frisch zubereitet werden, sind daher arbeits- und zeitaufwendiger

- Speisenkarte
  Eine Tageskarte ist für die Naturküche ganz wesentlich, weil eine Standardkarte dem Urgedanken der Vollwerternährung widerspricht.
  Alles, was täglich frisch angeboten werden kann, weil es bodenständig, saisonbedingt und greifbar ist, soll auf der Karte bzw. zum Menü angeboten werden.
  Wenige Gerichte – frisch zubereitet.
  Der Gast muß auf die Angebote aufmerksam gemacht werden: selbstgebackenes Hausbrot, Bauernbutter, Vollkorngebäck, Salatbuffet, Menagen mit Olivenöl, steirischem Kernöl oder Obstessig.
  Über Produktbeschreibungen muß Aufklärungsarbeit betrieben werden.

## Deutschland

Stellungnahme der Deutschen Gesellschaft für Ernährung (DGE) aus: „Die Vollwerternährung" – Ernährungsumschau.

**Was wir kritisieren**
Die Einteilung der Lebensmittel nach Wertstufen, mit denen die Vollwerternährung die Lebensmittel kategorisiert, lehnt die DGE ab. Für die Ernährungswissenschaft ist der Verarbeitungsgrad nicht ein derart ausschlaggebendes Bewertungskriterium für Lebensmittelqualität wie für Vertreter der Vollwerternährung. Für die menschliche Gesundheit sind die ernährungsphysiologische Qualität von Lebensmitteln aufgrund ihrer Zusammensetzung sowie hygienisch-toxikologische Aspekte von größerer Bedeutung. Die Unversehrtheit des Produkts verliert hinter diesen Aspekten an Bedeutung.

- Der Konsum von Vorzugsmilch bzw. Rohmilch bietet keine Vorteile gegenüber verarbeiteten Produkten. Die verarbeitete, d. h. pasteurisierte und homogenisierte Milch ist bei einem nahezu unveränderten Gehalt an lebensnotwendigen Inhaltsstoffen hygienisch einwandfrei und sogar besser verdaulich. Vor dem Konsum von Rohmilch direkt vom Erzeuger ist zu warnen. In dieser Milch können gesundheitsgefährdende Mikroorganismen enthalten sein.

- Die Verwendung kaltgepreßter, unraffinierter Öle bietet keinen wesentlichen ernährungsphysiologischen Vorteil gegenüber verarbeiteten Ölen. Dagegen kann kaltgepreßtes Öl Verunreinigungen und Schadstoffe wie z. B. Pflanzenschutzmittel enthalten, die bei einer Raffination praktisch vollständig entfernt werden.

- Frisches Gemüse ist aus ernährungsphysiologischen und geschmacklichen Gründen am höchsten einzustufen. Sollte kein Frischgemüse verfügbar sein, können Gemüsekonserven und besonders Tiefgefrierkost einem „Frischgemüse", das viele Stunden und Tage transportiert und gelagert wurde, hinsichtlich des Nährstoffgehaltes deutlich überlegen sein.

- Die Verarbeitung von Lebensmitteln stellt in vielen Fällen keine Wertminderung dar, sondern bewirkt erst die Verzehrtauglichkeit. So sind z. B. Kartoffeln nur erhitzt verdaulich, und Bohnen verlieren durch Kochen ihre giftigen Eigenschaften. Bei der Vollwerternährung werden auch wertvolle Produkte wie z. B. Vollkornbrot und Fisch, aber auch alle Getreide- und Gemüsegerichte nur auf Grund der Tatsache, daß diese Lebensmittel erhitzt werden, schlechter eingestuft als unverarbeitete Lebensmittel.

Die Verwendung von Zusatzstoffen wird von Vertretern der Vollwerternährung in der Regel abgelehnt. Diese Ablehnung ist nicht berechtigt. Um gesundheitsgefährdendem Lebensmittelverderb vorzubeugen und eine sinnvolle und notwendige Vorratshaltung erst möglich zu machen, ist der Einsatz unbedenklicher Konservierungsstoffe unumgänglich. Alle Zusatzstoffe werden eingehend auf mögliche schädliche Auswirkungen auf den menschlichen Körper untersucht. Eine Zulassung erfolgt nur, wenn die betreffenden Stoffe völlig sicher sind. Die DGE ist der Meinung, daß Zusatzstoffe, wie z. B. unbedenkliche Konservierungsstoffe, in bestimmten Bereichen notwendig sind, ihr Einsatz aber auf das Nötigste beschränkt werden sollte.

Die Empfehlung, vorwiegend Lebensmittel aus alternativem Anbau zu bevorzugen, ist abzulehnen, da Lebensmittel aus alternativem Anbau keine nachweisbaren Vorteile hinsichtlich des Nährstoffgehaltes aufweisen und ihr Geschmack ebenfalls stark von Transport, Lagerung und Sorte abhängt. Produkte mit der Bezeichnung „Vollwert" sind in der letzten Zeit vermehrt im Handel. Aus ernährungswissenschaftlicher Sicht gibt es allerdings keine Berechtigung, den Begriff „Vollwert" auf einzelne Lebensmittel anzuwenden, da es, mit Ausnahme der Muttermilch für den Säugling, kein Lebensmittel gibt, das alle essentiellen Nährstoffe in angemessener Menge, entsprechend den Empfehlungen für die Nährstoffzufuhr der DGE, liefert. Kein einzelnes Lebensmittel kann „vollwertig" sein.

Für die Annahme, daß in unverarbeiteten Lebensmitteln noch eine Anzahl weiterer, bislang unentdeckter lebensnotwendiger Substanzen enthalten ist, gibt es keine wissenschaftlich gesicherten Hinweise. Die Erfahrung mit Patienten, die zum Teil mehrere Jahre künstliche Ernährung mit den bekannten Nährstoffen erhielten, machen das Vorkommen von weiteren essentiellen Nährstoffen, vor allem von Vitaminen, unwahrscheinlich.

**Was wir akzeptieren**

Mit der nach C. Leitzmann definierten Vollwerternährung ist bei sorgfältiger Nahrungsauswahl eine bedarfsdeckende Ernährung zu erreichen. Die Ernährungsvorschläge der Vollwerternährung decken sich in vielen Punkten mit den Empfehlungen der DGE:

- Bevorzugung von Vollkornprodukten
- Erhöhter Konsum von Gemüse, Salaten und Obst

- Reduzierung des Fleischkonsums
- Herabsetzung des Verzehrs von Zucker und Süßwaren

Unbestritten ist, daß die Umstellung von einer falschen, einseitigen Ernährung auf die Vollwerternährung bei bestimmten Krankheiten günstige Auswirkungen haben kann. Die gleichen Erfolge sind jedoch auch zu beobachten bei Umstellung auf eine vollwertige Ernährung nach den Empfehlungen der DGE. Spezielle Diätformen bei ernährungsabhängigen Erkrankungen, wie beispielsweise bei Diabetes, Fettstoffwechselstörungen und Gicht, sollten stets unter ärztlicher Betreuung durchgeführt werden.

**Vollwerternährung ist nicht Vollwertkost**

Neben den Vertretern der Vollwerternährung, die sich auch an wissenschaftlichen Erkenntnissen orientieren, gibt es Vertreter der sogenannten Vollwertkost, die zum Teil mit wissenschaftlich unhaltbaren und polemisierenden Äußerungen sehr zur Verunsicherung der Verbraucher im Bereich der Ernährungsaufklärung beitragen.

Äußerungen wie z. B. „Fett macht nicht fett", „Kein Herzinfarkt durch cholesterinhaltiges Fett", „Die angebliche Frischmilch ist in Wirklichkeit tote Milch, schwer verdaulich und ohne sonderlichen Nährwert" sind der Beweis dafür, in welchem Maße die Vertreter der „Vollwertkost" den fundamentalsten wissenschaftlichen Erkenntnissen widersprechen.

Energisch abzulehnen ist in diesem Zusammenhang auch die Behauptung, die Vollwertkost allein könne zahlreiche Krankheiten heilen. Dies konnte bisher noch in keiner klinischen Studie nachgewiesen werden.

Zusammenfassende Bewertung für Vollwerternährung nach der DGE:

Übereinstimmung mit den Aussagen der Ernährungswissenschaft – nicht immer

Aufgrund der Aussagen zu akzeptieren – ja

Vitamin- und mineralstoffreich – ja

Ballaststoffreich – ja

Aufgrund ausgewogener, ausreichender Nährstoffzufuhr zu akzeptieren – als Dauerkost für Gesunde geeignet – ja

## Vollwertmenüs

Pikanter Sauerkrautsalat
Rote-Rüben-Suppe mit Krennockerln
Überbackene Lauchpalatschinken
Sauce Mornay
Marillenjoghurt

•

Spinatsalat mit Senfsprossen
Klare Suppe mit Kräuterschöberln
Grünkernlaibchen
Ratatouille
Carobmousse mit frischen Früchten

•

Rote-Rüben-Cocktail
Petersiliencremesuppe
Geflügelragout
Wurzelgemüse
Naturreis
Hirseauflauf mit Apfelmus

•

Weizenkeimsalat
Stoßsuppe mit Kümmel
Gemüseplatte mit pochiertem Ei
Topfennockerln auf Erdbeersauce

•

Rotkrautsalat
Kartoffelrahmsuppe
Zwetschkenknödel auf Fruchtmark

•

Tomatensalat mit Basilikum
Brennesselsuppe
Hirse-Käse-Soufflé
Schwammerlsauce
Gemüseperlen
Bananenfrappé mit Sauermilch

•

Vogerlsalat mit Nüssen
Sechskornsuppe mit Gemüsestreifen
Solo-Spargel mit Sauce maltaise
Kräutererdäpfel
Pfirsichstrudel

•

Salat von rohen Champignons
Gedämpfte Seezungenröllchen
Veltlinersauce
Wilder Reis mit Tomatenwürfeln
Eiscreme

•

Senfsalat
Kräuterrahmsuppe
Vollkornravioli mit Tomaten-Basilikum-Concassée
Joghurtcreme mit Himbeersauce

•

Wildkräutersalat mit Croûtons
Hirseschrotsuppe
Kartoffelstrudel mit Majoransauce
Gemüsestäbchen
Gestürzte Orangencreme

•

Rotkraut in Orangenhälften
Zucchinisuppe mit Thymian
Grünkernpilztopf
Vollkornserviettenknödel
Marillenkuchen

•

Fenchelrohkost
Klare Suppe mit Gemüsenockerln
Gefülltes Poulardenbrüstchen
Spinatnudeln
Paprikarahmsauce
Brokkoli
Mohnsoufflé mit frischen Erdbeeren

•

Spezialitätenkarten verschiedener Kettenrestaurants

*Speisenkartengestaltung (außen) diverser Kettenrestaurants*

The CARRIAGE Inn
NEU!
Speisen und Genießen
Wienerwald
GREEN HOUSE
HOTEL
Rosenberger
WELS

*Speisenkartengestaltung (innen) diverser Kettenrestaurants*

Chinakohl mit Früchten
Klare Gemüsesuppe mit Dinkelfrittaten
Kräuterknödel
Rahmlinsen
Lebkuchenparfait mit Weichselsauce

•

Karotten-Lauch-Rohkost
Kresseschaumsuppe
Paprikaauflauf mit Buchweizen
Käsesauce
Grießschmarren mit Zwetschkenröster

•

Kohlrabisalat mit Wildkräutern
Klare Suppe mit Vollkornbröselknödeln
Chicoréepastetchen
Thymiansauce
Kartoffelschaum
Obsttörtchen

•

Kürbis-Apfel-Salat
Dillrahmsuppe
Zander in Blätterteig
Sauce Dugléré

•

Gefüllte Gurken
Tomatensuppe mit Naturreis
Dinkelcrêpes, gefüllt mit Gemüseragout

•

Gemischter Blattsalat mit Knoblauch-Joghurt-Dressing
Selleriecremesuppe
Gerstenauflauf mit Marillenmus

•

Nizzaer Salat
Weizenschrotsuppe
Gemüseschnitzel
Kräutersauce
Bircher-Benner-Kartoffeln

•

Bierrettich mit Äpfeln und Paprika
Kürbisrahmsuppe
Spinatcannelloni
Geschmolzene Tomaten

•

Endiviensalat mit Knoblauchbrotwürfeln
Maissuppe mit Champignons
Zucchini, gefüllt mit Schafkäse und Gemüse
Zwiebelsauce

•

Fenchelcocktail
Klare Gemüsesuppe mit Vollkorngrießnockerln
Brokkoli, überbacken mit Truthahnschinken und Brie
Champignonsauce

•

Gurkensalat mit Dillcreme
Klare Gemüsesuppe mit Profiterolen
Vollkornnudelauflauf
Käsesauce

•

Chicoréeblume
Lauchcremesuppe
Sechskornnockerln
Gurkenrahmgemüse
Schloßkartoffeln

•

Wildkräutersalat mit Croûtons
Grünkernsuppe
Forelle in der Folie
Gemüsestreifen
Dampfkartoffeln

•

Löwenzahn mit Kürbiskernen
Klare Suppe mit Sesamschöberln
Vollkornspaghetti mit Gemüsebolognese

•

Bunter Frühlingskräutersalat
Zwiebelsuppe mit Käsecroûtons
Gemüsestrudel mit Sojakeimlingen
Zitronenthymiansauce

•

Gemischter Sprossensalat
Karfiolcremesuppe
Gemüsepizza

•

Kleiner Blattsalat
Legierte Gemüsesuppe
Polentaknödel, Kerbelsauce, buntes Gartengemüse
Zitronencreme

•

Rotkäppchen-Salat
Karottenpüreesuppe
Erdäpfellaibchen, Minzensauce, mit Zucchinigemüse gratiniert
Nußsoufflé

•

Feldsalat mit Distelöl
Klare Selleriesuppe
Tofu-Bällchen im Gemüsebett mit Kräutersauce
Mohr im Hemd

•

Kopfsalat mit Brüsseler Spitzen
Pikante Erdäpfelsuppe
Fencheltopf mit Polenta und jungen Wurzeln
Kiwicreme

•

Eichblattsalat
Champignonpüreesuppe
Forellenfilets auf Spinatblättern mit Basilikumsauce und Ofenkartoffeln
Tiramisu

•

Salatherz mit Kernöl
Suppe mit saurer Milch
Kräuter-Erdäpfel-Auflauf, Kerbelsauce, junge Karotten
Erdbeercharlotte

•

Kressesalat
Lauchsuppe
Hühnerfrikassee mit Champignons und Erbsen, Karottenschaum
Vollwert-Hirseroulade

•

Erdäpfelmilchsuppe
Gratiniertes Zucchinigemüse, Kressesauce, Annakartoffeln
Grießflammeri

•

Gurkensuppe mit Dill
Tofu-Gemüse-Krapferln, Gemüsegarnitur
Schokoladenschaum

•

Bunter Blattsalat
Kürbissuppe mit Brotwürfeln
Auberginen-Gemüse-Topf mit Dinkel
Topfenknödel mit Mangoschaum

•

Petersilienwurzelsuppe
Hirseschnitzel, Majoransauce, Karotten und Zucchini
Honigkuchenauflauf

•

Salatteller
Legierte Erdäpfelsuppe
Seezungenfilet, Estragonsauce,
Ofenkartoffeln
Weinschaum mit
Hirsebiskotten

•

Salat mit Sojasprossen
Fenchelsuppe mit Croûtons
Polentaschnitte,
Champignonsauce,
Gemüseragout
Fruchtomelett

•

Bunter Salat mit Kürbiskernöl
Stangenselleriesuppe
Zarter Kalbsrücken,
Kerbelsauce, Erdäpfelplätzchen
Himbeergrütze

•

Paradeissuppe
Pikanter Buchweizenauflauf,
Thymiansauce, junge
Petersilienwurzeln
Bananencreme

•

Karottensalat
Spinatsuppe mit
Buttercroûtons
Folienerdäpfel mit
Gemüseletscho und Sauerrahm
Orangentörtchen

•

Lollo-rosso-Salat
Zucchinicremesuppe
Maistortillas mit
Gemüseratatouille
Apfelcreme

•

Kleiner Salat mit Gartenkresse
Geeiste Kräuter-Joghurt-Suppe
Überbackener Chicorée mit
bäuerlichem Getreidesterz
Bayrische Creme

•

Kleiner Salat mit Bärlauch
Kresseschaumsuppe
Hechtschnitte,
Sauerampfersauce,
Kerbelkartoffeln
Vollwert-Karottenkuchen

•

Blattsalat mit
Sauerrahmdressing
Erdäpfelreibekuchen mit
Zucchini-Karotten-Gemüse
Kastanienreis

•

Salat mit Kerbeldressing
Kümmelsuppe, legiert
Dinkelfrikadellen,
Kräutersauce, buntes
Gartengemüse
Topfencreme

•

Blattsalat mit Himbeerdressing
Basilikumsuppe
Vollwertreis, Zucchini-
Champignon-Ragout,
Kräutersauce
Waldbeercreme

•

Häuptelsalatherzen
Dillsuppe mit Brotschnitten
Mexikanischer Maisauflauf,
Kräutersauce mit
Wurzelgemüse
Nußsoufflé

•

Blattsalat mit Spargelspitzen
Gemüsebouillon mit Eierstich
Dinkelravioli mit
Gemüsefüllung, Kräutersauce
mit Tomatenwürfeln
Garnierter Früchtecocktail

•

Blattsalat mit Tomatenwürfeln
Bohnenkrautsuppe
Zandersoufflé mit
Lachsschnitte, Basilikumsauce,
Safranerdäpfel
Mangotörtchen

•

Blattsalat mit Löwenzahn
Thymianbasensuppe

Vollwertpizza mit Mozzarella,
Champignons und Tomaten
Reis Trauttmansdorff

•

Blattsalat mit Orangenfilets
Gemüsebouillon mit
Topfennockerln
Hühnerbrüstchen, gefüllt,
Bärlauchsauce, Stürzkartoffeln
Linzer Schnittchen

# Vegetarische Menüs

Die Beweggründe für Vegetarier sind vorwiegend ethischen und humanitären Ursprungs. Vegetarismus ist deshalb nicht nur eine Ernährungsform, sondern auch eine Lebensform, bei der alle Nahrungsprodukte tierischer Herkunft einschließlich Milch, Milchprodukten und Eiern abgelehnt werden.
Die strenge Form des Vegetarismus ist wegen des relativ niedrigen Eiweißgehaltes und des Mangels an Vitamin D und B 12 aus gesundheitlichen Gründen abzulehnen.

**Unterschiede vegetabiler Kostformen**

- Strenge vegetabile Kost (Synonym für Vegetarismus) besteht ausschließlich aus pflanzlichen Lebensmitteln. Sie birgt die Gefahr einer Protein- und Vitaminunterversorgung. Vegetabile Kost wird als Rohkost bezeichnet, wenn keine Hitzebehandlung erfolgt.
- Laktovegetabile Kost erlaubt zusätzlich die Verabreichung von Milch und Milchprodukten, wodurch eine ausreichende Proteinversorgung gegeben ist.
- Ovolaktovegetabile Kost erlaubt zusätzlich die Verabreichung von Eiern.

War er früher eher eine Ausnahme, so gilt heute der Wunsch nach vegetarischen Mahlzeiten keineswegs mehr als Besonderheit. Für die moderne Gastronomie gehört ein abwechslungsreiches vegetarisches Angebot zu den Selbstverständlichkeiten. Am häufigsten wird die ovolaktovegetabile Kost als Alternativangebot zur Normalkost angeboten. Diese Ernährungsrichtung ist empfehlenswert und entspricht dem Prinzip der Vollwert- bzw. Naturküche, da sie den übermäßigen Fleischkonsum einschränkt.
Für die Küche bedeutet es keinen hohen Arbeitsaufwand, den Wünschen dieser Gästegruppe gerecht zu werden, besonders dann nicht, wenn es sich um ein tägliches zusätzliches Alternativangebot handelt. Günstig ist es auch, in die normale Standard- und Tageskarte einige vegetarische Spei-

sen so zu integrieren, daß sich daraus leicht Menüs zusammenstellen lassen.
Auch vegetarische Speisen lassen sich nach der klassischen Menüreihenfolge zusammenstellen. So kann man zum Beispiel bei einem Bankett für Vegetarier ein rein vegetabiles oder ein ovolaktovegetabiles Menü anbieten, das aus kalter Vorspeise, Suppe, warmer Vorspeise oder Zwischengericht, Hauptspeise mit Beilagen, Süßspeise oder Dessert besteht.
Eine weitere, wenig aufwendige Einrichtung ist die Gemüsekarte, die es auch kleinen Betrieben ermöglicht, problemlos auf diese Gästegruppe einzugehen.

## Einfache Drei- oder Viergangmenüs

**Frühling**

Salatcocktail von Reinetten, Sellerie und Radieschen
Brennesselschlutzkrapferln auf schaumiger Karottenbuttersauce
Erdbeerjoghurtcreme

•

Klare Gemüsesuppe mit Bärlauchcroûtons
Buchweizenspatzen in Selleriecreme mit Tomatenwürfeln und Champignons
Zimteiscreme auf Rosinensauce mit Haselnußgebäck

•

Weißer Spargel mit grüner Sauce
Karottenpüreesuppe mit Orangen
Gebackene Ofenkrapfen mit Schwammerlfülle auf Frühlingszwiebelsauce
Rhabarberfleck mit Mandeln

**Sommer**

Kleine Rohkost mit verschiedenen Saucen
Kalte Karfiolsuppe
Hirsecrêpes, mit Knoblauchratatouille gefüllt
Brioche mit Himbeereis

•

Wurzelsalat mit Luzernensprossen
Kalte Gurkensuppe mit Kefir
Buchweizenpalatschinken mit Mangold-Schafskäse-Fülle auf Paradeissauce
Biskuit-Creme-Töpfchen mit Fruchtmark

•

Sautierte Egerlinge auf Kopfsalatherzen
Zucchinicremesuppe, mit Ziegenkäse überbacken
Gefüllter Fenchel mit italienischem Naturreisrisotto
Pfefferminzsorbet mit marinierten Erdbeeren

**Herbst**

Gelber Kürbis mit Weintrauben in Joghurtdressing

Kärntner Kasnudeln mit Hirse-Topfen-Fülle, brauner Butter und geriebenem Bergkäse
Kompott von grünen Feigen mit Thymian

•

Feldsalat von gekeimten Hülsenfrüchten mit Vinaigrette
Roggennudeln in Gorgonzolacreme mit Eierschwammerln und Tomatenwürfeln
Halbgefrorenes von Mandarinen mit Ingwer

**Winter**

Karfiolröschen mit Lauchdressing
Spinatkäseknödel mit gebräunter Butter und Parmesanflocken, dazu geschwenktes Wurzelgemüse
Törtchen von steirischen Spitzlederäpfeln

•

Feldsalat mit Kipflern in Kernöldressing
Klare Gemüsesuppe mit Pesto
Topfennocken auf Blattspinat in leichter Krensauce, dazu rote Rüben mit Koriander
Dinkelsavarin mit Orangenfilets

## Gehobenere Vier- und Fünfgangmenüs

**Frühling**

Sulz aus weißem und grünem Spargel
Innsbrucker Knoblauchrahmsuppe mit Krusteln
Karfiolstrudel mit geschmolzenen Tomaten, dazu Folienkartoffeln
Apfelküchlein auf schaumiger Vanillesauce

•

Salat von jungen Artischocken mit Olivenöldressing und gehobeltem Parmesan
Suppe von weißen Zwiebeln mit Croûtons
Frühlingsgemüse in Dillcreme mit gebratenen Hirse- und Buchweizenlaibchen
Sauermilchgelee mit Herzkirschen

•

Carpaccio vom Algentofu mit kleinem Salat
Klare Gemüsesuppe mit Champignons
Frühlingsgemüsebrioche auf leichter Spargelsauce, dazu ein Kräuterflan
Ahornschneenocken auf Früchten

**Sommer**

Salat von jungen Bohnen mit Kresse und Wachtelei
Gemüsekraftbrühe mit Spitzmorchelnockerln
Gemüse-Hirse-Auflauf mit Tomatensauce
Rote-Rüben-Pudding auf Stachelbeermark

•

Gefüllte Zucchiniblüte mit Tomatenwürfeln in Balsamicoessigdressing
Klare Fenchelsuppe mit Sesamschöberln
Ravioli mit Ziegenkäsefülle auf Gemüsecreme

Maisgrießdukaten auf Ruccolasauce, dazu gefüllte Tomate mit Mungobohnen
Marinierter Pfirsich mit Ingwereis

**Herbst**

Tomatenmousse mit schaumiger Basilikumsauce
Klare Wurzelsuppe mit Dinkelnudeln
Gebackene Pilzbuchteln auf Kerbelsauce mit Brokkoliröschen
Topfencremenocken auf Beerenmark

•

Chicoréeschiffchen mit Radieschenkeimlingen und Gurkenwürfeln in Senfdressing
Aufgeschlagene Gemüsesuppe mit Kräutern
Paprikaschoten, gefüllt mit Buchweizennaturreis auf Orangenweißkraut
Apfelmousse mit Calvados

•

Gelee von Gartengemüsen in Kräuter-Joghurt-Dressing
Gelierte Tomatenessenz mit Hüttenkäsenockerln
Kürbis-Kastanien-Strudel auf Dillcreme
Gemüsegröstl mit Blattsalaten
Gratin von Williams Birnen mit Vogelbeereis

**Winter**

Weinblätter mit Gorgonzolacreme und Shiitakepilzen
Leichte Apfelsuppe mit Sellerie und Zimt
Gebratene Tofuschnitzel mit Radicchio, dazu gerührte Polenta mit Bergkäsefondue
Kakaomousse auf Himbeermark

•

Apfel-Fenchel-Salat mit Nüssen und Weintrauben
Schaumsuppe von braunen Berglinsen mit Streifen von geräuchertem Tofu
Sauerkrautstrudel auf Paprikacreme
Lauchflan mit Dillsauce und feinem Gemüse
Geeistes Lebkuchenparfait mit Sabayon vom Malzbier

## Vegetarische Spezialitäten

Grünkernsuppe mit Grießklößchen
Soja-Lauch-Steak, Champignonsauce, Linsengemüschen mit Zucchinis, Karotten, Zwiebeln und Kokosraspeln, Rahmkartoffel, Sellerie-Apfel-Salat
Zitronenquark

•

Zucchinicremesuppe
Indisches Getreideküchlein, Curryrahmsauce, gebackene Banane, Naturreisrisotto mit Gemüsen, Sonnenblumenkernen und Sesamsaat
Nußpudding

•

Bündner Gerstensuppe
Buchweizenpfannkuchen, gefüllt mit Hafer, Weizen, Dinkel, buntem Paprika, Mais, Bohnen, Tomaten und Zwiebeln, Sahnesauce, Feldsalat mit Kräuterdressing
Orangencreme

•

Karottencremesuppe
Grünkernschnitte, mit Apfelscheibe und Käse überbacken, Haselnußsauce, Vollkornschupfnudeln, Kaiserschoten
Fruchtjoghurt

•

Hirsesuppe
Blumenkohl-Käse-Medaillon, Gemüsebolognese, Pilzrisotto mit Paprika, Eisbergsalat in Walnußdressing
Früchtemüsli in Buttermilch

•

Vegetarische Gemüsebrühe mit Kräuterklößchen
Vollkornmaultaschen, Käsecremesauce, Blattsalat
Joghurt-Orangen-Creme

•

Champignoncremesuppe mit Croûtons
Dinkelpuffer auf Ratatouillegemüse
Frischer Obstsalat

•

Wildreissuppe
Gratin von frischen Gemüsen, Steinpilzsauce, Eichblattsalat
Sanddorn-Bananen-Quark

•

Brokkolicremesuppe
Mexikanische Gemüsemischung auf grünen Nudeln, Rohkostsalat
Müslicreme

•

Wurzelgemüsesuppe mit Tomatenklößchen
Pilzragout mit Kräutersemmelknödel, Apfel-Sellerie-Salat
Grütze von exotischen Früchten

•

Vegetabile Brühe mit Eierflocken
Gemüsefrikadelle, gebratene Banane, Mandelblättchen und Risotto
Rote Grütze mit Sahnehäubchen

•

Rohkostsalat
Hausgemachte Ofenschlüpfer, Traminersauce
Fruchtcocktail

•

Steinpilzcremesuppe
Süßer Hirseauflauf mit Kompott

•

Blattsalate mit Himbeerdressing
Spinatmaultaschen, abgeschmelzt
Karamelcreme

•

Kresserahmsuppe
Grenadierfilet, gebraten, Zitronenbutter, Eisberg-Radicchio-Kartoffel-Salat
Biojoghurt mit Waldbeeren

•

Gemüseeintopf mit Soja
Frischkäse auf Vollwertbrot

•

Buttermilch
Gemüseauflauf mit Tomatensauce
Orangeneis mit Mandarinenkompott

•

Salat mit Sprossen und gebratenem Tofu
Gemüsestrudel auf Kräuterschaum
Mohneis mit Salat von Erdbeeren

•

Brunnenkresse mit Kohlrabi-Apfel-Rohkost auf Joghurt
Gefüllte Zucchini in Rote-Bete-Sauce
Stachelbeerschnitte

•

Tomatensalat mit Mozzarella in Basilikumvinaigrette
Blauschimmelkäse im Lauchmantel auf Birnenkonfit
Pfefferminzsorbet mit Campari Orange

•

Minestrone nach Genueser Art
Vollkornbratling mit Auberginenpavesen in Tomatensauce
Milchreis mit Zimt

•

Karottensuppe mit Orangenfilets
Gemüseterrine mit Spargelsalat in Vinaigrette auf grüner Sauce
Berliner

•

Parfait von grünem Spargel mit Keimlingen
Naturreisknödel in Gorgonzolasauce
Bananenquark

•

Italienische Gemüsesuppe mit Pesto
Sauerkrautstrudel auf Paprikacreme
Nußtörtchen

•

Lauchcremesuppe
Tempura von Okra mit schwarzer Bohnensauce
Sauermilchgelee mit Himbeeren

•

Tomatenjuice
Gefüllte Paprikaschoten mit Buchweizen-Naturreis auf Orangenweißkraut
Bienenstich

•

Gemüsesülzchen mit marinierten Linsen und Kürbiskernöl
(178 kcal/747 kJ; 10 g Ew.; 6 g F; 19 g Kh.; 8 g Ballastst.; 1,5 BE; 0 mg Chol.; 92 mg HS)

•

Braisierter Chicorée mit geräucherter Truthahnbrust auf Vichy-Karotten
(441 kcal/1.852 kJ; 20 g Ew.; 14 g F; 54 g Kh.; 8 g Ballastst.; 4,5 BE; 60 mg Chol.; 113 mg HS)

•

Buttermilchterrine mit Brombeeren
(200 kcal/840 kJ; 6 g Ew.; 10 g F; 21 g Kh.; 2 g Ballastst.; 1,7 BE; 28 mg Chol.; 16 mg HS)

kcal = Kilokalorien, kJ = Kilojoule, Ew. = Eiweiß, F = Fett, Kh. = Kohlenhydrate, Ballastst. = Ballaststoffe, BE = Broteinheiten, Chol. = Cholesterin, HS = Harnsäure

# Kindermenüs

Bei der Verpflegung des Kindes müssen Nährwert, Vitaminreichtum und Aufbaustoffe besonders berücksichtigt werden. Die Speisen sollten sorgsam ausgewählt, auf das Alter abgestimmt und nach ernährungswissenschaftlichen Erkenntnissen aufgebaut werden.

Erfahrungsgemäß essen Kinder sehr gerne Pommes frites mit Ketchup, Schnitzel, Würstel und Süßspeisen. Als Alternative werden ernährungsphysiologisch wertvollere Speisen angeboten. Keinesfalls dürfen Kinderteller aus halben Portionen irgendeiner Speise bestehen.

## Richtlinien für Kindermenüs und Kinderteller

- vollwertige Kost (Alter und Nährwert berücksichtigen)
- kleine Portionen, die Teller nie überladen
- leicht verzehrbare Speisen (ohne Knochen und Gräten)
- ohne Alkohol zubereiten
- mild würzen und salzen
- appetitlich und farbenfroh anrichten und garnieren
- keine leicht verderblichen Nahrungsmittel verwenden

Speisen und Getränke soweit wie möglich auf die Wünsche der Kinder abstimmen. Sie brauchen ständig neue Reize, um Appetit auf das Essen zu bekommen.

Alle Kinder lieben kräftige Farben, daher aus Tomaten, Radieschen und Petersilie lustige Figuren auf die Teller zaubern (z. B. Radieschengesicht oder Rosette aus Kartoffelpüree).

Die Phantasienamen der Speisen müssen für das Kind einen Sinn ergeben. Wenn es ein „Mickymausschnitzel" gibt, so muß in irgendeiner Weise die Mickymaus auch vorkommen, z. B. als Aufkleber, Plastikfigur oder Malbild, unterstützt durch die Anrichteweise.

Erhöhte Kindersessel fördern die Kommunikation und das Wohlbefinden des Kindes, es steht im Mittelpunkt und kann am Tischgeschehen aktiv teilnehmen.

Kinderkarten sollen grafisch und inhaltlich so gestaltet sein, daß sie Kinder, aber auch ihre Eltern ansprechen.

Überlegungen für kinderfreundliche Betriebe
- Werbung durch Prospekte, Hinweistafeln, Annoncen
- Gestaltung der Kinderkarte als Tischset, sinnvolle Faltbögen zum Spielen, Karten zum Bemalen etc., um Wartezeiten leichter zu überbrücken
- kinderfreundliches, geduldiges Personal
- kindergerecht erhöhte Sessel
- kindergerechtes Besteck und Geschirr
- angemessene, den kleinen Portionen entsprechende Preise

## Vorschläge für die Benennung von Kindertellern

**Quaxi, der Wetterfrosch**
(Grüne Bandnudeln mit Gemüsestreifen und gebratener Truthahnbrust)

**Räuber Hotzenplotz**
(Kalbfleischrisotto mit Blattsalat)

**Alf**
(Überbackener Brokkoli mit Schinkenstreifen)

**Pippi Langstrumpf**
(Hühnersuppe mit Nudeln und Gemüse)

**Käpten Cook**
(Gebackenes Schollenfilet mit Petersilienkartoffeln und Häuptelsalat)

**Wickie und die starken Männer**
(Gemüselaibchen mit Karottensalat)

**Pumuckl**
(Gemüsepüreesuppe, Topfenknödel mit Zwetschkenröster)

**Jumbo, der Elefant mit den großen Ohren**
(Kochsalat mit Erbsen und Petersilienkartoffeln, Himbeer-Joghurt-Kaltschale)

# Kindermenüs

Buttermilchkaltschale
Überbackene Kohlsprossen
•
Haferflockenmüsli mit Rosinen
Gemüsepfanne (Ratatouille)
Petersilienkartoffeln
•
Klare Gemüsesuppe
Spinatnockerln
Häuptelsalat
•
Maisgemüse mit Paprika
Fleischbällchen
Topfenpalatschinken
•
Rindsuppe mit Sternchen
Gemüsepizza
Karamelcreme
•
Omelett mit Spinatfülle
Tomatensauce
Früchte in Vanillepudding
•
Bunte Reis-Gemüse-Schüssel
Grüner Salat mit Radieschen
Vanillepudding mit
Himbeersaft
•
Erbsencremesuppe
Bröselnudeln mit
Apfelkompott
•
Reis-Schinken-Salat
Kartoffelpuffer
Blattsalat mit Joghurtdressing
•
Gemüsepüreesuppe mit
Weißbrotwürfeln
Gebackene Apfelspalten
•
Rohkostteller
Linseneintopf mit Würsteln
Waffeln mit Erdbeermark
•
Rindsuppe mit Gemüsewürfeln
Risipisi aus Naturreis mit
Schinken
Chinakohlsalat
Karottentorte mit Schlagobers
•
Frittatensuppe
Faschierte Laibchen
Kartoffelpüree
Salatteller
Schokoladeneis mit
Schlagobers
•
Gefüllte Paprika mit
Tomatensauce
Salzkartoffeln
Heidelbeeren
•
Rindsuppe mit Schöberln
Grüne Nudeln mit
Schinkensauce
Schokoladenflammeri
•
Kräutercremesuppe
Gemüsespieß mit Kornlaibchen
Brandteigkrapferl mit
Schlagobers und Himbeersauce
•
Minestrone
Hühnerrisotto
Endiviensalat
Palatschinken mit
Marillenmarmelade
•
Spargelcremesuppe
Fischauflauf mit Gemüse
Fruchtsalat mit Biskotten
•
Butterschnitzel
Karotten
Gefüllter Apfel mit
Vanillesauce
•

Hühnersuppe mit
Gemüsestreifen
Schweinsgeschnetzeltes
Spätzle
Tomatensalat
Weintraubencreme mit
Biskuitroulade

•

Karottenrohkost mit Äpfeln
und Dörrzwetschken
Schweinsfilet in Rahmsauce
Vollkornnudeln
Kalter Bananenreis mit
Schokoladespänen

•

Reiscremesuppe
Scholle in Blätterteig
Tomatensauce
Weintraubensalat

•

Brennesselsuppe
Putenschnitzel, mit Corn-flakes
paniert
Reis
Bunter Salatteller
Erdbeermilchshake

•

Rindsuppe mit Buchstaben
Gebratene Hühnerbrust
Hirselaibchen
Kirschen-Topfen-Creme

# Verpflegung für den Autofahrer

Zu fett und zuviel: Das wörtlich genommene „Essen auf Rädern" liegt so manchem Lenker schwer im Magen. Der Autofahrer braucht eine leicht verdauliche, joulearme (kalorienarme) Kost.
Das traditionelle Wiener Schnitzel, der Schweinsbraten, fette Saucen und Mayonnaisegerichte – aus der Tradition einer in früheren Zeiten vor allem schwer arbeitenden Bevölkerung – gehören auch heute noch zu den beliebtesten Reisebegleitern.
Auf langen Fahrten können diese schwerverdaulichen Kalorienbomben zu Problemen für den Lenker werden. Ermüdungserscheinungen, Unkonzentriertheit sowie Unwohlsein sind die Folgen. So kommt es zu einer Beeinträchtigung der Fahrtüchtigkeit und Sicherheit im Straßenverkehr.
Ernährungswissenschafter raten daher vor allem für unterwegs zu einer fett- und eiweißarmen, dafür aber vitamin- und kohlehydratreichen Kost.
Für den kleinen Hunger zwischendurch eignen sich dunkle Brotsorten oder Vollkornbrot mit möglichst magerem Belag sowie Obst und Gemüse.
Für das Mittagessen empfehlen sich magere Fleischsorten, wie z.B. Huhn, Truthahn, Kalb oder magerer Schinken, Salate, Gemüse und Obst als Nachtisch. Geeignete Durstlöscher sind Mineralwasser, Eistee, Kakao oder Buttermilch.
Dem Frühstück vor Reiseantritt kommt besondere Bedeutung zu. Besonders empfehlenswert sind Müsli oder Cornflakes mit Milch. Der Genuß von Kaffee und Tee sollte gut überlegt werden, da beide Getränke die bei vielen Menschen ohnehin schon bestehende Nervosität steigern.
Generell gilt für längere Autoreisen: Kleine Mahlzeiten alle zwei bis drei Stunden sind am günstigsten.
Zucker in Form von Schokolade, Honig, Bananen, Weintrauben oder Dörrobst fördert die Konzentration – auch beim Autofahren. Allerdings sind der Leistungssteigerung auch hier Grenzen gesetzt. Zuckerkonsum steigert zwar die Aufmerksamkeit, jedoch nicht über einen unbegrenzten Zeitraum und kann Ruhepausen nicht ersetzen.

## Autofahrermenüs

Klare Gemüsesuppe
Gekochtes Kalbszüngerl in Kräutersauce
Spargelspitzen
Butterreis
Obst

•

Gemischte Rohkost mit Joghurtdressing
Forelle blau mit geschlagener Butter
Dampfkartoffeln
Schokoladenmousse auf Erdbeersauce

•

Rindsuppe mit Frittaten aus Vollkornmehl
Gekochtes Gustostück vom Mastochsen
Pikanter Cremespinat
Röstkartoffeln
Apfelkren
Marillenkompott

•

Geflügelsalat mit Früchten
Omelett mit Champignons
Salatherzen in Zitronendressing
Topfenschaumnockerln mit Fruchtcreme

•

Kraftsuppe mit Eierstich
Roastbeef
Gemüse
Kräuterkartoffeln
Eiscoupe mit Früchten und Hippen

•

Tomatenschaumsuppe mit Krennockerln
Gemüseplatte mit Spiegelei
Honigobersparfait

•

Juice oder klare Ochsenschleppsuppe mit Gemüsestreifen
Gebratene Truthahnmedaillons
Eierschwammerlsauce
Naturreis
Fruchtsalat

•

Erdbeerkaltschale oder geräuchertes Forellenfilet mit Oberskren
Junges Huhn in leichter Kräutersauce
Gemüse
Bunte Nudeln
Kompott

•

Kaiserschöberlsuppe
Rumpsteak vom Grill
Kräuterbutter
Gemüse
Karamelcreme mit Löffelbiskuit

•

Geeiste Gurkensuppe mit Dillspitzen
Überbackenes Rotbarschfilet
Blattspinat
Dampfkartoffeln
Kleine Vollkornpfannkuchen mit Fruchtsauce

•

Kartoffelschaumsuppe mit Lauch
Gerollter Kalbsnierenbraten
Risipisi
Kleiner Salatteller
Mandelknödel in Orangensauce

•

Minestrone
Griechischer Bauernsalat
Vollkorngebäck
Mohr im Hemd

•

Melonencocktail mit Minzeblättern
Kalbsgulasch in leichter Rahm-Paprika-Sauce
Eierspätzle
Topfencreme mit Erdbeeren in Strudelteigblättern

•

Tomatenkraftsuppe
Gebratene Kalbsleber mit Apfelscheiben
Kartoffelpüree
Früchte in Gelee

•

Sellerierohkost mit Nüssen
Schweinsfilet am Spieß
Champignonrisotto
Brokkoli mit Butter
Zitronengranité

•

Schinkenröllchen mit frischem Spargel
Gekochtes Zanderfilet
Dillsauce
Geformte Kartoffeln
Vanilleeis mit Brombeeren

•

Gemüseterrine mit Apfelessig und Walnußöl
Geschnetzeltes vom Lamm im Reisring mit Safran
Buketts von grünen Bohnen
Eisbaiser

•

Zucchinicremesuppe
Schollenfilet in Schnittlauchrahm
Tomatennudeln
Gefüllte Fruchtknöderln aus Topfenteig auf Mangomus

•

Salatschüssel mit Kürbiskernöl und Himbeeressig

Rehrückensteak in Wacholdercreme
Apfelrotkraut
Serviettenknödel
Geeiste Orangentorte

•

Klare Zandersuppe
Gebratener Lammschlegel in Rosmarinsaft
Melanzanescheiben
Kartoffelroulade
Kompott von Weingartenpfirsichen

•

Bouillon mit Eierflocken
Piccata vom Truthahn auf Champignonragout
Spaghetti mit frischen Tomaten
Kräutergervais mit Vollkornbrot

•

Hühnerbouillon mit Kräuterfarcenockerln
Buchweizenpalatschinken, gefüllt mit Blattspinat und Schafkäse
Leichte Tomatensauce
Topfen-Joghurt-Creme mit Ahornsirup

•

Grießnockerlsuppe
Gemüsetorte
Blattsalate mit Kräutervinaigrette
Tiramisu

•

Salat von Nordseekrabben
Clubsteak vom Mastochsen mit schaumiger Estragonsauce
Gebratene Tomaten
Folienkartoffeln mit Sauerrahm
Mangoparfait mit Früchten

•

Zuppa pavese
Kalter Beinschinken mit Gervaiscreme und Radieschen
Topfenknödel mit Zwetschkenröster

•

Solospargel mit holländischer Sauce
Gedünstetes Kräuterrindsschnitzel
Glacierte Karotten
Kartoffelkrapfen
Überbackene Erdbeeren

•

Karotten-Apfel-Rohkost
Tortellini in Kräutersauce
Radicchiosalat mit Gorgonzoladressing
Orangensalat

•

Spinatnockerln in Basilikumsauce
Gefülltes Brathuhn mit flaumiger Semmelfülle
Kartoffeln
Vogerlsalat
Limettencreme

# Schonkost für den älteren Menschen

Fehlernährung kann sich gerade im Alter krankheitsfördernd und in weiterer Folge lebensverkürzend auswirken. Eine angepaßte Ernährung trägt bis ins hohe Alter zur Leistungsfähigkeit bei. Man muß auf eine abwechslungsreiche, leicht verdauliche und besonders eiweißreiche Kost achten, ebenso auf die nötige Flüssigkeitsmenge. Als Richtlinie für die Zusammensetzung der Ernährung im Alter kann ein Tagesjoulebedarf von etwa 8.400 kJ (2.000 kcal) empfohlen werden.

Die Eiweißmenge verteilt sich vor allem auf Milch und Milchprodukte (magerer Topfen, Buttermilch, Joghurt) und erst in zweiter Linie auf mageres Fleisch, Fisch und magere Wurst. Pflanzliches Eiweiß ist in Vollkornbrot und Kartoffeln enthalten.

Pflanzliche Öle mit hohem Gehalt an mehrfach ungesättigten Fettsäuren (Sonnenblumenöl, Leinsamenöl, Maiskeimöl, Distelöl) sollen bevorzugt werden. Butter ist wegen der guten Verdaulichkeit als Streichfett zu empfehlen.

Die Wichtigkeit der Kohlenhydrate darf in der Ernährung nicht übersehen werden. Der hohe Gehalt an Quellstoffen ist sehr verdauungsfördernd. Besonders viele Quellstoffe finden sich in Schwarzbrotsorten (Vollkornbrot, Grahambrot), Kartoffeln, Haferflocken, Obst und vor allem in Gemüse und Salaten, die außerdem noch einen hohen Gehalt an Vitaminen und Mineralstoffen haben.

Bei den Mineralstoffen muß bei älteren Menschen besonders auf die Wichtigkeit des Kalziums hingewiesen werden. Milch und Milchprodukte sind die besten Kalziumträger und stellen einen wertvollen Schutz vor Osteoporose (Knochenbrüchigkeit) dar.

Alte Menschen leiden selten an Durstgefühl und nehmen daher meist zuwenig Flüssigkeit zu sich. Die Folgen sind Störungen im Wasser- und Mineralhaushalt. Erschwerend wirken sich noch manche harntreibende Medikamente aus, wie die sogenannten Diuretika, die oft wegen Bluthochdrucks regelmäßig eingenommen werden. Es sollte eine

Mindestmenge von 1 bis 1½ Liter Flüssigkeit am Tag in Form von Mineralwasser, Tee, Milch oder nicht zu stark zuckerhaltigen Fruchtsäften getrunken werden. Ein mäßiger Konsum von alkoholischen Getränken (Bier, Wein) und Bohnenkaffee ist durchaus erlaubt.
Die Gesamttagesmenge an Nahrungsmitteln soll auf vier bis fünf Mahlzeiten aufgeteilt werden.
Es gibt keine spezielle Altersdiät, aber bei bestimmten Krankheiten und Leiden gewisse Dinge, die man beachten sollte:
- Einschränkung von Kochsalz bei Bluthochdruck
- bei Übergewicht und Verdauungsproblemen das Gewicht reduzieren und viel frisches Obst, Gemüse, Kleie und Vollkornprodukte essen

**Richtlinien für die Verpflegung älterer Menschen**
- keine schwerverdaulichen Speisen
- kein fettes und bindegewebereiches Fleisch (Rohwürste), zumindest nicht am Abend
- kein blähendes, schwerverdauliches Gemüse (rohes Kraut)
- kein holziges Gemüse
- wenig Zucker und Mehlspeisen
- die Speisen müssen weich und leicht zu kauen sein
- mehrere kleine Mahlzeiten über den Tag verteilen

## Seniorenmenüs

Champignoncremesuppe
Fleischknödel
Sauerkraut
Joghurtcreme mit Früchten

•

Rindsuppe mit Frittaten
Gekochtes Rindfleisch
Kartoffelschmarren
Rahmfisolen mit Dille
Gezogener Apfelstrudel

•

Wiener Kartoffelsuppe
Eingemachtes Kalbfleisch
Erbsenreis
Grüner Salat
Marillenschnitten

•

Rindsuppe mit Tropfteig
Gefüllte Paprika
Tomatensauce
Salzkartoffeln
Topfencremeroulade

•

Sellerieeinmachsuppe

Pariser Truthahnschnitzel
Blattsalat mit Joghurtdressing
Mürbteigtascherl mit Marmelade

•

Rindsuppe mit Tiroler Knödeln
Kalbsgulyas
Butternockerln
Gemischtes Kompott

•

Zucchinicremesuppe
Schinkenfleckerln
Gemischter Salat mit Wiener Dressing
Schneenockerln mit Vanillesauce

•

Rindsuppe mit Gemüsestreifen
Reisfleisch
Salatteller
Apfelmus mit Biskotten

•

Hühnereinmachsuppe
Faschiertes Butterschnitzel
Glacierte Karotten
Kartoffelpüree
Erdbeerjoghurt

•

Klare Gemüsesuppe
Gedünstete Kalbsvögerln
Champignonreis
Gemischter Salat
Kalter Grießpudding

•

Rindsuppe mit Schinkenschöberln
Gebratene Augsburger
Kürbiskraut
Röstkartoffeln
Milchrahmstrudel mit Vanillecreme

•

Karottenpüreesuppe
Gefülltes Brathuhn
Apfelkompott
Früchtereis mit Fruchtsauce

•

Klare Hühnersuppe
Champignonsauce
Serviettenknödel
Grüner Salat
Ribiselschaumschnitte

•

Rindsuppe mit Grießnockerln
Gefüllte Krautroulade
Paprikasauce
Salzkartoffeln
Biskuitschnitte mit Weinschaum

•

Spargelcremesuppe
Geschnetzeltes Kalbfleisch
Bandnudeln
Blattsalat mit Senfdressing
Topfenoberscreme

•

Rindsuppe mit Backerbsen
Gefüllte Kalbsbrust
Naturreis
Tomatensalat
Brandteigkrapferl

•

Gemüseragoutsuppe
Polpetti mit Tomatensauce
Butterkartoffeln
Weichselschnitte

•

Legierte Grießsuppe
Pochierter Seelachs
Salzkartoffeln
Dillsauce
Weintraubenstrudel

•

Rindsuppe mit Reibteig
Schweinskotelett
Brokkoli
Tomatenreis
Fruchtsalat

•

Hühnersalat mit Pfirsich
Esterházy-Rindsschnitzel
Tarhonya
Topfenpalatschinken

•

Ochsenschleppsuppe
Spaghetti bolognese
Gemischter Salat
Geleefruchtschnitte

•

Klare Fischsuppe
Kaiserschnitzel
Grießplätzchen
Gemischter Salat
Erdbeercharlotte

•

Rindsuppe mit Nudeln
Gefülltes Truthahnschnitzel
Gemüsereis
Mandelbiskuit mit
Schokoladensauce

•

Lauchcremesuppe
Matrosenfleisch
Butterspätzle
Salatteller
Karamelpudding

•

Rindfleischsalat
Gebratenes Schollenfilet
Salzkartoffeln
Grüner Salat Mimosa
Orangencreme

•

Rindsuppe mit Leberreis
Gekochtes Wurzelfleisch
Kümmelkartoffeln
Frischer Kren
Kaiserschmarren mit
Zwetschkenröster

•

Brokkolicremesuppe
Altwiener Zwiebelrostbraten
Bratkartoffeln
Fächergurkerln
Sacherschnitte mit Schlagobers

•

Rindsuppe mit Lungenstrudel
Hühnerfilet Montafon
Käserahmsauce
Spinatnockerln
Topfenknödel mit Fruchtmark

# Menüs für besondere Anlässe und Veranstaltungen

## Fastenmenüs

Fastenmenüs sind Fischmenüs, die aus der österreichischen Küche stammen und am Fasttag (Freitag) angeboten werden. Grundsätzlich wird Fisch als Hauptgang gereicht. Dabei kann man aus einem reichen Angebot von Seefischen und heimischen Süßwasserfischen wählen.
Die Suppen sind rein pflanzlich. Weiters werden Eier, Milch und Milchprodukte verarbeitet. Somit entspricht das Menü dem Fastencharakter.

### Menüs

Rote-Rüben-Suppe
Scholle, in Butter gebraten
Blattspinat
Salzkartoffeln
Bananencreme

•

Klare Fischsuppe mit
Gemüsestreifen
Kabeljau auf schaumigem
Paprikapüree
Mischgemüse
Petersilienkartoffeln
Biskuitroulade mit
Veltlinerschaum

•

Kartoffelschaumsuppe
Zander in Dillsauce
Risipisi
Grüner Salat in Rahmdressing
Kalter Früchtereis

•

Lauchcremesuppe mit Nudeln
Frische Bachforelle in der Folie
mit Gartenkräutern
Butterkartoffeln
Fruchtschnitte

•

Fischbeuschelsuppe mit
Schwarzbrotcroûtons
Böhmischer Karpfen in
Biersauce
Germknödel mit Butter
Powidltascherl

•

Marinierter Gemüsesalat
Fischrisotto mit Garnelen und
Muscheln auf leichter
Currysauce
Gebackene Apfelspalten mit
Zimt

•

Spargelcremesuppe
Forelle blau mit
aufgeschlagener Zitronensauce
Junge Erbsen mit Minze
Béchamelomelett mit frischen
Erdbeeren

•

Gemüseragoutsuppe
Fischpörkölt mit Tarhonya
Szomloer Nockerl

•

Gratinierte Zwiebelsuppe
Gebackenes Allerlei aus dem Meer
Champignonrisotto
Apfelscheiterhaufen mit Schneehaube

•

Püreesuppe von gartenfrischen Erbsen
Dorschfilet in Bierteig
Leichte Tomatensauce
Pilawreis
Weinkoch mit Nußsauce

•

Frühlingskräutersuppe
Gebackener Seehecht mit Remouladensauce
Kartoffel-Vogerl-Salat
Reisauflauf mit Früchten

•

Sauerampfersuppe
Aal in Letschogemüse
Langkornreis
Milchrahmstrudel

•

Legierte Karfiolsuppe
Serbischer Karpfen in pikantem Paprikagemüse
Heurige Kartoffeln
Spritzkrapfen mit Fruchtpüree

•

Tomatensuppe mit Reis
Gedünsteter gespickter Hecht mit Sardellen in Kräuterrahmsauce
Bunte Nudeln
Fruchtsalat mit Himbeereis

•

Minestrone mit Käsecroûtons
Gebratene Forelle mit Mandelsplittern
Kräuterkartoffeln
Gemischter Salat
Preiselbeerpalatschinken

•

Topinambursuppe
Gebackenes Seelachsfilet
Mayonnaisesalat
Salatherzen mit Zitronendressing
Obstgeleekuchen

•

Pilzsuppe
Gebratenes Zanderfilet mit Kapern und Zitronenwürfeln
Rahmkartoffeln
Eisbergsalat
Mohr im Hemd

•

Sellerieschaumsuppe
Schellfisch, mit Tomaten und Käse überbacken
Gemüsesalat
Kiwicreme mit Fruchtsauce

•

Graupensuppe
Gebratener Pfefferkarpfen
Erdäpfelpüree
Salzgurke
Schönbrunner Reisauflauf mit Himbeermark

•

Gemüsepüreesuppe mit Reis
Gedämpfter Waller in Senfsauce
Karfiolröschen
Kümmelkartoffeln
Topfenoberscreme mit Mandarinen

•

Spinatcremesuppe
Gebratene Fischlaibchen
Würfelkartoffeln
Krautsalat
Mandelpudding auf Schokoladensauce

•

Brokkolischaumsuppe
Rotzungenfilets nach Winzerart (in Ei gebraten, mit Weintrauben)
Überbackene Kartoffelkrapfen
Schokoladenmousse mit Rumsauce

•

Kohlsprossensuppe
Lachskotelett vom Grill mit Kaviarbutter
Schmelzkartoffeln
Erdbeerreisauflauf mit kleinen Näschereien

•

Gurkensuppe mit Dille
Heringsfilet in Backteig
Cremespinat
Heurige Kartoffeln
Topfenknödel mit Zwetschkenröster

•

Linsenpüreesuppe
Gekochte Rheinanken mit Wurzelstreifen
Kapernsauce
Dampfkartoffeln
Überbackene Topfenpalatschinken

•

Kerbelsuppe
Hechtnockerln in Weißweinsauce mit Pilzen
Tomatenreis
Brandteig-Creme-Krapferl

•

Melonenkaltschale
Gebratene Schleie mit Knoblauchbutter
Geformte Kartoffeln
Saisonsalate mit Sherrydressing
Maronireis mit Schlagobers

•

Bohnensuppe mit Tomaten
Fischauflauf mit gebratenen Zucchini
Petersilienkartoffeln
Schlosserbuben

•

Kürbissuppe
Gratinierter Steinbutt im Gemüsebeet
Schaumkartoffeln
Savarin mit Rumfrüchten

•

Geeiste Spargelsuppe
Angler und Riesengarnelen in schaumiger Paprikasauce
Grüne Nudeln
Marillen in Weinteig

# Ostermenüs

In den verschiedenen Regionen jedes Landes gibt es unterschiedliche Osterbräuche mit größtenteils religiösem Ursprung, die aber alle auf ihre Art andeuten, daß nach den langen Wintermonaten auch im kulinarischen Sinn eine neue Jahreszeit beginnt.

Nach der Fastenzeit freut man sich auf die ersten Frühjahrsboten an frischen Nahrungsmitteln, die uns die Natur bietet: Blattsalate, junge Karotten, frische Morcheln, Kräuter, Kohlrabi, Blattspinat, Erbsenschoten, Radieschen, Hopfensprossen, Spargel, Rhabarber und die ersten Ananaserdbeeren. Zu Ostern werden neben dem Gemüse zartes Lammfleisch, Ziegenkitzen und der traditionelle Osterschinken angeboten. Tauben, Perlhühner und Wachteln ergänzen dieses Angebot. Saisonangebote von frischen Fischen und Schaltieren gehören ebenfalls zum Ostermenü. Vor allem in Deutschland darf zu Ostern die traditionelle Waldmeisterbowle nicht fehlen.

Als besonderer Tischschmuck bieten sich Arrangements von Frühlingsblumen, gefärbte Eier in Strohschüsseln sowie Schokolade- und Marzipanhasen an.

Der Phantasie sind bei der Zusammenstellung von Ostermenüs keine Grenzen gesetzt, sowohl in der Auswahl des Rohmaterials als auch in der Gestaltung der einzelnen Speisen. Immer wird man ein kleines Motiv finden, welches das Österliche, die Frühlingsstimmung zum Ausdruck bringt.

Seit jeher sollen die Speisen zu den Feiertagen etwas Besonderes sein. Dabei wird des Guten oft zuviel getan. Die Speisen sind oft zu deftig und die Portionen zu groß. Es ist günstig, auf der Speisenkarte einige Alternativen zu den meist kompakten Menüfolgen anzubieten. Dazu gehören zum Beispiel Salate und Rohkostgerichte mit leichten Dressings sowie Obst- und Joghurtdesserts.

## Ostermenüs

Geeiste Scheiben vom Lammrückenfilet mit Ratatouillesalat und Kapuzinerkresse in mildem Knoblauchdressing
Briochegebäck
Rahmsuppe mit Frühlingskräutern mit Topfennockerln
Gebratenes Medaillon vom Bachsaibling mit Spargel auf Blattspinat mit Sauce hollandaise à l'orange
Gefüllter Kaninchenrücken mit Austernpilzen und Mark auf Sherry-Obers-Creme
Hausgemachte breite Nudeln
Gemüse der Saison
Gebackener Kletzenknödel im Marzipankleid auf Lebkuchensauce

•

Spargelterrine mit marinierter Lachsforelle und ersten Salaten der Saison in Haselnußöl
Legierte Sauerampfersuppe mit Schneckenravioli
Medaillons vom Kaninchenrücken auf Mandelobers mit Zucchini-Spaghetti
Gebratenes Karree vom Tauernweidelamm mit Pumpernickelkruste im eigenen Saft
Rotweinzwiebeln
Kipflerstrudel
Gratinierte Steckrüben
Minzeeis auf Buchweizendalken mit Kefirsauce und Beeren

•

Consommé vom Lamm mit Pernod und Kren-Butter-Nockerln
Melange von weißem und grünem Spargel mit Rohschinken und Kerbelsabayon
Gebratene Zickleinleber mit Petersilienpüree und Balsamicosauce
Frikassee vom Waller in Krenschaumsauce mit jungem Frühlingsgemüse
Butterkartoffeln
Gebratenes Steak vom Milchkalbrücken mit Rahmmorcheln
Naturreis
Erbsenschoten
Karottenperlen
Golden-Delicious-Tortelette mit Zimteis

•

Sulz vom Hauskaninchen mit erstem Röhrlsalat in Kernöldressing
Getoastete Brioche
Brennesselcremesuppe mit Blätterteigkruste
Lasagne vom Weidelamm mit Eierfrüchten auf Tomatenragout
Gefülltes Poulardenbrüstchen mit heimischen Kräutern
Sauce von grünem Spargel
Steinpilzrisotto
Ahornhippenblatt mit eingelegten Rumfrüchten und Glühmostsorbet

•

Terrine von der Entenstopfleber mit Apfel-Rosinen-Chutney
Getoastete Brioche
Consommé von der Räucherforelle mit Dillnockerln

Gebackenes Bries vom Milchlamm auf Gorgonzolasauce mit feinen Paprikanudeln
Braunes Kitznavarin mit weißem und grünem Spargel im Knödelpastetchen
Topfentascherl mit Lebkuchenbröseln und Mandarinensauce

•

Terrine vom Räucherlachs und Aal mit Röhrl-Kipfler-Salat
Klare Ganssuppe mit Graupen und Wurzelgemüsen
Brennesselauflauf mit Schnecken in Pernodcreme
Stubenkücken mit Semmelfülle im Nelkensaft
Ossobuco vom Lamm mit Gremolata und frischem Marktgemüse
Pilawreis mit Safran
Ribiselschmarren mit Cassis und Honigmilch

•

Feldsalat mit Nüssen, gerösteten Speckwürfeln und rosa gebratenen Rehfiletscheiben
Rahmsuppe von Petersilienwurzeln mit Pesto
Gekochter Spargel aus der Region mit Sesamhollandaise
Geschmorte junge Ziege in Zweigeltsauce
Gebratener Kalbsrücken mit Salbeijus
Kartoffelcroûtons
Karotten mit Grün
Mohnschupfnudeln mit Birnenmus

•

Mariniertes Filet von der Bachforelle mit Dillsenfcreme
Ofenwarmes Stangenbrot
Spinatcremesuppe mit Vollkorncroûtons
Lammrückenfilet im Strudelteig mit glacierten Kefenschoten
Gekochter Beinschinken mit Salbei-Honig-Kruste und Anissaft
Gratinierte Rahmkartoffeln
Gemüsesavarin
Blutorangenparfait mit eingelegten Clementinen

•

Rosa gebratene Wachtelbrüstchen auf kleinem Salat
Karottencremesüppchen mit Champagnersahne
Filets von der Rotbarbe auf Blattspinat, Safranmousseline, Timbal von wildem Reis
Crêpinette vom Weidelamm, Rosmarinsauce, Bohnenbündelchen, Kartoffelplätzchen
Mousse von Buttermilch auf Kiwischaum

•

Lammsülze mit Sherry und kleinen Frühlingsgemüsen
Mit Tomaten-Schalotten-Ragout gefüllte Zandertasche mit Pestonudeln
Kalbsfilet im Mantel von Bries und Trüffeln, Tomatensoufflé, Karottenmaultaschen
Blutorangenparfait mit Champagnercreme und frischen Beeren

•

Blattsalat in Balsamico-Walnuß-Marinade mit Croûtons, Linsenkeimlingen und Apfelstreifen

Roulade von Lachs und Mangold auf glacierten Topinamburscheiben auf Sauerampfergemüse
Gefüllte Frühlingskohlrabi mit kleinem Ragout vom Milchlamm, Tomatensauce, Buchweizenpfannkuchen
Sülze von pochierter Mango im Joghurtmantel auf Fruchtsauce

•

Lauwarmes Stubenküken mit Artischocken und Löwenzahn
Klare Krebssuppe mit Ricottaravioli
Filet von St.-Peters-Fisch mit Sauerampfer auf Kohlrabi
Rücken und Keule vom Schurwälder Ziegenkitz auf Thymianjus mit Frühlingsgemüse
Variation von Rhabarber mit Holunderkrapfen

•

Kalbsbriessülze mit Tomatenvinaigrette mit Spargelmosaik
Zwiebellauch-Rahm-Süpple mit Lachsstrudel
Ravioli von Garnelenschwänzen auf rotem Schalottenkonfit
Poulardenbrüstchen aus dem Gemüsesud mit gefüllten Morcheln und Quarkklößchen
Champagnereis im Hippenblatt auf gedünsteten Pfirsichspalten

•

Gebratene Entenstopfleber mit jungen Spitzmorcheln auf Friséesalat
Rinderkraftbrühe mit Kalaharitrüffel

Schottische Jakobsmuscheln auf Tomatenkonfit und Artischocken
Lamm und Kaninchen im Piroggenmantel mit Tomatenbutter und Minifenchel
Überbackenes Feigentörtchen auf Cassissauce und Krokanteiscreme

•

Variation vom Spargel mit Baby-Languste
Kaninchenfilet mit frischen Morcheln
Steinbeißerfilet in Olivensauce mit Tomaten und Zwiebelravioli
Allerlei vom Milchlammrücken in Thymianjus, gefüllter Artischockenboden und Frühlingsgemüse
Geeistes Passionsfruchtmousse auf Erdbeerrosette

•

Lauwarme Jakobsmuscheln in Tomaten-Balsamico-Vinaigrette und Feinschmeckersalätchen
Klare Fasanenkraftbrühe mit gebratenem Kalbsbries
Kroß gebratenes Rotbarbenfilet und Langustinos auf Steinpilzrisotto
Ossobucco vom Lammhäxle mit jungen Frühlingsgemüsen und Macairekartoffeln
Nuß-Nougat-Eispralinen im Marzipanmantel auf legiertem Himbeermark und Sorbet von schwarzen Johannisbeeren

•

Sülze von Kaninchen und Spargel auf marinierten Zuckerschoten

Brunnenkressesavarin mit kleinem Ragout von Meeresfrüchten in Hummersauce
Geschmortes Ziegenkitz aus dem Ofen mit Aromaten und Kartoffel-Pimento-Nocken
Vanillemousse auf Cassissabayon mit Mangoperlen

•

Terrine von frischen Morcheln auf Bärlauchsalat
St.-Peters-Fisch im Kartoffelmantel auf bunten Linsen
Milchkalbfilet, gefüllt mit Lamm, in Ingwer-Limonen-Sauce, Frühlingsgemüse, Reisrollen
Rhabarberschlupfer mit Erdbeersülzchen auf Waldmeisterschaum, Muskateis

•

Kaninchenrücken und Perlhuhnbrust, Gemüsesalat mit Käsevinaigrette
Klare Suppe von Frühlingszwiebeln mit Quarknocken
Gefüllte Lammbrust mit Kräuterschupfnudeln, Kohlrabi und Spinat
Rhabarbercreme mit Salat von frischen Erdbeeren

•

Sauerampfersuppe
Osterlammkeule auf Joghurt-Kräuter-Sauce mit Kohlrabi-Kartoffel-Gemüse und Schmorkartoffeln
Mousse au chocolat auf Rote-Grütze-Spiegel mit gehackten Pistazien

•

Terrinen von Hummer und zweierlei Spargel mit Löwenzahn, Krauseln, Kerbelschaum
Ochsenschwanzessenz mit Morchelnockerln
Vom Silberwagen serviert: Heidschnuckenfilet im Wirsingmantel auf Thymianjus, Fadenböhnchen mit Tomatenschmelze, gebackene Rahmkartoffeln
oder
Osterrauchschinken mit grünem und weißem Spargel, geriebener Kren, Korinaderbrot
Frische Salate mit verschiedenen Dressings
Bergbauernkäse mit Radi, Radieschen, Zwiebelbrot
Mus von Maracuja und Mokkaeisparfait auf Früchtedialog

•

Bouillabaisse von heimischen Fischen im Veltlinergelée mit Wakame, Kresse, mariniertem Gemüse, Forellenkaviarcreme
Essenz von Fleischtomaten, Kurkumabutternocken
Roulade von Bries mit Wurzeln und Keimlingen, Schnittlauchsauce
Kalbsfilet im Frischmorchelmantel, Orangensauce, Trüffeljus, Frühlingsgemüse, Nußkartoffeln
Salat vom Bauernmarkt mit herzhaften Dressings
Reifkäse mit Kurtrauben und Radieschen, Siebenkornbrot
Erdbeeren in der Tulpe mit Rhabarberkompott, Grand-Marnier-Eisschmelze

**Kalt-warmes Osterbuffet**

Räucherforellen, Räucheraale, Räuchermakrele, Räucherkatzenhai, pikant eingelegte Heringsmarinaden, Wachteleier im Kaviarschaum mit Kresse und Radieschen, Krebsschwänze und Steingarnelen in Sauerampfertomaten, hausgemachte Terrinen, Orangengebeizter Muttelachs, Matjesfilet in Apfel-Zwiebel-Sauerrahm, Ogenmelone mit Katenschinken, Spargel in Kräutervinaigrette

Gebundene Ritterlingsuppe

Gebratenes Roastbeef, Malzbrotsauce, Maishuhnbrüstchen auf Pilzsauce, gebeizte Lammkeule in Rosmarinzuckerkruste, Rahmrübchen, gebackene Kalbsplatzerl

Frühlingsgemüse, Nudeln, Reis, Reibekuchen

Frischmarktsalate

Palette von ausgesuchtem Käse

Ein Osterstrauß voller Süßigkeiten von unserem Chef-Pâtissier

•

Osterpastete (feine Schinkenfarce mit Wachteleiern und Pistazien), dazu frischer Spargel auf Lollo rosso, Gemüsevinaigrette

Räucherlachsrosen auf lauwarmen Spinatkuchen mit Shrimps, Dill-Senf-Sabayon

Geschmortes Ziegenkitz in Estragonrahm, grüner Spargel, Steinpilzrisotto

Französischer Stangenspargel mit Sauce hollandaise, dazu gebratener Osterschinken und Kressekartoffeln

Gebratene Jakobsmuscheln auf Blattspinat, mit Sauce Mornay überbacken, Austernpilze, Kaviarkartoffel

## Weihnachts- und Silvestermenüs

Von jeher waren die Feste zum Jahreswechsel von einem besonderen Nimbus umgeben. Traditionsgemäß schmücken die Weihnachtstafel Kerzen, Tannenzweige, Stechpalmen und eventuell noch bunte Kugeln, während die Silvestertafel mit Kleeblättern, Schweinchen, Fliegenpilzen, Rauchfangkehrern usw. (die als Glücksbringer von den Gästen mitgenommen werden sollen) dekoriert wird.

Weihnachts- und Silvestermenüs sind jahreszeitlich zu betonen und werden häufig dem ortsüblichen Brauchtum angepaßt. Die Zusammenstellung der Menüs fällt nicht schwer, da der Markt sehr gut beschickt ist. Sämtliche Fleischsorten sind von guter Qualität, ebenso alle Fischsorten, einschließlich dem traditionellen Weihnachtskarpfen. Gemüse und Obst bieten trotz des Winters reiche Abwechslung.

Nach christlichem Verständnis sollen die Tage vor Weihnachten eine Fastenzeit sein.

Weihnachtsmenüs werden durch das Fischgericht charakterisiert, obwohl am Weihnachtsabend meist nicht mehr gefastet wird. Man gibt also eine klare Suppe, ein kaltes oder warmes Fischgericht und einen Geflügelbraten, meist Gans, Truthahn, Ente oder Poularde. Die Beilagen sind individuell, ebenso die Süßspeisen, die sich mehr auf Näschereien beschränken, wobei der Lebkuchen nicht fehlen soll. Das typische Weihnachtskompott sind Kletzen (getrockente Birnen) und Dörrpflaumen. Nicht zu vergessen sind in diesem Zusammenhang als Nachtisch das Tiroler Früchtenbrot, das Kletzenbrot u. a. m.

Silvestermenüs werden immer festlich gestaltet, der Anlaß wird besonders betont. Dazu bietet die Tischdekoration reichlich Gelegenheit, aber auch die Süßspeise läßt viele Möglichkeiten offen, Silvestermotive anzubringen. Um Mitternacht kommt der gekochte Schweinskopf als symbolischer Glücksbringer auf den Tisch.

Viele Leute verbringen den Silvestertag in Gesellschaft. Man bereitet seinen Gästen ein ausgezeichnetes Menü, und weil durch die Weihnachtsfeiertage schon eine gewisse „Sättigung“ an bestimmten Gerichten erreicht ist, legt man Wert auf besondere Leckerbissen.

## Weihnachtsmenüs

Traditionelle Wiener Fischbeuschelsuppe
oder
Klare Entensuppe mit Maisgrießknöderln
Roggentörtchen von Kalbsbries, Lauch und Safran
oder
Navarin von steirischen Weinbergschnecken
Spiegelkarpfen in Lebkuchensauce
oder
Gebackener Karpfen mit Mayonnaisesalat
oder
Rindslende, rosa gebraten, auf Thymianrahm mit Erdäpfelnudeln, Chicorée-Orangen-Salat
Weihnachtspudding mit Brandysauce
Mokka
Weihnachtsbäckerei

•

Wachteleier und Rehnockerln in Wacholdersauce
Klare Kalbskopfsuppe mit Wintergemüsen
Knuspriges Weihnachtsgansl mit Rotkrautsalat und Kartoffelroulade
oder
Kalbskarree, mit Schwammerln gefüllt, Karottenflan und Spinatnockerln mit Haselnüssen
Eistrüffeln mit Engelhaar auf Kirschsabayon
Mokka

•

Lachsschinken auf Winterendivie mit gebratenem Kürbis
Leichte Creme von Bohnen mit Krebsschwänzen
Lammrücken in Butterteig mit Zucchini-Kartoffel-Gratin
oder
Suprême vom Perlhuhn mit Morchelrahm und Mienudeln
Grüne und gebackene Feigen mit Blutorangensauce
Mokka

•

Wintersalsat mit Hirschmedaillons auf Croûtons, pochierte Wachteleier und Haselnußdressing
oder
Geflügel-Gänseleber-Terrine in Brioche mit Portweingelee
oder
Hausgebeizter Lachs auf Zucchini-Mais-Kuchen mit Kerbelbuttersauce
Wildconsommé mit kleinen Ravioli und Apfelperlen
oder
Gegrillte Medaillons vom Seeteufel in Lauchpapillote und Petersilschaum
oder

Wachtelbrüstchen in Blätterteig
auf Trüffelcoulis
Gebratenes Weihnachtsgansl
mit Rotkraut, Kartoffelknödel
und pochierter Apfel mit
Preiselbeeren
oder
Hirschmedaillons mit
Champignons und
Rahmgurken
oder
Mariniertes Filet vom Kalb mit
Wacholdercreme und
Gemüsetartelettes mit
geräucherter Entenbrust
Birnengratin mit
Zwetschkencoulis
oder
Weihnachtspotpourri
oder
Maronicharlotte

•

Entenconsommé mit
Gemüseperlen und
Röstmandelklößchen
Holsteiner Spiegelkarpfen,
blau, mit Sahnemeerrettich,
zerlassener Butter und
Petersilienkartoffeln
Gefüllte Birne mit
Pistazienmousse in
Sauternesgelee und
Mangomark

•

Terrine von der schwäbischen
Landente mit Walnußtatar und
Rosenkohlsalat
Klares Pfeffersüpple mit
Gemüsemaultasche
Zanderroulade, gefüllt mit
Saiblingsfarce, auf grüner und
weißer Lauchsauce
Hirschkalbsrückensteak mit
Honig-Lebkuchen-Sauce,
Steinpilzspätzle,
Mohnbubenspitzle,
Schwarzwurzelgemüse und
Brokkoliflan
Leckereien vom Apfel

•

Hirschterrine mit Gänseleber
und Preiselbeeren
Wallerfilet auf Blattspinat mit
roter Paprikasauce
Bayerische Weihnachtsgans,
traditionell gebraten, mit
Blaukraut und Kartoffelknödel
Stollenparfait mit
Punschsabayon

•

Lauwarme Edelfischterrine,
Schnittlauchschmant und
Wintersalate
Schweinefilet im
Wirsingmantel auf
Sauerrahmsauce, feines
Gemüse und Macairekartoffeln
Eisparfait vom Christstollen
auf Punschsauce, marinierte
Backpflaumen

•

Albtäler Forellenmousse mit
kleinem Wintersalat
Legierte badische
Rieslingsuppe
Hirschkalbsmedaillon mit
Waldpilzen in Rahm,
handgeschabte Spätzle und
Preiselbeeren
oder
Französische Landgans,
knusprig gebraten,
Apfelrotkohl, Maroni und
Kartoffelknödel
Weihnachtsgebäck

•

Das Beste vom Stallhasen mit Netzwürstchen auf eingelegtem Kürbis mit Wintersalaten
Jakobsmuscheln mit Lauch, Selleriepüree und Trüffelfond
Junge Bauernente, kroß gebraten, auf Gewürzrotkraut mit gefüllten Kartoffelknödeln und süß-saurem Apfelpüree
Vacherin Mont d'Or mit eingelegten Armagnacpflaumen
Punschmus auf gelierter Quittensauce mit Eis von gerösteten Walnüssen

•

Tatar vom Lachs und Matjes auf Dillschmant
Brunnenkressesüppchen mit Grünkernklößchen
Tournedos vom Black Angus auf Madeira-Schalotten-Butter, Linsentaler, Kartoffelgratin
Vanilleeis im Hippenblatt mit frischen Feigen auf Mintsauce

•

Duo von Taube und Wachtel mit marinierten Feigen
Rehpunsch mit einem Maronenravioli
Zander und Austern auf schwarzen Linsen und Kartoffelscheiben
Gelee und Sorbet von Klementinen
Kalbsfilet im Strudelteig und gefüllter Kalbsfuß mit Trüffeln
Lauwarmer Crottin Chavignol mit Oliven
Hausgemachte Näschereien

•

Sülze vom Kaninchen mit Basilikumtomatencreme
Carpaccio von Pfifferlingen
Roulade von Lachs und Zander auf Kaviarsauce, grüner Reis
Sorbet vom Portugieser auf Limonensauce
Gamsrücken, gefüllt mit Pistaziencreme, Wildpreiselbeerpfeffersauce, Schupfnudeln, Brokkoliröschen
oder
Filet vom irischen Weideochsen auf Gänseleberparfait, Kartoffel-Zucchini-Gratin, Staudensellerie
Fruchtiges Pitahaya-Eis in Blätterteig

•

Terrine von Wachtel und Gänsestopfleber mit Apfel-Honig-Salätchen
Aufgeschlagene Endiviensuppe mit Sylter Austern
Piccata vom Dorschbäckchen auf Tomatenragout mit Pestonudeln
Soufflierendes Lachsfilet im Spitzkrautblatt auf Champagnersauce
Spoom von Preiselbeeren
Rosa gebratenes Rehrückenfilet auf Preiselbeerjus und herbstlichem Gemüse
oder
Junges Fasanenbrüstchen auf Champagnerkraut und Reinettengratin
Käseauswahl vom Wagen
Nuß-Nougat-Eispralinen im Marzipanmantel auf warm glacierten Orangenspalten

•

Gänseleberroulade mit Korinthenkruste
Wildentensuppe mit Fenchelnocken

Ochsenlende in Champagnersenf, winterliche Gemüse, Kartoffel-Mark-Kruste
Pralineneisbombe auf zwei Saucen

•

Terrine von Jakobsmuscheln an Hummersalat
Consommé von Kalbshaxe mit Leberpudding
Seeteufel und Languste in Zitronengrassauce, Schwarzwurzeln mit Gemüsestreifen
Auflauf von Pfeffernüssen und Lebkuchen mit Sabayon von altem Zwetschkenbrand

•

Amuse-gueule
Perlhuhnmousseline mit Trüffel und Madeiragelee
Bachforelle mit Basilikumtomaten und Mozzarella gratiniert, Spumantisauce, Wellkartoffeln
Kalbsnüßchen mit Champignon-Zwiebel-Pastete auf Lauchsahne, Winterrübchen, Maiskartoffelplätzchen
oder
Frischlingsrücken in der Brot-Zimt-Kruste, gebrannte Feigen, Cognacsauce, Wirsingkrapferl, Mohnkartoffelnudeln
Tannenhonigeisbömbchen auf Krokantcreme

•

Blätter vom Hirschkalb im Nußmantel mit geraffeltem Apfelsellerie auf Honigchicorée, Cassisgelee, Butter, Mohnlaiberl
Steinpilzessenz mit Pistazienbutternockerln
Rinderfilet im Kräuternetz auf Burgundermarksauce, Fadenbohnen, Rahmfenchel, Gratin Dauphinoise
Salat vom Buffet mit verschiedenen Dressings
Deutsch-französische Käsevariation mit Trauben und Nüssen, Hutzelbrot
Eisstollen auf Hagebuttensauce

•

Amuse-gueule
Rauchfisch im Blätterteighörnchen
Parfait von Brieschen und Lebern im Brokkolirand mit Gemüsesülze, Kräuterbrioche
Königsseesaibling mit Lauchpüree im Getreidemantel auf Traminersauce
Blättchen von Kalbsrücken, Zucchinis und Auberginen, Mandarinensauce, Brandteigkartoffeln
Domino von zwei Schokoladen auf Fruchtkaramel

## Weihnachtsbuffet

Torte von Krebsschwänzen und Steingarnelen, feines Gemüse, Hummersalat mit Artischocken, Champignons, Sellerei, gebeizter Lachs mit Spinatsalat in Limetten-Ölmarinade, Perlhuhnküken auf Schwammerlsalat, glasierte Rehblättchen mit Birnen-Apfel-Ragout, Kalbsterrine mit Stopfleber und feinem

Gemüse, im Thunfischrahm eingelegtes Kalbfleisch, Variation von Fischterrinen

•

Gegrillte Jakobsmuscheln auf Lauchsahne, grüne Nudeln, Lottemedaillons im Wirsingmantel auf Champignon-Thymian-Tomaten, Riesengarnelen in Kräuterbuttersauce, Safranrisotto, geschmelzte Maultaschen auf Shiitakepilzen, ganzes Roastbeef in der Senfkruste, Sauce béarnaise, Paprikaschnitzerl mit schwarzen Rahmnudeln
Knackige Wintersalate zur Wahl
Eine Käseplatte von französischem Reifkäse, Mozzarella und mariniertem Schafskäse, Muskattrauben, Siebenkornbrot

•

Fladen von Aprikosen, Mandarinen, Beeren, Blätterteigstreifen mit Feigen, Apfelstrudel, Topfenstrudel, Schupfnudeln in Mohnbrösel, Sorbets, Schneeballen, Eisbömbchen Wintertraum, Weinsabayon

•

Graved lax, geräucherter Belugastör, Aal, Schillerlocken, Heringssalat mit roter Bete, Curry und Nudel-Kalbfleischwurst-Salat vom Buffet
Schwammerlessenz mit Flädle
Marmorierter Rinderrücken mit Pommerysenf, auf dem Salzbett gegart, Weinbeerensauce, Chicorée, Brokkolirosen, Sesamplätzchen
oder
Tatar vom Rind, Schwein, Matjes mit Forellenkaviar-Doppelrahm, Butter, Bauernbrot
Große Salatauswahl mit verschiedenen Dressings
Käseplatte mit Salzbutter, Grissinis und Zwiebelbrot
Mohnparfait auf Zimtsauce und Zwetschkenkonfit

•

Terrine von Edelfasan mit weißem Trüffel, Feigenkompott, marinierte Vollwertsprossen, Sesamweckerl
Essenz von Austernpilzen mit Praline
Seezunge mit Langustenmousseline gefüllt auf Wurzelspumantisauce
Gekühlter Rahm von Gurke und roter Bete mit Dialog von Kaviar
Kalbsfilet im Würzteig und Rinderfilet Mignon auf Limonencreme, Morcheljus, Wintergemüse, Selleriekartoffeln
Petits fours von Bavaria blue
Taler von Nougat und Grand-Marnier-Parfait in Schokoblättern, Mangoschaum mit Erdbeeren
Neujahrskrapfen
Süße Axelsteine

## Silvestermenüs

Hausgebeizter Lachs auf Maiskuchen mit feinem Salat und Zitronenbuttersauce

Entenconsommé mit Perlen
von roten Rüben
Steinbuttgalantine mit
Langustinen mit
Champagnermousseline
Sorbet von Avocados mit
Apfelwein und grünem Pfeffer
Kalbsfilet mit Gansleber in
Blätterteig und gefülltem
Kopfsalatherz mit
Champignons
Vacherin Tiède mit
Haselnüssen auf kleinem
Bouquet mit Roquefort
Nougatparfait
Mokka

•

Hummer in Chardonnay-
Sabayon mit Kartoffelauster,
Ravioli
Champagner-Senf-Suppe mit
Jakobsmuscheln
Kalbsrückenschnitte mit
Gänseleber in Rosmarinjus,
Gemüsestrudel
Feigen in Grappa mit
Haselnußparfait und
Vanillebuchteln

•

Wildententerrine auf
Mangosauce und
Chicoréespitzen
Mockturtle-Suppe mit
Pinienklößchen
Im Kartoffelmantel gebratener
Lachs auf
Zitronenmelissensauce,
schwarzer und weißer Reis
Rinderfilet Wellington, umlegt
mit frischen Wintergemüsen,
Waffelkartoffeln
Eisbombe St. Silvester, Berliner
Ballen

•

Warm geräucherte
Riesengarnelen auf
Meerrettich-Preiselbeer-Creme
Getrüffelter Kartoffelrahm mit
Kerbelklößchen
Salatherz
Languste und Loup de mer auf
Chicorée in Hummerschaum
Sorbet von Marc de
Champagne
Rehrückenfilet in der
Teigkruste an
Orangenpfeffersauce, zartes
Gemüse, Mandelbällchen
Maronenparfait und
Pistazieneis auf Mus
verschiedener Früchte

•

Salatherzen Mimosa
Kraftbrühe mit Kräuter-Pilz-
Maultäschle
Millefeuille von Lachs und
Lotte an Limonensabayon
Babacco-Sorbet
Perlhuhnbrüstchen auf
Calvadossauce,
Gemüsekörbchen,
Kartoffelterrine
Pumpernickelkugeln
Zirbelkieferparfait

•

Mild geräucherter Butterfisch
mit russischem Kaviar
Essenz von Baumtomaten mit
Safrannockerln
Warme Hummerterrine auf
Estragonsauce
Sorbet von rotem Krimsekt
Chiemsee-Entenbrust,
gebraten, Maronenpüree,
badische Klöße
Datteln, mit Marzipanmousse
gefüllt, auf einer Orangensauce

•

Glücksbeutelchen mit Kaviarfüllung
Gänselebertorte mit Kerbelbiskuit, Malvasiergelee
Consommé mit Grießnockerl von weißen Trüffeln
Jakobsmuscheln mit roten Sepioline auf Ruccolasauce
Gratinierter Hummer in Château d'Yquem
Sorbet von Marc de Champagne mit Rosinen
Päckchen vom Kalbsfilet Surprise
Kleine Käseauswahl
Maronenparfait in Rumsauce mit Früchten
Hausgemachte Pralinen

•

Amuse gueule
Galantine von Winterlauch und Brokkoli mit hellen Lebern, Rapunzel, Sprossen in Vinaigrette, Rosinenbrioche
Steinpilzessenz mit Maultaschen
Zanderroulade mit Hummer auf Eisweinsauce, Gemüserauten und Spinat
Perlhuhnkückenbrust und Rehmignon auf Quittenhollersauce, Wintergemüse, Kürbiskartoffeln
Gorgonzolatrüffeln auf Basilikumtomaten
Orangen-Schoko-Parfait auf Feigenspiegel mit Beeren
Glacierte Mokkasteinchen
Neujahrskrapfen

•

Terrine von Wintergemüsen mit Ackersalat und Frisée
Rehessenz mit Haselnuß-Ingwer-Nocken
Charlotte von Steinbutt und Languste auf Traminersauce, Wurzelrauten
Gesülzter Gurkenrahm auf Kaviarspiegel
Kalbsfilet im Steinpilzmantel, Trüffeljus, Limonensauce, gefüllte Weißzwiebel, Chicorée, Maiskartoffeln
Baumkuchen von bayerischem Edelpilzkäse, Birnenmarmelade
Champagnereisbömbchen mit Blutorangen, Reichenhaller Schneegestöber, Mandelblätter
Süße Axelsteine

## Neujahrsbrunch

Großes Katerfrühstück mit süßsaurem Allerlei, Rauchfischen aus den bayerischen Seen, deftiger Almschinken, Würste, Brezen und Landeier
Oberländer Krensuppe mit Knoblauchkrüstchen
Frischlingsfilet im Kräutermantel auf Traubensauerrahmsauce, Rosenkohlblätter, Safranbirne, grüne Butterspätzle, Preiselbeerkompott
oder
Glasierter Beinschinken an Rahmwirsing, gespritzte Kartoffeln
Große Salatauswahl mit verschiedenen Dressings
Ein Reigen von Süßigkeiten aus unserer Hauskonditorei

## Neujahrsbuffet

Rotes-Linsen-Süppchen mit gerösteten Seidenwürstchen

•

Angeräucherte Bachforelle mit ihrem Kaviar in Smetana, Aalsülze mit mariniertem Gemüse in Apfelsauerrahm eingelegten Heringshappen, Huftspitz in Schnittlauchvinaigrette, gepreßtes Surhaxerl in Öl-Essig-Zwiebeln, würziges Tatar und Schweinemett im Trog, Lattenberger Schwarzgeräuchertes mit Kren

•

Knackige Wintersalate mit verschiedenen Dips

•

Werdenfelser Rehragout im Doppelrahm, Högeler Eierschwammerl in Weinsahne mit Freilandhuhn, geräucherte Schweinsnackerln auf Champagnerkraut und Eistrauben, Fleischkücherl mit gebundenem Steinpilzragout, Rostbratwürste auf Kümmelkraut

•

Saisongemüse, Nudelaufläufe

•

Frischer Almkäse mit gesalzener Butter, Steinofenbrot, Kornlaiberl

•

Süßes, Gezogenes, Strudeliges aus dem Oberländer Backstüberl

# Bankettmenüs

## Speisenplanung für Bankettmenüs

Die fachlich richtige Zusammenstellung von Menüs für Bankette, Tagungen und Konferenzen erfordert theoretisches Wissen, Gefühl und viel Praxis. Die geschickte Zusammenstellung von Speisen zu Menüfolgen und Tagesempfehlungen trägt sehr zum Erfolg eines Unternehmens bei. Das Wort „Menü" ist international und bedeutet eine genau umgrenzte Auswahl von Gerichten.

Richtungsweisend ist noch immer der klassische Menüaufbau, wobei man in der Praxis aber fast niemals alle Gänge serviert, sondern die Speisefolgen je nach Anlaß kleiner und vernünftiger zusammenstellt. Man kocht, was die Jahreszeit und der Markt bringen.

**Bei der Menüzusammenstellung sind folgende Grundregeln zu beachten:**

- ernährungsphysiologisch richtiger Aufbau der Menüs
- Anpassung an den Gästekreis
- Anlaß des Essens
- Berücksichtigung der Größe des Personenkreises
- Berücksichtigung der Jahreszeit
- wirtschaftliche Verarbeitung von Restbeständen
- keine Wiederholung des Rohmaterials
- keine Wiederholung der Zubereitungsart
- keine Wiederholung der vorherrschenden Farbe in aufeinanderfolgenden Gängen
- keine Phantasienamen bei der Bezeichnung der Speisen
- klare, nicht verwirrende Schreibweise auf den Menükarten

Nicht die Vielzahl der Speisen und die möglichst klingende Bezeichnung sind entscheidend, sondern der Inhalt. Die Grundlage für die Menüzusammenstellung sind das Menübuch im Betrieb und die Rezeptkartei. Alle zum Verkauf gelangenden Gerichte und Portionen werden einer genauen Kalkulation unterzogen, deren wichtigster Ausgangspunkt nach wie vor der Wareneinkauf ist.

Es gibt viele Gründe zu feiern!

**Familienfeiern:**
Hochzeiten
Taufen
Kommunion
Firmung
Muttertag
Vatertag
Promotion
Jubiläen
Familientreffen
Trauerfeiern

**Firmenveranstaltungen:**
Tagungen, Seminare
Pressekonferenzen
Präsentationen
Hauptversammlungen
Vorstandssitzungen
Bilanzbesprechungen
Firmenjubiläen, Ehrungen
Weihnachtsfeiern
Schulungen
Incentives
Modeschauen

**Unterhaltung:**
Vereinstreffen
Klubfeiern (Siegesfeiern)
Jahrestreffen
Gästetreffen
Fahnenweihen

**Kultur:**
Vernissage
Lesung
Workshop
Diskussionsrunde
Präsentation

Diese Auflistung erhebt natürlich keinen Anspruch auf Vollständigkeit, aber sie zeigt bereits die vielfältigen Aufgaben der Bankettorganisation. Hier drei Beispiele, etwas näher betrachtet:

Von den vielen **Familienfeiern,** die Sie organisieren können, hier ein kleines Beispiel.

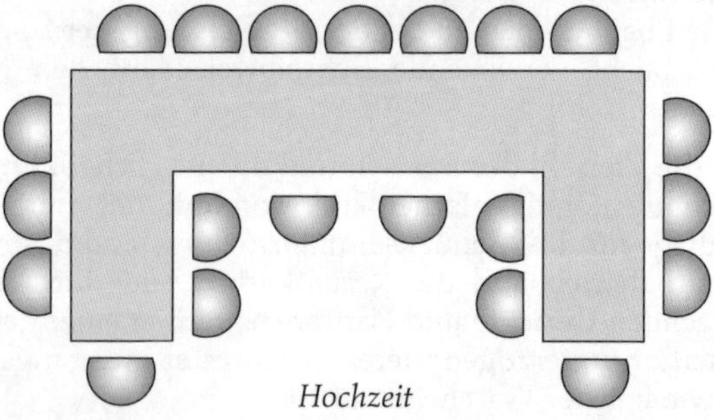

*Hochzeit*

Eine Hochzeitstafel, festlich gedeckte Tische und ein zauberhaftes Blumendekor schaffen eine feierliche Atmosphäre. Das aus mehreren Gängen bestehende delikate Mittagessen mit passenden Getränken führt schnell zu jener fröhlichen Stimmung, die dem Anlaß dieses Festes entspricht.
Und wenn das Hochzeitspaar die hübsche Hochzeitstorte anschneidet, zeichnet sich nach all den Köstlichkeiten bereits ein Höhepunkt ab. Auch nach der Jause, nach ernsthaften Tischreden und allerlei Schabernack findet das Fest noch kein Ende. Gibt es etwas Schöneres, als einen neuen Lebensabschnitt in Ausgelassenheit und mit unbeschwertem Optimismus zu beginnen?

**Tagungen** kosten Geld. Tagungen sollen aber auch zu Ergebnissen führen. Eine der vielen Voraussetzungen für einen erfolgreichen Tagungsverlauf ist die Wahl des geeigneten Tagungsraumes. Übersichtlich und zweckmäßig in der Größe sowie in der Anordnung der Sitze, ausgestattet mit technischen Behelfen wie Rednerpult oder Lautsprecheranlage. In den Pausen werden beim appetitlich dekorierten Buffet jene „zwischenmenschlichen Beziehungen" vertieft, die sonst in den sachlich geführten Beiträgen der Geschäftsordnung nicht möglich sind. Die Tatsache, daß im Haus die gesamte „Verpflegung" erfolgen kann, erleichtert auch dem Veranstalter die genaue Einhaltung seines Zeitplanes.

Ein „Tapetenwechsel" gibt **offiziellen Gesprächsrunden** oft neue Impulse. Es muß nicht immer das Parteilokal, nicht immer die gleiche Gemeindestube oder die gewohnte Firmenumgebung sein, wo man sich zur Lösung von Problemen zusammenfindet. Sie bieten sich in dieser Beziehung nicht nur als „neutraler" Treffpunkt an, sondern erlauben durch ihre ideale Kombination von isoliertem, modernem Tagungsort und gut geführtem Restaurantbetrieb einen guten Sitzungsverlauf. Ermüdungserscheinungen nach temperamentvollen Diskussionen werden mit diskret gereichten Erfrischungsgetränken beseitigt. Und wenn der Vorsitzende in seinem Schlußwort sich lobend zum erzielten Konsens äußert, so haben Sie sicherlich einen kleinen Anteil daran.

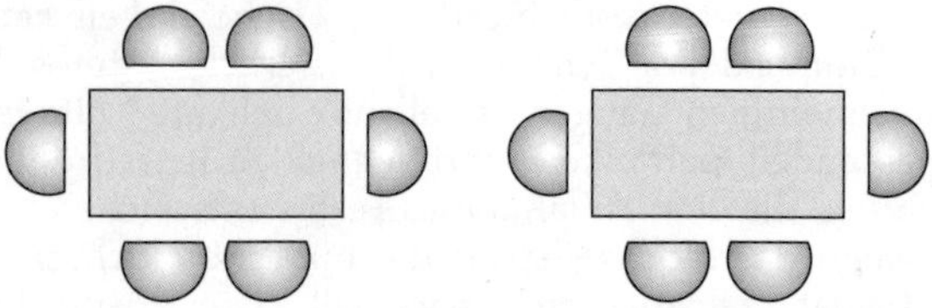

*Schulung (Teamarbeit)*

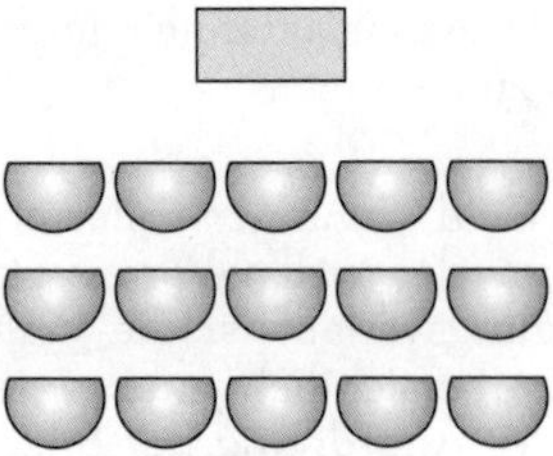

*Schulung (Vortrag)*

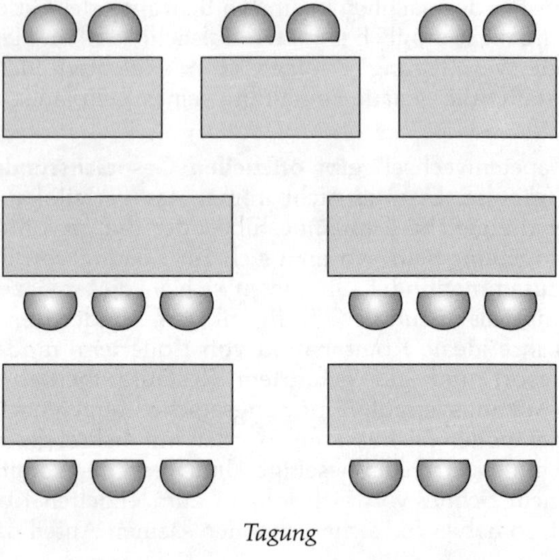

*Tagung*

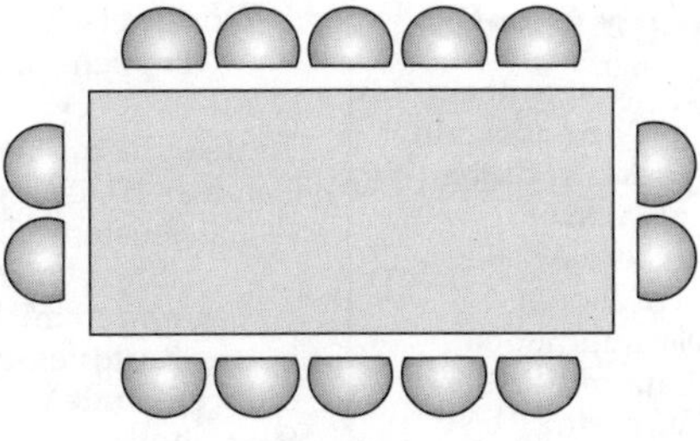

*Gesprächsrunde*

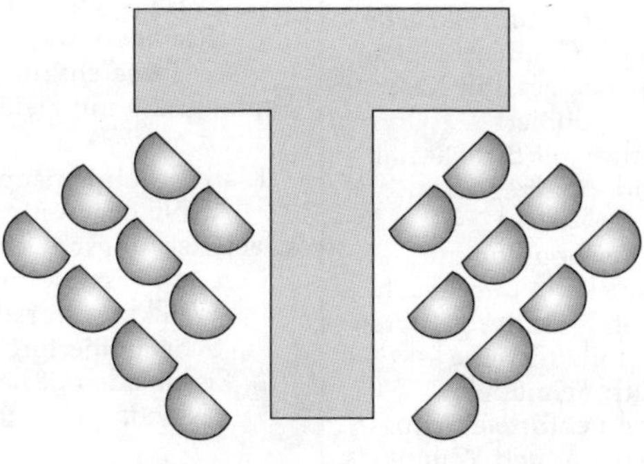

*Modenschau oder Showveranstaltung*

## Dreigängige Menüs

Cremesuppe von grünem Spargel mit Obersnockerln
Kalbsleberfilet, in Butter gebraten
Rotweinschalotten
Erbsenschoten
Kartoffelschupfnudeln
Mohnauflauf mit heißen Weichseln

•

Schwammerlconsommé mit Blätterteigkruste
Gebratene Nüßchen vom Weidelamm in Bröselkruste
Mediterrane Gemüsemelange
Rahmkartoffeln, mit Käse gratiniert
Zimtparfait mit Birnensalat und Waldbeeren

•

Gemüsebouillon mit Topfennockerln und Lauch
Zanderfilet, in Butter gebraten
Basilikumcreme
Zitronennudeln
Weintraubentortelette mit Veltlinerschaum und Walnußeis

•

Geflügelconsommé mit Grießknöderln
Gedünstete Damhirschkeule in Geneversauce
Orangen- und Grapefruitfilets
Kohlsprossen
Schwammerlstrudel
Kaiserschmarren mit Schwarzbeer-Honig-Milch

•

Petersiliencremesuppe mit Obershäubchen
Gekochtes Kalbszüngerl mit Kren
Marktgemüse
Pellkartoffeln
Dörrzwetschkeneis mit Hippenstanitzel

•

Kraftsuppe mit Milzpofesen
Gefülltes Hauskaninchen mit Austernpilzen
Sherrycreme
Karotten mit Grün
Kartoffelpüree
Erdbeeren mit Vanilleeis und Sauce hollandaise à l'orange

•

Champignoncremesuppe
Putenpiccata in Kräuterpanier
Hausgemachte Basilikumspaghetti
Tomatensauce
Topfengratin mit Heidelbeeren

•

Klare Schalottensuppe mit Vollkorncroûtons
Glacierter Jungschweinsrücken mit Kümmelsaft
Weißkraut in Rahm
Schwammerlgröstel
Eisroulade mit heißer Mandarinensauce

•

Kräftige Bouillon vom Tafelspitz mit Mark
Gekochter Tafelspitz und Brustkern
Krenschaumsauce
Mangold à la creme
Gestürzte Erdäpfel
Apfelkoch mit Preiselbeerschaum

•

Geflügelcremesuppe mit Eierflocken
Gebackenes Kalbsfilet in Topfenteigkruste
Rahmeierschwammerln
Gemüsesavarin
Kartoffelfeingebäck

Dörrzwetschkenroulade auf Lebkuchensauce

•

Tomatencremesuppe mit Gin und Ingwer
Kalbspaillard vom Grill mit Zitronenbutter
Rahmchampignons
Topfenlaibchen
Marillenknödel mit Krokantbröseln

•

Herbstliche Gemüsesuppe
Gekochter Waller mit Nußschaumbutter
Ronerkartoffeln
Blattsalate mit Zitronendressing
Gebackene Topfentorte mit frischen Himbeeren

•

Selleriekraftsuppe mit altem Sherry
Rehfilet im Pumpernickelmantel
Lebkuchensauce
Brokkolicrêpe
Eisreindling mit Kirschensabayon

•

Maultaschensuppe mit Zwiebelschmelze
Rheinischer Sauerbraten mit rohem Kartoffelknödel und Apfelrotkraut
Schwäbische Apfelküchle, Vanilleeis und Sahne

•

Tomatencremesuppe mit Wodka und grünem Pfeffer
Gefüllter Schweinerücken mit Dörrpflaumen auf Dunkelbiersauce, Krautspatzen
Früchteeisbecher mit Kirschlikör und Sahne

•

Champignoncremesuppe mit frischem Kerbel
Truthahnschnitzel Piccata, in Eihülle gebraten, Tomatensauce, Gemüsespaghetti
Crème au caramel mit frischen Früchten

•

Rohkostsalate auf Joghurtdressing mit Baguette
Wiener Tafelspitz auf Schnittlauchsauce mit Kräuterkartoffeln und Wirsinggemüse
Warmer Apfelstrudel mit Vanilleeis und Sahne

•

Schwäbische Brätstrudelsuppe
Kalbsrahmbraten mit hausgemachten Spätzle, Kartoffelkroketten und gartenfrische Salate
Vanilleeis mit heißen Waldbeeren

•

Schwarzwälder Forellenrahmsuppe mit frischen Kräutern
Poulardenbrüstchen auf Spitzmorchelrahm, bunte Nudeln, Brokkoliröschen
Tiramisu-Eisdessert mit Biskuit, Eierlikör und Sahne

•

Kraftbrühe mit Leberspätzle
Knusprig gebratenes Spanferkel auf Filderkraut, Krautschupfnudeln und Serviettenknödel
Kaiserschmarren mit Strohrum flambiert, hausgemachtes Apfelmus

•

Gartenfrischer Feldsalat auf
Balsamicodressing,
Speckwürfeln und
Brotcroûtons
Schweinefilet in Calvadosrahm,
Pistazienreis, frisches Gemüse
der Saison
Zimteisgugelhupf mit heißen
Sauerkirschen

•

Quiche Lorraine, eine
Lothringer Spezialität
Kalbsroulade, mit Blattspinat
und Lachs gefüllt,
Kräuternudeln
Walnußparfait mit eingelegten
Armagnacpflaumen

•

Salmroulade auf Sauce von
Gewürztraminer, wilder Reis
Taubenkotelette, in
Wirsingmantel gebraten, auf
Estragonsauce, Linsengemüse
und Mohnnocken
Apfelpastete mit
Lebkuchensauce

•

Wachtelpraline, in rotem
Burgunder gegart, mit
Schalotten in Honig glaciert
Zopf von Seezunge und Lachs
auf Safransauce, tournierte rote
Beete und Gemüsenudeln
Gebackene Vanilleeiskrapfen,
weißer Mokkaschaum

•

Eintopf von Pilzen und
Gänseleber mit glacierten
Birnenspalten
Scheiben von rosa gebratenem
Rinderfilet an
Marsalabuttersauce, mit
kleinem Gemüse und
überbackenen Sahnekartoffeln
Nougatmousse mit Früchten

•

Siebenkräutersuppe
Mozzarella mit Kirschtomaten
und Basilikum
Schweinefilet, am Stück
gebraten, gerahmte
Wiesenchampignons, kleines
Saisongemüse und
Schupfnudeln
Frische Williamsbirne mit
Zimteis und Schokoladensauce

•

Graved lax mit Spargelmousse
und Kerbelschaum
Medaillons vom Schweinefilet
im Käseteig, dazu Bruchsaler
Spargel und Sauce hollandaise
Erdbeeren mit Kiwisauce und
Mandelschaum

•

Gebratene Austernpilze mit
grobem Pfeffer und
mariniertem Ackersalat
Gegrillte Hummerkrabben mit
Fellbacher Grünspargel, heißer
Butter und neuen Kartoffeln
Grütze von Rhabarber und
Erdbeeren

•

Carpaccio vom Bresola mit
Himbeeressig und
Olivenölmarinade, frisch
gehobelter Parmesan
Gegrillte Lachstranchen mit
Kerbel-Joghurt-Butter und
Stangenspargel, Blattspinat
und Rahmnüdelchen
Mokkamousse mit
Mangospalten

•

Mexikanische Spargelsuppe
mit Avocadokugeln und
Chilisahne
Spargellasagne von zweierlei
Spargel mit Grillschinken und
Käse

Papaya mit Honigbananen und
Pinienkernen

•

Frischkäseterrine mit Lachs aus
der Limettenbeize
Pfifferlingessenz mit
pochiertem Wachtelei
Piccata vom Kalbsfilet auf
Tomatenfondue, Brokkoli und
Basilikumnudeln, dazu
Weißkäseauflauf mit frischen
Beeren

## Viergängige Menüs

Parfait von grünem Spargel mit
Räucherlachs
Getoastete Brioche
Doppelte Kraftsuppe
Gebratenes
Barbarieentenbrüstchen in
Honig-Weichsel-Sauce
Lorettekartoffeln
Kaiserschoten
Schokoladenpastete mit
Marillenmark

•

Gemüsebouillon mit Eierstich
Ausgelöstes Wachtelbrüstchen
mit Specklinsen und
gebratener Semmelroulade
Kalbspaillard vom Grill mit
Limonenschaumbutter
Austernpilzgröstel
Chicorée in Rahm
Geeistes Brandteigkrapferl mit
Schokoladensauce

•

Züngerlsulz mit Vogerlsalat
und Kernöldressing
Karottencremesuppe mit
Kerbel
Ausgelöste, gefüllte
Jungmastente im eigenen Saft
Zimtkartoffeln
Apfelrotkraut
Gewürzauflauf mit
Rieslingschaum

•

Taubengalantine mit
Sauerkirschen und Sellerie
Ofenwarme Nußbrioche
Ochsenschleppconsommé mit
Madeirawein
Gebratener Lammsattel mit
Auberginen in Thymiansaft
Kartoffelstrudel
Glacierte Navetten
Sorbet von weißer Schokolade
im Golden Delicious

•

Lauwarmer Räucherlachs in
Blätterteig mit grünem Spargel
und Nußölvinaigrette
Geflügelkraftsuppe mit
Topfennockerln
Gebratenes Ochsenfilet auf
Paprikacreme
Kartoffelcroûtons
Junges Marktgemüse
Zitronensoufflé mit
Minzeobers

•

Legierte Schneckensuppe mit
Pernod
Gebratenes Kalbsleberfilet auf
Petersilienpüree und
Balsamicosauce
Entrecôte double vom Grill in
Kräuterkruste
Folienkartoffeln
Kleines Gemüsesortiment
Topfenpudding mit frischen
Herzkirschen

•

Gefüllte Avocados mit Roquefortgervais
Kleines Tagesgebäck
Sellerieconsommé mit Butternockerln
Gedünstete Lammhaxe in Minzesauce
Kartoffel-Navetten-Gratin
Fisolen
Gebackene Feige auf Kokos-Vanille-Creme

•

Rahmsuppe von Frühlingszwiebeln
Schlickkrapferln von der Blutwurst auf Weinsauerkraut
Poulardenbrüstchen in Blätterteig
Kleine Gemüsemelange
Warme Topfenpastete

•

Hühnerleberparfait mit Rosinen
Rosmarintoast
Klare Paradeisersuppe mit Schwammerlknödeln
Gebratene Seeteufelmedaillons mit Sesam auf Safrancreme
Petersilienkartoffeln
Blattsalate mit Zitronendressing
Birnentortelette mit Williams-Christbirnen-Brand

•

Zucchinisuppe mit Olivenöl und Basilikum
Rieslingbeuscherl im Knödelpastetchen
Pörkölt vom Hauskaninchen
Eierschwammerln
Kartoffelnockerln
Tannenhonigparfait mit Preiselbeerschaum

•

Rieser Griebenschmalz mit Brotauswahl
Bayrische Leberknödelsuppe
Jungschweinebraten auf Kümmelbiersauce mit Semmelknödel und Bayrischkraut
Nonnenpfürzle Heilige Blähung, Brandteigkrapfen auf Vanilleeis mit heißen Brombeeren

•

Blattsalate in Kräuterdressing mit gebratenen Hummerkrabben
Kartoffelrahmsuppe mit frischen Waldpilzen
Schweinefilet im Wirsingmantel mit hausgemachten Spätzle und marktfrische Salate
Zweierlei Mousse au chocolat mit frischen Früchten

•

Hausgebeizter Fjordlachs, Preiselbeersahnemeerrettich, Toast und Butter
Kartoffelrahmsuppe mit Kalbsbriesröschen
Tournedos vom Angusrind, mit Sesamkruste überbacken, Schupfnudeln, Brokkoliröschen
Halbgefrorenes vom Ahornsirup mit eingelegten Rumtopffrüchten

•

Carpaccio vom Rinderfilet mit frischem Basilikum
Spinatrahmsuppe mit Lachsklößchen

Kalbsrückensteak auf Spitzmorchelsauce mit Orangennudeln, Kartoffelkroketten und frischem Spargel
Zimteis mit Glühweinsabayon

•

Entenstopfleberparfait mit Orangen-Senf-Sauce, kleine Salatgarnitur
Kalbshirnsuppe mit kleinen Windbeuteln
Entrecôte vom Angusrind mit Kräuterbutter, gratinierte Sahnekartoffeln, frisches Gemüse der Saison
Orangenmousse mit Kiwi-Erdbeer-Salat

•

Baguette mit Salzbutter
Gartenfrische Blattsalate mit ausgelöster, gebratener Wachtel
Champagnersorbet
Variation von Lachs und Seezunge auf bunten Kaviarperlen, Blattspinat und Gemüserisotto
Lasagne von weißer Schokolade

•

Tatar vom Fjordlachs auf kleinem Salatbouquet mit Kräuter-Crème-Fraîche
Klare Ochsenschwanzsuppe mit Chesterstange
Poulardenbrüstchen mit frischen Edelpilzen, hausgemachte Spätzle, Kartoffelkroketten, marktfrische Salate
Tiramisu mit Biskuit, Eierlikör und Sahne

•

Wacholdergeräuchertes Forellenfilet mit Preiselbeersahnemeerrettich, Toast und Butter
Brokkolirahmsuppe mit Mandelsahnehaube
Medaillons vom Rind, Kalb und Schwein, Kartoffelbällchen, marktfrisches Gemüse
Rumtopfeisbecher

•

Terrine von Rochenflügel auf Salat von Zuckerschoten und Kirschtomaten
Rosa gebratene Barbarieentenbrust an Sherry-Essig-Sauce mit Zwiebelmarmelade und Kressekartoffelküchle
Gebrannte Feigen auf Zimtsauce

•

Roulade von hausgebeiztem Seeteufel mit Kaviarsauerrahm und Reibeküchle
Linsenkraftbrühe mit Morchelklößchen
Gefüllte Kaninchenkeule auf Ruländersauce mit Brokkoliröschen und Basilikumnudeln
Weißes Schokoladentörtchen auf Mandelsahne

•

Mosaik von Edelfischen mit Orangenbasilikumsauce
Geeiste Gurkensuppe mit Joghurt
Entenbrust in Pommard, Apfelkonfit, Maisplätzchen
Ingwercreme mit verschiedenen Schokoladensaucen

•

Rapunzelsalat mit Streifen von skandinavischem Lachs
Fasanenconsommé mit Steinpilzscheiben
Rinderfilet, mit Kräutersoufflé gefüllt, Sauce hollandaise und Pfeffersauce, Sesamkarotten und Zuckerschoten, Spinatspätzle
Frische Erdbeeren mit Vanilleeis und Wildbeerensauce

•

Marmorierte Seezungenröllchen mit Krebsrahm und wildem Reis
Eichblattsalat auf Balsamicomarinade mit Butterpilzen
Filierter Lammrücken mit Grönlandcrevetten, zarte provencalische Kräutersauce, Nadelbohnen und Rösti
Grütze aus Sommerfrüchten mit Vanilleeis

•

Schwäbische Festtagssuppe mit Maultäschle, Flädle und Knöpfle
Frische Pfifferlinge mit Petersilie und Eierhaber
Medaillons vom Kalbsrücken, Burgunderjus und Artischockenwürfel, tomatisierte Zucchini und Gemüserisotto
Sabayon mit versunkenen Feigen

•

Tomatenconsommé mit Basilikumnocken
Carpaccio vom Rinderfilet mit frischen Steinpilzen
Entenbrust mit Orangen und Spitzmorchelscheiben, Zucchinistreifen und Kartoffelgratin
Frische Beeren auf Kiwisauce mit Joghurtmousse

•

Salat von Wachtelbrüstchen mit frischem Sauerkraut und Kurtrauben
Rotbarbenfilet auf Pfifferlingen, Basilikumbutterfond
Sisteron-Lammrückenfilet mit Thymian, Zucchiniragout, Nußkartoffeln
Gratinierte Feigen mit Sorbets

## Fünf- und mehrgängige Menüs

Terrine von der Entenstopfleber mit Traminergelee
Warme Brioche
Consommé mit Gemüseperlen und Sherry
Gedämpftes Seezungenfilet mit Räucherlachs in Veltlinerschaum
Gebratene Rinderfiletwürfel in einer pikanten Creme mit grünen Pfefferkörnern und Eierschwammerln
Briochekartoffeln
Zucchini
Topfenmousse mit Sauce von rosa Grapefruits und Erdbeeren

•

Sulz von Lachs und Krabben mit kleinen Zupfsalaten und Basilikumdressing
Morchelconsommé mit Blätterteigkruste
Grüner und weißer Spargel mit Kerbelsabayon

Gefüllte Barbarieente mit
Mandarinensauce
Kartoffelcrêpe
Kohlsprossen
Eissoufflé „Türkisch-Mokka"

•

Rohkostcocktail mit
Joghurtmarinade
Geflügelcremesuppe mit
Koriander und Obershäubchen
Terrine von Salm und Zander
auf Mangold mit Sauce
hollandaise
Gebratene Nüßchen vom
Weidelamm in
Meauxsenfkruste
Gratinierte Rahmkartoffeln
Ratatouillestrudel
Salat von Früchten der Saison

•

Gebratenes Hauskaninchen auf
Friséesalat mit Sherrydressing
Gemüsebouillon mit
Ronerravioli
Gedünstete Damhirschkeule in
Geneversauce mit
Orangensegmenten
Hausgemachte Steinpilznudeln
Selleriepüree
Ahornhippenblatt mit
Karameleis und Rumfrüchten

•

Schneckenterrine mit
Vogerlsalat und mildem
Knoblauch-Joghurt-Dressing
Geflügelconsommé mit
Spinatfrittaten
Röllchen vom Silberlachs mit
Sauce von roten Linsen und
Linsenkeimlingen
Gebratene Mastochsenlende
Sauce Châteaubriand
Edelpilzkartoffeln
Marktgemüse
Erdbeerknödel mit
Lebkuchenbröseln

•

Wildterrine mit geeisten
Melonenperlen und
Selleriesalat
Ofenwarme Walnußbrioche
Rahmsuppe von Zuckererbsen
mit Minze
Gebratener Milchkalbsrücken
im eigenen Saft mit
Shiitakepilzen
Kartoffelstrudel
Spargel mit Butter
Topfenpofesen auf
Orangensauce

•

Avocadofächer mit
Kaltwassergarnelen und
Cocktaildressing
Entenconsommé mit
Ingwerfrittaten
Schnecken mit
Burgunderbutter im
Butterteigpastetchen
Gebratene Hochrippe vom
Rind in der Pfefferkruste
Sauce béarnaise
Folienkartoffeln mit Sauerrahm
und geröstetem Speck
Brokkoli
Passionsfruchtparfait

•

Gebeiztes Lachsfilet in
Joghurtsulz mit grünem und
weißem Spargel
Getoastete Brioche
Klare Lammsuppe mit kleinen
Roquefortbiskuits
Karottenflan mit leichter
Walnußcreme
Gebratene Jungmastente auf
Melonensauce
Ingwerplätzchen
Obersrotkraut

Dörrzwetschkencreme mit
Glühmostschaum

•

Mousse von geräuchertem
Lachs und Saibling mit zarten
Saisonsalaten und
Himbeeressig
Ofenwarmes Sesamgebäck
Klare Schalottensuppe mit
Weinbrand
Steinpilzrisotto
Gegrillte Mignons von der
Schweinelende
Melanzanescheiben
Gorgonzolacreme
Hausgemachte Kräuternudeln
Orangengalantine mit
Pistazieneis

•

Lammsulz mit Radieschen und
Kernölvinaigrette
Kartoffelcremesuppe mit
frischen Pilzen
Lauchtorte
Rückensteak vom Milchkalb
mit Spargel und Sauce
hollandaise mit Sesam
Pilawnaturreis
Heidelbeerschmarren mit
Honigmilch

•

Tatar vom Wildlachs auf
Melbatoast mit Krenschaum
Gemüsebouillon mit
Gervaisnockerln
Gefüllte Zucchini mit
Tomatensauce
Rosa gebratenes Lammkarree
mit Lavendelsaft
Kartoffelgaletten
Glacierte Steckrüben
Sorbet von grünen Äpfeln mit
Calvados

•

Poulardenkraftbrühe mit
Pistazien-Kalbfleisch-Strudel
Piccata vom Seeteufel auf
Gemüsenudeln mit
Tomatenbasilikum
Sorbet vom weißen Pfirsich
Lammrücken in der
Kräuterkruste mit
überbackenen Kartoffeln,
französisches Schmorgemüse
Gratin von frischen Früchten

•

Gartenfrische Blattsalate mit
rosa gebratener Entenbrust
Wildkraftbrühe mit
Trüffelklößchen
Roulade von Edelfischen auf
Hummerschaum
Sorbet von Blutorangen
Kalbsfilet auf frischen
Steinpilzen, Kräuternudeln,
Brokkoliröschen
Kleine französische
Käseauswahl
Eisstollen mit Punschsabayon

•

Galantine von Seeteufel und
Brokkoli, hausgeräucherter
Wildlachs, Sahnemeerrettich,
Kräutersauce, Butter und
Baguette
Doppelte Wildkraftbrühe mit
Pistazienklößchen
Blattsalate der Saison mit
Himbeerdressing
Kalbs- und Rinderfilet vom
Rost, Pfifferlingsahne und
frische Gartenkräuter, Brokkoli
mit Nußschmelze,
Duchessekartoffeln
Weiße und dunkle Mousse au
chocolat mit
Obstsaucenmalerei

# Degustationsmenüs

Degustationsmenüs (déguster = kosten, probieren) werden in niveauvollen Betrieben als Erlebnisgastronomie für Gourmets angeboten. Basis ist die neue Küche – Nouvelle cuisine. Degustationsmenüs können auf bis zu zehn Gänge erweitert werden. Erlesene, abwechslungsreiche, nicht sättigende, leichte Gerichte aus frischen Grundnahrungsmitteln werden angeboten.
Vielfach werden vor dem eigentlichen Menü sogenannte Amuse bouche (auch Amuse gueule) gereicht; kleine pikante, kalte oder warme Mundbissen aus verschiedensten Delikatessen. Die Speisen werden dekorativ auf besonderen Tellern angerichtet und mit einer Clouche abgedeckt.
Ein spezielles Augenmerk wird auf die Auswahl der korrespondierenden Weine zu den einzelnen Speisen gelegt.
Voraussetzung zur Durchführung ist die eigene Leistungsfähigkeit in bezug auf Servierpersonal, Serviergeschirr, technische Kücheneinrichtung, ausgebildetes Koch- und Servierpersonal.

## Degustationsmenüs

Lachsforellentatar mit Krennockerln
Klare Ochsenschwanzsuppe mit Palatschinkenroulade
Kleines Beuscherl mit Grießstrudel
Zandertasche mit Spinatpudding
Gefüllte ausgelöste Wachtel mit Entenstreifen in Morchelrahm
Gebratener Ziegenkäse
Holunderparfait mit Honigcreme und Lebkuchen

•

Lauwarmer Salat vom Kaninchen
Überbackenes Saiblingsfilet auf Gemüsestreifen
Artischockenravioli
Kleine Consommé
Kalbshaxe mit Périgord-Trüffeln
Frischlingsrücken mit Linsengemüse und Erdäpfelknöderln
Robiola mit schwarzen Trüffeln
Variationen vom Germteig

•

Lauwarme Terrine von Rehfilet und Gänseleber mit Artischockensalat
St.-Peters-Fisch auf Schalottenconfit, dazu Erdäpfel-Crêpes
Schaumsuppe vom Kürbis mit Kernöl
Gefülltes Rebhuhn auf Rahmlinsen und herbstliches Gemüse

Murecker mit Trauben in Cabernet
Gewürzsoufflé mit Preiselbeerschaum

•

Gefüllte Miniartischocke mit Variation vom Kaninchen
Geflügelconsommé mit österreichischen Einlagen
Medaillons von Jakobsmuscheln mit Périgord-Trüffeln, paniert, auf Noilly-Prat-Sauce
Kalbsschwanz mit Romanesko
Suprême vom Waldviertler Weidelamm
Gebratener Chicorée mit Vacherin
Nußmousse im Cestini unter der Zuckerglocke
Kleine Naschereien

•

Terrine von geräucherten Edelfischen und Krenbavaroise
Doppelte Ochsensuppe mit Gänseleberprofiterolen
Morcheln mit Perlhuhnfülle auf Koriandertaglierini
Mit Rosmarin gebratene Zanderschnitte auf Mangold mit Schalottensauce
Pomponette vom Kalbsfilet und Bries mit kleinen Beilagen
Variation vom Rotschmierenkäse
Parfait von Orangenblüten mit gedünsteten Kumquats

•

Salat von grünem und weißem Spargel mit Kalbsbriespiccata
Tomatenessenz mit Flußkrebsen und Zwiebellauchcroûtons
Gratiniertes Lammkarree auf Rosmarin-Thymian-Sauce mit Artischockenrisotto und kleinem Gemüse
Gratin von Beerenfrüchten mit Vanilleeis

•

Roulade von Heilbutt und Lachs mit Kaviar auf kleinem Salatbouquet
Essenz von Petersilienwurzeln mit Gemüseravioli
Taubenbrüstchen im Reisblatt mit Artischocke
Mohnparfait mit Honigsabayon

•

Gefüllte Lotte in eigenem Gelee mit kleinem Salatbouquet
Morcheln mit grünem Spargel und Kalbsbriesnüßchen
Taubenbrüstchen im Reisblatt mit Artischocken
Schokoladenroulade auf klarer Minzsauce

•

Gänseleberpraline mit Portweinmousse und Kapuzinerkresse
Mittelmeerbrasse auf Ragout von Kartoffeln und Steinpilzen
Gratin vom Hummer auf Thermidorart
Gefüllter Kaninchenrücken mit Wirsing und Trüffel in Barolosauce, zweierlei Spargel und Kaiserschoten
Birnencharlotte mit Cassissauce

•

Variation vom Lachs mit grünem Spargel und Wachtelei
Schwarzwurzelcreme mit Kalbsbries und Trüffel

Cassolettes von
Jakobsmuscheln und Hummer
Tarmarillosorbet
Karree vom Salzgraslamm auf
Artischockengemüse
Dessertkreation unseres
Hauses

•

Variation von Steinbutt und
Gänseleber mit Bohnensalat in
Champagner

Wachtelkotelette auf
eingelegtem Rotkraut
Hummer, im Nudelteig gegart,
mit Pesto
Angusfilet auf Portweinsauce
mit Gemüsecassolette und
Steinpilztortellini
Pfefferminzparfait auf
verschiedenen
Schokoladesaucen

# Wildmenüs

Luftgetrockneter Rehschinken
Hirschfilet im Wirsingblatt mit Thymianjus, Brokkoli, Karöttchen und Pilzkrapfen
Geeistes Früchtebrot mit Holundermousse

•

Fasanenpastete
Rehkotelett, mit Pilzen überbacken, Kartoffelkroketten, Preiselbeeren
Hagebuttenparfait mit Schokoladeblättchen

•

Wildentenbrust auf Linsensalat
Crêpinette vom Wildschweinfilet, Schwarzwurzeln in Rahmsauce
Holunderküchlein mit Quarksahne

•

Hasenrücken im Champignongelee
Rücken vom Mufflonlamm, auf Wiesenheu gebraten, Apfelspalten, Eßkastanien
Beerenkaltschale mit Vanillesauce

•

Rehkraftbrühe mit Leberflädle
Dachsschmorbraten in Lebkuchensauce, Rosenkohl und Spitzbube
Kastanienreis mit Sahnehäubchen

# Internationale fünfsprachige Menüs

| Deutsch | Französisch | Englisch | Italienisch | Spanisch |
| --- | --- | --- | --- | --- |
| Straßburger Kartoffelsuppe | Potage de pommes de terre strasbourgeois | Potato soup Strasbourg style | Zuppa de patate alla Strasburgo | Crema de patata Estrasurgo |
| Grüner Salat und Radieschensalat mit zwei Salatsaucen zur Wahl | Salade de laitue et de radis, deux sauces au choix | Lettuce and radish salad with a choice of two dressings | Insalata verde e di ravanelle con due salse a scelta | Ensalada de luchuga y de rabanillos con dos salsas a elegir |
| Forelle Müllerinart<br>Blattspinat<br>Butterkartoffeln<br>oder<br>Geschmorte Rinderroulade mit pikanter Sauce<br>Blattspinat<br>Kartoffelpüree | Truite meunière<br>Epinards en branches<br>Pommes vapeur<br>ou<br>Paupiette de bœuf braisée<br>Sauce piquante<br>Epinards en branches<br>Purée de pommes de terre | Fried trout miller's wife style<br>Spinach<br>Boiled potatoes<br>or<br>Braised beef roll with spicy sauce<br>Spinach<br>Creamed potatoes | Trote alla mugnaia<br>Patate al burro<br>Spinaci alla romana<br>o<br>Involtino di manzo farcito<br>Salsa piccante<br>Spinaci alla romana<br>Purè de patate | Trucha meunière<br>Espinacas<br>Patatas al vapor<br>o<br>Rollos de buey asados<br>Salsa picante<br>Espinacas<br>Puré de patatas |
| Käseauswahl vom Brett<br>oder<br>Schwarzwälder Eiscreme Baumstämmchen | Plateau de fromages<br>ou<br>Coupe glacée Forêt Noire | Assorted cheese board<br>or<br>Ice-cream-tart Black Forest | Formaggi assortiti<br>o<br>Gelato al ceppo della Foresta Nera | Surtido de quesos<br>o<br>Tarta de helado Selva Negra |

| Deutsch | Französisch | Englisch | Italienisch | Spanisch |
|---|---|---|---|---|
| Blumenkohlauflauf mit Fetakäse, Schinken und Tomaten | Soufflé de chou-fleur au fromage de brebis, jambon cuit et tomates | Cauliflower soufflé with sheep's cheese, cooked ham and tomatoes | Soufflé de cavolfiore con pecorino (Feta), prosciutto e pomodore | Soufflé de coliflor con queso, jamón y tomate |
| Endivien- und Gurkensalat mit zwei Salatsaucen zur Wahl | Salade de scarole et de concombre, deux sauces au choix | Lettuce and cucumber salad with a choice of two dressings | Insalata d'indivia e di cetrioli con due salse a scelta | Ensalada de endivias y pepinillos con dos salsas a elegir |
| Gegrilltes Rumpsteak mit Béarner Sauce<br>Ratatouille, Pommes frites | Entrecôte grillée<br>Sauce béarnaise<br>Ratatouille, pommes frites | Grilled sirloin steak<br>Béarnaise sauce<br>Ratatouille, French fried potatoes | Entrecôte alla griglia, salsa béarnese<br>Ratatouille, patatine fritte | Bistec a la parilla con salsa béarnaise<br>Ratatouille (pisto), patatas fritas |
| Käseauswahl vom Brett<br>oder<br>Pfannkuchen, gefüllt mit Quark und Himbeeren | Plateau de fromages<br>ou<br>Crèpes au fromage blanc et aux framboises | Assorted cheese board<br>or<br>Stuffed pancakes with curd and raspberries | Formaggi assortiti<br>o<br>Frittelle ripiene alla ricotta e lamponi | Surtido de quesos<br>o<br>Tortitas rellenas de queso con frambuesas |

| Deutsch | Französisch | Englisch | Italienisch | Spanisch |
|---|---|---|---|---|
| Pfälzer Nudeltaschen mit Speck, Zwiebeln und geriebenem Käse | Ravioles farcies à la palatine avec lardons et oignons sautés et fromage râpé | Stuffed noodles Palatinate style with fried bacon, onions and grated cheese | Panzerotti del palatinato con cripolla e pancetta e formaggio grattugiato | Pasta rellena estilo palatinado con bacon, cebolla y queso rallado |
| Eingemachtes Kalbfleisch in Weißweinsauce mit Champignons<br>Schwarzwurzeln und Karotten<br>Butterreis<br>oder<br>Große Salatschüssel mit verschiedenen Salaten der Saison, hartgekochtem Ei, Thunfisch, Oliven, Sardellenfilets und zwei Salatsaucen zur Wahl | Blanquette de veau à l'ancienne aux champignons<br>Salsifis et carottes<br>Riz au beurre<br>ou<br>Assiette de crudités avec salades de saison, œuf dur, thon, olives, anchois et deux sauces au choix | White veal stew with mushrooms<br>Salsifis and carrots<br>Buttered rice<br>or<br>Large bowl with assorted salads in season, boiled egg, tuna, olives, anchovy fillets and a choice of two dressings | Fricassé de vitello con funghi de serra<br>Scorzonera e carote<br>Riso al burro<br>o<br>Insalata delle chef con due salse a scelta | Blanquetta de ternera con champigñónes<br>Salsifis y zanahorias<br>Arroz a la mantiquilla<br>o<br>Plato de ensaladas variadas con huevos duros, átun, olivas, anchoas y dos salsas a elegir |
| Käseauswahl vom Brett<br>oder<br>Diplomatenpudding mit Erdbeersauce | Plateau de fromages<br>ou<br>Diplomate au coulis de fraises | Assorted cheese board<br>or<br>Pudding diplomat style with strawberry sauce | Formaggi assortiti<br>o<br>Budino diplomatico con salsa alla fragola | Surtido de quesos<br>o<br>Pudding estilo diplomatico a las fresas |

| Deutsch | Französisch | Englisch | Italienisch | Spanisch |
|---|---|---|---|---|
| Tomatensuppe mit Röstbrotwürfeln | Velouté de tomates aux petits croûtons | Tomato soup with fried bread dices | Crema al pomodoro con crostini | Crema de tomate con pan tostada |
| Eisbergsalat und Selleriesalat mit zwei Salatsaucen zur Wahl | Salade verte et de céleri, deux sauces au choix | Iceberg salad and celeriac salad with a choice of two dressings | Insalata verde e di sedano-rapa con due salse a scelta | Ensalada de lechuga y apio con dos salsas a elegir |
| Gemischter Fleischspieß<br>Paprikasauce<br>Brokkoliröschen<br>In der Schale gebackene Kartoffeln mit Sauerrahm | Brochette de viande grillée<br>Sauce au poivrons<br>Broccoli<br>Pommes de terre en robe de chambre avec crème fraîche | Assorted grilled meat on a spit<br>Paprika sauce<br>Broccoli<br>Baked potatoes with sour cream | Spiedini di carne alla griglia<br>Salsa alla paprica<br>Broccoli<br>Patate al forno in camicia con panna acida | Brochette de carne al grill con salsa de pimienta<br>Brócoli<br>Patata asada con crema fresca |
| Käseauswahl vom Brett<br>oder<br>Mandel- und Kaffee-Eiscreme | Plateau de fromages<br>ou<br>Glace aux amandes et glace café | Assorted cheese board<br>or<br>Almonds- and coffee-ice-cream | Formaggi assortiti<br>o<br>Gelato alla mandorle e caffè | Surtido de quesos<br>o<br>Helado de almendra y café |

| Deutsch | Französisch | Englisch | Italienisch | Spanisch |
|---|---|---|---|---|
| Lauchrahmsuppe | Velouté de poireaux | Cream of leek soup | Crema de porri | Crema de puerros |
| Grüner Salat und Karottensalat mit zwei Salatsaucen zur Wahl | Salade de laitue et de carottes, deux sauces au choix | Lettuce and carrot salad with a choice of two dressings | Insalata verde e de carote con due salse a scelta | Ensalada de lechuga y de zanahorias con dos salsas a elegir |
| Im Käse-Ei-Mantel gebratene Schweinemedaillons mit geschmorten Tomatenwürfeln<br>Erbsengemüse mit Schinkenstreifen<br>Fettuccine-Nudeln | Medaillons de porc à la milanaise<br>Tomates concassées<br>Petits pois au jambon cuit<br>Pâtes à l'italienne | Fried tenderloin of pork with cheese and eggs with sauted tomato-dices<br>Green peas with ham<br>Fettuccine noodles | Filetto de maiale alla milanese<br>Dadolini di pomodoro<br>Piselli con prosciutto<br>Fettuccine | Escalopas de cerdo a la milanesa con dados de tomate salteados<br>Guisantes con jamon de York<br>Pasta fettuccine |
| Käseauswahl vom Brett<br>oder<br>Maracuja-Sahne-Schnitte | Plateau de fromages<br>ou<br>Patisserie maison au maracuja | Assorted cheese board<br>or<br>Maracuja cream cake | Formaggi assortiti<br>o<br>Torta de crema maracuja | Surtido de quesos<br>o<br>Tarta de crema maracuya |

| Deutsch | Französisch | Englisch | Italienisch | Spanisch |
|---|---|---|---|---|
| Ragout von Jakobsmuscheln und Krevetten, mit holländischer Sauce überbacken | Coquilles St. Jacques et crevettes gratinées<br>Sauce hollandaise | Scallops and shrimps stew<br>gratinated with sauce hollandaise | Ragù de conchiglie di San Giacobbe e gamberetti gratinato alla salsa olandese | Ragout de vieiras y gambas glaseado con salsa holandesa |
| Kraut- und Radicchiosalat mit zwei Salatsaucen zur Wahl | Salade de choux et de trévise, deux sauces au choix | Cole-slaw and red chicory salad with a choice of two dressings | Insalata de radicchio e cavoli con due salse a scelta | Ensalada de coles y achicoria de Treviso con dos salsas a elegir |
| Grillierte Lammkoteletts<br>Kräuterbutter<br>oder<br>Gebratene Putenbrust<br>Rosinensauce<br>Prinzeßböhnchen<br>Röstikartoffeln | Côtes d'agneau grillées<br>Beurre maître d'hôtel<br>ou<br>Suprême de dindonneau rôti<br>Sauce aux raisins de Corinthe<br>Haricots verts<br>Pommes bernoises | Grilled lamb chops with herb butter<br>or<br>Braised turkey breast<br>Raisin sauce<br>Green beans<br>Rösti potatoes | Costolette d'agnello alla griglia<br>Burro alle erbe fini<br>o<br>Filetto de tacchino arrosto<br>Salsa all'uva passa<br>Fagiolini<br>Patate alla swizzera | Costillas de cordero<br>Mantequilla a las hierbas<br>o<br>Pechuga de pavo asada con salsa de pasas<br>Judías verdes<br>Patatas estilo Rösti |
| Käseauswahl vom Brett<br>oder<br>Cassis- und Birneneiscreme<br>oder<br>Frisches Obst | Plateau de fromages<br>ou<br>Glace cassis et poire<br>ou<br>Fruits de saison | Assorted cheese board<br>or<br>Cassis and pear ice-cream<br>or<br>Fresh fruit | Formaggi assortiti<br>o<br>Gelato alle ribes e pere<br>o<br>Frutta fresca | Surtido de quesos<br>o<br>Helado de grosella y pera<br>o<br>Fruta del tiempo |

| Deutsch | Französisch | Englisch | Italienisch | Spanisch |
|---|---|---|---|---|
| Tomaten und Mozzarella in Limetten-Basilikum-Marinade | Tomates et mozzarella marinés au citron vert et au basilic | Tomato and mozzarella cheese with lime-basil marinade | Pomodoro e mozzarella Salsa al limone e basilico | Tomate y mozzarella con tiras de basilico marinado |
| Eisbergsalat und Radieschensalat mit zwei Salatsaucen zur Wahl | Salade verte et radis roses, deux sauces au choix | Iceberg salad and radish salad with a choice of two dressings | Insalata verde e de ravanelle con due salse a scelta | Ensalada de escarola y rabanillos con dos salsas a elegir |
| Wiener Kalbsschnitzel<br>Champignon-Lauch-Gemüse<br>Gebratene Kartoffelwürfel<br>oder<br>Gedämpfte Salmschnitte mit Dill-Senf-Sauce<br>Champignon-Lauch-Gemüse<br>Butterkartoffeln | Escalope de veau Viennoise<br>Champignons et poireaux étuvés<br>Pommes sautées<br>ou<br>Darne de saumon pochée<br>Sauce moutarde à l' aneth<br>Champignons et poireaux étuvés<br>Pommes vapeur | Breaded veal cutlet Viennese style<br>Mushroom and leek stew<br>Home-fried potato dices<br>or<br>Steamed salmon with dill-mustard sauce<br>Mushroom and leek stew<br>Buttered potatoes | Scalloppina de vitello alla Viennese<br>funghi de serra e porri<br>Patate rosolate<br>o<br>Trancia de salmone in umido<br>Salsa alla senape e aneto<br>Funghi de serra e porri<br>Patate al burro | Escalope de ternera a estilo vienes<br>Champiñónes y puerros<br>Patatas asadas<br>o<br>Filete de salmón con salsa demostaza y enelo<br>Champiñónes y puerros<br>Patatas vapor |
| Käseauswahl vom Brett<br>oder<br>Apfelstrudel mit Sahne<br>oder<br>Frisches Obst | Plateau de fromages<br>ou<br>Strudel aux pommes crème Chantilly<br>ou<br>Fruits de saison | Assorted cheese board<br>or<br>Apple strudel with cream<br>or<br>Fresh fruit | Formaggi assortite<br>o<br>Strudel de mele con panna<br>o<br>Frutta fresca | Surtido de quesos<br>o<br>Strudel de manzana con nata<br>o<br>Fruta del tiempo |

| Deutsch | Französisch | Englisch | Italienisch | Spanisch |
|---|---|---|---|---|
| Spargelrahmsuppe | Crème d' asperges | Asparagus cream soup | Crema de asparagi | Crema de espárragos |
| Kraut- und Radicchiosalat mit zwei Salatsaucen zur Wahl | Salade de choux et de trévise, deux sauces au choix | Cole-slaw and red chicory salad with a choice of two dressings | Insalata de radicchio e cavoli con due salse a scelta | Ensalada de coles y achicoria de Treviso con dos salsas a elegir |
| Grilliertes Schweinerückensteak mit Grüner-Pfeffer-Sauce<br>Prinzeßböhnchen<br>Kartoffelgratin | Steak de porc grillé<br>Sauce au poivre vert<br>Haricots verts<br>Gratin dauphinois | Grilled porc steak with green pepper<br>String beans<br>Potato gratin | Bracciola de maiale alla griglia<br>Salsa al pepe verde<br>Fagiolini verdi<br>Patate gratinate | Lomo de cerdo a la parilla<br>Salsa a la piementa verde<br>Judias verdes<br>Patatas gratinadas |
| Käseauswahl vom Brett<br>oder<br>Vanilleeiscreme mit heißen Kirschen | Plateau de fromages<br>ou<br>Coupe glacée à la vanille avec griottes chaudes | Assorted cheese board<br>or<br>Vanilla ice-cream with hot cherries | Formaggi assortiti<br>o<br>Coppa de gelato alla vaniglia e visciole calde | Surtido de quesos<br>o<br>Helado de vainilla y guindas calientes |

| Deutsch | Französisch | Englisch | Italienisch | Spanisch |
|---|---|---|---|---|
| Geflügelkraftbrühe mit Eierstich und Gemüsestreifen | Consommé de volaille royal aux petits légumes | Chicken broth with egg and vegetable strips | Consommé de pollo con dadini reali e verdura | Consommé de gallina con verduras y huevo |
| Blumenkohl- und Endiviensalat mit zwei Salatsaucen zur Wahl | Salade de chou-fleur et de scarole, deux sauces au choix | Cauliflower salad and endive salad with a choice of two dressings | Insalata de cavolfiore e d'indivia con due salse a scelta | Ensalada de coliflor y de lechuga con dos salsas a elegir |
| Kalbsrahmgulyas<br>Buttermais mit Paprikawürfeln<br>Hausgemachte Spätzle | Estouffade de veau à la crème<br>Maïs aux dés de poivrons rouges et verts<br>Spetzli maison | Veal stew with creamy sauce<br>Buttered sweet corn with red and green pepper<br>Home-made moodles | Ragù de vitello alla crema<br>Granoturco al burro con peperoni<br>Taglierini fatti in casa | Ragoût de ternera a la crema<br>Maiz con pimientos<br>Pasta |
| Himbeertorte mit Sahne | Tarte aux framboises et crème Chantilly | Raspberry gateau with whipped cream | Dolce de pasta-frolle con lampones, panna montata | Tartaleta de frambuesas y nata |

| Deutsch | Französisch | Englisch | Italienisch | Spanisch |
|---|---|---|---|---|
| Geflügelkraftbrühe mit Eierstich und Gemüsestreifen | Consommé de volaille royal et petits légumes | Chicken broth with egg and vegetable strips | Consommé reale di pollo con verdura | Caldo de ave con huevo y juliana de verduras |
| Grüner Salat und Blumenkohlsalat mit zwei Salatsaucen zur Wahl | Salade de laitue et de chou fleur, deux sauces au choix | Lettuce and cauliflower salad with a choice of two dressings | Insalata verde e di cavolfiore con due salse a scelta | Ensalada de lechuga y coliflor con dos salsas a elegir |
| Gebratene Schweinelendchen<br>Choron-Sauce<br>Leipziger Allerlei<br>Butternudeln | Filet de porc rôti<br>Sauce Choron<br>Jardinière de légumes<br>Pâtes au beurre | Fried tenderloin of pork<br>Choron sauce<br>Leipzig Hotchpotch<br>Buttered noodles | Filetti di maiale alla griglia<br>Salsa Choron<br>Verdura mista alla Lipsia<br>Pasta al burro | Lomo de cerdo braseado<br>Salsa Choron<br>Pasta a la mantequilla fundida<br>Verduras |
| Käseauswahl vom Brett<br>oder<br>Warme gefüllte Vollkorn-Blätterteigtaschen | Plateau de fromages<br>ou<br>Feuilleté chaud fourré | Assorted cheese board<br>or<br>Stuffed puffpastry with white cheese and raisins | Formaggi assortiti<br>o<br>Involtini farina integrale ripieni e caldi | Surtido de quesos a elegir<br>o<br>Hojaldre caliente relleno |

| Deutsch | Französisch | Englisch | Italienisch | Spanisch |
|---|---|---|---|---|
| Krevettencocktail nach Hoorner Art<br>Toast und Butter | Cocktail de crevettes à la mode de Hoorn<br>Toast et beurre | Shrimp cocktail Hoorn style<br>Toast and butter | Cocktail de gamberetti alla Hoorn<br>Toast e burro | Cocktail de gambas Hoorn con tostadas y mantequilla |
| Eisbergsalat und Sommersalate mit zwei Salatsaucen zur Wahl | Salade verte et de saison, deux sauces au choix | Iceberg salad and salads in season with a choice of two dressings | Insalata verde e d'estiva con due salse a scelta | Ensalada de veraniega de lechuga con dos salsas a elegir |
| Lammrückensteak in der Kräuterkruste<br>oder<br>Kalbfleischklößchen in Paprikarahmsauce<br>Prinzeßböhnchen<br>Herzoginkartoffeln | Filet d' agneau en croûte aux fines herbes<br>ou<br>Quenelles de veau à la hongroise<br>Haricots verts princesse<br>Pommes duchesse | Fried lamb steak coated with bread and herbs<br>or<br>Veal meat dumplings with paprika sauce<br>Green beans<br>Duchess potatoes | Sella d'agnello allo griglia alla erbe-fini<br>o<br>Polpettine de vitello<br>Salsa alla paprica<br>Fagiolini verdi<br>Patate alla duchessa | Filetes de lomo de cordero con hierbas aromáticas<br>o<br>Albóndigas de ternera con salsa a la crema de páprika<br>Judias princesa<br>Patatas duquesa |
| Käseauswahl vom Brett<br>oder<br>Vanilleeiscreme mit heißer Schokoladensauce | Plateau de fromages<br>ou<br>Glace vanille au chocolat chaud | Assorted cheese board<br>or<br>Vanilla ice-cream with hot chocolate sauce | Formaggi assortiti<br>o<br>Gelato alla vaniglia con salsa al cioccolato caldo | Surtido de quesos a elegir<br>o<br>Helado de vainilla con crema de chocolate caliente |

| Deutsch | Französisch | Englisch | Italienisch | Spanisch |
|---|---|---|---|---|
| Holländische Erbsenrahmsuppe | Potage hollandais aux petits pois | Dutch creamy green-pea soup | Zuppa de piselli all'olandese | Crema de guisantes holandesa |
| Grüner Salat und Gurkensalat mit zwei Salatsaucen zur Wahl | Salade de laitue et de concombres, deux sauces au choix | Lettuce and cucumber salad with a choice of two dressings | Insalata verde e di cetrioli con due salse a scelta | Ensalada de lechuga y pepino con dos salsas a elegir |
| Gebratener Schweinerücken<br>Robertsauce<br>Rotkraut<br>Macaire-Kartoffeln | Carré de porc rôti<br>Sauce Robert<br>Chou rouge<br>Pommes Macaire | Roast loin of pork<br>Robert sauce<br>Red cabbage<br>Potato cakes | Arrosto di maiale<br>Salsa Robert<br>Cavoli rossi<br>Patate Macaire | Lomo de cerdo frito<br>Salsa Robert<br>Col roja<br>Patatas Macaire |
| Käseauswahl vom Brett<br>oder<br>Zitronencreme mit Makrönchen | Plateau de fromages<br>ou<br>Crème au citron avec petits macarons | Assorted cheese board<br>or<br>Lemon cream dessert with macaroons | Formaggi assortiti<br>o<br>Crema al limone con amarettini | Surtido de quesos a elegir<br>o<br>Crema de limón almendrada |

| Deutsch | Französisch | Englisch | Italienisch | Spanisch |
|---|---|---|---|---|
| Kleiner Vorspeisenteller | Hors-d'œuvre variés | Hors d'œuvre plate | Piatto de antipasti | Entremeses |
| Grüner Salat und Radicchiosalat mit zwei Salatsaucen zur Wahl | Salade de laitue et de trévise, deux sauces au choix | Lettuce and radicchio salad with a choice of two dressings | Insalata verde e de radicchio con due salse a scelta | Ensalada de lechuga y rábanos con dos salsas a elegir |
| Gekochter Tafelspitz<br>Meerrettichsauce<br>oder<br>In der Eihülle gebratenes Flußbarschfilet<br>Vichykarotten<br>Butterkartoffeln | Pot au feu de bœuf<br>Sauce au raifort<br>ou<br>Filet de perche en croûte<br>Carottes Vichy<br>Pommes vapeur | Boiled beef<br>Horse-radish sauce<br>or<br>Fried fillets of perch coated with eggs<br>Vichy carrots<br>Buttered potatoes | Bollito di manzo<br>Salsa al rafano<br>o<br>Filetti de pesce persico alla milanese<br>Carote Vichy<br>Patate al burro | Carne del cocida<br>Salsa de rábanos<br>o<br>Filetes de perca de rio a la romana<br>Zanahorias Vichy<br>Patatas inglesa |
| Käseauswahl vom Brett<br>oder<br>Apfel-Birnen-Auflauf | Plateau de fromages<br>ou<br>Soufflé aux pommes et aux poires | Assorted cheese board<br>or<br>Apple and pear soufflé | Formaggi assortiti<br>o<br>Soufflé di mele e pere | Surtido de quesos a elegir<br>o<br>Soufflé de manzana y pera |

| Deutsch | Französisch | Englisch | Italienisch | Spanisch |
|---|---|---|---|---|
| Curryrahmsuppe | Velouté au curry | Creamy curry soup | Crema al curry | Crema al curry |
| Salate der Saison mit zwei Salatsaucen zur Wahl | Salade de saison, deux sauces au choix | Salads in season with a choice of two dressings | Insalata di stagioni con due salse a scelta | Ensalada del tiempo con dos salsas a elegir |
| Grilliertes Minutensteak<br>Kräuterbutter<br>Fenchelgemüse<br>Würfelkartoffeln | Paillard de bœuf<br>Beurre maître d'hôtel<br>Fenouil<br>Pommes rissolées | Grilled minute steak<br>Herbal butter<br>Fennel<br>Fried potato dices | Bistecca di manzo alla griglia<br>Burro alle erbe-fini<br>Finocchi stufati<br>Patate a dadi fritte | Steak al minuto<br>Mantequilla a las hierbas<br>Hinojo<br>Dados de patatas |
| Käseauswahl vom Brett<br>oder<br>Grand-Marnier-Creme mit Orangenfilets | Plateau de fromages<br>ou<br>Crème au Grand Marnier avec quartiers d'oranges | Assorted cheese board<br>or<br>Grand Marnier cream with orange segments | Formaggi assortiti<br>o<br>Crema al Grand Marnier con spicchi d'aranci | Surtido de quesos a elegir<br>o<br>Crema al Grand Marnier con tiras de naranja |

| Deutsch | Französisch | Englisch | Italienisch | Spanisch |
|---|---|---|---|---|
| Französische Fischsuppe nach Matrosenart<br>oder<br>Fruchtkaltschale mit Makrönchen | Soupe de poisson du marinier<br>ou<br>Soupe glacée aux fruits et petits macarons | French fish soup sailor style<br>or<br>Chilled fruit soup with macaroons | Zuppa francese di pesce alla marinara<br>o<br>Zuppa fredda de frutta con amarettini | Sopa de pescado marinera<br>o<br>Sopa fria de frutas a las almendras |
| Lollo-rosso-Salat und Tomatensalat mit Brunnenkresse<br>Zwei Salatsaucen zur Wahl | Salade lollo rosso et de tomates au cresson, deux sauces au choix | Lollo rosso and tomato salad with watercress and a choice of two dressings | Insalata lollo rosso e di pomodori con crescione e due salse a scelta | Ensalada de lollos, tomate y berros con dos salsas a elegir |
| Gebratene Stubenkücken<br>Buttermais und Zuckerschoten<br>Rahmkartoffeln | Poussin rôti<br>Maïs et pois mange-tout<br>Pommes de terre à la crème | Roast baby chicken<br>Sweet corn and whole garden peas with creamed potatoes | Galletto alsaziano arrosto<br>Granoturco e piselli-maniatutto<br>Patate alla crema | Picantones al horno<br>Maiz y guisantes<br>Patatas a la crema |
| Käseauswahl vom Brett<br>oder<br>Maraschino-Creme mit Schokoladenplätzchen | Plateau de fromages<br>ou<br>Bavarois au marasquin avec petites de chocolat | Assorted cheese board<br>or<br>Maraschino cream with chocolate cookies | Formaggi assortiti<br>o<br>Crema al maraschino con pasticcini al cioccolato | Surtido de quesos a elegir<br>o<br>Crema bávara al marasquino |

| Deutsch | Französisch | Englisch | Italienisch | Spanisch |
| --- | --- | --- | --- | --- |
| Brokkolirahmsuppe | Crème de broccoli | Creamy broccoli soup | Crema di broccoli | Crema de brócoli |
| Eisberg- und Selleriesalat mit zwei Salatsaucen zur Wahl | Salade de vertes et de céleri, deux sauces au choix | Iceberg and celeriac salad with a choice of two dressings | Insalata verde e di sedano-rapa con due salse a scelta | Ensalada de lechuga y apio con dos salsas a elegir |
| Gefüllte Hühnerbrüstchen auf Amsterdamer Art<br>Buttererbsen und Spargel<br>Schaumkartoffeln | Blanc de poularde à la mode d'Amsterdam<br>Petits pois et asperges<br>Purée de pommes de terre | Stuffed chicken breast Amsterdam style<br>Green peas and asparagus<br>Creamed potatoes | Filetti di pollo farciti alla Amsterdam<br>Piselli e asparagi al burro<br>Purè di patate | Pechuga de pularda rellena al estilo de Amsterdam<br>Guisantes y espárragos<br>Puré de patatas |
| Käseauswahl vom Brett<br>oder<br>Erdbeer- und Pfirsicheiscreme | Plateau de fromages<br>ou<br>Glace à la fraise et à la pêche | Assorted cheese board<br>or<br>Strawberry and peach ice-cream | Formaggi assortiti<br>o<br>Gelato alla fragole e pesche | Surtido de quesos a elegir<br>o<br>Helado de fresas y melocotón |

| Deutsch | Französisch | Englisch | Italienisch | Spanisch |
|---|---|---|---|---|
| Blätterteigpastetchen mit Ragout von Champignons, Steinpilzen und Fleischklößchen | Bouchée à la reine | Puff pastry patty with mushroom stew and small meat dumplings | Bocconicini con ragù de funghi e carne | Pastelito de jojaldre con ragut de champiñónes, rovellones y carne de lechón |
| Endivien- und Tomatensalat mit zwei Salatsaucen zur Wahl | Salade de scarole et de tomates, deux sauces au choix | Lettuce and tomato salad with a choice of two dressings | Insalata d'indivia e di pomodori con due salse a scelta | Ensalada de endivias y tomate con dos salsas a elegir |
| Gedämpfte Lachsschnitte mit Weißweinsauce<br>Gurkengemüse<br>Risotto<br>oder<br>Wiener Kalbsschnitzel<br>Gurkengemüse<br>Pommes frites | Filet de saumon étuvé<br>Sauce au vin blanc<br>Concombre en légumes<br>Risotto<br>ou<br>Escalope viennoise<br>Concombre en légumes<br>Pommes frites | Steamed fillet of salmon<br>White wine sauce<br>Braised cucumbers<br>Risotto<br>or<br>Breaded veal cutlet Viennese style<br>Braised cucumbers<br>French fried potatoes | Trancia di salmoni al vino blanco<br>Verdura di cetrioli<br>Risotto<br>o<br>Scallopina alla viennese<br>Verdura di cetrioli<br>Patate fritte | Filete de salmón cocido al vapor con salsa al vino blanco<br>Pipino y risotto<br>o<br>Escalopa de ternera panecillo vienés<br>Pepino y patatas fritas |
| Käseauswahl vom Brett<br>oder<br>Grießflammeri mit Waldbeersauce | Plateau de fromages<br>ou<br>Flan au coulis de baies sauvages | Assorted cheese board<br>or<br>Semolina custard with blueberry sauce | Formaggi assortiti<br>o<br>Budino al semolino con salse alle bacche di bosco | Surtido de quesos a elegir<br>o<br>Natilla espesa con salsa de arándanos |

| Deutsch | Französisch | Englisch | Italienisch | Spanisch |
|---|---|---|---|---|
| Rinderkraftbrühe mit Pfannkuchenstreifen | Consommé de bœuf Célestine | Beef broth with pancake strips | Consommé di manzo con fritteline | Caldo de ternera con guarnición de palitos de crêpes |
| Eisberg- und Tomatensalat mit zwei Salatsaucen zur Wahl | Salade de vertes et de tomates, deux sauces au choix | Iceberg salad and tomato salad with a choice of two dressings | Insalata verde e di pomodori con due salse a scelta | Ensalada de lechuga y tomate con dos salsas a elegir |
| Gebratene Scholle mit Speckwürfeln<br>Remouladensauce<br>oder<br>Lammnavarin<br>Lauchgemüse<br>Butterkartoffeln | Plie frite aux lardons<br>Sauce rémoulade<br>ou<br>Navarin d'agneau<br>Poireaux<br>Pommes vapeur | Fried plaice with crisp bacon dices<br>Remoulade sauce<br>or<br>Lamb stew<br>Braised leeks<br>Boiled potatoes | Passera di mare fritta con dadolini di pancetta<br>Salsa rémoulade<br>o<br>Spezzatino d'agnello<br>Verdura di porri<br>Patate al burro | Platija frita con dados de tocino<br>Salsa remolada<br>o<br>Guisado de cordero con nabos<br>Puerros<br>Patata inglesa |
| Muscadet-Weincreme | Mousse frappée au Muscadet | Muscadet wine cream | Crema al vino bianco | Mousse al moscatel |

| Deutsch | Französisch | Englisch | Italienisch | Spanisch |
|---|---|---|---|---|
| Klare Gemüsesuppe mit Markklößchen | Consommé de légumes aux quenelles à la moëlle | Clear vegetable soup with small marrow dumplings | Consommé di verdura con midollo di bue | Sopa de legumbres con albondigas de tuétano |
| Grüner Salat und Karottensalat mit zwei Salatsaucen zur Wahl | Salade de laitue et de carottes, deux sauces au choix | Lettuce and carrot salad with a choice of two dressings | Insalata di lattuga e di carote con due salse a scelta | Ensalada de lechuga y zanahorias con dos salsas a elegir |
| Gedämpftes Hühnerbrüstchen mit Kräuterrahmsauce<br>Gurken-Paprika-Gemüse<br>Risotto | Suprème de poulet étuvé<br>Sauce aux fines herbes<br>Concombres et poivrons en légumes<br>riz pilaf | Steamed chicken breast with herbal cream sauce<br>Cucumber and red and green pepper<br>risotto | Petti di pollo in umido<br>Salsa alle erbe-fini<br>Verdura peperoni e cetrioli<br>Risotto | Pechuga de pollo hervida a las finas hierbas con pepino y pimientos<br>Risotto |
| Käseauswahl vom Brett<br>oder<br>Karameleiscreme auf gebratenen Ananasscheiben | Plateau de fromages<br>ou<br>Glace caramel avec tranches d'ananas frites | Assorted cheese board<br>or<br>Caramel ice-cream with fried pineapple slices | Formaggi assortiti<br>o<br>Ananasso fritto con gelato al caramello | Surtido de quesos<br>o<br>Helado de caramelo con piña quemada |

| Deutsch | Französisch | Englisch | Italienisch | Spanisch |
|---|---|---|---|---|
| Rheinische Fleischpastete<br>Sellerie-Mandarinen-Salat<br>Cumberlandsauce | Pâté en croûte à la rhénane<br>salade de céleri et de mandarines<br>Sauce Cumberland | Meat pâté Rhineland style<br>Salad of celery and tangerine<br>Cumberland sauce | Pasticcio di carne alla renana con insalata di sedano e mandarini<br>Salsa Cumberland | Paté estilo renano<br>Ensalada de apio y mandarina<br>Salsa Cumberland |
| Grilliertes Filetsteak mit Béarner Sauce<br>Brokkoligemüse<br>Dauphine-Kartoffeln<br>oder<br>Große Salatschüssel mit Käse- und Schinkenstreifen und zwei Dressings zur Wahl | Filet de bœuf grillé<br>Sauce béarnaise<br>Broccoli au beurre<br>Pommes dauphine<br>ou<br>Assiette de crudités de saison avec fromage, jambon et deux sauces au choix | Grilled fillet steak<br>Béarnaise sauce<br>Broccoli<br>Dauphine potatoes<br>or<br>Large salad bowl with cheese and ham stripes and a choice of two dressings | Filetto di bue alla griglia<br>Salsa béarnaise<br>Broccoli<br>Patate alla dauphine<br>o<br>Piatto d'insalata con formaggio e prosciutto e due salse a scelta | Filete de buey a la parrilla con salsa bearnesa<br>Brócoli<br>Patatas dauphine<br>o<br>Plato de ensaladas diferentes con lochas de queso y jamón y dos salsas a elegir |
| Käseauswahl vom Brett<br>oder<br>Haselnußcreme mit Amarettosauce | Plateau de fromages<br>ou<br>Crème bavaroise aux noisettes avec sauce Amaretto | Assorted cheese board<br>or<br>Cream of hazelnuts with Amaretto sauce | Formaggi assortiti<br>o<br>Crema alla nocciola con salsa all'amaretto | Surtido de quesos<br>o<br>Crema bávara con avellanas y salsa de Amaretto |
| Kaffee | Café | Coffee | Caffè | Café |

# Menüs für die Gemeinschaftsverpflegung (Personalrestaurants, Kantinen, Werksküchen, Schulküchen ...)

## Speisenplanung für die Gemeinschaftsverpflegung

Im Gegensatz zur traditionellen Gastronomie ist die Gemeinschaftsverpflegung eine Institution, deren Zahl der Essensteilnehmer begrenzt und die als soziale Einrichtung nicht gewinnorientiert ist. Die Gemeinschaftsverpflegung spielt in unseren Breiten eine überaus wichtige Rolle. Beispielsweise nehmen mehr als 50 Prozent der Bevölkerung die Hauptmahlzeiten des Tages in einem Personalrestaurant ein.
Eine gute Betriebsverpflegung in Personalrestaurants ist mehr als eine soziale Leistung. Sie fördert das gute Betriebsklima sowie die Motivation der Mitarbeiter und soll ihnen zu physischem und psychischem Wohlbefinden verhelfen. Mit der steigenden Zahl der Essensteilnehmer in den Betriebs- und Werksküchen wächst umso mehr die Verantwortung der Küchenleitung, ausgewogene, ernährungsphysiologisch richtig zusammengestellte, hygienisch einwandfreie und abwechslungsreiche Mahlzeiten zu bieten. Je mehr Vertreter der Mitarbeiter Einfluß auf die Gestaltung des Speisenplanes nehmen können, desto höher wird auch die Akzeptanz und somit die Teilnahme an der Gemeinschaftsverpflegung sein. Besondere Spezialitätentage bzw. Saisonangebote sowie „gesunde Wochen" erhöhen die Attraktivität und damit die Gästezahl.

## Überlegungen zur Großküchenplanung

- Ermittlung der wichtigsten Kennzahlen
  - Gesamte Mitarbeiterzahl
  - Potentielle Essensteilnehmerzahl

  - Essenszeiten
  - Außer-Haus-Verzehr nötig?
  - Hierarchische Trennung der Speiseräume
- Ermittlung des optimalen Ausgabesystems
- Umfang und Art des Speisenangebotes
- Abrechnungssystem
- Produktionstiefe (eigene Bäckerei, Convenience-Produkte...)
- Anlieferungsmöglichkeiten der Lieferanten
- Entsorgungsmöglichkeiten des Abfalls
- Welche Kochgeräte werden angeschafft?
- Welche Lagerkapazitäten sind notwendig?
- Mitarbeiterplan
- Finanzierungskonzept
- ...

Zusätzlich zur üblichen Organisationsplanung sollte ein Gemeinschaftsverpflegungsbetrieb noch folgende Punkte, die jeweils von einer fixen Ausgangslage bzw. einer Entscheidung ausgehen und auf eine Folge(entscheidung) abzielen, besonders beachten:

**Essensteilnehmeranzahl**
Anzahl der Menüs und folglich des Personals (Fach- und Hilfskräfte)

**Danach richtet sich die Küchenorganisation**
Einkauf, Lagerung, Lagerräumlichkeiten, Maschinen, Geräte, Vor- und Zubereitung der Speisen, innerbetrieblicher Transport, Transport bzw. Warmhalten der zubereiteten Speisen, Ausgabe der Speisen (z.B. Fließband), Geschirrübernahme und Reinigung, Entsorgung der Abfälle

**Welche Gäste sind zu verpflegen?**
Arbeitstätigkeit – Nährstoffbedarf, z.B. Verwaltungsarbeit, Schichtbetrieb, schwere körperliche Tätigkeit

**Danach richtet sich das Speisenangebot**
Ein Menü oder verschiedene Menüs zur Wahl, Normalkost, Vollkost, Zusatzangebote, wie Länderspezialitäten, kalte Imbisse, Süßspeisen...

**Danach richtet sich die Essenszeit**
Einheitliche Pausen, z. B. 12 Uhr bis 13 Uhr oder durchgehende Pausen, z. B. 11.45 Uhr bis 13.45 Uhr

**Danach richten sich Ort und Größe der Speiseräume**
Großer zentraler Speisesaal, kleine dezentrale Speiseräume

**Danach richtet sich die Ausgabe**
Bedienung mit Servierwagen, Selbstbedienung bzw. Free-flow-System[1]

## Speisenplangestaltung

Die Speisenplangestaltung hängt von verschiedenen Faktoren ab. Die Speisenplangestaltung in reinen Verwaltungsbetrieben, z. B. Banken, Versicherungen, wird sich von der in Produktionsbetrieben, z. B. metallverarbeitenden Betrieben, grundsätzlich unterscheiden. Überdies sollen regional bedingte Eßgewohnheiten berücksichtigt werden.
Der Trend zu einer vermehrten Beachtung der ernährungsphysiologischen Qualität der Speisen ist allgemein zu erkennen. Um diesem Wunsch entgegenzukommen, deklarieren immer mehr Betriebsküchen die Nährwerte der einzelnen Speisen. In der Bundesrepublik Deutschland ist es sogar Pflicht (laut Bestimmungen der Nährwert-Kennzeichnungsverordnung), bei der Angabe von Energiewerten (kJ/kcal) auch Eiweiß-, Fett- und Kohlenhydratgehalt anzugeben. Die alleinige Angabe des Brennwertes ist in Deutschland nicht zulässig.
Eine andere Form der Information ist der Hinweis auf sonstige wichtige Inhaltsstoffe, z. B. Vitamine bei Rohkost und Salaten.
Werden mehrere Menüs angeboten, so sollte ein Menü der **Normalkost (Vollkost)** und ein Menü der leichten Vollkost zur Wahl stehen.

[1] Das Essen wird auf verschiedenen Ausspeisungsinseln, z. B. einem Vorspeisenpult, einer Salatbar, einer Getränkeinsel, angeboten. Im Gegensatz dazu gibt es die Ausgabelinie. Vorteile des Free-flow-Systems: der Gast kann das Gewünschte direkt „ansteuern“ und es werden unnötige Staus verhindert.

Die **leichte Vollkost** unterscheidet sich von der Normalkost durch das Weglassen von Lebensmitteln und Speisen, die oft Unverträglichkeiten auslösen und Menschen mit einem empfindlichen Verdauungstrakt belasten. Die Zahl der Gäste, die die leichte Vollkost bevorzugen, nimmt ständig zu.

Für die **Vitalkost** gibt es keine einheitliche Definition. Es ist eine fettmodifizierte Kostform (weniger tierisches Fett, statt Fleisch Verwendung von Fisch), ballaststoffreich, befreit von rasch resorbierbaren Kohlenhydraten (keine Weißmehlprodukte), aber auch angereichert durch viel Obst und Gemüse sowie salzreduziert (vermehrter Einsatz von Kräutern und Gewürzen). Die Vitalkost soll eine gesunde, präventive Alternative zu üblichen regionalen Essensgewohnheiten darstellen.

Weitere Faktoren bei der Gestaltung des Speisenplanes:
- küchentechnische und ökonomische Möglichkeiten
- personelle Anforderungen, fachlich qualifizierte Mitarbeiter
- Arbeitszeiten der Gäste (z. B. Schichtbetrieb)
- Ausstattung der Ausgabe
- Eignung der Speisen zum Warmhalten und Transportieren zu den Außenstellen, so daß die hygienische, sensorische und ernährungsphysiologische Qualität erhalten bleibt und die gesetzlichen Bestimmungen eingehalten werden

Um das ausreichende Maß der Nährstoffzufuhr für den jeweiligen Gästekreis zu erreichen, sollte eine **Nährwertberechnung** für die einzelnen Speisen sowie für die gesamte Mahlzeit erfolgen. Basis dafür sind die in den Nährwerttabellen angegebenen mittleren Energie- und Nährstoffwerte. Es ist üblich, bei der Nährwertberechnung auf- bzw. abgerundete Werte anzugeben.

Beispiel für die **Umrechnung von Kilokalorien (kcal) in Kilojoule (kJ):**

400 kcal × 4,186 = 1.674,4 kJ

Für die Praxis genügt es, mit dem aufgerundeten Faktor **4,2** zu multiplizieren:

400 kcal × 4,2 = 1.680 kJ = 1.700 kJ (aufgerundet)

Bei einer sinnvollen und konsequenten Anwendung der Nährwerttabelle können Fehler, die durch die Anwendung des Mittelwertes entstehen, über einen längeren Zeitraum ausgeglichen werden.
Nährwertberechnungen sind für die Küchenleitung im Anfangsstadium mit großem Arbeitsaufwand verbunden. Es ist jedoch die einzige Möglichkeit, die Vollwertigkeit der Speisen zu garantieren. Für die Folge ist es zur Arbeitsersparnis unumgänglich, eine ausführliche Rezeptkartei anzulegen.

Diese **Rezeptkarteikarten** sollten folgende Angaben enthalten:
- Wareneinsatz für 100 Personen mit Mengenangaben
- Zubereitung, Garmethode
- Art und Größe der verwendeten Geräte
- Nährwertberechnung pro Portion, angegeben nach dem Energiegehalt in kJ/kcal, Eiweiß, Fett, Kohlenhydrate in Gramm, Kalzium, Eisen, Vitamine A, B, C und Cholesterin in Milligramm (mg)
  Miteinzubeziehen sind die durch die Lagerung, die Vor- und Zubereitung sowie das Warmhalten entstehenden Verluste.
- Anrichtehinweise, wie Portionsgröße, Menge und Anrichtegeschirr
- Personalaufwand
- Arbeitszeit

**Muster einer Gemeinschaftsverpflegungs-Rezeptkartei**

Mit Nährwertberechnungsprogrammen können die Rezeptkarteien berechnet und jederzeit modifiziert werden.
Der tägliche Energie- und Nährstoffbedarf sollte ungefähr zu einem Drittel durch die Mittagsmahlzeit (die am häufigsten von der Gemeinschaftsverpflegung bestritten wird) gedeckt werden.

**Rezeptkartei**

Artikelnummer:

| | | | | |
|---|---|---|---|---|
| Bezeichnung des Gerichtes: | Anrichteweise | | | Foto (Illustration) |
| | Portionen: | | | |
| | Materialkosten: | | | |
| Geeignete Beilagen: | Verkaufspreis: | | | |
| | Verkaufszeit, Saison: | | | |
| | Nährwert der Portion: | | | |
| Zutaten | Mengenangabe | Preis à | S | Zubereitungsanleitung<br>Zeit und Temperatur |
| | | | | |

**Empfohlener Energiegehalt einer Mittagsmahlzeit:**

| Tätigkeit | Beruf | Energiegehalt |
|---|---|---|
| Leichte Arbeit | Sekretärin<br>Techniker<br>Fließbandarbeiter (sitzend)<br>Pkw-Fahrer | 2.700–3.600 kJ<br>650–850 kcal |
| Mittelschwere Arbeit | Mechaniker<br>Schlosser<br>Maler<br>Hausfrau<br>Koch<br>Kellner | 3.600–4.400 kJ<br>850–1.050 kcal[2] |
| Schwere Arbeit | Maurer<br>Zimmermann<br>Landwirt | 4.400–5.200 kJ<br>1.050–1.250 kcal[2] |
| Schwerste Arbeit | Holzfäller<br>Stahlwerkarbeiter<br>Bergmann | 5.200–6.100 kJ<br>1.250–1.450 kcal[2] |

[2] Da Mahlzeiten über 1.000 kcal als ungünstig zu betrachten sind, soll das Mehr an Kalorien in Form von Zwischenmahlzeiten bestritten werden, damit der Verdauungstrakt nicht zu sehr belastet wird.

# Menüs für die Gemeinschafts-verpflegung / Normalkost (Vollkost)

Avocadosuppe
Steirisches Wurzelfleisch, Salzkartoffeln
Gebackene Ananasscheibe mit Zimtzucker

•

Klare Ochsenschwanzsuppe
Lasagne, Friséesalat
Cremekrapfen

•

Grießdukatensuppe
Faschierter Braten, Hörnchen, Rahmsauce, grüner Salat
Kirschentorte

•

Frittatensuppe
Grillkotelett mit Kräuterbutter, Kartoffelpuffer
Garnierter Käseteller

•

Klare Hühnersuppe mit Gemüseeinlage
Indische Reispfanne
Apfel-Haselnuß-Dessert

•

Rindsuppe mit Nudeln
Gekochtes Rindfleisch, Kohlrüben, Röstkartoffeln
Obstkuchen

•

Gulaschsuppe
Kaiserschmarren, Zwetschkenröster

•

Leberreissuppe
Tiroler Gröstl, grüner Salat
Mohnschnitte

•

Spargelcremesuppe
Gemischter Grillteller, Gemüsereis
Gezogener Apfelstrudel

•

Klare Gemüsesuppe
Gebackene Scholle, Erdäpfelsalat
Faschingskrapfen

•

Französische Spinatcremesuppe
Putenrolle, Kräuterreis, Karottensalat
Fruchtschnitte

•

Rindsuppe mit Käsekrusteln
Beuschel, Semmelknödel
Nußpudding

•

Italienische Bohnensuppe mit Zunge
Zucchini-Mais-Gratin mit Käsesauce, Salatvariation
Joghurtschnitte

•

Ulmer Graupensuppe
Surbraten, warmer Krautsalat, bayerischer Leberknödel
Schwarzwälder Kirschtorte

•

Königinsuppe
Jägerschnitzel, Pilzgemüse, Kartoffelkroketten
Früchte in Backteig

•

Melanzanecremesuppe
Naturschnitzel, Röstgemüse, Petersilkartoffeln
Esterházyschnitte

•

Klare Gemüsesuppe mit Tortellini
Kartoffel-Wurst-Gulasch
Topfenstrudel

•

Brokkolicremesuppe
Burgunder Rindsbraten, Bandnudeln
Karamelpudding

•

Rindsuppe mit Markknöderln
Gebackenes Putenschnitzel, Risipisi, gemischter Salat
Kopenhagener Fruchtschnitte

•

Russische Kohlsuppe
Warme Powidltascherl in Brösel

•

Karfiolpüreesuppe
Kotelett mit Kräuterkruste, Bratkartoffeln
Rhabarberkompott

•

Rindsuppe mit Tarhonya
Heilbuttsteak, Sommergemüse, Vollkornreis
Birnenkompott

•

Klare Wildconsommé
Hirschragout, Preiselbeeren, Kartoffelknödel
Himbeertopfen

•

Eintropfsuppe
Wiener Schnitzel, Reis, grüner Salat
Krokantschnitte

•

Fisolensalat mit Schinken und Gebäck
Marillenknödel mit Vanillesauce

•

Kartoffelsuppe
Schweinsgulasch, Nockerln
Grießflammerie

•

Backerbsensuppe
Bauernschmaus, garniert
Vanillepudding

•

Porreecremesuppe
Rindsroulade, Bandnudeln, gemischter Salat
Maronischnitte

•

Rindsuppe mit Speckknöderln
Truthahnspieß, Kartoffelkroketten, Blattsalat
Warme Birne mit Vanillecreme

•

Erbsenpüreesuppe
Hühnerbrustfilet, Blattspinat, Prinzeßkartoffeln
Erdbeereis

•

Karottencremesuppe
Fischpfanne mit Gemüseallerlei
Schokoladenparfait mit frischen Früchten

•

Steirische Rahmsuppe
Waldpilzragout, gebratene Kartoffelnudeln
Beerensülze

•

Heringssalat, garniert, mit Gebäck
Powideltascherln

•

Zucchinicremesuppe
Reisfleisch, Chicorée
Nußauflauf

•

Rahmsuppe mit Brotwürfeln
Jungaal auf Paradeissauce mit Bouillonkartoffeln
Apfel in Cidregelee

•

Pilzterrine
Zwiebelrostbraten, Bratkartoffeln
Schokoladentorte

•

Gebundene Hühnersuppe
Leberkäse Natur, Erbsen-Karotten-Gemüse, Dillkartoffeln
Erdbeerbiskuit

•

Legierte Gemüsesuppe
Paprikahuhn, Spinatnockerln
Topfen-Obers-Schnitte

•

Minestrone
Saltimbocca, Makkaroni, Tomatensalat
Orangencreme

•

Gemischter Salatteller
Pizza Quattro Stagione
Früchteeisbecher

•

Geeiste Gurkensuppe
Krautfleckerln
Palatschinken mit Schokolade und Nüssen

•

Hirsesuppe
Lammstelze, Fisolen Natur, Folienkartoffel
Gedeckte Apfelschnitte

•

Tomaten mit Mozzarella
Pasta asciutta, Radicchio
Fruchtspieß in Schokolade

•

Rindsuppe mit Grießnockerl
Selchroller, Salzkartoffeln, Sauerkraut
Schaumrolle

•

Legierte Grießsuppe
Zigeunerrindschnitzel, Kartoffelplätzchen, Paprikasalat
Bananencreme

•

Putenextrawurst in Essig und Öl mit Vintschgerl
Topfenpalatschinken in Vanillesauce

•

Selleriecremesuppe
Sauerkrautstrudel in Knoblauchsauce
Kaffeeschnitte

•

Schwammerlsuppe
Linseneintopf mit Frankfurter, Semmelknödel
Joghurt mit Früchten

•

Panadelsuppe
Surbraten, Kartoffelpüree, Krautsalat
Kefircreme

•

Zwiebelpüreesuppe
Butterschnitzerl, englisches Gemüse, Getreiderisotto
Schwarzbeerterrine

•

Kohlrabisuppe
St.-Peters-Fisch,
Petersilkartoffeln, Roter-Rüben-Salat
Frischer Melonencocktail

•

Kräuternockerlsuppe
Ungarisches Gulasch,
Salzkartoffeln
Grillagetorte

•

Steirische Rahmsuppe
Rinderbraten, Semmelknödel,
Krautsalat
Diplomatencharlotte

•

Kerbelcremesuppe
Brathuhn, Reis, gemischter Salat
Schokoladenpudding auf Himbeerpüree

•

Leberspätzlesuppe
Cordon bleu, Petersilkartoffeln,
Eichblattsalat
Heidelbeertopfen

•

Selchfleischsuppe
Grammelknödel, Sauerkraut
Böhmische Dalken

•

Knoblauchcremesuppe
Pfefferkotelett, Fisolen im Speckmantel, Ofenkartoffeln
Marillenparfait

•

Serbische Bohnensuppe
Waldviertler Topfenknödel,
Apfel-Heidelbeer-Kompott

•

Ganslsuppe
Gespickter Rinderbraten,
Estragonsauce, Kartoffelstrudel
Joghurtmüsli

•

Mexikanische Avocadosuppe
Schweinssteak, Bohneneintopf,
gegrillte Tomate
Kaffeecreme

•

Lauchpudding mit Dillsauce
Putenbratwurst, Kartoffelsalat
Klosterkipferl

•

Milzschnittensuppe
Gedünstetes Rindsschnitzel,
Kartoffelpuffer, Bummerlsalat
Kaffeeeis mit Hohlhippen

•

Schnittlauchcremesuppe
Kartoffelpuffer mit pikanter Sauce, gemischter Salat
Pfirsichgelee

•

Rindsuppe Monaco
Rahmkotelett, Nockerln,
Pariser Karotten
Picotta mit Mango und Beerensauce

•

Schinkenschöberlsuppe
Gebackenes Hühnerschnitzel,
Kräuterkartoffeln,
Chinakohlsalat
Süßer Polentakuchen

•

Sauerkrautsuppe
Kalbsbratwurst, Gemüse-Senf-Ragout
Powidelpofesen

•

Thunfischsalat
Grünkernauflauf mit Schinkenstreifen
Gugelhupf

•

Gurken-Dill-Kaltschale
Ravioli milanese, grüner Salat
Birnenmeringue

•

Kalbscremesuppe
Kalbsbraten, Schwammerlsauce, Tiroler Knödel
Früchtepudding

•

Schinkenrolle mit Oberskren
Pariser Schnitzel, Petersilienkartoffeln, Erbsen
Eiskaffee

•

Rollgerstelsuppe
Selchfleischfleckerl, Häuptelsalat
Punschschnitte

•

Klare Rindsbouillon mit Kräutercroûtons
Fischragout, bunte Nudeln, Vogerlsalat
Milchreis mit Zimt

•

Hühnerbouillon mit Farfalle
Pikant gefüllter Paprika, Lollo rosso
Plundergebäck

•

Kressecremesuppe
Tofuschnitzel, Kartoffellaibchen, Kochsalat mit Erbsen
Biskuitroulade mit Marillenmarmelade

•

Gelbe Rübensuppe
Chili con carne, Pomme macaire
Schneenockerln in Heidelbeersoße

•

Gemüsebrühe mit Käsesavoury
Grenadiermarsch, verschiedene Blattsalate
Indianerkrapfen mit Schlagobers

•

Rohkostcocktail
Gefüllte Hühnerbrüstchen mit Paprikareis
Marillen

•

Getreidesuppe mit Kräutern
Gefüllte Zucchini mit Schichtkartoffeln
Schokoladeeis auf Baiser

•

Kohlrabi-Birnen-Rohkost
Bunter Gemüsereis mit Truthahnwürfeln und Tomatensoße
Brandteigkrapferl mit Beerencreme

•

Fleischstrudelsuppe
Pastete mit Hühnerragout, Karottensalat
Bananenroulade

•

Tomatenreissuppe
Gebackene Scholle im Gemüsebett, Tatarensoße
Rote Grütze

•

Kürbiscremesuppe
Tofurisotto, Gorgonzolacreme, Eissalat
Weintraubenstrudel

•

Sauerkrautsalat
Gegrillte Hühnerbrust,
Melanzane, Kartoffelstäbchen
Zitronenbaisertorte
•
Geflügelcremesuppe
Geschnetzeltes in der
Meerrettichsahnesoße,
Kartoffelknödel
Mokkabiskuit
•
Gefüllte Tomate
Truthahnspieß, Curryreis,
gebratene Champignons
Blutorangensorbet
•
Bröselkarfiol
Kalbfleischpudding,
Kräuterspiralen, Karotten-
Schwarzwurzel-Salat
Pfirsichtorte
•
Kraftbrühe mit Gemüsefleuron
Gekochtes Rindfleisch,
Schnittlauchsauce,
Stampfkartoffeln, Apfelkren
Camembert mit Weintrauben
und Nüssen
•
Windsorsalat
Züricher Geschnetzeltes,
Schupfnudeln
Linzer Auge
•
Käsecremesuppe
Champignonschnitzel, Wilder
Reis, Tomatensalat
Nußcroissant
•
Geeiste Fenchelsuppe
Kalbshaxe, Porreegemüse,
Kartoffeldalken
Stachelbeerschnitte
•

Mangoldsuppe
Bohnenstrudel, grüner Salat
Joghurtbecher mit
Ringlottenmark
•
Stangenselleriesuppe
Flugentenbrust, Rotkraut,
glasierte Kartoffeln
Nußpotize
•
Kräuterschaumsuppe
Gebackene Champignons,
Sauce tartare
Schokoladenockerln auf
Erdbeergrütze
•
Gemüseterrine
Putenlaibchen, gedünstete
Karottenscheiben, Erbsenpüree
Eclair
•
Rindfleischsalat mit
Kürbiskernöl
Rostbraten mit Pfeffersauce,
Prinzeßbohnen, Käsekartoffeln
Ribiseltopfencreme
•
Gazpacho
Mohnnudeln mit
Zwetschkenröster
•
Kalbsuppe mit Lungenstrudel
Gefüllter Entenbraten,
Sesamreis, gebratene
Orangenspalten
Maronenpüree mit
Schlagobers
•
Steinpilzsuppe
Rehragout, Serviettenknödel,
Preiselbeerkompott
Kürbiskernsoufflé
•

Glasnudelsuppe
Frühlingsrollen, verschieden gefüllt, mit Sojasauce
Litschikompott

•

Gefüllte Avocado mit Tacos
Hühnerschnitzel, gebraten, mit scharfer Chilisauce und roten Bohnen
Malagaeis mit Hohlhippe

•

Schwarzwurzelcremesuppe
Forellenfilet mit Blattspinat, Salzkartoffeln
Buchweizenblinis mit Ahornsirup

•

Spinatsalat mit Tofuwürfeln
Kalbsschnitzerl mit Marsalasauce, Hirsepudding
Reis Trauttmannsdorff

•

Tsatsiki mit Fladenbrot
Moussaka
Honigschnitte

•

Käsesuppe mit Schnittlauch
Henne in Krenschaumsauce, grüne Nudeln, Karottensalat
Lebkuchenpudding

•

Romaneskocremesuppe
Stephaniehackbraten, Zwiebelpüree, Röstkartoffeln
Gebratener Apfel mit Rosinen und Nüssen

•

Kohlsprossensuppe mit Nudeln
Truthahnmedaillons auf Zitronenmelisse, gratinierte Kartoffeln
Schokoladenbusserl

•

Englische Linsensuppe
Gedünstete Beiried, Buttergemüse, Pommes frites
Zitronensoufflé

•

Ungarische Krautsuppe
Geröstete Leber, Mangold, Bratkartoffeln
Dobostorte

•

Rindsuppe mit Tiroler Knödel
Spinat mit Ei, geröstete Kartoffeln
Schafkäse mit Jourgebäck

•

Melone mit Schinken
Mailänder Schnitzel, Spaghetti, Tomatensalat mit Basilikum
Mürbteigkipferl

•

Griechischer Bauernsalat
Krautrouladen mit Paprikasauce
Kokostorte

•

Kukuruzsuppe
Zander auf serbische Art, Bratkartoffeln
Bauernkrapfen

•

Endiviensuppe
Nierenbraten, Kräuterreis, junge Karotten
Blätterteigcremeschnitten

•

Schinken-Käse-Salat
Gefüllte Gurke, Kartoffelpuffer
Karamelpudding

•

Leberpasteten-Sandwich
Reisauflauf, Marillenröster

•

Schillerlocke in
Meerrettichsoße
Kotelett à la florentine,
Spritzkartoffeln
Malakofftorte

•

Schaumsüppchen vom
Stangensellerie
Gebackene Rotzunge,
Kartoffelsalat
Polsterzipf

•

Rindsuppe mit Eierflädle
Schweinsbraten, Weinkraut,
Kümmelkartoffeln
Weintraubenschüsserl

•

Rindsuppe mit Kaiserschöberln
Augsburger, Püreekartoffeln,
Kohlrabigemüse
Schwarzwälder Kirschcreme

Bei unseren Menüplänen werden marinierte Salatkombinationen, Juices (z. B. Orangen-, Grapefruit-, Pfirsich-, Marillen-, Heidelbeer-, Ribisel-, Tomaten-, Karottenjuice oder Gemüsesaftkombinationen) und Obst als Alternative zu Vorspeise, Beilage oder Dessert angeboten. Für Blattsalate stehen verschiedene Dressings, z. B. Rahm-, Joghurt-, Knoblauch-, Senf- oder Essig-Öl-Dressing, zur Verfügung.

•

Jägersuppe
Putenfilet Natur, gedünsteter
Reis, Zuckererbsen
Karamelpudding

•

Klare Lauchsuppe
Gegrilltes Schinkensteak,
Karfiolröschen und junge
Bohnen
Fruchtjoghurt

•

Faferlsuppe
Szegedinger Kotelett,
Salzkartoffeln
Besoffene Liesl

•

Nudelsuppe
Gekochtes Tafelstück, Lyoner
Kartoffeln, Apfelkren
Heidelbeerbiskuitroulade

•

Schwammerlsuppe
Spaghetti mit Fleischsauce,
Endiviensalat
Gemischtes Kompott

•

Zwiebelsuppe
Prager Schnitzel, Kräuterreis
Vanillepudding mit
Himbeersaft

•

Legierte Reissuppe
Faschierter Braten,
eingemachter Kohl,
Röstkartoffeln
Topfencreme mit Marillen

•

Lebernockerlsuppe
Steirisches Wurzelfleisch mit
Kren
Türkentommerl (Schmarren
aus Maisgrieß und Äpfeln)

•

Kalbscremesuppe
Pilzrindsschnitzel,
Spiralennudeln, Fisolensalat
Diplomatencreme

•

Gulaschsuppe mit Gebäck
Germknödel
Käseteller

•

Karfiolsuppe
Rindersaftbraten,
Kartoffelkroketten, grüne
Bohnen
Schokoladenpudding

•

Backerbsensuppe
Sarma (serbische
Krautrouladen)
Salzkartoffeln
Apfelmus

•

Buttermilchsuppe
Lavanttaler Leber in
Kräutersauce, Grammelspatzen
Gwackte Krapfen, mit
Honigmilch übergossen

•

Steirische Landsuppe
Gebackenes Schweinsschnitzel,
Kartoffelsalat
Joghurtschnitte

•

Altwiener Suppentopf
Champignons à la crème,
Serviettenknödel
Marillenkuchen

•

Klare Gemüsesuppe
Faschierte Laibchen,
Cremespinat, Röstkartoffeln
Zwetschkenkompott

•

Schwammerlrahmsuppe
Putenfilets auf bunten
Obersnudeln, Blattsalate
Topfenauflauf mit Früchten

•

Leberknödelsuppe
Fiakergulasch, Salzkartoffeln
Altwiener Schokoladenstrudel

•

Legierte Grießsuppe
Selchkotelett, Kohlsprossen,
Bratkartoffeln
Apfelmus mit
Preiselbeerschaum

•

Käse-Wurst-Salat
Pikante Pfeffersuppe
Tiroler Reisauflauf mit
Rotweinfruchtsauce

•

Knoblauchsuppe mit
Schwarzbrotcroûtons
Schweinsbraten, Rotkraut,
Petersilienkartoffeln
Nougatcreme

•

Wiener Fisolensuppe
Polpetti in Tomatensauce,
Spaghetti
Obstgeleeschnitte

•

Terlaner Weinsuppe
Meraner Rostbraten,
Spinatspatzen
Tiroler Strudel

•

Eintropfsuppe
Schweinskotelett mit
Kräuterbutter, Kartoffeln à la
savoyarde
Biskuitroulade

•

Geflügelragoutsuppe
Haferflockenpuffer,
Mischgemüse
Kirschenkompott

•

Rindsuppe mit Profiterolen
Burgunder Rindsschnitzel, Hörnchen
Gemischtes Eis mit Waffeln

•

Gemüseragoutsuppe
Schollenfilet in Krabbendillsauce, Petersilienkartoffeln
Blätterteigapfelstrudel

•

Frittatensuppe
Faschiertes Käselaibchen, Reis
Vanillecreme mit Erdbeermark

•

Serbische Bohnensuppe mit Gebäck
Kaiserschmarren, Zwetschkenröster
Obst

•

Kräutersuppe
¼ Backhuhn, Kartoffelsalat
Zimtcreme

•

Grießnockerlsuppe
Rindsschnitzel auf bürgerliche Art, Petersilienkartoffeln
Überbackene Topfenschnitte

•

Minestrone
Gebratene Augsburger, Specklinsen, Semmelknödel
Pfirsichkompott

•

Haferflockensuppe
Faschierter Jägerbraten in Pilzsauce, Makkaroni
Erdbeerjoghurt

•

Karfiolsalat
Gekochte Rindsbrust, Kochsalat mit Erbsen, Röstkartoffeln
Faschingskrapfen

•

Rindsuppe mit Gemüsestreifen
Heringsschmaus (Heringssalat, Matjesfilet nach Hausfrauenart, Kabeljau in Wurzelaspik)
Nußkoch mit Vanillesauce

•

Geflügelcremesuppe
Pariser Schweinsschnitzel, Petersilienkartoffeln, bunter Blattsalat
Kaffeecreme

•

Erbsenpüreesuppe mit Frankfurter Würstchen
Gezogener Apfelstrudel
Käseteller

•

Rindsuppe mit Biskuitschöberln
Schwäbische Rindsschnitzel, Spätzle
Marinierte Orangenscheiben

•

Brokkolisuppe
Pochierter Heilbutt, Kräuterkartoffeln, kalte Knoblauchsauce
Topfenschnitte

•

Rollgerstelsuppe
Bauernschmaus
Kiwi-Stachelbeer-Joghurt

•

Spinatsuppe
Gebackenes Schweinskotelett, Kartoffelsalat
Creme von rohen Äpfeln

•

Bouillon mit Grießdukaten
Gedünstetes Tafelstück in Rotweinsauce, grüne Bohnen, Serviettenknödel
Birnenkompott

•

Walliser Linsensuppe
Züricher Geschnetzeltes, Rösti, Friséesalat
Thurgauer Apfelschnitte

•

Schinken mit Krentopfen
Ungarische Krautsuppe
Mohnnudeln

•

Schwäbische Brotsuppe
Schweinskotelett mit Kümmelglace, gedämpfter Kohl, Petersilienkartoffeln
Bananenmilch

•

Zucchinicremesuppe
Faschierter Jägerbraten, Spiralennudeln
Gespickter Rehrücken

•

Klare Hühnersuppe mit Nudeln
Gedünstetes Zwiebelrindsschnitzel, Kräuternudeln
Bratapfel mit Preiselbeeren

•

Tomatensuppe
Gebackene Schinkenfleckerln, Salatteller
Kokoskuppel

•

Gefüllte Tomate
Wiener Schweinsragout, Petersilienkartoffeln
Topfennockerln auf Erdbeersauce

•

Gärtnersuppe
Rindsfilet in Pfeffersauce, Kartoffelkroketten
Maracujajoghurt

•

Lebernockerlsuppe
Champignonschnitzel, Tomatenreis
Marillenkuchen

•

Kürbisrahmsuppe
Nußpalatschinken mit Schokoladensauce
Birne

•

Kräuternockerlsuppe
Gratinierte Kohlsprossen mit Schinken, Petersilienkartoffeln
Mohnschnitte

•

Champignonschöberlsuppe
Reisfleisch mit Reibkäse, bunter Krautsalat
Pfirsich Melba

•

Brokkolicremesuppe
Rindsbraten in Wacholdersauce, Spiralennudeln
Topfenschnitte

•

Feine Ragoutsuppe
Gebackenes Kabeljaufilet, Kartoffelsalat, Sauce tatare
Rharbarberkompott mit Biskotten

•

Spargelcremesuppe
Pariser Schweinsschnitzel, Petersilienkartoffeln, Radicchiosalat
Joghurt mit Preiselbeeren

•

*Menükarten aus Stoff*

Karten in Zeitungsform

Fete der Stadt
vom 25. bis 30. März
OKAY Riesenschirmbar
Schwadorf, Tel. 02230
PASTA
Spaghetti mit Speck, Ei und Obers
Spaghetti mit Schinken-Gorgonzolasauce
Penne mit Schinkenstreifen, überbacken mit Käse
Penne mit Geflügelstreifen
Penne mit Thunfisch
Käsetortelloni mit Gorgonzolasauce
PLANUNGSTISCHLEREI
FLEIHAUS
GESAMTER MODERNER UND RUSTIKALER INNENAUSBAU
PLANUNG UND AUSFÜHRUNG
Juli 1991
Spezialitäten aus der amerik. Küche,
Saloon-Bar und
COUNTRY-MUSIC
HOTEL CAFÉ RESTAURANT
Neumüller
4950 ALTHEIM
BRÜCKLER'S HAUSZEITUNG
UNSERE WILDSPEZIALITÄTEN:
Rehfilet in Pilzrahmsauce
(mit Butterspätzle und Rotkraut)
Rehrücken für 2 Personen nach »Art des Hauses«
Ragout vom Wild mit Knödel und Preiselbeeren
»Herr Ober, die Suppe schmeckt aber komisch!«
»Warum lachen Sie dann nicht?«
FÜR UNSERE KLEINEN GÄSTE:
Tom und Jerry
(Grillwürstchen mit Käse, Speck und Pommes frites)
Duffy Duck
(Kleines Wiener Schnitzel mit Pommes frites und Ketchup)
Rumpelstilzchen
(Kleiner Kaiserschmarrn mit Zwetschkenröster)
Schleppe Märzen Bier
So wurden früher Unterhaltungen bee
FERTIGE SPEISEN:
Schweinebraten mit Sauerkraut und Semmelknödel
Brückler's Bauernschmaus mit hausgemachten Spezialitäten
Herrengulasch
VOM GRILL:
RESTAURANT

*Karten in Zeitungsform*

Karottencremesuppe
Girardi-Rindsschnitzel, Bandnudeln
Birne mit Schokoladensauce

•

Klare Suppe mit Eierstich
1/4 Grillhuhn, garniert
Bananenschnitte

•

Tomatensuppe
Glacierte Leber mit Speck und Zwiebeln, Kartoffelpüree
Schokoladenmousse

•

Sojabohnensalat
Wiener Kartoffelsuppe
Dukatenbuchteln mit Vanillesauce

•

Steinpilzsuppe
Prager Schnitzel, gedünsteter Reis
Karamelcreme

•

Gemüsepüreesuppe mit Käsecroûtons
1/4 gefüllte Ente, Rotkraut
Bananen mit Preiselbeeren und Schlagobers

•

Haferflockensuppe
Gemüseplatte
Linzer Schnitte

•

Kalte Gurkensuppe mit Dille
Pfefferrindsschnitzel, Kartoffelkroketten
Nußbeugel

•

Lungenstrudelsuppe
Paprikakotelett, Tarhonya
Topfengolatschen

•

Feine Ragoutsuppe
Gebackene Schwarzwurzeln, Sauce tatare, grüner Salat
Kabinettschnitte

•

Butterbohnensalat
Gebeizter Rindsbraten, Kartoffelpuffer
Bayerische Kücherln

•

Ungarische Krautsuppe mit Gebäck
Powideltascherln
Obst

•

Mangoldsuppe
Rindersaftbraten, Prinzeßbohnen, Rahmkartoffeln
Fruchtjoghurt

•

Lauchsuppe
Stelze, Sauerkraut, Salzkartoffeln
Vanillecreme mit Früchten

•

Fleischstrudelsuppe
Kräuterrahmschnitzel, gedünsteter Reis
Sacherschnitte

•

Garnierter kalter Schinken
Bäuerliche Gemüsesuppe
Topfenschmarren, Zwetschkenröster

•

Zuppa alla pavese
Geschnetzeltes Rindfleisch Stroganoff, Spiralennudeln
Grießflammeri mit Himbeersauce

•

Reissuppe mit Erbsen
Bauernschweinskotelett,
Petersilienkartoffeln
Erdbeerjoghurt

•

Kartoffelsuppe
Getreidelaibchen,
mexikanisches Gemüse
Vanilleparfait mit Früchten

•

Salat Mimosa
Fleischknödel, Gabelkraut
Nußkoch mit Weincremesauce

•

Häuptelsalat mit Radieschen
Maischolle in
Weißweinkräutersauce,
Petersilienkartoffeln
Schwarzwälder Schnitte

•

Haussulz mit Essig, Öl und
Zwiebeln
Mohn- oder Nußstrudel,
Zwetschkenröster

•

Rindsuppe mit
Brandteigkrapferln
Sardellenrindsschnitzel,
Hörnchen
Mandelbogen

•

Karfiol mit Essigkräutersauce
Gebackenes Schweinsschnitzel,
Kartoffelsalat
Indianerkrapfen mit
Schlagobers

•

Geflügelragoutsuppe
Gemüseplatte mit Spiegelei
Blätterteigtopfenstrudel

•

Sauerampfersuppe
Tiroler Braten in Pilzsauce,
Makkaroni
Erdbeer-Topfen-Creme

•

Waldorfsalat
Hirschragout nach Jägerart,
Spätzle
Waldbeertörtchen

•

Gemüseschöberlsuppe
Gefüllte Kalbsbrust,
Petersilienkartoffeln,
Häuptelsalat
Nußcreme

•

Geflügelcremesuppe mit
Gemüse
Gebratene Forelle mit
Basilikumbutter,
Dampfkartoffeln
Vollkornobstkuchen

•

Bouillon mit Eierstich
Cordon bleu, Erbsen und
Karotten, Butterkartoffeln
Fruchtsalat

•

Ronensalat
Schweinsbraten, Weinkraut,
Kartoffelknödel
Zwetschkenfleck

•

Steinpilzsuppe
Glacierter Kalbsbraten,
gedünsteter Reis, Erbsen
Mokkacreme

•

Käseeintropfsuppe
Bauernschweinskotelett,
Zwiebelkartoffeln
Brandteigkrapfen mit
Preiselbeerschaum

•

Bouillon mit gebackenem Zungenstrudel
Eingemachtes Kalbfleisch, Karfiolröschen und Zuckererbsen, Naturreis
Weintraubengeleeschnitten

•

Gulaschsuppe mit Gebäck
Scheiterhaufen mit Schneehaube

•

Leberknödelsuppe
Schweinsschnitzel in Kräuterrahmsauce, Mandelreis
Bayerische Creme mit Früchten

•

Kalbsragoutsuppe
Gefüllte Paprika mit Tomatensauce, Salzkartoffeln
Zitronencreme

•

Steirische Landsuppe
Gebackenes Kabeljaufilet, Gemüsemayonnaise
Weichselkuchen

•

Griechischer Bauernsalat
Champignongulasch, Nockerln
Vanillecremeschnitte

•

Kräutersuppe
Hasenlauf in Rahmsauce mit grünem Pfeffer, Kartoffelkroketten
Zimtcreme

•

Currycremesuppe mit Reis
Glacierte Schweinsschulter, Kartoffeln à la savoyarde
Kardinalschnitte

•

Panadelsuppe
Schweinsfilet à la provençale, Champignonreis
Terlaner Weinbirne

•

Selleriecremesuppe
Hasenschulter in Wacholdersauce, Semmelknödel, Bratapfel
Polsterzipf aus Topfenteig

•

Garnierter Thunfischsalat
Znaimer Rindsschnitzel, Serviettenknödel
Topfengelee mit Heidelbeeren

•

Bohnencremesuppe mit Speck und Brotcroûtons
Grießschmarren mit Zwetschkenröster
Banane

•

Schinken mit Gervaiscreme
Reisfleisch mit Reibkäse, bunter Jägersalat
Ischler Krapfen

•

Waldviertler Linsensuppe
Scheibbser Schinkenstrudel, warmer Krautsalat
„Triet" (süße, getränkte Weißbrotschnitten)

•

Schlickkrapferlsuppe
Gebratene Lammkeule mit Kräutern, Speckbohnen, Bäckerkartoffeln
Mohnstrudel

•

Chicoréesalat
Hühnerleber mit Rotweinsauce, Reisring
Bananensplit

•

Rotkrautsalat mit
Orangenspalten
Gratinierte
Fleischpalatschinken, Salatteller
Kakaocremeschnitten

•

Spargelcremesuppe
Wildschweinbraten, garniert
mit Rotkraut und Linsen,
Kartoffelknödel
Germteigschnecken

•

Traungauer Scharndlsuppe
(gebundene Fisolensuppe)
Mühlviertler Ghackknödel
(gefüllt mit faschiertem
Selchfleisch und Braten),
Stöcklkraut
Apfelschlangl

---

**Unsere Menüs sind hinsichtlich Besonderheiten folgendermaßen gekennzeichnet:**

○ Fleischlos
✧ Zubereitung ohne Schweinefleisch
△ Zubereitung mit Alkohol

Konserviert mit:
(1) Sorbinsäure
(2) Benzolsäure
(3) PHB-Ester
(4) Ameisensäure
(5) geschwefelt
(6) mit Farbstoff
(7) mit Phosphat

Rinderkraftbrühe mit
Eiercroûtons
Spaghetti bolognese,
Eisbergsalat
Mangopudding (6)

•

Karottencremesuppe
Königsberger Klöpse mit
Kapernsauce, grüne Bohnen,
Salzkartoffeln
Rosinenquark

•

Kraftbrühe mit Nudelhörnchen
Rinderherzragout in
Rotweinsauce △ Bayrischkraut,
Butternudeln
Orange

•

Gemüsebrühe mit Einlage
Thüringer Bratwurst mit
Bratensaft, Schwarzwurzeln in
Zitronenrahm,
Dampfkartoffeln
Mandelcreme (6)

•

Kräutercremesuppe
Gekochtes Rindfleisch in
Meerrettichsauce,
Schwenkkartoffeln, rote Bete
Apfelreisauflauf

•

Sojabohnensprossensuppe
Vegetarische Paprikaschote mit
Tomatensauce, Grünkernrisotto
Quittenkompott

•

Kraftbrühe mit Gurke
Kasseler Kammbraten mit
Senfsauce, Kohlrabigemüse,
Vollkornnudeln
Kiwi

•

Rinderbrühe mit Eiercroûtons
Hähnchenbrustfilet,
Kohlrabigemüse, Paprikareis
Sahnepudding (6)

•

Grießsuppe Leopold mit
Kopfsalatstreifen
Tortellinis in Tomaten-
Basilikum-Sauce mit
Parmesankäse, Eisbergsalat
Graupenflammeri mit
Himbeersauce

•

Büsumer klare Fischsuppe
Spinat-Crossis mit Erdnuß-
Sesam-Sauce, Vichy-Karotten,
Salzkartoffeln
Mohnquark

•

Kraftbrühe Royal
Truthahnbrust, gebraten, mit
Waldpilzsauce, Rosenkohl,
Zwiebelrisotto
Vanille-Rosinen-Quark

•

Kichererbsensuppe
Getreide-Bolognese mit
Vollkornspaghetti, Eisbergsalat
Rhabarberquark

•

Rinderkraftbrühe mit Käse-
Brot-Würfel
Meerrettichfleisch vom
Schwein, chinesisches
Mischgemüse,
Petersilienkartoffeln
Götterspeise mit
Vanillesauce (6)

•

Milzschnittensuppe
Gekochtes Rindfleisch mit
Schnittlauchsauce, gedünstete
Karotten, Vollkornnudeln
Birnenkompott

•

Curry-Bananen-Suppe
Goldbarschfilet mit
Remouladensauce,
Salzkartoffeln, Kopfsalat
Apfelkompott

•

Kartoffelsuppe
Vegetarische Maultaschen mit
Pilzen und Haselnüssen,
Eisbergsalat
Vanillepudding (6)

•

Florentiner Cremesuppe
Pikantes Putenragout mit
Rhabarberchutney,
Schnittlauchkartoffeln,
Eisbergsalat
Krokantpudding (6)

•

Rinderkraftbrühe mit
Markklößchen
Milch-Schweine-Braten, Pariser
Karotten, Butternudeln
Ananaskompott

•

Rinderbouillon mit
Nudeleinlage
Frühlingsrolle mit süß-saurer
Sauce, Kopfsalat
Pfannkuchen mit Konfitüre

•

Rinderbouillon mit Nudeln
Seelachsfilet mit Delphi-Sauce,
Salzkartoffeln
Biskuitroulade mit
Weinschaumsauce △

## Wahlmenüs in der Gemeinschaftsverpflegung

Die Vorspeisenauswahl wird täglich durch frische Rohkost (○) sowie kleine Salatteller (○) ergänzt. Zum Hauptgericht können Sie als Beilage auch Salate der Saison (○) wählen. Ebenso stehen bei der Dessertauswahl immer frische Früchte sowie Kompott zur Verfügung.

**Suppen**
Kraftbrühe mit Speckklößchen
Selleriecremesuppe

**Vorspeisen**
Senfgurken mit Kräutermayonnaise
Matjesfilet Fridtjof Nansen auf Bohnensalat

**Hauptgerichte**

| | |
|---|---|
| Tellergericht | Sauerkrauteintopf mit Pökelfleisch |
| Auswahl I | ○ Lüneburger Getreidebratling mit Zitronen-Blumenkohl-Sauce (1) |
| Auswahl II | ◇ Hühnerfrikassee mit Champignons, Spargel und Erbsen |
| Auswahl III | ◇ Gebratene Forelle mit brauner Butter |

**Beilagen**
○ gelber Reis
○ Vollkornnudeln
○ Dampfkartoffeln
○ Möhren-Joghurt-Gemüse

**Desserts**
Holunderquark
Mohnpudding (6)

•

**Suppen**
Rinderkraftbrühe mit Eiercroûtons
Brokkolicremesuppe

**Vorspeisen**
Bunter Gurkensalat
Muscheln in Senfsauce

**Hauptgerichte**

| | |
|---|---|
| Tellergericht | ◇ Gemüseauflauf mit Hirse |
| Auswahl I | ◇ Gekochtes Rindfleisch mit Petersiliensauce |
| Auswahl II | Prager Schinken in Wacholdersauce |
| Auswahl III | Geschnetzeltes Rindfeisch Stroganoff |

**Beilagen**
○ Weizenrisotto
○ Tomatennudeln
○ Schwenkkartoffeln
○ Kraut-Paprika-Gemüse

**Desserts**
Himbeerjoghurt
Reis-Mandel-Pudding

•

**Suppen**
Kraftbrühe Risi-Pisi
Italienische Gemüsesuppe

**Vorspeisen**
Bananencocktail
Gefüllter Chicorée mit Garnelen und Orangensauce

**Hauptgerichte**

| | |
|---|---|
| Tellergericht | Linseneintopf mit Wursteinlage |
| Auswahl I | Maultaschen mit Rahmbratensauce, Pilzen und Haselnüssen |
| Auswahl II | ○ Sojamehrkornschnitte mit Paprikasauce |
| Auswahl III | ◇ Kalbsbraten in Sahnesauce |

**Beilagen**
○ Pimonteser Reis
○ Vollkornnudeln
○ Salzkartoffeln
○ Honigkraut

**Desserts**
Apfelquark
Erdbeergelee, mit Sahne garniert

•

**Suppen**
Hühnerbrühe mit Nudeln
Gurkencremesuppe

**Vorspeisen**
Getreidekörnersalat
Schwedischer Herbstsalat

**Hauptgerichte**

| | |
|---|---|
| Tellergericht | Grüne Nudeln mit Blattspinat, gekochtem Schinken und Champignons |
| Auswahl I | ○ Vegetarische Frühlingsrolle mit süß-saurer Sauce |
| Auswahl II | Schweinefleisch nach Gyrosart mit Tsatsiki |
| Auswahl III | ◇ Hähnchenpiccata mit Tomatensauce |

**Beilagen**
○ Naturreis
○ Butternudeln
○ Petersilienkartoffeln
○ Balkangemüse

**Desserts**
Joghurt mit schwarzen Johannisbeeren
Birne Paska

•

**Suppen**
Kräuterbrühe
Kohlrabicremesuppe

**Vorspeisen**
Salat aus roten Linsen
Gemischter Vorspeisenteller

**Hauptgerichte**

| | |
|---|---|
| Tellergericht | ○ Schweizer Rösti mit Schnittlauchquarksauce |
| Auswahl I | ◇ Seehechtfilet, gebacken mit Remouladensauce |
| Auswahl II | Schinkenknacker |
| Auswahl III | ◇ Rheinischer Sauerbraten mit Mandeln und Rosinen |

**Beilagen**
○ Sesamrisotto
○ Vollkornnudeln
○ Dillkartoffeln
○ Grünkohl

**Desserts**
Rhabarberquark
Quittenkuchen

•

**Suppen**
Chinesische Suppe mit Eierflocken
Kichererbsensuppe

**Vorspeisen**
Mandarinen-Reis-Salat
Quark nach Fischerart

**Hauptgerichte**

| | |
|---|---|
| Tellergericht | Kartoffel-Curry-Eintopf |
| Auswahl I | ○ Getreide-Bolognaise |
| Auswahl II | Schweinekammbraten in Knoblauchsauce |
| Auswahl III | ◇ Gebratene Putenbrust mit Preiselbeersauce |

**Beilagen**
○ Gemüsereis
○ Vollkornnudeln
○ Salzkartoffeln
○ Leipziger Allerlei

**Desserts**
Rhabarberquark
Karamelköpfli

•

**Suppen**
Rinderkraftbrühe mit Käse-Brot-Würfel
Zwiebel-Curry-Suppe mit Naturreis

**Vorspeisen**
Schwedischer Heringssalat
Garnelensalat mit Avocado

**Hauptgerichte**

| | |
|---|---|
| Tellergericht | ○ Weizen-Lauch-Gratin |
| Auswahl I | Meerrettichfleisch vom Schwein |
| Auswahl II | ◇ Meerrettichfleisch vom Schwein |
| Auswahl III | ◇ Brokkoli-Shrimps-Crossis mit Kräutercreme |

**Beilagen**
○ Gerstenrisotto
○ Butternudeln
○ Petersilienkartoffeln
○ Chinesisches Mischgemüse

**Desserts**
Brombeerjoghurt
Götterspeise mit Vanillesauce (6)

•

**Suppen**
Hühnerbrühe mit Grießklößchen
Lauchcremesuppe mit Schinkenstreifen

**Vorspeisen**
Gurken-Tomaten-Joghurt-Cocktail
Chicoréesalat mit Mandelsauce

**Hauptgerichte**

| | |
|---|---|
| Tellergericht | ○ Tomaten-Hirse-Pfanne |
| Auswahl I | ◇ Gebackene Rinderleber mit Pfirsichsauce |
| Auswahl II | Frankfurter Rippchen |
| Auswahl III | ◇ Kalbsgeschnetzeltes nach chinesischer Art |

**Beilagen**
○ Curryreis
○ Vollkornnudeln
○ Dillkartoffeln
○ Schwarzwurzeln in Zitronenrahm

**Desserts**
Himbeerjoghurt
Schokoladenpudding

•

**Suppen**
Rinderbouillon mit Nudeleinlage
Sellerie-Möhren-Suppe mit Grünkern

**Vorspeisen**
Schweizer Käsesalat
Preiselbeer-Camembert-Ecken

**Hauptgerichte**

| | |
|---|---|
| Tellergericht | Roggeneintopf mit Rauchspeck |
| Auswahl I | ✧ Frühlingsrolle mit süß-saurer Sauce |
| Auswahl II | ○ Kartoffeltaschen, gefüllt mit Kräuterfrischkäse |
| Auswahl III | ✧ Rheinischer Sauerbraten mit Mandeln und Rosinen |

**Beilagen**
○ Grünkernrisotto
○ Spätzle
○ Kartoffelklöße
○ Krautsalat

**Desserts**
Apfelquark
Mokkapudding

•

**Suppen**
Kraftbrühe mit Flädle
Soljanka

**Vorspeisen**
Remouladeneier
Gemischter Vorspeisenteller

**Hauptgerichte**

| | |
|---|---|
| Tellergericht | ○ Kartoffel-Möhren-Auflauf |
| Auswahl I | ✧ Gekochtes Rindfleisch mit Schnittlauchsauce |
| Auswahl II | ✧ Paniertes Schollenfilet, gebacken, mit Eier-Senf-Sauce |
| Auswahl III | Ratsherrn-Geschnetzeltes von Schweinefleisch mit Champignons |

**Beilagen**
○ Risi-Pisi
○ Vollkornnudeln
○ Gurken-Kartoffel-Salat
○ Vichy-Karotten

**Desserts**
Holunderjoghurt
Preiselbeerparfait

•

**Suppen**
Rinderkraftbrühe Risi-Pisi
Grießsuppe Leopold mit Kopfsalat

**Vorspeisen**
Bohnensalat französische Art
Blumenkohl-Brokkoli-Salat

**Hauptgerichte**

| | |
|---|---|
| Tellergericht | ○ Kräuterrisotto |
| Auswahl I | Berliner Boulette in Sahnesauce |
| Auswahl II | ◇ Steckrüben-Kalbsragout |
| Auswahl III | Schweinerücken unter Senfkräuterkruste mit rheinischer Sauce |

**Beilagen**
○ Dinkelrisotto
○ Käsenudeln
○ Schnittlauchkartoffeln
○ Erbsen

**Desserts**
Mohnquark
Orangengelee mit Pistaziensahne

•

**Suppen**
Rinderbrühe mit Eiercroûtons
Pürierte Erbsensuppe

**Vorspeisen**
Senfgurke mit Kräutermayonnaise
Zucchinirohkost mit Pfirsichstücken

**Hauptgerichte**

| | |
|---|---|
| Tellergericht | Linsen-Schweinefleisch-Curry |
| Auswahl I | ✧ Paniertes Hähnchenbrustfilet, gebacken, mit Bratensauce |
| Auswahl II | ○ Tofu-Mehrkorn-Schnitte mit Brokkoli-Sonnenblumenkern-Sauce |
| Auswahl III | ✧ △ Meeresfrüchte in Weißweinsauce |

**Beilagen**

○ Paprikareis
○ Vollkornnudeln
○ Salzkartoffeln
○ Kohlrabigemüse

**Desserts**

Mandarinenjoghurt
Sahnepudding (6)

•

**Suppen**

Gemüse-Kräuter-Brühe
Kohlrabicremesuppe

**Vorspeisen**

Gemischter Wurstsalat
Bulgarischer Schafkäsesalat

**Hauptgerichte**

| | |
|---|---|
| Tellergericht | ○ Kohlrübenbratling mit Joghurtkräutersauce und Dampfkartoffeln |
| Auswahl I | Gebratenes Schweinekammsteak mit Bratensauce |
| Auswahl II | ✧ Gekochtes Rindfleisch mit Gurken-Dill-Sauce |
| Auswahl III | ✧ Edelhirschragout mit Früchten |

**Beilagen**

○ Haferrisotto
○ Spätzle
○ Dampfkartoffeln
○ Pariser Karotten

**Desserts**

Vanillequark (6)
Haselnußmousse

•

**Suppen**

Rinderbouillon mit Frühlingsgemüsen
Tomatencremesuppe

**Vorspeisen**
Mixed Pickles
△ Krabben-Cocktail

**Hauptgerichte**

| | |
|---|---|
| Tellergericht | Bunter Bohneneintopf |
| Auswahl I | ○ Gebackene Blumenkohlrösti mit Barbecuesauce |
| Auswahl II | Schlachtplatte (Blut- u. Leberwurst u. Wellfleisch) |
| Auswahl III | ✧ Rosa gebratenes Roastbeef mit Remouladensauce |

**Beilagen**
○ Butterreis
○ Vollkornnudeln
○ Dampfkartoffeln
○ Sauerkraut

**Desserts**
Aprikosenjoghurt
Krokantpudding

•

**Suppen**
Rinderkraftbrühe
Blumenkohlcremesuppe

**Vorspeisen**
Nudelsalat
Gemischter Vorspeisenteller

**Hauptgerichte**

| | |
|---|---|
| Tellergericht | Gabelspaghetti mit Erbsen-Sahne-Sauce |
| Auswahl I | Paniertes Seelachsfilet, gebacken,mit Toscana-Sauce |
| Auswahl II | Geschmorte Lammkeule mit Kümmelsauce |
| Auswahl III | ○ Soja-Stroganoff |

**Beilagen**
○ Hirsotto
○ Butternudeln
○ Petersilienkartoffeln
○ Brechbohnen

**Desserts**
Stachelbeerquark
Milchreis mit Zimt

•

**Suppen**
Hühnerbrühe mit Sojakeimen
Manhattan-Muschelsuppe

**Vorspeisen**
Französischer Linsensalat mit Senfcreme
Geräucherte Truthahnbrust mit Salat von grünen Bohnen, Selleriestreifen und Tomaten

**Hauptgerichte**

| | |
|---|---|
| Tellergericht | Würzburger Eintopf mit Gemüse und Rindfleisch |
| Auswahl I | ○ Gemüseauflauf |
| Auswahl II | Schweinekotelett, gebraten, mit Sauce Robert |
| Auswahl III | ✧ Kalbsbraten mit Brombeersauce |

**Beilagen**
○ Mohnreis
○ Vollkornnudeln
○ Dampfkartoffeln
○ Mischgemüse

**Desserts**
Ananasjoghurt
Pistazienpudding (6)

•

**Suppen**
Katalonische Kraftbrühe mit Reis, Tomatenwürfeln und Paprika
Dänische Bohnensuppe

**Vorspeisen**
Fischsalat mit Champignons
Chicorée mit Äpfeln und Krevetten in Zitronenrahm

**Hauptgerichte**

| | |
|---|---|
| Tellergericht | Mexikanischer Maistopf |
| Auswahl I | ○ Gekochte Eier mit Currysauce |
| Auswahl II | ✧ Rotbarschfilet Nantua mit Krebssauce |
| Auswahl III | ✧ Sauerfleisch von geschnetzeltem Rindfleisch |

**Beilagen**
○ Gerstenrisotto
○ Butternudeln
○ Kartoffelpüree
○ Lauchgemüse

**Desserts**
Sanddornquark
Mandelkernpudding (6)

•

**Suppen**
Leberspätzlesuppe
Rahmsuppe Vichy mit Karotten

**Vorspeisen**
Kronsardinen, garniert
Camembertsalat

**Hauptgerichte**

| | |
|---|---|
| Tellergericht | ○ Schweizer Rösti mit Kräuterquarksauce |
| Auswahl I | ○ Vegetarische Kohlroulade mit Tomatensauce |
| Auswahl II | ◇ Rinderragout mit Gemüsen |
| Auswahl III | Kasseler Rücken auf mexikanische Art mit rotem Paprika und Ananas |

**Beilagen**
○ Reis mit Sellerie
○ Vollkornspätzle
○ Petersilienkartoffeln
○ Pariser Karotten

**Desserts**
Holunderjoghurt
Mangopudding (6)

•

**Suppen**
Kräuter-Gemüse-Brühe
Tomatensuppe mit Erbspüree und Sahne

**Vorspeisen**
Fenchelsalat
Matjes-Eier-Salat mit Senfsauce

**Hauptgerichte**

| | |
|---|---|
| Tellergericht | Warschauer Bigos mit Sauerkraut, Schweinefleisch und Pilzen |
| Auswahl I | Westfälische Bratwurst mit Bratensauce |
| Auswahl II | Gebackenes Hähnchenbrustfilet Hubertus, gefüllt mit Pilzen |
| Auswahl III | ○ Sojablanket mit Spargel, Erbsen und Karotten |

**Beilagen**
○ Weizenrisotto
○ Butternudeln
○ Salzkartoffeln
○ Wirsingkohlgemüse

**Desserts**
Rhabarberquark
Mokkapudding

•

**Suppen**
Pfefferschoten-Kraftbrühe
Passierte Kartoffelsuppe mit Schinkenwürfeln und Ei

**Vorspeisen**
Bohnensalat mit Gerste
Gemischter Vorspeisenteller

**Hauptgerichte**

| | |
|---|---|
| Tellergericht | O Dinkelkrüstchen mit Tomatensauce und Kartoffelpüree |
| Auswahl I | ✧ Geschmortes Rindfleisch mit Piccadilly-Sauce |
| Auswahl II | ✧ Gebackenes Seelachsfilet mit Curry-gewürzter Fruchtauflage, Virginiasauce |
| Auswahl III | Rinderroulade in Sahnesauce |

**Beilagen**
O Zwiebelreis
O Vollkornnudeln
O Dillkartoffeln
O Apfelrotkohl

**Desserts**
Erdbeerjoghurt
Banane im Backteig mit Vanillesauce

# Menüs für die Gemeinschafts-verpflegung / Leichte Vollkost

Butterbohnensuppe
Tafelspitz mit Wurzelgemüse, Petersilienkartoffeln
Ananaskompott

•

Klare Ochsenschwanzsuppe
Gemüselasagne, Friséesalat
Topfencreme mit Mango

•

Grießdukatensuppe
Butterschnitzel, Vollkornteigwaren, grüner Salat
Apfeltorte

•

Frittatensuppe
Kalbsschulter, gedünsteter Chicorée, gespritzte Kartoffelkrapfen
Camembert mit Jourgebäck

•

Hühnereinmachsuppe
Chinesische Reispfanne mit Sojasprossen, Morcheln und Karotten
Biskuitroulade

•

Rindsuppe mit Nudeln
Gekochtes Rindfleisch, Butterbohnen, Bouillonkartoffeln
Birnenkuchen

•

Schinkencanapés
Topfenauflauf, Marillenkompott

•

Leberreissuppe
Bœuf Stroganoff, Kräuterreis
Sojacreme mit Früchten

•

Spargelsuppe
Naturschnitzel, Ofenkartoffeln, Lollo rosso
Gezogener Apfelstrudel

•

Klare Gemüsesuppe
Schollenfilet Natur auf Blattspinat, Petersilienkartoffeln
Haferflockenmüsli

•

Kürbispüreesuppe
Kalbsschnitzerl, Kräuterreis, Chicoréesalat
Profiterol mit Vanillecreme

•

Rindsuppe mit Eierflocken
Putenragout, Semmelknödel
Schokoladenpudding mit passierter Himbeersauce

•

Rindsuppe mit Karotten und Petersilie
Gekochter Schinken, Kartoffelpüree, Blattsalate
Joghurttorte

•

Perlweizensuppe
Kalbsbraten, Kartoffelpüree, Roter-Rüben-Salat
Birnenmeringue

•

Grießknödelsuppe
Rindsschnitzel, Spätzle,
Brokkolispitzen
Biskottenschnitte

•

Melanzanecremesuppe
Seelachs in Folie, Kochsalat
Petersilkartoffeln
Gebratene Banane

•

Rindsuppe mit Tortellini
Eingemachtes Kalbfleisch,
Sellerie-Karotten-Gemüse,
Kartoffelknödel
Topfenstrudel

•

Rindsuppe mit Brokkolispitzen
Gemüsegespickter Rindsbraten,
Bandnudeln, gemischter Salat
Karamelpudding

•

Markknödelsuppe
Putenschnitzel, Reis,
Häuptelsalat
Beerensülze

•

Rindsuppe mit Tarhonya
Tiroler Scheiterhaufen

•

Rote-Rüben-Cremesuppe
Hirseauflauf, Joghurtdip,
Blattsalat
Apfelmus mit Anisplätzchen

•

Panadelsuppe
Faschiertes Butterschnitzel,
Auberginen, Kartoffelpüree
Birnenkompott

•

Fenchelsuppe
Hirschragout,
Serviettenknödel, passierte
Preiselbeeren
Topfenschnitte

•

Eintropfsuppe
Mailänder Schnitzerl,
Kräuterreis, Salat mimosa
Kiwisalat

•

Fenchelsalat mit Schinken
Topfenknödel auf Erdbeermark

•

Kartoffelsuppe
Steirisches Wurzelfleisch,
Salzkartoffeln
Grießflammeri

•

Sellerie-Apfel-Rohkost
Kalbsnierenbraten,
Petersilienkartoffeln, Friséesalat
Cocktail aus Hollersaft

•

Karottensuppe
Rindsroulade, Bandnudeln,
Pariser Karotten
Maronischnitte

•

Hühnereinmachsuppe
Truthahnschnitzel, Hirse,
grüner Salat
Birnenspalten, getunkt in
Schokoladensauce

•

Kürbissuppe
Forellenfilet, Petersilkartoffeln,
gedünsteter Stangensellerie
Mangosalat

•

Kerbelcremesuppe
Eingemachte Kaninchenhaxerl, Hörnchen, gedünstete Birne
Perlweizenpudding

•

Steirische Rahmsuppe
Spinatnudeln mit Schinken
Brombeerkaltschale

•

Grießnockerlsuppe
Putenvögerl im Kürbisgemüse, Spiralen
Marmeladenpalatschinke

•

Zucchinicremesuppe
Risotto mit Meeresfrüchten
Karamelpudding

•

Leberknödelsuppe
Schweinsschnitzel Natur, Perlweizen, Lollo rosso
Apfel in Gelee

•

Haferflockensuppe
Majoranfleisch, Spätzle, Rucolasalat
Marmorgugelhupf aus Vollkornmehl

•

Hühnersuppe mit Hirsenudeln
Putenleberkäse Natur, Kartoffelpüree, Chinakohlsalat
Ribiselschnitte aus passierten Ribiseln

•

Kerbelschaumsuppe
Kartoffelnudeln, passiertes Zucchinigemüse
Orangengelee

•

Gemüsesuppe mit Kräuterschöberln
Vollkornschinkenfleckerl, grüner Salat
Apfel im Schlafrock

•

Geeiste, passierte Tomatensuppe
Fischauflauf, Häuptelsalat
Vollkornroulade mit Quittengelee

•

Frittatensuppe
Melanzane-Perlweizen-Schnitzel aus dem Backrohr, Joghurtdip, gemischte Blattsalate
Gefüllte Orange

•

Minestrone
Spaghetti mit Tomatensauce und Schinkenstreifen, Eichblattsalat
Vollkornkarottenschnitte

•

Kalbscremesuppe
Gedünstete Kalbsvögerl, Kräuterreis, Radicchio
Apfelauflauf

•

Legierte Grießsuppe
Rindsschnitzel, Butterbohnen, Petersilkartoffeln
Kakaokuchen

•

Putenextrawurst in milder Vinaigrette
Topfenauflauf, Marillenkompott

•

Feines Gemüse in Aspik
Esterházyschnitzel,
Semmelknödel, grüner Salat
Kaffeecreme

•

Karottenpüreesuppe
Frankfurter, Stangensellerie,
gelbe Rüben, Butterbohnen,
Kräuterkartoffeln
Bananen-Joghurt-Schnitte

•

Rindsuppe mit Lungenstrudel
Hühnerschnitzel,
Tomatenmarkreis, Friséesalat
Teekuchen

•

Rote-Rüben-Suppe
Gerollte Lammschulter,
Hirseknödel, Spargelbohnen
Biskottentorte

•

Buttermilch-Kräuter-Cocktail
Pochierter Seelachs,
Petersilkartoffeln, pochierter
Mangold
Schneenockerln in Vanillesauce

•

Kräuterschaumsuppe
Eingemachtes Kalbfleisch,
Polentaschnitten, Kochsalat
Karottentorte

•

Rahmsüppchen
Ragout vom Kitz,
Erdäpfelknödel, rote Rüben
Topfentorte

•

Zucchinicremesuppe
Brathuhn ohne Haut,
Kräuterreis, gelber Rübensalat
Vanillepudding mit frischem
Himbeersaft

•

Leberspätzlesuppe
Kalbsschnitzerl, Sago,
Chicoréesalat
Mandarinenkompott

•

Gemüsesuppe mit Tofueinlage
Gefüllte Aubergine mit
Perlweizen
Aufgeschlagenr
Schokoladetopfen

•

Roter-Rüben-Saft
Hühnerbrust, gedünstet,
Butterbohnen,
Kräuterkartoffeln
Marmorgugelhupf

•

Spargelsalat
Waldviertler Topfenknödel,
Apfel-Heidelbeer-Kompott

•

Warmer Kräuterflan
Faschierter Kalbsbraten,
Kürbisgemüse,
Prinzeßkartoffeln
Bananenfrappé

•

Orangen-Hühnchen-Salat
Schweinsfilet im
Mangoldmantel,
Bouillonkartoffeln
Süße Polentaschnitte mit
Pfirsichmus

•

Klare Rindsuppe mit
Spargelspitzen
Hirseauflauf mit Joghurtdip,
gemischter Salat
Beerenshake

•

Marinierter Stangensellerie
Gedünstetes Rindsschnitzel,
Perlweizen, Löwenzahnsalat
Kaffeeschnitte

•

Gekühlter Zucchiniauflauf
Risotto mit Gemüse und
Edamer, Eissalat
Pfirsichgelee

•

Rindsuppe mit Gemüsestreifen
Hirschragout, Kartoffelnudeln,
Häuptelsalat
Picotta mit Mango

•

Kaiserschöberlsuppe
Gekochte Putenwürste,
Kochsalat, Stampfkartoffeln
Verdünnter Pfirsichsaft

•

Klare Gemüsesuppe mit
Bambus
Kalbszunge, Kartoffelpüree,
Roter-Rüben-Salat
Hafermuffin

•

Löwenzahnsalat mit
Tofuwürfeln
Gratiniertes Kürbisschnitzel,
Reis, Wurzelgemüse
Apfel im Schlafrock

•

Minestrone
Tortellini mit Topfen-Käse-
Fülle, Friséesalat
Marmeladepalatschinke

•

Buttermilchsuppe mit
Croûtons
Blattspinatrouladen,
Polentaplätzchen
Aufgeschlagene Topfencreme
mit Erdbeeren

•

Schinken, garniert
Kalbsschnitzel, Spargel,
Petersilienkartoffeln
Sandkuchen

•

Rollgerstelsuppe
Mageres Selchfleisch,
Kartoffelpüree, Häuptelsalat
Nektarinengelee

•

Klare Gemüsesuppe mit
Fleuron
Fischroulade auf bunten
Nudeln, Fenchelstreifen,
gemischter Salat mit Sesamöl
Heidelbeerblinis

•

Truthahnwurst auf Grahambrot
Topfenknödel auf Früchtemus

•

Kalbszungensuppe
Gebratene Schollenfilets,
Fenchelgemüse,
Prinzeßkartoffeln
Brandteigschnitte

•

Reissuppe
Schinkenfleckerl, grüner Salat
Himbeerjoghurt

•

Karottensaft
Eingemachtes Reh,
Serviettenknödel, Selleriesalat
Marillenkuchen mit Mandeln

•

Leberreissuppe
Zander Natur, Tomatennudeln,
Radicchio
Gefüllter Windbeutel

•

Lungenschnittensuppe
Kalbsröllchen, gefüllt,
Gemüseperlweizen,
Stangenselleriesalat
Birnenstrudel

•

Italienische Reissuppe
Truthahnschnitzel,
Hirsepudding, Blattsalate mit
Kernöl
Gefüllter Pfirsich

•

Crostini mit Pesto
Maultaschen mit Spinatfülle,
Edamer-Sauce, Lollo rosso
Sandkuchen mit passierten
Himbeeren

•

Käsekrustelsuppe
Kalbsschnitzel mit
Kräutersauce, Kürbisreis,
Vogerlsalat
Kakaopudding

•

Mangoldcremesuppe
Hirse-Fisch-Pudding mit
gemischtem Gemüse
Kaffee-Joghurt-Kaltschale mit
Honigpops

•

Rindsuppe mit Zucchinistreifen
Gemüsepalatschinke mit
Topfen-Kräuter-Creme
Kürbistorte

•

Lauchterrine
Hirsegnocchi mit
Melanzanesauce
Schokoladenkuchen

•

Grahambrot mit Kräutertopfen
Hühnersuppentopf
Buchweizenwaffel mit
Zitronenjoghurt

•

Schinkensandwich
Topfennudeln mit Zimtzucker,
Beerenkompott

•

Rindsuppe mit
Schinkennockerln
Rehragout, Kartoffelknödel,
Pfirsich mit passierten
Preiselbeeren
Quittenkompott

# Menüs für die Gemeinschaftsverpflegung / Vitalkost

Crostini von Pesto und Mozzarella
Seelachs, gegrillt, Petersilkartoffeln, Salatvariation
Grapefruitcocktail

•

Waldorfsalat
Blattspinat, pochiertes Ei, Salzkartoffeln
Ribiselkuchen

•

Bärlauchsuppe
Gemüselaibchen, Tomatensauce mit frischem Basilikum, wilder Reis
Frischer Orangenjuice

•

Rohkost mit Karotten und Apfel
Brokkoliflan mit Béchamelkartoffeln
Bierkäse mit Nüssen und Weintrauben

•

Fischsuppe
Gemüsepizza
Obstsalat

•

Gemüsesuppe mit Vollkornbackerbsen
Schafskäsestrudel, gemischter Salat
Erdbeerjoghurt

•

Sautierte Gurken mit Eichblattsalat und Dill
Zander in Kräutersauce, Salzkartoffeln
Apfel

•

Spargelsalat
Spinatspätzle mit Käsesauce
Topfencreme mit Früchten

•

Zucchini-Rohkost
Geräucherter Tofu, Gabelkraut, Kümmelkartoffeln
Gervais mit Knäckebrot

•

Klare Gemüsesuppe
Gebratenes Schollenfilet, Joghurtsauce mit Kräutern, Nußkartoffeln
Birchermüsli

•

Rote Rüben mit geraspeltem Apfel
Gefüllte Aubergine, Naturreis, Friséesalat
Birne

•

Gemüsesuppe mit Käsekrusteln
Spinattortellini mit pikanter Sauce
Heidelbeertopfen

•

Frisch gepreßter Gemüsecocktail
Solospargel mit Buttersauce, heurige Kartoffeln
Apfel-Sesam-Torte

•

Bierrettich auf Vollkornbrot
Getreidelaibchen, Steinpilzsauce, grüner Salat mit Kernöl
Beerenkaltschale

•

Sellerieremoulade
Gemüseeintopf mit
Folienkartoffeln
Bananen-Mandarinen-Salat

•

Sauerkraut mit Ananas und
Äpfeln
Vollkornscheiterhaufen
Marillenkompott

•

Lauch-Dinkel-Suppe
Krautstrudel mit Sojafülle,
Paprikasauce
Ringlotten

•

Avocadocreme mit Tacos
Mexikanischer Bohneneintopf,
Perlweizen, grüner Salat
Marillensaft, frisch gepreßt

•

Keimlingsalat
Pochierter Lachs, Blattspinat,
Salzkartoffeln
Quittenkompott

•

Karottenpüreesuppe
Sojageschnetzeltes, Rösti,
gemischte Blattsalate
Weichseltopfen

•

Frühlingskäse auf
Vollkorngebäck
Grünkernauflauf
Salatvariation mit Sesamöl
Kakaocreme

•

Kichererbsenbällchen auf
Blattsalat
Verschiedene gebratene
Gemüse mit Kräuterdip
Hollerkoch

•

Tomaten mit Mozarella und
frischem Basilikum
Pilzragout, Vollkornknödel
Birnenjuice

•

Buttermilch mit Beerenmark
Sojakrauteintopf,
Ofenkartoffeln
Frisch filetierte Ananas

•

Vollkornfrittatensuppe
Grenadiermarsch,
Roter-Rüben-Salat
Himbeerkefir

•

Klare Gemüsesuppe mit
Vollkornnudeln
Pochierter Goldbarsch in
Kerbelsauce, buntes
Wurzelgemüse,
Majoranerdäpfel
Kirschenkuchen

•

Hirsesuppe
Zucchinipalatschinken, mit
Topfen und Mozzarella
überbacken, Karottensalat
Naturreis mit Früchten

•

Kürbisscheiben mit marinierten
Paradeisern
Karotten-Soja-Laibchen,
Estragonsauce
Orangensalat

•

Überbackene
Schafskäsebällchen mit
Olivencrostinis
Melanzanetorte mit
Knoblauchrahm
Zuckermelone

•

Camembertcanapés
Zucchinilaibchen auf
Paradeiscreme, Erdäpfelpüree
Dinkel-Brombeer-Kuchen

•

Vollkornnudelsuppe
Gemüsemoussaka,
Kräuterobers, Naturreis
Mandelgelee mit Beeren

•

Kresseblüten mit Gervais
Petersilienflan mit
Käsehäubchen,
Erdäpfelschmarren
Birnenkompott

•

Rindsuppe mit Polentanocken
Vollkornlaibchen mit
Kerbelsauce, Gemüsebouquet
Gemischtes Obstgelee

•

Schnittlauchcremesuppe
Gefüllte Kohlrüben mit Risotto
und Dillsauce, Eichblattsalat
Gervais mit Tomate

•

Lauchrohkost mit Äpfeln
Grießknödel mit
Eierschwammerlsauce, grüner
Salat
Pfirsichjuice

•

Tomatencremesuppe
Karfiol, mit Bechamel und
Gorgonzolaflocken
überbacken, Erdäpfel
Mandarinensalat

•

Geeiste Gurkenschaumsuppe
Vollkornnudelsoufflé,
Salatvariation
Haferflockenmüsli

•

Sojasprossenrohkost
Mangoldstrudel mit
Kräutersauce
Rhabarberkompott

•

Stangenselleriérohkost mit
Paprikadip
Blätterteigpastete mit
Gemüseragout
Orangencreme

•

Buchstabengemüsesuppe
Krautfleckerln aus
Vollkornteigwaren
Powidelgolatsche

•

Fischtatare mit Vollkorntoast
Dinkelkräuterlaibchen, kalte
Kressesauce, Blattsalate
Melonensalat

•

Minestrone
Vollkornspaghetti mit
Sojasauce, Lollo rosso
Nektarine

•

Klare Gemüesuppe mit
Karotten
Palatschinken, mit Gemüse
gefüllt und mit Käse
überbacken, Schnittlauchsauce,
gemischter Salat
Sojabohnenpudding

•

Chinesische Nudelsuppe
Gemüsepotpourrie mit
Perlweizen, Chicorée
Ananas in Vollkornbackteig

•

Picotta, garniert mit
Cocktailtomaten
Gemüseplatte, Salzkartoffeln
Linzer Torte

•

Frühlingsrolle
Tofuschnitzel mit Zigeunersauce, Petersilerdäpfel
Grapefruit

•

Gerstencremesuppe
Kürbis-Kastanien-Strudel mit Sauerrahm
Apfelbrot

•

Pikanter Sojabohnenkeimlingssalat
Karottenflan mit Dillsauce, Erdäpfelpüree
Zwetschkenfleck

•

Zuckermaisrohkost mit Paprika und Gurken
Hirselaibchen mit gedämpftem Lauch, Tomatensauce
Frisches Pfirsichjoghurt

•

Grünkernpastete auf Vollkorntoast
Fisch auf serbische Art, Kartoffeltortilla
Bananenmilchshake

•

Rote Rüben mit Oberskren
Risotto mit Pilzen
Schneenockerl in Beerensauce

•

Brokkoli-Apfel-Püree
Gefüllter Kohlrabi mit Dill und Sauerrahm
Erdbeerfrappé

•

Zucchinicremesuppe
Erdäpfelpuffer mit sautiertem Chinakohl und Kochbanane
Himbeergelee

•

Rote Rüben mit Blattwerk in heißer Vinaigrette
Vegetarische Kartoffelpizza, Bummerlsalat
Pfefferminzsorbet

•

Geröstete Paprikaschoten in Vinaigrette
Vollkornnudeln mit Roquefortsauce
Obst mit Schneehaube

•

Kohlsuppe mit Gerstel
Kürbisquiche auf Reisteig
Gebackene Banane mit Honig

•

Salat aus Brunnenkresseblüten
Sojagulasch, Vollwertnockerln
Heidelbeerschnitte

•

Kartoffel-Kümmel-Suppe
Marmoriertes Gemüsesoufflé, Blattspinat
Mousse von Birnen und Bataten

•

Dorschterrine
Spinat-Käse-Knödel auf Schwarzwurzelsauce
Zitronengranité

•

Zucchiniraspel mit frischem Basilikum
Hirseauflauf, überbacken, Löwenzahnsalat
Roggenflakes im Obstmus

•

Kichererbsensalat mit Sesampaste
Gemüsestrudel mit Erdäpfel mit Estragonobers
Honigpops mit Milch

•

Karfioleinmachsuppe
Vollkornspaghetti mit
Kräuterrahmsauce und
Meeresfrüchten, Vogerlsalat
Frappé mit Mango

•

Kräuterschöberlsuppe
Buntes Gemüseallerlei in
Kefirsauce, Kerbelerdäpfel
Bananensalat

•

Saure Milch
Gefüllte Tomaten auf
griechische Art, Mangoldflan
Pfirsichmilchshake

•

Spargel, gratiniert
Vollkornkaiserschmarren,
Zwetschkenröster

•

Salat aus Löwenzahn und
Vollkorncroûtons
Forellenfilet, Petersilkartoffeln,
Zuckererbsen
Orangenjuice mit Fruchtfleisch

•

Erbsenschotensuppe
Tortellini mit Topfen-Käse-
Fülle, gemischter Salat
Gefüllter Apfel

•

Gurkenmousse mit Gazpacho-
Sauce
Polentaschnitten, überbacken,
Kohlrabigemüse
Zimtsterne

•

Pochiertes Ei in Aspik
Paella mit Scampi
Honigparfait

•

Rote-Bohnen-Suppe mit
Mangold
Steinpilzrisotto mit
Waldbeeren, Salatteller
Maisflocken mit Milch

•

Linsenpüree auf Löwenzahn
Gebratene Tofulaibchen,
Wurzelcremesauce, Reis
Gewürzbirne

•

Rucolasalat mit Mozzarella
Kochsalat mit Erbsen,
Salzkartoffeln, Sojawürstchen
Muffin mit Trockenfrüchte

•

Zucchini, süß-sauer
Topfen-Vollkorn-Auflauf mit
Kräutersauce, Salatvariation
Löwenzahnblütencreme

•

Überbackene
Vollkornbrotsuppe
Schwarzwurzeln in Topfenteig
mit Buttersauce, grüner Salat
Savarin mit Früchten

•

Bulgursuppe
Gebackene Palatschinken mit
Pilzfülle und Tofu-Kren-Sauce
Hollerkoch mit Vanillesauce

•

Gemüsepastete mit Kürbis-
Apfel-Mus
Gefüllter Kohlrabi mit
Wurzelrahmsauce
Gebackener Apfelknödel

•

Gemüsesuppe mit
Polentanockerln
Gebackener Sellerie mit
Zitronencreme, Vollkornreis
Vollkorn-Ischler-Törtchen

•

Lauchsuppe mit Buchweizen
Fischragout in Pastete,
Radicchio
Banane mit Himbeersauce

•

Bouillabaisse
Bunte Nudeln mit Raclettekäse
Sagopudding mit Marillen

•

Sellerie mit Rahm
Vollkorngnocchi mit Pesto,
Tomatensalat
Polentatorte

•

Schafskäsecrostinis auf
Bummerlsalat
Couscous mit sieben Gemüsen
Brombeertopfen

•

Kohlstrudelsuppe
Gemüseplatte mit
Folienkartoffeln, pochiertes Ei
Mohn-Apfel-Torte

**2. Fleischspeisen**
Basilikum, Bohnenkraut, Curry, Estragon, Kapern, Fenchel, Kerbel, Knoblauch, Kümmel, Lorbeerblatt, Majoran, Paprika, Pfeffer, Pfefferkörner, Zitronensaft, Rosmarin, Borretsch, Dille, Kren, Oregano, Liebstöckel, Senf, Thymian

**3. Faschiertes**
Bohnenkraut, Knoblauch, Liebstöckel, Majoran, Muskat, Neugewürz, Oregano, Paprika, Petersilie, Pfeffer, Rosmarin, Thymian, Koriander, Lorbeerblatt

**4. Wild**
Pfeffer, Pfefferkörner, Wacholder, Essig, Zwiebel, Majoran, Paprika, Rosmarin, Thymian, Koriander, Lorbeerblatt

**5. Geflügel**
Basilikum, Beifuß, Curry, Estragon, Majoran, Muskat, Neugewürz, Rosmarin, Thymian, Wacholder, Zwiebel, Zitronensaft, Schnittlauch, Salbei, Kresse, Kerbel

**6. Fischspeisen**
Bohnenkraut, Dille, Estragon, Lorbeerblatt, Pfefferkörner, Rosmarin, Senfkörner, Thymian, Wacholder, Zwiebel, Essig, Zitronensaft, Wurzelwerk, Salbei, Oregano, Majoran, Kresse, Kerbel

**7. Eier**
Basilikum, Beifuß, Bohnenkraut, Brunnenkresse, Dille, Estragon, Kerbel, Kresse, Liebstöckel, Majoran, Oregano, Petersilie, Rosmarin, Schnittlauch, Thymian, Zitronenmelisse

**8. Pilzgerichte**
Curry, Dille, Estragon, Kresse, Liebstöckel, Petersilie, Pfeffer, Schnittlauch, Zitronensaft

**9. Gemüse**
Basilikum, Bohnenkraut, Borretsch, Kresse, Dille, Estragon, Kerbel, Knoblauch, Kren, Kümmel, Liebstöckel, Paprika, Petersilie, Schnittlauch, Zwiebel, Essig, Zitronensaft

**10. Salate und Rohkost (auch für Topfenaufstriche)**
Basilikum, Bohnenkraut, Borretsch, Kresse, Dille, Estragon, Kerbel, Knoblauch, Kren, Kümmel, Liebstöckel, Paprika, Petersilie, Schnittlauch, Zwiebel, Essig, Zitronensaft

# Leichte Vollkost – gastroenterologische Basisdiät

Diese früher als **Schonkost** bezeichnete Diät muß nach akuten Erkrankungen von **Magen, Darm, Galle und Bauchspeicheldrüse** nach ärztlicher Verordnung eingehalten werden. Bei der diätischen Behandlung des Magen-Darm-Traktes sind keine starren Regeln gegeben. Im Einzelfall muß auf individuelle Verträglichkeit oder Unverträglichkeit bestimmter Speisen Rücksicht genommen werden.

## Richtlinien für die gastroenterologische Basisdiät

- mehrere kleinere Mahlzeiten (fünf bis sechs) über den Tag verteilt, nach Magenoperationen eventuell acht bis zehn kleine Mahlzeiten
- keine sehr kalten oder sehr heißen Speisen und Getränke
- keine scharfen oder zu stark gewürzten Speisen
- keine überhitzten Fette
- keine gerösteten oder fritierten Speisen
- keine blähenden Speisen und Getränke (z. B. Sauerkrautsaft)
- keine Alkoholika (außer vom Arzt erlaubt)

Aus diesen Richtlinien ergibt sich eine Einteilung der Lebensmittel in zwei Gruppen, die im folgenden Lebensmittelplan angeführt werden:

## Lebensmittelplan

| | **günstig** | **ungünstig** |
|---|---|---|
| Suppen | milde Kalbs-, Rinds- und Hühnerbouillon, Haferflockensuppe, Suppenwürfel, Einmachsuppe, Gemüsesuppe aus nicht blähendem Gemüse (evtl. passieren) | Selchsuppe, Einbrennsuppe, handelsübliche, schwer verdauliche Dosen- und Packerlsuppen |

| | günstig | ungünstig |
|---|---|---|
| Salate | Häuptel-, Rote-Rüben, Chicorée- und Tomatensalat (ohne Haut und Kerne sowie ohne Zwiebeln) | Gurkensalat, Kartoffelsalat mit Zwiebeln |
| Brot | helles Mischbrot, Graham-, Weiß- und Knäckebrot, Zwieback, Toast, Semmeln | frisches Brot, Vollkornbrot mit ganzen Körnern |
| Fleisch | mageres Fleisch (von Kalb, Rind, Lamm, Kitz, Kaninchen), Schweinsfilet, Wild | fettes und durchzogenes Fleisch (z. B. Bauchfleisch) |
| Fleischwaren | magere Wurstsorten (wie Krakauer, Schinken-, Truthahnwurst), Rindersaftschinken, gekochter magerer Schinken, Roastbeef, Kalbsleberkäse | fette Wurstsorten (wie Wiener, Extra-, Dauer-, Kantwurst, Salami) roher Schinken, Speck, Sur-, Pökel- und Rauchfleisch, Streichwurst, Leber- und Fleischpasteten, handelsübliche Fleisch- und Wurstsalate |
| Innereien | Herz, Leber, Lunge, Zunge (Spitze) | Hirn, Bries, Nieren |
| Geflügel | Huhn (ohne Haut), Truthahn | fettes Geflügel (Gans, Ente), handelsübliche Geflügelaufstriche |
| Fisch | Forelle, Schleie, Zander, Hecht, Rotbarsch, Scholle, Kabeljau, Seezunge, Seelachs, junger Karpfen, Schaltiere (Krabben, Krebse, Muscheln), Thunfisch ohne Öl | Aal, Hering, Makrele, Sardinen, Sardellen, Räucherfisch, Konserven mit Öl, Sauce oder Marinade |

| | günstig | ungünstig |
|---|---|---|
| Eier* | weich oder pochiert, Eierstich, Rührei, diätetisches Rührei (über Wasserdampf ohne Fett) | Spiegelei, fette Eierspeise, Ham and eggs, Omelett, Eiersalat, Mayonnaisen, hartgekochte Eier |
| Milch und Milchprodukte | Voll-, Butter-, Sauermilch, Joghurt (nach Magenoperationen nur in kleinen Mengen), Topfen (reichlich), Obers und Rahm (in kleinen Mengen), Magermilch und Magermilchprodukte nach Erkrankungen von Darm und Bauchspeicheldrüse | – |
| Gemüse | junge, faserarme Gemüse (Auberginen, Kochsalat, Artischokken, Spargel, Karotten, Fenchel, Sellerie, Zucchini, Kürbis), Tomaten (ohne Haut und Kerne), Tiefkühlgemüse, Gemüsesäfte (verdünnt, in kleinen Mengen, z. B. Karottensaft) | blähende Gemüse (Kraut, Kohl, Wirsing), verholzte Gemüse (alter Karfiol, Kohlrabi), Hülsenfrüchte, Fisolen, Brokkoli, Sauerkraut, Zwiebel, Knoblauch, Lauch, Pilze, Dosengemüse, Paprikagemüse, Salz- und Essiggurken |
| Kartoffeln | Salz- und Petersilienkartoffeln, Kartoffelpüree und -schnee, Kartoffelteig, Kartoffelsuppe | Röst- und Bratkartoffeln, Kroketten, Pommes frites, Chips, Frühkartoffeln (blähen) |
| Beilagen | Teigwaren, Nockerln, Semmel-, Grieß-, Brösel- und Kartoffelknödel, Reis, Hirse | – |

* Hygienevorschriften lt. Lebensmittelgesetz Zl. 61.950/1 – VI/C/14/91 beachten!

| | **günstig** | **ungünstig** |
|---|---|---|
| Mehlspeisen | Biskotten, Biskuit, Auflauf, Pudding, Brandteig (nicht in Fett gebakken), Topfenteig | frische Germmehlspeisen, fette Cremefüllen, Nuß-, Mohn- und Schokolademassen, Blätterteig und Mürbteig |
| Süßigkeiten | Honig, Marmelade, Fruchtbonbons | Schokolade, Marzipan, Eis<br>Vorsicht bei konzentriertem Zucker und sehr süßen Mehl- und Milchspeisen |
| Obst | Kompott oder Mus, (Äpfel, Pfirsiche, Beeren), Obstsäfte, verdünnt (in kleinen Mengen), geraspelte Äpfel, Beeren, Bananen | rohes Stein- oder Kernobst (Zwetschken, Kirschen, Pfirsiche, Birnen, Weintrauben), Stachelbeeren, Trockenfrüchte (Rosinen, Feigen, Datteln), Nüsse (in größeren Mengen) |
| Käse | milder Weich-, Schnitt- und Frischkäse wie Gervais, Camembert, Butterkäse | überreifer, scharfer und harter Käse wie Räucher- und Pfefferkäse, Gorgonzola, Greyerzer |
| Fette und Öle | Pflanzenöl, Pflanzenmargarine oder Butter (außer sie werden zu stark erhitzt) | Palm-, Kokos-, Rinder-, Gänse- und Bratenfett, Speck, Grammeln, Schmalz |
| Nährmittel | Mehl, Puddingpulver, Mondamin, Stärkemehl, Haferflocken, Grieß, Sago | – |
| Gewürze und Würzmittel | alle Gewürzkräuter (frisch und getrocknet), Muskat, Lorbeer, Kümmel, Fenchel, Anis, Zimt, Vanille, Tomatenmark, Salz, Suppenwürze, Zitronensaft, stark verdünnter Essig | Paprika, Pfeffer, Curry, Zwiebel, Knoblauch, Kren, Kapern, handelsübliche scharfe Gewürzsaucen, Senf, Ketchup, starke Essigmarinade |

| | günstig | ungünstig |
|---|---|---|
| Getränke | milde Teesorten, Kräutertee, Malzkaffee, kohlensäurearmes Mineralwasser, Heil- und Tafelwasser, Obst- und Gemüsesäfte (verdünnt 1 : 3), Rotwein (bei Leber- und Bauchspeicheldrüsenerkrankungen verboten), Milch und Milchgetränke (nach Magenoperationen nur in kleinen Mengen) | starker Tee und Bohnenkaffee, stark kohlensäurehältige Getränke, eisgekühlte Getränke, Weißwein, Spirituosen, Bier |

## Günstige Zubereitungsarten

**Salate**
Für das Dressing eignen sich Zitrone oder verdünnter Essig, Buttermilch, Joghurt, Kräuter und etwas Öl. Starke Essigmarinaden oder handelsübliche Salatsaucen vermeiden.

**Fleisch und Fisch**
Dünsten, dämpfen und grillen, in Folie oder im Tontopf garen. Ohne Fett, unpaniert und ohne Röstung (auch nicht mit gerösteten Zwiebeln), als Fleischpudding, Auflauf oder Haschee verwenden.

**Eier***
Zum Verkochen und Backen, wenn nicht vom Arzt eingeschränkt, unbedenklich einzusetzen. Bei der Zubereitung Fett vermeiden (im Wasserbad gestockt, weich gekocht, pochiert).

**Gemüse**
Kochen, dünsten, dämpfen. Mixen oder passieren und eventuell mit Joghurt eindicken.

* Hygienevorschriften lt. Lebensmittelgesetz Zl. 61.950/1 – VI/C/14/91 beachten!

**Kartoffeln**
In Salzwasser kochen oder dämpfen, eventuell mit etwas Butter und Petersilie verfeinern. In Form von Brei oder als passierte Suppe verarbeiten.

## Zu beachten bei Magenerkrankungen

**Bei Magenübersäuerung, Gastritis und Ulcus**
- Kleine Portionen, dafür öfter (der Magen soll nie lange leer sein).
- Fett verlängert die Verweildauer der Speisen im Magen und muß daher nicht ganz eingeschränkt werden (z. B. Butter).
- Keine Röstprodukte, kein überhitztes Fett und keine fritierten Speisen!
- Keine scharf gewürzten oder sauren Speisen und Getränke (z. B. Tomatensaft)!
- Keine heißen oder kalten Speisen und Getränke!
- Bohnenkaffee, starke Rindsuppen, konzentrierter Zucker (z. B. Zuckerglasur) und Nikotin fördern die Säureproduktion im Magen und sind daher einzuschränken.

**Nach Magenoperationen**
- Portionen klein halten und auch Flüssigkeiten in kleinen Mengen trinken!
- Süßigkeiten, sehr süße Mehl- und Milchspeisen (z. B. Honigschnitten) sowie Milch und Milchgetränke werden oft schlecht vertragen.
- Keine blähenden Speisen und Getränke (z. B. Sauerkrautsaft)!

## Zu beachten bei Lebererkrankungen

- Strenges Alkoholverbot!
- Nur leicht verdauliche Fette (Butter, Sonnenblumenmargarine, Pflanzenöle) verwenden.
- Keine fritierten Speisen!

## Zu beachten bei Gallenerkrankungen

- Fett von Milch, Milchprodukten und Käse ist sehr leicht verdaulich, daher muß hier nicht auf den Fettgehalt geachtet werden.
- Leicht verdauliche Fette wie Butter, Sonnenblumenmargarine und Pflanzenöl verwenden.
- Keine Röstprodukte, überhitzten Fette und fritierten Speisen!
- Keine blähenden Speisen und Getränke!
- Keine scharfen Gewürze!
- Wurstwaren müssen, besonders kurze Zeit nach der akuten Phase, nicht sehr mager sein.
- Möglichst bald auf ballaststoffreiche Kost umsteigen (Grahambrot, reichlich Gemüse, Salate und Obst), um Darmträgheit zu vermeiden!
- Vorsicht bei Eidotter (wird oft nicht vertragen)!

## Zu beachten bei Darmerkrankungen

### Bei chronischer Darmentzündung

- Leicht verdauliche Fette (Butter, Sonnenblumenmargarine, Pflanzenöle) in kleinen Mengen.
- Süßigkeiten und sehr süße Mehl- und Milchspeisen meiden!
- Nur ganz magere Sorten von Fleisch, Wurst, Fisch, Milch, Topfen und Käse.
- Keine Röstprodukte, überhitzten Fette und fritierten Speisen!
- Keine scharf gewürzten oder sauren Speisen und Getränke!
- Keine blähenden Speisen und Getränke!

### Bei akutem Durchfall

- Ungezuckerter schwarzer Tee, Wasserkakao.
- Heidelbeermus, Karottenmus und -suppe, Reisschleim und -suppe.
- Sonst wie bei chronischer Darmentzündung.

## Zu beachten bei Bauchspeicheldrüsenerkrankungen

- Strenges Alkoholverbot!
- Fett einschränken (nur magere Wurst, Fleisch, Fisch, Milch, Topfen und Käse)!
- Leicht verdauliche Fette (Butter, Sonnenblumenmargarine, Pflanzenöle) in kleinen Mengen.
- Keine Röstprodukte, überhitzten Fette und fritierten Speisen!
- Keine scharfen Gewürze!

## Beispiel Frühstück

- verdünnte Fruchtsäfte
- leichter Filterkaffee, Malzkaffee oder Tee, evtl. mit Süßstoff
- Mischbrot (kein frisches), Grahambrot oder -weckerl
- Butter oder Diätmargarine
- Marmelade
- milder Streichkäse, Butterkäse
- Schinken oder Schinkenwurst
- Milchprodukte
- evtl. Gemüse
- Haferflocken mit Milch und geraspelten Äpfeln

## Menüs

Rahmsuppe
Kartoffel-Schinken-Auflauf,
Feldsalat mit Joghurtdressing

•

Kürbiscremesuppe
Reisauflauf mit
Erdbeerkompott

•

Spargelcremesuppe
Kalbfleischpudding,
Kartoffelschnee, Spinat
Rahmdalken

•

Kräutersuppe
Gedünsteter Rindsbraten,
Grießknödel, Rote-Rüben-Salat
Topfentörtchen

•

Haferflockensuppe
Kalbsfrikassee, Spinatnockerln
Falsches Spiegelei mit
Topfencreme

•

Nudelsuppe
Brathuhn, Naturreis, grüner
Salat
Gestürzter Grießbrei mit
Himbeersauce

•

Gemüsesuppe
Topfenpalatschinken,
Vanillesauce
Pfirsichmus
•
Hirsesuppe mit Karotten
Kalbseinmachfleisch,
Kräuterhörnchen, Blattsalat
Weinschaum
•
Legierte Grießsuppe
Naturschnitzel, Kartoffelpüree,
Karottensalat
Topfentascherl
•
Tomatensuppe
Lammschlegel, Kartoffelstrudel,
Melanzanegemüse
Früchtesulz
•
Einmachsuppe
Kalbsbraten, Kräuterreis,
Zucchinigemüse
Mandarinensalat
•
Panadelsuppe
Blattspinat mit pochiertem Ei,
Kartoffelpüree
Heidelbeercreme
•
Klare Gemüsebrühe mit
Eierstich
Kalbsvögerl, Butternockerln,
Blattsalate
Kalter Früchtereis
•
Leberreissuppe
Tafelspitz, Bircher-Benner-
Kartoffeln, Kürbisgemüse
Obstsalat
•
Karottensuppe
Kräuterfisch, Salzkartoffeln
Apfelnockerln
•

Suppe mit Grießschöberln
Einmachhuhn,
Brennesselnockerln,
Karottensalat
Gebratene Banane mit
Mandelsplittern
•
Selleriecremesuppe
Gedünsteter Wurzelfisch,
Prinzessinnenkartoffeln
Beerengelee
•
Biskuitschöberlsuppe
Rostbraten, Dillsauce,
Kartoffelknödel
Bananenshake
•
Fischsuppe
Faschiertes Butterschnitzel,
Kartoffelpüree, Gurkengemüse
Biskuitroulade
•
Sauerampfersuppe
Schinkenfleckerln, gemischte
Blattsalate
Topfencreme mit Früchten
•
Weizenschrotsuppe
Gebratenes Truthahnsteak,
Schichtkartoffeln, Tomatensalat
(ohne Haut und Kerne)
Vanillepudding
•
Kerbelsuppe
Käsespätzle, grüner Salat
Buntes Obstgelee
•
Zucchinicremesuppe
Rehrücken in milder Sauce,
Butternudeln
Brandteigkrapfen mit
Zitronentopfen
•
Käsesuppe
Truthahnrisotto, Tomatensauce
Schneenockerln in Hollersauce
•

Schwarzwurzelsuppe
Kurz gebratene faschierte Putenlaibchen, Kochsalat (ohne Erbsen)
Orangencreme

•

Grießnockerlsuppe
Gebratenes Kaninchen, grüne Bandnudeln, Karotten-Sellerie-Salat
Kastanienreis

•

Bouillon mit Gemüsestreifen
Spinatpudding, Kartoffelsalat (ohne Zwiebel und Pfeffer)
Topfennockerln mit Erdbeersauce

•

Kartoffelsuppe
Glacierte Kalbsleber, Apfelscheiben
Pfirsichgelee

# Stoffwechseldiät-Basisplan

Hier sind die Ernährungsempfehlungen für
- Diät bei chronischer **Darmträgheit** – Obstipation (siehe auch gleichnamiges Kapitel),
- Ernährung bei **Übergewicht** (siehe auch gleichnamiges Kapitel),
- Diät bei **erhöhten Blutfettwerten** (Cholesterin und Triglyceride) – Hyperlipidämie (siehe auch gleichnamiges Kapitel),
- Diät bei **erhöhter Harnsäure** (Gicht) – Hyperurikämie (siehe auch gleichnamiges Kapitel),
- Diät bei **erhöhtem Blutzucker** – Diabetes mellitus (siehe auch gleichnamiges Kapitel)

zusammengefaßt.

Die gemeinsame Behandlung der Stoffwechselstörungen in einer einzigen Diät ist möglich, weil die dargestellten Ernährungsmaßnahmen alle angeführten Probleme positiv beeinflussen.

**Aufbau des Diätplanes**
Basis der Stoffwechseldiät ist eine ausgewogene Mischkost, wie sie für eine gesunde Ernährung empfohlen wird. Zusätzlich werden alle Maßnahmen eingehalten, welche zur Behandlung der Stoffwechselerkrankungen dienen.

**Dauerhafte Kostumstellung**
Um die Symptome der einzelnen Krankheiten beseitigen und Spätschäden vermeiden zu können, darf nicht nur kurzfristig eine Diät eingehalten werden, sondern die Kost muß konsequent und dauerhaft umgestellt werden. Die neuen Eßgewohnheiten sollen ein Leben lang beibehalten werden.

**Weniger Medikamente**
Erst wenn eine genau eingehaltene Diät allein nicht ausreicht, ist die zusätzliche Verabreichung von Medikamenten angezeigt.

**Bewegung**
Ausreichende Bewegung, wie Schwimmen, Radfahren, Wandern, hilft mit, den Gesundheitszustand zu verbessern.

## Allgemeine Richtlinien für die Stoffwechseldiät

1. **Mehrere (5–6) Mahlzeiten** über den Tag verteilt einnehmen. Dadurch wird verhindert, daß man in langen Hungerphasen Heißhunger entwickelt und dann bei der nächsten Mahlzeit übermäßig viel ißt. Außerdem werden kleine Mengen im Verdauungstrakt besser abgebaut. Das hilft mit, das Gewicht zu senken bzw. beizubehalten.

2. Die **Gesamtfettmenge** muß unbedingt auf 70 g pro Tag **eingeschränkt** werden. Das bedeutet für die Praxis maximal:
   - 2 Eßlöffel Kochfett
   - 2 Kaffeelöffel Streichfett

   Vorsicht mit verstecktem Fett!

3. **Einschränkung der tierischen Fette.** Von Fleisch, Fisch, Wurst, Milch und Milchprodukten nur die mageren Sorten verwenden. Sichtbares Fett (Fettrand) von Fleisch sowie Geflügelhaut entfernen. Kein durchzogenes, marmoriertes Fleisch, wie Schopfbraten oder Bauchfleisch, verwenden.

   Zum Vergleich:
   100 g Nahrungsmittel enthalten ... Gramm (g) Fett.

| Fett | | Mager | |
|---|---|---|---|
| Schweinskotelett | 31,0 g | Schweinsschnitzel | 3,0 g |
| Salami | 50,0 g | Schinkenwurst | 10,0 g |
| Extrawurst | 30,0 g | Truthahnextrawurst | 7,0 g |
| Vollmilch | 3,6 g | Magermilch | 1,0 g |
| Topfen 40 % | 11,4 g | Topfen mager | 0,3 g |
| Emmentaler 45 % | 29,7 g | Tilsiter 30 % | 17,2 g |

4. Öfter **Getreidegerichte** und **Gemüsegerichte** essen, Fleischportionen klein halten.
   - ca. dreimal die Woche eine fleischlose Hauptmahlzeit
   - höchstens einmal pro Tag eine Portion (ca. 150 g) von Fleisch, Fisch, Geflügel, Fleisch- und Fischwaren oder Wurst

5. Mehr **ballaststoffreiche** Lebensmittel essen!
   Produkte mit hohem Ballaststoffgehalt:
   - Vollkornbrot – Salate
   - Gemüse – Obst

6. **Rasch aufschließbare Kohlenhydrate einschränken!**
   Das sind:
   - Zucker, Honig, Marmelade
   - Weißmehl und daraus hergestellte Speisen
   - süße Obstsorten (z. B. Weintrauben, Zwetschken)
   - getrocknete oder kandierte Früchte
   - gezuckerte Limonaden

7. Täglich **mindestens 2 Liter trinken!**
   Günstige Getränke sind:
   - Wasser und Mineralwasser
   - Tee (besonders Früchte- und Kräutertees)
   - Kaffee (in kleineren Mengen)
   - stark verdünnte Fruchtsäfte

8. **Alkohol ist zu meiden!**

9. **Regelmäßige körperliche Bewegung** ist wichtig!

Aus den allgemeinen Richtlinien ergeben sich zwei Nahrungsmittelgruppen, die einen unterschiedlichen Einfluß auf unseren Stoffwechsel haben.

## Lebensmittelplan

Die im nachstehenden Lebensmittelplan angeführten Gewichtsgrößen sollen Ihnen Richtlinien für die wünschenswerten Portionsgrößen geben. Sie brauchen aber die Nahrungsmittel nicht laufend zu wiegen.

| | **günstig** | **ungünstig** |
|---|---|---|
| Suppen | fettarme Gemüsesuppen, Gemüsesuppenwürfel ohne Hefe, Getreidesuppen | gebundene Suppen oder Einmachsuppen aus Weißmehl |

| | **günstig** | **ungünstig** |
|---|---|---|
| Brot | pro Tag bis zu 4 Schnitten Brot mit je 30 bis 40 g, z. B. Leinsamenbrot, Dreikornbrot, Knäckebrot, Pumpernickel, Vollkornzwieback, Vollkorntoastbrot, Grahambrot, Schwarzbrot | Weißbrot, Semmeln, Knabbergebäck |
| Fleisch | pro Portion 150 g roh (100 g gegart) mageres Fleisch (von Rind, Kalb, Schwein, Lamm, Kaninchen, Kitz, Pferd, Wild), z. B. magerer Schweinsbraten, Geselchtes, Roastbeef<br>Sichtbares Fett entfernen! | alle fetten Fleischsorten und durchzogenes Fleisch (z. B. Bauchfleisch), Fleischkonserven |
| Fleischwaren | pro Portion 50–100 g magere Wurstsorten (Krakauer, Schinkenwurst, Truthahnwürste), Rindersaftschinken, roher oder gekochter Schinken<br>Sichtbares Fett entfernen! | Speck, fette Wurstsorten (wie Extrawurst, Pariser Wurst, Salami, Kantwurst, Polnische, Dauerwürste, Blut- und Leberwurst, Leberkäse), Leber- und Fleischpasteten, Streichwürste, handelsübliche Fleisch- und Wurstsalate |
| Innereien | Zunge (Spitze) | Hirn, Bries, Nieren |
| Geflügel | Huhn, Truthahn, Wildgeflügel | fettes Geflügel (Gans, Ente), fette Geflügelhaut |
| Fisch | zwei- bis dreimal pro Woche essen (pro Portion 150–200 g)!<br>magere Fische (wie Forelle, Hecht, Schleie, Zander, Rotbarsch, | fette Fische (wie Aal, Karpfen, Heringe), Fischkonserven mit Öl oder Sauce |

| | günstig | ungünstig |
|---|---|---|
| | Scholle, Seezunge, Seelachs), Thunfisch ohne Öl (evtl. mit heißem Wasser abspülen) | |
| Eier* | ca. 2–3 Stück Eidotter pro Woche, Eiklar ist frei verwendbar | fette Eierspeisen und Mayonnaisen |
| Milch und Milchprodukte | pro Tag bis zu ¼ l Vollmilch, günstiger Magermilch bis zu ½ l oder Buttermilch bis zu ½ l, 1 Joghurt 3,6 % F. i. T. oder bis zu 2 Joghurt 1 % F. i. T., 25 dag Magertopfen bis 20 % F. i. T. | mehr als ¼ l Vollmilch bzw. ½ l Magermilch, Sauerrahm, Kaffeeobers, Schlagobers, Kondensmilch, Topfen über 20 % F. i. T., Käsesorten über 45 % F. i. T. (z. B. Gervais) |
| Gemüse | pro Portion 200–250 g, alle Arten roh oder gekocht, auch Fisolen, Pilze, Hülsenfrüchte in kleinen Mengen (Erbsen, Linsen, Bohnen, Sojabohnen) | – |
| Beilagen | Vollkornreis, Kartoffeln, Vollkornteigwaren, Nockerln und Knödel aus Vollkornmehl | Teigwaren, Nockerln, Knödel aus Weißmehl |
| Mehlspeisen | Backwaren aus Vollkornmehl | Mehlspeisen aus Weißmehl, Diabetikermehlspeisen (meist zu fett) |
| Süßigkeiten | künstliche Süßstoffe nur bei Bedarf (maximal 10 Tabletten pro Tag) | Zucker, Diabetikerzukker, Honig, Marmelade, Marzipan, Bonbons, Schokolade, Kakao, Speiseeis, Diabetikersüßwaren |

* Hygienevorschriften lt. Lebensmittelgesetz Zl. 61.950/1 – VI/C/14/91 beachten!

| | **günstig** | **ungünstig** |
|---|---|---|
| Käse | 100–150 g von Käsesorten bis 35 % F. i. T. (z. B. Hüttenkäse, Bierkäse, Quargel, Tilsiter), hin und wieder Käsesorten bis zu 45 % F. i. T. | überreifer, scharfer und harter Käse wie Räucher- und Pfefferkäse, Gorgonzola, Greyerzer |
| Fette und Öle | pro Tag maximal 40 g (der Rest wird durch versteckte Fette konsumiert) Sonnenblumen- oder Maiskeimöl, Sonnenblumen- oder Diätmargarine, Halbstreichfett, Butter (nie die ganze Tagesmenge) | Palm-, Kokos-, Bratenfett, Schmalz, Speck, Grammeln, Rindertalg, Gänseschmalz |
| Nährmittel | Weizenkleie, Leinsamen | Weißmehl, Stärkemehl (Puddingpulver, Maizena), mit Weißmehl gebundene Suppen, Saucen oder Gemüsespeisen |
| Gewürze und Würzmittel | alle Gewürze und Gewürzkräuter (frisch oder getrocknet), Zwiebel, Knoblauch, Kren, Zitrone, Essig, mäßig Salz, Senf, Ketchup (in kleinen Mengen) | – |
| Getränke | pro Tag ca. 1,5–2 Liter Mineralwasser und Heil- und Tafelwasser, selbstgemachte Limonaden aus Zitrusfrüchten (ohne Zucker), Obst- und Gemüsesäfte ohne Zucker (verdünnt: 1 Teil Saft, 3 Teile Wasser), evtl. Light-Limona- | gezuckerte Obst- und Gemüsesäfte, handelsübliche gezuckerte Limonaden, alle alkoholischen Getränke (auch Apfelmost, Traubenmost) |

| | günstig | ungünstig |
|---|---|---|
| | den, Tee, Kaffee (ohne Zucker, mit Magermilch), in Ausnahmefällen: ⅛ l ausgegorener naturbelassener Wein oder Sekt oder ⅛ l ausgegorener Most | |

## Günstige Zubereitungsarten

**Fleisch und Fisch**

Sichtbares Fett entfernen, anschließend kochen, dünsten, dämpfen und grillen, in Folie, im Tontopf oder im Druckkochtopf garen.

Mit wenig Fett (besser in der Teflonpfanne), unpaniert (auch nicht Pariser Art) zubereiten und mit Saucen ohne Weißmehl bzw. Stärkepulver (evtl. Vollkornmehl verwenden) servieren. Mit dem Fleisch Gemüse, z. B. Wurzelwerk, mitdünsten und nach dem Garen Gemüse wegnehmen, mixen, mit dem Bratensaft aufgießen und in diese Sauce das Fleisch wieder einlegen.

**Gemüse**

Kochen, dünsten, braten (Melanzane), grillen (Tomaten). Mit Vollkornmehl und wenig Rahm binden. Beim Eindicken von Gemüsespeisen kann man auch vom fertiggedünsteten Gemüse einen kleinen Teil wegnehmen und mixen, mit einem Eßlöffel Joghurt verrühren und dem übrigen Gemüse wieder beifügen. In der gleichen Weise kann man auch Suppen oder Fleischsäfte eindicken.

**Süßen**

Anstelle des Zuckers können künstliche Süßstoffe verwendet werden. Alle derzeit im Handel befindlichen Sorten sind bei normalem Verbrauch ungefährlich (max. 10 Tabletten pro Tag = Süßkraft von ca. 20 Stück Würfelzucker mit je 6 g).

Diabetikerzucker, wie Fruchtzucker oder Sionon, sollten nur sparsam verwendet werden. Das sind Zucker, die zwar einen langsamen Blutzuckeranstieg bewirken (was für Diabetiker sehr günstig ist), zum Abnehmen aber keine Vorteile bringen, da sie die gleiche Energiemenge wie normale Zucker enthalten.

## Menüs

Menüs finden Sie bei den folgenden Zusatzinformationen der einzelnen Stoffwechselstörungen.

# Zusatzinformation für die Diät bei Darmträgheit – Obstipation

Von den vielfältigen Ursachen der Darmträgheit (Obstipation) ist die falsche Ernährungsweise, insbesondere der Mangel an Ballaststoffen, am häufigsten.
Weitere Ursachen liegen z. B. in der langfristigen Einnahme von Abführmitteln, in der wiederholten Unterdrückung des Stuhldranges, in psychischer Belastung usw.
Ist das Krankheitsbild abgeklärt und liegt eindeutig eine ernährungsbedingte Form der Obstipation vor, so kommt einer langfristigen Ernährungsumstellung die größte Bedeutung zu.

**1. Allgemeine Richtlinen des Stoffwechseldiät-Basisplans beachten!**

**2. Besondere Auswahl der Nahrungsmittel**

a) Zu **bevorzugen** sind
- Salate und Gemüse – hauptsächlich in Form von Rohkost
- Obst
- Vollkornbrote, Frischkornbrei (Müsli), Nüsse
- Naturreis, Vollkornteigwaren, Kartoffeln
- Sauermilchprodukte (wie Joghurt, Kefir, Buttermilch, Sauermilch)

b) Zu **meiden** sind
- Semmeln, Weißbrot
- Teigwaren aus Weißmehl, polierter Reis
- Zucker und Süßigkeiten (im Übermaß)
- Schokolade, Pralinen
- grüner und schwarzer Tee, Kakao, Rotwein
- Bananen, Heidelbeeren (getrocknet)
- Hülsenfrüchte, Kohl

**3. Besondere Richtlinien**
- mehrere kleinere Mahlzeiten über den Tag verteilt einnehmen

- reichlich kalorienarme Flüssigkeit trinken (ca. 1 ½ bis 2 Liter pro Tag)
- Fett in normaler Menge verwenden (keine erhebliche Fettbeschränkung vornehmen)
- ausreichende körperliche Bewegung – gezielte Bauchgymnastik, Bauchdeckenmassage und Schwimmen sind empfehlenswert
- Stuhltraining zu regelmäßig festgesetzten Tageszeiten (ohne Hektik und Eile) ist wichtig

In besonders hartnäckigen Fällen einer Obstipation wird es nötig sein, zusätzlich zu den unter den Punkten 2 und 3 angeführten Maßnahmen ein oder mehrere der nachstehenden Hausmittel in den Speisenplan aufzunehmen:

**4. Besonders verdauungsfördernde Nahrungsmittel und Speisen**

- Weizenkleie oder Leinsamen
  Immer mit reichlich Flüssigkeit einnehmen – die Dosierung langsam steigern, von 1–3 Eßlöffel pro Tag, eingerührt in Joghurt, Buttermilch oder Sauermilch
- Milchsäurehaltige Nahrungsmittel
  Buttermilch, Sauermilch, Kefir, Sauerkraut (roh als Zwischenmahlzeit), Sauerkrautsaft
- Fruchtsäurehaltige Getränke
  Orangensaft, Grapefruitsaft, Apfelsaft (auf nüchternen Magen), Traubensaft, Traubenmost, Apfelmost
- Trockenobst
  Dörrpflaumen, Feigen (in Wasser angesetzt) oder als Kompott
- Milchzucker
  Dosis von 1 Teelöffel auf 3 Eßlöffel pro Tag steigern – eingerührt in verschiedene Speisen und Getränke.

**5. Tagesbeispiel**

| | |
|---|---|
| Auf nüchternen Magen: | ⅛ l Orangensaft, frisch gepreßt |
| Frühstück: | Müsli und Dörrpflaumen |

Vormittagsjause: Joghurt mit Weizenkleie
Mittagessen: reichlich Gemüse, Salat, Obst
Nachmittagsjause: Sauerkrautrohkost
Abendessen: wie mittags
1½–2 l Flüssigkeit über den Tag verteilt trinken!

## Beispiel Frühstück

- frische Fruchtsäfte
- Kaffee oder Früchte- oder Kräutertee, evtl. mit Süßstoff
- Vollkorn-, Graham- oder Knäckebrot
- Butter oder Diätmargarine
- wenig Marmelade
- Käse, Schinken, Wurst
- Joghurt oder Kefir mit Weizenkleie oder Leinsamen
- evtl. Gemüse
- Müsli
- Dörrpflaumen, mit Milchzucker eingeweicht

## Menüs

Käse-Fenchel-Rohkost mit Walnüssen
Hirselaibchen, Letscho
Joghurtcreme mit Himbeeren

•

Selleriesuppe
Gebratene Forelle mit Mandeln, Petersilienkartoffeln, Salatteller
Gefüllte Pfirsiche

•

Pflaumensuppe
Gekochtes Rindfleisch, Kartoffellaibchen, gedünsteter Kohlrabi
Apfel-Kefir-Shake

•

Gemüsesuppe
Sojakrautfleisch, Vollkornknödel
Obstsalat

•

Kartoffelsuppe
Grünkernauflauf, mit Käse überbacken, Karottenrohkost
Brombeerkompott

•

Gemüse in Aspik
Putenroulade, mit Karotten und Schwarzwurzeln gefüllt, Vollkornnudeln, Blattsalate
Traubenjoghurt

•

Weizenschrotsuppe
Gefüllte Zucchini (Naturreis-Champignon-Fülle), Tomatensauce, Salzkartoffeln
Rhabarberkuchen

# Zusatzinformation für die Ernährung bei Übergewicht

Übergewicht als Folge falscher Ernährung ist häufig die Ursache von Erkrankungen, die oft jahrelang unbemerkt bleiben, bis schließlich Beschwerden schon beträchtliche krankhafte Veränderungen im Organismus anzeigen. Das heißt also, daß die Behandlung von Übergewicht **nicht nur als kosmetisches Problem** zu sehen ist.
Eine effiziente Behandlung wird durch die vielen immer wieder propagierten Wunderkuren erschwert. Gerade nach häufigen Blitzkuren reagiert der Körper noch rascher auf eine höhere Kalorienzufuhr.
Deshalb sollte das Übergewicht nur **langsam reduziert** werden, und das Idealgewicht kann nur durch eine **Änderung des Lebensstils** gehalten werden.
Weitere Informationen dazu finden Sie in den Kapiteln Ernährungslehre und Gemeinschaftsverpflegung (Reduktionsmenüs).

**1. Allgemeine Richtlinien des Stoffwechseldiät-Basisplans beachten!**

**2. Richtige Eßgewohnheiten lernen!**
Unsere schlechten Angewohnheiten sind unsere größten Feinde! Im Laufe der Zeit haben wir gelernt, in bestimmter Weise auf verschiedene Situationen zu reagieren.
Zum Beispiel:
Man macht es sich zum Fernsehen bequem. Beinahe automatisch bringt man sich etwas zum Knabbern mit.
Die Kinder lassen etwas auf dem Teller übrig. Beinahe automatisch ißt die Mutti auf, „damit es nicht verschwendet wird".
Die Liste könnte endlos weitergehen. Alle diese Gewohnheiten sind gelernte Reaktionen auf Reize unserer Umwelt oder auf unseren Zustand. Wir haben sie gelernt, weil wir damit belohnt werden; d. h., man ißt nicht nur, weil man Hunger hat, sondern vor allem, weil es gut schmeckt. Da diese Gewohnheiten gelernt sind, können wir sie auch wieder verlernen.

## 3. Vergleichen lernen – richtig wählen

Bei der Reduktionskost kommt es nicht nur auf die Menge der gewählten Lebensmittel, sondern auch auf deren Energiegehalt an.

| Lebensmittel (pro Portion) | kcal | kJ |
|---|---|---|
| **Getreideerzeugnisse** | | |
| Eierteigwaren (gekocht 100 g) | 130 | 540 |
| Naturreis (gekocht 100 g) | 120 | 485 |
| **Brot und Gebäck** | | |
| Semmel (1 St.= 40 g) | 110 | 450 |
| Roggenvollkornbrot (1 Sch.= 40 g) | 90 | 360 |
| Knäckebrot (1 Sch.= 8 g) | 30 | 120 |
| **Milchprodukte** | | |
| Vollmilch (¼ l) | 160 | 670 |
| Buttermilch (¼ l) | 100 | 430 |
| Joghurt (1 Becher, 250 g) 3,6 % F. i. T. | 150 | 640 |
| Joghurt (1 Becher, 250 g) 1,0 % F. i. T. | 100 | 450 |
| Topfen (50 g) 40 % F. i. T. | 85 | 360 |
| Topfen (50 g) mager | 40 | 170 |
| Hüttenkäse (50 g) 20 % F. i. T. | 55 | 230 |
| Tilsiter (50 g) 30 % F. i. T. | 140 | 590 |
| Gouda (50 g) 45 % F. i. T. | 190 | 805 |
| Schmelzkäse/Doppelrahm (50 g) 60 % F. i. T. | 170 | 720 |
| **Fleischwaren (1 Portion = 150 g)** | | |
| Schweinskotelett | 500 | 2.120 |
| Schweinsschnitzel | 170 | 705 |
| Rinderfilet | 170 | 705 |
| Bauchfleisch | 580 | 2.410 |
| Blutwurst | 680 | 2.850 |
| Speck, durchwachsen (100 g) | 620 | 2.610 |
| Schinken, gekocht (100 g) | 260 | 1.105 |
| Salami (100 g) | 520 | 2.175 |
| Schinkenwurst (100 g) | 315 | 1.320 |
| **Fisch (1 Portion = 200 g)** | | |
| Aal, frisch | 560 | 2.350 |
| Forelle, frisch | 200 | 855 |

| Lebensmittel (pro Portion) | kcal | kJ |
|---|---|---|
| **Mehlspeisen und Süßigkeiten** | | |
| Mürbteiggebäck (100 g) | 530 | 2.190 |
| Cremetorte (1 St. = 100 g) | 410 | 1.855 |
| Milchschokolade (1 Tafel = 100 g) | 530 | 2.190 |
| Würfelzucker (1 St. = 4 g) | 15 | 75 |
| **Getränke** | | |
| Traubensaft (1/8 l) | 40 | 160 |
| Karottensaft (1/8 l) | 10 | 50 |
| Weißwein, ausgegoren (1/8 l) | 90 | 360 |
| Bier (1 Seidel = 0,3 l) | 129 | 534 |

## Menüs

Warmer Vollkornsalat mit Karfiol
Joghurt mit Kiwi

•

Schweinsfilet mit Champignons, Rohkost und Toast
Topfen mit Apfelstückchen

•

Gefüllte Paprikaschote, Naturreis und Tomate
Mokkamilch mit Vollkorngebäck

•

Tellerfleisch mit Bouillonkartoffeln
Orangen-Milch-Mix

•

Ungarisches Gulyas mit Vollkornnudeln und Salat
Joghurt mit Grapefruit

•

Wirsingeintopf mit Rindfleisch
Birne mit Schnittkäse

•

Topfen-Kräuter-Dip mit Gemüse und Knäckebrot
Pflaumen-Brot-Auflauf

•

Geschnetzelte Kalbsleber mit Kartoffelpüree und Chinakohlsalat
Honigmelone mit Joghurtdip

•

Schellfisch mit Senfsauce, Salzkartoffeln, Blattsalat
Kleiner Apfel-Käse-Salat

•

Tomaten, mit pikanter Käse-Topfen-Fülle überbacken, auf Blattsalaten
Mandarinencreme

•

Backblechkartoffeln mit pikantem Topfen
Frisch filetierte Ananas

•

Bunter Vollkornnudelsalat
Zwiebelfisch mit gemischtem Salatteller

•

Krabbencocktail Hawaii mit Toast
Lammsteak mit grünen Bohnen und Naturreis

•

Rohkostteller
Pfeffersteak mit Brokkoli und Salzkartoffeln

•

Überbackenes Gemüse mit Gebäck
Bananenshake

•

Frisch gepreßter Grapefruitsaft
Schweinsrückensteak mit Romaneskoröschen
Früchtekaltschale

•

Westfäler Schinken
Schollenfilet, poschiert, mit Wurzeljulienne
Fruby (Buttermilch mit Früchten)

•

Frisch gepreßter Orangensaft
Gegrillter Rostbraten mit Artischockenherzen
Käse

•

Buttermilch mit gehackter Kresse
Hirtenspieß mit Kaiserschoten
Eis (kalorienarm)

•

Gorgonzolaschnitte
Gemüseplatte mit Spiegelei
Kiwibecher

•

Frisch gepreßter Karottensaft
Kalbssteak mit Grilltomate
Sauermilchkaltschale

•

Tatarbeefsteak (abgemacht)
Gegrillte Melanzanescheiben
Melonenbecher

•

Champignoncocktail
Forelle blau mit Wurzelgemüse
Heidelbeercreme

•

Sauerkrautsaft
Putenspieß vom Grill mit Fenchel
Kirschenkompott (hausgemacht)

•

Muschelcocktail
Geröstete Champignons mit Schinkenstreifen
Obstsalat

•

Birne mit Bündner Fleisch
Zucchini nach Hausfrauenart
Mokkatopfen

•

Trinkmolke mit Maracujasaft
Kalbskotelette in der Folie mit Brokkoli
Ananassalat

•

Zungenröllchen mit Krentopfen
Gemüseauflauf gratiniert
Grapefruitsalat

•

Tomatenjuice
Gegrillte Schweinsmedaillons mit Spargelbohnen
Birnen-Joghurt-Sülze auf Fruchtmark

•

Frisch gepreßter Roter-Rüben-Saft
Entrecôte mit glacierten Gurken
Müsli mit Früchten

•

Chicorréesalat
Geröstete Schwammerl mit Ei
Melone

•

Waldorffsalat
Gefüllte Paprikaschoten mit Tomatenragout
Heidelbeer in Weingelee

•

Frisch gepreßter Gemüsesaft
Schaschlik mit Kohlsprossen
Zitronenpudding

# Zusatzinformation für die Diät bei erhöhten Blutfettwerten – Hyperlipidämie

**Cholesterin** und **Triglyceride** sind Blutfette. Erhöhte Werte im Blut begünstigen das Fortschreiten von **Gefäßverkalkung**. Eine wirksame Senkung erreicht man in vielen Fällen durch Diät. Erst wenn eine eingehaltene Diät allein nicht ausreicht, sollen zusätzlich Medikamente verabreicht werden.

Was sind erhöhte Blutfettwerte? In Österreich fand diesbezüglich ein Konsens-Prozeß statt, in dessen Folge Cholesterinwerte unter 200 mg als wünschenswert und normal festgesetzt wurden und ein hohes Risiko bei einer Erhöhung auf 250 mg besteht. Dieser Wert kann durch eine Vorsorgeuntersuchung beim Arzt durch Blutanalyse festgestellt werden.

Die tägliche Aufnahme an Cholesterin durch die Nahrung sollte bei Personen mit normalen Blutfettwerten 500 mg und bei Personen mit Hyperlipidämie 300 mg nicht überschreiten.

1. **Allgemeine Richtlinien des Stoffwechseldiät-Basisplans beachten!**

2. **Bei erhöhtem Cholesterin:**

- **Einschränkung der tierischen Fette**
  Von Fleisch, Fisch, Wurst, Milch und Milchprodukten nur die fettarmen Sorten verwenden. Sichtbares Fett (Fettrand) von Fleisch sowie Geflügelhaut entfernen. Kein durchzogenes, marmoriertes Fleisch, wie Schopfbraten oder Bauchfleisch, verwenden.

- **Verwenden von hochwertigen Pflanzenfetten**
  Hochwertig sind Pflanzenfette mit einem hohen Gehalt an Linolsäure, wie Sonnenblumenöl, Maiskeimöl, Distelöl oder Leinöl.

- **Einschränkung der Nahrungsmittel mit einem hohen Cholesteringehalt**
  Die Cholesterinaufnahme mit der Nahrung soll bei Menschen mit erhöhten Blutfettwerten am Tag 300 mg (0,3 Gramm) nicht überschreiten (siehe Cholesterintabelle).
  Cholesterin kommt vor allem in Eidotter, Innereien (Hirn, Bries, Nieren, Herz, Zunge), tierischen Fetten (Butter, Schmalz usw.), aber auch in Fleisch, Fisch, Geflügel, Milch und Milchprodukten vor.
  Besonders die Verwendung von Eidottern läßt sich kaum gänzlich vermeiden. Achten Sie jedoch darauf, daß pro Woche nicht mehr als zwei Eidotter zum Verkochen verwendet werden. Keine Einschränkung besteht für Eiklar, da es weder Fett noch Cholesterin enthält.
- **Mehr ballaststoffreiche Nahrungsmittel**
  Lebensmittel mit hohem Ballaststoffgehalt, vor allem Gemüse, Salate und Obst, aber auch Vollkornbrot, Vollkornprodukte (besonders Haferkleie) und Naturreis sollen reichlich verwendet werden. Cholesterin wird nämlich im Darm von Ballaststoffen gebunden und so gemeinsam ausgeschieden. Dabei muß man jedoch beachten, daß man gleichzeitig ausreichend Flüssigkeit (ca. 1,5–2 Liter) zu sich nimmt, denn sonst kommt es zu Verstopfung.
- **Fischspeisen zwei- bis dreimal pro Woche**
  Da Fische reich an Omega-3-Fettsäuren sind, welche wiederum die Fließeigenschaft des Blutes verbessern, sind vermehrt Fischgerichte zu empfehlen.

## Cholesterintabelle

| | Durchschnittswert |
|---|---|
| Angabe in Milligramm pro 150 g Rohware (= 100 g Gargewicht): | |
| **Fleisch** | |
| Rindfleisch | 120 mg |
| Schweinefleisch | 120 mg |
| Kalbfleisch | 135 mg |

| | Durchschnittswert |
|---|---|
| Angabe in Milligramm pro 150 g Rohware (= 100 g Gargewicht): | |
| **Geflügel** | |
| Huhn, Wildgeflügel | 120 mg |
| Truthahn | 113 mg |
| **Wild** | |
| alle Arten | 165 mg |
| **Fisch** | |
| Magerfische (Forelle) | 83 mg |
| Fettfische (Aal) | 210 mg |
| **Innereien** | |
| Leber | 510 mg |
| Niere | 925 mg |
| Kalbshirn | 3.000 mg |
| Hühnerleber | 833 mg |
| Angaben in Milligramm pro 100 g Ware: | |
| **Würste** | |
| gewöhnliche Brätwürste (Wiener, Extra, Pariser) | 55 mg |
| Magerwürste | 25 mg |
| **Fette** | |
| Speck | 60 mg |
| Schmalz | 85 mg |
| Lebertran | 850 mg |
| Butter | 240 mg |
| Pflanzenöle und Pflanzenmargarine | – |
| **Milchprodukte** | |
| fette Käse, Schlagobers | 100 mg |
| Magermilch, Magertopfen | 5 mg |
| **Eier** | |
| 1 Eidotter | 200 mg |

**3. Bei erhöhten Triglyceriden:**

- **Rasch resorbierbare Kohlenhydrate unbedingt einschränken**
  Das sind:
  - Zucker, Honig, Marmelade, Süßigkeiten
  - Weißmehl und daraus hergestellte Speisen, z. B. Beilagen, Brote, Mehlspeisen
  - süße Obstsorten
  - getrocknete und kandierte Früchte
  - Limonaden
- **Alkoholische Getränke müssen gemieden werden!**

## Beispiel Frühstück

- Fruchtsaft (frisch gepreßt)
- Kaffee oder Tee mit Magermilch, ohne Zucker
- Vollkornbrot, Knäckebrot, Graham- und Vollkornweckerl
- 10 g Diätmargarine
- Magerkäse (bis 35 % F. i. T.)
- magere Wurstsorten
- magere Milchprodukte
- evtl. Gemüse

## Menüs

Tomaten-Kräuter-Cocktail
Gebratener Seehecht,
Petersilienkartoffeln,
Salatvariation mit steirischem
Kernöl

•

Gefülltes Gemüse, mit Bierkäse
gratiniert, in Tomatensauce
Frischer filetierter Pfirsich

•

Apfel-Karotten-Rohkost
Kräuterhuhn, Risipisi,
Friséesalat

•

Fenchelsalat
Gratinierter Brokkoli mit
Salzkartoffeln

•

Gekochtes Rindfleisch,
Kartoffellaibchen, Blattspinat
Birnenkompott

•

Gurkendrink mit Dille
Vollkornpalatschinken mit
Gemüsefülle

•

Lammroulade, Folienkartoffeln,
Fisolen
Komteßapfel mit Erdbeerfülle

•

Kalbsgulyas, Vollkornnockerln,
grüner Salat
Himbeermilch

•

Zanderfilet, Polentastreifen,
Salatvariation
Obstnaturreis

•

Brokkolisuppe
Gebratener Lachs mit frischen
Kräutern, Folienkartoffeln,
Grilltomate
Zitronen-Topfen-Creme

•

Kartoffelsuppe
Huhn mit Rosmarin in Folie,
mexikanischer Naturreis,
Blattsalate
Pfirsichkompott

•

Fenchelsuppe
Roastbeefröllchen mit
Krentopfen, Gerstenlaibchen,
Joghurt-Schnittlauch-Sauce,
Feldsalat
Marillen

•

Krautsuppe
Rindsroulade,
Vollkornhörnchen,
Endiviensalat
Himbeer-Buttermilch-Gelee

•

Fischsuppe
Kalbsmedaillons, Risipisi aus
Naturreis, Tomatensalat
Gedünsteter Apfel

•

Lauchsuppe
Faschiertes Butterschnitzel,
Kartoffelschnee, Fisolensalat
Heidelbeer-Joghurt-Creme mit
Haferkleie

# Zusatzinformation für die Diät bei erhöhter Harnsäure – Hyperurikämie

Harnsäure ist das Endprodukt des Purinstoffwechsels. Werden die Normalwerte der Harnsäurekonzentration im Blut überschritten (3,4–7,0 mg/dl Plasma bei Männern, 2,4–5,7 mg/dl bei Frauen; nach Sitzmann, 1976), so spricht man von einer Hyperurikämie.

Hyperurikämie kann die Ursache von **Gicht** sein. Eine auf Dauer eingehaltene purinreduzierte Kost ist die beste Voraussetzung dafür, die Harnsäurekonzentration im Blut so niedrig wie möglich zu halten und somit dem Eintreten von Gichtattacken sowie der Bildung von **Nierensteinen** vorzubeugen.

1. **Allgemeine Richtlinien des Stoffwechseldiät-Basisplans beachten!**

2. **Die Kost soll vor allem aus Gemüse (außer Hülsenfrüchten), Salaten, Obst, Milch, Milchprodukten und Vollkornprodukten bestehen.**

3. **Besonders purinreiche Nahrungsmittel weglassen**

   Das sind: Bries, Hirn, Leber, Zunge, Herz, Fleischsuppen, Hefe, Hefeflocken, Suppenwürzen mit Hefe.

4. **Nahrungsmittel mit einem hohen Puringehalt einschränken**

   Fleisch, Fisch, Geflügel, Fleischwaren, Hülsenfrüchte, von Sojabohnen und Sojaprodukten höchstens einmal pro Tag eine Portion von ca. 100 g (Gargewicht) verwenden.

5. **Mindestens 2 Liter pro Tag trinken**

   Erlaubte Getränke sind: Heil- und Tafelwasser, Mineralwasser, Tee, Kaffee, stark verdünnte Fruchtsäfte.

6. **Streng zu meiden ist Alkohol!**

7. **Regelmäßige körperliche Bewegung**
   Bei trainierten Personen steigt die Harnsäure nicht so rasch an wie bei untrainierten.

8. **Langsame Gewichtsreduktion bei bestehendem Übergewicht**

9. **Haushalts-, Frucht- und Diabetikerzucker meiden**
   Süßstoffe nur bei Bedarf verwenden.

## Beispiel Frühstück

- Fruchtsaft (stark verdünnt)
- Kaffee oder Tee mit Mager- oder Vollmilch, evtl. mit Süßstoff
- Vollkornbrot, Knäckebrot, Graham- oder Vollkornweckerl
- 10 g Streichfett
- Magerkäse
- Milchprodukte
- Müsli mit Haferkleie und Früchten

## Menüs

Karfiolcremesuppe
Topfenknödel mit Himbeersauce

•

Dinkelschrotsuppe
Mit Naturreis gefüllter Kohlrabi, Salzkartoffeln, grüner Salat
Joghurttörtchen

•

Gemüsesuppe
Schwammerlsauce mit Semmelknödeln
Topfencreme mit Waldbeeren

•

Rahmsuppe
Hirselaibchen, Gurken-Karotten-Rohkost
Dunstbirne

•

Gemüsebouillon mit Eierstich
Polentaschnitte mit Gemüse, Chinakohlsalat
Kiwi

•

Kräutersuppe
Gebratene Scholle, Pariser Kartoffeln, Tomatensalat
Bananen-Topfen-Creme

•

Gemüsebouillon mit Hirsenockerln
Gebackener Emmentaler, Fisolen-Kartoffel-Salat
Erdbeer-Joghurt-Becher

# Zusatzinformation für die Diät bei erhöhtem Blutzucker – Diabetes mellitus

So wie Eiweiß und Fett werden auch Kohlenhydrate durch die Verdauungssäfte in ihre kleinsten Bausteine zerlegt. Dabei entstehen **Einfachzucker**. Diese Einfachzucker werden ins Blut aufgenommen und den Organen zugeführt, wo sie in Körperwärme oder Muskelkraft (auch Denkleistung) umgesetzt werden.

**Insulin** (Hormon der Bauchspeicheldrüse) wird benötigt, um den Zucker in die Zelle zu bringen, wo er zur Energieverwertung herangezogen wird. Da der menschliche Körper Kohlenhydrate eben nur in Form von Zucker aus dem Darm aufnehmen kann (d. h., Stärke wird durch die Verdauung zu Zucker umgebaut), kommt es bei einem Mangel an Insulin im Körper zu Störungen des Stoffwechsels und damit zu schweren Beeinträchtigungen der Gesundheit und Leistungsfähigkeit. Fehlt das Insulin, so ist zuviel Zucker im Blut und kann nicht in die Zellen aufgenommen werden.

Diese Störung des Stoffwechsels nennt der Arzt **Zuckerkrankheit (Diabetes mellitus)**, da der Zuckergehalt des Blutes ansteigt und der unverwertete Zucker zum Teil mit dem Harn ausgeschieden wird. Bei der Behandlung der Zuckerkrankheit ist die richtige Ernährung (nach ärztlicher Verordnung) lebensnotwendig. Es ist vor allem eine genau bemessene Zufuhr von Kohlenhydraten wichtig, die strengstens eingehalten werden muß. In vielen Fällen reicht eine Diät allein nicht aus, dann muß zur Normalisierung des Stoffwechsels noch eine bestimmte Menge Insulin verabreicht werden.

### 1. Allgemeine Richtlinien der Stoffwechseldiät beachten!

### 2. Mehrere kleine Mahlzeiten pro Tag

Fünf bis sechs kleinere Mahlzeiten am Tag, die alle eine kleine Menge an Broteinheiten enthalten. Die in ihrer Funktion beeinträchtigte Bauchspeicheldrüse kann in kurzen

Abständen zugeführte kleinere Nahrungsmengen besser verwerten als das Überangebot einer großen Mahlzeit. Besonders im Fall einer Insulinbehandlung sind die Essenszeiten genau einzuhalten.

**3. Kohlenhydrate berechnen**

Alle Nahrungsmittel aus dem pflanzlichen Bereich (Getreide und Getreideprodukte, Backwaren, Brot, Beilagen, Obst, Obst- und Gemüsesäfte, Nüsse, Milcharten, Joghurt, Bier, Diabetikerprodukte und einige Gemüsesorten) müssen nach ihrem Kohlenhydratgehalt berechnet werden (siehe nachfolgende Mustertabelle).

**4. Zucker meiden**

Zucker und alle Nahrungsmittel und Speisen, die daraus hergestellt sind – wie Marmelade, Limonaden, Süßigkeiten, Schokolade, Eis, Mehlspeisen usw. – unbedingt meiden. Ebenso sind Honigprodukte möglichst zu eliminieren.
Als Ersatz für Zucker können bei Bedarf sparsam Süßstoffe verwendet werden.

**5. Mehr Vollkornprodukte**

Da auch Weißmehl und Stärke durch die Verdauung sehr rasch zu Zucker umgebaut werden, sollten diese beiden Nahrungsmittel nicht verwendet werden.
Zur Herstellung von Nockerln und Knödeln verwendet man Vollkornmehl oder Nestargel (aus der Apotheke; dafür ist keine Broteinheit zu berechnen) bzw. für Semmelknödel spezielle Diabetiker-Luftbrösel. Herkömmliche Teigwaren werden durch Vollkornteigwaren oder Kartoffeln ersetzt. Weißer Reis wird gegen Vollkornreis ausgetauscht, und anstelle von Weißbrot verwendet man Mischbrot, Grahambrot oder Vollkornbrot.

**6. Obstzucker beachten**

Überreifes oder sehr süßes Obst sollte nicht gegessen werden, z. B. Weintrauben, Zwetschken, Kirschen.

Auch kandiertes oder getrocknetes Obst, handelsübliches, gezuckertes Dosen- oder Gefrierobst sowie unverdünnte bzw. schwach verdünnte Obstsäfte sind zu meiden.
Der Diabetiker sollte hingegen täglich Kompott, Mus, ein Stück frisches Obst usw. (eventuell mit Süßstoff gesüßt) essen.

**7. Viel Gemüse und Salat**

Von Gemüsen (diese sind zum Teil zu berechnen, siehe nachfolgende Mustertabelle) und Salaten können alle Sorten verwendet werden. Auch frisch gepreßte Gemüsesäfte sind zu empfehlen.

**8. Versteckte Fette beachten**

Tierische Fette (Speck, Schmalz, versteckte Fette in Fleisch, Fisch, Wurst, Milch und Milchprodukten) sind einzuschränken, da der Diabetiker zur Gefäßverkalkung neigt. Nur magere Sorten verwenden (z. B. mageres Rind-, Kalb-, Lammfleisch, Wild, Huhn, Truthahn, Wildgeflügel, auch Lunge, Herz, Leber – in kleinen Mengen, Forelle, Hecht, Zander, Rotbarsch, Scholle, Seezunge, Meeresfrüchte – wenn keine Cholesterinerhöhung vorliegt).
Zum Kochen Sonnenblumen- oder Maiskeimöl (oder andere pflanzliche Öle) verwenden. Als Streichfett Sonnenblumen- oder Diätmargarine. 50 g Fett pro Tag sind frei.

**9. Viel Flüssigkeit**

Falls vom Arzt nicht anders verordnet, sollen pro Tag mindestens 1½ Liter kalorienarme Flüssigkeit, wie Mineralwasser, Heil- und Tafelwasser (evtl. mit Zitronensaft und etwas Süßstoff aromatisieren), Tee oder stark verdünnter, möglichst frisch gepreßter und unvergorener Obstsaft (zirka 1 : 7, Broteinheiten berechnen!) getrunken werden.
Auch klare, fettarme Suppen bzw. Suppen aus handelsüblichen Suppenwürfeln können zur Deckung des Flüssigkeitsbedarfes dienen. Zu vermeiden sind allerdings handelsübliche Dosen- bzw. Packerlsuppen und gebundene Suppen (evtl. mit wenig Vollkornmehl binden).

**10. Normalgewicht und Bewegung**

Bei Übergewicht ist auf jeden Fall eine Gewichtsreduktion vorzunehmen, dazu ist auch eine möglichst regelmäßige körperliche Bewegung wichtig und empfehlenswert, da besonders bei Diabetikern häufig Durchblutungsstörungen auftreten.

Um die Berechnung des Kohlenhydratgehalts zu vereinfachen, wurde eine **Broteinheit (BE)** als Vergleichsgröße eingesetzt.

**1 BE = 12 g verwertbare Kohlenhydrate (Zucker)**

Eine Broteinheit entspricht dem Kohlenhydratgehalt einer mittleren Scheibe Brot von zirka 25 Gramm. Die verordnete BE-Menge und ihre gleichmäßige Verteilung über den ganzen Tag dürfen ohne Weisung des Arztes auf keinen Fall geändert werden.

## Beispiel für die Einteilung der Mahlzeiten

Broteinheiten-Gesamtmenge ................

| | |
|---|---|
| ........ Uhr Frühstück | ....... BE: Brot, Zerealien, Milch |
| ........ Uhr Vormittagsjause | ....... BE: Obst, Milch, Brot |
| ........ Uhr Mittagessen | ....... BE: Beilagen, Gemüse, Obst |
| ........ Uhr Nachmittagsjause | ....... BE: Obst, Milch Brot |
| ........ Uhr Abendessen | ....... BE: Beilagen, Brot, Gemüse |
| ........ Uhr Spätmahlzeit | ....... BE: Obst, Milch, Brot |

Es ist notwendig, alle Nahrungsmittel auf einer Diätwaage (Waage mit Grammeinteilung) zu wiegen bzw. die Verpackungsinformationen der einzelnen Lebensmittel zu beachten.

## Broteinheiten-Austauschtabelle

| Nahrungsmittel | 1 BE in g | Menge |
|---|---|---|
| **Brot und Backwaren** | | |
| Grahambrot | 25 | ½ Scheibe (1 cm dick) |
| Grahamweckerl | 25 | ½ Weckerl |
| Knäckebrot | 15 | 1½ Stück |
| Leinsamenbrot | 25 | ½ Scheibe (1 cm dick) |
| Mohn- oder Kümmelweckerl | 20 | ½ Stück |
| Pumpernickel | 30 | ⅔ Scheibe |
| Schwarzbrot | 25 | ½ Scheibe (1 cm dick) |
| Semmel, Salzstangerl | 20 | ½ Stück |
| Vollkornbrot | 30 | ½ Scheibe (1 cm dick) |
| Wachauer Weckerl (Schusterlaiberl) | 25 | ½ Weckerl (klein) |
| Weiß- und Toastbrot | 25 | 1 Scheibe (1 cm dick) |
| Zwieback (ungezuckert) | 15 | 2 Stück |
| | | |
| Knödelbrot | 15 | wiegen |
| Semmelbrösel Diabetiker-Luftbrösel | 15 | 3 Eßlöffel (gestrichen) |
| | | |
| Kräcker, Fischli | 15 | wiegen |
| Soletti | 15 | 17 Stück |
| | | |
| Blätterteig (roh) | 35 | wiegen |
| Plunderteig (roh) | 35 | wiegen |
| Strudelteig (roh) | 20 | wiegen |
| **Getreide, Mahlprodukte** | | |
| Buchweizen (geschält) | 15 | 1½ Eßlöffel (gehäuft) |
| Buchweizengrütze | 15 | 1½ Eßlöffel (gestrichen) |
| Buchweizenvollmehl | 15 | 2 Eßlöffel (gehäuft) |
| Gerstengraupen | 15 | 1½ Eßlöffel (gehäuft) |
| Gerstenkorn | 15 | 1½ Eßlöffel (gestrichen) |
| Grünkernkorn | 15 | 1½ Eßlöffel (gestrichen) |
| Haferflocken | 20 | 3 Eßlöffel (gehäuft) |
| Haferkorn | 20 | 2 Eßlöffel (gestrichen) |
| Hirsekorn | 15 | 1½ Eßlöffel (gestrichen) |
| Leinsamen (2–3 EL frei) | 100 | 10 Eßlöffel (gehäuft) pro Tag |
| Maisgrieß, Polenta | 15 | 1 Eßlöffel (gehäuft) |
| Maiskorn und Maismehl | 15 | 2 Eßlöffel (gestrichen) |
| Mohn | 150 | wiegen |

| Nahrungsmittel | 1 BE in g | Menge |
|---|---|---|
| Nestargel (aus der Apotheke) | frei | |
| Roggenkorn | 20 | 2 Eßlöffel (gestrichen) |
| Roggenmehl | 15 | 1 Eßlöffel (gehäuft) |
| Sojamehl (halbfett) | 35 | 3 Eßlöffel (gehäuft) |
| Sojamehl (vollfett) | 45 | 4 Eßlöffel (gehäuft) |
| Sonnenblumenkernmehl | 35 | 3 Eßlöffel (gehäuft) |
| Weizengrieß | 15 | 1 Eßlöffel (gehäuft) |
| Weizenkeime | 25 | 3 Eßlöffel (gehäuft) |
| Weizenkleie (2–3 EL frei) | 50 | 12 Eßlöffel (gehäuft) pro Tag |
| Weizenmehl | 15 | 1 Eßlöffel (gehäuft) |
| Weizenvollkornmehl | 20 | 3 Eßlöffel (gestrichen) |
| Corn-flakes | 15 | 4 Eßlöffel (gehäuft) |
| Popcorn | 15 | 10 Eßlöffel (gehäuft) |
| **Stärke** | | |
| Kartoffel-, Mais-, Weizen- und Tapiokastärke, ungezuckertes Puddingpulver | 15 | 1 Eßlöffel (gehäuft) |

Achtung bei handelsüblichen Saucen und Mayonnaisen, Gewürzmischungen – sie enthalten oft Stärkemehl!

| | | |
|---|---|---|
| **Sättigungsbeilagen** | | |
| polierter/unpolierter Reis | | |
| (roh) | 15 | 1 Eßlöffel (gestrichen) |
| (gekocht) | 50 | 2 Eßlöffel (gehäuft) |
| Semmelknödel (gekocht) | 50 | ½ Knödel (klein) |
| Spätzle/Nockerln (gekocht) | 50 | wiegen |
| Teigwaren (roh) | 15 | 2 Eßlöffel (gestrichen) |
| Teigwaren (gekocht) | 50 | 3 Eßlöffel (gehäuft) |
| Vollkornteigwaren (roh) | 20 | 3 Eßlöffel (gestrichen) |
| Vollkornteigwaren (gekocht) | 60 | 4 Eßlöffel (gehäuft) |
| **Kartoffeln und Kartoffelprodukte** | | |
| Kartoffeln (geschält) | 75 | 1 Stück (hühnereigroß) |
| Kartoffelpüree | 90 | 2 Eßlöffel (gehäuft) |
| Kartoffelpüreepulver | 15 | 1 Eßlöffel (gehäuft) |

| Nahrungsmittel | 1 BE in g | Menge |
|---|---|---|
| Backrohrfrites (tiefgekühlt/roh) | 50 | 21 Stück (Fettgehalt!) |
| Kartoffelchips | 25 | wiegen (Fettgehalt!) |
| Kartoffelpuffer (tiefgekühlt/roh) | 50 | wiegen (Fettgehalt!) |
| Kroketten (tiefgekühlt/roh) | 45 | wiegen (Fettgehalt!) |
| Pommes frites (eßfertig) | 35 | 20 Stück (Fettgehalt!) |
| Pommes frites (tiefgekühlt/roh) | 65 | 20 Stück (Fettgehalt!) |
| Rösti (tiefgekühlt/roh) | 60 | 6 Eßlöffel (Fettgehalt!) |
| Kartoffelknödel | 50 | ½ Knödel (klein) |
| Süßkartoffeln (Bataten) | 55 | wiegen |
| **Gemüse** | | |
| Bohnen (gekocht) | 50 | 3 Eßlöffel (gehäuft) |
| Bohnen (getrocknet) | 20 | 1 Eßlöffel (gehäuft) |
| Grüne Erbsen (frisch) | 100 | 7 Eßlöffel (gehäuft) |
| Grüne Erbsen (getrocknet) | 20 | 1 Eßlöffel (gehäuft) |
| Grüne Erbsen (tiefgekühlt) | 90 | 6 Eßlöffel (gehäuft) |
| Linsen (gekocht) | 50 | 3 Eßlöffel (gehäuft) |
| Linsen (getrocknet) | 20 | 1 Eßlöffel (gehäuft) |
| Maiskörner (gekocht) | 60 | 4 Eßlöffel (gehäuft) |
| Schwarzwurzeln (gekocht) | 85 | wiegen |
| Schwarzwurzeln (roh) | 70 | wiegen |
| Sojabohnen | 45 | 4 Eßlöffel |
| Topinambur | 70 | wiegen |
| **Fertigprodukte (Tiefkühlgemüse)** | | |
| Cremespinat | 225 | wiegen |
| Fisolen in Rahm | 180 | wiegen |
| Französisches Gemüse | 200 | wiegen |
| Kohlgemüse | 180 | wiegen |
| Letscho | 120 | wiegen |
| Mexikanisches Gemüse | 100 | wiegen |
| Porreegemüse | 130 | wiegen |
| Rotkraut | 135 | wiegen |

**Gemüse ohne Berechnung**

Auberginen, Avocados (fett), Bambussprossen, Brokkoli, Champignons, Chicorée, Chinakohl, Eierschwammerln, Endiviensalat,

| Nahrungsmittel | 1 BE in g | Menge |
|---|---|---|

Gurken, Häuptelsalat, Karfiol, Kohl, Kohlrabi, Kürbis, Lauch, Morcheln, Oliven, Paprikafrüchte, Radicchiosalat, Radieschen, Rettich, Rot- und Weißkraut, Sauerkraut, Spargel, Spinat, Steinpilze, Tomaten (handelsübliches Tomatenmark ist zu meiden), Zucchini.

**Gemüse ohne Berechnung bis zu 200 g**
Artischocken, Fenchel, Fisolen, Karotten, Kohlsprossen, rote Rüben, Sellerie, Zwiebeln.

**Obst (eßfertig, also ohne Schale bzw. Kern)**

| | | |
|---|---|---|
| Ananas | 90 | wiegen |
| Apfel | 100 | 1 (klein) |
| Banane | 50 | ½ (mittelgroß) |
| Birne | 100 | ½ (mittelgroß) |
| Brombeeren | 140 | 1 Schüsserl |
| Dörrobst | 20 | wiegen |
| Erdbeeren | 160 | 1 Schüsserl |
| frische Feigen | 70 | wiegen |
| Grapefruit | 120 | ½ (groß) |
| Guave | 80 | wiegen |
| Heidelbeeren | 90 | ½ Schüsserl |
| Himbeeren | 130 | 1 Schüsserl |
| Holunder | 130 | 1 Schüsserl |
| Honigmelone | 240 | wiegen |
| Kaki | 70 | wiegen |
| Kaktusfeigen | 100 | wiegen |
| Kirschen | 70 | 10 Stück |
| Kiwis | 130 | 2 kleine |
| Lychees | 90 | wiegen |
| Mandarinen | 120 | 2 kleine |
| Mango | 80 | wiegen |
| Marillen | 100 | 2 kleine |
| Maroni | 25 | 4 Stück |
| Mispeln | 110 | wiegen |
| Moosbeeren | 120 | 1 Schüsserl |
| Nektarinen | 100 | 1 (mittelgroß) |
| Orange | 100 | 1 (klein) |
| Papaya | 140 | wiegen |
| Passionsfrucht | 190 | wiegen |
| Pfirsich | 120 | 1 (mittelgroß) |
| Preiselbeeren | 120 | 1 Schüsserl |
| Ribiseln (rot) | 120 | 1 Schüsserl |
| Ribiseln (schwarz) | 100 | ¾ Schüsserl |

| Nahrungsmittel | 1 BE in g | Menge |
|---|---|---|
| Ringlotten | 70 | wiegen |
| Stachelbeeren | 140 | 1 Schüsserl |
| Wassermelone | 210 | wiegen |
| Weichseln (mit Stein) | 110 | wiegen |
| Weintrauben | 70 | 9 große (Trauben) |
| Zwetschken | 70 | 3–4 Stück |
| freies Obst (Rhabarber) | – | – |

**Kompotte**
Fruchtmenge siehe Tabelle. Kompottsaft ohne Zucker, evtl. mit wenig Süßstoff, ist frei. Bei Mus sind den BE-Werten der Früchte laut Tabelle 20 g dazuzurechnen. Gezuckertes Dosenobst ist verboten.

| **Obst- und Gemüsesäfte (in ml, naturrein, ohne Zuckerzusatz)** | | |
|---|---|---|
| Apfelsaft | 100 | 1/10 Liter |
| Grapefruitsaft | 130 | 1/8 Liter |
| Orangensaft | 110 | 1/8 Liter |
| Traubensaft | 70 | 1/16 Liter |
| Zitronensaft | 150 | 1/2 Liter |
| Karottensaft | 200 | 2/10 Liter |
| Rote-Rüben-Saft | 125 | 1/8 Liter |
| Tomatensaft | 300 | 3/10 Liter |

| **Nüsse, eßfertig (Fettgehalt!)** | | |
|---|---|---|
| Cashewnüsse | 40 | 3 Eßlöffel |
| Erdnüsse mit Schale | 85 | 40 Stück |
| Erdnüsse ohne Schale | 60 | wiegen |
| Haselnüsse | 90 | wiegen |
| Kokosette (Kokosraspel) | 190 | wiegen |
| Kokosnuß (frisch) | 110 | wiegen |
| Mandeln | 60 | wiegen |
| Paranüsse | 110 | wiegen |
| Pistazien | 60 | wiegen |
| Walnüsse | 90 | 6 Eßlöffel (gehäuft) |

| Nahrungsmittel | 1 BE in g | Menge |
|---|---|---|
| **Milch und Milchprodukte (⅛ Liter Milch, Joghurt, Kefir über den Tag verteilt ist frei)** | | |
| Buttermilch 1 % F. i. T. | 300 | 1 Seidel = 0,3 Liter |
| Diabetikerjoghurt | 120 | 1 Becher (180 g = 1,5 BE) |
| Joghurt 1 % + 3,6 % F. i. T. | 250 | 1 Becher (¼ Liter) |
| Kefir | 250 | ¼ Liter |
| Kondensmilch 7 % F. i. T. | 120 | ⅛ Liter (ungezuckert, Fettgehalt!) |
| Kondensmilch 10 % F. i. T. | 100 | ⅒ Liter (ungezuckert, Fettgehalt!) |
| Magermilch 1 % F. i. T. | 250 | ¼ Liter |
| Sauermilch 3,6 % F. i. T. | 250 | ¼ Liter |
| Trockenmagermilchpulver | 30 | wiegen |
| Trockenvollmilchpulver | 25 | wiegen |
| Vollmilch 3,6 % F. i. T. | 250 | ¼ Liter |
| Magerkäse bis 45 % F. i. T. (darüber Käse meiden) | frei | |
| Topfen bis 20 % F. i. T. | frei | |
| **Zuckeraustauschstoffe und Diabetikerwaren** | | |
| Diabetikerzucker (Sorbit, Xylit, Fruchtzucker) | 12 | 1 Eßlöffel (gestrichen) |
| Diabetikereis (Vanille) | 120 | 1 Becher |
| Diabetikerhonig | 15 | 1 Eßlöffel |
| Diabetikerkekse | – | 4–5 Stück |
| Diabetikermarmelade | 25 | 1 Eßlöffel |
| Diabetikerschokolade | 30 | ⅓ Tafel (von 100 g) |

Angaben des Herstellers berücksichtigen. Auch Diabetikerzucker in Broteinheiten umrechnen.

| | | |
|---|---|---|
| **Künstliche Süßstoffe** (Tabletten oder flüssig) | | |
| Streukandisin | frei | |
| **Zucker** (nur bei Unterzucker/Hypos) | | |
| Haushaltszucker | 12 | 1 Eßlöffel |
| Traubenzucker | 12 | 1½ Scheiben |

| Nahrungsmittel | 1 BE in g | Menge |
|---|---|---|

**Eier**
Eier sind in mäßiger Menge frei. Zu meiden sind allerdings handelsübliche Saucen und Mayonnaisen (oft mit Stärkemehl gestreckt!).

**Gewürze und Würzmittel**
Alle frischen und getrockneten Kräuter, Zwiebel, Knoblauch, Kren, Essig, Senf und Ketchup in kleinen Mengen, Salz (mäßig) sowie Tomatenmark (selbstgemacht oder tiefgekühlt) und Vanilleschoten sind ohne Berechnung zu verwenden. Handelsübliche fertige Gewürz- und Dessertsaucen, Tomatenmark aus Dose und Tube, Vanillezucker (reiner Zucker) sind hingegen zu meiden.

**Getränke, Alkohol**
(nur bei Unterzucker/Hypos)

| | | |
|---|---|---|
| Limonade (gezuckert) | 100 | 1/10 Liter |

Diabetikerlimonaden bzw. -bier laut Angaben des Herstellers

| | | |
|---|---|---|
| Rot- und Weißwein, Most und trockener Sekt, klarer Schnaps, Whisky und Weinbrand | frei | jedoch nur in kleinen Mengen |
| Lagerbier (hell) | 300 | 1 Seidel (= 0,3 Liter) |

Dessert-, Süd- und süße Obstweine, Aperitifs und dunkles Bier sind zu meiden. Bei größerem Alkoholkonsum besteht Hypogefahr (Kollaps).

## Beispiel Frühstück

- Fruchtsaft stark verdünnt (nach BE)
- Kaffee und Tee mit Mager- oder Vollmilch, evtl. mit Süßstoff
- Vollkornbrot oder -gebäck und Knäckebrot (nach BE)
- 10 g Streichfett
- etwas Diabetikermarmelade (nach BE)
- magere Wurst- und Käsesorten
- evtl. Müsli (für 2 BE)

## Menüs mit drei Broteinheiten (BE)

Reissuppe (1 Eßlöffel roher Reis = 15 g = 1 BE)
Sojakrautfleisch, Semmelknödel (100 g = 2 BE), Rote-Rüben-Salat

•

Rindsuppe mit Eifrittaten
Vollkornpizza (für 3 BE), Salatteller

•

Lebernockerlsuppe
Grünkernauflauf (für 3 BE), Letscho

•

Bouillon mit Karotten
Tafelspitz, Röstkartoffeln (150 g Kartoffeln = 2 BE), Blattspinat
Kleiner Apfel (100 g = 1 BE)

•

Gemüsesuppe mit Nudeln (50 g = 1 BE)
Brathuhn, Naturreis mit Kräutern (50 g gekochter Reis = 1 BE), Brokkoli
Erdbeeren (160 g = 1 BE)

•

Gemüsebouillon mit Eierstich
Gedünsteter Zander mit Wurzelgemüse, Petersilienkartoffeln (150 g = 2 BE)
Kleine Birne (100 g = 1 BE)

•

Tomatensuppe
Kalbsnaturschnitzel, Nockerln (100 g = 2 BE), gebratene Zucchini
Bananen-Topfen-Creme (50 g geschälte Banane = 1 BE)

# Nährwertberechnung von Kostformen

Der folgende, in die verschiedenen Kostformen abgewandelte Tagesplan zeigt ein Beispiel für die computerunterstützte Nährwertberechnung. Zu beachten sind die bei verschiedenen Computerprogrammen unterschiedlichen Nährwerte, die jedoch im Toleranzbereich liegen. Verwenden Sie deshalb für Ihre Berechnungen möglichst einheitliche Quellen bzw. immer die neuesten Ausgaben dieser Berechnungsprogramme.

## Leichte Vollkost – gastroenterologische Basisdiät

| Zutaten für 1 Person | Nährwerte | | | | |
|---|---|---|---|---|---|
| | kcal | kJ | E[1] | F[2] | KH[3] |
| **Tagesplan** | **2.496** | **10.486** | **84** | **86** | **333,5** |
| **Frühstück** | **672** | **2.831** | **16,5** | **22,5** | **97** |
| 300 g Bohnenkaffee | – | – | – | – | – |
| 15 g Kaffeesahne, 10 % Fett | 19 | 77 | 0,5 | 1,5 | 0,5 |
| 20 g Zucker | 80 | 336 | – | – | 2– |
| 45 g Weizenbrötchen | 119 | 506 | 3,5 | 0,5 | 25 |
| 80 g Roggenschrotbrot | 170 | 723 | 5,5 | 1 | 32,5 |
| 20 g Butter | 151 | 634 | – | 16,5 | – |
| 25 g Extrakonfitüre Aprikose | 65 | 270 | – | – | 16 |
| 30 g Speisequark, mager | 23 | 97 | 4 | – | 1 |
| 1 g Kräuter | 1 | 3 | – | – | – |
| 25 g Schmelzkäse, 30 % Fett | 44 | 185 | 3 | 3 | 2 |

| Zutaten für 1 Person | Nährwerte | | | | |
|---|---|---|---|---|---|
| | kcal | kJ | E[1] | F[2] | KH[3] |
| **Zwischenmahlzeit** | **90** | **377** | **0,5** | **1** | **2–** |
| 150 g Äpfel | 90 | 377 | 0,5 | 1 | 2– |
| **Mittagessen** | **690** | **2.883** | **39,5** | **21** | **8–** |
| **Kraftbrühe Royal** | 28 | 118 | 2 | 1,5 | 2 |
| 100 g Rinderknochen | – | – | – | – | – |
| 10 g Karotten | 4 | 17 | – | – | 1 |
| 5 g Sellerie | 2 | 8 | – | – | 0,5 |
| 10 g Hühnerei | 16 | 66 | 1,5 | 1 | – |
| 8 g Milch, 3,5 % Fett | 5 | 22 | 0,5 | 0,5 | 0,5 |
| 2 g Petersilie | 1 | 5 | – | – | – |
| **Rindersteak** | 225 | 939 | 25,5 | 11,5 | 3,5 |
| 80 g Knochen | – | – | – | – | – |
| 120 g Rindersteak | 178 | 746 | 25 | 8,5 | – |
| 3 g Sonnenblumenöl | 27 | 113 | – | 3 | – |
| 5 g Karotten | 2 | 9 | – | – | 0,5 |
| 5 g Sellerie | 2 | 8 | – | – | 0,5 |
| 2 g Tomatenmark | 2 | 7 | – | – | 0,5 |
| 60 g Tomaten | 13 | 53 | 0,5 | – | 2 |
| 1 g Basilikum | 1 | 3 | – | – | – |
| **Zucchini-Karotten-Gemüse** | 67 | 279 | 1,5 | 2,5 | 8,5 |
| 80 g Zucchini | 10 | 43 | 0,5 | – | 1,5 |

[1] Eiweiß, [2] Fett, [3] Kohlenhydrate

| Zutaten für 1 Person | Nährwerte | | | | |
|---|---|---|---|---|---|
| | kcal | kJ | E[1] | F[2] | KH[3] |
| 80 g Karotten | 33 | 138 | 1 | – | 7 |
| 3 g Butter | 23 | 95 | – | 2,5 | – |
| 1 g Dill | 1 | 3 | – | – | – |
| **Kopfsalat** | 42 | 173 | 1,5 | 3 | 2 |
| 40 g Kopfsalat | 7 | 28 | 0,5 | – | 1 |
| 20 g Magerjoghurt | 8 | 32 | 1 | – | 1 |
| 3 g Sonnenblumenöl | 27 | 113 | – | 3 | – |
| **Kartoffelplätzchen** | 167 | 700 | 4,5 | 0,5 | 35 |
| 220 g Kartoffeln, gekocht | 158 | 662 | 4 | – | 35 |
| 5 g Hühnerei | 8 | 33 | 0,5 | 0,5 | – |
| 2 g Petersilie | 1 | 5 | – | – | – |
| **Buttermilchgelee** | 159 | 666 | 4,5 | 2 | 28,5 |
| 60 g Buttermilch | 25 | 103 | 2,5 | 0,5 | 2,5 |
| 20 g Zucker | 80 | 336 | – | – | 2– |
| 20 g Himbeeren | 9 | 39 | 0,5 | – | 2 |
| 20 g Heidelbeeren | 13 | 53 | – | – | 2,5 |
| 20 g Brombeeren | 10 | 41 | – | – | 1,5 |
| 2 g Gelatine | 7 | 29 | 1,5 | – | – |
| 5 g Sahne, 30 % Fett | 15 | 65 | – | 1,5 | – |
| **Zum Kaffee** | **289** | **1.210** | **2,5** | **11,5** | **44,5** |
| 300 g Bohnenkaffee | – | – | – | – | – |
| 15 g Kaffeesahne, 10 % Fett | 19 | 78 | 0,5 | 1,5 | 0,5 |

| Zutaten für 1 Person | Nährwerte | | | | |
|---|---|---|---|---|---|
| | kcal | kJ | E[1] | F[2] | KH[3] |
| 20 g Zucker | 80 | 336 | – | – | 2 – |
| 36 g Diabetikergebäck | 190 | 769 | 2 | 1 – | 24 |
| **Abendessen** | **757** | **3.191** | **25** | **3 –** | **92,5** |
| 50 g Schweinekarree | 168 | 706 | 7,5 | 15,5 | – |
| 10 g Kalbfleischfarce | 11 | 44 | 2 | – | – |
| 2 g Pistazien | 13 | 54 | 0,5 | 1 | 0,5 |
| 25 g Schmelzkäseecke, 30 % Fett | 44 | 185 | 3 | 3 | 2 |
| 80 g Roggenmischbrot | 186 | 790 | 5,5 | 1 | 37 |
| 70 g Steinmetzbrot | 150 | 636 | 5 | 1 | 28,5 |
| 10 g Butter | 75 | 317 | – | 8,5 | – |
| 20 g Zucker | 80 | 336 | – | – | 2 – |
| 50 g Junger Karfiol | 16 | 65 | 1 | – | 2,5 |
| 40 g Zucchini | 11 | 47 | 0,5 | – | 2 |
| 5 g Magerjoghurt | 2 | 8 | – | – | – |
| 1 g Kräuter | 1 | 3 | – | – | – |

[1] Eiweiß, [2] Fett, [3] Kohlenhydrate

# Diät bei Darmträgheit – Obstipation

| Zutaten für 1 Person | Nährwerte | | | | | | |
|---|---|---|---|---|---|---|---|
| | kcal | kJ | E[1] | F[2] | KH[3] | Ball.[4] | W[5] |
| **Tagesplan** | **2.941,6** | **12.307,1** | **120,5** | **108,9** | **354** | **82,8** | **571,8** |
| **Frühstück** | **732,6** | **3.065,2** | **18,2** | **28,3** | **98** | **15,1** | **654,8** |
| 300 g Kaffee | – | – | – | – | – | – | 300 |
| 15 g Kondensmilch, mind. 7,5 % Fett | 20,5 | 85,8 | 1 | 1,1 | 1,4 | – | 11,2 |
| 50 g Roggenbrot | 113,9 | 476,6 | 3,1 | 0,5 | 23,8 | 2,8 | 19,1 |
| 10 g Diätmargarine | 74,6 | 312 | – | 8 | – | – | 1,9 |
| 10 g Roggen, ganzes Korn | 29,9 | 125 | 0,9 | 0,2 | 6,1 | 1,3 | 1,4 |
| 10 g Weizen, ganzes Korn | 31,6 | 132,2 | 1,2 | 0,2 | 6,1 | 1,1 | 1,3 |
| 10 g Quinoa | 35,9 | 150,2 | 1,5 | 0,7 | 5,9 | 0,7 | – |
| 10 g Leinsamen | 38,7 | 162,1 | 2,4 | 3,1 | – | 3,9 | 0,6 |
| 20 g Pflaumen, getrocknet | 45,5 | 190,3 | 0,5 | 0,1 | 10,6 | 1,8 | 4,8 |
| 10 g Aprikosen, getrocknet | 24,7 | 103,5 | 0,5 | 0,1 | 5,6 | 0,8 | 1,8 |
| 50 g Äpfel | 27,3 | 114,3 | 0,2 | 0,2 | 6,2 | 1,2 | 42,7 |
| 100 g Kuhmilch, fettarm (1,5 %–1,8 % Fett) | 48,7 | 203,6 | 3,4 | 1,6 | 4,8 | – | 89,6 |
| 10 g Honig | 32 | 133,9 | – | – | 8 | – | – |
| 20 g Haselnüsse | 134,3 | 561,9 | 2,4 | 12,3 | 2,3 | 1,5 | 1 |
| 200 g Grapefruitsaft, frisch gepreßt | 75 | 313,8 | 1,1 | 0,2 | 17,2 | – | 179,4 |
| **Erste Zwischenmahlzeit** | **439,2** | **1.837,6** | **11** | **13,3** | **69,3** | **12,7** | **440,7** |
| 150 g Joghurt, fettarm (1,5 %–1,8 % Fett) | 79,2 | 331,5 | 5,3 | 2,4 | 8,4 | – | 133,4 |
| 10 g Weizenkleie | 19,3 | 90,6 | 1,5 | 0,5 | 2 | 4,2 | 1,2 |
| 10 g Blütenhonig | 32,5 | 136 | – | – | 8 | – | – |

| Zutaten für 1 Person | Nährwerte | | | | | | |
|---|---|---|---|---|---|---|---|
| | kcal | kJ | E[1] | F[2] | KH[3] | Ball.[4] | W[5] |
| 150 g Äpfel | 81,9 | 342,7 | 0,5 | 0,6 | 18,6 | 3,5 | 128 |
| 20 g Ballaststoffknäckebrot | 57,9 | 242,4 | 2,4 | 1,4 | 11 | 5 | – |
| 10 g Diätmargarine | 74,6 | 312 | – | 8 | – | – | 1,9 |
| 200 g Apfelsaft, frisch gepreßt | 93,8 | 392,3 | 1,3 | 0,4 | 21,3 | – | 176,2 |
| **Mittagessen** | **654,1** | **2.783,3** | **42,7** | **21,6** | **69,4** | **37,6** | **1.107,2** |
| **Kraftbrühe Royal** | 42,5 | 177,8 | 2,7 | 1,6 | 4,1 | 1 | 179,4 |
| 150 g Wasser für Kraft-(Knochen-)Brühe | – | – | – | – | – | – | 150 |
| 10 g Möhren (Karotten, Mohrrüben) | 2,5 | 10,6 | 0,1 | – | 0,5 | 0,3 | 8,8 |
| 5 g Knollensellerie | 0,9 | 3,7 | 0,1 | – | 0,1 | 0,2 | 4,4 |
| 10 g Hühnerei (Gesamtinhalt) | 16,7 | 7 – | 1,3 | 1,1 | 0,1 | – | 7,4 |
| 8 g Kuhmilch, fettarm (1,5 %–1,8 % Fett) | 3,9 | 16,3 | 0,3 | 0,1 | 0,4 | – | 7,2 |
| 2 g Petersilie, Blatt | 0,5 | 2,1 | 0,1 | – | – | 0,1 | 1,6 |
| 5 g Quinoa | 18 | 75,1 | 0,8 | 0,4 | 3 | 0,4 | – |
| **Rindersteak** | 256,48 | 1.102,7 | 28,8 | 12 | 5,7 | 27,7 | 256,2 |
| 120 g Rindfleisch, Keule (Schlegel) | 191,8 | 802,6 | 25,2 | 8,5 | – | – | 85,2 |
| 5 g Möhren (Karotten, Mohrrüben) | 1,3 | 5,3 | – | – | 0,2 | 0,2 | 4,4 |
| 5 g Knollensellerie | 0,9 | 3,7 | 0,1 | – | 0,1 | 0,2 | 4,4 |
| 5 g Zwiebeln | 1,6 | 6,6 | 0,1 | – | 0,3 | 0,2 | 4,4 |
| 40 g Delikateß-Gewürzgurken | 0,8 | 33,5 | 0,4 | – | 1,2 | – | – |
| 40 g Tomaten | 7,7 | 32,3 | 0,4 | 0,1 | 1,4 | 0,7 | 37,7 |
| 5 g Diätsenf | 5,5 | 23 | 0,3 | 0,4 | 0,1 | – | – |

[1] Eiweiß, [2] Fett, [3] Kohlenhydrate, [4] Ballaststoffe, [5] Wasser

| Zutaten für 1 Person | Nährwerte | | | | | | |
|---|---|---|---|---|---|---|---|
| | kcal | kJ | E[1] | F[2] | KH[3] | Ball.[4] | W[5] |
| 1 g Bindemittel Nestargel | 0,3 | 1,3 | 0,1 | – | – | 0,8 | – |
| 2 g Petersilie, Blatt | 0,5 | 2,1 | 0,1 | – | – | 0,1 | 1,6 |
| 150 g Schwarzwurzel | 23,6 | 98,7 | 2,1 | 0,6 | 2,4 | 25,5 | 117,9 |
| 3 g Diätmargarine | 22,4 | 93,6 | – | 2,4 | – | – | 0,6 |
| **Kartoffelplätzchen** | 204,6 | 855,8 | 7,1 | 4,4 | 33,7 | 5 | 182,5 |
| 200 g Kartoffeln, gekocht mit Schale | 140,7 | 588,6 | 4,1 | 0,2 | 30,8 | 5 | 155,6 |
| 20 g Linsen, gekocht | 18,1 | 75,5 | 1,5 | 0,1 | 2,7 | – | 15,3 |
| 10 g Hühnerei (Gesamtinhalt) | 16,7 | 7– | 1,3 | 1,1 | 0,1 | – | 7,4 |
| 5 g Schnittlauch | 1,3 | 5,6 | 0,2 | – | 0,1 | – | 4,2 |
| 3 g Sesamöl | 27,8 | 116,1 | – | 3 | – | – | – |
| **Bunter Salat** | 52,4 | 219,1 | 2,7 | 0,8 | 8,3 | 2,5 | 161,1 |
| 50 g Paprikaschoten | 10,1 | 42,5 | 0,6 | 0,2 | 1,6 | 1 | 45,5 |
| 30 g Tomaten | 5,8 | 24,2 | 0,3 | 0,1 | 1 | 0,5 | 28,3 |
| 20 g Radieschen | 2,8 | 11,8 | 0,2 | – | 0,4 | – | 18,9 |
| 50 g Gurken | 6,2 | 25,9 | 0,3 | 0,1 | 1 | 0,5 | 48,4 |
| 20 g Joghurt, fettarm, mind. 1,5 % Fett | 10,6 | 44,2 | 0,7 | 0,3 | 1,1 | – | 17,8 |
| 2 g Petersilie, Blatt | 0,5 | 2,1 | 0,1 | – | – | 0,1 | 1,6 |
| 5 g Grünkern | 16,4 | 68,4 | 0,5 | 0,1 | 3,2 | 0,4 | 0,6 |
| **Dessert** | 98,2 | 410,7 | 1,2 | 2,8 | 16,9 | 1,4 | 325,7 |
| 100 g Rote Grütze (mit Fruchtzucker) | 55 | 230,1 | – | – | 14 | – | – |
| 20 g Brombeeren | 8,5 | 35,7 | 0,2 | 0,2 | 1,4 | 0,6 | 16,9 |
| 10 g Himbeeren | 3,6 | 14,9 | 0,1 | – | 0,7 | 0,5 | 8,5 |
| 5 g Pistazien | 31,1 | 13– | 0,9 | 2,6 | 0,8 | 0,3 | 0,3 |
| 300 g Mineralwasser | – | – | – | – | – | – | 300 |

| Zutaten für 1 Person | Nährwerte | | | | | | |
|---|---|---|---|---|---|---|---|
| | kcal | kJ | E[1] | F[2] | KH[3] | Ball.[4] | W[5] |
| **Zum Kaffee** | **151,2** | **632,6** | **2** | **4** | **24** | **3,2** | **300** |
| 40 g Fruchtmüsliriegel, 20 g | 151,2 | 632,6 | 2 | 4 | 24 | 3,2 | – |
| 300 g Bohnenkaffee | – | – | – | – | – | – | 300 |
| **Abendessen** | **713,3** | **2.984,7** | **35,2** | **38,9** | **49,6** | **9,2** | **493,1** |
| 50 g Schweinefleisch, Kamm (Halsgrat) | 112,9 | 472,4 | 9,3 | 7,6 | – | – | 32,6 |
| 10 g Kalbfleisch, Bug (Schulter) | 11,8 | 49,3 | 2,1 | 0,3 | – | – | 7,5 |
| 5 g Pflaumen, getrocknet | 11,4 | 47,6 | 0,1 | – | 2,7 | 0,5 | 1,2 |
| 100 g Weißkohl | 25,3 | 105,8 | 1,4 | 0,2 | 4,6 | 2,5 | 92,1 |
| 5 g Schnittlauch | 1,3 | 5,6 | 0,2 | – | 0,1 | – | 4,2 |
| 3 g Sonnenblumenöl | 27,8 | 116,5 | – | 3 | – | – | – |
| 50 g Weizenvollkornbrot | 102,7 | 429,8 | 3,5 | 0,4 | 20,7 | 3,7 | 20,9 |
| 50 g Roggenmischbrot mit Weizenkleie | 106,3 | 444,6 | 2,9 | 0,8 | 21,5 | 2,8 | 19,9 |
| 20 g Diätmargarine | 149,1 | 624 | – | 16 | – | – | 3,8 |
| 30 g Goudakäse, 45 % Fett i. Tr. | 114,7 | 479,9 | 7,7 | 8,8 | – | – | 10,9 |
| 40 g Rindersaftschinken | 5 | 209,2 | 8 | 1,8 | – | – | – |
| 300 g Kräutertee | – | – | – | – | – | – | 300 |
| **Spätmahlzeit** | **241,2** | **1.009,3** | **11,6** | **2,8** | **43,7** | **5** | **571,8** |
| 250 g Buttermilch | 98,4 | 411,7 | 8,8 | 1,3 | 12 | – | 228 |
| 50 g Pfirsiche | 20,9 | 87,4 | 0,4 | 0,1 | 4,7 | – | 43,8 |
| 20 g Honig | 64 | 267,8 | – | – | 16 | – | – |
| 20 g Ballaststoffknäckebrot | 57,9 | 242,4 | 2,4 | 1,4 | 11 | 5 | – |
| 300 g Mineralwasser | – | – | – | – | – | – | 300 |

[1] Eiweiß, [2] Fett, [3] Kohlenhydrate, [4] Ballaststoffe, [5] Wasser

| Zutaten für 1 Person | Nährwerte | | | | |
|---|---|---|---|---|---|
| | kcal | kJ | E[1] | F[2] | KH[3] |
| **Tagesplan** | **1.243** | **5.237** | **67,5** | **4 –** | **147,5** |
| **Frühstück** | **333** | **1.408** | **9** | **13,5** | **45,5** |
| 300 g Bohnenkaffee | – | – | – | – | – |
| 15 g Kaffeesahne, 10 % Fett | 19 | 78 | 0,5 | 1,5 | 0,5 |
| 50 g Roggenbrötchen | 117 | 494 | 3,5 | 0,5 | 23 |
| 16 g Vollkornknäckebrot | 60 | 256 | 2 | 0,5 | 13 |
| 10 g Diätmargarine | 72 | 304 | – | 8 | – |
| 25 g 50 % kalorienreduzierte Fruchtzuckerkonfitüre Pflaumen | 28 | 119 | – | – | 7 |
| 25 g Schmelzkäseecke Salami, 20 % Fett | 37 | 157 | 3 | 3 | 2 |
| **Zwischenmahlzeit** | **87** | **361** | **4,5** | **2** | **12** |
| 120 g Joghurt, 1,5 % Fett | 58 | 242 | 4,5 | 2 | 5,5 |
| 50 g Äpfel | 29 | 119 | – | – | 6,5 |
| 1 g Diätsüße | – | – | – | – | – |
| **Mittagessen** | **385** | **1.614** | **34** | **8,5** | **38,5** |
| **Kopf- und Radieschensalat** | 18 | 75 | 1,5 | – | 2 |
| 30 g Kopfsalat | 5 | 21 | 0,5 | – | 0,5 |
| 20 g Radieschen | 4 | 17 | – | – | 0,5 |
| 20 g Magerjoghurt | 8 | 32 | 1 | – | 1 |
| 2 g Frankfurter Grüne Soße | 1 | 5 | – | – | – |

| Zutaten für 1 Person | Nährwerte | | | | |
|---|---|---|---|---|---|
| | kcal | kJ | E[1] | F[2] | KH[3] |
| **Rindersteak** | 165 | 693 | 21 | 7 | 3,5 |
| 100 g Rindfleisch, Keule | 148 | 622 | 21 | 7 | – |
| 5 g Karotten | 2 | 9 | – | – | 0,5 |
| 5 g Sellerie | 2 | 8 | – | – | 0,5 |
| 5 g Zwiebeln | 2 | 8 | – | – | 0,5 |
| 20 g Gurken | 3 | 11 | – | – | 0,5 |
| 20 g Tomaten | 4 | 18 | – | – | 0,5 |
| 5 g Tomatenmark | 4 | 17 | – | – | 1 |
| **Rosenkohlgemüse** | 60 | 251 | 5,5 | 0,5 | 7,5 |
| 110 g Rosenkohl | 57 | 240 | 5,5 | 0,5 | 7 |
| 5 g Zwiebeln | 2 | 8 | – | – | 0,5 |
| 1 g Petersilie | 1 | 3 | – | – | – |
| **Kartoffelplätzchen** | 90 | 377 | 2 | – | 19 |
| 120 g Kartoffeln, gekocht | 86 | 361 | 2 | – | 19 |
| 2 g Hühnerei | 3 | 13 | – | – | – |
| 1 g Kräuter | 1 | 3 | – | – | – |
| **Buttermilchgelee** | 52 | 218 | 4 | 1 | 6,5 |
| 80 g Buttermilch | 33 | 138 | 3 | 1 | 3 |
| 1 g Gelatine | 3 | 14 | 1 | – | – |
| 10 g Himbeeren | 5 | 19 | – | – | 1 |
| 10 g Heidelbeeren | 6 | 26 | – | – | 1,5 |
| 10 g Brombeeren | 5 | 21 | – | – | 1 |

[1] Eiweiß, [2] Fett, [3] Kohlenhydrate

| Zutaten für 1 Person | Nährwerte | | | | |
|---|---|---|---|---|---|
| | kcal | kJ | E[1] | F[2] | KH[3] |
| **Zum Kaffee** | **79** | **334** | **2** | **2** | **12** |
| 300 g Bohnenkaffee | – | – | – | – | – |
| 18 g Diabetikerbiskotten | 79 | 334 | 2 | 2 | 12 |
| **Abendessen** | **359** | **1.520** | **18** | **14** | **39,5** |
| 80 g Roggenschrotbrot | 170 | 723 | 5,5 | 1 | 32,5 |
| 10 g Diätmargarine | 72 | 304 | – | 8 | – |
| 40 g Mageres Schweinefleisch | 48 | 200 | 7 | 2 | – |
| 25 g Schmelzkäseecke Grüner Pfeffer, 20 % Fett | 37 | 157 | 3 | 3 | 2 |
| 40 g Kohlrabi | 12 | 52 | 1 | – | 2 |
| 40 g Zucchini | 11 | 47 | 0,5 | – | 2 |
| 20 g Magerjoghurt | 8 | 32 | 1 | – | 1 |
| 2 g Kräuter | 1 | 5 | – | – | – |

[1] Eiweiß, [2] Fett, [3] Kohlenhydrate

## Diät bei erhöhten Blutfettwerten – Hyperlipidämie

| Zutaten für 1 Person | Nährwerte | | | | | |
|---|---|---|---|---|---|---|
| | kcal | kJ | E[1] | F[2] | MUF[3] | KH[4] |
| **Tagesplan** | **1.812** | **7.618** | **74,5** | **68** | **22** | **219** |
| **Frühstück** | **436** | **1.844** | **11** | **20,5** | **8** | **55** |
| 300 g Bohnenkaffee | – | – | – | – | – | – |
| 50 g Roggenbrot | 108 | 459 | 4 | 0,5 | – | 22,5 |
| 50 g Weizenmischbrot | 118 | 501 | 4 | 1 | – | 23,5 |
| 25 g 50 % kalorienreduzierte Fruchtzuckerkonfitüre Pflaumen | 28 | 119 | – | – | – | 7 |
| 20 g Diätmargarine | 145 | 608 | – | 16 | 8 | – |
| 25 g Schmelzkäseecke Salami, 20 % Fett | 37 | 157 | 3 | 3 | – | 2 |
| **Zwischenmahlzeit** | **125** | **519** | **7,5** | **0,5** | **–** | **21,5** |
| 150 g Äpfel | 86 | 357 | 0,5 | 0,5 | – | 19,5 |
| 50 Speisequark, mager | 39 | 162 | 7 | – | – | 2 |
| **Mittagessen** | **530** | **2.226** | **32** | **19,5** | **8** | **52** |
| **Kraftbrühe** | 12 | 53 | – | – | – | 2 |
| 100 g Rinderknochen | – | – | – | – | – | – |
| 10 g Karotten | 4 | 17 | – | – | – | 1 |
| 10 g Sellerie | 4 | 17 | – | – | – | 0,5 |
| 5 g Poree | 1 | 6 | – | – | – | – |
| 5 g Zwiebeln | 2 | 8 | – | – | – | 0,5 |
| 2 g Schnittlauch | 1 | 5 | – | – | – | – |

[1] Eiweiß, [2] Fett, [3] mehrfach ungesättigte Fettsäuren, [4] Kohlenhydrate

| Zutaten für 1 Person | Nährwerte | | | | | |
|---|---|---|---|---|---|---|
| | kcal | kJ | E[1] | F[2] | MUF[3] | KH[4] |
| **Rindersteak** | 170 | 719 | 17,5 | 8,5 | 2 | 5,5 |
| 80 g Rindfleisch, Keule | 118 | 498 | 16,5 | 5,5 | – | – |
| 3 g Sonnenblumenöl | 27 | 113 | – | 3 | 2 | – |
| 5 g Karotten | 2 | 9 | – | – | – | 0,5 |
| 5 g Sellerie | 2 | 8 | – | – | – | 0,5 |
| 10 g Zwiebeln | 4 | 17 | – | – | – | 1 |
| 40 g Gurken | 5 | 22 | 0,5 | – | – | 1 |
| 40 g Tomaten | 8 | 35 | 0,5 | – | – | 1,5 |
| 5 g Tomatenmark | 4 | 17 | – | – | – | 1 |
| **Rosenkohlgemüse** | 93 | 392 | 5 | 4,5 | 2 | 7,5 |
| 100 g Rosenkohl | 52 | 218 | 5 | 0,5 | – | 6,5 |
| 10 g Zwiebeln | 4 | 17 | – | – | – | 1 |
| 5 g Diätmargarine | 36 | 152 | – | 4 | 2 | – |
| 2 g Petersilie | 1 | 5 | – | – | – | – |
| **Kartoffelplätzchen** | 158 | 660 | 3,5 | 3 | 2 | 29 |
| 180 g Kartoffeln, gekocht | 130 | 542 | 3,5 | – | – | 29 |
| 2 g Petersilie | 1 | 5 | – | – | – | – |
| 3 g Sonnenblumenöl | 27 | 113 | – | 3 | 2 | – |
| **Kopf- und Radieschensalat** | 45 | 188 | 1,5 | 3 | 2 | 2 |
| 30 g Kopfsalat | 5 | 21 | 0,5 | – | – | 0,5 |
| 20 g Radieschen | 4 | 17 | – | – | – | 0,5 |
| 20 g Magerjoghurt | 8 | 32 | 1 | – | – | 1 |
| 2 g Schnittlauch | 1 | 5 | – | – | – | – |
| 3 g Sonnenblumenöl | 27 | 113 | – | 3 | 2 | – |

| Zutaten für 1 Person | Nährwerte | | | | | |
|---|---|---|---|---|---|---|
| | kcal | kJ | E[1] | F[2] | MUF[3] | KH[4] |
| **Buttermilchgelee** | 52 | 214 | 4,5 | 0,5 | – | 6 |
| 60 g Buttermilch | 25 | 103 | 2,5 | 0,5 | – | 2,5 |
| 2 g Gelatine | 7 | 29 | 1,5 | – | – | – |
| 10 g Himbeeren | 5 | 19 | – | – | – | 1 |
| 10 g Heidelbeeren | 6 | 26 | – | – | – | 1,5 |
| 10 g Brombeeren | 5 | 21 | – | – | – | 1 |
| 5 g Speisequark, mager | 4 | 16 | 0,5 | – | – | – |
| **Zum Kaffee** | **190** | **796** | **2** | **1 –** | **–** | **24** |
| 300 g Bohnenkaffee | – | – | – | – | – | – |
| 36 g Diabetikergebäck | 190 | 796 | 2 | 1 – | – | 24 |
| **Abendessen** | **463** | **1.948** | **21,5** | **17,5** | **6** | **5 –** |
| 50 g Roggenmischbrot | 117 | 494 | 3,5 | 0,5 | – | 23 |
| 50 g Roggenschrotbrot | 107 | 452 | 3,5 | 0,5 | – | 2 – |
| 10 g Diätmargarine | 72 | 304 | – | 8 | 4 | – |
| 50 g Mageres Schweinefleisch, fettarme Wurst | 60 | 250 | 9 | 2,5 | – | – |
| 20 g Schmelzkäse-Würstchen, 30 % Fett | 42 | 175 | 3 | 3 | – | – |
| 40 g Karotten | 16 | 69 | 0,5 | – | – | 3,5 |
| 20 g Zucchini | 6 | 23 | 0,5 | – | – | 1 |
| 40 g Kohlrabi | 12 | 52 | 1 | – | – | 2 |
| 10 g Magerjoghurt | 4 | 16 | 0,5 | – | – | 0,5 |
| 3 g Sonnenblumenöl | 27 | 113 | – | 3 | 2 | – |

[1] Eiweiß, [2] Fett, [3] mehrfach ungesättigte Fettsäuren, [4] Kohlenhydrate

| Zutaten für 1 Person | Nährwerte | | | | | |
|---|---|---|---|---|---|---|
| | kcal | kJ | E[1] | F[2] | MUF[3] | KH[4] |
| **Spätmahlzeit** | **68** | **285** | **0,5** | **–** | **–** | **16,5** |
| 130 g Diätgötterspeise Pfirsich | 46 | 195 | – | – | – | 11,5 |
| 50 g Pfirsiche | 22 | 90 | 0,5 | – | – | 5 |

[1] Eiweiß, [2] Fett, [3] mehrfach ungesättigte Fettsäuren, [4] Kohlenhydrate

## Diät bei erhöhter Harnsäure – Hyperurikämie

| Zutaten für 1 Person | Nährwerte | | | | | |
|---|---|---|---|---|---|---|
| | kcal | kJ | E[1] | F[2] | KH[3] | Pu[4] |
| **Tagesplan** | **1.539** | **6.483** | **76** | **48,5** | **191** | **194** |
| **Frühstück** | 370 | 1.560 | 9 | 17,5 | 45,5 | – |
| 300 g Bohnenkaffee | – | – | – | – | – | – |
| 15 g Kaffeesahne, 10 % Fett | 19 | 78 | 0,5 | 1,5 | 0,5 | – |
| 50 g Roggenbrötchen | 117 | 494 | 3,5 | 0,5 | 23 | – |
| 16 g Natriumarmes Vollkornknäckebrot | 60 | 256 | 2 | 0,5 | 13 | – |
| 16 g Diätmargarine | 109 | 456 | – | 12 | – | – |
| 25 g 50 % kalorienreduzierte Fruchtzuckerkonfitüre Pflaumen | 28 | 119 | – | – | 7 | – |
| 25 g Schmelzkäseecke Salami, 20 % Fett | 37 | 157 | 3 | 3 | 2 | – |
| **Zwischenmahlzeit** | **87** | **361** | **4,5** | **2** | **12** | **–** |
| 120 g Joghurt, 1,5 % Fett | 58 | 242 | 4,5 | 2 | 12 | – |
| 50 g Äpfel, roh, geschält | 29 | 119 | – | – | 6,5 | – |
| 1 g Diätsüße | – | – | – | – | – | – |
| **Mittagessen** | **369** | **1.546** | **31** | **6,5** | **44** | **133,5** |
| **Rindersteak** | 135 | 569 | 17 | 5,5 | 4 | 110,5 |
| 80 g Rindfleisch, Keule | 118 | 498 | 17 | 5,5 | – | 104 |
| 5 g Karotten | 2 | 9 | – | – | 0,5 | 1 |
| 5 g Sellerie | 2 | 8 | – | – | 0,5 | 1,5 |
| 5 g Zwiebeln | 2 | 8 | – | – | 0,5 | 0,5 |

[1] Eiweiß, [2] Fett, [3] Kohlenhydrate, [4] Purin

| Zutaten für 1 Person | Nährwerte | | | | | |
|---|---|---|---|---|---|---|
| | kcal | kJ | E[1] | F[2] | KH[3] | Pu[4] |
| 20 g Gurken | 3 | 11 | – | – | 0,5 | 1,5 |
| 20 g Tomaten | 4 | 18 | – | – | 1 | 2 |
| 5 g Tomatenmark | 4 | 17 | – | – | 1 | – |
| **Rosenkohlgemüse** | 60 | 251 | 5,5 | 0,5 | 8 | 17 |
| 110 g Rosenkohl | 57 | 240 | 5,5 | 0,5 | 7,5 | 16,5 |
| 5 g Zwiebeln | 2 | 8 | – | – | 0,5 | 0,5 |
| 1 g Petersilie | 1 | 3 | – | – | – | – |
| **Kartoffelplätzchen** | 112 | 468 | 3,5 | – | 24 | – |
| 150 g Kartoffeln, gekocht | 108 | 452 | 3 | – | 24 | – |
| 2 g Hühnerei | 3 | 13 | 0,5 | – | – | – |
| 1 g Kräuter | 1 | 3 | – | – | – | – |
| **Kopf- und Radieschensalat** | 18 | 75 | 1,5 | – | 2 | 6 |
| 30 g Kopfsalat | 5 | 21 | 0,5 | – | 0,5 | 3 |
| 20 g Radieschen | 8 | 32 | 1 | – | 1 | – |
| 20 g Magerjoghurt | 8 | 32 | 1 | – | 1 | – |
| 2 g Frankfurter Grüne Soße | 1 | 5 | – | – | – | – |
| **Buttermilchgelee** | 44 | 183 | 3,5 | 0,5 | 6 | – |
| 60 g Buttermilch | 25 | 103 | 2,5 | 0,5 | 2,5 | – |
| 1 g Gelatine | 3 | 14 | 1 | – | – | – |
| 10 g Himbeeren | 5 | 19 | – | – | 1 | – |
| 10 g Heidelbeeren | 6 | 26 | – | – | 1,5 | – |
| 10 g Brombeeren | 5 | 21 | – | – | 1 | – |

| Zutaten für 1 Person | Nährwerte | | | | | |
|---|---|---|---|---|---|---|
| | kcal | kJ | E[1] | F[2] | KH[3] | Pu[4] |
| **Zum Kaffee** | **158** | **668** | **4** | **4** | **24** | **–** |
| 300 g Bohnenkaffee | – | – | – | – | – | – |
| 36 g Diabetikerbiskotten | 158 | 668 | 4 | 4 | 24 | – |
| **Abendessen** | **359** | **1.520** | **18** | **14** | **39,5** | **36,5** |
| 80 g Roggenschrotbrot | 170 | 723 | 5,5 | 1 | 32,5 | 32 |
| 10 g Diätmargarine | 72 | 304 | – | 8 | – | – |
| 40 g Mageres Schweinefleisch | 48 | 200 | 7 | 2 | – | – |
| 25 g Schmelzkäseecke Grüner Pfeffer, 20 % Fett | 37 | 157 | 3 | 3 | 2 | – |
| 40 g Kohlrabi, roh | 12 | 52 | 1 | – | 2 | 4,5 |
| 40 g Zucchini | 11 | 47 | 0,5 | – | 2 | – |
| 20 g Magerjoghurt | 8 | 32 | 1 | – | 1 | – |
| 2 g Kräuter | 1 | 5 | – | – | – | – |
| **Spätmahlzeit** | **196** | **828** | **9,5** | **4,5** | **26** | **24** |
| 60 g Roggenschrotbrot | 128 | 542 | 4 | 0,5 | 24,5 | 24 |
| 5 g Diätmargarine | 36 | 152 | – | 4 | – | – |
| 40 g Speisequark, mager | 31 | 129 | 5,5 | – | 1,5 | – |
| 2 g Kräuter | 1 | 5 | – | – | – | – |

[1] Eiweiß, [2] Fett, [3] Kohlenhydrate, [4] Purin

## Diät bei erhöhtem Blutzucker – Diabetes mellitus

| Zutaten für 1 Person | Nährwerte | | | | | |
|---|---|---|---|---|---|---|
| | kcal | kJ | E[1] | F[2] | KH[3] | BE[4] |
| **Tagesplan** | **2.075** | **8.735** | **83,5** | **68** | **282** | **23,5** |
| **Frühstück** | **269** | **1.134** | **5,5** | **10,5** | **36** | **3** |
| 300 g Bohnenkaffee | – | – | – | – | – | – |
| 15 g Kaffeesahne, 10 % Fett | 19 | 78 | 0,5 | 1,5 | 0,5 | – |
| 70 g Roggenschrotbrot | 150 | 633 | 5 | 1 | 28,5 | – |
| 10 g Diätmargarine | 72 | 304 | – | 8 | – | – |
| 25 g 50 % kalorienreduzierte Fruchtzuckerkonfitüre Aprikosen | 28 | 119 | – | – | 7 | – |
| **Zwischenmahlzeit** | **357** | **1.494** | **14,5** | **9** | **55,5** | **4,6** |
| 150 g Joghurt, 1,5 % Fett | 72 | 303 | 5,5 | 2,5 | 7 | – |
| 50 g Haferflocken, Vollkorn | 183 | 765 | 7 | 3,5 | 33 | – |
| 5 g Haselnüsse | 33 | 138 | 0,5 | 3 | 0,5 | – |
| 60 g Apfelsinen | 32 | 133 | 0,5 | – | 7 | – |
| 60 g Sauerkirschen | 37 | 155 | 1 | – | 8 | – |
| 2 g Diätsüße | – | – | – | – | – | – |
| **Mittagessen** | **562** | **2.357** | **34** | **15,5** | **77,5** | **6,5** |
| **Kraftbrühe Royal** | 28 | 118 | 2 | 1,5 | 2 | – |
| 100 g Rinderknochen | – | – | – | – | – | – |
| 10 g Karotten | 4 | 17 | – | – | 1 | – |
| 5 g Sellerie | 2 | 4 | – | – | 0,5 | – |
| 10 g Hühnerei | 16 | 66 | 1,5 | 1 | – | – |

| Zutaten für 1 Person | Nährwerte | | | | | |
|---|---|---|---|---|---|---|
| | kcal | kJ | E[1] | F[2] | KH[3] | BE[4] |
| 8 g Milch, 3,5 % Fett | 5 | 22 | 0,5 | 0,5 | 0,5 | – |
| 2 g Petersilie | 1 | 5 | – | – | – | – |
| **Rindersteak** | 180 | 757 | 22,5 | 7,5 | 5 | – |
| 100 g Rindfleisch, Keule | 148 | 622 | 21 | 7 | – | – |
| 5 g Karotten | 2 | 9 | – | – | 0,5 | – |
| 5 g Sellerie | 2 | 8 | – | – | 0,5 | – |
| 5 g Zwiebeln | 2 | 8 | – | – | 0,5 | – |
| 40 g Delikateß-Gewürzgurken | 8 | 34 | 0,5 | – | 1 | – |
| 40 g Tomaten | 8 | 35 | 0,5 | – | 1,5 | – |
| 5 g Tomatenmark | 4 | 17 | – | – | 1 | – |
| 5 g Senf | 5 | 19 | 0,5 | 0,5 | – | – |
| 2 g Kräuter | 1 | 5 | – | – | – | – |
| **Fenchelgemüse** | 99 | 412 | 3,5 | 3 | 14 | – |
| 140 g Fenchel | 69 | 287 | 3,5 | 0,5 | 12,5 | – |
| 20 g Karotten | 8 | 34 | – | – | 1,5 | – |
| 3 g Diätmargarine | 22 | 91 | – | 2,5 | – | – |
| **Kartoffelplätzchen** | 180 | 753 | 4,5 | 3,5 | 32 | – |
| 200 g Kartoffeln, gekocht | 144 | 602 | 4 | – | 32 | – |
| 2 g Kräuter | 1 | 5 | – | – | – | – |
| 5 g Hühnerei | 8 | 33 | 0,5 | 0,5 | – | – |
| 3 g Sonnenblumenöl | 27 | 113 | – | 3 | – | – |

[1] Eiweiß, [2] Fett, [3] Kohlenhydrate, [4] Broteinheiten

| Zutaten für 1 Person | Nährwerte | | | | | |
|---|---|---|---|---|---|---|
| | kcal | kJ | E[1] | F[2] | KH[3] | BE[4] |
| **Kopf- und Radieschensalat** | 18 | 75 | 1,5 | – | 11 | – |
| 30 g Kopfsalat | 5 | 21 | 0,5 | – | 5 | – |
| 20 g Radieschen | 4 | 17 | – | – | 5 | – |
| 20 g Magerjoghurt | 8 | 32 | 1 | – | 1 | – |
| 2 g Kräuter | 1 | 5 | – | – | – | – |
| **Rote Grütze** | 57 | 242 | – | – | 13,5 | – |
| 100 g Diät-Rote-Grütze | 57 | 242 | – | – | 13,5 | – |
| **Zum Kaffee** | **180** | **764** | **4** | **8** | **24** | **2** |
| 300 g Bohnenkaffee | – | – | – | – | – | – |
| 48 g Diabetiker-Müsli-Kleie-Keks | 180 | 764 | 4 | 8 | 24 | – |
| **Abendessen** | **556** | **2.347** | **19,5** | **22** | **65** | **5,4** |
| 30 g Schweinekarree | 101 | 423 | 4,5 | 9 | – | – |
| 10 g Kalbfleischfarce | 11 | 44 | 2 | – | – | – |
| 5 g Pflaumen, getrocknet | 15 | 61 | – | – | 3,5 | – |
| 5 g Pistazien | 32 | 134 | 1 | 2,5 | 1 | – |
| 100 g Roggenschrotbrot | 213 | 904 | 7 | 1 | 41 | – |
| 16 g Vollkorn-Sesam-Knäckebrot | 64 | 272 | 2 | 1,5 | 11 | – |
| 10 g Diätmargarine | 72 | 304 | – | 8 | – | – |
| 40 g Karotten | 16 | 69 | 0,5 | – | 3,5 | – |
| 40 g Zucchini | 11 | 47 | 0,5 | – | 2 | – |
| 40 g Kohlrabi | 12 | 52 | 1 | – | 2 | – |
| 2 g Kräuter | 1 | 5 | – | – | – | – |
| 20 g Magerjoghurt | 8 | 32 | 1 | – | 1 | – |

*Gedruckte Karten in Buchform*

*Besonders kreativ gestaltete Karten*

Musil's lustig verrückte Eisparty
Musil
IHR KLAGENFURTER ZUCKERBÄCKER
KONDITOREIS HAUSGEMACHT
ZUM MITNEHMEN AN DEN STRAND ODER EINFACHER NOCH – MUSIL-KONDITOREIS – FÜR SIE ZU HAUSE
Für Ihre Party zu
UNSERE EISBOXEN
ca. 1 Liter Eis in der Porozellverpackung hält sich ohne Kühlung ca. 3 Stunden ohne Probleme. Im normalen Kühlschrank hält sich diese Box ungefähr 5 Stunden. Diese gibt es in vielen Sorten im Geschäft. Jede von Ihnen gewünschte Sorte können wir gerne auf Vorbestellung für Sie einfüllen.
UNSERE EISBOMBE
Das Pfannkuchen-Restaurant mit Musik & Cocktail-Bar
LEOPOLDRING 1 · 7800 FREIBURG ☎ (0761) 32229
Sie finden österreichische und internationale Spezialitäten.
Dazu servieren wir Qualitätsweine aus Österreich, Frankreich und Italien.
Musilhofgericht heute:
TÄGLICH 6
VERSCHIEDENE
SPEISEN
FÜR SIE ZUR
AUSWAHL!
AUSSER AN SONN- UND FEIERTAGEN
Zusätzlich zum Restaurant gibt es jetzt das schnelle gute Gericht zum kleinen Preis für rasche Mittagesser und gemütliche Zusammenhocker.
MIT UNSEREN SCHÖNEN RÄUMLICHKEITEN BIETEN WIR IHNEN FÜR JEDEN ANLASS DAS RICHTIGE!
Ob für HOCHZEITEN, TAUFEN oder FIRMUNGEN – unsere festlichen Menüs sind immer passend!

*Selbstgestaltete, nicht gedruckte Karten*

| Zutaten für 1 Person | Nährwerte | | | | | |
|---|---|---|---|---|---|---|
| | kcal | kJ | E[1] | F[2] | KH[3] | BE[4] |
| **Spätmahlzeit** | **151** | **639** | **6** | **3** | **24** | **2** |
| 80 g Buttermilch | 33 | 138 | 3 | 1 | 3 | – |
| 1 g Gelatine | 3 | 14 | 1 | – | – | – |
| 2 g Diätsüße | – | – | – | – | – | – |
| 50 g Diätpfirsiche | 36 | 153 | – | – | 9 | – |
| 18 g Diabetikerbiskotten | 79 | 334 | 2 | 2 | 12 | – |

[1] Eiweiß, [2] Fett, [3] Kohlenhydrate, [4] Broteinheiten

# Nährwerttabelle

| Lebensmittel | Energie | | Protein | Fett | Mehrf. ungesätt. Fetts. | Cholesterin | Kohlenhydrate | Mineralstoffe | | | | | Vitamine | | | | |
|---|---|---|---|---|---|---|---|---|---|---|---|---|---|---|---|---|---|
| | Der eßbare Teil von 100 g eingekaufter Ware enthält: | | | | | | | | | | | | | | | | |
| | kcal | kJ | g | g | g | mg | g | Natrium mg | Kalium mg | Calcium mg | Phosphor mg | Eisen mg | A µg | B1 mg | B2 mg | Niacin mg | C mg |
| **Nahrungsmittel tierischer Herkunft** | | | | | | | | | | | | | | | | | |
| **Fleisch und Fleischwaren**[1] | | | | | | | | | | | | | | | | | |
| Blutwurst | 407 | 1705 | 13 | 37 | 4,0 | 85 | . | 650 | 35 | 6 | 20 | 6,1 | . | 0,07 | 0,12 | 1,2 | . |
| Bouillon | 17 | 70 | 1 | 1 | . | . | 1 | . | . | . | . | . | . | . | . | . | . |
| Brathähnchen | 107 | 450 | 15 | 4 | 0,9 | 60 | . | 60 | 265 | 9 | 150 | 1,3 | 30 | 0,06 | 0,12 | 5,0 | 2 |
| Bratwurst | 364 | 2300 | 13 | 30 | 3,5 | 100 | . | 520 | 140 | 5 | 190 | 1,0 | . | 0,28 | 0,22 | 3,2 | . |
| Ente | 194 | 810 | 15 | 14 | 3,1 | 75 | . | 65 | 235 | 9 | 150 | 1,7 | . | 0,24 | 0,16 | 2,8 | 6 |
| Faschiertes (halb und halb) | 253 | 1060 | 20 | 19 | 1,3 | 65 | . | 35 | 290 | 8 | 135 | 2,2 | 5 | 0,40 | 0,15 | 4,0 | . |
| Fleischwurst | 313 | 1310 | 13 | 27 | 3,0 | 85 | . | 820 | 195 | 15 | 130 | 1,7 | . | 0,20 | 0,25 | 2,5 | . |
| Gans | 230 | 960 | 10 | 20 | 4,4 | 55 | . | 55 | 265 | 8 | 115 | 1,2 | 40 | 0,08 | 0,16 | 4,0 | . |
| Gelatine | 340 | 1425 | 84 | + | . | . | + | 30 | 20 | 10 | + | + | + | + | + | + | + |
| Hähnchenbrust | 78 | 330 | 16 | 1 | . | 45 | . | 50 | 190 | 10 | 150 | 0,8 | . | 0,05 | 0,65 | 7,6 | . |
| Hähnchenkeule | 85 | 355 | 15 | 2 | 0,5 | 65 | . | 70 | 190 | 11 | 140 | 1,4 | . | 0,08 | 0,18 | 4,2 | . |
| Hase | 100 | 420 | 17 | 2 | 0,1 | 50 | . | 40 | 320 | 7 | 175 | 1,9 | . | 0,07 | 0,05 | 6,5 | . |
| Herz, Durchschnitt aus Rind und Kalb | 128 | 540 | 15 | 5 | 0,1 | 150 | . | 100 | 260 | 13 | 195 | 4,4 | 30 | 0,51 | 0,95 | 7,0 | 5 |
| Hirn (Kalb) | 117 | 490 | 10 | 8 | 0,3 | 2000 | . | 160 | 280 | 12 | 350 | 2,5 | + | 0,16 | 0,26 | 3,6 | 23 |
| Hirschfleisch | 96 | 400 | 16 | 3 | . | . | . | 50 | 260 | 6 | 195 | 2,0 | . | . | 0,20 | . | . |

[1] Bei Fleischwaren können zwischen der höchsten und niedrigsten Qualitätsstufe Unterschiede in der Wertigkeit der Proteine auftreten. Fett- und Proteingehalt von Wurstwaren hängen sehr von der regional unterschiedlichen Verkehrsauffassung ab.

**Zeichenerklärung:**
+ … Nährstoff ist nur in Spuren enthalten
. … es liegen keine genauen Analysen vor
1 µg … 1/1000 mg

| Lebensmittel | Der eßbare Teil von 100 g eingekaufter Ware enthält: Energie | | Protein | Fett | Mehrf. ungesätt. Fetts. | Cholesterin | Kohlenhydrate | Mineralstoffe | | | | | Vitamine | | | | |
|---|---|---|---|---|---|---|---|---|---|---|---|---|---|---|---|---|---|
| | kcal | kJ | g | g | g | mg | g | Natrium mg | Kalium mg | Calcium mg | Phosphor mg | Eisen mg | A µg | $B_1$ mg | $B_2$ mg | Niacin mg | C mg |
| Kalbfleisch, mittelfett | 121 | 505 | 21 | 4 | 0,5 | 70 | . | 95 | 340 | 13 | 210 | 2,2 | . | 0,13 | 0,26 | 6,5 | . |
| Knochensuppe | 60 | 250 | . | 6 | . | . | . | . | . | . | . | . | . | . | . | . | . |
| Lammfleisch, mittelfett | 178 | 745 | 14 | 13 | . | . | . | 70 | 245 | 8 | 160 | 1,9 | + | 0,14 | 0,22 | 4,4 | + |
| Leber (Kalb) | 124 | 520 | 19 | 4 | 0,6 | 350 | . | 85 | 305 | 8 | 305 | 7,7 | 21240 | 0,28 | 2,61 | 15,0 | 35 |
| Leber (Rind) | 114 | 480 | 18 | 3 | 0,5 | 250 | 2 | 115 | 290 | 7 | 330 | 6,6 | 14230 | 0,30 | 2,88 | 14,7 | 30 |
| Leber (Schwein) | 135 | 565 | 19 | 5 | 0,7 | 315 | 1 | 70 | 325 | 9 | 335 | 20,6 | 36360 | 0,29 | 2,95 | 14,6 | 21 |
| Leberkäse | 339 | 1420 | 12 | 30 | 2,0 | 85 | + | 600 | 300 | 4 | . | 2,0 | . | 0,05 | 0,15 | 2,4 | . |
| Leberwurst | 437 | 1830 | 12 | 40 | 4,0 | 85 | 1 | 790 | 140 | 40 | 150 | 5,2 | 8130 | 0,21 | 0,90 | 3,5 | . |
| Lunge (Kalb) | 74 | 310 | 13 | 2 | . | 280 | . | 120 | 230 | 4 | . | 3,8 | . | 0,08 | 0,27 | 3,0 | 30 |
| Mettwurst | 470 | 1980 | 12 | 44 | 2,0 | 85 | . | 1070 | 210 | 13 | 155 | 1,6 | . | 0,20 | 0,15 | 0,3 | . |
| Mortadella | 359 | 1500 | 12 | 32 | 3,0 | 85 | + | 655 | 200 | 40 | 140 | 1,5 | + | 0,10 | 0,15 | 3,0 | + |
| Niere (Kalb) | 117 | 390 | 15 | 6 | 0,1 | 335 | . | 175 | 255 | 9 | 230 | 10,0 | 180 | 0,33 | 2,20 | 5,7 | 11 |
| Putenfleisch ohne Knochen | 125 | 525 | 23 | 3 | . | 70 | . | 50 | 200 | 20 | 190 | 3,0 | . | . | . | . | . |
| Reh (Rücken) | 92 | 385 | 16 | 3 | 0,1 | 110 | . | 60 | 240 | 18 | 155 | 2,1 | . | . | 0,18 | . | . |
| Rindfleisch, fett | 293 | 1225 | 14 | 24 | 0,7 | 55 | . | 85 | 300 | 8 | 140 | 2,4 | . | 0,05 | 0,15 | 3,5 | . |
| Rindfleisch, mager | 173 | 725 | 15 | 11 | 0,3 | 55 | . | 45 | 275 | 9 | 140 | 2,1 | . | 0,05 | 0,15 | 4,0 | . |
| Rindfleisch, mittelfett | 238 | 995 | 15 | 18 | 0,5 | 55 | . | 75 | 275 | 8 | 125 | 2,4 | 10 | 0,05 | 0,15 | 4,0 | . |
| Rindfleisch, sehr mager | 115 | 480 | 22 | 2 | 0,1 | 60 | 1 | 57 | 370 | 4 | 195 | 1,9 | 20 | 0,23 | 0,26 | 7,5 | . |
| Salami | 523 | 2190 | 17 | 47 | 5,0 | 85 | + | 1200 | 285 | 30 | 160 | 2,0 | + | 0,17 | 0,19 | 2,5 | . |
| Schinken, gekocht | 210 | 875 | 21 | 12 | 1,2 | 70 | . | 940 | 260 | 15 | 130 | 2,2 | + | 0,59 | 0,20 | 3,6 | + |
| Schinken, geräuchert, roh | 344 | 1440 | 16 | 29 | 2,4 | 70 | . | 1200 | 215 | 9 | 180 | 2,0 | + | 0,48 | 0,18 | 3,1 | + |

| Lebensmittel | Der eßbare Teil von 100 g eingekaufter Ware enthält: | | | | | | | | | | | | | | | | |
|---|---|---|---|---|---|---|---|---|---|---|---|---|---|---|---|---|---|
| | **Energie** | | **Protein** | **Fett** | Mehrf. ungesätt. Fetts. | Cholesterin | **Kohlenhydrate** | **Mineralstoffe** | | | | | **Vitamine** | | | | |
| | | | | | | | | Natrium | Kalium | Calcium | Phosphor | Eisen | A | $B_1$ | $B_2$ | Niacin | C |
| | kcal | kJ | g | g | g | mg | g | mg | mg | mg | mg | mg | µg | mg | mg | mg | mg |
| Schweinefleisch, fett | 480 | 2010 | 12 | 46 | 4,6 | 65 | . | 85 | 320 | 9 | 175 | 1,7 | . | 0,86 | 0,12 | 3,1 | . |
| Schweinefleisch, mager | 144 | 605 | 19 | 7 | 0,7 | 70 | . | 70 | 350 | 8 | 150 | 2,0 | . | 0,71 | 0,15 | 3,5 | . |
| Schweinefleisch, mittelfett | 345 | 1445 | 23 | 26 | 2,6 | 70 | . | 80 | 395 | 10 | 195 | 2,5 | . | 0,87 | 0,19 | 4,4 | . |
| Schweinskotelett | 180 | 755 | 20 | 11 | 2,0 | 70 | . | 65 | 315 | 11 | 150 | 1,8 | . | 0,82 | 0,20 | 4,3 | . |
| Schweinsschnitzelfleisch | 168 | 700 | 21 | 8 | . | 70 | . | 55 | 375 | 2 | 190 | 2,3 | . | 0,76 | 0,20 | 4,0 | . |
| Speck, durchwachsen | 605 | 2530 | 8 | 60 | 6,0 | 70 | . | 1630 | 205 | 8 | 100 | 0,7 | + | 0,40 | 0,13 | 2,1 | . |
| Speck, fett | 771 | 3230 | 2 | 80 | 8,0 | 55 | . | 15 | 7 | 7 | 20 | . | + | 0,10 | 0,05 | 0,5 | . |
| Suppenhuhn | 200 | 840 | 14 | 15 | 2,9 | 60 | . | 60 | 190 | 8 | 130 | 1,0 | 25 | 0,04 | 0,12 | 6,4 | . |
| Suppe von Suppenwürfeln | 180 | 755 | 23 | 8 | . | . | 3 | 2400 | 500 | 230 | 740 | . | . | . | . | . | . |
| Truthahn (Puter) | 169 | 705 | 15 | 11 | 2,4 | 55 | + | 45 | 220 | 18 | 165 | 1,0 | 9 | 0,07 | 0,13 | 7,7 | . |
| Wildgeflügel in Dosen | 81 | 340 | 13 | 3 | 0,6 | 75 | . | . | 285 | 18 | . | 2,0 | 45 | 0,05[1] | 0,10[1] | 5,0[1] | . |
| Zunge (Rind) | 164 | 685 | 12 | 12 | 0,2 | 80 | . | 75 | 190 | 7 | 170 | 2,2 | 3 | 0,10 | 0,21 | 3,4 | . |
| | | | | | | | | | | | | | | | | | |
| **Fische und Fischwaren** | | | | | | | | | | | | | | | | | |
| Aal | 209 | 875 | 11 | 17 | . | 100 | + | 45 | 150 | 12 | 155 | 0,4 | 690 | 0,13 | 0,22 | 1,8 | 1 |
| Aal, geräuchert | 267 | 1120 | 14 | 22 | 9,2 | 70 | . | 380 | 185 | 15 | 190 | 0,5 | 710 | 0,14 | 0,28 | 2,7 | . |
| Bückling, geräuchert | 146 | 610 | 14 | 9 | 2,1 | 70 | + | 455 | 180 | 20 | 160 | 0,9 | 9 | 0,03 | 0,20 | 2,0 | . |
| Fischstäbchen, TK | 200 | 840 | 16 | 7 | . | . | 20 | . | . | . | . | . | . | . | . | . | . |
| Forelle, Bach-, Regenbogenforelle | 58 | 245 | 10 | 1 | 0,4 | 30 | + | 20 | 240 | 9 | 125 | 0,3 | 25 | 0,04 | 0,04 | 1,8 | . |

[1] Analysenwerte sind unsicher

| Lebensmittel | Energie kcal | Energie kJ | Protein g | Fett g | Mehrf. ungesätt. Fetts. g | Cholesterin mg | Kohlenhydrate g | Mineralstoffe: Natrium mg | Kalium mg | Calcium mg | Phosphor mg | Eisen mg | Vitamine: A $\mu g$ | $B_1$ mg | $B_2$ mg | Niacin mg | C mg |
|---|---|---|---|---|---|---|---|---|---|---|---|---|---|---|---|---|---|
| Hecht | 49 | 205 | 10 | 1 | 0,1 | 35 | + | 35 | 140 | 11 | 105 | 0,6 | 8 | 0,05 | 0,03 | 0,9 | . |
| Heilbutt | 88 | 370 | 16 | 2 | 1,0 | 35 | . | 55 | 355 | 11 | 160 | 0,4 | 25 | 0,06 | 0,06 | 4,7 | . |
| Hering, Filet | 222 | 930 | 18 | 15 | 4,1 | 55 | + | 120 | 315 | 35 | 250 | 1,1 | 40 | 0,05 | 0,25 | 4,0 | 0,5 |
| Hering (ganzer Fisch) | 174 | 730 | 13 | 12 | 2,9 | 65 | . | 80 | 250 | 24 | 175 | 0,8 | 25 | 0,03 | 0,15 | 2,7 | 0,3 |
| Hering, mariniert (Bismarckhering) | 214 | 895 | 16 | 15 | 3,5 | 60 | . | 980 | 95 | 35 | 140 | . | 35 | 0,05 | 0,20 | . | . |
| Kabeljau, Dorsch (Filet) | 78 | 325 | 17 | + | + | 50 | + | 85 | 350 | 11 | 190 | 0,5 | . | 0,05 | 0,05 | 2,0 | 2 |
| Kabeljau, Dorsch (ganzer Fisch) | 44 | 185 | 10 | + | + | 40 | + | 50 | 270 | 18 | 140 | 0,3 | . | 0,03 | 0,02 | 1,0 | 1 |
| Karpfen | 65 | 270 | 9 | 3 | 1,2 | 35 | + | 25 | 160 | 25 | 110 | 0,6 | 25 | 0,04 | 0,03 | 0,1 | 1 |
| Matjeshering (Filet) | 285 | 1190 | 16 | 23 | 5,0 | 60 | . | 2500 | 235 | 45 | 200 | 1,3 | . | . | . | . | . |
| Ölsardinen (nur feste Teile) | 238 | 995 | 24 | 14 | 4,0 | 70 | 1 | 505 | 395 | 330 | 430 | 2,7 | 60 | 0,04 | 0,30 | 6,5 | + |
| Rotbarsch, Goldbarsch (Filet) | 114 | 475 | 18 | 4 | 1,2 | 38 | + | 80 | 345 | 20 | 200 | 0,7 | 12 | 0,10 | 0,10 | 2,5 | 1 |
| Salzhering (Pökelhering) | 100 | 420 | 9 | 7 | . | 60 | + | 2550 | 105 | 50 | 145 | 8,6 | 20 | 0,02 | 0,12 | 1,3 | + |
| Schellfisch (Filet) | 80 | 335 | 18 | + | 0,4 | 31 | + | 115 | 300 | 18 | 175 | 0,6 | 17 | 0,05 | 0,15 | 3,0 | . |
| Seelachs (Filet) | 88 | 370 | 18 | 1 | 0,4 | 33 | + | 80 | 375 | 14 | 300 | 1,0 | 11 | 0,10 | 0,35 | 4,0 | . |
| Seelachs, geräuchert | 87 | 365 | 19 | 1 | . | 60 | . | 530 | 325 | 20 | 160 | . | 9 | 0,05 | 0,10 | 2,5 | . |
| Thunfisch in Öl (feste und flüssige Teile) | 303 | 1270 | 24 | 21 | . | 32 | . | 360 | 345 | 7 | 295 | 1,2 | 370 | 0,05 | 0,06 | 10,8 | + |
| | | | | | | | | | | | | | | | | | |
| **Eier** | | | | | | | | | | | | | | | | | |
| Hühnerei | 147 | 615 | 11 | 10 | 2,0 | 350 | 1 | 125 | 130 | 50 | 190 | 1,9 | 190 | 0,10 | 0,25 | 0,1 | + |

Der eßbare Teil von 100 g eingekaufter Ware enthält (Angaben oben).

| Lebensmittel | Der eßbare Teil von 100 g eingekaufter Ware enthält: | | | | | | | | | | | | | | | | |
|---|---|---|---|---|---|---|---|---|---|---|---|---|---|---|---|---|---|
| | **Energie** | | **Protein** | **Fett** | Mehrf. ungesätt. Fetts. | Cholesterin | **Kohlenhydrate** | **Mineralstoffe** | | | | | **Vitamine** | | | | |
| | | | | | | | | Natrium | Kalium | Calcium | Phosphor | Eisen | A | $B_1$ | $B_2$ | Niacin | C |
| | kcal | kJ | g | g | g | mg | g | mg | mg | mg | mg | mg | µg | mg | mg | mg | mg |
| Hühnereiklar | 55 | 230 | 11 | + | + | . | 1 | 170 | 155 | 11 | 20 | 0,2 | + | 0,02 | 0,30 | 0,1 | 0,3 |
| Trockenvollei | 614 | 2570 | 46 | 42 | 8,4 | 1440 | 2 | 520 | 490 | 190 | 755 | 8,8 | 800 | 0,45 | 1,40 | 0,2 | + |
| | | | | | | | | | | | | | | | | | |
| **Milch und Milcherzeugnisse** | | | | | | | | | | | | | | | | | |
| Buttermilch | 39 | 165 | 3,5 | 0,5 | + | 4 | 5 | 55 | 145 | 110 | 90 | 0,1 | 10 | 0,03 | 0,16 | 0,1 | 0,6 |
| Camembert (45 % Fett i. Tr.) | 299 | 1250 | 21 | 22 | 5,9 | 60 | + | 980 | 110 | 570 | 350 | 0,2 | 360 | 0,05 | 0,60 | 1,1 | + |
| Doppelrahmfrischkäse (60 % Fett i. Tr.) | 353 | 1475 | 11 | 32 | 8,6 | 100 | 3 | 375 | 95 | 80 | 135 | 0,6 | 325 | 0,05 | 0,23 | 0,1 | + |
| Edamer Käse, fett (40 % Fett i. Tr.) | 331 | 1385 | 25 | 22 | 6,2 | 65 | . | 860 | 470 | 750 | 100 | 0,3 | 230 | 0,05 | 0,35 | 0,1 | + |
| Emmentaler Käse (45 % Fett i. Tr.) | 379 | 1585 | 27 | 28 | 7,1 | 85 | + | 425 | 100 | 960 | 600 | 0,3 | 320 | 0,05 | 0,32 | 0,2 | 0,5 |
| Joghurt (1 % Fett) | 46 | 193 | 4 | 1 | 0,3 | 3,4 | 5 | . | . | 120 | 90 | . | . | . | . | . | . |
| Joghurt (3,6 % Fett) | 73 | 305 | 3,9 | 3,8 | 1,1 | 12 | 5 | 48 | 160 | 120 | 90 | + | 30 | 0,04 | 0,18 | 0,1 | 1,0 |
| Joghurt mit Früchten (3,5 % Fett) | 103 | 430 | 3,9 | 2,6 | . | 11 | 15 | 40 | 130 | 125 | 90 | . | 50 | 0,03 | 0,15 | 0,1 | 1,0 |
| Kakaomilch | 60 | 250 | 3,5 | 0,5 | 0,1 | 6 | 9 | 50 | 170 | 120 | 110 | 0,3 | 30 | 0,04 | 0,18 | 0,1 | 1,0 |
| Kefir | 66 | 275 | 3,3 | 3,5 | . | 13 | 5 | 46 | 160 | 120 | 90 | 0,1 | 60 | 0,04 | 0,17 | 0,1 | 1,0 |
| Kondensmilch (entrahmt) | 86 | 360 | 9 | + | . | . | 12 | 150 | . | 150 | 200 | . | . | 0,10 | 0,40 | . | . |
| Kondensmilch, ungezuckert (7,5 % Fett) | 137 | 570 | 6,5 | 7,6 | 2,3 | 25 | 10 | 100 | 320 | 240 | 190 | 0,1 | 55 | 0,07 | 0,37 | 0,2 | 2,1 |
| Kondensmilch (10 % Fett) | 182 | 760 | 8,8 | 10,1 | 0,3 | 35 | 13 | 130 | 420 | 315 | 245 | 0,1 | 70 | 0,09 | 0,48 | 0,3 | 2,7 |
| Magermilch | 36 | 150 | 3,5 | 0,1 | 0,2 | 3 | 5 | 55 | 150 | 125 | 95 | 0,1 | 2 | 0,04 | 0,17 | 0,1 | + |

| Lebensmittel | Der eßbare Teil von 100 g eingekaufter Ware enthält: Energie | | Protein | Fett | Mehrf. ungesätt. Fetts. | Cholesterin | Kohlenhydrate | Mineralstoffe: Natrium | Kalium | Calcium | Phosphor | Eisen | Vitamine: A | B1 | B2 | Niacin | C |
|---|---|---|---|---|---|---|---|---|---|---|---|---|---|---|---|---|---|
| | kcal | kJ | g | g | g | mg | g | mg | mg | mg | mg | mg | µg | mg | mg | mg | mg |
| Magermilchpulver | 374 | 1565 | 35 | 1 | + | 3 | 53 | 560 | 1580 | 1290 | 1000 | 0,8 | 12 | 0,34 | 2,20 | 1,1 | 2,0 |
| Magerkäse (unter 10 % Fett i. Tr.) | 132 | 555 | 30 | 1 | + | 7 | . | 1520 | 105 | 125 | 265 | 0,3 | 30 | 0,03 | 0,36 | 0,7 | 1,0 |
| Parmesankäse | 376 | 1575 | 34 | 25 | 6,9 | 65 | . | 670 | 125 | 1230 | 810 | 1,0 | 320 | 0,02 | 0,59 | 0,2 | . |
| Rahm (15 % Fett) | 166 | 695 | 3,5 | 1,5 | 0,3 | 34 | 3 | . | 130 | 110 | 80 | 0,1 | 80 | 0,05 | 0,15 | 0,1 | . |
| Roh-, Vorzugsmilch | 69 | 290 | 3,3 | 3,8 | 1,1 | 12 | 5 | 50 | 155 | 120 | 90 | 0,1 | 35[1]/15[2] | 0,04 | 0,18 | 0,1 | 1,7 |
| Schlagobers (36 % Fett) | 357 | 1495 | 2,4 | 36 | 0,3 | 123 | 3 | . | . | . | . | . | . | . | . | . | . |
| Schmelzkäse (45 % Fett i. Tr.) | 282 | 1175 | 14 | 24 | 0,7 | 80 | . | 1260 | 65 | 545 | 945 | 1,0 | 300 | 0,03 | 0,38 | 0,2 | . |
| Topfen, mager | 78 | 325 | 17 | 0,3 | + | 1 | 4 | 40 | 95 | 90 | 160 | 0,4 | 2 | 0,04 | 0,30 | 0,2 | 0,7 |
| Topfen (20 % Fett i. Tr.) | 116 | 485 | 13 | 5 | 1,4 | 7 | 3 | 35 | 85 | 85 | 165 | 0,4 | 45 | 0,06 | 0,27 | 0,1 | 0,6 |
| Topfen (40 % Fett i. Tr.) | 167 | 700 | 11 | 11 | 3,1 | 35 | 3 | 35 | 80 | 95 | 185 | 0,3 | 100 | 0,03 | 0,24 | 0,1 | 0,5 |
| Vollmilch | 67 | 280 | 3,6 | 3,6 | 1,0 | 12 | 5 | 50 | 155 | 120 | 90 | 0,1 | 32[1]/12[2] | 0,04 | 0,18 | 0,1 | 1,7 |
| Weichkäse (20 % Fett) | 195 | 815 | 26 | 9 | 0,3 | 31 | 1 | 1250 | 115 | 500 | 270 | 0,4 | 45 | 0,05 | . | . | + |
| **Öle und Fette (pflanzliche und tierische)** | | | | | | | | | | | | | | | | | |
| Butter | 773 | 3230 | 1 | 83 | 2,5 | 240 | + | 5 | 15 | 13 | 20 | 0,1 | 730[1]/340[2] | 0,05 | 0,02 | 0,03 | + |
| Halbflüssige Fritier- und Bratfette | 910 | 3810 | + | 99 | 30,0 | 0 | + | . | . | . | . | . | . | . | . | . | . |
| Kokosfett | 924 | 3865 | 1 | 99 | 8,1 | 1 | + | 2 | 2 | 2 | 1 | . | + | . | . | . | . |
| Maiskeimöl | 930 | 3890 | + | 100 | 82 | + | . | 1 | 1 | 15 | . | 1,3 | 25 | . | . | . | . |
| Margarine | 746 | 3120 | + | 80 | 53 | 115 | + | 100 | 7 | 10 | 10 | 0,1 | 640[3] | + | + | + | + |

[1] Mai bis November [2] Dezember bis April [3] je nach Höhe der Vitaminierung

| Lebensmittel | Der eßbare Teil von 100 g eingekaufter Ware enthält: Energie | | Protein | Fett | Mehrf. ungesätt. Fetts. | Cholesterin | Kohlenhydrate | | Mineralstoffe | | | | | Vitamine | | | | |
|---|---|---|---|---|---|---|---|---|---|---|---|---|---|---|---|---|---|---|
| | kcal | kJ | g | g | g | mg | verwertbare – g | Ballaststoffe – g | Natrium mg | Kalium mg | Calcium mg | Phosphor mg | Eisen mg | A µg | $B_1$ mg | $B_2$ mg | Niacin mg | C mg |
| Mayonnaise (80 % Fett) | 774 | 3240 | 2 | 83 | 48,8 | 142 | 3 | | 480 | 18 | 20 | 60 | 1,0 | 3 | 0,04 | 0,04 | 0,2 | . |
| Olivenöl | 926 | 3875 | + | 100 | 9,0 | . | + | | 1 | 1 | . | . | . | 120 | . | . | . | . |
| Schweineschmalz | 948 | 3965 | + | 100 | 11,3 | 85 | + | | 1 | 1 | . | . | . | + | + | + | + | + |
| Sonnenblumenöl | 928 | 3885 | + | 100[1] | 82,6 | 0 | + | | . | 1 | . | . | . | + | . | . | . | . |
| | | | | | | | | | | | | | | | | | | |
| | | | | | | | | | | | | | | | | | | |
| **Lebensmittel pflanzlicher Herkunft** | | | | | | | | | | | | | | | | | | |
| | | | | | | | | | | | | | | | | | | |
| **Getreideerzeugnisse** | | | | | | | | | | | | | | | | | | |
| Bäckerhefe, gepreßt | 74 | 310 | 17 | 1 | . | . | . | | 35 | 650 | 28 | 605 | 4,9 | . | 1,45 | 2,30 | 17,4 | . |
| Bierhefe, getrocknet | 219 | 915 | 48 | 4 | . | . | 36 | | 75 | 1410 | 50 | 2 | 17,6 | . | 12,00 | 3,77 | 44,8 | + |
| Brösel | 352 | 1470 | 13 | 1 | . | . | 72 | | . | . | . | . | . | . | . | . | . | . |
| Corn-flakes | 357 | 1490 | 7 | 1 | . | . | 80 | 4 | 920 | 140 | 13 | 60 | 2,0 | + | 0,06 | 0,06 | 1,4 | + |
| Eierteigwaren (Nudeln, Makk., Spaghetti u. ä.) | 362 | 1515 | 12 | 3 | 0,9 | 95 | 70 | 3,4 | 15 | 165 | 25 | 190 | 1,6 | 65 | 0,17 | 0,07 | 1,9 | + |
| Grahambrot | 219 | 915 | 8 | 1 | 0,4 | . | 43,5 | 6,4 | 430 | 210 | 45 | 245 | 1,6 | . | 0,21 | 0,10 | 2,5 | + |
| Haferflocken | 375 | 1570 | 13 | 7 | 5,3 | . | 63,3 | 5,4 | 5 | 335 | 55 | 390 | 4,6 | . | 0,59 | 0,15 | 1,0 | + |
| Knäckebrot | 317 | 1325 | 9 | 1 | . | . | 65,3 | 14,6 | 465 | 435 | 55 | 300 | 4,7 | + | 0,20 | 0,18 | 1,1 | + |
| Leinsamenbrot | 280 | 1170 | 8 | 4 | . | . | 47 | | . | . | . | . | . | . | . | . | . | . |
| Leinsamen, geschrotet | 420 | 1760 | 19 | 31 | 22,0 | . | 13 | | + | 590 | 260 | + | . | 75 | 0,41 | 0,96 | 4,9 | . |
| Maisstärkemehl | 346 | 1450 | + | + | . | . | 86 | | 3 | 7 | + | 30 | 0,5 | + | + | 0,01 | 0,3 | + |

[1] 55 g Linolsäure

| Lebensmittel | Der eßbare Teil von 100 g eingekaufter Ware enthält: Energie | | Protein | Fett | Mehrf. ungesätt. Fetts. | Cholesterin | Kohlenhydrate | | Mineralstoffe | | | | | Vitamine | | | | |
|---|---|---|---|---|---|---|---|---|---|---|---|---|---|---|---|---|---|---|
| | kcal | kJ | g | g | g | mg | verwertbare – g | Ballaststoffe – g | Natrium mg | Kalium mg | Calcium mg | Phosphor mg | Eisen mg | A µg | $B_1$ mg | $B_2$ mg | Niacin mg | C mg |
| Müsli (Früchtemüsli) | 371 | 1550 | 11 | 6 | . | . | 68 | | 50 | 435 | 55 | 290 | 3,0 | 10 | 0,36 | 0,15 | 2,2 | 48 |
| Puddingpulver | 366 | 1530 | 5 | 2 | . | . | 80 | | . | . | 115 | 90 | + | 17 | 0,05 | 0,15 | + | + |
| Pumpernickel | 204 | 855 | 7 | 1 | . | . | 41,1 | 9,8 | 370 | 340 | 55 | 145 | . | . | 0,05 | . | . | . |
| Reis, poliert | 348 | 1455 | 7 | 1 | 0,5 | . | 77,7 | 1,4 | 6 | 105 | 6 | 120 | 0,6 | + | 0,06 | 0,03 | 1,3 | + |
| Roggenbrot | 228 | 955 | 6 | 1 | . | . | 47,6 | 5,5 | 550 | 170 | 29 | 120 | 2,5 | + | 0,20 | 0,10 | 0,9 | + |
| Roggenmehl, Type 1150 | 321 | 1345 | 8 | 1 | . | . | 67,8 | 8 | 1 | 295 | 20 | 195 | 2,4 | + | 0,22 | 0,10 | 1,2 | . |
| Roggenvollkornbrot | 205 | 860 | 7 | 1 | . | . | 40,8 | 7,7 | 525 | 290 | 43 | 195 | 3,3 | 50 | 0,20 | 0,15 | 0,6 | . |
| Semmeln | 254 | 1060 | 8 | 2 | + | . | 49,6 | 3 | 555 | 110 | 27 | 100 | 1,2 | + | 0,10 | 0,05 | 1,1 | + |
| Vollreis | 374 | 1450 | 7 | 2 | 1,4 | . | 73,4 | 2,9 | 10 | 150 | 23 | 325 | 2,6 | + | 0,40 | 0,09 | 5,2 | + |
| Weizengrieß | 327 | 1365 | 10 | 1 | . | . | 69 | 7,1 | 1 | 110 | 17 | 85 | 1,0 | . | 0,10 | 0,05 | 01,5 | . |
| Weizenkeime | 301 | 1260 | 27 | 9 | 5 | . | 23,6 | 24,7 | 5 | 835 | 69 | 1100 | 8,1 | 160 | 2,00 | 0,72 | 4,5 | . |
| Weizenkleie | 193 | 805 | 15 | 5 | 3,0 | . | 20,5 | 42,4 | 2 | 1400 | 43 | 1300 | 3,6 | 1 | 0,65 | 0,51 | 18,0 | + |
| Weizenmehl, Type 405 | 338 | 1415 | 10 | 1 | . | . | 70,8 | 4,1 | 2 | 110 | 15 | 75 | 2,0 | 10 | 0,05 | 0,03 | 0,7 | . |
| Weizenmehl, Type 550 | 338 | 1415 | 10 | 1 | . | . | 70,8 | 4,1 | 3 | 125 | 16 | 115 | 1,1 | 20 | 0,10 | 0,10 | 0,5 | + |
| Weizenmehl, Type 1050 | 336 | 1405 | 11 | 2 | . | . | 67,2 | 5,2 | 2 | 205 | 14 | 210 | 2,8 | + | 0,45 | 0,07 | 1,4 | + |
| Weizen-Toastbrot | 265 | 1105 | 7 | 4 | . | . | 48,1 | 3,6 | 550 | 160 | 110 | 90 | 2,2 | . | 0,17 | 0,04 | 1,8 | . |
| Weizenvollkornbrot | 205 | 860 | 7 | 1 | . | . | 41,4 | 7,5 | 380 | 270 | 63 | 195 | 2,0 | . | 0,25 | 0,15 | 3,3 | + |
| Zwieback, eifrei | 374 | 1565 | 9 | 4 | . | . | 73,1 | 3,5 | 265 | 160 | 42 | 130 | 1,5 | . | . | . | 1,3 | . |
| | | | | | | | | | | | | | | | | | | |
| **Kartoffeln** | | | | | | | | | | | | | | | | | | |
| Kartoffelchips | 549 | 2300 | 5 | 40 | . | . | 41 | | 450 | 1000 | 52 | 145 | 2,3 | . | 0,22 | 0,10 | 3,4 | 8 |
| Kartoffeln mit Schalen | 56 | 235 | 2 | + | . | . | 12,3 | 2 | 3 | 355 | 8 | 40 | 0,6 | 1 | 0,10 | 0,05 | 1,0 | 14 |

| Lebensmittel | Der eßbare Teil von 100 g eingekaufter Ware enthält: Energie | | Protein | Fett | Mehrf. ungesätt. Fetts. | Cholesterin | Kohlenhydrate | | Mineralstoffe | | | | | Vitamine | | | | |
|---|---|---|---|---|---|---|---|---|---|---|---|---|---|---|---|---|---|---|
| | kcal | kJ | g | g | g | mg | verwertbare – g | Ballaststoffe – g | Natrium mg | Kalium mg | Calcium mg | Phosphor mg | Eisen mg | A µg | $B_1$ mg | $B_2$ mg | Niacin mg | C mg |
| Kartoffeln ohne Schalen | 70 | 295 | 2 | + | . | . | 15,4 | 2,5 | 3 | 445 | 10 | 50 | 0,8 | 5 | 0,10 | 0,05 | 1,2 | 17 |
| Kartoffelpüree (trocken)[1] | 321 | 1345 | 9 | 1 | . | . | 71 | | 160 | 1150 | 30 | 310 | 2,2 | . | . | . | . | . |
| Kartoffelstärkemehl | 335 | 1405 | 1 | + | . | . | 83 | | 8 | 15 | 35 | 7 | 1,8 | + | + | + | + | + |
| Pommes frites (erhitzte) | 239 | 1230 | 4 | 15 | . | . | 36 | | 6 | 925 | 20 | 105 | 1,7 | + | 0,15 | 0,10 | 2,5 | 28 |
| | | | | | | | | | | | | | | | | | | |
| **Hülsenfrüchte** | | | | | | | | | | | | | | | | | | |
| Bohnen, weiße | 298 | 1245 | 21 | 2 | . | . | 47,3 | 16,8 | 2 | 1300 | 105 | 425 | 6,0 | 65 | 0,45 | 0,16 | 2,1 | 3 |
| Erbsen, gelbe, geschält | 318 | 1330 | 23 | 1 | . | . | 56 | 16 | 26 | 930 | 50 | 375 | 5,0 | 20 | 0,75 | 0,30 | 3,0 | 2 |
| Linsen | 325 | 1360 | 24 | 1 | . | . | 52 | 10,6 | 4 | 810 | 75 | 410 | 6,9 | 17 | 0,45 | 0,25 | 2,2 | 3 |
| Sojabohnenkeime | 60 | 250 | 6 | 1 | . | . | 5 | | . | . | 48 | 67 | 1,0 | 80 | 0,23 | 0,20 | 0,8 | 13 |
| Sojamehl, vollfett | 370 | 1550 | 37 | 21 | 15,5 | . | 3,1 | 10,9 | 4 | 1870 | 195 | 555 | 12,1 | 15 | 0,77 | 0,30 | 2,0 | + |
| | | | | | | | | | | | | | | | | | | |
| **Süßwaren, Zucker** | | | | | | | | | | | | | | | | | | |
| Bienenhonig | 305 | 1275 | + | . | . | . | 81 | | 7 | 45 | 5 | 20 | 1,3 | + | + | 0,05 | 0,1 | 2 |
| Bonbons | 390 | 1630 | 1 | . | . | . | 94 | | . | . | . | . | . | . | . | . | . | . |
| Diabetiker-Marmelade | 210 | 880 | . | . | . | . | 52 | | . | . | . | . | . | . | . | . | . | . |
| Kakaopulver, schwach entölt | 357 | 1495 | 20 | 25 | . | . | 10,8 | 37,7 | 17 | 1920 | 115 | 655 | 12,5 | 8 | 0,10 | 0,40 | 0,14 | + |
| Marmelade | 261 | 1090 | + | . | . | . | 66 | | 10 | 15 | 10 | 15 | . | . | + | + | + | 8 |
| Pralinen | 457 | 1910 | 5 | 16 | . | . | 70 | | . | 400 | . | . | . | . | . | . | . | . |
| Schokolade (Vollmilch) | 550 | 2300 | 9 | 32 | . | . | 54 | | 58 | 470 | 215 | 240 | 2,3 | 60 | 0,11 | 0,37 | 0,5 | + |
| Zucker | 400 | 1675 | . | . | . | . | 100 | | + | 2 | 1 | + | 0,3 | . | . | . | . | . |

[1] je 100 g verzehrfertige Zubereitung (ca. 15 g Trockenpulver) = 55 kcal (210 kJ), mit 30 g Milch = 75 kcal (310 kJ)

| Lebensmittel | Energie | | Protein | Fett | Mehrf. ungesätt. Fetts. | Cholesterin | Kohlenhydrate | | Mineralstoffe | | | | | Vitamine | | | | |
|---|---|---|---|---|---|---|---|---|---|---|---|---|---|---|---|---|---|---|
| | Der eßbare Teil von 100 g eingekaufter Ware enthält: | | | | | | | | | | | | | | | | | |
| | kcal | kJ | g | g | g | mg | verwertbare – g | Ballaststoffe – g | Natrium mg | Kalium mg | Calcium mg | Phosphor mg | Eisen mg | A µg | $B_1$ mg | $B_2$ mg | Niacin mg | C mg |
| **Gemüse** | | | | | | | | | | | | | | | | | | |
| Artischocke | 11 | 45 | 1 | + | . | . | 1,4 | 5,2 | 23 | 170 | 25 | 60 | 0,7 | 8 | 0,07 | 0,01 | 0,4 | 4 |
| Aubergine (Melanzani) | 14 | 60 | 1 | + | . | . | 2,2 | 1,1 | 3 | 220 | 11 | 18 | 0,4 | 4 | 0,03 | 0,04 | 0,5 | 4 |
| Avocado | 171 | 715 | 1 | 18 | 13,4 | . | 0,3 | 2,5 | 2 | 370 | 8 | 30 | 0,4 | 9 | 0,06 | 0,11 | 0,8 | 10 |
| Blaukraut | 16 | 70 | 1 | + | 0,1 | . | 2,8 | 2 | 3 | 205 | 25 | 25 | 0,4 | 4 | 0,05 | 0,04 | 0,3 | 39 |
| Brokkoli | 16 | 65 | 2 | + | . | . | 1,7 | 1,8 | 8 | 285 | 65 | 50 | 0,8 | 195 | 0,06 | 0,13 | 0,6 | 70 |
| Champignons | 15 | 65 | 3 | + | 0,1 | . | 0,7 | 1,9 | 8 | 415 | 8 | 120 | 1,2 | 2 | 0,10 | 0,43 | 5,1 | 5 |
| Chicorée | 14 | 60 | 1 | + | 0,1 | . | 2,1 | 1,1 | 4 | 170 | 23 | 23 | 0,7 | 190 | 0,05 | 0,03 | 0,2 | 9 |
| Chinakohl | 10 | 40 | 1 | + | . | . | 1,1 | 1,3 | 6 | 160 | 30 | 25 | 0,5 | 10 | 0,02 | 0,3 | 0,4 | 28 |
| Eierschwammerln | 7 | 30 | 1 | + | . | . | 0,1 | 3,4 | 2 | 310 | 5 | 25 | 4,0 | + | 0,01 | 0,14 | 4,0 | 4 |
| Endivie | 8 | 30 | 1 | + | . | . | 0,2 | 1,2 | 40 | 265 | 40 | 40 | 1,1 | 145 | 0,04 | 0,9 | 0,3 | 7 |
| Erbsen, grün | 34 | 140 | 3 | + | . | . | 5 | 1,7 | 1 | 120 | 10 | 45 | 0,7 | 25 | 0,12 | 0,06 | 1,0 | 10 |
| Essiggurken | 17 | 70 | 1 | + | . | . | 3 | | 960 | . | 30 | 30 | 1,6 | . | + | 0,02 | . | . |
| Feldsalat | 13 | 55 | 2 | + | . | . | 0,7 | 1,5 | 4 | 410 | 35 | 50 | 1,9 | 630 | 0,06 | 0,08 | 0,4 | 34 |
| Fenchelknollen | 21 | 90 | 2 | + | . | . | 2,6 | 3,1 | 80 | 460 | 100 | 45 | 2,5 | 730 | 0,21 | 0,10 | 0,2 | 86 |
| Fisolen | 32 | 135 | 2 | + | . | . | 5 | 1,8 | 2 | 235 | 55 | 35 | 0,8 | 50 | 0,08 | 0,11 | 0,5 | 19 |
| Gemüsesaft | 24 | 100 | 1 | . | . | . | 6 | | . | . | . | . | . | . | . | . | . | . |
| Gurken, ungeschält | 9 | 35 | + | + | 0,1 | . | 1,5 | 0,7 | 6 | 105 | 11 | 17 | 0,4 | 20 | 0,01 | 0,02 | 0,2 | 6 |
| Karfiol | 14 | 55 | 2 | + | 0,1 | . | 1,6 | 1,8 | 10 | 205 | 12 | 35 | 0,4 | 3 | 0,07 | 0,06 | 0,4 | 45 |
| Karotten | 20 | 85 | 1 | + | 0,1 | . | 4 | 2,8 | 50 | 235 | 35 | 30 | 1,7 | 1620 | 0,06 | 0,04 | 0,5 | 6 |
| Karottensaft | 22 | 90 | 1 | . | . | . | 5 | | 50 | 220 | 25 | 30 | . | 435 | . | . | . | 4 |

| Lebensmittel | Der eßbare Teil von 100 g eingekaufter Ware enthält: | | | | | | | | | | | | | | | | | | |
|---|---|---|---|---|---|---|---|---|---|---|---|---|---|---|---|---|---|---|---|
| | Energie | | Protein | Fett | Mehrf. ungesätt. Fetts. | Cholesterin | Kohlenhydrate | | Mineralstoffe | | | | | Vitamine | | | | | |
| | kcal | kJ | g | g | g | mg | verwertbare - g | Ballaststoffe - g | Natrium mg | Kalium mg | Calcium mg | Phosphor mg | Eisen mg | A µg | $B_1$ mg | $B_2$ mg | Niacin mg | C mg |
| Kohl | 17 | 70 | 2 | + | . | . | 1,7 | 1,1 | 6 | 205 | 35 | 40 | 0,7 | 5 | 0,04 | 0,04 | 0,2 | 32 |
| Kohlrabi | 16 | 65 | 1 | + | 0,1 | . | 2,5 | 1 | 20 | 250 | 45 | 35 | 0,6 | 20 | 0,03 | 0,03 | 1,2 | 40 |
| Kopfsalat | 7 | 30 | 1 | + | 0,1 | . | 0,8 | 1 | 7 | 150 | 25 | 20 | 0,8 | 90 | 0,04 | 0,05 | 0,2 | 9 |
| Kren | 33 | 140 | 1 | + | 0,1 | . | 7 | | 5 | 295 | 55 | 35 | 0,7 | 2 | 0,07 | 0,06 | 0,3 | 60 |
| Kürbis | 17 | 70 | 1 | + | + | . | 3 | | 1 | 270 | 15 | 30 | 0,6 | 230 | 0,03 | 0,05 | 0,4 | 8 |
| Lauch | 14 | 60 | 1 | + | 0,1 | . | 1,9 | 1,3 | 3 | 130 | 50 | 25 | 0,6 | 20 | 0,06 | 0,03 | 0,3 | 17 |
| Mais, ganzes Korn | 375 | 1570 | 9 | 4 | . | . | 71 | | 6 | 330 | 15 | 255 | . | . | 0,35 | 0,20 | 1,5 | . |
| Maiskolben | 125 | 525 | 3 | 1 | . | . | 19 | | . | . | . | . | . | . | . | . | . | . |
| Maiskörner (in Dosen) | 66 | 275 | 2 | + | . | . | 16 | | 235 | 95 | 4 | 50 | 0,4 | 30 | 0,03 | 0,05 | 1,2 | 5 |
| Maronen | 155 | 650 | 2 | 2 | . | . | 33 | | 1 | 565 | 25 | 70 | 1,1 | 3 | 0,16 | 0,17 | 0,7 | 22 |
| Paprikafrüchte, -schoten | 15 | 65 | 1 | + | 0,1 | . | 2,5 | 1,5 | 1 | 165 | 9 | 20 | 0,6 | 25 | 0,05 | 0,04 | 0,3 | 105 |
| Perlzwiebeln | 16 | 65 | 1 | . | . | . | 4 | | . | . | . | . | . | . | . | . | . | . |
| Petersilie (Blatt) | 15 | 60 | 3 | + | 0,1 | . | 0,8 | 2,6 | 20 | 600 | 150 | 75 | 3,3 | 725 | 0,08 | 0,18 | 0,8 | 100 |
| Radieschen | 9 | 35 | 1 | + | + | . | 1,4 | 1,0 | 11 | 160 | 20 | 15 | 1,0 | 2 | 0,02 | 0,02 | 0,2 | 18 |
| Rettich | 10 | 40 | 1 | + | 0,1 | . | 1,4 | 0,9 | 10 | 245 | 25 | 20 | 0,6 | 1 | 0,02 | 0,02 | 0,3 | 21 |
| Rhabarber | 11 | 45 | + | + | 0,1 | . | 2,1 | 2,5 | 2 | 210 | 40 | 20 | 0,4 | 9 | 0,02 | 0,02 | 0,2 | 8 |
| Rosenkohl, Kohlsprossen | 28 | 115 | 3 | + | 0,2 | . | 2,9 | 3,4 | 5 | 320 | 25 | 65 | 0,9 | 50 | 0,10 | 0,11 | 0,5 | 89 |
| Rote Rüben | 32 | 135 | 1 | + | + | . | 6,7 | 2,0 | 45 | 260 | 20 | 35 | 0,8 | 1 | 0,02 | 0,03 | 0,2 | 8 |
| Sauerkraut | 18 | 75 | 2 | + | . | . | 2,4 | 2,1 | 355 | 290 | 50 | 45 | 0,6 | 3 | 0,03 | 0,05 | 0,2 | 20 |
| Schwarzwurzel | 9 | 35 | 1 | + | . | . | 0,9 | 9,5 | 3 | 180 | 30 | 40 | 1,9 | 2 | 0,06 | 0,02 | 0,2 | 2 |
| Schnittlauch | 27 | 110 | 4 | 1 | 0,4 | . | 1,6 | | 3 | 435 | 130 | 75 | 1,9 | 50 | 1,14 | 0,15 | 0,6 | 47 |

| Lebensmittel | Der eßbare Teil von 100 g eingekaufter Ware enthält: | | | | | | | | | | | | | | | | | | |
|---|---|---|---|---|---|---|---|---|---|---|---|---|---|---|---|---|---|---|---|
| | Energie | | Protein | Fett | Mehrf. ungesätt. Fetts. | Cholesterin | Kohlenhydrate | | Mineralstoffe | | | | | Vitamine | | | | | |
| | kcal | kJ | g | g | g | mg | verwertbare – g | Ballaststoffe – g | Natrium mg | Kalium mg | Calcium mg | Phosphor mg | Eisen mg | A µg | $B_1$ mg | $B_2$ mg | Niacin mg | C mg |
| Sellerie | 13 | 55 | 1 | + | 0,1 | . | 1,6 | 3,1 | 55 | 235 | 50 | 60 | 0,4 | 2 | 0,03 | 0,05 | 0,7 | 6 |
| Spargel | 12 | 50 | 1 | + | 0,1 | . | 1,6 | 1,1 | 3 | 155 | 15 | 35 | 0,7 | 4 | 0,08 | 0,09 | 0,7 | 16 |
| Spinat | 13 | 55 | 2 | + | 0,1 | . | 0,5 | 1,6 | 55 | 540 | 110 | 45 | 3,5 | 595 | 0,09 | 0,20 | 0,5 | 44 |
| Steinpilze | 13 | 55 | 2 | + | . | . | 0,4 | 55 | 5 | 390 | 18 | 90 | 0,8 | + | 0,03 | 0,30 | 3,9 | 2 |
| Steinpilze, getrocknet | 120 | 500 | 20 | 3 | . | . | 4,1 | 55,3 | 14 | 2000 | 35 | 640 | 8,4 | . | . | . | . | . |
| Tomaten | 19 | 80 | 1 | + | 0,1 | . | 3,3 | 1,8 | 6 | 285 | 15 | 25 | 0,5 | 130 | 0,05 | 0,03 | 0,5 | 23 |
| Tomatenketchup | 107 | 450 | 2 | + | . | . | 24 | | 1300 | 800 | 12 | 18 | 0,8 | 105 | 0,07 | 0,07 | 1,1 | 11 |
| Tomatenmark | 51 | 215 | 2 | 1 | . | . | 10 | | 590 | 1160 | 60 | 35 | 1,0 | 205 | 0,09 | 0,06 | 1,5 | 9 |
| Tomatensaft | 17 | 70 | 1 | + | . | . | 3 | | 5 | 235 | 15 | 15 | 0,6 | 90 | 0,06 | 0,03 | 0,7 | 15 |
| Weißkraut | 20 | 80 | 1 | + | 0,1 | . | 3,6 | 2,0 | 10 | 175 | 35 | 20 | 0,4 | 9 | 0,04 | 0,03 | 0,3 | 36 |
| Zwiebeln | 28 | 115 | 1 | + | 0,1 | . | 5,3 | 2,8 | 8 | 160 | 30 | 40 | 0,5 | 4 | 0,03 | 0,03 | 0,2 | 8 |
| Zwiebeln, getrocknet | 215 | 900 | 11 | 1 | . | . | 41,7 | 21,9 | 105 | 1040 | 160 | 245 | 3,2 | 45 | 0,26 | 0,18 | 1,1 | 42 |
| | | | | | | | | | | | | | | | | | | |
| **Nüsse** | | | | | | | | | | | | | | | | | | |
| Erdnüsse, geröstet und geschält | 627 | 2625 | 26 | 49 | 13,8 | . | 13,4 | 7,4 | 6 | 775 | 65 | 410 | 2,3 | 2 | 0,25 | 0,14 | 14,3 | . |
| Haselnüsse | 672 | 2810 | 12 | 62 | 33,9 | . | 11,4 | 7,4 | 2 | 635 | 225 | 335 | 3,8 | 2 | 0,39 | 0,21 | 1,4 | 3 |
| Kokosnuß | 376 | 1575 | 4 | 37 | 2,8 | . | 4,8 | 9 | 35 | 380 | 20 | 95 | 2,3 | . | 0,06 | 0,01 | 0,4 | 2 |
| Mandeln | 623 | 2605 | 19 | 54 | 28 | . | 9,1 | 9,8 | . | 835 | 250 | 455 | 4,1 | 10 | 0,22 | 0,62 | 4,2 | . |
| Walnüsse | 694 | 2905 | 14 | 63 | 46,9 | . | 6,71 | 12,1 | 2 | 545 | 85 | 410 | 2,5 | 3 | 0,34 | 0,12 | 1,0 | 3 |

| Lebensmittel | Der eßbare Teil von 100 g eingekaufter Ware enthält: | | | | | | | | | | | | | | | | | |
|---|---|---|---|---|---|---|---|---|---|---|---|---|---|---|---|---|---|---|
| | **Energie** | | **Protein** | **Fruchtsäure** | Mehrf. un-gesätt. Fetts. | Cholesterin | **Kohlenhydrate** | | **Mineralstoffe** | | | | | **Vitamine** | | | | |
| | kcal | kJ | g | g | g | mg | verwert-bare – g | Ballast-stoffe – g | Natrium mg | Kalium mg | Calcium mg | Phosphor mg | Eisen mg | A µg | $B_1$ mg | $B_2$ mg | Niacin mg | C mg |
| **Obst** | | | | | | | | | | | | | | | | | | |
| Ananas | 30 | 125 | + | + | . | . | 7,1 | 0,8 | 1 | 95 | 9 | 5 | 0,2 | 5 | 0,04 | 0,02 | 0,1 | 10 |
| Äpfel | 51 | 210 | + | + | 0,2 | . | 11,4 | 2,1 | 3 | 130 | 7 | 11 | 0,4 | 7 | 0,03 | 0,03 | 0,3 | 11 |
| Bananen | 62 | 260 | 1 | + | + | . | 14,3 | 1,3 | 1 | 265 | 6 | 20 | 0,4 | 25 | 0,03 | 0,04 | 0,4 | 8 |
| Birnen | 51 | 215 | + | + | 0,1 | . | 11,8 | 2,6 | 2 | 115 | 9 | 14 | 0,2 | 5 | 0,03 | 0,04 | 0,2 | 4 |
| Brombeeren | 43 | 180 | 1 | 1 | . | . | 7,2 | 3,2 | 3 | 190 | 44 | 30 | 0,9 | 45 | 0,03 | 0,04 | 0,4 | 17 |
| Erdbeeren | 32 | 135 | 1 | + | 0,3 | . | 6,3 | 1,9 | 2 | 140 | 25 | 30 | 0,9 | 8 | 0,03 | 0,05 | 0,5 | 62 |
| Granatäpfel | 26 | 110 | + | + | . | . | 5,9 | 1,1 | 2 | 100 | 3 | 6 | 0,2 | 2 | 0,02 | 0,01 | 0,1 | 2 |
| Grapefruit | 26 | 110 | + | + | + | . | 5,9 | 0,4 | 1 | 120 | 12 | 11 | 0,2 | 2 | 0,03 | 0,02 | 0,2 | 30 |
| Guave | 28 | 120 | 1 | + | . | . | 6 | 4,6 | 4 | 260 | 15 | 30 | 0,7 | 33 | 0,03 | 0,04 | 1,0 | 245 |
| Heidelbeeren | 37 | 155 | 1 | 1 | . | . | 7,1 | 4,8 | 1 | 65 | 10 | 13 | 0,7 | 20 | 0,02 | 0,02 | 0,4 | 21 |
| Himbeeren | 36 | 150 | 1 | 1 | . | . | 6,9 | 4,7 | . | 170 | 40 | 45 | 1,0 | 13 | 0,02 | 0,05 | 0,3 | 25 |
| Honigmelone | 43 | 180 | 1 | + | + | . | 9,9 | 0,8 | 16 | 265 | 5 | 15 | 0,2 | 235 | 0,05 | 0,02 | 0,5 | 25 |
| Johannisbeeren, rot | 35 | 150 | 1 | + | 0,1 | . | 7,3 | 3,4 | 1 | 235 | 30 | 25 | 0,9 | 6 | 0,04 | 0,03 | 0,2 | 35 |
| Johannisbeeren, schwarz | 46 | 190 | 1 | + | 0,1 | . | 7,8 | 6,7 | 1 | 305 | 45 | 40 | 1,3 | 25 | 0,05 | 0,04 | 0,3 | 175 |
| Kaki | 60 | 250 | 1 | + | 0,1 | . | 14 | | 3 | 150 | 7 | 20 | 0,3 | 230 | 0,02 | 0,03 | 0,2 | 14 |
| Kirschen, süß | 55 | 230 | 1 | + | 0,2 | . | 12,5 | 1,7 | 2 | 200 | 15 | 18 | 0,3 | 12 | 0,03 | 0,04 | 0,2 | 13 |
| Kiwis | 46 | 195 | 1 | 1 | . | . | 9,4 | 3,4 | 4 | 250 | 35 | 25 | 0,7 | 55 | 0,01 | 0,04 | 0,04 | 60 |
| Mandarinen | 30 | 125 | + | + | . | . | 7 | | 1 | 135 | 20 | 13 | 0,2 | 37 | 0,04 | 0,02 | 0,1 | 20 |
| Mangos | 40 | 165 | + | + | 0,1 | . | 8,8 | 1,2 | 3 | 130 | 8 | 9 | 0,3 | 320 | 0,03 | 0,03 | 0,5 | 25 |

Der eßbare Teil von 100 g eingekaufter Ware enthält:

| Lebensmittel | Energie | | Protein | Fruchtsäure | Mehrf. ungesätt. Fetts. | Cholesterin | Kohlenhydrate | | Mineralstoffe | | | | | Vitamine | | | | |
|---|---|---|---|---|---|---|---|---|---|---|---|---|---|---|---|---|---|---|
| | kcal | kJ | g | g | g | mg | verwertbare - g | Ballaststoffe - g | Natrium mg | Kalium mg | Calcium mg | Phosphor mg | Eisen mg | A µg | $B_1$ mg | $B_2$ mg | Niacin mg | C mg |
| Marillen | 41 | 170 | 1 | + | . | . | 9,1 | 1,8 | 2 | 250 | 15 | 19 | 0,6 | 270 | 0,04 | 0,05 | 0,7 | 9 |
| Nektarinen | 59 | 245 | 1 | + | . | . | 16 | | 6 | 270 | 4 | 20 | 0,5 | 455 | . | . | . | 12 |
| Orangen | 31 | 130 | 1 | + | 0,1 | . | 6,6 | 1,6 | 1 | 125 | 30 | 15 | 0,3 | 11 | 0,06 | 0,03 | 0,2 | 35 |
| Papayas | 9 | 35 | + | 1 | . | . | 1,7 | 1,4 | 2 | 150 | 15 | 10 | 0,3 | 65 | 0,02 | 0,03 | 0,2 | 60 |
| Passionsfrucht | 41 | 170 | 1 | + | . | . | 8,2 | 0,9 | . | 205 | 10 | 35 | 0,8 | 130 | 0,01 | 0,06 | 1,3 | 15 |
| Pfirsiche | 39 | 160 | 1 | + | . | . | 8,7 | 1,6 | 1 | 190 | 7 | 20 | 0,4 | 65 | 0,02 | 0,05 | 0,8 | 9 |
| Preiselbeeren | 34 | 140 | + | 1 | . | . | 7,1 | 2,7 | 2 | 65 | 13 | 9 | 0,5 | 4 | 0,01 | 0,02 | . | 11 |
| Stachelbeeren | 38 | 160 | 1 | + | 0,1 | . | 8,3 | 2,9 | 2 | 200 | 30 | 30 | 0,6 | 35 | 0,02 | 0,02 | 0,3 | 35 |
| Wassermelone | 16 | 70 | + | + | + | . | 3,6 | 0,1 | + | 70 | 5 | 5 | 0,2 | 15 | 0,02 | 0,02 | 0,1 | 3 |
| Weintrauben | 67 | 280 | 1 | + | 0,1 | . | 15,5 | 1,6 | 2 | 185 | 17 | 20 | 0,5 | 5 | 0,04 | 0,02 | 0,2 | 4 |
| Zitronen | 26 | 110 | + | + | . | . | 5 | | 2 | 95 | 7 | 10 | 0,3 | 2 | 0,03 | 0,01 | 0,1 | 35 |
| Zwetschken | 47 | 195 | 1 | + | 0,1 | . | 10,7 | 1,6 | 2 | 210 | 13 | 17 | 0,4 | 35 | 0,07 | 0,04 | 0,4 | 5 |
| | | | | | | | | | | | | | | | | | | |
| **Trockenobst** | | | | | | | | | | | | | | | | | | |
| Äpfel | 264 | 1105 | 1 | 4 | . | . | 60,8 | 8 | 10 | 620 | 30 | 50 | 1,2 | . | 0,10 | 0,10 | 0,8 | 12 |
| Feigen | 240 | 1000 | 4 | 1 | . | . | 53,5 | 9,5 | 40 | 840 | 190 | 105 | 3,3 | 8 | 0,12 | 0,8 | 1,1 | 2 |
| Marillen | 247 | 1035 | 5 | 2 | . | . | 55,7 | 8 | 11 | 1370 | 80 | 115 | 4,5 | 770 | 0,01 | 0,11 | 3,2 | 11 |
| Obstkonserven in Dosen | 84 | 350 | 0,5 | + | . | . | 20 | | 5 | . | 10 | 15 | 0,8 | 65 | 0,03 | 0,02 | 0,3 | 10 |
| Pflaumen (Zwetschken) | 190 | 805 | 2 | 1 | . | . | 45,2 | 7,7 | 7 | 700 | 35 | 60 | 2,0 | 95 | 0,13 | 0,10 | 1,5 | 3 |
| Rosinen | 280 | 1170 | 2 | 1 | . | . | 66,2 | 5,4 | 21 | 780 | 30 | 110 | 0,3 | 5 | 0,12 | 0,06 | 0,5 | 1 |

| Lebensmittel | Der eßbare Teil von 100 g eingekaufter Ware enthält: | | | | | | | | | | | | | | | | |
|---|---|---|---|---|---|---|---|---|---|---|---|---|---|---|---|---|---|
| | **Energie** | | **Protein** | **Fruchtsäure** | Mehrf. ungesätt. Fetts. | Cholesterin | **Kohlenhydrate** | **Mineralstoffe** | | | | | **Vitamine** | | | | |
| | | | | | | | | Natrium | Kalium | Calcium | Phosphor | Eisen | A | $B_1$ | $B_2$ | Niacin | C |
| | kcal | kJ | g | g | g | mg | g | mg | mg | mg | mg | mg | µg | mg | mg | mg | mg |
| **Alkoholfreie Getränke** | | | | | | | | | | | | | | | | | |
| Apfelsaft | 48 | 200 | + | 1 | . | . | 12 | 2 | 115 | 7 | 7 | 0,3 | 8 | 0,02 | 0,03 | 0,3 | 1 |
| Cola-Getränke | 42 | 175 | . | . | . | . | 11 | 6 | 1 | 4 | 15 | . | . | . | . | . | . |
| Grapefruitsaft, ungezuckert | 48 | 200 | 1 | . | . | . | 11 | 1 | 150 | 9 | 13 | 0,6 | 1 | 0,03 | 0,02 | 0,2 | 36 |
| Himbeersirup | 267 | 1120 | + | 1 | . | . | 66 | 2 | 90 | 16 | 15 | 2 | . | 0,06 | + | 0,2 | 16 |
| Holundersaft | 38 | 160 | 2 | 1 | . | . | 8 | 1 | 290 | 5 | 50 | . | . | 0,03 | 0,06 | 0,4 | 26 |
| Johannisbeersaft, schwarz | 55 | 230 | + | 1 | . | . | 13 | 5 | 100 | 15 | 10 | 0,3 | 4 | + | + | + | 30 |
| Limonade | 46 | 190 | . | . | . | . | 12 | . | . | . | . | . | . | . | . | . | . |
| Orangensaft, ungezuckert | 45 | 190 | 1 | 1 | . | . | 10 | 1 | 170 | 15 | 16 | 0,3 | 12 | 0,08 | 0,02 | 0,3 | 44 |
| Sanddornbeerensaft | 45 | 190 | 1 | 4 | . | . | 5 | 6 | 210 | 9 | . | . | . | . | . | . | 266 |
| Traubensaft | 69 | 285 | + | + | . | . | 17 | 3 | 150 | 13 | 12 | 0,4 | . | 0,03 | 0,02 | 0,2 | 2 |
| Zitronensaft | 31 | 130 | + | 6 | . | . | 7 | 1 | 140 | 11 | 11 | 0,1 | 8 | 0,04 | 0,01 | 0,1 | 53 |
| **Alkoholhaltige Getränke** | | | | **Fett** | **Extrakt** | | | | | | | | | | | | |
| Bier, dunkel | 48 | 200 | + | . | 5,4 | . | 5[2] | 3 | 50 | 3 | 25 | 0,1 | 1 | + | 0,03 | 0,9 | . |
| Bier, hell | 47 | 195 | 1 | . | 4,8 | . | 4[2] | 5 | 40 | 4 | + | + | . | + | 0,03 | 0,9 | . |
| Eierlikör | 170 | 710 | 4 | 7 | . | . | . | . | . | . | . | . | . | . | . | . | . |
| Most | 40 | 165 | . | . | . | . | . | . | . | . | . | . | . | . | . | . | . |
| Rotwein | 66 | 275 | + | . | 2,4 | . | 0,3[1] | 3 | 100 | 7 | 10 | 0,9 | . | 0,05 | 0,05 | 0,2 | 2 |
| Weinbrand | 240 | 1005 | . | . | 2 | . | . | 2 | 2 | . | . | . | . | . | . | . | . |
| Weißwein | 70 | 295 | + | . | 2,6 | . | 0,1[1] | 2 | 80 | 9 | 15 | 0,1 | . | + | 0,01 | 0,01 | . |
| Wermut, trocken, 5 cl | 60 | 250 | . | . | . | . | 5,0 | . | . | . | . | . | . | . | . | . | . |

[1] Zuckerfreier Extrakt  [2] Kohlenhydrate sind im Extrakt enthalten

# Gestaltung von Karten

# Gestaltung von Karten

„Speisekarte" oder „Speise**n**karte"? Welche Bezeichnung ist richtig? Von der Gastronomischen Akademie Deutschlands wird „Speisekarte" empfohlen, was laut Duden auch korrekt ist. Für „Speise**n**karte" sprechen u. E. zwei Gründe:

- Auf einer Karte werden immer mehrere Speisen angeboten (sinngemäß trifft das auch auf den Begriff „Speisenfolge" zu).
- Als Pendant zur Speisenkarte gibt es die Getränkekarte (ebenfalls in der Mehrzahl).
  Aus diesen Gründen haben sich die Autoren für den Ausdruck „Speisenkarte" entschieden.

# Geschichte der Speisen- und Menükarten

Ob es zur Zeit der Ägypter, der alten Griechen und Römer Speisenkarten oder Aufzeichnungen über den Ablauf eines Essens bzw. Festessens gegeben hat, läßt sich nicht belegen. Sicher ist aber, daß der Koch die einzelnen Gänge vor dem Essen angesagt hat. Anzunehmen ist, daß die Köche zur damaligen Zeit Analphabeten waren und somit Speisenkarten zum Zweck des Vorlesens nutzlos gewesen wären.
Die erste **„Speisenkarte"** wurde nachweislich im Jahre 1148 verwendet. Das Verwenden von schriftlichen Aufzeichnungen der Speisenfolge war jedoch bis zur Erfindung des Druckes mit beweglichen Metallettern um 1445 noch die Ausnahme.
Danach tauchten immer häufiger gedruckte Zettel mit der jeweiligen Speisenfolge auf.

Das Wort **„Bankett"** wurde 1364 zum ersten Mal verwendet. Philipp der Kühne plazierte seine zahlreichen Gäste auf Bänken und ließ das Essen zur Selbstbedienung auf Tischen anrichten.

Zur Zeit des französischen Barock, gemeinhin auch mit der Regierungszeit des Sonnenkönigs Ludwig XIV. gleichgesetzt, treten an die Stelle der großen Prunkgelage intimere „dîners“ und „petits soupers“ mit ausgeklügelten „menus“. Der Begriff **„Menü“** leitet sich vom lateinischen „minutus“ (französisch „diminuer“) ab und bedeutet soviel wie „verringern, vermindern, verkleinern“. Das Menü war also nichts anderes als eine – gemessen an den mittelalterlichen Speisefolgen – stark verkleinerte, mitunter auch verfeinerte Auswahl von Speisen für einen ursprünglich kleinen Gästekreis.

Richtig zum Durchbruch verholfen hat der Speisenkarte die Französische Revolution. 1786 wurde in Paris allen Stadtköchen erlaubt, daß sie ihre Räumlichkeiten für Gäste öffnen und dort Speisen servieren konnten. Das Wort „restaurant“ wird jetzt zu einer gastronomischen Einrichtung (während es vorher nur ein Begriff für bestimmte stärkende Fleischbrühen war – „restaurant“ bedeutet stärkend). Hier konnten die Gäste das individuelle Angebot nach einer Speisenkarte auswählen und „table d'hôte“ – an der Wirtstafel – an Ort und Stelle verzehren. Die ersten Speisenkarten dieser Restaurateure sind umfassende Verzeichnisse aller servierfertig gehaltenen oder à la minute herzustellenden Speisen, die dem Gast Auswahl und Zusammenstellung seiner Mahlzeit erleichtern sollen.

Menükarten wurden erstmals 1811 vom russischen Botschafter in Paris, Ernst Borosowitsch Kourakin, verwendet. Er hat die gedruckte Speisenfolge mit den begleitenden Getränken in der heute bekannten Form eingeführt.
Selbstverständlich wandelte sich die Menüfolge im Laufe der Zeit und paßte sich den heutigen ernährungsphysiologischen Erkenntnissen und den modernen Bedürfnissen des Menschen an.

# Bestimmungsfaktoren der Kartengestaltung

Die Speisen- und Getränkekarten spiegeln die gesamte betriebliche Konzeption wider. Alle Punkte, die im ersten Kapitel dieses Buches besprochen wurden, müssen hier in der inhaltlichen und formalen Gestaltung des Angebotes ersichtlich sein. Ein Restaurant der gehobenen Klasse mit dem Konzept „Treffpunkt für finanzstarke Gourmets“ muß in seinen Angebotskarten ganz anders auftreten als das Quartierrestaurant mit dem Konzept „Preiswerter Mittagstisch für die Mitarbeiter der umliegenden Betriebe“.
Die Speisenkarte muß also für jeden Betrieb „maßgeschneidert“ werden.

Zur Wiederholung seien hier nochmals kurz jene Basisüberlegungen erwähnt, die bei der Erstellung einer Speisen- und/oder Getränkekarte die Grundlage bilden. Sie sind Bestimmungsfaktoren der Kartengestaltung:
- Standort des Betriebes
- Restauranttyp
- Atmosphäre des Restaurants, Innenarchitektur, Ambiente, Lichtverhältnisse im Restaurant
- Art und Anzahl des Geschirrs, Servicematerial
- Art des erwarteten Gästekreises, Gästeerwartungen
- Anzahl der zu erwartenden Gäste, Sitzplätze im Restaurant
- Sitzplatzumschlag
- Öffnungszeiten
- Art und Zusammensetzung des Speisenangebotes
- Art und Zusammensetzung des Getränkeangebotes
- Preisgestaltung, Preisniveau
- (Erwartete) Speisenanzahl je Gast
- Serviceart, Gedeckabstand
- Qualität der zur Verarbeitung kommenden Produkte
- Wareneinsatzkosten
- Einkauf, Lagermöglichkeiten
- Ausbildung der Mitarbeiter (Qualifikation)
- Mitarbeiterbedarf, Dienstplangestaltung

- Personalkosten
- Abrechnungsverfahren, Kontrolle
- Anbindung der Gasträume an die Küche
- Küchengröße, Geräte

Besonders der erwartete Gästekreis ist von entscheidender Bedeutung. Ist die Karte bestimmt für anspruchsvolle Gäste, Passanten, Stammgäste, Touristen, Ausflügler, Geschäftsreisende, Berufstätige und Gewerbetreibende in der näheren Umgebung, Freizeitler, Kaffeeliebhaber, Wein- oder Biertrinker, Fleisch- oder Fischliebhaber, Vegetarier oder Fans von Süßem? Diese Kategorien bestimmen in hohem Maße Stil und Ausführung einer entsprechenden Karte.

Die oben erwähnten Faktoren stehen in Wechselbeziehung zur Speisenkarte bzw. zu anderen Angebotsformen, wie Angebotstafeln, Tischständern, direkter Warenpräsentation (z. B. Aufbau von Getränken im Lokal oder am Eingang – Displays, Aperitif- und Digestifwagen oder -tisch, Vorspeisenbuffet oder -vitrine, Salatbuffet, Angebotswagen für Kuchen und Desserts, Mitbringsel wie z. B. Dressings, Marmeladen, alkoholische und alkoholfreie Getränke) usw.

Noch mehr als durch Produktbilder wird das Kaufverhalten durch das Originalprodukt beeinflußt, es löst einen größeren Kaufanreiz aus. Nützen Sie diesen Effekt, und präsentieren Sie Produkte vor den Augen Ihrer Gäste!

# Aufgaben der modernen Speisen- und Getränkekarte

Die Speisen- und Getränkekarte ist häufig der **erste Kontakt,** den ein Gast mit einem Gastronomiebetrieb aufnimmt (Schaukasten vor dem Haus). Diese Kontaktaufnahme muß im Sinne des Gastes positiv verlaufen, sonst besteht die Möglichkeit, daß der Versuch, Produkte und Dienstleistungen zu verkaufen, bereits hier scheitert.

Die verschiedenen Karten sind für Sie als Gastronomen wichtige **Kommunikationsinstrumente** im Umgang mit dem Gast.
Kommunizieren heißt in diesem Fall: dem Gast eine Information übermitteln, die dieser bewußt aufnimmt und aus der ein gezieltes Kaufverhalten entsteht.
Die positive Rückkopplung vom Gast erhalten Sie dadurch, daß Sie sehen,
- welche Speisen und Getränke am häufigsten bestellt werden,
- ob es zu entsprechenden Nach- und Zusatzbestellungen kommt,
- wie hoch der durchschnittliche Pro-Kopf-Verzehr ist.

Die Hauptaufgabe der Speisen- und Getränkekarte ist also, **aktiv zu verkaufen** und so den Umsatz gezielt zu steigern.

Speisenkarten stellen nicht nur eine Auflistung der angebotenen Speisen und Getränke dar, sie sind auch eine der wenigen Möglichkeiten eines gastronomischen Betriebes, sich seinem Publikum zu präsentieren.

Zum Erlebnis „Gastronomie" trägt auch eine liebevoll und sorgfältig gestaltete Angebotskarte bei. Sie unterstreicht die Originalität eines Betriebes und kann schon für sich die Einstimmung auf ein sinnliches Erlebnis – nämlich Essen und Trinken – sein.

Im einzelnen muß eine Karte folgende Aufgaben erfüllen:
- Sie muß die Leistungsfähigkeit des gastronomischen Betriebes widerspiegeln.

- Von der Optik der Karte muß man auf die Qualität der angebotenen Produkte schließen können.
- Das Leistungsversprechen der Speisen- und Getränkekarte darf nicht höher sein, als es die tatsächliche Leistungserfüllung durch Küche und Keller ist. Denn sonst ist der Gast enttäuscht.
- Die Karte muß dem Stil des Hauses oder dem individuellen Stil eines Raumes entsprechen, wenn sie nicht störend wirken soll. Sie muß die „Philosophie" des Betriebes vermitteln können.
- Die Karte muß beraten, verkaufen und „Appetit auf mehr" machen.
- Sie muß den Gast davon überzeugen, daß sich ein nächster Besuch für ihn lohnt, weil noch viele Angebote auf der Karte stehen, die er gerne ausprobieren möchte.
- Die Handhabung der Karte muß so einfach wie möglich sein, sowohl für den Gast (z. B. keine übergroßen Formate) als auch für Sie als Gastronomen (durch leichten Austausch des Angebotes).
- Die Speisenkarte kann auch ein Mittel zur Ernährungsberatung sein, wenn den Gästen gesündere Ernährung auf Grund eines bestimmten Speisenangebotes nähergebracht wird.

# Optische Gestaltung von Karten

## Corporate identity: das Leistungsprogramm als Produktpersönlickeit

Der visuellen Gestaltung von Karten wird heute vielfach noch nicht genügend Augenmerk geschenkt. Dabei sind Karten ein ganz wesentlicher Teil der Corporate identity (Erscheinungsbild einer Firma in der Öffentlichkeit – durch Warenzeichen, Form- und Farbgebung der Produkte, Verpackung u. ä.), d. h., daß das gesamte Erscheinungsbild eines Betriebes aus einem Guß sein sollte und alle Teile aufeinander abgestimmt werden. Ein Unternehmen will sich damit von anderen so unterscheiden, daß es unverwechselbar ist. Zur Corporate identity gehören das äußere Erscheinungsbild, die Einrichtung, das gesamte Ambiente, die Art der Tischgestaltung, sämtliche Speisen- und sonstigen Karten, alle Briefe und Schriftstücke, die das Haus verlassen, die Werbung und das PR (Public Relations, Öffentlichkeitsarbeit) sowie das Auftreten der Mitarbeiter, ihre Kleidung usw. Daher ist es notwendig, daß Sie sich zuerst über den Stil des Hauses im klaren sind: Soll das allgemeine Image des Betriebes streng sachlich, kultiviert, mit Snob-Appeal, kulturell anspruchsvoll, rustikal, romantisch-verspielt oder technisch-fortschrittlich sein? Alle diese Eigenschaften (und natürlich auch andere) lassen sich im Bild bzw. in der grafischen Gestaltung sichtbar machen. „Kleider machen Leute", und einheitlich durchgängige Produktgestaltung, von Streichholzbriefchen über den Briefbogen bis hin zur Speisenkarte, machen aus Ihrem Angebot eine unverwechselbare Produktpersönlichkeit. Und was kann Ihnen Besseres passieren als Unverwechselbarkeit?

Überlegen Sie deshalb zunächst, welche Signets, Logos, Marken- bzw. Firmenzeichen, geographischen Stilelemente, z. B. Wappen, Farben, Trachten, besondere Landschaftsbilder, als identitätsprägende Kennzeichen wirken sollen. Menschen denken in Bildern. Fragen Sie sich, welches Bild im wahrsten Sinn des Wortes sich der Gast von Ihrem Lokal machen soll – vor allem aber: behalten soll.

Auch Bezüge des Betriebes zu bekannten Persönlichkeiten (als Gästen, als Gastronomen, Koch, Konditor usw.) können stellvertretend für das Bild des Betriebes eingesetzt werden. Ein Lokal „Zum Sepp" oder „Da Bruno" zu nennen ist nicht identitätsprägend, weil Sepp und Bruno nur den Stammgästen bekannt sind. Ein Lokal mit österreichischen Spezialitäten dagegen nach Hans Moser zu benennen gibt Assoziationen und Unverwechselbarkeit. Auf beides muß es Ihnen ankommen.

Historische Ereignisse oder Begebenheiten, die mit der Geschichte des Betriebes in Zusammenhang stehen, sind ebenfalls ein guter Aufhänger bzw. Einstieg am Beginn einer Speisenkarte. Sie führen ebenso wie regionale Bezüge zum Stichwort „Themenrestaurants" und weisen Sie auf die Notwendigkeit einer einprägsamen Überschrift hin. Kaum einer wird im Zweifel gelassen, was ihn im Restaurant „Zum braven Soldaten Schwejk" erwartet, ebensowenig wie in den „Tiroler Stuben".

Besonders wichtig sind auch die sogenannten **Eyecatcher** – Zeichnungen, Cartoons oder sonstige grafische Elemente, die den Gast dazu bringen sollen, die Karte intensiver zu betrachten oder zum Beispiel umzublättern.

## Lesefluß des Betrachters

Die verschiedenen Karten sprechen – unabhängig von den Servicemitarbeitern und anderen Verkaufsmöglichkeiten – nur das Auge an. Aus diesem Grund muß aber das Auge so optimal aufnehmen können, daß dadurch ein Kaufimpuls oder gar ein zusätzliches Kaufverlangen ausgelöst wird.
Die verkaufsfördernde Speisenkarte unterliegt demnach ähnlichen Gestaltungskriterien wie das Plakat: Weil der Betrachter nicht alles zugleich sehen kann, müssen seine Augen geleitet werden, die Gestaltung muß sich den natürlichen Blickverlauf zunutze machen.

In den gängigen Sprachen der westlichen Welt lesen die Menschen von links nach rechts und von oben nach unten.

Für die Speisenkarte bedeutet dies: Der Gast beginnt in der linken oberen Ecke zu lesen und endet unten rechts. Dies geschieht vorwiegend bei einer Ein-Blatt-Karte. Untersuchungen haben gezeigt, daß von einer Karte mit zehn Artikeln und mehr der erste, zweite und der letztgenannte am ehesten verkauft werden. Daher: **Die deckungsbeitragsstarken Artikel nach vorne bzw. zuletzt.**

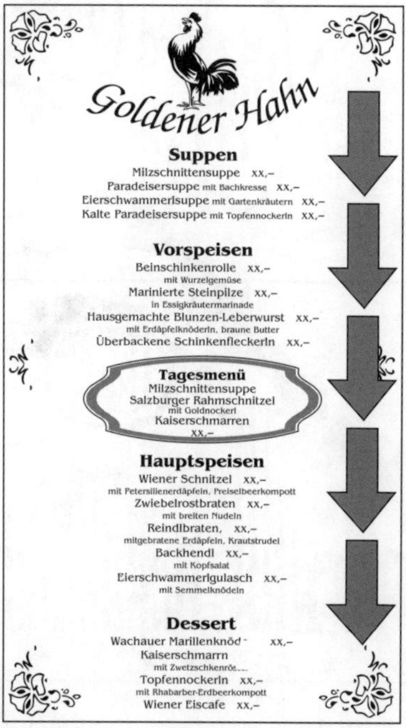


Bei der Bildung von Produktgruppen werden immer die ersten drei und dann der letzte Artikel der jeweiligen Produktgruppe gelesen.

Anders verläuft der Lesefluß bei einer einfach gefalteten Speisenkarte, auf der auf beiden Seiten die Produkte beschrieben sind. Der Blick des Lesenden geht flüchtig auf den oberen rechten Teil der Seite zwei und dann erst auf die

Seite eins. Daher: **Artikel, die sich schlecht verkaufen lassen (Schläfer), oben rechts, die beliebten und deckungsstarken Artikel unten plazieren.**

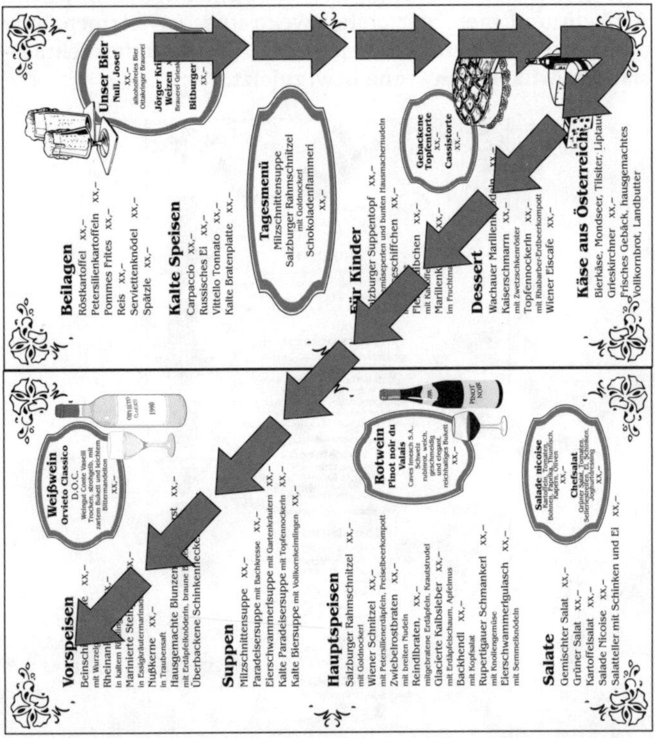


Ein ähnliches Verhalten zeigt der Leser auch bei der zweifach gefalteten Speisenkarte mit drei Produktseiten. Der Gast liest zuerst die Seite zwei in der Mitte, von der Mitte aus liest er die dritte Seite rechts oben, dann die gegenüberliegende Seite eins von oben nach unten. Danach geht er erneut in die rechte obere Ecke der Seite drei und liest nach unten. Von dort aus geht sein Blick nochmals auf die linke obere Ecke der Seite eins. Daher: **Die Mitte der Seite zwei ist der am häufigsten erfaßte Punkt, die zweitwichtigste Position**

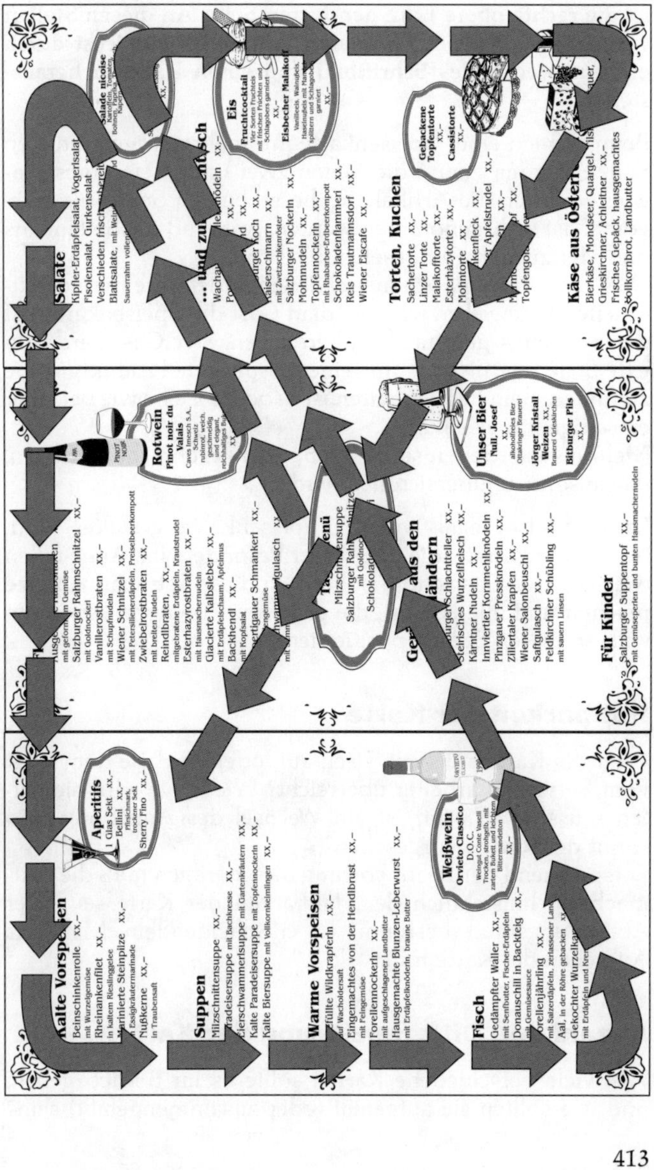
Beinschinkenrolle xx,–
mit Wurzelgemüse
Rheinankenfilet xx,–
in kaltem Rieslinggelee
Nußkerne xx,–
in Traubensaft
Aperitifs
1 Glas Sekt xx,–
Bellini xx,–
Pfirsichmark, trockener Sekt
Sherry Fino xx,–
Suppen
Milzschnittensuppe xx,–
Kalte Paradeisersuppe mit Topfennockerln xx,–
Kalte Biersuppe mit Vollkornkeimlingen xx,–
Warme Vorspeisen
auf Wacholdersaft
Eingemachtes von der Hendlbrust xx,–
mit Feingemüse
Forellennockerln xx,–
mit aufgeschlagener Landbutter
Hausgemachte Blunzen-Leberwurst xx,–
mit Erdäpfelknöderln, braune Butter
Fisch
Gedämpfter Waller xx,–
mit Senfbutter, Fischer-Erdäpfeln
Donauschill in Backteig xx,–
Weißwein
Orvieto Classico
D.O.C.
Weingut Conte Vaselli
Trocken, strohgelb, mit zartem Bukett und leichtem Bittermandelton
xx,–
Salzburger Rahmschnitzel xx,–
mit Goldnockerl
Vanillerostbraten xx,–
mit Schupfnudeln
Wiener Schnitzel xx,–
mit Petersilienerdäpfeln, Preiselbeerkompott
Zwiebelrostbraten xx,–
mit breiten Nudeln
Reindlbraten, xx,–
mitgebratene Erdäpfeln, Krautstrudel
Esterhazyrostbraten xx,–
mit Hausmachernudeln
Glacierte Kalbsleber xx,–
mit Erdäpfelschaum, Apfelmus
Backhendl xx,–
mit Kopfsalat
Rotwein
Pinot noir du Valais
Caves Imesch S.A., Schweiz
rubinrot, weich, geschmeidig und elegant
Steirisches Wurzelfleisch xx,–
Kärntner Nudeln xx,–
Innviertler Kornmehlknödeln xx,–
Pinzgauer Pressknödeln xx,–
Zillertaler Krapfen xx,–
Wiener Salonbeuschl xx,–
Saftgulasch xx,–
Feldkirchner Schübling xx,–
mit sauern Linsen
Unser Bier
Null, Josef
xx,–
alkoholfreies Bier
Ottakringer Brauerei
Jörger Kristall Weizen xx,–
Brauerei Grieskirchen
Bitburger Pils
xx,–
Für Kinder
Salzburger Suppentopf xx,–
mit Gemüseperlen und bunten Hausmachernudeln
Salate
Kipfler-Erdäpfelsalat, Vogerlsalat
Salade nicoise
Eis
Fruchtcocktail
Vier Sorten Fruchteis mit frischen Früchten und Schlagobers garniert
xx,–
Eisbecher Malakoff
Salzburger Nockerln xx,–
Mohnnudeln xx,–
Topfennockerln xx,–
mit Rhabarber-Erdbeerkompott
Schokoladenflammeri xx,–
Reis Trautmannsdorf xx,–
Wiener Eiscafe xx,–
Torten, Kuchen
Sachertorte xx,–
Linzer Torte xx,–
Malakofftorte xx,–
Esterházytorte xx,–
Mohntorte xx,–
Gebackene Topfentorte
xx,–
Cassistorte
xx,–
Grieskirchner, Achleitner xx,–
Frisches Gepäck, hausgemachtes

**ist die rechte obere Ecke der dritten Seite. An diesen Stellen vorwiegend „Schläfer" anbieten und diese möglichst durch ein entsprechendes Schriftbild und einen Rahmen herausstellen.**

Beim Öffnen einer Speisenkarte mit mehreren gebundenen Seiten werden zuerst die Seiten zwei und drei aufgeschlagen, wodurch die Artikel auf diesen beiden Seiten als erste vom Gast wahrgenommen werden, während die Seiten eins und vier zunächst unbesehen bleiben.
Dies kann man jedoch ausschließen, indem die Servicemitarbeiter angewiesen werden, dem Gast die Speisenkarte auf der Seite eins geöffnet zu überreichen. Der Gast wird nun jede Seite überfliegen, um seine gewünschte Produktgruppe zu finden. Sein Leseverhalten ist dabei dasselbe wie bei einer einseitigen Speisenkarte.
Mehr als vier Seiten sollte die Speisenkarte nicht umfassen, da sie sonst unübersichtlich wird.

Es sind also, egal wie die Speisenkarte gestaltet wird, bestimmte Punkte, die dem Leser besonders ins Auge fallen werden. Der Gastronom sollte sich diese Tatsache zunutze machen und alle Artikel, die er besonders gerne verkaufen will, an diesen Stellen positionieren.

## Haltbarkeit der Karte

Liegt die Karte auf dem Tisch auf, oder wird sie dem Gast vom Servicemitarbeiter überreicht? Wie lange wird sie halten müssen? Wie oft ist ein Wechsel des Angebotes und somit der Karten vorgesehen?
Entsprechend der Beantwortung dieser Fragen muß die Aufmachung hinsichtlich der Haltbarkeit der Karte sein. Der Abnützungsgrad bestimmt in entscheidendem Maß das Aussehen der Karte mit.

## Anzahl und Differenzierung der Karten

Wie viele verschiedene Karten sollte es im Betrieb geben, und wie sollten sie aufgeteilt (oder zusammengefaßt) sein?

Gibt es zusätzliche Karten, wie Frühstücks-, Imbiß-, Terrassenkarten usw.?
Diese Entscheidung ist wichtig, weil so eine sinnvolle Unterteilung der Karten in einzelne Speisen- bzw. Getränkekategorien erst möglich wird.
Beachten Sie aber, daß alle Karten, die Sie in Ihrem Betrieb verwenden, in Gestaltung und Aufmachung aufeinander abgestimmt sind (einheitliches Erscheinungsbild, Corporate design).

## Handlichkeit der Karten

Mit der Handlichkeit sind Größe, Form, Faltsystem und Blätterbarkeit, Befestigung auswechselbarer Einlagen und Material, insbesondere des Umschlages, angesprochen.
Eine der wichtigsten Anforderungen an eine Karte ist die Handlichkeit.
Auf der einen Seite ist zwar Originalität durch ausgefallene Materialien (wie Holz, Stein, Stoff oder Leder), durch Übergrößen (wie Zeitungsformat), durch besondere Faltarten (Ketten- oder Leporellofaltung, Rollsysteme usw.) gefragt, auf der anderen Seite darf die Handhabbarkeit nicht ganz außer acht gelassen werden. Die Wirkung des ersten guten Eindruckes läßt nämlich sehr schnell nach, wenn der Gast die Speisenkarte nicht mehr halten kann, bei der Auflage der Speisenkarte vielleicht der sorgfältig gedeckte Tisch in Unordnung gerät oder die Gäste sich nicht mehr vernünftig unterhalten können.
Auch wenn es keine ideale Größe gibt, so sollte bei der Auswahl der Speisenkarte beachtet werden, daß
- eine Karte in der Größe ab DIN A3 unhandlich wird,
- die Größe der Karte mit dem Umfang des Angebotes in Einklang stehen sollte,
- die Größe auch vom verwendeten Material und von der Schriftgröße abhängig ist.

Aus dem Format und dem Umfang der Karte resultieren gewisse Empfindungsreaktionen: elegant, protzig, stilvoll, vornehm, ansprechend, schlicht, zu umfangreich, unübersichtlich, aufdringlich, billig, teuer usw. Das Kleine wird dem Großen allemal vorgezogen. Für die Speisenkarte folgt daraus, daß sie niemals zu großspurig auftreten soll. Dagegen kann sympathische Originalität helfen, die eher gespannte Anfangssituation im Lokal zu entkrampfen.

Noch etwas ist bei diesem Punkt zu bedenken: Sollte die Karte für die Direktwerbung eingesetzt werden? Dann ist nämlich auch das Gewicht von Bedeutung – für das Porto bei der Post –, und da kann ein einziges Gramm über die Höhe des Portos enscheidend sein.

## Lesbarkeit der Karte

Bei der Lesbarkeit werden Papier, Schrift und Farbe angesprochen. Die Lesbarkeit von Symbolen, Buchstaben und Ziffern ist abhängig von der Figurwertigkeit, d. h., wie stark sich die Figur vom Untergrund abhebt, und von den Lichtverhältnissen, die der Gast vorfindet (daher eine Sitz- und Leseprobe im Lokal durchführen).

Die Figurwertigkeit ist abhängig von der Schriftform, der Schrifthöhe und Schriftstärke sowie vom Buchstaben- und Zeilenabstand und vor allem vom Farbkontrast.

**Farbe**
Für die Lesbarkeit ist die klassische Schwarz-auf-Weiß-Kombination sicherlich die beste Kontrastierung, jedoch wird durch Schwarz-Weiß-Kombinationen so gut wie keine Reizwirkung ausgelöst.
Der Leuchtdichtekontrast ist bei dieser Kombination maximal, er liegt bei 45 : 1.
Reflexionswert des weißen Papieres (90 Prozent) zu Reflexionswert von tiefem Schwarz (2 Prozent) = 90 : 2 = 45 : 1.

Bei der Benutzung von farbiger Schrift kommt zum Helligkeitskontrast noch der spezifische Farbkontrast (Komplementärkontrast), der Wärmekontrast, der Sättigungskontrast und der Bunt-unbunt-Kontrast. Wenn Sie bunte Farben für Ihre Speisenkarten verwenden, sind folgende Grundsätze zu beachten:

- Für Grundflächen stets verhüllende (matte) Farben, für Symbole und Schrift kräftige, satte Farben verwenden. Leuchtende, grelle Farben wirken als Untergrund schreiend und unseriös.
- Je geringer der natürliche Kontrast zwischen den Farben ist, desto deutlicher und größer muß das Schriftbild sein.
- Der Farbkontrast ist abhängig von der Papierstruktur. Grobe Strukturen dämpfen Kontraste.

Farbkombinationen und ihre Lesbarkeit:
- Schlecht lesbar: z. B. Gelb auf Weiß, Schwarz auf Blau, Purpurrot auf Schwarz, Rot auf Blaugrün.
- Mittelmäßig lesbar: z. B. Rot auf Weiß, Rot auf Hellgelb, Gelb auf Schwarz, Orange auf Schwarz, Schwarz auf Hellblau, Schwarz auf Hellgrün, Weiß auf Schwarz.
- Gut lesbar: z. B. Schwarz auf Weiß, Schwarz auf Gelb, Grün auf Weiß, Dunkelblau auf Weiß, Dunkelbraun auf Weiß, Dunkelgrau auf Weiß.

**Typographie (Schrift)**
Sachlich, modern, antik, großväterlich, romantisch-verspielt, kalt, nüchtern, gedrängt, viel Raum lassend. Sämtliche Stilrichtungen sind möglich, sie müssen aber zur oben erwähnten CI (Corporate identity) passen, damit nicht eine Diskrepanz zwischen Inhalt, Verwendungszweck und Form entsteht. Die Stilmerkmale drücken sich vor allem in der gewählten Schrift aus, die von klassischer bis zur Schreibschrift, von zartem Biedermeierstil bis zur Pop-art variieren kann. Bedenken Sie, daß nicht überall alle Schriften gelesen werden können, z. B. Fraktur.

Folgende Punkte sind bei der Auswahl der richtigen Schrift zu beachten:
- Eine Vielfalt unterschiedlicher Schriftarten ist zu vermeiden. Insgesamt sollten höchstens zwei verschiedene Schriftarten verwendet werden.
- Die Schrift des Normaltextes, egal ob Druckschrift oder Handschrift, muß gut lesbar sein (auch für ältere Menschen). Dabei sollten auch die Lichtverhältnisse im Lokal berücksichtigt werden.

- Sperrungen, Fettdruck, evtl. Unterstreichung oder ein Rahmen erlauben eine Hervorhebung.
- Überschriften sollten durch andere Schriftgrößen und -stärken betont werden.
- Sehr wichtig ist der Zeilenabstand. Zwischen zwei Produkten sollte der Zeilenabstand mindestens doppelt so groß sein wie die verwendete Schrifthöhe.

**Papier**
Die Wahl des richtigen Papieres kann allein schon für den ersten Eindruck entscheidend sein. Rauhes, samtiges, glattes, genarbtes, satiniertes, glänzendes Papier bestimmen das haptische Gefühl beim In-die-Hand-Nehmen.
Die Papierqualität sollte von der Art und Dicke her einem schnellen Verschmutzen und Verknicken entgegenwirken. Von diesem Gesichtspunkt aus ist glattes Papier vorzuziehen, weil es stärker schmutzabweisend ist und somit eine längere Haltbarkeit hat. Papier mit textilen Einschlüssen ist besonders reißfest und eignet sich für Karten, deren Angebot sich längere Zeit nicht ändert.
Bei der Auswahl des Papieres ist außerdem zu beachten, daß Standardangebot und Tageskarte zueinander passen und sich dennoch optisch unterscheiden (z. B. durch unterschiedliche Farben). Für das Tagesangebot ist überdies zu bedenken, daß die im Betrieb vorhandenen Herstellungs- und Vervielfältigungsmöglichkeiten berücksichtigt werden (z. B. wird nicht jede Papierstärke vom Laserdrucker oder Fotokopierer angenommen).

## Übersichtlichkeit der Karten

Jeder Gast sollte sich in einer Speisen- oder sonstigen Karte leicht orientieren können. Die Karte muß also übersichtlich gestaltet sein. Eine klare Gliederung der einzelnen Gerichte zu Speisengruppen, eine Hervorhebung der Überschriften dieser Speisengruppen und eine großzügige Verteilung des Textes über das gesamte Blatt (aufgelockerte Text- und Raumgestaltung) stellen das in der Regel sicher.

## Handwerkliche Verarbeitung

Gute Grafik, erstklassige Fotos (soweit verwendet), schöner Druck, einwandfreie Falzung, ein entsprechender Umschlag sind für den guten Eindruck, den eine Karte hinterlassen soll, sehr wichtig. Dabei können Gags durch Stanzung oder Beschneidung mithelfen, die Karte originell und interessant erscheinen zu lassen.

Auch die Art und Weise, wie die Speisenkarten vervielfältigt werden, beeinflußt zum einen die Lesbarkeit der Speisenkarte, auf der anderen Seite aber auch das Image Ihres Betriebes.

- **Handschrift:** Handschriftliche Karten sind nur in einem kleinen Restaurant mit geringer Sitzplatzkapazität machbar – es sei denn, die Karte wird mit einem hochwertigen Kopiersystem vervielfältigt.

- **Schreibmaschine, Schreibautomaten:** Das ist die rationellste Schreibart, aber auch die am wenigsten attraktive. Sie hat jedoch den Vorteil, daß auch kurzfristige Marktangebote, Wetterwechsel usw. berücksichtigt werden können. Auch einzelne Gerichte können schnell und ohne großen Aufwand angepaßt werden.

**Druck**

Mit hoher Wahrscheinlichkeit sind gedruckte Speisenkarten ein Hinweis darauf, daß sie über einen langen Zeitraum eingesetzt werden und somit nicht unbedingt die optimale Produktqualität – bedingt durch Saison-/Marktangebot – gewährleistet ist.

Beachten Sie bei der handwerklichen Gestaltung außerdem, daß die Karten **pflegeleicht,** abwaschbar und haltbar sind (z. B. folienkaschiert oder drucklackiert).

Ferner, daß bei eventuellem Nachdruck der Karten **Mehrkosten** durch den Austausch von Produkten oder Preisen entstehen.

## Grafische Gestaltung

Hier sind der Phantasie fast keine Grenzen gesetzt. Wünschenswert wäre es, daß Karten farbig und, wenn möglich, mit Fotos oder Zeichnungen ausgestattet sind.

Es gibt aber heute vielfältige Möglichkeiten, Speisenkarten neu zu gestalten. Sie können:
- einen Spezialisten (Grafiker) beauftragen, Ihnen Karten zu entwerfen, die dann gedruckt werden,
- auf das Angebot spezieller Firmen, die Karten gestalten, oder auf Gastronomie-Zubehörlieferanten zurückgreifen oder
- sich Karten selbst gestalten. Dies gilt vor allem für jene Betriebe, die einerseits auf größtmögliche Originalität Wert legen, andererseits so klein sind, daß die eigene Gestaltung von Karten durchführbar ist, und nicht zuletzt auch aus finanziellen Gründen den Druck von Karten nicht in Betracht ziehen.

Selbstgestaltete Karten müssen mehrere Voraussetzungen erfüllen:
- Sie müssen ohne großen technischen und finanziellen Aufwand herzustellen sein.
- Sie müssen so gestaltet sein, daß das Angebot leicht austauschbar ist.
- Die verwendeten Materialien sollen so beschaffen sein, daß sie auch nach häufigem Gebrauch nicht unansehnlich werden bzw. stark strapazierte Exemplare leicht auszutauschen sind.

Einige Beispiele zur Anregung:
Sehr gut eignen sich als Speisenkarten z. B. Fotoalben. In einschlägigen Fachgeschäften finden Sie originelle, kleine und nicht zu dicke Alben, die dafür geeignet sind. Die Möglichkeit der individuellen Gestaltung ist vielfältig. Auf den Innenseiten werden die verschiedenen Blätter des Angebotes nicht eingeklebt, sondern mit Fotoecken befestigt, was das leichte Austauschen garantiert. Fotos von verschiedenen Gerichten unterstützen den Gast bei der Auswahl (siehe Foto „Auswahl selbstgestalteter, nicht gedruckter Karten").

Solche Alben eignen sich auch sehr gut als Spezialitätenkarten für länderspezifische Angebote (Urlaubsalbum).

Für Betriebe mit kleinerem Angebot kann man sehr gut zu Karten umfunktionierte Bilderrahmen verwenden. Auch hier gibt es im Fachhandel Rahmen in entsprechenden Größen, in allen möglichen Stilrichtungen, die eine genaue Abstimmung mit der Art des Betriebes ermöglichen (siehe Foto „Barkarten").
Auch schön gerahmte Spiegel können als kleine Cocktailkarte in einem Barbetrieb oder als Menükarte für ein spezielles Essen Verwendung finden.

Für bestimmte Betriebstypen oder Angebotssegmente (z. B. **rustikales Jausenangebot** oder kleine Nachmittagskarte) ist aber auch die Verwendung von Schultafeln (Schiefertafeln), Jausenbrettern oder kleinen, leeren Gurkengläsern, in die anstatt der Gurken das Papier mit dem Angebot eingelegt wird, denkbar.

Was die optische Gestaltung von **Weinkarten** anbelangt, können Sie, wenn Ihr Weinangebot eher klein und überschaubar ist, eine leere Weinflasche verwenden, auf die anstatt des Etiketts ein Blatt mit dem Weinangebot aufgeklebt ist. Etwas aufwendiger ist die Gestaltung eines kleinen Weinfäßchens als Weinkarte. Das Fäßchen wird aufgeschnitten und mit einem Drehmechanismus versehen, auf dem mittels einer Papierrolle das Weinangebot angebracht wird. Durch ein Fenster kann der Gast das Wein- und/oder Getränkeangebot durchsehen.
Sehr ansprechend können aber auch Landkarten des jeweiligen Weinlandes sein, in die die entsprechenden Weine eingetragen werden.

**Kinderkarten** sollten ganz speziell Kinder, aber auch deren Eltern ansprechen. Beachtet werden muß dabei natürlich nicht nur die Auswahl der Speisen, sondern auch die möglichst kindgerechte Aufmachung der Karte. Viele der Kinder, die als Benutzer solcher Karten in Frage kommen, können noch nicht selbst lesen. Es ist daher hilfreich, wenn die ange-

botenen Speisen als Bild dargestellt werden, damit die Kleinen wirklich selbst aussuchen können.
Im Idealfall hilft die Karte aber auch, Kindern und deren erwachsenen Begleitpersonen die Wartezeit bis zum Servieren der Speisen zu überbrücken. Dazu kann beispielsweise ein themenbezogenes Bilderbuch in eine Kinderspeisenkarte integriert werden (siehe Fotos „Kinderkarten").
Das Angebot kann auch auf ein papierenes Tischset geschrieben werden, das mit vorgedruckten (kopierten) Szenen zum Ausmalen versehen ist und das die Kinder als Erinnerung mit nach Hause nehmen können. Familien mit kleinen Kindern, die so betreut werden, kommen sicher wieder.
Copy-shops liefern sehr günstige Farbkopien (bis DIN A3) und schweißen diese auch in eine abwaschbare Folie ein, so daß auf diesem Weg auch dauerhafte Karten in geringer Stückzahl hergestellt werden können.

Auch für die Gestaltung von **Menükarten** gibt es viele kreative Einfälle; von kleinen bedruckten Satinpölsterchen oder Batisttüchern reicht die Palette bis zu Pergamentröllchen, Marzipantafeln (mit Spritzglasur beschriftet und in Klarsichthüllen verpackt), Holzbrettern, Schiefertafeln, Jugendstilspiegeln, auf Formgläser aufgedruckten Menüs u. ä. Dem Ideenreichtum sind hier keine Grenzen gesetzt außer denen des guten Geschmacks. Und außerdem muß immer im Auge behalten werden, daß die Menükarten – in welcher Form auch immer – zum Stil des Hauses passen.
Solche „einmaligen" Speisenkarten, die von den Gästen gerne mitgenommen werden, haben auch noch längere Zeit eine hohe Werbewirksamkeit (siehe Foto „Menükarten aus Stoff").

# Inhaltliche Gestaltung von Karten

## Speisenkarten

Während das Menü eine festgelegte Reihenfolge und Anzahl von Gängen vorschlägt, stellt die Speisenkarte eine Auswahl von Gerichten dar, die die Küche kurzfristig zubereiten kann oder die bereits fertig sind. Essen à la carte heißt also, daß sich der Gast sein Menü selbst zusammenstellt oder sich dabei vom Servicemitarbeiter beraten läßt.

Eine Speisenkarte, die einfach nur auflistet, was die Küche zu bieten hat, gibt zwar Auskunft über das Angebot, ist aber noch keine Verkaufsförderung. Mit einer fachlich korrekten, sauberen, übersichtlichen und schön gestalteten Karte können Sie sicherlich den Umsatz um einiges erhöhen. Dazu müssen jedoch bei der Gestaltung der Karten grundsätzlich einige Punkte berücksichtigt werden:

- Die formale Ordnung hat den fachlichen Grundsätzen zu entsprechen, d. h. die Speisenkarte ist nach der Menüreihenfolge aufgebaut (siehe Menükunde, Seite 119).
- Kalte und warme Gerichte werden getrennt angeboten.
- Vorspeisen, Suppen, Fische und Hauptgänge sind immer in separaten Gruppen anzuführen.
- In jeder Gruppe zuerst die leichten und dann die schwereren Gerichte anbieten.
- Salate speziell hervorheben.
- Energiearme Gerichte mit Joule- oder Kalorieneinheiten kennzeichnen (siehe Nährwert-Kennzeichnungsverordnung, Seite 454 bzw. 457).
- Jedes Gericht einfach und klar erläutern, aber dabei nicht auf appetitanregende Beschreibung verzichten (siehe auch „Sprachliche Gestaltung von Karten“, Seite 439 ff.).
- Die Desserts können auf einer speziellen Karte präsentiert werden. Auf der Speisenkarte sollte der Hinweis darauf aber groß und ins Auge fallend hervorgehoben werden.

- Die Aufnahme von Fremdwerbung auf Speisenkarten sollten Sie sich gut überlegen. Nicht bei jedem Betriebstyp ist sie passend.
- Das Numerieren der Speisen auf der Karte erleichtert dem Service und der Küche zwar die Arbeit, ist bei bestimmten Registrierkassen auch notwendig, wirkt aber im Kontakt zwischen Servicemitarbeiter und Gast nicht sehr verkaufsfördernd. Wir raten Ihnen deshalb davon ab. Besser ist, ein Exemplar der Karte numeriert bei der Registrierkasse zu plazieren. Der Gast bestellt beim Service dann „wörtlich", der Ablauf Bon – Buffet – Küche wird aber „numerisch" gehandhabt.
- Die gesetzlichen Bestimmungen sind zu beachten (siehe Seite 453 ff.).

## Anzahl der angebotenen Gerichte

Diese variiert je nach Art des Restauranttyps. Ein einzeln gelegenes Ferienhotel mit langer Aufenthaltsdauer seiner Gäste benötigt eine größere Auswahl (oder häufigeren Wechsel) der Gerichte auf der Karte, um den Gästen Abwechslung zu bieten, als ein Feinschmeckerrestaurant in zentraler Lage, das von den gleichen Gästen in der Regel nicht täglich besucht wird.

Die Qualität des Speisenangebotes ist nicht abhängig von einem möglichst großen Angebot. Vielmehr ist häufig das Gegenteil zu beobachten. Je mehr Gerichte angeboten werden,

- desto unübersichtlicher ist das Gesamtangebot für den Gast,
- desto weniger Zeit und Sorgfalt kann bei der Speisenzubereitung für jedes einzelne Gericht verwendet werden,
- desto länger dauert die Speisenzubereitung für jedes einzelne Gericht,
- desto größer ist die Wahrscheinlichkeit, daß die Grundmaterialien überlagert sind und somit an Qualität verloren haben,
- desto größer muß das Lager sein, desto höher ist somit die Kapitalbindung.

Die Kürze der Karte garantiert dem Gast, daß alle Gerichte frisch zubereitet werden, daß er rasch bedient wird und daß seine Zeit nicht länger als notwendig in Anspruch genommen wird (dies vor allem beim Mittagsgeschäft). Die Mitarbeiter in der Küche sind so darauf vorbereitet, daß auch bei Hochbetrieb keine Hektik herrscht.
Aus diesen Gründen gehen viele Gastronomen heute dazu über, nur noch **eine einzige Speisenkarte** aufzulegen (nicht mehr getrennt in Tages- und Standardkarte), das Angebot auf dieser Karte möglichst klein zu halten und die Karte dafür relativ häufig zu wechseln (z. B. monatlich).
Für diese Art von Speisenkarte ist folgende Anzahl von Gerichten für ein Restaurant – unter Berücksichtigung des Restauranttyps, der produktionstechnischen Voraussetzungen einschließlich Lagermöglichkeiten und der personellen Gegebenheiten in Küche und Service – als Richtschnur anzusehen:
- Je zwei bis drei, maximal vier kalte und warme Vorspeisen
- Drei bis fünf klare und gebundene Suppen (einschließlich einer kalten Suppe in den Sommermonaten)
- Drei bis fünf Fischgerichte (einschließlich der Krusten- und Schaltiere) mit der Möglichkeit, diese Fischgerichte (ganz oder teilweise) als Vorspeisenportionen zu servieren
- Fünf bis zehn Fleisch-, Geflügel- und gegebenenfalls Wildgerichte
- Drei bis vier Käsesorten
- Vier bis sechs Desserts

## Aufbau der Speisenkarte

- Einleitung, Willkommensgruß, „Spruch des Tages“, kleine Geschichte des Hauses, Wappen usw.: Damit wird der Gast auf das Haus positiv eingestimmt
- Übersichtliches, kleines, aber gut ausgewähltes Aperitifangebot
- Vorspeisen, kalt und warm
- Suppen und Spezialsuppenangebot, wobei das Wort „Tagessuppe“ vermieden wird, denn es zeugt von Phantasielosigkeit und Bequemlichkeit. Niemand kann sich dar-

unter etwas vorstellen; der Gast vermutet dahinter eher eine Suppe, die nicht mit Liebe zubereitet wurde.
- Fischgerichte
- Gerichte aus Schlachtfleisch, Geflügel und evtl. Wild
- Gerichte für spezielle Zielgruppen (z. B. Hausmannskost)
- Kleine Gerichte und Speisen, die unter „leicht und bekömmlich" fallen (z. B. Salate, Suppentöpfe, kleine Kartoffelgerichte oder kleine, aber feine Gerichte, wie Pasteten, Toasts, kleine, garnierte Steaks)
- Hausspezialitäten, für die der gastronomische Betrieb bekannt ist
- Hinweis auf aktuelle Salatangebote
- Eventuell Spezialitäten für zwei oder mehrere Personen
- Desserts und Mehlspeisen
- Digestifangebot
- Hinweis auf Kaffeespezialitäten
- Hinweise bei Speisen mit einer längeren Zubereitungszeit (versehen mit der entsprechenden Zeitangabe)
- Ein Hinweis, daß persönliche Wünsche des Gastes, sofern es möglich ist, sie zu befriedigen, gerne erfüllt werden. Dieser Hinweis macht das Gespräch, den Kontakt zwischen Gast und Küche nötig. Meistens lernen davon beide und bekommen dadurch neue Anregungen.
- „Guten Appetit" und Unterschrift von Wirt und/oder Koch/Köchin
- Öffnungszeiten: Hinweis auf den/die Ruhetag(e)
- Hinweis auf die Möglichkeiten des Hauses in bezug auf Räumlichkeiten, Veranstaltungen, Catering usw., aber auch auf sonstige „Außer-Haus-Angebote", z. B. hausgemachte Wurstwaren oder Marmeladen, selbstgebrannte Schnäpse

Häufig wird heute in der Speisenkarte auch ein kleines **Getränkeangebot** integriert, z. B.

- nach den Vorspeisen: ein kleines Bierangebot für zwischendurch
- nach den Hauptspeisen: ein spezielles Weinangebot, abgestimmt auf die angebotenen Speisen. Der Wein wird glasweise aus der 0,7-Liter-Flasche ausgeschenkt. Dies ist

besonders bei verschiedenen Spezialitäten, wie Wild, empfehlenswert.
Der Gast wird dadurch wesentlich leichter animiert, ein speziell abgestimmtes Getränk zu seinem Essen zu bestellen, wenn er die dazupassenden Getränke in der Karte bei den Speisen findet. Muß er eine eigene Weinkarte anfordern, wird dies häufig unterlassen.
Die glasweise Konsumation von guten Weinen hat den Vorteil, daß auch jene Gäste Wein bestellen, denen eine ganze Flasche zuviel ist.

Führen Sie die **Preise** nicht in einer eigenen Spalte untereinander an, sondern **eingerückt** rechts neben dem Gericht. So wird der Preis nicht so sehr betont, sondern tritt mehr in den Hintergrund.

Wenn Sie in Ihrem Lokal neben einheimischen Gästen auch zahlreiche fremdsprachige Gäste empfangen, sollte die **Karte in die entsprechende(n) Sprache(n)** übersetzt werden. (Entsprechende Übersetzungen entnehmen Sie bitte dem Band 1 des Handlexikons der Kochkunst.)
Mehr als zwei Sprachen sind auf einer Karte im Interesse einer guten Lesbarkeit nicht zu empfehlen. Benötigen Sie Karten in mehreren Sprachen, so ist es empfehlenswert, für jede Sprache eine gesonderte Karte anzufertigen und dem Gast nach Ansprache die passende vorzulegen.
Wenn zweisprachige Karten geführt werden, ist für die zweite Sprache ein deutlich anderes Schriftbild zu wählen (z. B. Kursivschrift oder kleinere Buchstaben, aber in kräftiger Schriftstärke).

# Standardkarten und Tageskarten

Die herkömmliche Art der Angebotsgestaltung ist das Auflegen einer Standardkarte, die für einen längeren Zeitraum Gültigkeit hat (z. B. für ein Jahr). Ergänzt wird die Standardkarte durch die täglich neu geschriebene Tageskarte.

## Standardkarte

Vor der Gestaltung einer Standardspeisenkarte sollten Sie bedenken:

- Das Standardangebot wird in erster Linie auf die Hauptgästezielgruppen eines Betriebes abgestimmt. Nötigenfalls (wenn diese Gästegruppen zu unterschiedlichen Tageszeiten sehr verschieden sind) ist eine eigene Mittags- und Abendkarte aufzulegen. Beachten Sie, daß wirklich jede Zielgruppe ihr Angebot hat und daß die Karte möglichst flexibel gestaltet ist.
- Abgestimmt auf das Betriebsprofil („gastronomische Leitidee"), werden Angebotsschwerpunkte erarbeitet (z. B. Grill, Hausmannskost, Gerichte aus der leichten Küche, italienische Spezialitäten). Notwendig sind eine deutliche Unterscheidung von den Mitbewerbern und das klare Herausstreichen Ihrer eigenen Stärken.
- Das Standardsortiment muß erprobt und bewährt sein hinsichtlich Gängigkeit, Arbeitsaufwand und Deckungsbeitrag.
- Die Grundprodukte müßten über den Saisonzeitraum weitgehend gleichbleibend im Einkauf sowie überschaubar in der Lagerhaltung sein.
- Die Standardkarte ist so zu konzipieren, daß vorrangig Produkte forciert werden, die bevorzugt verkauft werden sollen (das sind vor allem die Gewinner, weil sie einen überdurchschnittlich hohen Deckungsbeitrag erzielen, aber auch Produkte, die einen zusätzlichen Deckungsbeitrag bringen, wie z. B. Aperitif, Suppe, Salat, Dessert, Spezialgetränk, sowie Schläfer, die so ihre Position verbessern könnten). Ihre Plazierung in der Karte siehe Seite 61.

**Schema einer Standardkarte (mit integrierter Tageskarte)**

Aperitifs

Kalte Vorspeisen bzw. Zwischengerichte

Salate – Salatplatten – Rohkost

Suppen

Warme Vorspeisen bzw. Zwischengerichte

Eierspeisen

Fischgerichte

Gemüse und Beilagen

Tageskarte vom ..............................

Mittagsmenü

Abendmenü

Fertige Tagesplatten

Hausspezialitäten

Saisonangebote

Regionale Besonderheiten

Für Kinder

Vollwertkost

Für den kleinen Appetit

Hauptgerichte:

- Frisch zubereitete Speisen (à la minute)
  - Aus der Pfanne
  - Vom Grill
- Fertige Speisen
  Innerhalb dieser Gruppe gliedert man in:
  - Gerichte vom Schwein
  - Gerichte vom Kalb
  - Gerichte vom Rind
  - Gerichte vom Lamm
  - Gerichte vom Wild
  - Gerichte vom Geflügel

Kalte und warme Süßspeisen
Eis – Eisbecher, Eisspezialitäten
Obst – Kompotte
Käse

## Tageskarte

Bei der Erstellung der Tageskarte werden Gästestruktur, Saison und etwaige Verwertungsmöglichkeiten berücksichtigt. Vor allem sollen Saisonprodukte verstärkt angeboten werden.
Auch arbeitsintensivere Gerichte und ausgefallenere Spezialitäten können offeriert werden.
Auch **Trends** kann man kurzfristig Rechnung tragen.
Häufig werden auf der Tageskarte auch **neue Gerichte** hinsichtlich Akzeptanz bei den Gästen, Gängigkeit und Preisgestaltung, aber auch Produktionsmöglichkeit und Anrichteweise ausprobiert. Die Tageskarte bietet die Möglichkeit zu experimentieren. Oft werden die Tagesspezialitäten zu einem späteren Zeitpunkt in die Standardkarte übernommen.
Häufig wird auf der Tageskarte auch ein oder mehrere **Menüs** (Mittags- und Abendmenü) empfohlen und angeboten.

Die Tageskarte ist Ihre Zeitung mit den jeweiligen Tagesaktualitäten. Sorgen Sie also dafür, daß sie bereits am frühen Morgen geschrieben und ausgehängt wird.

## Spezialkarten

Bekannt sind diese Karten zur Spargel- und Wildzeit. Speiseeisfirmen liefern Hochglanzkarten, die für ihre Produkte werben. Ob Sie sie benutzen, bleibt Ihnen selbst überlassen. Von Sonderangeboten und somit von Spezialkarten sollten Sie jedoch des öfteren Gebrauch machen. Es gibt viele Gäste, denen Ihr Angebot nach einer gewissen Zeit zu eintönig wird, weil sie die Abwechslung vermissen bzw. sich nichts Neues bewegt. Dadurch verringern sich die Besuche, bis sie eines Tages ganz wegbleiben. Sie wurden als Gäste verloren.
Um dem engegenzuwirken, muß das Verkaufsinstrumentarium von **Spezial-, Sonder- und Aktionskarten,** aber auch Tischaufstellern gezielt zum Einsatz kommen. Außerdem

kann mit diesem Instrumentarium der sogenannte **Zusatzverkauf** aktiviert werden.

Dazu einige Beispiele: Nicht nur Spargel, den es leider nur höchstens acht Wochen gibt, sondern alle Gemüsesorten sind vielfältig zuzubereiten. Es wäre also möglich, Karfiol-, Karotten-, Brokkoli-, Tomaten-, Wirsing-, Weißkohl-, Apfel- und Birnenspezialkarten zu machen. Für frische Eierschwammerln und Steinpilze während der Pilzzeit tun Sie es wahrscheinlich ohnehin bereits.

Spezialkarten können sich aber auch auf Getränke beziehen. Probieren Sie es einmal mit einer Kaffeespezialitätenkarte, einer Longdrink- und Softdrinkkarte, einer Aperitif- und Digestifkarte.

Spezialitätenkarten eignen sich besonders für Aktionswochen, z. B. „Italienische Nudelgerichte", „Alles aus Germteig", „Französische Wochen". Auf diesem Gebiet gäbe es aber noch genügend Ausbaumöglichkeiten, bei denen Sie die Kreativität und die Phantasie Ihrer Küche voll unter Beweis stellen könnten. Wichtig ist, daß dafür ein Halbjahres- bzw. Jahresaktionsplan erstellt wird.

Zu den Spezialkarten zählen auch die **Kinderkarten,** denn auch hier werden „Spezialitäten", eben für Kinder, angeboten. Sie ist aber auch für eine spezielle Zielgruppe gedacht, und dies ist bei der Gestaltung von Kinderkarten besonders zu berücksichtigen. Kinder sind meist sehr stolz, wenn sie sich aus „ihrer" Speisenkarte eine Mahlzeit aussuchen dürfen. Daher ist eine eigene Kinderkarte besonders wichtig. Kinder beeinflussen die Kauf- und Konsumentscheidungen ihrer Eltern oft sehr wesentlich. Der Gastronomiebetrieb, in dem sich Kinder wohl fühlen, kann auf diese Art und Weise zu neuen Stammgästen kommen (siehe auch Seite 421 f.)

## Menükarten

Die Gestaltung einer Menükarte ist ebenfalls von der Art des Betriebes sowie von der Veranstaltung abhängig. Sie muß wie alle anderen Dinge auch genau zum Stil des Hauses passen und ist somit auch Teil der Corporate identity (siehe Seite 409 ff.).

## Art der Karten

- **Einfache Menükarte:** Sie wird für einfache Veranstaltungen bzw. von einfacheren Betrieben verwendet. Die Karte hat Längsformat. Die Speisen werden unter dem Titel „Menü" der Folge entsprechend untereinander geschrieben. Darunter sind die zur Auswahl stehenden Getränke sowie Ort und Datum angeführt.
- **Gefaltete Menükarte mit Einlageblatt:** Sie besteht aus einem Umschlag mit Firmen-, Menü- oder Anlaßaufdruck (z. B. Jubiläum, Hochzeit) und einem Einlageblatt. Auf diesem steht rechts die Menüreihenfolge, darunter Ort und Datum. Links, auf derselben Höhe wie die Speisen, zu denen sie gereicht werden, stehen die Getränke. Umschlag und Einlageblatt werden mit einer Kordel zusammengehalten.

Neben diesen klassischen Formen von Karten gibt es heute eine Unzahl von kreativen Entwürfen und Einfällen für Menükarten. Hier können Sie der Phantasie freien Lauf lassen (siehe Seite 422).

## Reihenfolge auf der Menükarte

- Hauptmaterial
- Sauce
- Gemüsebeilage
- Sättigungsbeilage
- Kalte Beilage

Wird anstatt Gemüse Salat gereicht, ändert sich die Reihenfolge folgendermaßen:
- Hauptmaterial
- Sauce
- Sättigungsbeilage
- Salat

## Schreibweise

- **Klassische Form:** Die Ausrichtung der Zeilen erfolgt nach einer gedachten senkrechten Mittellinie (zentriert), wobei die Buchstaben nach links und rechts gezählt werden müssen.

MENÜ

Suppe

•

Warme Vorspeise

•

Hauptspeise
Vitaminbeilage
Sättigungsbeilage

•

Dessert

•

Kaffee

---

Korrespondierender
Weiß- und/oder Rotwein

............................................, den ............................................

- **Moderne, einfache Form:** Die Zeilen beginnen alle links (linksbündig) an einer gedachten senkrechten Linie oder auch rechts (rechtsbündig) mit Flattersatz.

| | |
|---|---|
| Aperitifs (detailliert angeben) | MENÜ |
| Korrespondierender Wein zur Vorspeise | Kalte Vorspeise |
| | • |
| | Suppe |
| | • |
| Korrespondierender Wein zur Hauptspeise | Hauptspeise<br>Vitaminbeilage<br>Sättigungsbeilage |
| | • |
| Schaumwein | Dessert |
| | • |
| Digestifs (detailliert angeben) | Kaffee |
| | Datum: |

## Buffetkarten

Buffetkarten werden für kalte oder warme Buffets erstellt. Form und Schreibweise ähneln der von Menükarten.
Die Größe der Karte variiert je nach der Reichhaltigkeit des Buffets. Die Reihenfolge der Speisen erfolgt gemäß dem Menüaufbau (Beispiel Seite 436).

## Getränkekarten

Die Getränkekarte ist genau wie die Speisenkarte ein Teil des optischen Erscheinungsbildes eines Hauses. Sie beinhaltet das Getränkeangebot von den Aperitifs über Weine, Biere und alkoholfreie Getränke bis zu den Digestifs. Je nach Betriebstyp können eigene Weinkarten, Aperitifkarten, Barkarten, Cocktailkarten, Digestifkarten und Bierspezialitätenkarten aufgelegt werden.
Neben den gestalterischen Design-Fragen ist auch bei den Getränkekarten vor allem die Übersichtlichkeit wichtig. Dafür gibt es eindeutige Regeln:

- Die einzelnen Getränkegruppen werden getrennt angeführt:
  - Aperitifs
  - Weine
  - Biere
  - Alkoholfreie Getränke
  - Kaffee, Tee, Schokolade, evtl. Milchmixgetränke
  - Digestifs
- Für jedes Getränk wird der Preis in Verbindung mit der ausgeschenkten Menge angegeben.
- Die Weine werden in offene und in Flaschenweine (Jahrgangsweine) unterteilt. Dabei müssen die einheimischen Weine immer vor den ausländischen angeführt sein, darunter die Weißweine immer vor den Rotweinen.
- Zu jedem Flaschenwein müssen der Jahrgang angegeben werden sowie der Name des Lieferanten und ob es sich um eine Originalabfüllung handelt. Optimal sind die Bezeichnung des Anbaugebietes und der Herkunft, der

BUFFETKARTEN

Aperitifs

Weine zur Vorspeise

Weine zum Fisch

Weine zu Hauptplatten

Champagner (Sekt), Dessertwein

Digestifs

Vorspeisen

Kalte bzw. warme Suppen

Fischgerichte

Hauptgerichte
Fleisch, Wild, Geflügel
Pasteten

Käse, Obst, Eis
Süßspeisen

Mokka

……………………, den ……………………

Rebsorte und der Qualitätsstufe sowie eine kurze Beschreibung der Charakteristik und der Geschmacksrichtung des Weines.
- Auch bei Bier sind die Biersorte, die Brauerei und die Geschmacksrichtung anzugeben.

Was der Weinkeller eines Restaurants zu bieten hat, das kann dem guten Ruf eines Hauses sehr nützen. Gastronomen haben daher oft einen großen Ehrgeiz, der Getränke- oder Weinkarte einige Glanzlichter aufzusetzen. Mit wieviel Kennerschaft und Preisbewußtsein ein Restaurant seinen Weineinkauf besorgt, spricht sich schnell herum. Ein günstiges Urteil über das, was der Keller bietet, kann die Zahl der Stammgäste wesentlich vergrößern (siehe auch S. 420, 421).

# Sprachliche Gestaltung von Karten

Es gibt Speisenkarten, die strotzen nur so von Fachausdrükken der Küche und des Service.
In der Gastronomie-Fachsprache gibt es genügend Ausdrücke, die ein Gast nicht versteht, die er auch nicht verstehen muß. „Wer will was von wem?" ist zu fragen und: „Wer will sich wem verständlich machen?" Es ist nicht Aufgabe des Gastes, diese Ausdrücke zu wissen. Er soll lieber beurteilen können, ob die Küchenleistung und die Auswahl des Kellers befriedigend sind.
Deshalb sollte jeder, der eine Speisenkarte schreibt, dies, abgestimmt auf seine Zielgruppe, so verständlich wie möglich tun.
Die Formulierung des Speisenangebotes ist mitentscheidend über Erfolg oder Mißerfolg eines Restaurant. Eine erfolgreiche Speisenkarte muß nach fünf Grundsätzen aufgebaut sein:
- kurz
- klar
- verständlich
- ehrlich
- interessant

Im speziellen heißt das:

## Kaufentscheidende Informationen mitteilen

Jedes Gericht muß alle kaufentscheidenden Informationen über die Zusammenstellung des gesamten Gerichtes enthalten:
- Grundprodukt: meist das teuerste Produkt eines Gerichtes.
- Zubereitungsart: Für sehr viele Gäste ist es wichtig zu wissen, wie eine Speise zubereitet wurde. Wenn z.B. Seezungenfilets in Weißweinsauce angeboten werden, so können die Filets gebraten oder gedämpft sein. Dies sollte auf der Karte angegeben werden, da sonst die Möglichkeit besteht, daß der Gast enttäuscht ist und dieses Restaurant

nie wieder besucht. Wenn er aus gesundheitlichen Gründen auf bestimmte Garungsarten verzichten muß, wird er die Annahme eines Gerichtes unter Umständen sogar verweigern.

- Sauce: Die Sauce ist ein wichtiger Bestandteil eines Gerichtes und bestimmt ganz wesentlich die Harmonie zu den Weinen (siehe Kapitel „Korrespondierende Getränke").
- Gemüse- und sonstige Beilagen: Vor allem Gemüsebeilagen können Harmonie oder Disharmonie mit einem Wein erzeugen, und es ist daher notwendig für die Weinempfehlung, daß die Beilagen genau auf der Karte angeführt werden.

## Keine Langeweile aufkommen lassen

Sie dürfen nun natürlich nicht ins Gegenteil verfallen und jede einzelne Zutat eines Gerichtes benennen und den Lesefluß durch eine detaillierte Rezeptbeschreibung hemmen. Daher: Keine langweiligen und ausgedehnten Beschreibungen!

Finden Sie **interessante Wortgestaltungen.** Heben Sie mit „verkaufsaktiven Informationen" das Besondere Ihrer Produkte hervor. Durch diese zusätzliche Information wird der Kaufanreiz auf den Gast verstärkt, z. B. gartenfrische Salate, zartes Rinderfilet, ... nach Originalrezepten gekocht, ofenwarmer Apfelstrudel, hausgemachte Kuchen, Pils, frisch vom Faß gezapft, Weine aus eigenem Anbau, Obstler im geeisten Glas. Alle diese Zusätze dienen weniger der rationalen Information als vielmehr der bildhaften Anreicherung. Sie bringen jene Emotionalität, ohne die Ihre Karte mangels Bildhaftigkeit zur Preisliste wird. Natürlich müssen diese Angaben der Wahrheit entsprechen. Sie dürfen nichts versprechen, was Sie später nicht halten können. Klarheit und Wahrheit ist oberstes Gebot (z. B. „Unsere Speisen werden alle frisch zubereitet" – und dabei werden sie nur aufgewärmt).

Man kann aber die angebotenen Produkte so anpreisen, daß den Gästen das Wasser im Munde zusammenläuft.

Nicht „Schweinsbraten mit Knödel und Salat“, sondern „ofenfrischer Schweinsbraten mit Schwartl, hausgemachte Knödel und warmer Speckkrautsalat“.

## Menüreihenfolge

Serviert werden die Gänge eines Menüs nach der klassischen Menüreihenfolge (siehe Seite 119), daher orientiert sich auch auf Speisen- und Menükarten die Reihenfolge am klassischen Menü, auch wenn sie in der Vollständigkeit höchstens noch auf Degustationsmenüs zutrifft.

## Bestandteile eines Ganges

Für die Reihenfolge der Bestandteile eines Ganges oder eines Gerichtes gilt:

| | | |
|---|---|---|
| Zubereitungsart | Beispiel: | Gespickter |
| Hauptrohstoff | | Rehrücken |
| Garnitur | | nach Weidmannsart |
| Sauce | | Wacholderrahmsauce |
| Gemüse | | Sprossenkohl |
| Pilze | | Steinpilze |
| Sättigungsbeilage | | Kartoffelkroketten |
| Salat | | Selleriesalat |
| Kalte Beilage | | Preiselbeeren |

## Einzahl, Mehrzahl

Der Menütext wird nur dort in der Mehrzahl geschrieben, wo auch mehrere Stücke serviert werden, z. B. Tournedos. Zu beachten ist die Mehrzahlbildung bei den Rubriküberschriften, z. B. Vorspeise**n**, Suppe**n**, Fisch**e**, Fleischgericht**e**, Dessert**s** usw.

## Deutsche Ausdrücke

Grundsätzlich ist zu sagen, daß die Sprachverwendung lokal, national und international je nach Betriebstyp, Standort und Umfeld an die anzusprechenden Gästezielgruppen anzupassen ist.

Daher sind auch nach Möglichkeit deutsche Ausdrücke zu verwenden, insbesondere bei einfacher und bürgerlicher Küche.
Nicht „Duchesse-Kartoffeln", sondern „Herzoginkartoffeln", nicht „Consommé", sondern „Kraftsuppe" („Kraftbrühe").
Eingedeutschte Wörter sind in deutscher Sprache zu schreiben. Nicht „Kartoffelcroquetten", sondern „Kartoffelkroketten", nicht „Fricassée", sondern „Frikassee", nicht „Maccaroni", sondern „Makkaroni", nicht „Cotelette", sondern „Kotelett", nicht „Purée", sondern „Püree".
Eingebürgerte Schreibweisen sowie Bezeichnungen, die allgemein bekannt sind oder nicht treffend übersetzt werden können, sind hingegen nicht zu übersetzen, z. B. Sauce, Rumpsteak, Entrecôte, Chateaubriand, Pommes frites, Chips, Mayonnaise, Corn-flakes, Pizza, Lasagne, Spaghetti, Sugo, Ketchup, Creme, Parfait usw.

## Österreichische Ausdrücke

Auf österreichischen Karten sind österreichische Bezeichnungen anzugeben.
Nicht „Kraftbrühe", sondern „Kraftsuppe", nicht „Sauerkohl", sondern „Sauerkraut", nicht „Eisbein", sondern „gekochte Stelze", nicht „Käsesahnetorte", sondern „Topfenoberstorte".
Siehe auch Anhang: Ländertypische Bezeichnungen (Österreich/Deutschland).

Dialektausdrücke können durchaus in eine Karte miteinbezogen werden. Dies vermittelt Einheimischen die „Heimat", die Sie Ihnen geben wollen, und signalisiert den Besuchern und ausländischen Gästen Originalität und Echtheit des Gastronomiebetriebes. Dialektausdrücke bzw. -beschreibungen sind allerdings hochdeutsch zu erklären.

## Kein Sprachengemisch

Sprachen sollten nicht miteinander vermischt werden.
Nicht „klare Oxtail", sondern „klare Ochsenschwanzsuppe", nicht „Lobster-Cocktail", sondern „Hummercocktail".

Anstelle des französischen „à la“ ist das deutsche „nach … Art“ oder „auf … Art“ zu verwenden. Nicht „Pfeffersteak à la parisienne“, sondern „Pfeffersteak nach Pariser Art“, nicht „Rumpsteak Feinschmeckerart“, sondern „Rumpsteak auf Feinschmeckerart“, nicht „Kalbsschnitzel à la Holstein“, sondern „Kalbsschnitzel nach Holsteiner Art“, nicht „Piccata à la milanaise“, sondern „Piccata alla milanese“.

Spezialitätenrestaurants einer anderen Nation sollten die Produkte in ihrer Sprache formulieren, die viel mehr dem Restaurantstil des anderen Landes entspricht. Eine Erläuterung in Deutsch sollte aber auch hier vorhanden sein.

## Abkürzungen und Verkürzungen

Abkürzungen sind zu vermeiden. Nicht „Wr. Zwiebelrostbraten m. Bratkart. u. gem. Salat“, sondern „Wiener Zwiebelrostbraten mit Bratkartoffeln und gemischtem Salat“.

Abkürzungen sind nicht nur unhöflich, sondern unter Umständen auch irreführend, z. B. „gr. Salat“ (ist das nun ein großer Salat oder ein grüner Salat?), „geb. Kart.“ (handelt es sich dabei um gebackene oder gebratene Kartoffeln?)

Auch sprachliche Verkürzungen durch Verstümmelungen sollten Sie unterlassen.
Nicht „Obstsalat mit Kirsch“, sondern „Obstsalat mit Kirschwasser“, nicht „Hirschrücken in Wacholderrahm“, sondern „Hirschrücken in Wacholderrahmsauce“.

## Phantasiebezeichnungen

Phantasiebezeichnungen sind für den Großteil der Gäste nichtssagend. Sie führen zu falschen Erwartungen und sollten vermieden werden, zumindest müssen sie aber erklärt werden. Möglicherweise enthalten Phantasiegarnituren Bestandteile, die der Gast nie bestellen würde. Daher:
Nicht „Seezungenfilets nach Art unseres Küchenchefs“, sondern „Gebratene Seezungenfilets mit Seeigelsauce, Artischockenböden und Tomaten, wilder und Basmati-Reis“.

## Klassische Garnituren

Werden die Namen von Garnituren der klassischen Küche verwendet, müssen sie natürlich richtig geschrieben werden, und die Garniturbestandteile müssen exakt und vollständig sein. Bringen Sie den Gast nicht in die erniedrigende Verlegenheit, Sie um Erläuterungen bitten zu müssen. Entweder ist Ihr Angebot selbsterklärend oder schwer verkäuflich. Und der Service-Mitarbeiter wird für das Verkaufen bezahlt und nicht dafür, Erklärungslücken zu füllen.
Häufig sind die klassischen Garniturbezeichnungen bei den Gästen gar nicht bekannt, bzw. die Gäste haben eine abweichende Vorstellung von den Garniturbestandteilen. Selbst unter den Fachleuten und in der Literatur herrscht oft keine Einigkeit über die Bezeichnung bestimmter Garnituren. Auf jeden Fall gehören sie erklärt, z. B.:
Hirschbraten nach Försterart
Gedünsteter Hirschschlegel in Rahmsauce,
frische Morcheln und Speckstreifen,
Nußkartoffeln

Wenn Sie für eine bestimmte Veranstaltung ein Menü zusammenstellen, achten Sie darauf, daß nicht zu viele Garniturbezeichnungen verwendet werden.

| Nicht: | Sondern: |
| --- | --- |
| Hühnerpastetchen nach Königinart | Hühnerpastetchen nach Königinart, gefüllt mit Geflügelfleisch, Champignons und Trüffeln |
| Kraftsuppe Royale | Kraftsuppe mit Eierstich |
| Seezungenschnitten Marguery | Gedünstete Seezungenschnitten mit Muscheln und Krevetten in Weißweinsauce |
| Rindsfilet Wellington | Gebratenes Rindsfilet mit Pilzfüllung in Blätterteig, Madeirasauce, Pariser Karotten, Prinzeßbohnen, Kartoffelkroketten |
| Eisbombe Miramare | Gefüllte Erdbeereisbombe Miramare |

## Sprachliche Übertreibungen und besondere Qualitäten

Sprachliche Übertreibungen, wie z.B. Mastpoularde (die Poularde ist ein Masthuhn) oder Edellachs (der Lachs ist ein Edelfisch) sind abzulehnen.
Dagegen sollte auf eine besondere Produktqualität hingewiesen werden, z.B. Freiland-Poularde, Filet vom Angus-Rind.
Machen Sie sich auf der einen Seite nicht lächerlich durch die Hervorhebung von Selbstverständlichkeiten, und lassen Sie sich auf der anderen Seite nicht die Chance entgehen, auf die Unverwechselbarkeit Ihres Angebotes hinzuweisen.

## Keine Sammelbegriffe und Ungenauigkeiten

Sammelbegriffe bei Speisen, Fleischteilen und Garmachungsarten sind sehr ungenau und sagen wenig aus über das, was den Gast erwartet. Sie geben dem Gast zuwenig Information.
Nicht „Ragout von Meeresfrüchten", sondern „Ragout von Austern, Seezungen und Muscheln", nicht „Wildgulasch", sondern „Rehgulasch", nicht „Terrine von Geflügelleber", sondern „Terrine von Truthahnleber", nicht „Tagessuppe mit Einlage", sondern „Rindsuppe mit Frittaten", nicht „Schweinsbraten", sondern „gebratenes Schweinskarree" oder „gebratener Schopfbraten", nicht „grüner Salat", sondern „Häuptelsalat", „Friséesalat", „Bologneser Salat".
Das Anbieten von „Winzergulasch", „Zigeunerbraten", „Jägerschnitzel" usw. ist sprachlicher Kannibalismus. Im Sinne der Ehrlichkeit sollten die verwendete Fleischsorte, die Zubereitung und die Beilagen bzw. die Garnitur angegeben sein.

## Anführungszeichen

In der deutschen Grammatik werden Anführungszeichen nur verwendet bei direkter Rede, Zitaten und Herausstellen von Wörtern und Textteilen. Keine dieser Möglichkeiten

trifft auf die Speisenkarte zu. Daher werden Garnituren und Zubereitungsarten nicht in Anführungszeichen gesetzt und höchstens durch Versalien hervorgehoben.
Nicht Seezunge „Colbert", sondern Seezunge Colbert oder Seezunge COLBERT, nicht Tournedos „Rossini", sondern Tournedos Rossini oder Tournedos ROSSINI, nicht Pfirsich „Melba", sondern Pfirsich Melba oder Pfirsich MELBA.

## Zusammenschreiben und Bindestriche

Zusammengesetzte Hauptwörter werden auch zusammengeschrieben.
Nicht „nach Husaren Art", sondern „nach Husarenart".
Bindestriche werden nur dann verwendet, wenn eine bessere Lesbarkeit ermöglicht werden sollte (in der Regel bei mehr als drei Wörter umfassenden Wortkombinationen), z. B. Frühlingssalat-Platte, und bei Namen von Personen, z. B. Fürst-Pückler-Eis.

Alles, was in einem Wort geschrieben werden kann, ist nicht durch einen Bindestrich zu trennen.
Nicht „Champignon-Suppe", sondern „Champignonsuppe", nicht „Nuß-Parfait", sondern „Nußparfait".

## Groß- und Kleinschreibung

Die früher häufig anzutreffende Schreibweise, jedes Wort am Zeilenanfang eines Menüs groß zu schreiben, ist heute nur noch in Ausnahmefällen empfehlenswert, z. B. bei besonders vornehmen Banketten. Ansonsten wird nur noch das erste Wort eines jeden Gerichtes groß geschrieben, im übrigen gelten die Regeln der deutschen Grammatik.

Orts- und Ländernamen als Garnitur, die auf „isch" enden, werden getrennt und klein geschrieben, z. B. auf englische Art oder mit italienischem Käse, steirisches Wurzelfleisch.
Orts- und Ländernamen als Garnitur, die auf „er" enden, werden getrennt und groß geschrieben, z. B. Salzburger Nockerln, nach Moskauer Art, Münchner Sauerkrautplatte.

## Binde- und Verhältniswörter

Bei der Aufzählung der Bestandteile eines Gerichtes oder Ganges in einer Menüfolge können die Binde- und Verhältniswörter entfallen.

Nicht: Rehrücken
mit Rahmsauce
und Kohlsprossen
dazu Kartoffelknödel

Sondern: Gebratener Rehrücken mit Rahmsauce
Kohlsprossen
Kartoffelknödel

Die Verwendung von Binde- und Verhältniswörtern ist nur dann sinnvoll, wenn angezeigt werden soll, daß ein Produkt aus mehreren Grundbestandteilen besteht, z. B. „Safransauce mit Würfeln von Tomaten und Artischocken". Das heißt, daß sich diese Tomaten- und Artischockenwürfel in der Sauce als Garniturbestandteile befinden.
Werden diese zwei Gemüse als Beilage serviert, lautet die korrekte Schreibweise:
Safransauce
Tomaten- und Artischockenwürfel

## Kommasetzung

Im Prinzip sollten auf einer Speisenkarte so wenige Kommas wie nur möglich gesetzt werden.
Bei der Nachsetzung von Attributen, wie das vor allem in Deutschland üblich ist, ist die Kommasetzung zu beachten, z. B. Rehrücken, gebraten, mit Pilzen.
Sie können diese Kommasetzung aber leicht umgehen, indem Sie die Beifügung voranzustellen, z. B. gebratener Rehrücken mit Pilzen (= österreichische Schreibweise).

## Sonstige Besonderheiten

- Modische Schnörkel wie Hühnerbrüstchen an Feldsalat, sind nicht zu empfehlen.

- Das Zusatzwort „frisch" ist mit Überlegung und korrekt zu verwenden. Nicht „frische Artischockensuppe", sondern „Rahmsuppe von frischen Artischocken", nicht „frischer Obstsalat", sondern „Salat von frischen Früchten".

Ansonsten gelten für die Schreibweise der Speisen und Getränke auf der Karte die im Duden angeführten Rechtschreibregeln.

## Karten in Fremdsprachen

In Fremdsprachen abgefaßte Karten oder nur fremdsprachige Ausdrücke haben der Rechtschreibung der jeweiligen Sprache zu folgen.

### Regeln für die Rechtschreibung in französischer Sprache

**Groß- und Kleinschreibung**
Im Französischen wird bis auf wenige Ausnahmen alles klein geschrieben. Mit großem Anfangsbuchstaben schreibt man:

- den ersten Buchstaben jeder Textzeile, z. B.
  Consommé royale
  Riz pilaf
  Salade de saison
  Truite meunière
- alle Eigennamen von Personen, z. B. sole Colbert, selle de veau Orloff,
- alle Namen von Ortschaften, Städten, Ländern, nicht aber ihre Ableitungen, z. B. noix de veau Nemoures, sauce maltaise, charlotte russe.

**Bestimmte Artikel**

- Der bestimmte Artikel „le" (m.), „la" (f.) und „les" (pl.) werden in Speisenkarten nicht verwendet. Ausnahmen sind Festessen.

- „Le“ und „la“ wird vor Hauptwörtern, die mit einem Vokal oder einem „h“ beginnen, zu „l'“ verkürzt, z. B. l'huile (das Öl), l'œuf (das Ei). Vor manchen Hauptwörtern, die mit „h“ beginnen (sie sind im Wörterbuch mit * gekennzeichnet), muß der bestimmte Artikel ausgeschrieben werden, z. B. le hors-d'œuvre (die Vorspeise), le homard (der Hummer).
- Nach der Präposition „à“ werden die bestimmten Artikel gebraucht, z. B. glace à la vanille (Vanilleeis).
- Der Teilungsartikel (du, de la, des) wird auf Speisenkarten nicht verwendet.

**Präpositionen**

- **Präposition „à“:** À (mit) bezieht sich immer auf den Bestandteil, der der Speise Geschmack und Eigenart gibt, wobei folgendes zu beachten ist: „À le“ wird zu „au“ zusammengezogen, „à la“ bleibt, „à les“ wird zu „aux“, z. B. spaghetti au fromage (Spaghetti mit Käse), coupe de fruits à la crème (Früchteeisbecher mit Obers), omelette aux champignons (Omelett mit Champignons).
  Die Verkürzung zu „au“ wird nicht vorgenommen, wenn der bestimmte Artikel vor einem vokalisch oder mit „h“ beginnenden Hauptwort steht, z. B. sauce à l'aneth (Dillsauce).
  „À la“ ist eine Verkürzung von „à la mode de“ oder „à la manière de“, z. B. „à la maison“ (nach Art des Hauses).
  Teilweise findet man „à la“ auch vor Orts- oder Gebietsbezeichnungen, z. B. à la parisienne. Vielfach wird hier aber das „à la“ weggelassen, das nachfolgende Adjektiv bleibt aber immer weiblich, z. B. pommes parisienne (Kartoffeln nach Pariser Art).
  Vor Personennamen, die im Sinne einer Widmung oder Verehrung gebraucht werden, verwendet man kein „à la“, z. B. sole Colbert (Seezunge Colbert).
- **Präposition „de“:** „De“ (aus) wird verwendet, wenn der Grundstoff bzw. der Hauptbestandteil einer Speise angegeben werden soll, z. B. compote de fraises (Erdbeerkompott). Folgt nach dem „de“ ein Vokal oder ein „h“, wird das „de“ zu einem „d'“ verkürzt, z. B. salade d'asperges (Spar-

gelsalat). Aber: salade de hareng (Heringssalat) – siehe auch Mehrzahlbildung, unten.
Durch „de" wird außerdem die Herkunft einer Speise angezeigt, z. B. chou de Bruxelles (Rosenkohl, „Brüsseler Kohl").
In Ausnahmefällen kann in der französischen Sprache sowohl „de" als auch „à" verwendet werden, z. B. salade de tomates, salade aux tomates (Tomatensalat).

- **Präposition „en":** „En" gibt die äußere Form der Zubereitung an, aber auch den Behälter, in dem es serviert wird, z. B. pâté en croûte (Pastete in Blätterteig), moules en coquille (Muscheln in der Muschelschale).
- **Präposition „sur":** „Sur" (auf) zeigt die Unterlage einer Speise an, z. B. œuf poché sur toast (pochiertes Ei auf Toast).
- **Präposition „avec":** Die Präposition „avec" (mit) wird auf Speisenkarten nicht verwendet. Die einzelnen Bestandteile eines Gerichtes werden durch Komma getrennt, z. B. escalope de porc, pommes sautées, salade de concombres (Schweinsschnitzel, Bratkartoffeln in Scheiben, Gurkensalat).

**Sonstige Regeln**

- Grundsätzlich müssen Hauptwörter und Beifügungen sowohl im **Geschlecht** als auch in der **Zahl übereingestimmt** werden, z. B. filets de bœuf rôtis (gebratene Rinderfilets).
- Die **weibliche Form** wird ausgedrückt durch Anhängen eines „e" an die männliche Grundform, z. B. brun – brun**e**, (la) sauce brune.
  Einige Eigenschaftswörter verdoppeln dabei die Endkonsonanten, z. B. gras – grasse (fett), naturel – naturelle (natürlich, echt).
  Eine Sonderform bildet das Wort „blanc" (weiß), die weibliche Form heißt blanche.
- Die **Mehrzahlbildung** erfolgt durch Anfügen eines „s" an Hauptwort und Beifügung. Wörter, die in der Einzahl

schon auf -s, -x oder -z enden, bleiben unverändert, z. B. pois (Erbse), noix (Nuß).
Wenn Wörter in der Einzahl auf -al, -au, -ou oder -eu enden, lauten die Endungen in der Mehrzahl meist -aux, aber auch -oux oder -eux, z. B. maquereau – maquereaux (Makrele – Makrelen), chou – choux (Kohl), potage spécial – potages spéciaux (Spezialsuppe – Spezialsuppen).

- Eigenschaftswörter, die in die weibliche Form und in die Mehrzahl versetzt werden, haben eine doppelte Veränderung. Zuerst fügt man die weibliche Endung -e und dann die Mehrzahlendung -s an, z. B. (la) coupe glacée – (les) coupes glacées.

Für die Wörter „gibier" (Wild), „volaille" (Geflügel) und „pâtisserie" (Feingebäck) gibt es im Französischen keine Mehrzahl.

# Gesetzliche Bestimmungen (Verordnungen)

Auch verschiedene gesetzliche Bestimmungen müssen bei der Speisenkartengestaltung beachtet werden. Die wichtigsten sind:

- Preisgesetz (Österreich) bzw. Preisangabenverordnung (Deutschland)
- Nährwert-Kennzeichnungverordnung (Deutschland)
- Lebensmittel-Kennzeichnungsverordnung (Österreich und Deutschland)
- Zusatz-Zulassungsverordnung (Deutschland)
- Diätverordnungen (Österreich und Deutschland)
- Sonstige Bestimmungen

## Österreich

### Preisgesetz

Laut Preisgesetz ist für alle Sachgüter und Leistungen, die ein Betrieb gegen Entgelt verkauft, der Preis ersichtlich zu machen (Preisauszeichnungspflicht). Die Preise haben sich entweder nach dem amtlich festgesetzten oder dem ortsüblichen Preis (Überschreitung nicht mehr als fünf Prozent) zu richten. Die Überschreitung dieser Bestimmungen gilt als Preistreiberei.

**Ersichtlichmachen der Preise**

- In Gastgewerbebetrieben sind Preisverzeichnisse für Speisen und Getränke (Speisen- und Getränkekarten) in ausreichender Anzahl auf den Tischen aufzulegen.
- Die Preisverzeichnisse sind jedem Gast vor der Entgegennahme von Bestellungen und bei der Abrechnung auf Verlangen vorzulegen.
- Die Preise sind in österreichischer Währung anzugeben und müssen Inklusivpreise sein, d. h., sie müssen sämtliche Steuern und Abgaben enthalten.

- In kleinen Betrieben genügt es, Preistafeln an leicht einsehbaren Stellen anzubringen.
- Gastgewerbebetriebe, die regelmäßig warme Speisen verkaufen, müssen zusätzlich von außen lesbar neben der Eingangstür oder in ihrer Nähe ein Preisverzeichnis anbringen. Es muß das gesamte Angebot ausgehängt werden.

## Nährwert-Kennzeichnungsverordnung

In Österreich gibt es derzeit noch keine Nährwert-Kennzeichnungsverordnung. Bezeichnungen, die sich auf die Gesundheit beziehen (z.B. „gesund", „lebensverlängernd", „schützt vor Krankheiten", „schlankmachend") sind allerdings verboten (Ausnahme: Sondergenehmigung).

## Lebensmittel-Kennzeichnungsverordnung

In einem Warenkatalog werden Lebensmittelgruppen aufgezählt, die, sofern sie in Behältern oder Packungen an Verbraucher abgegeben werden, kennzeichnungspflichtig sind.

Die Kennzeichnung hat in deutlich sicht- und lesbarer Schrift zu erfolgen und soll folgende Angaben enthalten:
- Sachbezeichnung
- Namen der Firma
- Sitz der Unternehmung
- Erzeugungsort und -land
- Erzeugungs- und Verbrauchsdatum
- Mengenangaben
- Haltbarkeitsfristen
- Lagerbedingungen
- Konservierungsart
- Zusatzstoffe, Vitamine
- Joulegehalt

Eine Überschreitung der Haltbarkeitsfrist bedeutet nicht, daß das Lebensmittel bereits verdorben ist.

**EAN-Strichcode**

4 017100 294006

Die Zahlenkombination gibt Herkunftsland, Produzenten, Artikel- und Prüfungsnummer an.
Nach der Lebensmittel-Kennzeichnungsverordnung gelten als:

- Frischwaren: Waren mit einer Haltbarkeitsdauer bis zu einem Monat
- Halbdauerwaren: Waren, die über einen Monat und bis zu ein Jahr haltbar sind
- Dauerwaren: Waren, die länger als ein Jahr haltbar sind

## Verordnung über diätetische Lebensmittel

Diätetische Lebensmittel tragen den besonderen Ernährungsbedürfnissen von Gruppen von Verbrauchern Rechnung, z. B. Lebensmittel ohne Zucker für Zuckerkranke, schweinefettfreie Extrawurst für leber- und gallenkranke Menschen, natriumarme Lebensmittel für Menschen mit Bluthochdruck.
Das Inverkehrbringen von diätetischen Lebensmitteln muß beim Bundesministerium für Gesundheit und Umweltschutz angemeldet werden. Keine Anmeldepflicht besteht für die Speisenzubereitung in oder für Diätküchen oder gewerbliche Betriebe, wenn die Zubereitung unter ärztlicher Aufsicht erfolgt.

## Sonstige Bestimmungen

- Neben den Speisenkarten muß es im Betrieb eine eigene **Getränkekarte** geben.
- Die Getränkekarte muß zwei **Jugendgetränke** enthalten, die nicht teurer sein dürfen als das billigste alkoholische Getränk (außer Most).
- Es muß bei allen Getränken eine Angabe der Ausschankmenge aufscheinen.

# Deutschland

## Preisangabenverordnung

Die Verordnung über Preisangaben schreibt dem Gastronomen aus Gründen der Preisklarheit und der Preiswahrheit vor, seine Preise auf Speisen- und Getränkekarten zur Möglichkeit des Preisvergleiches durch den Verbraucher (Gast) anzugeben.
Im § 1 sind die allgemeinen Grundsätze der Preisauszeichnung (die auch für das Gastgewerbe gelten) festgehalten. Im § 4 sind die speziellen Belange der Gastronomie geregelt.
„Wer Letztverbrauchern gewerbs- oder geschäftsmäßig oder regelmäßig in sonstiger Weise Waren oder Leistungen anbietet oder in Zeitungen, Zeitschriften, Prospekten, auf Plakaten, im Rundfunk oder Fernsehen oder auf sonstige Weise unter Angabe von Preisen für Waren oder Leistungen gegenüber Letztverbrauchern wirbt, hat die Preise anzugeben, die einschließlich der Umsatzsteuer und sonstiger Preisbestandteile unabhängig von einer Rabattgewährung zu zahlen sind.
Mit den Preisen sind, soweit es der allgemeinen Verkehrsauffassung entspricht, auch die Verkaufs- und Leistungseinheit und die Gütebezeichung anzugeben" (d. h., bei Austern und Kaviar beispielsweise ist auch die Sorte zu nennen).

**Ersichtlichmachen der Preise**

- Preisverzeichnisse (Speisenkarten) können wahlweise
  - auf dem Tisch ausgelegt (je Tisch mindestens eine Karte)
  - jedem Gast vor Entgegennahme von Bestellungen ausgehändigt und auf Verlangen bei Abrechnung erneut vorgelegt werden.
- Die Preise müssen immer in D-Mark angegeben sein.
- Angebote, die nach Größe berechnet werden, sollen am zweckmäßigsten je 100 g ausgezeichnet werden.
- Gerichte für zwei oder mehrere Personen, wie z. B. Chateaubriand, Lammkarree, die im ganzen zubereitet angeboten werden, sind am zweckmäßigsten pro Person auszupreisen.

- Ein Preisverzeichnis muß unmittelbar am Eingang zum Restaurant angebracht werden. Es soll mindestens ein Gedeck und mehrere Tagesgerichte sowie die gängigsten Getränke mit Preisen enthalten. Das Aushängen der gesamten Karte ist nicht erforderlich.

## Nährwert-Kennzeichnungsverordnung

Die Nährwert-Kennzeichnungsverordnung verbietet zum Schutz des Verbrauchers vor Irreführung die Verwendung einzelner Bezeichnungen und Angaben im Bereich der Energie-(Joule-)verminderten und Energie-(Joule-)armen Lebensmittel oder macht sie von bestimmten Voraussetzungen abhängig.
Die Gastronomie wird durch die Verordnung nur berührt, wenn sie Nährwertangaben auf Speisen- und Getränkekarten macht:

- Nährwerte im Sinne dieser Verordnung sind Angaben, die sich auf die Nährstoffe **Eiweiße, Fette, Kohlenhydrate und Alkohol** beziehen. Nach dem Wortlaut der Definition sind nährstoffbezogene Angaben nur solche, die ausdrücklich etwas über den Gehalt an einem der vier angeführten Stoffe aussagen.
- Somit sind zu den **„nährstoffbezogenen Angaben"** Aussagen zu rechnen, die die genannten Stoffe anführen, sei es als **Wortbestandteil** (z. B. „fettarm"), sei es zusammen mit einem **erläuternden Hinweis** (z. B. „reich an Eiweiß"). Ebenso sind **Synonyme** der Stoffe zu bewerten, die vom Verbraucher eindeutig als solche verstanden werden (z. B. „proteinhaltig").
- Eine Verpflichtung zur Nährstoffkennzeichnung ergibt sich nach § 3 bei Hinweisen wie „fettarm" usw. aber erst, wenn es sich um Angaben handelt, die auf einen **geringen, verminderten, hohen oder erhöhten Nährstoffgehalt** hindeuten.
- Werden **brennwertbezogene Angaben** (Joule bzw. Kalorien) auf einer Speisenkarte gemacht, muß automatisch

auch der genaue **Nährstoffgehalt** (Eiweiße, Fette, Kohlenhydrate) angegeben sein.
Beispiele:
Kraftsuppe mit Fadennudeln (285 kJ – 68 kcal, 3 g Eiweiß, 2 g Fett, 9 g Kohlenhydrate)
Rheinische Schnippelbohnen mit Bratwurst (2.600 kJ – 618 kcal, 21 g Eiweiß, 40 g Fett, 39 g Kohlenhydrate)

- Die Nährwertverordnung benennt auch die **Grenzwerte des Brennwertes** einzelner Lebensmittel, bis zu den das jeweilige Lebensmittel einen verminderten Brennwert hat.
  Beispiel:
  Ein Stück Obstkuchen, das in 100 g 900 kJ enthält, darf nicht mehr mit einem Zusatz wie „energiearm", „Joule-(Kalorien-)arm", „Joule-(Kalorien-)ärmer", „besonders wenig Kalorien" oder ähnlichem bezeichnet werden.

- Von der Festlegung von **Grenzwerten** für Lebensmittel mit Hinweisen auf einen **geringen Nährstoffgehalt** hat der Verordnungsgeber abgesehen, da für Bezeichnungen wie „fettarm" oder „kohlenhydratarm" im Gegensatz zum Begriff „kalorienarm" keine für alle Lebensmittel einheitlichen Grenzwerte festgesetzt werden können.

- Im Zusammenhang mit der Verwendung von bzw. der Werbung mit Begriffen wie „Joule-(Kalorien-)arm", „fettarm", „besonders eiweißhaltig" usw. muß noch auf § 17 Abs. 2 Ziffer 5 des Lebensmittel- und Bedarfsgegenständegesetzes (LMBG) hingewiesen werden. Danach ist es generell **verboten,** Lebensmittel (Speisen und Getränke) unter **irreführenden Bezeichnungen** oder sonstigen Täuschungen in den Verkehr zu bringen.
  § 7 der Nährwert-Kennzeichnungsverordnung geht hier gesondert auf den Gehalt an Brennwerten und Nährstoffen ein. Zur Vermeidung einer Irreführung des Verbrauchers hält der Verordnungsgeber das Verbot von Angaben wie „macht schlank" oder „führt zur Gewichtsabnahme" bei Lebensmitteln für erforderlich, da eine Verminderung des Körpergewichtes nur durch eine Beschränkung der gesamten körperlichen Energiezufuhr im Rahmen eines entsprechenden Kostplanes zu erreichen ist. Auch Anga-

ben wie „fördert die schlanke Linie" müssen in das Verbot einbezogen werden, da der Erfolg einer gewichtsreduzierenden Ernährung stets die Überwachung der täglichen Energieaufnahme voraussetzt.

- Deshalb ist bei der **Beschriftung von Speisenkarten** darauf zu achten, daß beispielsweise bei den Salaten nicht etwa Hinweise folgender Art zu finden sind: „Für den Schlankheitsfanatiker", „Kampf dem Winterspeck", „Das macht nicht dick".
  Erlaubt sind Hinweise wie „Für den kalorienbewußten Gast" oder „Kleine Gerichte, alle unter 1.260 kJ (300 kcal)" und ähnliches. Dann müssen aber auch sämtliche Nährwerte angegeben werden.
- Die Bezeichnung **„energiearm oder kalorienarm"** oder gleichsinnige Angaben sind bei Lebensmitteln gerechtfertigt, deren Brennwert einen bestimmten Grenzwert nicht überschreitet.
  Der Begriff „Energie-(Kalorien-)arm" ist ein absoluter Begriff, der im Gegensatz zu „Energie-(Kalorien-)vermindert" nicht nach einzelnen Lebensmittelgruppen differenziert werden kann.
  Von der Deutschen Forschungsgemeinschaft ist lediglich für energiearme Getränke ein Grenzwert empfohlen worden: 63 kJ (15 kcal) pro 100 g.
  Es erscheint gerechtfertigt, für die in geringeren Mengen verzehrten kalorienarmen Lebensmittel in fester Form mit 210 kJ (50 kcal) pro 100 g einen höheren maximalen Brennwert festzulegen.
- Auf eine Verminderung des Brennwertes (z. B. durch die Angabe „energiereduziert" oder „kalorienreduziert") kann hingewiesen werden, sofern der Brennwert wesentlich herabgesetzt ist (mindestens 40 Prozent).

## Lebensmittel-Kennzeichnungsverordnung

Der Anwendungsbereich der Verordnung ist auf Lebensmittel in Fertigpackungen beschränkt. Damit gilt sie für den Gastronomen nur aus der Sicht des Verbrauchers.

Der Hersteller von Lebensmitteln wird von der Kennzeichnungspflicht auch dann nicht befreit, wenn von vornherein eine Weiterverarbeitung in einem gastgewerblichen Betrieb vorgesehen ist.

Zu den Fertigpackungen bestimmt § 14 Absatz 1 des Eichgesetzes, „daß es sich um Verpackungen beliebiger Art handelt, die in Abwesenheit des Käufers abgepackt und verschlossen werden, wobei die Menge des darin enthaltenen Erzeugnisses ohne Öffnen und ohne merkliche Änderung der Verpackung nicht verändert werden kann".

„Auf Lebensmittel, die zur alsbaldigen Abgabe in der Verkaufsstätte abgepackt werden, finden die Vorschriften der Verordnung keine Anwendung. Der Begriff der Verkaufsstätte umfaßt auch die Nebenräume, in denen die Erzeugnisse abgepackt werden können. Damit werden diese Lebensmittel wie lose Ware behandelt und sind wie diese zu kennzeichnen. Auf derart abgepackte Lebensmittel, die zur Selbstbedienung angeboten werden, finden die Vorschriften dieser Verordnung jedoch Anwendung."

Soweit die genaue gesetzliche Wiedergabe, die nun mit einem Beispiel verdeutlicht werden soll: In einer Autobahn-Raststätte wird im Selbstbedienungsrestaurant unter anderem ein kaltes Kotelett mit Kartoffelsalat angeboten. In der Küche wird die Speise bereits auf einem Teller vorportioniert und in Frischhaltefolie verpackt. Die tafelfertige Speise gelangt in die Vitrine der Verkaufsstätte – in diesem Fall in das Restaurant. Der Gast kann per Augenschein seine Speise wählen, darf sich aber nicht selbst bedienen, sondern muß sich sein Kotelett von der Buffetkraft über die Theke reichen lassen.

In diesem Fall ist das Kotelett eine lose Ware; eventuell zu kennzeichnende Zusatzstoffe (siehe Seite 461), wie Sorbinsäure als Konservierungsmittel der Mayonnaise im Kartoffelsalat, müssen dann auf der Speisenkarte, auf der Preisliste oder einem Schild neben der Ware angegeben werden.

Kann sich der Gast selbst die Speise aus der Vitrine nehmen, so muß jedes dieser abgepackten Gerichte ein Etikett mit allen Kennzeichnungselementen tragen (vgl. § 3 Absatz 1).

Die Kennzeichnung beinhaltet folgende **Kennzeichnungselemente:**

- Verkehrsbezeichnung (Bezeichnung des Lebensmittels)
- Name oder Firma und Anschrift des Herstellers oder eines in der EG niedergelassenen Verkäufers
- Verzeichnis der Zutaten
- Mindesthaltbarkeitsdatum
- bei Getränken der evtl. vorhandene Alkoholgehalt

## Zusatz-Zulassungverordnung – ZZuLV

In dieser Verordnung sind die zugelassenen Konservierungsstoffe enthalten. Die wichtigsten Punkte, die beachtet werden müssen, sind:

- Die Kenntlichmachung von Konservierungsstoffen hat auf der Speisenkarte mit dem Zusatz „mit Konservierungsstoff" oder „Konserviert mit ..." zu erfolgen, wobei der jeweilige Konservierungsstoff gemäß Anlage 3, Liste A, Spalte 4 genannt werden muß, z. B. „Konserviert mit Sorbinsäure".

  Die EG-Nummer anstelle der Bezeichnung nach Spalte 4 zu nennen ist nicht zulässig.

  Es ist aber erlaubt, auf Speisen- und Getränkekarten die vorgeschriebenen Angaben in Fußnoten zu machen. Dann muß allerdings bei der Verkehrsbezeichnung darauf hingewiesen werden, z. B.: „Wiener Würstchen[1] mit Pellkartoffeln", (Fußnote auf der Speisenkarte: [1] Konserviert mit Sorbinsäure).

- Wenn eine Masse oder die Oberfläche von Lebensmitteln mit Zusatzstoffen gefärbt ist, die in Anlage 6, Liste A, Nummer 3 oder 4 enthalten sind, muß die Angabe „mit Farbstoff" erfolgen.

  Bei einer Färbung mit Lactoflavin (Riboflavin) oder Beta-Caroten (beide sind keine Zusatzstoffe), Zuckercouleur, Silber oder Gold gilt diese Bestimmung nicht. Diese Stoffe sind nicht kenntlich zu machen, es sei denn, es soll etwas anderes vorgetäuscht werden.

  Bei Oliven ist die Angabe „geschwärzt" notwendig, wenn Oliven mit Eisengluconat behandelt wurden.

- Wenn für Speisen Zutaten gewählt werden, die als besondere Bestandteile erkennbar bleiben, so genügt es, wenn sich die Kenntlichmachung auf diese Zutaten beschränkt. Dies wäre beispielsweise bei gefärbten, kandierten Belegkirschen auf einem Dessert denkbar, z. B.:
  Ananas mit Kirschwasser und einer Kirsche[1] garniert
  Gemischter Salat in Gewürzdressing[2]
  (Fußnote auf der Speisenkarte: [1] mit Farbstoff, [2] mit Konservierungsstoff Sorbinsäure).

## Diätverordnung

In der Diätverordnung sind nur noch spezielle Kennzeichnungsvorschriften enthalten. Die allgemeine Kennzeichnung diätetischer Lebensmittel regelt die Lebensmittel-Kennzeichnungsverordnung.
Die Diätverordnung betrifft das Gastgewerbe nur in einem speziellen Bereich, in welchem es sich mit der Verabreichung diätetischer Lebensmittel befaßt. Im übrigen richtet sich die Diätverordnung (wie die Produktverordnung) an die Hersteller der entsprechenden Lebensmittel.
Soweit das Gastgewerbe unmittelbar oder mittelbar durch die Diätverordnung betroffen ist, wird nachfolgend auszugsweise auf die Bestimmungen der Diätverordnung Bezug genommen.
Für das Gastgewerbe gilt es, § 13 Absatz 1 Satz 2, § 17 Absatz 2, § 18 und schließlich § 19 Absatz 1 zu beachten. Danach genügen bei Lebensmitteln, die zum Verzehr an Ort und Stelle abgegeben werden, d. h. also keine Fertigpackungen, folgende Angaben:

- Kennzeichnung „streng natriumarm" bzw. „natriumarm" gemäß § 13 Abs. 1 Satz 2
- Kennzeichnung von Art und Menge der zugelassenen Zusatzstoffe
- Kennzeichnung „diätetischer Lebensmittel mit Süßstoff", „... mit Kochsalzersatz" und „... jodiertem Speisesalz" gemäß § 18
- Kennzeichnung der zu der Bezeichnung gehörenden besonderen ernährungsbezogenen Eigenschaften oder des

besonderen Ernährungszweckes, der Besonderheiten in der qualitativen Zusammensetzung oder des besonderen Herstellungsprozesses, des durchschnittlichen Gehalts an Eiweißstoffen, Fetten und Kohlenhydraten sowie des Brennwertes gemäß § 19 Absatz 1

Die Kenntlichmachung selbst hat gemäß § 25 Diätverordnung sowie nach § 8 Absatz 2 Nummer 5 und 6 der Zusatzstoff-Zulassungsverordnung zu erfolgen. Die Angaben sind danach bei der Abgabe in Einrichtungen zur Gemeinschaftsverpflegung auf Speisenkarten und in Preisverzeichnissen oder, soweit keine solchen ausgelegt oder ausgehändigt sind, in einem sonstigen Aushang oder einer schriftlichen Mitteilung zu vermerken.
Bei der Verabreichung von kleinen Portionspackungen, z. B. im Rahmen eines Buffets, muß darauf geachtet werden, daß dabei diätetische Lebensmittel in Fertigpackungen ausreichend gekennzeichnet sind.

# Speisen- und Spezialitätenkarten

# Speisen- und Spezialitätenkarten

## Frühstückskarten

Das Frühstück entwickelt sich ernährungswissenschaftlich im zunehmenden Maße zu einer der wichtigsten Mahlzeiten des Tages. Dem trägt das Hotel- und Gastgewerbe Rechnung und bietet immer häufiger ein attraktives Frühstück an.
Das Frühstück ist die erste Mahlzeit des Tages und hat einen großen Einfluß auf die Stimmung und das Wohlbefinden des Gastes. Bei kaum einer anderen Mahlzeit begegnet uns der Gast so kritisch wie beim Frühstück. Häufig beurteilt der Gast auf Grund seiner Eindrücke beim Frühstück die Leistungsfähigkeit und auch die Führung eines Betriebes. Dem Gast ein attraktives und ansprechendes Frühstück zu bieten ist daher oberstes Gebot.

Das Eßverhalten ist beim Frühstück besonders eingeprägt. Die Form und der Umfang des Angebotes sollten diesem Umstand Rechnung tragen. Die Eßgewohnheiten unterscheiden sich stark nach der Herkunft der Gäste. Vor allem für Gäste aus dem anglo-amerikanischen Sprachraum stellt das Frühstück die Hauptmahlzeit des Tages dar. Sie bevorzugen ein sehr reichhaltiges Frühstück mit Fruchtsäften und kalter Milch, Getreidespeisen sowie Eiergerichten und kalten und warmen Fleischspeisen. Gäste aus dem romanischen Sprachraum hingegen nehmen in erster Linie ein einfaches Frühstück, meist nur ein Frühstücksgetränk, Butter und Gebäck, zu sich. Aber auch Gäste aus Deutschland, den Beneluxländern und aus Österreich bevorzugen im Sinne gesunder Ernährung ein reichhaltiges Frühstück. Ein Frühstück mit Wurst, Brotaufstrichen, gekochten Eiern, Fruchtsäften sowie mit Molkereiprodukten wie Joghurt, Furchtjoghurt, Sauermilch, Käse und Speisetopfen.

Die verschiedenen Betriebsgrößen und Kategorien verlangen die verschiedensten Angebotsformen mit flexiblen

Gestaltungsmöglichkeiten. Grundsätzlich unterscheidet man folgende Frühstücksarten:

- **Kontinentales Frühstück, erweitertes Frühstück**
- **Frühstück im Hotel garni/in der Frühstückspension**
- **Frühstücksbuffet**
- **Interkontinentales, amerikanisches Frühstück**
- **Etagenservice**
- **Imbiß oder Gabelfrühstück**

Weiters ist zu überlegen, ob man den Gästen die Frühstücksprodukte offen oder verpackt serviert.
Die Verwendung von offen angebotenen Frühstückprodukten erfordert einen relativ hohen Zeit- und Personalaufwand. Portionsverpackte Ware, wie Butter, Marmelade, Streich- und Schnittkäse sowie diverse Fleischaufstriche, können gleich am Gästetisch gedeckt werden. In diesem Fall kann auch ein kleines Angebot an Fruchtsäften, Milch und Fruchtjoghurt miteinbezogen werden.
Der etwas höhere Materialaufwand bei Verwendung von portionsverpackter Ware kann teilweise durch minimalen Personalaufwand beim Frühstücksservice kompensiert werden.

## Kontinentales Frühstück, erweitertes Frühstück

Das kontinentale Frühstück ist die in Deutschland und in Österreich am häufigsten angebotene Frühstücksform.
Gerade in kleineren Hotels, Gasthöfen und Pensionen, wo oft auf Grund knapper Kalkulation auf aufwendigere Frühstücksformen wie das Frühstücksbuffet oder das amerikanische Frühstück verzichtet wird, bietet sich das kontinentale Frühstück an.
Das Grundangebot dieses Frühstücks besteht aus einem Frühstücksgetränk, verschiedenen Marmeladen oder Honig, Butter und diversen Gebäcksorten.
Alle Erweiterungen zum kontinentalen Frühstück werden als Frühstücksextras bezeichnet. Sie werden zum Teil als im Frühstückspreis inbegriffene Leistung angeboten (z. B. ein Fruchtsaftgetränk) oder dem Gast extra verrechnet. Eine Erweiterung des Grundangebotes ist in vielen Betrieben als zusätzliches Service heute nicht mehr wegzudenken.

## Frühstück im Hotel garni / in der Frühstückspension

Die Verwendung von offen angebotenen Frühstücksprodukten erfordert einen relativ hohen Zeit- und Personalaufwand. Im Hotel garni, wo sich der Küchenbetrieb ausschließlich auf das Frühstück beschränkt, ist daher die Verwendung von portionsverpackten Waren vorteilhaft. Portionsverpackte Ware, wie Butter, Marmelade, Streich- und Schnittkäse, sowie diverse Fleischaufstriche können gleich am Gästetisch gedeckt werden oder in netter Form auf einem kleinen Buffet aufgebaut werden. In diesem Fall kann auch ein kleines Angebot an Fruchtsäften, Milch und Fruchtjoghurt in Form eines reichhaltigen kontinentalen Frühstücks gleich am Gästetisch gedeckt werden oder als Erweiterung des einfachen Frühstücks auf einem kleinen Buffet nett arrangiert werden. In diesem Fall ist auch ein kleines Angebot von Fruchtsäften, Milch und Fruchtjoghurt erforderlich. Der etwas höhere Materialaufwand bei Verwendung von portionsverpackter Ware kann teilweise durch minimalen Personalaufwand beim Frühstücksservice kompensiert werden.

## Frühstücksbuffet

Vor allem im Stadthotel, aber auch im Saisonhotel gehobenen Standards gewinnt das Frühstücksbuffet immer mehr an Bedeutung.
Der Wunsch nach gesunder, richtiger und individueller Ernährung beeinflußt immer mehr den Trend zum Frühstücksbuffet. Durch das vielfältige und reichhaltige Angebot beim Frühstücksbuffet können die verschiedensten Wünsche der Gäste leicht zufriedengestellt werden.
Die Auswahl bei den Frühstücksbuffetprodukten richtet sich in erster Linie nach der Größe des Hauses und den Wünschen der Gäste, aber auch nach dem dafür kalkulierten Preis.
Durch die weitgehende Selbstbedienung der Gäste ist ein rasches, personalsparendes und einfaches Service gewährleistet.
Wird ein Frühstücksbuffet richtig und überlegt aufgebaut, so kann der Aufwand an Speisen und Getränken bewußt gesteuert werden. Es muß jedoch auch noch für den letzten Frühstücksgast attraktiv und vielfältig dargeboten werden.

### Vor- und Nachteile des Frühstücksbuffets

#### Vorteile für den Gast

- Wesentlich reichhaltigeres Angebot als beim kontinentalen Frühstück (z. B. können „gesunde“ Produkte für ernährungsbewußte Gäste angeboten werden)
- Der Gast kann nehmen, was und soviel er will (er kann sein Frühstück abwechslungsreich gestalten)
- Die Wartezeiten werden auf ein Minimum herabgesetzt
- Das Angebot ist für den Gast sichtbar (es wirbt für sich selbst und muß nicht erklärt werden)

- Gäste aus Ländern mit den verschiedensten Frühstücksgewohnheiten können problemlos zufriedengestellt werden
- Einsparung einer Zwischenmahlzeit am Vormittag (meist nimmt der Gast Obst oder ein Milchprodukt für sein Gabelfrühstück mit)

**Vorteile für den Betrieb**

- Geringer Personaleinsatz durch Einschränkung der Servierarbeit auf Getränkeservice und Abservieren (Einsatzmöglichkeiten von Hilfskräften und ungelernten Kräften)
- Entlastung der Küche durch Wegfall eines Großteils der Extrabestellungen (das Buffet kann leicht vorbereitet und reibungslos organisiert werden)
- Für den Gast sichtbare Erweiterung des Angebotes (Werbung, Mundpropaganda)
- Kleinere Mittagsportionen bei Vollpensionsgästen

Den vielen Vorteilen des Frühstücksbuffets stehen natürlich auch einige Nachteile gegenüber.

**Nachteile für den Gast**

- Wenn der Gast etwas vergißt, muß er es meist selbst holen
- Mehr Bewegung und Lärm im Frühstücksraum
- Der Gast hat oft Schwierigkeiten beim Tragen
- Gäste, die nur wenig frühstücken, zahlen preislich gesehen drauf

**Nachteile für den Betrieb**

- Teilweise erhöhter Materialaufwand
- Erhöhter Bedarf an Geschirr, Besteck und Gläsern
- Erhöhter Platzbedarf

## Interkontinentales Frühstück, amerikanisches Frühstück

Vorwiegend in größeren Hotels mit einem großen Gästeanteil aus den anglo-amerikanischen Ländern wird ein sehr reichhaltiges Frühstück in Form des amerikanischen Frühstücks, das eine Hauptmahlzeit darstellt, geboten.
Beim amerikanischen Frühstück werden dem Gast alle angebotenen Speisen (einzeln ausgepreist) auf einer Frühstückskarte offeriert.

### Die Karte wird in der Regel international gleich gegliedert

1. Frucht- und Gemüsesäfte sowie kalte Milch
Kompotte wie Pflaumen-, Feigen- und Pfirsichkompott
Frisches Obst wie Melonen, Grapefruits, Erdbeeren, Bananen und Pfirsiche

2. Getreide- und Milchspeisen
Kalte Zerealien wie Corn-flakes und Rice crispies
Warme Zerealien wie Porridge, Grießkoch, Weizenbrei
Joghurt und Sauerrahmmischungen

3. Verschiedene Brotsorten wie Schwarzbrot, Vollkornbrot, Weißbrot, Semmeln, Kipferln, Pumpernickel, Graham- und Sesambrot, Toast, Muffins, Waffeln und Pancakes mit Sirup

4. Marmeladen, Konfitüren (Marmeladen mit Fruchtstückchen)

5. Heiße Frühstücksgetränke wie Kaffee, Tee, Kakao, heiße Schokolade und heiße Milch

6. Eiergerichte wie Spiegeleier mit Schinken oder Speck, Rühreier, Omeletts, weichgekochte Eier

7. Kalte Fleischgerichte wie Schinken, Roastbeef, Corned beef, Frühstücksfleisch und Wurst; warme Fleischgerichte wie gebratener Speck oder Schinken, kleine Steaks, Bratwürstel, Hamburger

8. Käsespeisen
Diverse Käsesorten wie Hartkäse, Schnittkäse, Cottage cheese, Gervais sowie Speisetopfen

## Etagenservice

Bestimmte Gästegruppen, wie Gäste, die im Mittelpunkt des öffentlichen Lebens stehen, junge Ehepaare sowie ältere und kranke Gäste, bevorzugen es oft, das Frühstück im Zimmer einzunehmen. Die Bestellung des Zimmerfrühstücks erfolgt direkt über das Telefon beim Zimmerkellner, bereits am Vorabend an der Rezeption oder durch eine Zimmerbestellkarte.

Je nach Betriebsart wird im Zimmer entweder ein kontinentales Frühstück, eventuell mit verschiedenen Erweiterungen, oder ein amerikanisches Frühstück serviert.

## Imbiß oder Gabelfrühstück

**Das „zweite Frühstück" von 10 bis 11.30 Uhr**
Man bevorzugt heute anstelle von großen Mahlzeiten fünf kleine Mahlzeiten. Das zweite Frühstück oder die erste kleine Zwischenmahlzeit gewinnt an Bedeutung. Der Verbraucher ist in seinem Verhalten mobiler, flexibler geworden, starre Essenszeiten werden nicht mehr so konsequent eingehalten. Ist man abends zu einem größeren Abendessen eingeladen, dann fällt das Mittagessen aus, und dafür wird ein zweites Frühstück eingeschoben, ein Imbiß, ein Gabelfrühstück.

Grundlage der meisten Imbisse sind frische, rösche Brötchen und knuspriges Stangenbrot, die mit Schinken, Salami, Butterkäse, Gouda, Filet, Schweinerücken, Huhn, Sardellen, Aal, Lachs, Krabben und Feinkostsalaten veredelt werden. Der Gewinn aus dem „kleinen Appetit" ist relativ groß, weil man mit einem Minimum an Personal und Wareneinsatz auskommt.

**Sonntagmorgen / Brunch-Buffet**

Die Engländer ziehen Frühstück und Mittagessen zusammen und nennen es: brunch. Für alle Langschläfer, Kochmüde, Sologenießer, Zweisame und vor allem für Eltern mit Kindern gedacht, die sonntags die Freizeit genießen wollen. Also: Ein reichgedecktes Buffet lädt zum Schmausen ein. Mittelpunkt des Brunch-Buffets ist ein reichhaltiger Brot- und Gebäckkorb.

Dazu gibt es: Marmeladen, Konfitüren, Honig, Butter, Wurst in Hülle und Fülle, Eier und Eierspeisen, Käse, marinierte Fische, Suppen, frische Salate, Müsli, Milch mit Cornflakes, Orangensäfte, Früchte, Kaffee, Tee oder Schokolade, Desserts. Es bleibt dem Koch und seiner Phantasie überlassen, das Richtige zusammenzustellen. Ein Beispiel: Um nicht einförmig zu werden, bringen manche Gastronomen abwechslungsweise mal Beinschinken, mal Spanferkel, mal Großmutters Sonntagsbraten auf den Tisch.

Siehe auch Seite 479.

# Beispiele

Für Ihr
Zimmerfrühstück.
Bitte vor dem
Schlafengehen an
den Türknopf
hängen.

Ihre Schuhe glänzen morgen früh wieder, wenn sie
heute abend vor die Tür gestellt werden.
Angenehme Ruhe!

In Ihrem Zimmer servieren wir Ihnen ... **Wiener Frühstück** mit Juice, 1 gekochten Ei, Kipferl, Zimtschnecke, Kaisersemmel und Schwarzbrot, Butter, Marmelade, Honig, Frühstückskäse und Leberpastete zum Preis von öS 180,– pro Person.

*Bitte gewünschte Speisen anzeichnen – Menge angeben*

| | | |
|---|---|---|
| ......Kaffee/Obers | ......Tee/Milch | ..............Schokolade |
| ......Kaffee/Milch | ......Tee/Zitrone | ........KoffeinfreierKaffee |
| ......Orangenjuice | ......Grapefruitjuice | .............Tomatenjuice |

À la Carte

......Zwei Spiegeleier oder......Portion Rührei..........................S 36,–
......Speck oder......Schinken oder......Würstchen....................S 60,–
......Omelette natur.........................................................S 54,–
......Corn Flakes......Rice Crispies......Haferflocken......Grießbrei...S 50,–
......Frisches hausgemachtes Bircher Müsli.............................S 95,–
......Pfannkuchen oder......Waffeln mit Sirup..........................S 70,–
......Kalter Frühstücksaufschnitt............................................S 95,–
Besondere Wünsche:..................................................................
.......................................................................................

*Inklusivpreise*

*Service gewünscht zwischen:*

| | | |
|---|---|---|
| ❑6.30–6.45 | ❑7.30–7.45 | ❑8.30–8.45 |
| ❑6.45–7.00 | ❑7.45–8.00 | ❑8.45–9.00 |
| ❑7.00–7.15 | ❑8.00–8.15 | ❑9.00–9.15 |
| ❑7.15–7.30 | ❑8.15–8.30 | ❑9.15–9.30 |

*von......bis......* *bitte ankreuzen*

*Anzahl der Gäste:.........*

*Zimmer Nr.:............* *Datum:..................*

*Unterschrift des Gastes:..................................................*

HOTEL INTER•CONTINENTAL WIEN

We are Inter · Continental

For
Breakfast in your
Room please
hang on outside Door
Knob before
retiring

For a complimentary shoeshine please place your
shoes outside your door before you retire.
Good night!

In your Room we serve … **Viennese Breakfast** with Juice, one boiled Egg, Croissant, Danish Pastry, Breakfast Roll and Rye Bread, Butter, Jam, Honey, soft Cheese and Liver Paté at AS 180,– per person.

*Please circle items desired and indicate number of orders required.*

| | | |
|---|---|---|
| ……Coffee/Cream | ……Tea/Milk | ………………Chocolate |
| ……Coffee/Milk | ……Tea/Lemon | ……Decaffeinated Coffee |
| ……Orange Juice | ……Grapefruit Juice | ……………Tomato Juice |

## À la Carte

……Two Eggs fried or……scrambled………………………………S 36,–
……Side order of……Bacon or……Ham or……Sausage…………S 60,–
……Omelette plain………………………………………………S 54,–
……Corn Flakes……Rice Crispies……Porridge……Cream of Wheat S 50,–
……Fresh housemade Bircher Müesli……………………………S 95,–
……Pancakes or……Waffles with Syrup…………………………S 70,–
……Austrian cold Cuts……………………………………………S 95,–
Special requests:………………………………………………………
……………………………………………………………………………

*Prices all inclusive*

*Desired service time between:*

| | | |
|---|---|---|
| ❑6.30–6.45 | ❑7.30–7.45 | ❑8.30–8.45 |
| ❑6.45–7.00 | ❑7.45–8.00 | ❑8.45–9.00 |
| ❑7.00–7.15 | ❑8.00–8.15 | ❑9.00–9.15 |
| ❑7.15–7.30 | ❑8.15–8.30 | ❑9.15–9.30 |

*from……to……* *please mark requested time*

*Number of Guests:………*

*Room Nbr.:…………* *Date:………………*

*Guest's Signature:………………………………………………*

HOTEL INTER·CONTINENTAL WIEN

We are Inter · Continental

## Frühstückskarte

Ein komplettes Frühstück
(eine Portion
Frühstücksgetränk,
Butter, Marmelade, Honig,
Gebäck)

Ein Wiener Frühstück
(eine Portion
Frühstücksgetränk, Butter,
Marmelade, Honig, Gebäck,
ein weichgekochtes Ei

Eine Portion Frühstücksgetränk
(Kaffee, Tee, Kakao,
Schokolade
oder Milch)

Eine Flasche Mineralwasser
(0,33 l)
(Güssinger, Preblauer,
Römerquelle)

Eine Portion Butter
(20 Gramm)

Eine Portion Marmelade oder
Honig
(20 Gramm) nach Wahl

Ein Joghurt

Eine Portion Birchermüsli

Eine Portion Porridge

Eine Portion Corn-flakes

Ein gekochtes Ei

Eine Portion Spiegeleier (zwei
Stück)

Eine Portion verlorene Eier
(zwei Stück)
auf Toast

Eine Portion Rühreier (zwei
Stück)

Eine Portion Rühreier mit
Schinken

Eine Portion Rühreier mit
Speck,
Schinken oder Würstchen

Ein Omelett (zwei Eier) Natur

Ein Omelett mit Schinken,
Käse oder Champignons

Ein Frühstücksaufschnitteller

Eine Portion kalter Schinken

Eine Portion Käse (nach
Wunsch)

Eine Portion Schinken, Speck
oder Würstchen, gebraten

Eine Portion kaltes Huhn

Ein Rohkostteller

Ein Glas frischer Orangensaft

Ein Glas frischer Grapefruitsaft

Ein Glas Ananassaft

Ein Glas Tomatensaft oder
Pflaumensaft

Eine Portion Fruchtsalat

Ein Stück frisches Obst nach
Wahl

## Guten Morgen

Minifrühstück
eine Tasse Verlängerter mit
Croissant
oder Baguette und Butter

Muntermacher
eine Tasse starker Espresso,
dazu Croissant
oder Baguette mit Butter und
Marmelade

Favorite
eine Tasse Verlängerter, dazu
Croissant oder Baguette
mit Butter und Marmelade,
Orangensaft und
ein weichgekochtes Ei

Make my day
eine Tasse Verlängerter, dazu
frisches Gebäck
mit Butter, Marmelade oder
Honig,
Orangensaft und zwei Eier im
Glas

The morning after
eine Bloody Mary oder ein
Glas Sekt,
frisches Gebäck, Croissants,
Marmelade
und Honig, Butter,
Orangensaft,
starker Espresso

... und wahlweise

Ham and cheese omelett
Scrambled eggs
Ham and eggs

## Frühstücksbuffet

Orangen-, Grapefruit- und
Tomatensaft
Joghurt Natur oder mit
Früchten
Auswahl von Kompotten,
gedünstete Dörrpflaumen
Obst nach Saison

Rice crispies oder Corn-flakes
mit Milch oder Obers
Müsli

Verschiedene Wurst- und
Schinkensorten
Gemischte Käseplatte
Frischer Topfen mit
Schnittlauch

Rühreier mit Speck, Würstchen
oder Schinken

Filterkaffee, Tee, heiße
Schokolade und Milch

Kaisersemmeln,
Mohnweckerln, Plundergebäck
Wiener Croissants
Graham-, Vollkorn- und
Knäckebrot

Butter, verschiedene
Marmeladen und Honig

# Brunchkarten

Englisches Wort, das sich aus **Br**eakfast und Lu**nch** zusammensetzt. Ein Brunch ist ein spätes (meist zwischen 11.30 und 14 Uhr), reichhaltiges Frühstück, das das Mittagessen ersetzt. Es besteht aus Speisen des Frühstücks und des Mittagessens und wird in der Gastronomie hauptsächlich an Sonn- und Feiertagen angeboten.
Siehe auch Seite 474.

## Brunchbuffet

Orangen-, Grapefruit- und Tomatensaft
Joghurt Natur oder mit Früchten
Auswahl von Kompotten, gedünstete Dörrpflaumen
Obst nach Saison

Rice crispies oder Corn-flakes mit Milch oder Obers
Müsli

Verschiedene Wurst- und Schinkensorten
Gemischte Käseplatte
Frischer Topfen mit Schnittlauch

**Warm**

Lauchcremesuppe
Kalbspörkölt mit Tarhonya
Beinschinken, in Brotteig gebacken

Rühreier mit Speck, Würstchen oder Schinken

**Kalt**

Terrine vom Zander
Verschiedene Fische aus der Räucherkammer
Roastbeef mit Spargelspitzen

Filterkaffee, Tee, heiße Schokolade und Milch

Kaisersemmeln, Mohnweckerln, Plundergebäck
Wiener Croissants
Graham-, Vollkorn- und Knäckebrot

Butter, verschiedene Marmeladen und Honig

*Kinderkarten*

Kinderkarten

Drache Grisu-Essen
Stuwelhexen-Essen
Biene Maya-Essen
Heidi-Nachspeise
FUN
FISH
All Day Extras
Awesome Apple Sauce .75
Famous Dolphin Fries .75
Mean Green Salad .75
The Best Part
Hot Fudge Sundae 1.50
Wigglin' Jigglin' Jello .95
Giant Chocolate Chip Cookie 1.00
Mr. Smooth Chocolate Pudding 1.00
Chewey Gooey Fudge Brownie 1.00
KIDS'
mit feinen Karottenscheiben
Kartoffelpüree
Früchten
3.95
6.95

*Auswahl selbstgestalteter, nicht gedruckter Karten (siehe Kapitel „Gestaltung von Karten")*

# Standardspeisenkarten

**Kalte Vorspeisen**
Gepökelte Rinderbrust mit buntem Gemüse in Mostessig und Kernöl
Schüsselpastete vom Wildflügel mit Sauce von gebratenen Äpfeln
Gesulztes vom Hauskaninchen mit roter Zwiebel
Pinzgauer Schlegelspeck mit Senfgurken und Kren
Beinschinkenrolle mit Wurzelgemüse
Rheinankenfilet in kaltem Rieslinggelee
Geräuchertes Forellenfilet mit Oberskren
Marinierte Steinpilze in Essigkräutermarinade
Ochsenmaulsalat
Nußkerne in Traubensaft
Kalte Platte auf Salzburger-Brauhaus-Art

**Suppen**
Schlickkrapferlsuppe
Milzschnittensuppe
Erdäpfelsuppe
Paradeisersuppe mit Bachkresse
Eierschwammerlsuppe mit Gartenkräutern
Eingemachte Hendlsuppe wie aus der Biedermeierzeit
Grießnockerlsuppe
Reibgerstelsuppe
Kalte Himbeersuppe
Kalte Paradeisersuppe mit Topfennockerln
Kalte Biersuppe mit Vollkornkeimlingen

**Zwischengerichte**
Gefüllte Wildkrapferln auf Wacholdersaft
Eingemachtes von der Hendlbrust mit Feingemüse
Forellennockerln mit aufgeschlagener Landbutter
Hausgemachte Blunze und Leberwurst mit Erdäpfelknöderln, braune Butter
Überbackene Schinkenfleckerln

**Fisch**
Gedämpfter Waller mit Senfbutter, geformte Erdäpfel

Donauschill in Backteig mit Gemüsesauce
Forellenjährling mit Salzerdäpfeln, zerlassener Landbutter
Krebsenstrudel auf Paradeiserwürfeln, Naturreis
Aal, im Rohr gebacken
Gekochter Wurzelkarpfen mit Erdäpfeln und Kren

**Fleisch**
Jungfernbraten im Netz, eingemachter Kohlrabi, Schnittlauchplatteln
Tauernlammrücken mit Zwiebelerdäpfeln, Paradeiserauflauf
Ausgelöste Kalbshaxen mit geformtem Gemüse
Gespickter Ziemer mit Eierschwammerln, Serviettenknödel, Preiselbeerkompott
Salzburger Rahmschnitzel mit Goldnockerln
Vanillerostbraten mit Schupfnudeln
Wiener Schnitzel mit Petersilienerdäpfeln, Preiselbeerkompott
Zwiebelrostbraten mit breiten Nudeln
Gefüllte Kalbsbrust auf Wiener Art
Reindlbraten, mitgebratene Erdäpfel, Krautstrudel
Esterházyrostbraten mit Hausmachernudeln
Glacierte Kalbsleber mit Erdäpfelschaum, Apfelmus
Backhendl mit Kopfsalat
Gebratener Schöpsenschlegel mit Majoranerdäpfeln
Rupertigauer Schmankerl mit Knollengemüse
Eierschwammerlgulasch mit Semmelknödel
Gedünsteter Lungenbraten in Petersilienwurzelfond, Kräuternudeln, Feingemüse
Gekochter Tafelspitz, Cremespinat, Erdäpfelschmarren, Schnittlauchsauce, Apfelkren, rote Rüben, Dillgurken

**Gerichte aus den Bundesländern**
Salzburger Schlachtteller
Steirisches Wurzelfleisch
Kärntner Nudeln
Innviertler Kornmehlknödel
Pinzgauer Preßknödel
Zillertaler Krapfen
Wiener Salonbeuschel

Saftgulyas
Feldkirchner Schübling mit sauren Linsen

**Für Kinder**
Salzburger Suppentopf mit Gemüseperlen und bunten Hausmachernudeln

**Salate**
Kipflererdäpfelsalat, Vogerlsalat, Fisolensalat, Gurkensalat
Verschiedene frisch zubereitete Blattsalate, mit Weindressing und Sauerrahm vollendet

**... und zum Nachtisch**
Gezogener Weintraubenstrudel mit Vanillesauce und Haselnüssen
Schwarzbeerplatteln mit saurem Rahm
Wachauer Marillenknödel
Powidltascherln
Mohr im Hemd
Salzburger Koch
Kaiserschmarren mit Zwetschkenröster
Salzburger Nockerln
Mohnnudeln
Topfennockerln mit Rhabarber-Erdbeer-Kompott
Schmankerlgefrorenes auf Ribiselmark und Mandelbögen
Schokoladenflammeri
Windbeugel mit Rahmeis
Reis Trauttmansdorff
Wiener Eiskaffee

**Torten, Kuchen**
Traunkirchner Torte
Sachertorte
Linzer Torte
Malakowtorte
Esterházytorte
Mohntorte
Mohn-, Nußbeugel
Bienenstich
Zwetschkenfleck

Gezogener Apfelstrudel
Marillenkuchen
Marmorgugelhupf
Ischler Krapferln
Topfengolatschen

**Käse aus Österreich**
Bierkäse, Mondseer, Quargel, Tilsiter, Liptauer, Grieskirchner, Achleitner
Frisches Gebäck, hausgemachtes Vollkornbrot, Landbutter

---

**Kalt-warme Vorspeisen**
Salat von Krebsschwänzen und Kaninchen auf grünem Spargel in Trüffelvinaigrette
Tatar von Wildlachs mit Austern auf Sauerrahmkaviar, Zuckerschoten
Mit Leberparfait gefüllte Zungenscheiben, Salat von Wurzelgemüse und Rapunzel
Ragout von Austern, Muscheln, Fischfilets mit kleinem Gemüse, Weißweinbutter in der Blätterteigkassette
Mit Kalbsbries gefüllte Teigtascherln auf grüner Kräutercreme und Pilzen
Ochsenschwanzragout mit Schwammerl im Wirsing auf Beaujolaissauce, Trüffelnudeln

**Suppen**
Schwarzwurzeln, Trüffel und Schwammerl in Tomatenkalbsfond
Rosenkohlsuppe mit Ochsenschwanz und Krüstchen
Muschel-Wurzel-Suppe mit Safranfäden, geröstetes Stangenwürzbrot

**Fischgerichte**
Rosen von der Königsseeforelle mit Lauch und Selleriestreifen auf roter Betesauce, Gemüse und Kartoffelperlen
Zanderfilet mit Muscheln und Gemüsearomat auf Eisweinsauce, Trüffelnudeln
Frikassee von Hummer, Seeteufel, Jakobsmuschel und grünem Spargel, Gemüsereis

**Fleischgerichte**
Geschmortes Freilandhähnchen in Beaujolais Primeur mit Winterzwiebeln und Rübenallerlei, Safran-Trüffel-Nudeln
Delice vom Kaninchen auf Gemüseallerlei, rosa Pfefferrahm, Polentanocken
Tournedos vom Angusrind auf Austernsauce, Schnittlauchmark, Schotengemüse, Nußkartoffeln
Hirschkalbsnüßchen im Rauchwammerl auf Wacholderjus, Rosenkohl, Traubenkonfit, Brandteigkrapferl

**Käseauswahl vom Wagen**

**Desserts**
Birnensülze auf Feigenkompott
Glasierte Renetten auf Pistaziencreme mit Eis

---

**Kalte und warme Vorspeisen**
Gemüse-Pfifferling-Sülze auf kleinem Salat mit rosa gebratenem Hasenrücken
Frischkäseterrine mit Lachs aus der Limettenbeize
Salat von grünen Nudeln, Pfifferlingen und Hummer
Lottemedaillon, mit Apfel-Chili-Chutney überbacken, Wildreissplitter
Maultaschen von Sommertrüffel und Gänseleber im Portweinfond

**Suppen**
Karottenrahmsuppe mit Kaiserschoten und Sesam
Pfifferlingessenz mit pochiertem Wachtelei
Kohlrabisüppchen mit Langostinos

**Fischgerichte**
Zanderfilet unter der Rauchaalkruste, Kurkumasauce, junger Blattspinat und Kartoffelperlen
Frikassee vom Petersfisch mit frischen Pfifferlingen und Reistimbale
Steinbuttfilet auf Leberrahm, Kartoffel-Zucchini-Mosaik

**Fleischhauptgänge**

Nüßchen von der Kalbsniere in Feigensenfsauce, kleines Gemüse, Mandelreis

Kaninchenrücken mit Gemüsestreifen im Reispapier, japanische Sauce

Wachtelbrust und -keule in Sojasauce, Sprossen und Gemüsekeimlinge, Nudelschnecken

Piccata vom Kalbsfilet auf Tomatenfondue, Brokkoli und Basilikumnudeln

Tournedos vom Rinderfilet mit Pfifferlingen in Kräuterrahm, Olivenkartoffeln

**Desserts**

Gratin von Erdbeeren und Aprikosen

Nektarine, mit Früchteratatouille gefüllt, auf Rieslingschaum

Weißkäseauflauf mit frischen Beeren

---

**Kalte und warme Vorspeisen**

Rotbarbenfilet aus der heißen Gemüsebeize auf kleinem Salat

Carpaccio vom Rinderfilet mit Salat von Pfifferlingen

Sülze von rosa Grapefruit in Campari mit gebratenen Langostinos auf Mascarponecreme

Frische Pfifferlinge in Kräuterrahm mit kleinem Brezenknödel

Eintopf von Hummer, Jakobsmuscheln und Riesengarnelen mit Meerbohnen im Kurkumafond

**Suppen**

Perlhuhnessenz mit Glasnudeln und Gemüsestreifen

Salbeisüppchen mit Rauchentencroûtons

Bouillabaisse mit heimischen Fischen

**Fischgerichte**

Zanderröllchen auf Rauchforellensauce, Gurken- und Kartoffelperlen

Lachsschnitzel in Olivenöl, kleine Gemüse und Krebsnudeln

Steinbutt auf Mango-Ingwer-Sauce, Brokkoliröschen und roter Reis

**Fleischgerichte**
Perlhuhnbruststreifen, im Brioche gebacken, Basilikumtomaten, gegrillte Zucchini, Grießnockerl
Geschmorte Kaninchenkeule auf Schnippelbohnen und Thymiankartoffeln
Navarin vom Lammrücken mit Rübchen und Kartoffeln
Ochsenfiletwürfel mit kleinem Gemüseragout in Schnittlauchsauce, Bandnudeln
Medaillons vom Kalb mit frischen Kräuterpfifferlingen

**Desserts**
Gratin von Beeren und Aprikosen
Crêpes mit flambierter Nektarine
Sorbets mit ihren Früchten

---

**Kalte und warme Vorspeisen**
Gebratene Langostinos mit Grapefruit und Mascarpone
Rotbarbenfilet auf Pfifferlingsalat in Nußöldressing
Gebeizte Rinderlende auf Bohnen-Schwammerl-Salat mit Kaviarschaum
Salat vom Wachtelbrüstchen mit frischem Sauerkraut und Kurtrauben
Kleiner Eintopf von Steinpilzen, Fasan, Bröselknödel in Basilikumbuttersauce

**Suppen**
Doppelte Kraftbrühe mit Briespofesen
Aufgeschlagene Kürbissuppe mit seinen Kernen
Fasanenessenz mit Geflügellebercroûtons

**Fischgerichte**
Steinbutt mit Sesam auf weißer Trüffelsauce, Blattspinat und Hörnchenkartoffeln
Seezungenfilet mit Hummer auf Kukuruzsauce, Dillgurken, Wildreis
Rotbarbe auf Pinienkernsauce, Zucchiniragout und Olivenkartoffeln

**Hauptgerichte**
Lasagne von Kalbsfilet, Gemüsen und Mozzarella auf Basilikumsauce
Fasanenbrüstchen auf Maronenrahm, Cognactrauben, Champagnerkraut und Mousselinekartoffeln
Sisteron-Lammrückenfilet mit Thymian, Zucchiniragout, Nußkartoffeln
Warmes Roastbeef vom Aberdeenrind am Stück gebraten (ab zwei Personen)

**Käseauswahl vom Wagen**

**Dessert**
Parfait von Maronen auf Traubenkonfit
Gratinierte Feigen mit Sorbets

---

Als Apéritif empfehlen wir Ihnen ein Kir Royal

**Vorspeisen**
Lachsrilette auf Kefirschaum
Wolfsbarsch mit Sauerrahm und Kaviar auf kleinem Wiesensalat
Gebeiztes Lammrückenstück auf Zucchini-Linsen-Salat
Salat von Kalbsbries und Pfifferlingen in Walnußöl mit Gänseleberparfait
Gebratene Riesengarnele mit Avocados, Mascarponecreme
Hummer und Gänseleber, im Brioche gebacken, auf Pfifferlingsalat

**Suppen**
Kaltes Birnensüppchen
Doppelte Rinderkraftbrühe mit Rahmschöberl
Suppe von grünen Bohnen mit Rauchwammerl
Pfifferlingessenz mit Bergthymian und Bröselknödeln
Cremesuppe von Herrenpilzen
Rahmsuppe von Jakobsmuscheln mit Dillgurken

**Zwischengerichte**
Vollkornnudelrolle mit Spinat und Mozzarella auf Basilikumtomaten

Frische Pfifferlinge in Kräuterrahm mit Knödelscheiben
Roulade vom Chiemseezander auf Rauchforellensauce und Blattspinat
Kleiner Eintopf von Edelfischen und Gemüsen im Safranfond
Lasagne von Jakobsmuscheln und Zucchinis auf Pinienkernsauce

**Fischgerichte**
Gefülltes Zanderfilet in der Beizlachshülle auf Grüner-Veltliner-Sauce, Spinat und Dampfkartoffeln
Saibling auf Basilikumtomaten, mit Bergkäse überbacken, Gurken- und Kartoffelperlen
Königsbrasse in Champagnergemüse-Sauce mit Kräuternudelschnecke
Rotbarbenfilets auf Paprikaschaum mit Wildreisplätzchen
Gefülltes Petersfischfilet auf gebratenen Pfifferlingen, Rieslingsauce, Schloßkartoffeln
Wolfsbarsch unter der Kräuterkruste auf Spinatsauce und Rotweinschalotten, Kreolenreis

**Hauptgänge**
Perlhuhnbrust mit Salbei und Parmaschinken auf Rotweinbutterjus, Brokkoliröschen und Fadennudeln
Kaninchensattel auf frischen Herrenpilzen in Rahm, hausgemachte Bandnudeln
Medaillons vom Kalbsfilet, mit Mozzarella überbacken, Olivenschaum, Gemüseragout und Polentaschnitten
Rehmignons auf Ribiselrahm, Eierschwammerl und Apfelrösti
Tournedos vom Lammrücken, im Rupertigauer Bergheu gebraten, Butterjus, Zucchini-Tomaten-Ragout, Reiberdatschi
Rinderfilet, im Gemüsefond serviert, mit Schnittlauchsauce, Kartoffeln

**Ab zwei Personen**
Rehrücken mit Ribiselrahm, Schwammerl, Brokkoli und Apfelrösti

**Käse**
Französischer Käse aus dem Hause Androuét, Paris

**Dessert**
Kleine Apfelkücherl auf Vanilleschaum
Nektarinenparfait auf Joghurt-Mandel-Sauce
Vollkorncrêpe mit frischen Früchten in Grand-Marnier-Schaum
Weißkäseauflauf mit gezuckerten Beeren
Gratin von Saisonfrüchten und Sorbets

---

Als Aperitif empfehlen wir Ihnen Birnenschaumwein

**Vorspeisen**
Frischer Stangenspargel in Trüffelvinaigrette mit gebackenen Kalbsbriesscheiben
Kaninchenrückenfilet auf Artischocken und Friséesalat
Forellengalantine mit Kräutercreme und Kaviar
Tatar von gebeiztem Lachs, Jakobsmuscheln und Matjes mit Dillkartoffeln
Roh marinierte Gemüse und Sprossen mit Gänselebervariation
Filets von der Rotbarbe mit Salat von La-Ratte-Kartoffeln in Bärlauchdressing
Gebratene Wildtaubenbrust auf Sauerkrautsalat in Estragonvinaigrette

**Suppen**
Doppelte Kraftbrühe von Alpenschinken mit Mettkrusteln
Suppe von jungen Radieschen
Brennesselsüppchen mit gebranntem Sesam
Kräutersüppchen mit Jakobsmuschelscheiben
Hirnsuppe mit Bröckerln
Kraftbrühe von der Königsseeforelle mit Safranfäden und Zanderstrudel

**Zwischengerichte**
Vollkornravioli mit Quarkfüllung und Kräutern
Kleines Ragout von Austernpilzen und Gemüsen mit Grünkernnockerln

Langostinos und Jakobsmuscheln auf Spargel
Gebratene Gänseleber mit glasiertem Rhabarber
Canneloni von Hummer und Steinbutt auf Safransauce
Kleiner Eintopf von Spargel, Hummer und Kalbsbries

**Fischgerichte**
Filets von der Königsseeforelle auf Bachkressesauce, Kartoffel- und Gurkenperlen
Gebratene Jakobsmuscheln auf Rogenschaum, Zucchinispaghetti und wilder Reis
Butterteigblättchen mit Lachs und Steinbutt auf Schnittlauchsauce, Stangenspargel
Roulade vom Zander mit Garnele auf Grüner-Veltliner-Sauce, Blattspinat und Reistimbale
Ganze Seezunge, in Limetten-Tomaten-Butter gebraten, Spinat und Schloßkartoffeln
Steinbuttschnitte, mit Sardellen gespickt und im Safransud pochiert, kleines Gemüse und Kreolenreis

**Hauptgänge**
Kaninchenrücken im Zucchinimantel auf weißer Portweinsauce, Romanesko, Rote-Bete-Nudeln
Wildschweinmedaillon auf Hagebuttenrahm, Wirsing mit Rauchwammerl, Butternockerl
Rücken vom Milchzicklein auf Zucchini-Auberginen-Mosaik, Barolosauce und Kartoffelplätzchen
Wildtaubenbrust, in Kräutern gebraten, Honigchicorée, gespritzte, mit Käsesahne überbackene Kartoffeln
Kalbsfilet in der Parmesaneihülle auf Basilikumspaghetti, geschmolzene Tomaten
Lasagne vom Rinderfilet und Gänseleber, Brokkoliröschen und Rösti

**Ab 2 Personen**
Lammrückenstück, in Rupertigauer Bergkräutern gebraten, Butterjus, Tomaten-Zucchini-Gemüse, Kartoffelrösti

**Dessert**
Marmoreisbömbchen mit Schattenmorellen
Rharbarbersorbet und Kompott

Bayerische Creme auf marinierten Früchten
Vollwertschokocrêpe mit Rhabarber und Erdbeeren
Quarkauflauf mit frischen gezuckerten Erdbeeren

---

**Vorspeisen**
Geräucherte Entenbrust und Leber mit Ackersalat und jungen Keimlingen
Wildhasenfilet mit hausgemachten Bandnudeln, Haselnußjus, Karamelbirnen
Carpaccio von Jakobsmuscheln und Steinbutt mit Lachsrose auf Kaviarcreme
Rotbarbe und Jakobsmuscheln in Olivenöldressing
Gebratene Taubenbrust auf Sauerkrautsalat in Estragonvinaigrette mit marinierten Orangen

**Suppen**
Rinderessenz mit Hirnpofesen
Gänsekraftbrühe mit roten Linsen und Haselnußnockerln
Rahmsuppe von Winterzwiebelchen und Parmesankrusteln
Schwarzwurzelsüppchen
Fischbeuschelsuppe vom Karpfen

**Zwischengerichte**
Roggencrêpes, mit Anischampignons gefüllt
Maultaschen von Waller und Kresse in Butterfond
Langostinos, im Sesammantel gebraten, auf Zucchinischaum
Gebratene Gänseleber auf Birnenmark und Birne
Jakobsmuscheln und Seeteufel im aromatisierten Tomatenfond
Pot-au-feu von Kalbsbries und Hummer im Clementinen-Basilikum-Fond

**Fischgerichte**
Bachforelle, mit Basilikumtomaten und Bergkäse überbakken, Gurken und Kartoffelperlen in Dillbutter
Zanderfilet in der Semmelkrenkruste auf weißer Burgundersauce, Herbstgemüse, Schwenkkartoffeln
Waller, mit Briochebröseln überbacken, auf Grüner-Veltliner-Sauce, Rote-Bete-Kartoffel-Mosaik

Karpfenfilet in Lebkuchensauce mit Dörrpflaumen und Nüssen, Rosinenrisotto
Filets von der Rotbarbe auf Tomaten, Zucchinis in Rosmarinsauce, Reistimbale
Steinbutt, mit Sellerie und Trüffeln belegt, auf Pinienkernsauce, Kreolenreis

**Fleischgerichte**
Tournedos vom Wildhasen und Kaninchen mit roten Linsen, Schupfnudeln
Medaillons vom Wildschwein auf Hetschepetsch-Sauce, Rosenkohlblättchen und Butternockerln
Gänsebrust aus der Salbeibeize auf Hollerjus, junge Bohnen und Sesam-Kartoffel-Kücherl
Fasanenbrüstchen, im Weinkrautmantel gegart, Wacholdersauerrahm und gespritzte Kartoffeln
Lasagne vom Kalbsfilet, Zucchini und Vollkornnudelfleckerl auf Oreganotomaten
Rinderfilet, im Gemüsesud serviert, mit Petersiliencreme, geraffelter Meerrettich und Kartoffeln

**Ab 2 Personen**
Rehrücken mit Quittenjus, glasierten Trauben und Maronen, Apfelrotkohl und handgeschabte Spätzle

**Dessert**
Lebkuchenparfait im Marzipanmantel
Marinierte Orangenfilets mit Grand-Marnier-Schaum und Sorbet
Mandarinencharlotte auf Fruchtspiegel
Crêpes mit gebrannten Feigen auf Vanille-Grand-Marnier-Creme
Maronenauflauf mit Pralineneis und Orangen-Maronen-Ragout
Komposition von Früchten, Cremes und Sorbets

# Wiener-Beisl-Speisenkarten

## Das Wiener Gasthaus – Beisl

Das Wiener Beisl ist eine Institution, in der alle Gesellschaftsschichten verkehren. Zu Kaisers Zeiten ging man schon zum „Gabelfrühstück" in sein „Stammbeisl" (Stammlokal), um sich mit einer Kleinigkeit zu stärken. Diese Sitte ist bis heute erhalten geblieben; hin und wieder ißt man zum Beispiel zur Vormittagszeit ein kleines Gulyas und trinkt ein Seidl Bier dazu. Wenn man sehr zeitig frühstückt, wird der Hunger bis zur Mittagsmahlzeit mit diesen Zwischengerichten überbrückt.
Diese Zwischengerichte, die typisch für Österreich bzw. Wien sind, werden aber auch als Hauptmahlzeit gereicht.

## Wiener-Beisl-Speisenkarten

**Vorspeisen**
Gemischte Aufschnittplatte
Eier in Essig und Öl
Mayonnaiseei
Russisches Ei
Haussulz mit Kernöl
Knackwurst mit Zwiebeln
Ochsenmaulsalat mit Zwiebeln
Gefüllte Paradeiser
Saures Rindfleisch
Rindfleischsalat, garniert
Schinkenrolle, garniert
Selchfleisch mit Kren

**Suppen**
Eintropfsuppe
Wiener Erdäpfelsuppe
Fischbeuschelsuppe
Flecksuppe
Frittatensuppe
Ganslsuppe

Grießnockerlsuppe
Legierte Grießsuppe
Gulyassuppe
Hirnpofesensuppe
Hühnereinmachsuppe mit Markknöderln
Kaiserschöberlsuppe
Kalbskopfragoutsuppe
Krautsuppe
Leberknödelsuppe
Lungenstrudelsuppe
Milzschnittensuppe
Panadlsuppe
Tagessuppe
Wiener Suppentopf

**Gabelfrühstück**
Kleines Beuschel
Bruckfleisch
Kleines Gulyas
Hirn mit Ei
Krenfleisch
Geröstete Leber
Geröstete Nierndln mit Hirn
Saure Rindsnieren
Tellerfleisch
Würstel mit Gulyassaft

**Fertige Speisen**
Beinfleisch mit Essigkren
Gefülltes Brathendl mit Erdäpfelsalat und Vogerlsalat
Blunze mit Sauerkraut und Gröstl
Esterházyrindsschnitzel mit Petersilienerdäpfeln
Faschierte Laibchen, Erdäpfelsalat
Gedünstete Fledermaus mit Bandnudeln
Gespicktes Rahmherz mit Teigwaren
Girardirostbraten mit Serviettenknödel
Grammelknödel mit Sauerkraut
Grenadiermarsch
Bauerngulyas

Erdäpfelgulyas
Fiakergulyas
Schweinsgulyas mit Nockerln
Znaimer Gulyas
Jungschweinebraten mit Erdäpfelknödel
Eingemachtes Kalbfleisch mit Markknöderln
Gefüllte Kalbsbrust mit Häuptelsalat
Glaciertes Kalbsfrikandeau mit Champignonreis
Kalbsnierenbraten mit Reis
Kalbspörkölt mit Tarhonya
Kalbsvögerl mit Risipisi
Krautfleckerln
Kruspelspitz mit Spinat
Kümmelbraten mit Krautsalat
Kümmelfleisch
Leberwurst mit Gröstl
Majoranfleisch
Mageres Meisel mit Nierndlsauce
Ochsenschlepp mit Bandnudeln
Gefüllte Paprika mit Salzerdäpfeln
Paprikahuhn mit Nockerln
Reisfleisch mit Käse
Saftfleisch
Salonbeuschel mit Spiegelei
Schopfbraten mit gemischtem Salat
Schwammerlsauce mit Semmelknödel
Gebratene Schweinsstelze mit Erdäpfelsalat
Schulterscherzel mit brauner Zwiebelsauce
Stephaniebraten, Erdäpfel und Salat
Steirisches Wurzelfleisch mit Kren
Szegediner Krautfleisch
Tafelspitz, kalt und warm garniert
Überbackene Schinkenfleckerln

**Frischgemachte Speisen**
Backhendl
Gebackenes Bries
Gebackenes Hirn
Gebackener Kalbskopf

Glacierte Kalbsleber
Gebackenes Kitz
Gebackene Stubnmadlhaxn
Vanillerostbraten
Zwiebelrostbraten
Kaiserschnitzel
Naturschnitzel
Pariser Schnitzel
Wiener Schnitzel
Gebratene Schweinskarbonaden

**Gemüse und Beilagen**
Bandnudeln
Buttererdäpfel
Geröstete Erdäpfel
Gstürzte Erdäpfel
Heurige Erdäpfel
Majoranerdäpfel
Salzerdäpfel
Fisolen mit Butter
Feine Gemüseplatte mit Spiegelei
Karfiol mit Butter und Bröseln
Erdäpfelknödel
Semmelknödel
Serviettenknödel
Eingemachter Kohl
Rotkraut
Weinkraut
Apfelkren
Semmelkren
Linsen mit Speck
Mischgemüse
Butterreis
Champignonreis
Gemüsereis
Risipisi
Geschälte Salzgurke
Nierndlsauce
Schnittlauchsauce

Tatarensauce
Sauerkraut
Spargelbohnen
Eingemachter Spinat

**Salate**
Bohnensalat
Erdäpfelsalat
Französischer Salat
Gemischter Salat
Gurkensalat
Häuptelsalat
Kipflersalat
Mayonnaisesalat
Paradeisersalat
Rote-Rüben-Salat
Speckkrautsalat
Vogerlsalat

**Käse**
Brimsen, garniert
Camembert
Emmentaler
Passierter Gorgonzola mit Butter
Liptauer
Quargel mit Essig und Öl

**Kompotte**
Apfelkompott
Feingemischtes Kompott
Kirschenkompott
Marillenkompott
Pfirsichkompott
Preiselbeerkompott
Zwetschkenkompott
Zwetschkenröster

**Mehlspeisen**
Dukatenbuchteln mit Kanarimilch
Germknödel mit Mohn

Marillenknödel
Topfenknödel mit Zwetschkenröster
Gewuzelte Mohnnudeln
Marmeladepalatschinken
Überbackene Topfenpalatschinken
Scheiterhaufen
Schlosserbuben
Schönbrunner Reis
Altwiener Apfelstrudel
Milchrahmstrudel
Topfenstrudel
Weintraubenstrudel
Zwetschkenstrudel
Dobostorte
Esterházytorte
Malakowtorte mit Schlag
Sachertorte mit Schlag
Wäschermädeln
Weinkoch

# Bayrische Standardkarten

**Brotzeiten**
Bierkaltschale
Essignudeln
Kartoffelschmarrn
Leberkäs
Eingemachter Leberkäs
Obatzda
Grünwalder Ritterzipfe
Rottaler Streichkäs
Tellersulz vom Spanferkelkopf
Weißwurst
Regensburger Wurstsalat
Ochsenmaulsalat
Preßsack in Essig/Öl
Radi
Schinken in Brotteig
Schweinswürstl

**Suppen und Eintopfgerichte**
Abgeschmolzene Bier-Brot-Supp'n
Butterklößchensuppe
Hirgstsuppe
Leberknödelsuppe
Grimmiteigsuppe
Münchner Kräutersuppe
Bratnockerlsuppe
Bratstrudelsuppe
Leberspatzensuppe
Milzsuppe

**Gemüse, Pilzgerichte, Salate, Soßen**
Bratwürstl auf bayerischem Kraut
Hechtenkraut
Sauerkraut mit Gselchtem
Schwammerl mit Semmelknödeln
Hausgemachter süßer Senf
Regensburger Wurstsalat
Reherl in Rahm

**Fischgerichte**
Hechtenkraut
Isarhuchen
Tegernseer Renke
Gebackener Karpfen blau
Saibling vom Königssee

**Fleisch- und Wurstgerichte**
Niederbayerisches Beuscherl
Böfflamott
Bratwürstl mit bayerischem Kraut
Gefüllter Brustbraten
Hasenrücken mit Champignons
Krautwickerl
Kalbshaxn
Kalbsvögerl, Kalbsherz, Kalbsbries
Krenfleisch mit Wurzeln und Stampfkartoffeln
Kronfleisch
Schpofackl
Eingebackener Leberkäs
Münchner Sauerbraten
Bayerischer Schweinsbraten
Schlachtschüssel
Tellerfleisch
Schweinshaxn, gebraten oder gegrillt
Surhaxn
Milzwurst
Herzerl sauer
Lüngerl

**Wild und Geflügel**
Fasan mit grünem Wacholder
Gamskeule
Kirchweihganserl
Rehragout mit gescheckelter Milli
Schnepfen
Osterkitzerl
Wildsaubraten

**Knödel, Mehl- und Eierspeisen**
Bauchsteckerl
Blinde Tauben
Dampfnudeln mit Vanillesoße
Essignudeln
Gwichste
Kartoffelmaultaschen
Kartoffelschmarrn oder Erdäpfelzwirl
Topfennudeln
Reiberdatschi
Brotküchlein
Fingernudeln
Mehldotsch
Schuchsen
Semmelknödel
Rohrnudeln
Schinkenknödel
Scheiterhaufen
Passauer Schlosserbuom
Schönmus-Auflauf
Oberpfälzer Schuh
Semmelschmarrn mit Zwetschgenei'gmachts

**Zum Nachtisch**
Ananascreme
Apfelcreme
Fastnachtskrapfen
Hasenöhrl
Schuchsen
Semmelschmarrn
Hollerkiacherl
Bayerische Krem
Erdbeersahnekuchen
Feiner Nußkuchen
Münchner Prinzregententorte
Käsekuchen mit Baiser
Nuß-Schlagrahm-Torte

## Bayrische Karte

**Vorspeisen (kalt)**
Rindfleischsulz mit Wurzelgemüse und Kräutersoße
Lauwarmes Kalbsbries und Züngerl mit Vogerlsalat und Radieschen
Semmelknödel in Essig und Öl mit Regensburger Wurst in Scheiben mit Zwiebelringen
Geräuchertes Renkenfilet mit Apfelmeerrettich
Bayrisches Voressen (Kutteln) süß-sauer
Lüngerl mit Semmelknödel

**Vorspeisen (warm)**
Hechtnockerln auf Blattspinat mit Rieslingsoße
Bachsaiblingsfilet an Sauerampfersoße
Münchner Kronfleisch im Wurzelsud mit geschabtem Meerrettich
Bunte Nudeln mit Kalbfleischklößchen und Schwammerln

**Suppen**
Pfannkuchensuppe
Milzpüreesuppe
Grießnockerlsuppe
Bayrische Festtagssuppe (Grießnockerl, Leberspätzle, Pfannkuchen)

**Hauptspeisen (Fisch und Fleisch)**
Karpfen nach Fränkischer Art mit Salzkartoffeln und Hausfrauensalat
Donauwaller im Wurzelsud mit Senfbutter und Dampfkartoffeln
Goasbraterl (gepökelter Brustspitz vom Schwein, gebraten) mit bayrischem Kraut und Münchner Kartoffelknödel
Gefüllte Kalbsbrust mit Kartoffel-Gurken-Salat
Beef à la mode (bayrischer Sauerbraten) mit Brezenknödel
Schweinefilet, gefüllt, im Strudelteig mit Rahmspinat und Kartoffelkücherl
Kalbshaxe, gesotten, auf Münchner Art mit Salzkartoffeln
Gebackene Kälberfüße mit Sauce rémoulade und Kartoffel-Gurken-Salat

Münchner Schnitzel (gefüllt mit Weißwurstbrät), Kartoffelsalat und gemischter Blattsalat
Bauernganserl, gefüllt mit Blaukraut, in Sauerrahmsoße, mit Spätzle, Reherl und Bratapfel
Gamsschlegel, in Rotwein geschmort, mit Fingernudeln, Birnenkompott und Preiselbeeren
Lammschulter, gedämpft nach Art der Mutter, auf Weißbrot, Zwiebel, Wurzelgemüse mit Kartoffelkücherl
Rehschäuferl mit frischen Rahmpilzen, hausgemachten Spätzle und Preiselbeeren
Hausgemachte Maultaschen mit Schmelzzwiebeln und Kartoffelsalat

**Nachspeisen**
Apfelkücherl mit Zimtzucker
Zwetschkenstrudel mit Vanillesoße
Reiberdatschi mit Apfelmus
Warmer Rhabarberkuchen mit Hollertauch
Kirsch-Pfannenkuchen
Apfel-Karotten-Sorbet
Bratapfel Walterspiel mit Aprikosensoße
Waldbeeren, überbacken
Bayrische Creme mit Erdbeeren

# Internationale Speisenkarte (dreisprachig)

**Les Hors-d'œuvre**

Hummermedaillons in Champagnergelee
Médaillons de homard en gelée au champagne
Lobster-medaillons in champagne-jelly

Zander-Terrine auf Kressesabayon
Terrine de sandre au sabayon de cresson
Perch-pike terrine on watercress sabayon

Rohschinken mit eingelegtem Wildgemüse
Jambon cru aux légumes sauvages marinés
Raw ham with pickled wild vegetables

Geräucherter schottischer Lachs mit Kaviarparfait
Saumon d'Écosse fumé avec parfait au caviar
Scottish smoked salmon with parfait of caviar

Hausgemachte Gänseleber mit Gewürztraminergelee
Foie gras «Maison» avec gelée de «Gewürztraminer»
Home-made gooseliver with jelly of "Gewürztraminer"

Gourmetsalat (Blattsalat mit Wachtelpraline, Gänsestopfleber, Wachtelei, Kaninchenfilet)
Salade Gourmandise (Salade verte avec praline de caille, terrine de foie gras, œuf de caille, filet de lapin)
Courmet-Salad (Salad-leaves with quail praline, gooseliver, quail egg, fillet of rabbit)

Belugakaviar auf Eis mit Blinis und Sauerrahm
Les perles noires «Beluga» sur bloc de glace avec Blinis et crème
Beluga Caviar on ice with Blinis and sour cream

**Les Potages**

Rindsuppe mit Gemüsestrudel und Mark
Consommé avec stroudel aux légumes et moëlle
Consommé with vegetable-strudel and marrow

Wiener Erdäpfelsuppe
Soupe de pommes de terre «viennoise»
Viennese potato-soup

Hummerschaumsuppe mit Anisgebäck
Bisque de homard avec pain à l'anis
Lobster bisque with aniseed-bread

Kalte Melonensuppe mit Portweinsorbet
Potage de melon froid avec sorbet au Porto
Cold melon-soup with portwine-sorbet

**Les Poissons et Crustacés**

Lachsfilet in Schnittlauchcreme
Filet de saumon à la crème à la ciboulette
Salmon fillet in chives-cream

Variationen von heimischen Fischen auf Gemüsestreifen
Variations de poissons de pays sur julienne de légumes
Variations of fishes of the region on vegetable-stripes

Seezungenspiralen in Zucchinibutter
Délices de sole au beurre de courgettes
Sole spirales with zucchini-butter

Anglermedaillons auf Hummerragout
Médaillons de lotte sur ragoût de homard
Lot medaillons on lobster ragout

**Les Plats à la Minute**

Kalbsfilet in Morchelschaum
Filet de veau au mousse de morilles, nouilles au beurre et légumes de la saison
Veal fillet in morels-sauce, butter-noodles and vegetables

Lamm in Kräuterkruste mit glacierten Schalotten
Agneau en croute aux épices avec échalotes glacées
Lamb in crust of fines herbes and glazed shallots

Rindsmedaillons in Merlotsauce, Gemüsebouquet
Médaillons de bœuf avec sauce au Merlot, bouquetière de légumes
Beef-medaillons in Merlot-sauce, bouquet of vegetables

Filetspitzen in Pfefferrahm, Kräuternudeln
Filet de bœuf à la sauce poivre, nouilles aux épices
Beef fillet "mignons" with pepper-sauce, fines herbes noodles

Schweinsfilet auf Senfkeimlingen, Kartoffelnudeln
Filet de porc sur germes de moutarde, nouilles de pommes de terre
Fillet of pork on mustard seedlings, potato-noodles

Rosa gebratene Entenbrust mit Apfelconfit
Poitrine de caneton rôtie à point avec confit de pommes
Breast of duck under-done with aples-"confit"

Poulardenbrust auf Morchellauch, Kartoffelgalettes
Suprème de volaille sur morilles et poireaux, galettes de pommes de terre
Breast of chicken on morels and leeks, galettes of potatoes

**Les Plats pour Deux**

Doppeltes Rindslungenbratenstück, Gemüsegarnitur, Sauce béarnaise
Filet double de bœuf, légumes assortis, sauce béarnaise
Double fillet of beef, vegetable garnish, béarnaise sauce

Gebratenes Perlhuhn mit Wirsing und Maisgalettes
Pintade rôtie, chou frisé et galettes de maïs
Roast guinea-fowl with savoy cabbage and corn pancakes

**Les Desserts**

Eisomelette
Omelette surprise
Omelette with ice-cream

Palatschinken „Johann Strauß"
Pannequets à la Béchamel à l'orange
Béchamel pankcake with orange

Nußkoch
Soufflé viennois aux noix
Viennese nut souffle

Kaiserschmarren
Omelette rissolée
Viennese browned omelette

Apfelstrudel
Stroudel aux pommes
Apple strudel

Fruchtknödel
Quenelles aux fruits
Fruit dumplings

Bananen, überbacken, mit Schokoladesauce
Bananes flambées à la sauce au chocolat
Banana flambé with chocolate sauce

Ananasscheiben in Backteig
Beignets d'ananas
Sliced pineapple fritters

Malakofftorte
Tarte à la «Malakoff»
Malakoff cake

# Spezialitäten- und Saisonkarten

## Wildkarten

Obgleich tiefgefrorenes Wild ganzjährig gelagert werden kann, besteht doch allgemein ein zeitlich und mengenmäßig begrenztes Aufkommen vom frischen Wild. Für die Gastronomie ergibt sich daraus die Verpflichtung, besonders zur Jagdzeit alle nur erdenklichen Wildspezialitäten – kalt und warm zubereitet – anzubieten.
In bezug auf die Zubereitung von Wild hat jedes Land Vorlieben und Eigenheiten, Traditionen, die das Brauchtum einzelner Regionen widerspiegeln. Wildarten, die in einer Gegend beliebt sind, werden zum Beispiel in einer anderen verschmäht.
Viele traditionelle Wildgerichte werden heute von gezüchtetem Haar- und Federwild zubereitet. Die Gewohnheit, spezielle Wildgehege und beaufsichtigte Zuchtgebiete zu schaffen, reicht bis zu den Römern zurück (so konnten wohlhabende Gourmets jederzeit ihre Lieblingsgerichte genießen).
Zur Zeit Ludwigs XIV. hatte fast jeder kleine Hof eine Fasanerie. Im Mittelalter und in der Renaissance bestimmte die Jagd in Europa einen wesentlichen Teil des höfischen Lebens.
Bei den üppigen höfischen Banketten des 16. und 17. Jahrhunderts war die Präsentation des Wildes oft wichtiger als seine Zubereitung. Die aristokratischen Jagdtraditionen wurden bis ins 19. Jahrhundert beibehalten.
Noch heute werden in ländlichen Gebieten Jagd- und Wildessen nach überlieferten Traditionen veranstaltet.

### Wildspezialitätenauswahl

Taubenterrine mit Stopfleber, gefüllt, mit einem Feldsalat auf Eierschwammerln
Wachtelterrine mit Haselnußvinaigrette und Vogerlsalat
Geräucherter Rentierschinken mit Preiselbeerobers und frischen Feigen

Galantine von Perlhuhn und Wachtel auf Apfelscheiben mit Sauerkirschsauce

Wildkraftbrühe mit pochiertem Wachtelei und Lauchstreifen
Perlhuhncremesuppe mit einem Walnuß-Obers-Häubchen
Wildcremesuppe mit Austernpilzen
Fasanenconsommé mit Calvados und Zimtstangerln

Nockerln vom Rehfleisch mit einer Sauce von Waldpilzen
Gefülltes Rehschnitzel mit Nußkernen in Hagebuttensauce, Ingwercrêpes
Gebratene Fasanenbrust mit Morchelsauce, Briocheknöderln und Marsalasauerkraut
Entbeinte Wachtel, gebraten, mit Kalbsbriesfüllung auf Wirsing in Rahm

Gebratene Taubenbrust mit frischen Steinpilzen und Linsenplätzchen, Portweinschalotten
Ausgelöster Rehrücken mit Wirsing im Strudelblatt auf Ginobers, Kürbisgemüse
Hirschkalbsgulyas mit Orangen- und Grapefruitfilets im Butterteigpastetchen
Ausgelöstes Rückenfilet vom Wildhasen, in der Sesamkruste gebraten, auf einer Lebkuchensauce, Steinpilz-Kartoffel-Crêpes, glaciertes Saisongemüse

Geschnetzeltes Hasenfilet in Calvadosrahm mit Apfelperlen und breiten Nudeln
Gebratenes Hirschnüßchen in Rotweinsauce mit jungen Zwiebeln, heißen Sauerkirschen, gebratene Serviettenroulade
Ausgelöstes Rückenfilet vom Feldhasen auf Austernpilzsauce mit Paprikanudeln

Gedünsteter Gamspfeffer in Rotweincreme mit gebratenen Eiernockerln
Gefüllte Rehkeule mit Thymian, gratinierte Rahmkartoffeln und Brokkoliflan

Gebratenes Fasanenbrüstchen mit frischen Artischocken und Wacholdersabayon, Linsengaletten und Weinsauerkraut

Rotkohlroulade, gefüllt mit Rehfleisch, mit frischer Grantensauce, dazu grüne Kartoffelschupfnudeln
Hausgemachte Wildpastete mit einem Salat vom Golden Delicious
Feldsalat mit Nüssen, knusprigen Speckwürfeln und Scheiben vom Rehfilet

Fasanenterrine mit Sauce von schwarzen Johannisbeeren, getoasteter Brioche
Kaltes Gamsfilet mit Zuckermelone und Hagebuttensauce, Anisbrioche
Wachtelessenz mit Steinpilznockerln in Blätterteigkruste
Hirschragout in Lebkuchensauce mit Orangen- und Grapefruitsegmenten, dazu gebratene Kartoffelroulade

Geschnetzeltes Hirschfilet in Johannisbeerobers, Kartoffelschupfnudeln
Gebratene, ausgelöste Fasanenbrust mit Morchelobers, Lauchspätzle
Gebratene Keule vom Damhirsch in Korianderrahmsauce, Serviettenknödel und Preiselbeerblaukraut

Wildhasenpfeffer in Burgundersauce mit Schwammerlknödeln, Apfelkompott
Steak vom Hirschkalbsrücken, mit Honig glaciert, Eierschwammerlcrêpes, dazu eingelegte Edelkastanien und junge Erbsenschoten
Geröstete Rehleber in Calvadossauce, dazu feine hausgemachte Nudeln

Gebratene Rehrückenmedaillons in Wacholdercreme mit zweierlei Schupfnudeln
Gebratene Wildentenbrust auf Himbeeressigsauce, Wildreisplätzchen, Apfelgratin
Wildkroketten mit pikanter Pilzrahmsauce
Gespicktes Rentierfilet, im ganzen gebraten, mit jungem Lauch in Schwarzbeersauce

Ausgelöstes Wachtelbrüstchen auf Senflinsen und Mangoldknöderln
Gedünstete, ausgelöste Hasenkeule in einer Trauben-Rosinen-Sauce mit hausgemachten Morchelnudeln und Kohlsprossen
Hirschrückenfilet in Blätterteigkruste mit einer Zweigeltsauce, Kartoffelcrêpes, Wirsingkohl in Rahm
Gebratenes Rehrückenfilet auf Holundersauce, Maroniknöderln, Selleriepüree, Zimtbirnensalat

## Wildwoche

Probieren Sie den Preiselbeercocktail, von unseren Köchen aus frischen steirischen Früchten und hochwertigem Alpenbrand hergestellt
Alpen-Kir, im Budderl serviert, mit einem kräftigen Schuß hausgebranntem Apfelschnaps und Johannisbeerlikör

**Es muß nicht immer Kaviar sein**
Geräucherter Hirschschinken mit in Wacholderschnaps eingelegten Melonenspalten
Wachteleier auf Buchweizenfladen mit Sauerrahm und Eichblattsalat
Rehterrine mit Kiwi, Apfelsalat und Preiselbeerobers
Fasanenpastete mit Selleriesalat und Cumberlandsauce

**... probieren Sie unsere Wildsuppen**
Klare Wildkraftbrühe mit mit Wildfarce gefüllten Profiterolen
Terlaner Weinsuppe mit Zimtstangerln

**... Vorspeisen zum Verwöhnen**
Grüne Nudeln mit feinem Wildragout und herben Preiselbeeren
Wildkroketten auf Johannisbeersauce
Spinatspätzle mit Hirschschinken, Rahmsauce und Emmentaler, überbacken

**... das Beste vom Wild**

Hirschschnitzel, wenn es was typisch Österreichisches sein soll, in Pilzlingrahmsauce mit Speck

Wild Stroganoff, eine pfiffige Ableitung für diese Jahreszeit, Reh- und Hirschfleisch in pikanter Sauerrahmsauce mit Champignons und Gurkerlstreifen

Wildragout mit Champignons und Speck

Rehmedaillons vom Filet in Portweinsauce mit frischen Trauben

Wildschweinpörkölt mit Perlzwieberln, Speck und Brotkrusteln

Gespickter Hasenlauf in Rotweinsauce mit Senfgurkenstreifen

Gefüllte frische Wachteln (zwei Stück), auf Apfelscheiben angerichtet, in Calvadossauce, Brokkoliflan

Hirschrückensteak in Grüner-Pfeffer-Sauce, dazu eine mit Hagebuttengelee gefüllte Birne

½ frische Wildente in der Cocotte, mit einer Blätterteighaube überbacken

Rehrücken für zwei Personen mit frischen, gefüllten Früchten und hauseingemachten Preiselbeeren

**... als Beilage empfehlen wir**

Serviettenknödel (zwei Stück)
Butterspätzle
Kartoffelkroketten
Böhmische Knödel (zwei Stück)
Brokkoli mit Walnüssen
Kohlsprossen mit Speck
Rotkrautbällchen, gefüllt mit Kastanienpüree
Glacierte Kastanien

Von unserem stets frischen Salatbuffet die Bowle zum Selbermachen

**... Süßigkeiten, die Sie nicht alle Tage bekommen**
Pannonischer Weintraubenstrudel, mit Süßrahm serviert
Waldmeisterparfait
Walnußeis auf mit Crème de Cassis verfeinerter Sauce von schwarzen Johannisbeeren
Preiselbeerpalatschinken, hauchdünn, mit vielen Früchten

**... Käse schließt den Magen**
Passierter Roquefort mit Trauben, Feigen und frischen Walnüssen

## Unsere Wildkarte

Zartes Wildschweingulasch mit Waldpilzen, gefüllter Williamsbirne, Apfelrotkohl, Kartoffelklößchen oder Butterspätzle
Zartes Rehgulasch mit Pfifferlingen, gefülltem Pfirsich, Apfelrotkohl und Kroketten
Hasenrückenfilet mit Wacholderrahm, gefüllter Birne, frischen Champignons, Speckrosenkohl und Kroketten
Gebratene Hirschkeule mit Johannesbeersauce, gefülltem Pfirsich, Rosenkohl, Waldpilzen und Nußkroketten
Gebratene Rehkeule mit Steinpilzrahmsauce, Waldpilzen, Butterbohnen, Apfelrotkohl, gefüllter Birne und Kroketten
Zarte Rehmedaillons in Calvadosrahm mit Champignons, Bratkartoffeln und gemischtem Salat
Hirschsteak auf Försterinart, mit Waldpilzen belegt, Wildrahmsauce, jungem Gemüse und Nußkroketten
Fasanenbrust, gefächert, mit leichter Pfefferrahmsauce, Champagnerkraut und Schneekartoffeln

## Wildsaison

**Vorspeisen**
Hasen-Pilz-Pastete im Butterhefeteig mit Kürbismus
Pfifferlingsalat mit Wildtaubenbrust
Wildschweinbratwürstchen mit Pilzallerlei

**Suppen**
Rehkraftbrühe mit Trompetenpilzen
Pfifferlingcremesuppe mit Wildklößchen

**Hauptgerichte**
Rebhuhnbrust im Weinblatt auf Linsengemüse mit Spätburgundersoße und gebackene Weckklöß'
Fasanenbrust im Haferflockenmantel auf Apfelgemüse mit Herzoginkartoffeln, glacierten Karotten und Maronen
Rehpfeffer mit Kartoffel-Speck-Klöße und Salat
Hasenrücken im Kräuterpfannkuchen auf Preiselbeersoße mit gedünsteter Birne und Brokkoli
Geschmorte Hasenkeule aus der Rotweinbeize, geschmelzte Nudeln und Salat
Medaillons vom Hirschkalbsrücken mit frischen Pilzen, Gemüse der Saison und Mandelbällchen
Frischlingsrücken mit Nußkruste auf Traubensoße, junge Gemüse und Spätzle

**Unser Wildmenü**
Hasen-Pilz-Pastete im Butterhefeteig mit Kürbismus
Rehkraftbrühe mit Weckklößchen
Wildtaubenbrust im Wirsingblatt mit Quittensoße, glacierte Maronen und Sauerkraut-Kartoffel-Auflauf
Gebackene Grießschnitte mit eingelegten Pflaumen im Körnermantel

# Fischkarten

## Empfehlungen für eine Fischwoche

In vielen Gaststätten unseres Landes wird das überreiche Angebot an Fischen bei weitem nicht so ernst genommen, wie es der Rohstoff Fisch eigentlich verdienen würde. Dabei wird der Fisch von der Ernährungswissenschaft zu den wertvollsten und vielseitigsten Nahrungsmitteln gezählt. Wie wäre es deshalb einmal mit der Durchführung einer Fischwerbewoche? Ihr Fischlieferant wird Ihnen sicher gerne mit wirkungsvollem Werbematerial und möglicherweise auch mit Sonderkonditionen behilflich sein.

Fisch ist leicht verdaulich, hat relativ wenig Kalorien, beugt Herz- wie auch Kreislauferkrankungen vor und bereichert den Speisenzettel auf das vortrefflichste.

Wenn man eine solche Aktion veranstalten will, so sollte man auch mit der Materie vertraut sein, zumindest sollte man die zwei Hauptgruppen, nämlich Meeres- und Süßwasserfische, voneinander unterscheiden können, und es sollte auch bei möglichen Nachfragen von Gästen bekannt sein, daß es Fische gibt – zum Beispiel Lachs wie auch die Lachsforelle –, die zum Teil im Meer und zum Teil im Süßwasser zu Hause sind.

Das Gros der Süßwasserfische außer dem Aal sind sogenannte Rundfische. Steinbutt, Heilbutt, Seezunge sowie Scholle und Flunder sind Meeresplattfische, die sich wegen ihres interessanten Wachstums von den Rundfischen dadurch unterscheiden, daß sie beim Filetieren vier Filets und die Rundfischsorten nur zwei Filets ergeben. Des weiteren, und das ist für die Zubereitung von Gerichten aus Plattfischen generell zu beachten, benötigt die Fertigstellung eine besondere Aufmerksamkeit. Da diese Fische kaum fetthaltig sind, neigen sie beim Garen dazu, trocken zu werden. Aus diesem Grunde ist das Pochieren in einem etwa 70 Grad Celsius heißen Fond, der auf keinen Fall zum Kochen kommen darf, die empfehlenswerteste Fertigungsart. Aber auch das Dämpfen auf einem Siebeinsatz, möglichst auf einer

Unterlage von zum Gericht passenden Gartenkräutern, gehört inzwischen zu den beliebtesten Fertigungsarten.
Aber nicht nur die vorgenannten Fertigungsarten, sondern auch das Grillen, Sautieren, Schmoren, Fritieren, Heißräuchern, Backen in Bier- oder Weinteig, das Backen der in Filioteig gehüllten Fische im Rohr sowie das Garen im eigenen Saft oder in Rahm sind Zubereitungsmethoden, die der Struktur des Fischfleisches, dessen Geschmack je nach Sorte verschieden ist, weitgehend entgegenkommen.
Bei der Auswahl der Fertigungsart ist natürlich nicht nur die Fischsorte selbst, sondern vielmehr die richtige Sauce von ausschlaggebender Bedeutung. Es ist daher erforderlich, stets eine gut ausgekochte Fischgrundsauce zur Verfügung zu haben. An Stelle dieser Sauce, die bekanntlich aus den Gräten und Abgängen bereitet wird, kann auch eine leichte Béchamelsauce zur Anwendung kommen. Jede Sauce muß jedoch, ehe man den Fisch damit nappiert, im Geschmack betont sein.
Als Garnitur kommen verschiedene Pilzsorten, abgezogene Tomaten, Krevetten- oder Scampischwänze, entbartete Muscheln, Spargel, Schwarzwurzeln, gedünstete Gurkenkugeln, feine Gemüsestreifen und vieles andere mehr in Betracht.
Zur empfohlenen Fischwoche sollte auf der Speisenkarte neben den Meeres- und Süßwasserfischen auch eine Offerte von Schal- und Krustentieren zur Komplettierung des Angebots vorhanden sein.

## Fischkarte

**Vorgerichte**

Hausgebeizter Lachs mit frischer Gurke und Schnittlauchrahm, Kartoffelpuffer

Lachsterrine mit Kaviarrahm und Buchweizenblini

Wacholdergeräucherter Stör und Gravad lax, gefrosteter Preiselbeer-Meerrettich, Toast

Räucheraalterrine mit Gurkensauce, Röstbrot

Cocktail von Meeresfrüchten mit Spargel und Avocadostreifen

Salat von Riesengarnelen mit Kiwis und Papayas, Toast und Butter
Matjesfilet in Kräuterrahm mit Zwiebelbrot und geriebenem Rettich
Zanderterrine auf Kerbelschaum mit kleinem Salat
Hamburger Rauchpalette, Toast und Butter
Krevettenschwänze mit Grapefruitspalten in Dillrahm
Thunfischsalat mit Tomaten und Zwiebelringen, Melbatoast

**Suppen**
Marseiller Hafensuppe von Meeresfischen und Muscheln
Legierte Karpfensuppe mit Hechtklößchen und gerösteten Weißbrotwürfelchen
Suppe von frischen Erbsen mit Spargel und Lachsklößchen
Schwarzwälder Forellenrahmsuppe
Rahmsuppe von Dorschleber mit Käsecroûtons
Krebsrahmsuppe mit Chesterstange
Mini-Bouillabaisse mit Stangenweißbrot

**Kleine warme Vorgerichte**
Krebsschwänze oder Krevetten mit Spargel in der Cocotte, mit Reibkäse überbacken
Omelett mit Ragout von Meeresfrüchten
Pörkölt vom Zander mit Steinpilzen und Paprikarahm im Näpfchen
Maultaschen mit Räucherlachsfüllung auf geschmolzenen Tomaten
Blätterteigkästchen mit Steinbuttragout
Geschnetzelte Riesengarnelen in Sherryavocadocreme, Fleuron
Blätterteigpastetchen mit einem Frikassee von Scampi und Champignonköpfen
Zwei pochierte Austern auf Blattspinat, mit Pfeffercreme überbacken
Badische Hechtklößchen mit grünem Spargel in Krebsrahmsauce

**Warme Fischgerichte**
Gebratenes Dorschfilet in Eihülle, zerlassene Kräuterbutter, junge Gartenkarotten, Dampfkartoffeln

Gekochter Angelschellfisch, Senfbutter, Petersilienkartoffeln, Tomaten- und Feldsalat
Rotbarschklößchen mit grünem Spargel in Rieslingrahm, Safranreistimbale
Gedünsteter Lengfisch, in Ei gebraten, mit geschmolzenen Tomaten und Pfifferlingen
Filet vom Seeaal auf Blattspinat, mit einer Muschelsauce überglänzt, Tomatenreis
Badische Hechtklößchen mit Krevetten in Krebssauce, Pistazienreis
Flußbarschfilet nach Grenobler Art, Dampfkartoffeln, Kopf- und Tomatensalat, mit Zitrone und Kürbiskernöl angemacht
Gebackene Schollenfilets auf Letschogemüse
Zanderfilet, in Ei gebraten, mit Stachelbeersauce, Petersilienkartoffeln, jungen Karotten und Blumenkohlröschen
Lachsforellenfilet, in Butter gebraten, mit brauner Zwiebelbutter, Dampfkartoffeln, Selleriesalat
Heilbuttschnitte vom Rost, Sardellenbutter, gedünsteter Fenchel und Salzkartoffeln
St.-Peters-Fisch, in Chablis gedünstet, auf Creme von frischen Tomaten, Maisfritters
Steinbutttranche mit grünem Spargel in Noilly-Prat-Sauce, Safranreis
Gedünstetes Seezungenfilet auf jungem Lauch, neue Dillkartoffeln
St.-Peters-Fisch, in Riesling gedünstet, mit getrüffelter Hummerbutter auf Rahmfenchel, Eiernudeln
Eierkuchen, mit einem Ragout von Riesengarnelen gefüllt und überglänzt, Kopfsalat mit Melone
Pochiertes Medaillon vom Wolfsbarsch mit Nocken von Jakobsmuscheln in Dijoner Senfrahmsauce, Kartoffelpüree
Frikassee von Meeresfrüchten, Spargelspitzen, Safranreis
Flußaal in Dillrahm, Tomatenreis, Gurkensalat
Gedünstetes Karpfenfilet mit Krebssauce auf Staudensellerie, neue Kartoffeln
Donauwaller, in Riesling gesotten, mit Knoblauchrahm auf Gemüsestreifen, Grießnocken
Meerwolf vom Grill, Pfefferbutter, grüne Bohnen, in Magerspeck geschwenkt, Maltakartoffeln

**Delikate Vorspeisen**
Jahreszeitlicher Salat mit geröstetem Speck und frischen Krabben
Holländisches Matjesfilet mit Apfel-Zwiebel-Rahm auf Vollkornbrot
Sulz von Edelfischen auf Kräutermousseline
Tatar vom Fjord-Lachs
Hamburger Aalsulz mit Apfel-Meerrettich-Sauce
Carpaccio vom Seeteufel und Lachs
Fischereihafenteller, Büsumer Krabben, Räucheraal, Matjes, Kaviarei, Räucherlachs
Kaltes Melonensüppchen mit Langustenmedaillons
Variationen vom Norweger Hummer

**Suppen**
Zuckerschotensuppe mit Seezungenstreifen
Büsumer Krabbensuppe mit frischem Schöpfrahm
Altenwerder Fischersuppe mit reicher Einlage
Hamburger Rauchfischsuppe
Rahmsüppchen von Edelfischen
Aalsuppe auf Övelgönner Art

**Warme Vorspeisen**
Geräucherte Seezungenroulade auf Kartoffel-Lauch-Vinaigrette
Fines-des-Claires-Austern, auf Blattspinat überbacken
Ragout vom Hummer mit Steinbutt
Jakobsmuscheln, überbacken, mit Sevruga-Malossol-Kaviar

**Aus dem eigenen Seewasserbassin**
Frischer Hummer, warm serviert auf klassische Art, oder Thermidor, als Ragout im Ofen überbacken
Frische Langusten, warm serviert auf klassische Art, oder Thermidor, als Ragout im Ofen überbacken
Frischer Sevruga-Malossol-Kaviar
Kartoffelplätzchen mit Sevruga-Malossol-Kaviar und Crème fraîche
Bouillabaisse des Nordens, in der Terrine serviert

**Klassische Fischgerichte**

Holländisches Matjesfilet auf Hausfrauenart mit Apfel-Zwiebel-Rahm, Speckstippe, grüne Bohnen
Zanderfilet mit frischem Gurkengemüse in Kräutersauce
Plöner Aal, in Zitronenbutter gebraten oder grün in leichter Dillrahmsauce, Petersilienkartoffeln und Gurkensalat
Seezungenfilets, gebraten, auf gelben Roggennudeln mit Tomatencreme
Nordseesteinbutt, gekocht, mit zerlassener Butter, Rahmmeerrettich und Petersilienkartoffeln
Nordseeseezunge auf Müllerinart, in brauner Butter gebraten, mit Petersilienkartoffeln und frischen Marktsalaten

**Hamburger Regionalgerichte**

Labskaus auf Seemannsart mit zwei Setzeiern, Matjes und roter Bete
Nordseescholle, gebraten, Kartoffelsalat
Gebratene grüne Ostseeheringe, in der Pfanne serviert, Zwiebel-Tomaten-Butter, Dillkartoffeln
Frischer Schellfisch, im Stück gekocht, mit Senfsauce, Kräuterkartoffeln
Aal in Gelee mit Speckbratkartoffeln
Hamburger Pfannfisch vom Steinbutt

**Fischspezialitäten**

Steinbeißerfilet, gebraten, auf Blattspinat mit Riesengarnele und Kräuterschaum
Lachsfilet auf Austernpilzen mit Champagnersauce
Steinbuttfilet, im Ofen überbacken, Schnittlauchrahm, Blattspinat
Gambas im Knoblauchgemüsesud
Seezungenschleifen mit Riesengarnelen in leichter, exotischer Currycreme, Kokosreis
Steinbutt mit Lachsmus im grünen Kleid, Pommery-Senfschaum
Jakobsmuscheln, Hummer, Seeteufel, Lachs und Steinbutt in leichter Safranlimonensauce

**Hamburger Regionalmenü**
Matjestatar auf geröstetem Vollkornbrot
Aalsuppe auf Övelgönner Art
Labskaus auf Seemannsart
Ostseehering, gebraten, auf Zwiebel-Tomaten-Butter
Hamburger Pfannfisch vom Steinbutt
Rote Grütze mit Vanillesauce und Rahmeis

Auf Wunsch stellen wir Ihnen auch gern ein Überraschungsmenü zusammen.

## Fischgerichte

Klare Suppe von Räucherforellen mit Dillknöderln
Suppe mit ausgelösten Muscheln mit Sommergemüsen und Curry
Hechtconsommé mit Ronentascherln
Lauwarmes, geräuchertes Forellenfilet mit Röhrlsalat und Kipflerkartoffeln
Gedämpftes Filet von der Bachforelle in Frischgurkensauce, Salzkartoffeln
Hechtnockerln in Krenschaumsauce mit feinen hausgemachten Safrannudeln
Pochierte Wallermedaillons auf Blattspinat mit Pinot-Noir-Sauce, Salzkartoffeln
Gebratene Zanderfilets auf einer Paprikamelange mit Petersiliensauce und Nudeln
Frikassee vom Waller mit jungen Gemüsen und Wildreispilaw
Gebratene Schnitte von der Lachsforelle auf Eierschwammerln mit Kerbelsabayon
Forellenfilet im Mangoldstrudelteigblatt auf einer Paprikavinaigrette
Ragout vom Spiegelkarpfen in leichter Paprikacreme mit Haferflockencroûtons
Gegrilltes Lachsschnitzel mit grünen Bohnen und Sojasprossen
Lachswürfel, gebraten, in Kresse-Tomaten-Sauce mit Sauerampferblüten

Kabeljaufilet im Kohlblatt mit Pilzen auf Schalotten-Rotwein-Butter
Pörkölt vom Seeteufel in Sauerrahmsauce mit Tomatennudeln
Gebratenes Heilbuttschnitzel auf Fenchelcreme mit gedämpften Gurkenstäbchen
Gedämpftes Lachs- und Steinbuttfilet im Seegrasblatt auf Pernodcreme
Gebratenes Zanderfilet im Sesammantel mit Radieschencreme und Spargelpuffer
Nockerln vom Hechtfilet auf Petersilienpüree mit hausgemachten Steinpilznudeln
Ausgelöste Krebsschweifchen in Aquavit-Dill-Obers mit sautierten Gartengurken

## Fischgerichte / Spezialitäten

Carpaccio vom Wildwasserlachs in Limonenmarinade mit kleinen Zupfsalaten
Sulz von Lachs und geräucherter Forelle mit zarten Salaten in Balsamico
Tatar von der Räucherforelle auf Buchweizenplätzchen mit Kräuterrahm
Geeiste Scheiben vom fangfrischen Thunfisch mit einem Ratatouillesalat
Geeiste Räucherlachssuppe mit Sauerrahm und Dille
Hausgemachte Krebssuppe mit Gemüsewürferln und Obersnockerln
Klare Suppe von Räucherforellen mit Steinpilzteigtascherln
Terrine von der Lachsforelle mit Fenchelhollandaise und Kaviarwindbeutel
Gebratene Riesengarnelen in Morchelcreme, serviert im Blätterteigpastetchen
Gebratenes Lachsschnitzel mit grünem und weißem Spargel in leichter Currycreme
Gebratene ausgelöste Jakobsmuscheln in Petersilienrahm mit frischem Ingwer
Gebratenes Seeteufelmedaillon mit Safransauce und Wirsing mit Speck, geformte Kartoffeln

Gebratenes Forellenfilet mit Rotweinbutter und Gemüseperlen
Gefülltes Lachsschnitzel, im Wacholderdampf gegart, auf Steinpilzen und Kerbelsabayon
Gebratene Thunfischmedaillons mit Senfsauce und Wirsing mit Speck, Dampfkartoffeln
Gebratene Langostinos auf Zitronennudeln mit frischer Krensauce und Parmalatkäse
Lauwarmer Räucherlachs auf schnittfrischem Mangold mit Eierbutter und Kartoffeln
Pochierte Wildlachsröllchen, gefüllt, mit Fischmus auf Brokkolisauce, Pilawreis
Gegrillter Spieß von Jakobsmuscheln und Räucherlachs mit Ingwerschaumbutter
Gebackene Forellenstückchen in süß-saurer Sauce mit buntem Pilawreis
Nockerln vom Spiegelkarpfen in Schaumweinsauce mit Kaviarfleurons und grünem Spargel
Pochierter Hechtauflauf mit einer Räucherforellencreme und Wildreisplätzchen

## Fischkarte

Beluga-Malossol-Kaviar, 28 g, mit Sauerrahm und Blinis
Eine halbe Avocado, gefüllt mit frischen Krevetten, Dille und Joghurt
Hummercocktail mit Melone, Grapefruit und Wodka
Hausgebeizter Lachs mit Dillsenfsauce und Dampfkartoffeln
Vier Stück Felsenaustern mit Pumpernickel
Fischkraftsuppe mit Forellenravioli
Muschelsuppe
Hummersuppe
Krebssuppe mit Kräutergebäck
Seehechtstrudel mit Basilikumsauce
Miesmuscheln in Sherrysauce mit Kräutern, Tomaten und Weißbrot
Überbackene Palatschinken mit verschiedenen Meeresfrüchten

Jakobsmuscheln auf provenzalische Art mit Butterreis
Drei Stück Austern im Spinatbeet, überbacken, mit Sauce hollandaise
Zanderfilets auf gedämpften roten Rüben mit Krensauce und Kerbelkartoffeln
Fangfrischer Karpfen im Wurzelsud oder gebacken, dazu Butterkartoffeln und Häuptelsalat
Felchenfilets, mit Mandeln gebraten, dazu Mischblattsalat mit Joghurtdressing
Seeteufelmedaillons auf Safransauce mit Streifen von grünen und roten Paprika, dazu Pistazienreis
Seezungenstreifen mit Lauch und Trüffelscheiben an leichter Sauce von Noilly Prat, dazu Champignonreis
St.-Peters-Fisch auf Fenchelstreifen mit Safranbutter und Salzkartoffeln
Babybutt, pochiert in Weißwein und Zitronensaft, mit Salzkartoffeln und Sauce mousseline
Flußkrebse mit Brokkolirosen an sämiger Krebssauce
Langouste Thermidor, im Ofen überbacken, serviert mit Weißbrot

# Geflügelkarten

Früher war junges Geflügel nur zu bestimmten Jahreszeiten auf dem Markt. Brathühner gab es zum Beispiel nur im Frühjahr, und sie hatten den entsprechenden Preis.

Bedingt durch wissenschaftliche Bruttechniken gibt es heute junges Geflügel das ganze Jahr über, außerdem noch tiefgekühlt und zu billigsten Preisen. Die Tiere sind zwar fleischig und zart, da sie in der Massentierhaltung mit Einheitsfutter gemästet werden und sich kaum bewegen können, müssen sie in der Küche mit mehr Gewürzen, Marinaden, Füllungen, Saucen behandelt werden als ihre frei lebenden Verwandten vom Bauernhof.

In allen Ländern, wo Hausgeflügel gezüchtet wird, verarbeiten es die Köche mit den jeweils zur Verfügung stehenden Zutaten zu typischen National- bzw. Spezialgerichten. Zum Beispiel zur Bresse-Poularde. Diese in der französischen Bresse naturgerecht gehaltene Hühnersorte hat ein saftiges, besonders wohlschmeckendes Fleisch.

Hausgeflügel hat in den verschiedenen Ländern zu gewissen Jahreszeiten und Festen auch in der Gastronomie seinen festen Platz. In England ist die gefüllte Pute, gebraten, mit einer Johannisbeer-Brot-Sauce der Höhepunkt einer Christmas-Feier. In Amerika ist ein Putenbraten mit Preiselbeersauce die Krönung am Thanksgiving Day – dem Erntedankfest. Im deutschsprachigen Raum ist die Weihnachtsgans vielfach der kulinarische Höhepunkt. Das Martinigansl zum Beispiel ist typisch für den östlichen Teil von Österreich. Auch die Geflügelküche hat einen „Märtyrer" – den Kapaun, einen kastrierten Hahn, eine regional typische steirische Spezialität, in den verschiedensten Variationen zubereitet. Grill- und Backhühner werden das ganze Jahr über angeboten.
Unter den vielen Entenarten, die für die Küche gezüchtet werden, sind die französischen am berühmtesten.
Junges Freilandgeflügel in artgerechter Tierhaltung vom Bauernhof, das bei doppelter Mastzeitdauer natürlich aufwächst, ist momentan in der Gastronomie der Hit.

**Geflügelarten, die in der Gastronomie aktuell sind:**
- Huhn – Poulet bzw. Kücken
- Masthähnchen
- Masthuhn
- Masthahn – Kapaun
- Perlhuhn
- Haustaube
- Truthahn, Puter bzw. Indian
- Frühmastgans
- Mastgans
- Jungente
- Fleischente
- Flugente
- Barbarie-Ente
- Blutente – Rouenaiser
- Moschusente

Geflügelwochen und dazu die Karten werden saisonal eingeschränkt sein. Die Speisen bestehen vorwiegend aus warmen Hauptgerichten mit den passenden Beilagen. Nebenbei wird natürlich eine kleine Auswahl von kalten und warmen Vorspeisen sowie Delikatessen, zum Beispiel Gansleber, aufscheinen. Ergänzt mit Suppen und eventuell Eintöpfen vom Hausgeflügel.

## Geflügelwochen

**Bodenständiges vom heimischen Freilandgeflügel**

**Aus der kalten Küche**

In Schmalz eingegossene Gänseleber mit gebähtem Schwarzbrot und Knoblauch

Geflügelsalat mit Sauerrahm und Röstmandeln

Geräucherte Ganslbrust mit warmem Krautsalat

**Suppen**

Geflügelcremesuppe mit Markknöderln

Suppenhuhn mit Gemüse, Champignons und Nudeln

Gansleinmachsuppe mit Knoblauchcroûtons

**Innereien**
Ganslebergulasch mit Butternockerln
Hühnerleberspießchen auf Champignonrisotto
Gebackene Truthahnleber mit kleinem Salatteller
Hühnerleberragout mit Schwammerln im Reisring

**Deftiges vom Geflügel**
Knusprig gebratene Mastente mit Maschanskerfülle, Burgunderrotkraut und Serviettenknödel
Gebratener Gansbiegel mit Ritschert
Gefüllter Ganslhals auf Sauerkraut mit Kartoffelnockerln
Truthahnfilets in der Eihülle gebraten mit leichter Tomatensauce und Safranreis
Junges Hendl in Krensauce mit Grießdukaten
Gedünsteter Kapaun in Schilchersauce mit Polenta
Pörkölthuhn mit Paprikastreifen und Tarhonya
Steirische Poularde mit Lauchobers und Kürbiskernreis
Ausgelöstes Backhuhn mit gebackener Petersilie, warmem Kipfersalat
Dreierlei Geflügel – Poularde, Ente, Gans -, verschieden zubereitet, mit gemischten Salaten

## Geflügelzeit

**Kalte Vorspeisen**
Gänseleberterrine auf marinierten Salatblättern in Himbeeressig
Gänseleberparfait mit Portgelee
Hühnerbruststreifen auf Nudelsalat
Hühnergalantine in Gelee
Geräucherte Putenbrust auf Fenchel-Trauben-Salat
Geräucherte Entenbrust mit eingelegten Essigmelonen

**Suppen**
Hühnerkraftsuppe mit Zucchiniperlen
Klare Entensuppe mit Maisgrießknöderln
Perlhuhnessenz mit altem Port
Entencremesuppe mit Stockschwammerln

**Kleine Gerichte**
Stubenkückenbrüstchen in Blätterteig
Geflügelfarcenockerln mit Estragonsauce in Butterteigpasteten
Faschierte Hühnerkoteletten auf Tomatenschaum
Truthahnspieß auf grünen Bohnen mit Speck und Kartoffelwürfeln
Hühnerrisotto mit Champignons und Parmesan
Geflügelkroketten mit grüner Sauce
Geflügelauflauf mit Rieslingschaum

**Von der Pute**
Überbackenes Putenfilet mit Pilzen und Kräuterreis
Geschnetzelte Putenbrust in Champignonrahmsauce mit wildem Reis
Roulade von der Truthahnbrust mit Tomatenfondue und Safranrisotto
Piccata vom Truthahn mit Basilikumsaft und Roggennudeln

**Vom Huhn**
Zarte Stubenkücken mit Pfifferlingen auf Risotto
Perlhuhnkeule in grüner Pfeffersauce und hausgemachten Nudeln
Gefülltes Perlhuhnbrüstchen mit Blattspinat im Strudelteig
Suprême von der Poularde in Rosmarinsaft mit überbackenen Maisplätzchen
Fricassée vom Poulet in Kräutersauce, Blätterteigtaschen mit Pilzfüllung
Junges Brathuhn in der Salzkruste, Kartoffel und Kressesalat

**Von der Gans**
Marinierte Gänsekeulen mit Weinkraut und Kartoffelroulade
Roulade von der Gans auf Apfelrotkraut und Dauphinekartoffeln
Gebratene Gans mit Brot-und-Leber-Fülle, glacierten Apfelscheiben mit Johannisbeeren

**Von der Ente**
Barbarieente in Orangensauce mit Frischgemüse und Langkornreis

Entenbruststreifen in Thymiansaft, Erbsenschoten und Maiskuchen
Flugentenbrust mit Portweinglacé, Apfelrotkraut und Herzoginnenkartoffeln
Rauenaiser Ente in Calvadossaft, Champagnerkraut und Pignolibällchen

## Traditionelles Martiniganslessen

Getrüffelte Gänseleberpastete mit Portwein, Piment und Kardamon, dazu Toast und Butter

Martinisuppenschüssel mit Morcheln, Wurzeln, Kräutern und Pilzen

Galizische Topinky mit Mastganslleberfarce. Die fein pürierte Mastganslleber wird auf getoastetes Vorschußbrot gelegt und heiß überbacken

Knusprig gebratenes, gefülltes Gänserndorfer Bauerngansl mit Burgunderrotkraut

Zart gebratene, getrüffelte Gänsebrust mit Pilzen, Lauch, Basilikum und Estragon mit Reiberdatschi und gebratenem Moosbeerapfel

Martiniteller. Ein knusprig gebratenes Martinigansl, gefüllte Bauernente und gebratener Kapaun, dazu Rotkraut

## Großes Gänsebraten-Essen

**Gans, kalt**
Geräucherte Gänsebrust auf Apfel-Sellerie-Salat, dazu Sahnemeerrettich, Cocktailkirsche, Butter und Brotsortiment
Hausgemachte Gänsepastete mit frischen Champignons, mariniertem Gemüse mit Crème fraîche, Butter und Brotsortiment
Gänsebrustcocktail mit Champignons und Spargel, pikanter Rahmsauce mit Toast

**Gans, heiß**
Gänsekraftbrühe mit Fleischklößchen, Selleriewürfel und Kaiserschoten
Heiße Gänsenudelsuppe mit kleinem Fleisch und jungen Gemüsen
Legierte Gänse-Brokkoli-Suppe mit Fleischwürfeln und Croûtons

**Gans, was Feines vorher**
Gänselebertoast mit Apfel und Zwiebeln auf Vollkornbrot
Gänsebratenbrot mit Kräuterrührei

**Gans, schön vielfältig**

**Gans, locker**
Gänsefleischklößchen in Kräutersauce, Zuckerkarotten und Risotto

**Gans, kräftig**
Geschmorte Gänsekeule nach Anhaltiner Art, Grünkohl, Rosinenapfel und Kartoffelklöße

**Gans, klassisch**
Gänsebraten, wie es Großmutter liebte, mit Rosinen und Nüssen gefüllter Apfel, Preiselbeerrotkraut und Kartoffelklößchen

**Gans, toll**
Gepökelte und gebratene Gänsekeule in Rotweinsauce, Früchte-Sauerkraut und Butterkartoffeln

**Gans, leicht**
Gekochte Gänsekeule mit schwarzen Bohnen, Lauch und Karottenspänen in Unstrutwein, dazu grüne Nudeln

**Gans, zart**
Geschmorte Gänsebrust und Keule in Weinbrandsauce mit Mandarinen, Salatteller und grünen Nudeln

**Gans, englisch**
Geschwenkte Gänsebruststreifen mit Zwiebeln, Rosinen, Mandeln, mit Rotweinsauce, dazu Salatteller und Wildreismischung

**Gans, was anderes**
Große Eistüte, mit reichlich Früchten umlagert
Gefüllte Miniananas „Gänsegruß“
Frische Ananas mit Schlagsahne

# Steakkarten

Seit Menschengedenken werden Rinder gezüchtet, und man bereitet daraus schmackhafte Rind- und Kalbfleischgerichte zu. Unsere heutigen als Nutztiere gezüchteten Rinderrassen stammen vom Ur- oder Auerochsen ab, die vor rund 8.000 Jahren in den Gebieten des heutigen Makedonien und der Türkei domestiziert wurden.

In Nord- und Südamerika (vorwiegend Argentinien) sowie in Australien stammt der größte Teil des qualitativ erstklassigen Rindfleisches aus auf Großfarmen gehaltenen Rindermastrassen. In Europa hingegen, wo die landwirtschaftlichen Betriebe eher klein sind, wird die Rindfleischproduktion mit der Milchproduktion kombiniert (Doppelnutzungszucht), und es kann daher nie die erste Qualität als Kurzbratfleisch erreicht werden.

Der größte Teil des Marktaufkommens von qualitativ gutem Rindfleisch stammt von gemästeten Jungtieren (kaum mehr Ochsen), der Rest stammt von jungen weiblichen Tieren (Kalbinnen bzw. Färsen), die noch nicht gekalbt haben.

Die Aufzuchtmethoden sind in Europa unterschiedlich und hängen von der Fütterung und der Qualität des Weidelandes und den klimatischen Verhältnissen ab.

Die Gastronomie weiß es am besten: Mit Standardqualität ist kaum noch ein Geschäft zu machen. Nur für außergewöhnliche Qualität ist der Gast bereit, entsprechend zu bezahlen. Ein hochwertiges Fleischangebot ist das Aushängeschild eines jeden Topgastronomiebetriebes.

Der europäische Markt für Qualitätsrindfleisch wächst. Immer mehr Gäste verlangen das Fleisch, das ihnen schmeckt. Unter Gastronomen sowie Feinschmeckern und Köchen erfreuen sich schon seit Jahren die Resultate der verschiedenen Züchtungen und besonderen Kreuzungen in einigen europäischen Ländern besonderer Beliebtheit.

Bereits vor der Geburt werden die bestimmten Züchtungen durch besondere Kreuzungen festgelegt.

| | |
|---|---|
| Aberdeen-Angus<br>Hereford<br>Galloway<br>Highland-Cattle | England bzw. Schottland |
| Shorthorn<br>Highland-Cattle | Typisch englische Rinderrassen für Züchtungen = Scotch-Beef |
| Charolais<br>Limousin | Frankreich |
| Firondina<br>Chianina-Vitellone | Italien (Toskana) |

Longhorn = Texas
Simmental = Deutschland
Styria-Beef = Österreich

Für das Aberdeen-Angus charakteristisch ist das feinfaserige und gut marmorierte Fleisch. Das Herefordrind ist heute nach zweihundertjähriger Züchtung einer der wichtigsten Rindfleischlieferanten der Welt.

Kreuzungen britischer Rinderrassen wie das Shorthorn und das zottelige Highland-Cattle aus dem Norden Schottlands ergeben erstklassiges Rindfleisch feinster Qualität, das als Scotch-Beef international auf den Markt kommt.

Rasse, Herkunftsland, Qualitätsstufe und Fleischteil, aus dem das Gericht hergestellt ist, sollten auf der Speisen- bzw. Steakkarte unbedingt beschrieben sein, den Garpunkt legt der Gast fest. Neben Rindfleisch werden auch Steaks vom Kalb, Schwein, Lamm und eventuell Geflügel angeboten.

Steakkarten werden aufgelegt
- in Steakhäusern
- bei Steakwochen
- auf der Tageskarte als Tagesspezialität
- bei Garten- und Grillfesten
- in der Grillstube (Rôtisserie)

## Steakkarten

**Das Steak in …, zart und saftig vom Holzkohlengrill**
US-Sirloinsteak, 255 g, mit frischen Kräutern und Schloßkartoffeln
US-T-bone-Steak, 425 g, mit Baked potatoes und Roquefortsauce
Sirloinsteak, 225 g, serviert mit Sauce béarnaise und Waffelkartoffeln
Filetsteak Café de Paris mit Maximkartoffeln
Entrecôte Auersperg
Steak Churrasco, sehr würzig, mit Cayennepfeffer und Kräutern, in Öl mariniert, mit Maistortillas serviert
Steak am Stein, 180 g, Sauce und Kartoffeln nach Wahl
Filetsteak, 180 g, in einer pikant fruchtigen Cayennesauce

**Für den kleinen Hunger und speziell zum Bier**
Tournedos in Ottakringer-Bier-Sauce mit Zwiebelkartoffeln
Minutensteak auf Toast mit Schalottensauce

**Zur Auswahl bieten wir Ihnen auch**
Sauce béarnaise, Sauce Choron, Pfefferrahmsauce, Sauce Café de Paris, Kräuterbutter oder hausgemachtes Ketchup und alle empfohlenen Kartoffeln

**Gartenfrischer Salat**
auf Wunsch zubereitet mit Essig-Öl-, Joghurt- oder Kräutermarinade, French oder Thousand-islands-Dressing

---

**Beginnings**
Onion Rings
*Gebackene Zwiebelringe mit verschiedenen Saucen*
Stuffed Baked Potatoes
*Gefüllte Ofenkartoffeln*
*mit Speckstreifen, Pilzen, Tomatenwürfeln*
*mit Ratatouille und gratiniert mit Käse*
*mit Lachs, Shrimps, Thunfisch und Sauerrahm*
Crab Louis
*Krabbensalat Louis mit Chilimayonnaise*

Chuckwagon Beans
*Bohnen mit Speck nach Cowboy-Art*
Corn On The Cob
*Gekochte Maiskolben mit Butter*

**Salads**
Chicken Salad
*Geflügelsalat, pikant*
Caesar Salad
*Salat Cäsar*
Old Fashioned Cole Slaw
*Warmer Krautsalat nach traditioneller Art*

**Soups**
Cold Cream of Tomato Soup
*Kalte Tomatencremesuppe*
White Bean Soup
*Suppe mit weißen Bohnen*
Manhattan Clam Chowder
*Suppentopf mit Muschelfleisch und Tomaten*

**Hot Pots**
Chili Con Carne
*Mexikanischer Bohneneintopf*
Chuckwagon Beans
*Bohnen mit Speck nach Cowboy-Art*
Jambalaya
*Reiseintopf aus Louisiana mit Meeresfrüchten und Wurst*

**Seafood**
Bacon-Wrapped Barbecued Jumboshrimps
*Riesengarnelen mit Kräuterbutter im Speckmantel, dazu Knoblauchbrot*
Seattle Salmon
*Gegrilltes Lachssteak mit Ofenkartoffel*

**Chicken**
Roast Chickenbreast with Oranges
*Gebratene Hühnerbrust mit Orangen und Maislaibchen*
Buffalo Chicken Wings
*Hühnerflügel Buffalo mit kreolischem Reis*

**U.S. Meat**
Sirloin Butt Steak 8 oz 260 g
*Hüfte* (center cut)
Sirloin Butt Steak 10 oz 283 g
*Hüfte* (center cut)
Striploin Steak 7 oz 198 g
*Beiried* (extra short cut), *aus der Mitte geschnitten*
Tenderloin Steak 7 oz 198 g
*Rinderlungenbraten* (center cut)
Rib-eye Steak 7 oz 198 g
*Rücken*
T-Bone Steak 15 oz 425 g
*Lende komplett* (short cut)

Dazu servieren wir Ihnen verschiedene Saucen und Kräuterbutter sowie zwei Beilagen nach Ihrer Wahl.

**Side Orders**
Chuckwagon Beans
*Bohnen mit Speck nach Cowboy-Art*
String Beans Country Style
*Grüne Bohnen nach ländlicher Art*
Ratatouille
*Pikantes Gemüse*
Onion Rings
*Zwiebelringe*
Grilled Tomato
*Gegrillte Tomate*
Baked Potato
*Ofenkartoffel mit Sauerrahmsauce*
Hash Browns
*Bratkartoffeln*
Corn On The Cob
*Maiskolben*
Corn Fritters
*Maislaibchen*
Kreolischer Reis
*Reis mit Paprikastreifen und Tomatenwürfeln*
Salad From The Bar
*Salat vom Buffet*

**Beefeater's Special**
Steak & Shrimps
*Lendensteak und Shrimps*
Steak & Chickenbreast
*Lendensteak und Hühnerbrust*
Steak & Chickenbreast & Shrimps
*Lendensteak und Hühnerbrust und Shrimps*
Dazu servieren wir Ihnen verschiedene Saucen und Kräuterbutter sowie zwei Beilagen nach Ihrer Wahl.
Sioux Attack
*für zwei Personen*
*Schweins-, Rindslungenbraten, Hühnerbrust, Speck, Paprika und Maiskolben, am Pfeil serviert, dazu drei Beilagen nach Wahl*
Pork Ribs With Hash Browns
*Spareribs mit Bratkartoffeln*

**Desserts**
Apple Pie
*Apfelkuchen*
Old Fashioned Chocolate Cake
*Schokoladentorte*
Croquant-Pap
*Krokantmousse auf Orangensauce*
French Toast
*Milchbrot, mit Zimt und Ei gebacken*
Old Nugget Fruitsalad
*Fruchtsalat mit frischen Früchten nach Goldgräberart mit Rum*
Mississippi Boat
*Banane mit Schoko-, Vanilleeis und Amarenakirschen*

---

**Vorspeisen und Suppen**
Shrimpscocktail
*Auf Eisbergsalat mit Cocktailsauce, Brot und Butter*
Lachs
*Geräuchert, mit Sahnemeerrettich, Brot und Butter*

Pepper Pot
*Gebundene, herzhafte und würzige Rindfleischsuppe mit Speck*
Rindfleischbrühe
*Fleischstücke und Nudeleinlage geben der Suppe einen kernigen Geschmack*
Hummersuppe
*Nach einem hauseigenen Rezept mit Hummer- oder Langustenfleisch*

**Marco Maredo empfiehlt unseren kleinen Gästen**
Rindersteak, 100 g
*Mit Pommes frites und eine Eisüberraschung*
Maredo-Burger, 100 g
*Mit Champignon-Rahm-Sauce, Pommes frites und eine Eisüberraschung*
Hähnchenbruststeak, 180 g
*Vom Grill mit Pommes frites und eine Eisüberraschung*

**Maredo-Qualitätssteaks, komplett serviert mit Salat und Baked Potato**
Die klassischen Maredo-Rindersteaks, für Sie frisch portioniert und zugeschnitten, herzhaft und saftig gegrillt.
Für Ihre Vitaminbilanz servieren wir Ihnen vorab einen knackig frischen Maredo-Salat aus Eisbergsalat und Salaten der Saison und dazu knuspriges Brot.
Zu jedem Steak servieren wir eine Baked Potato mit frischem Kräuterquark mit Sauerrahm.
Rumpsteak mit Salat und Baked Potato
*Die intensive Marmorierung und der schmale Fettrand machen das Rumpsteak besonders saftig und kräftig im Geschmack, 220 g, 300 g*
Huft-Steak mit Salat und Baked Potato
*Ein feinmarmoriertes, fettarmes Steak, herzhaft und frisch im Geschmack, 180 g, 250 g*
Rib-eye Steak mit Salat und Baked Potato
*Dem Fettkern und der kräftigen Marmorierung verdankt das Rib-eye Steak, auch Entrecôte genannt, seine Saftigkeit und Geschmacksstärke, 300 g*

Filetsteak mit Salat und Baked Potato
*Das edelste Stück vom Rind. Die zarte und gleichmäßige Marmorierung gibt dem Filet seinen sanften Geschmack, 150 g, 200 g*
Pfeffersteak mit Salat und Baked Potato
*Huftsteak mit feinabgestimmter Sauce aus scharfem Madagaskarpfeffer, 180 g*
Feinschmeckersteak mit Salat und Baked Potato
*Huftsteak mit einer leichten Sauce béarnaise, 180 g*
Champignonsteak mit Salat und Baked Potato
*Huftsteak mit Champignons, feine Rahmsauce, 180 g*
Steakspieß mit Salat und Baked Potato
*Steakspitzen, mit Paprika und Zwiebeln gegrillt*
*Wie mögen Sie Ihr Steak am liebsten?*
*Die Zubereitung eines Steaks ist Geschmackssache, wählen Sie:*
*saftig rot (englisch), wie es die Argentinier gerne mögen*
*zart rosa (medium) für den frischen, saftigen Fleischgeschmack*
*durchgebraten (well done) für das kräftige Steakaroma mit viel Biß*
*Durchgebratene Steaks servieren wir nur flach geschnitten.*
*Wenn Sie keinen Wunsch äußern, wird Ihr Steak medium/rosa gegrillt.*

**Beilagenvariationen**
*Wählen Sie aus den frisch für Sie zubereiteten Beilagen die Variation, die zu Ihrem Steakgeschmack am besten paßt.*
Baked Potato
*Dazu Kräuterquark mit Sauerrahm oder Kräuterbutter*
Pommes frites
*In reinem Pflanzenöl gebacken*
Kräuterquark mit Sauerrahm
Kräuterbutter
Pfeffersauce
Feinschmeckersauce
Maiskolben
*Auf dem Grill geröstet*
Red Kidney Beans
Champignons in Rahmsauce

**Maredo-Salate, knackig frische Vielfalt**
Maredo-Salat-Bowl
*Knackig frischer Eisbergsalat, kombiniert mit verschiedenen Salaten der Saison. Die Bestandteile der Maredo-Salat-Mischung servieren wir Ihnen auch gerne einzeln.*
Kleiner Salatteller vom Buffet
Großer Salatteller vom Buffet
*Kombinieren Sie sich Ihre vitaminreiche Salatvariation am Buffet, nehmen Sie so viel, wie auf den von Ihnen gewählten Teller paßt. Oder, wenn Sie es bequemer lieben, geben Sie unserer Bedienung einen Hinweis. Gerne serviert sie Ihnen einen Salat vom Buffet.*

**Dressings nach Ihrem Geschmack**
Tarragon-Dressing
*Mit vielen Kräutern und reinem Pflanzenöl*
Joghurt-Kräuter-Dressing
*Für den schlanken, leichten Genuß*
Sahnedressing
*Für den frischen, vollen Geschmack*
*Unsere Dressings werden nur aus pflanzlichen Fetten und Ölen täglich frisch und ohne Konservierungsstoffe hergestellt.*

**Wenn es kein Rindersteak sein soll**
Lammsteak mit Baked Potato
*Frisches Lammfleisch aus den edelsten Teilstücken junger neuseeländischer Weidelämmer. Die Lammsteaks grillen wir mit dem schmalen Fettrand, nur so bleibt der saftig-aromatische Fleischgeschmack erhalten, ca. 200 g*
Maredo-Burger mit Baked Potato
*Aus frischgehacktem bestem Rindersteakfleisch, fettarm und gut gewürzt mit Champignon-Rahm-Sauce. Wie ein Steak auf dem Grill zubereitet, 160 g*
Spare Ribs
*Mit pikant scharfer Barbecuesauce herzhaft gewürzt und knusprig auf dem Grill zubereitet, 450 g*
Hähnchenbruststeak mit Baked Potato
*Frische Hähnchenbrust vom Grill, dazu frischer Kräuterquark mit Sauerrahm, 180 g*

Gemüseplatte
*Verschiedene Gemüsesorten der Saison, fettarm zubereitet. So bleiben die Nährstoffe und das frische Aroma erhalten.*
Langustenschwanz
*Halber Langustenschwanz mit Limonensauce und Brot*
Steak & Lobster
*Die kulinarische Köstlichkeit: Black-Angus-Filet, 150 g, und ein halber Langustenschwanz mit Limonensauce*
Bison – Ein Wildrind aus den Regionen des Harzvorlandes
*Das Wildrind schmeckt kräftig nach Rind und ist ebenso zart. Es wird mariniert als Braten und gebeizt als Steak.*

**Unser Menüvorschlag**
Bisonkraftbrühe mit zarten Einlagen von Eierstich, Spargel, Glasnudeln und Markklößchen
Gefüllte Bisonroulade mit Rauchfleisch, Gurken, Zwiebeln und Waldpilzsauce, Blumenkohl und neue Kartoffeln
Pistazieneis mit Erdbeeren und Schlagsahne
Mokka, Punschspitze

**Tagesgerichte**
Bison-Gemüse-Salat mit einem halben Ei und Salatbukett
Zart gebratener Bisonbraten mit Sahnemeerrettich, Mixed Pickles in Senfmarinade
Bisonkraftbrühe mit zarten Einlagen von Eierstich, Spargel, Glasnudeln und Markklößchen
Bisonfleischsuppe mit frischem Wirsing, Zwiebeln und Rauchfleisch
Gebratenes Heilbuttfilet in Eihülle, gebutterte Banane, Stockschwämmchen, Choronsauce und Kartoffelbällchen
Bisonbraten, in Rotwein mariniert, Apfelrotkraut und Kartoffelklöße
Bisongulasch auf grünen Nudeln und frische Salate
Bisonrückenschnitte Strindberg, Salate der Saison und Pommes frites
Bisonlendenschnitte mit Waldpilzen und Blumenkohl, Sauce béarnaise und Kartoffelbällchen
Gefüllte Bisonroulade mit Rauchfleisch, Gurke, Zwiebeln in Waldpilzsauce, Blumenkohl und neue Kartoffeln

# Spargelkarten

In der Qualität der Spargelproduktion und im Pro-Kopf-Verbrauch liegt die BRD weltweit an der Spitze. In Österreich hat das Marchfeld die bekanntesten Spargelkulturen. Die Nachfrage zur Saison nach frischem Spargel ist allerdings weitaus größer als das Angebot aus dem eigenen Anbau. Es muß also ein Großteil importiert werden.

Die Vermarktung vom Erzeuger zum Gastronomen muß sehr rasch erfolgen, denn nur frisch gestochener Spargel entspricht den kulinarischen Anforderungen eines Gourmets.

## Lieber Spargelfeinschmecker!

Es spargelt im . . ., das bedeutet, daß der herrliche, köstliche Spargel täglich frisch gestochen in unserer Küche zur Verarbeitung kommt.
Für die heurige Saison haben wir uns etwas Besonderes ausgedacht:

Die neue Spargelküche
Hummer und Spargel

Leichte Oberscremesauce, frischer kanadischer Hummer und feine Spargelragouts sollen Ihnen als Spargelliebhaber ein neues Gaumengefühl geben. Die verschiedenen Zubereitungskreationen, welche man bisher beim Spargel nicht kannte, sollen eine neue Geschmacksepoche einleiten.
Genießen Sie jetzt in der Spargelzeit von Mai bis Juni die neuen Köstlichkeiten, die Ihnen unser Küchenteam zusammengestellt hat.

**Spargelvorspeisen**
Spargel-Lachs-Terrine in Sherrygelee auf Kerbelsauce
Lauwarmer Spargelsalat mit Morcheln in Nußölmarinade
Spargeltatar mit Gänsestopfleber
Zweierlei Mousse vom Spargel auf Zitronenobers mit Hummermedaillons
Terrine vom grünen Spargel mit Kerbelsauce

**Für den Suppenliebhaber**
Legierte Spargelbouillon mit Kräutern und Sherry
Spargelcremesuppe mit Spargelspitzen

**Aus der Hummer- und Ragoutspargelküche**
Ragout von weißem und grünem Spargel mit Morcheln
Spargel auf Zucchiniragout mit Petersilienkartoffeln
Hummermedaillons in Weinbuttersauce mit weißem Solospargel, Tomatengarnitur
Hummermedaillons mit Petersilflan und Spargelspitzen auf leichter Zitronenmousseline

**Aus der neuen Spargelküche**
Spargelbuffet für zwei Personen
Drei Portionen Oberscremesaucen nach Wunsch
Fleurons und heurige Kartoffeln
Spargel mit einer Portion Oberscremesauce nach Ihrer Wahl
Oberscremesaucen: Avocadooberscremesauce, Kräuteroberscremesauce, Paprikaoberscremesauce, Lauchoberscremesauce, Morcheloberscremesauce, Datteloberscremesauce
Spargel im Blätterteigmantel auf Estragonbutter
Spargel mit Lachsmousse im Spinatblatt auf roter Kaviarsauce
Spargel und Lachs in Teigblättern mit Melissensauce
Solospargel mit rosa gebratenem Kalbsrückenfilet auf Sauce von grünem Spargel und Cremenudeln

**Aus der traditionellen Spargelküche**
Spargelbuffet für zwei Personen,
Sauce hollandaise, warme Eibutter, Westfäler Schinken, heurige Kartoffeln
Spargel auf Marchfelder Art mit geräuchertem Landschinken, Eibutter und Butterkartoffeln
Spargel Mornay, mit Schinkenstreifen und Sauce Mornay gratiniert
Spargel auf Malteser Art mit Gravad lax, Sauce maltaise, Butterkartoffeln
Spargel Natur mit aufgeschäumter Butter, heurige Kartoffeln

Spargel à la polonaise mit Butter, Bröseln, Petersilienkartoffeln
Zu allen Spargelgerichten servieren wir Vorschußbrot.

## Leckerbissen des Frühlings: unser Spargelangebot

Cocktail von weißen und grünen Spargelspitzen in leichter Dillrahmsauce
Spargelsalat in Frühlingskräuterdressing
Solospargel mit Lachsstreifen und Vinaigrette
Spargelterrine mit Lachs und Kaviar
Spargel-Kräuter-Drink
Geeiste Spargelsuppe
Spargelschaumsuppe mit Krebsschwänzen
Klare Spargelsuppe mit Kalbfleischklößchen und Kerbel
Legierte Spargelsuppe mit Brokkoliröschen
Butterteigpastetchen mit Spargelragout und Krabben
Spargelomelett mit Frühlingskräutern
Soufflé vom grünen Spargel mit Krebsschaum
Spargelstrudel mit Limettensauce
Spargel mit frischer Paprikasauce
Spargel auf Mailänder Art mit Parmaschinken und heurigen Kartoffeln
Spargel in Crêpes mit Schinken und Käse, überbacken
Spargel mit Haselnußbuttersauce
Kalbsbries in Schnittlauchsauce mit grünem Spargel und Blätterteighalbmonden
Medaillons vom Angler in Whiskyrahm mit grünem und weißem Spargel, heurige Kartoffeln
Kalbsfilet mit Spargelspitzen und Käsesauce, überbacken, Pilawreis
Piccata von der Truthahnbrust auf Gemüserisotto mit Spargelspitzen
Gebratene Stubenkücken in Spargelschaumsauce mit grünen Nudeln

## Spargelkarte

**Vorspeisen**
Spargelparfait mit Krebsschwänzen auf Tomatenvinaigrette
Räucherlachs mit Spargelspitzen und Wachtelei in Kräutermousseline
Variationen von zweierlei Spargel an Morchelvinaigrette
Spargelspitzen auf Trüffelcreme mit Kalbsfiletscheiben

**Suppen**
Creme von Spargel mit Streifen von Parmaschinken
Lachs und Seeteufel im legierten Spargelsud

**Hauptgerichte**
Spargelspitzen im Blätterteigpolster auf Schinkensauce mit frischen Morcheln
Stangenspargel auf Blattspinat mit Schinkenjulienne und pochiertem Ei
Stangenspargel mit gemischtem Schinken
Stangenspargel mit rohem und gekochtem Schinken, zerlassener Butter und neuen Kartoffeln
Stangenspargel mit neuen Kartoffeln und Sauce hollandaise
Stangenspargel mit Hummer auf Gemüsebutter
Stangenspargel mit Zandersoufflé und Sauternes-Hummersauce
Stangenspargel mit Kalbsrückensteak, Sauce maltaise und neuen Kartoffeln
Spargelspitzen mit Kalbsmedaillon in Schinken-Käse-Sauce

## Brandenburgische Spargelrezepte

Unsere märkische Spargelsuppe
Leichte gebundene Spargelbrühe auf Spargelgemüse und geräucherten Forellenfiletstreifchen
Bleichspargel mit hausgemachter Gemüsevinaigrette und Brandenburger Landrauchfleisch
In Riesling gedünstete Forellenfilets mit leichter grüner Soße, Spargel mit brauner Butter und Petersilienkartoffeln
Gegrillte Poulardenbrüstchen mit frischem Stangenspargel, mit würzigem Käserahm überbacken, Mandelkroketten

Schweinemedaillon vom Holzkohlengrill mit frischem Stangenspargel, Kräuterschaumsoße und Kartoffelrosetten
Kalbsmedaillon vom Rost mit Beelitzer Bleichspargel, holländischer Soße und Gemüsereis
Eine kleine Portion Stangenspargel mit holländischer Soße oder brauner Butter

## Salatkarten

Salate werden mit dem Trend zum leichteren Essen immer aktueller, außerdem haben sie einen hohen gesundheitlichen Wert. Ob sie als Vorspeise, Beilage, Zwischenmahlzeit, Imbiß, Hauptgericht oder bei Buffets gereicht werden, ernährungsphysiologisch richtig zubereitet, entsprechen sie den Erfordernissen einer gesunden Ernährung.

Vielfach werden Grün- und Blattsalate in einfacher Form oder kombiniert mit Fleisch, Fisch oder Krustentieren als Vorspeise gereicht. Vor allem aus ernährungsphysiologischer Sicht, damit der noch nicht gefüllte Magen die Vitamine, Minerale, Enzyme des Salates besser verwerten kann.

Wenn ein Salat zum Hauptgang gegessen wird, besteht zusätzlich die Wahrscheinlichkeit, daß die Säure der Salatmarinade nicht mit dem Getränk zum Hauptgericht harmoniert.

Viele Betriebe führen ein Salatbuffet – also die Form der direkten Warenpräsentation. Die Gäste schätzen das „kulinarische Do-it-yourself", d. h., daß der Gast in Selbstbedienung auf einen Teller verschiedene Salate, Zutaten und Dressings kombinieren kann. Das ideale Salatbuffet ist gekühlt, muß einen Abdeckschutz haben und soll von beiden Seiten begehbar sein, damit sich bei größerem Gästeandrang kein Stau bildet. Eine Hilfe für den Gast sind kleine Hinweisschilder, die die Zutaten, insbesondere die Dressings, Essigsorten und Öle beim Namen nennen.

Um allen diesen Anforderungen gerecht zu werden, ist es aus Platzmangel und aus hygienischen Gründen oft einfacher, mit einer entsprechenden Salatkarte dem Gast die Auswahl zu erleichtern und zum Kauf anzuregen. Der Salat wird in der Küche angerichtet und serviert.

Dazu eignen sich je nach Saison am besten eigene Salatkarten, wenn möglich mit appetitanregenden Abbildungen von klassischen und neuen Salatkompositionen mit den entsprechenden Dressings.

Um die Aktualität des saisonfrischen Salates besser zu dokumentieren, kann man auch Dauer-Tischkarten oder Tischsets mit verschiedenen Übertiteln verwenden. Zum Beispiel:
- Frischkost
- jeden Tag frisch geerntet
- aus gartenfrischen Produkten
- als Vorspeise frisch und knackig
- leicht und bekömmlich
- besonders zu empfehlen: die ersten Frühlingssalate
- Sommer-, Herbst- und Wintersalate
- Dressings auf Wunsch
- feine Essigsorten
- kaltgepreßte Öle nach Wahl

**Aufbau und Inhalt einer Salatkarte**

**Einteilung**

nach der Zubereitung in
- Grün- und Blattsalate
- Rohgemüsesalate
- Salate von gekochtem Gemüse

nach der Zusammensetzung
- verschiedene Salate gemischt
- zusammengesetzte Salate – Salatteller-, -platten
- Mischsalate mit Käse, Fleisch, Fisch, Krustentieren, Teigwaren, Reis
- Mischsalate mit Obst (amerikanische Salate)
- Salate mit Getreide und Hülsenfrüchten
- Rohkostteller oder -platten

- Verschiedene Dressings/Salatsaucen, beschrieben nach den Grundmaterialien und geschmacklichen Ergänzungen
- Öle und Essigsorten
- Milchprodukte – Rahm, Joghurt, Roquefort
- Ergänzungen wie Kräuter, rote Zwiebel, Sprossen, Senf, Speck etc.

## Der Salatkalender für alle Jahreszeiten

| | Jänner | Februar | März | April | Mai | Juni | Juli | August | Sept. | Oktober | Nov. | Dez. |
|---|---|---|---|---|---|---|---|---|---|---|---|---|
| Kopfsalat | ○ | ○ | ● | ● | ● | ● | ● | ● | ● | ○ | ○ | ○ |
| Endivien, Eskariol | ● | ● | ● | ● | | | ○ | ○ | ● | ● | ● | ● |
| Feldsalat | ● | ● | ● | | | | | | | ● | ● | ● |
| Kresse | ○ | ○ | ○ | ○ | ○ | ○ | ○ | ○ | ○ | ○ | ○ | ○ |
| Römischer Salat | | | | ○ | ○ | ○ | ○ | ○ | ○ | | | |
| Radicchio | ● | ● | ● | ○ | | | ○ | ● | ● | ● | ● | ● |
| Weißkraut | ● | ● | ● | ○ | ○ | ○ | ● | ● | ● | ● | ● | ● |
| Rotkraut | ● | ● | ● | ○ | ○ | ○ | ● | ● | ● | ● | ● | ● |
| Chinakohl | ● | ● | ● | ○ | | | ○ | ● | ● | ● | ● | ● |
| Eisbergsalat | ● | ● | ● | | | | ● | ● | ● | ● | | |
| Chicorée | ● | ● | ● | ● | | | | | | ● | ● | ● |
| Tomaten | ○ | ○ | ○ | ○ | ○ | ● | ● | ● | ● | ○ | ○ | ○ |
| Gurken | ○ | ○ | ○ | ○ | ○ | ● | ● | ● | ● | ○ | ○ | ○ |
| Karotten | ○ | ○ | ○ | ● | ● | ● | ● | ● | ● | ● | ○ | ○ |
| Sellerie | ● | ● | ● | ○ | | | | | ● | ● | ● | ● |
| Bleichsellerie | ● | ● | ● | | | | ● | ● | ● | ● | ● | ● |
| Spargel | | | ○ | ● | ● | ● | | | | | | |
| Radieschen, Rettich | ○ | ○ | ○ | ○ | ● | ● | ● | ● | ○ | ○ | ○ | ○ |
| Paprikaschoten | ○ | ○ | ○ | ○ | ○ | ○ | ○ | ● | ● | ● | ○ | ○ |
| Frühlingszwiebeln | | | | ● | ● | ● | ○ | ○ | ○ | | | |
| Spanische Zwiebel, Zwiebeln | ○ | ○ | ○ | ○ | ○ | ● | ● | ● | ● | ○ | ○ | ○ |
| Lollo Rosso, Ricci | | | | | ● | ● | ● | ● | ● | | | |
| Frisée | | | | | | | ● | ● | ● | ● | | |
| Eichblattsalat | | | | | | ● | ● | ● | ● | | | |
| Batavia | | | | | ● | ● | ● | ● | ● | | | |
| Schnabelsalat (ganz neu) | | | | | ● | ● | ● | ● | ● | | | |
| Crispsalat | ● | ● | ● | ● | | | | | | | ● | ● |

● = Hauptangebotszeit ○ = Angebotszeit

Ganz groß im Trend:

Alfalfakeime, Sojasprossen, Rettich- und Radieschensprossen. Sie sind reich an Vitaminen, würzig im Geschmack, sehr attraktiv. Sie machen auch einfache Salate zu etwas Besonderem. Sie sollten in kleineren Mengen verwendet werden – sozusagen als Spezialzutat. Leider sind sie nicht immer erhältlich (Vorbestellung).

## Salatkarte

Frischkostsalate
Salatherzen mit Erdbeerdressing
Chicorée-Radicchio-Salat
Sommerlicher Salatteller
Endiviensalat mit Nußöl
Radicchio mit Roquefortdressing
Eisbergsalat in Zitronenmelissensauce
Tomatensalat mit jungen Zwiebeln und Basilikum
Römischer Salat mit Radieschen
Eichblattsalat mit Pfifferlingen
Spargelsalat mit Tomatenstreifen und Kresse
Rohkostplatte von gartenfrischen Salaten und Gemüsen mit Alfalfakeimen
Wildkräutersalat mit Weizenkeimlingen
Marinierte Champignons auf Friséesalat
Weißkrautsalat mit Weintrauben
Gurkensalat mit Dill und Rahmdressing
Kartoffel- mit Feldsalat gemischt

## Unser Salatangebot

Kartoffelsalat mit Tiroler Rauchschinken
Broccoli-Schinken-Salat
Eiersalat mit Krabben und frischem Spargel
Bohnensalat mit geräuchertem Lachs
Tomatensalat mit Thunfisch und Reis
Nudelsalat mit Muscheln
Griechischer Bauernsalat mit Schafkäse und Oliven

Gebratene Rinderfiletspitzen auf gemischten Blattsalaten mit Rahmdressing
Rohselleriesalat mit Ananas und gebratenen Putenmedaillons
Feldsalat mit gebratenem Schweinefilet
Rindfleischsalat mit roter Zwiebel und Kernöl
Linsensalat mit Entenbrust
Blattsalate mit gebratenem Speck, geräucherter Truthahnbrust, Kräuterdressing

**Salatsaucen – Dressings**
Kräuterdressing
Knoblauchdressing
Mangodressing
Zitronen-Sahne-Sauce
Kräuter-Joghurt-Sahne
Roquefortdressing
French-Dressing
Speckdressing
Kernöldressing

**Für den individuellen Geschmack halten wir für Sie immer bereit:**

| kalt gepreßte Öle | und feine hausgemachte Essigsorten |
|---|---|
| Sonnenblumenöl | Kräuteressig |
| Erdnußöl | Sherryessig |
| Olivenöl | Apfelessig |
| original steirisches Kürbiskernöl | Himbeeressig |
| Walnußöl | Balsamico-Essig |
| Distelöl | Malzessig |

# Käsekarten

## Die Käsekarte als Visitenkarte Ihres Hauses

Jedes Land ist stolz auf seine typischen Käsespezialitäten und jedes gute Restaurant wird sich bemühen, nebst den einheimischen Käsespezialitäten auch einige internationale Käse anzubieten.
Im Käse liegt nicht nur die Notwendigkeit, ihn anzubieten, sondern auch eine Reihe von Vorteilen:

- **Mehrverkauf**
  Käse wird meist „zusätzlich" zum Dessert gereicht, das heißt, es handelt sich um einen echten Mehrverkauf.

- **Zusatzverkauf**
  Mit Käse verkauft man meist zusätzlich den passenden Wein.

- **Personalentlastung**
  Käse als nicht arbeitsintensive Zwischenmahlzeit für Lokale, die keinen durchgehenden Küchenbetrieb haben.

- **Image und Kompetenzgewinn**
  Eine schöne, ausgewogene, auch regional beachtete Käseauswahl bietet eine weitere Möglichkeit, mit „unserem" Gast ins Gespräch zu kommen.

## Die Käsepräsentation

Der Käse soll der krönende Abschluß einer guten Mahlzeit sein, das dem Gastronomen noch eine weitere Profilierung bringt.
Dies betrifft einerseits das Angebot an Käse als auch andererseits die Intensität, mit der Käse angeboten wird. Dabei kann sich Käse zu einem starken Umsatzbringer entwickeln. Denn Käse ist nicht nur ein hervorragendes Dessert, er paßt auch ideal zum Wein als Begleiter in einer geselligen Runde.

- **Der Käsewagen**
  Der Käsewagen ist sicher die optimalste Präsentationsform von Käse. Je nach Käsesorte verschieden, kann man

die unterschiedlichsten Käse frisch genug aus dem Kühlschrank nehmen, damit sie auf Zimmertemperatur kommen.
Die Käse sollten dabei mit Namen und Charakteristik gekennzeichnet sein, um dem Gast eine eventuelle Verlegenheit zu ersparen, denn nur die wenigsten sind wirkliche Käsekenner.
Der große Vorteil aber ist, daß man den Käse zum Gast bringt, denn nur wenige können dem faszinierenden Anblick der verschiedenen Käsesorten widerstehen.
Für Käse, die einen kräftigen Geruch entwickeln, haben die Käsewagen entsprechende Schubladen.

- **Die Käseglocke**
  Wenn die Anschaffung eines Käsewagens zu teuer ist, kann man auch noch auf die Alternative der Käseglocke umsteigen.
  Diese kann nämlich auf einen Servierwagen gestellt werden, und der Käse – entsprechend gekennzeichnet – kann wiederum dem Gast präsentiert werden.
  Die Käseglocke bietet den zusätzlichen Vorteil, daß der Käse nicht austrocknet.

- **Die Käsekarte**
  Sollte aus arbeitstechnischen oder personellen Gründen eine Käsepräsentation nicht möglich sein, gibt es die Möglichkeit der Käsekarte, mit oder ohne Abbildungen.
  Man sollte mit einem kleinen Angebot beginnen. Ein kleines, gutes Käseangebot kommt beim Gast besser an, als ein unübersichtliches, das unter Umständen nicht richtig gepflegt werden kann und verdirbt.

- **Die Auswahl**
  Ein Weichkäse mit Schimmelpilz, ein Hartkäse, ein Halbhartkäse, ein Blauschimmelkäse und vielleicht noch ein Weichkäse mit gewaschener Rinde. Das Angebot kann dann in der Folge noch um einen Ziegen-, oder Schafkäse, einen Sauermilchkäse, einen Frischkäse (Gervais), der bei Kindern gut ankommt, erweitert werden.

**Empfohlen wird dem Gast Käse**
- nach dem Herkunftsland
- nach der Sorte
- nach der Milchart
- nach der Herstellungsart
- nach der Beschaffenheit
- nach dem Reifegrad
- nach den Fettgehaltsstufen
- nach den Jahreszeiten

**Käse bzw. Käsegerichte können angeboten werden**
- zum Frühstück
- als kalte Vorspeise
- als warme Vorspeise
- als Zwischengericht (Imbiß)
- als Hauptspeise
- als Käse vor der Süßspeise
- als Würzbissen
- als Dessert (letzter Gang)

Wie alle Neueinführungen braucht auch der Käseverkauf am Anfang Geduld, Lernbereitschaft und materiellen Einsatz. Mühen, die sich aber lohnen.

## Internationale Käseempfehlung nach den Jahreszeiten

**Frühjahr**
Brie de Melun frais
Crottin de Chavignol frais
Pierre Robert
Délice de St. Cyr
Tomme Vaudoise
Camembert
Mont-des-Cats
Tomme de Savoie
Vacherin Fribourgeois
Tête de Moine
Rocamadour
Selles sur Chèr
Brigante
Reblochon
Herve
Gorgonzola
Fourme d'Ambert
Roquefort
Hobelkäse
Parmigiano Reggiano
Gouda, alt

**Sommer**
Mozzarella
Olivet cendré
Gaperon
Morbier
Tamié
Asiago
St. Nectaire
Camembert de Chèbre
Le Galet
Charolais
Pouligny St. Pierre
Chèvre en Cœur
Tomme de Chèvre
Valençay
Pyrénée de brebis
Manchego
Pecorino sardo
Pierre qui vire
Soumaintrain
Cœur de Rollot
Bleu de Gex

**Herbst**
Brie de Meaux
Brie de Melun
Chaourde
Cheddar
Taleggio
Fontina della Val d'Aosta
Raclette
Picodon
Chèvrotin
Montrachet
Bouton de Culotte
Mâconnais
Chabi
Epoisses
Langres
Vacherin Mont d'Or
Bleu d'Auvergne
Stilton
Beaufort
Bergkäse
Mimolette vieux

**Winter**
Robiola de Roccaverano
Lucullus
Gratte Paille
Feuille de Dreux
Coulommiers
Trappiste de Laval
Cantal
Appenzeller
St. Marcellin
Banon
Pavé de Chèvre
St. Maure
Brin d'Amour
Pecura
Livarot
Munster
Maroilles
Pont l'Évêque
Comté
Emmentaler
Gruyére vieux

## Unsere Käsevielfalt

Für Genießer zu jeder Zeit der Richtige.
Ob Frühstück oder Abendbrot, Käse in unserem Restaurant ist ein Genuß zu jeder Tageszeit. Probieren Sie doch mal eine

kleine Auswahl, die wir für Sie, nach Ihrem Geschmack, zusammenstellen.

**Allgäuer Emmentaler**
Sein nußartiger Geschmack hat diesen urigen Hartkäse aus bester Rohmilch berühmt gemacht.

**Schnittkäse mit Paprika**
Paprika gibt diesem pikanten Schnittkäse seinen unverwechselbaren Geschmack.

**Camembert**
Eine klassische Käsespezialität von mildem Geschmack, überzogen von duftendem Edelschimmel.

**Weißhacker**
Dieser halbfeste Schnittkäse paßt ganz hervorragend zu Bier und kräftigem Brot.

**Weinkäse**
Ein kleiner, aber feiner Weichkäse von zarter, rahmiger Milde.

---

Die Käsevielfalt in unserem Haus bietet unseren Gästen einfach alles: vom erlesenen Klassiker bis zur aufregenden Neuentdeckung.
Appetit auf mehr? Die ganze Vielfalt gibt's täglich in unserer Käsevitrine im Restaurant. Ein Geschmack, den man nicht vergißt.

**Edelpilzkäse**
Nach mindestens fünfwöchiger Reifezeit schenken ihm die blaugrünen Schimmeladern seinen pikanten Geschmack.

**Romadur**
Dieser temperamentvolle Käse überzeugt jeden Käsekenner durch seinen milden bis leicht pikanten Geschmack.

**Mainzer Käse**
Ein eiweißreicher, fettarmer Käse von mild-pikantem bis pikantem Geschmack.

**Butterkäse**
Er besticht Genießer durch sein mildes Aroma und seinen ausgewogenen Geschmack.

**Gouda**
Mit seinem milden bis leicht pikanten Geschmack paßt der beliebte Gouda ideal zu allen Mahlzeiten.

Gourmets sind sich einig: Die Käsevielfalt in unserem Land ist ein wahres Fest für den Gaumen. Jedes Stück vom besten Geschmack. Da horchen Genießer auf.

**Tilsiter**
Ursprünglich ostpreußischer Abstammung, reicht der Geschmack von leicht herb bis pikant.

**Münsterkäse**
Ein milder Weichkäse mit wohlschmeckender gelblichroter Rinde.

**Steinbuscher**
Je nach Reifegrad schmeckt dieser Käse mild bis leicht pikant.

**Stangenkäse mit Kümmel**
Ein fettarmer Sauermilchkäse, der einen mild-aromatischen bis leicht pikanten Genuß bietet.

**Edamer**
Sein mild-aromatischer Geschmack harmoniert besonders gut mit leichten Weißweinen.

---

Käsevielfalt in Deutschland ist ein Genuß von rund bis eckig und für den Feinschmecker der reinste Augenschmaus. Betrachten Sie doch mal die kleine Auswahl, die wir hier für Sie zusammengestellt haben. Die ganze Vielfalt gibt's täglich frisch an unserer Käsetheke.

**Harzer Käse**
Der pikante Klassiker unter den Sauermilchkäsen.

**Schmelzkäsezubereitung mit Edelpilz**
Die blauen Schimmeladern geben diesem Genießerkäse seine raffinierte Note.

**Brie**
Je nach Reifegrad schmeckt dieser Weichkäse aromatisch bis leicht pikant.

**Trappistenkäse**
Er überzeugt den Genießer durch seinen besonders milden Geschmack.

**Geheimratskäse**
Eine traditionsreiche Käsespezialität mit überaus reinem und mildem Aroma.

**Champignon-Weichkäse**
Eine Weichkäsespezialität mit dem sahnig-milden Geschmack, den Gourmets noch pur zu genießen verstehen.

## Käsekarte

**Hartkäse**
Feste Konsistenz, lange Reifezeit, Trockenmasse über 60 %.

**Emmentaler**
Rohmilchkäse vom Laib.
- Alpenemmentaler (10 Wochen Reifezeit)
- Zillertaler Premiere (4 Monate Reifezeit)
- Gaishorner Auslese (6 Monate Reifezeit)

**Murtaler**
Kleiner Emmentaler aus Rohmilch.

**Bergkäse**
Rohmilchkäse mit Oberflächenreifung.
- Normaler Bergkäse (3 Monate gereift)
- Zillertaler Almkäse (6 Monate gereift)

**Tyroler Alpenkäse**
Hartkäse aus pasteurisierter Milch, fester Teig, milder Geschmack.

**Schnittkäse**
Schnittkäse sind saftiger und weicher als Hartkäse, die Trockenmasse liegt zwischen 45 % und 55 %.

**Großlöchriger Schnittkäse**
Halbharter Schnittkäse mit großer Lochung, meist 45 % F. i. T. (Fett in der Trockenmasse), milder, leicht süßlicher Geschmack, Sorten: Bergbaron, Ötschergold, Edelthaler.

**Tilsiter**
Mit Rotschmiere gereifter Schnittkäse, Schlitzlochung oder Rundlochung.
- Alpzirler (6 Monate gereifter Tilsiter im Laib)
- Stangentilsiter (Tilsiter mit Bruchlochung, verschiedene Fettstufen, (25 %, 35 %, 45 % F. i. T.), Sorten: Bergtilsiter, Edeltilsiter)

**Edamer/Holländer/Gouda**
Milder, weicher Schnittkäse mit 35 % oder 45 % F. i. T., rote oder gelbe Verpackung.

**Butterkäse**
Milder, weicher Schnittkäse, 45 % F. i. T.
- Doret/Grießkirchner/Rival (milder Butterkäse in Stangenform mit 45 % F. i. T.)
- Steirischer Butterkäse/Sulmtaler Butterkäse (milder Butterkäse mit 45 % F. i. T., verschiedene Laibgrößen)
- Murecker Butterkäse (mild-aromatischer Butterkäse mit eßbarer Naturrinde)

**St. Paulin**
Oberflächengereifter, aromatisch-milder Schnittkäse mit eßbarer Naturrinde.

**St. Patron**
Aromatisch-milder Schnittkäse mit eßbarer Naturrinde, 45 % F. i. T.

**Seggauer**
Vollaromatischer, milder Schnittkäse mit zart schmelzendem Teig, mit Naturrinde, 65 % F. i. T.

**Esrom**
Rotschmiergereifter Schnittkäse mit Bruchlochung mit eßbarer Rinde; kräftiger, aromatischer Geschmack.

**Jerome/Rimon**
Kräftig-aromatischer Esrom mit Bruchlochung in verschiedenen Größen, 54 % F. i. T.

**Magrom**
Magerer, aromatischer Esrom mit 15 % F. i. T.

**Mondseer**
Traditionsreicher Schnittkäse mit Oberflächenreifung, kräftiger Geschmack, 45 % F. i. T.

**Pinzgauer Bierkäse**
Herzhafter, magerer Käse mit 15 % F. i. T., besonders geeignet zum Bier und zur Jause.

**Traungold**
Mild-süßlicher Geschmack, 45 % F. i. T.

**Augustiner**
Mild-süßlicher Geschmack, 35 % F. i. T.

**Jausnkas**
Milder Geschmack, 45 % F. i. T., Zylinderform.

**Monte Nero**
Mild-säuerlicher Schnittkäse mit Schlitzlochung, Laib mit schwarzer Paraffinrinde umhüllt.

**Weichkäse**
Weichkäse haben meist einen Wassergehalt von zumindest 50 % und reifen je nach Sorte durch Schimmel (Weißschimmel, Grünschimmel, Blauschimmel) oder verschiedene Schmieren.

**Österzola**
Grünschimmelkäse mit 55 % F. i. T., würzig-pikanter Geschmack, mit grünen Schimmeladern durchzogener Teig.

**Dolce Bianca**
Doppelschimmelkäse (außen Weißschimmel, innen Blauschimmel) mit 65 % F. i. T., mild-pikanter Geschmack, zartschmelzender Teig.

**Brie**
Weichkäse mit Weißschimmel, Fettstufen zwischen 45 % und 55 % F. i. T., verschiedene Sorten; z. B. Schärdinger-Rahm-Brie.

**Camembert**
Kleiner Weichkäse mit Weißschimmel, Fettstufen zwischen 45 % und 65 %, verschiedene Sorten.
- Sirius-Camembert, 45 % F. i. T.
- Rahm-Camembert, 55 % F. i. T.
- Wolfpassinger Creme-Camembert, 65 % F. i. T.

**St. Severin**
Weichkäse mit Rotschmiere vom Typ Klosterkäse, 55 % F. i. T.

**Limburger**
Magerer, aromatischer Weichkäse, 25 % F. i. T.

**Romadur**
Pikanter Weichkäse mit 25 % F. i. T.

**Schloßkäse**
Herzhaft-deftiger Laibchenkäse, geruchsintensiv, verschiedene Sorten zwischen 35 % und 55 % F. i. T.
- Schlierbacher Schloßkäse
- Achleitner Schloßkäse

**Südsteirischer Hauskäse**
Weichkäse mit Oberflächenreifung; das Käselaibchen wird mit Rotweinlager behandelt, die eßbare Rinde hat eine bläulichgraue Farbe. Der mild-pikante Geschmack und der weiche Teig harmonieren besonders mit Rotwein.

**Frischkäse**

**Cottage Cheese**
Körniger Frischkäse in verschiedenen Fettstufen (10 % F. i. T. bis 20 % F. i. T.) und verschiedenen Geschmacksrichtungen.

**Gervais**
Cremiger Frischkäse in verschiedenen Geschmacksrichtungen, Fettgehalt zwischen 65,5 % und 70 % F. i. T.

**Rolling**
Frischkäserolle, cremiger, streichbarer Teig mit Kräutern und Paprika.

**Sauermilchkäse**
Aus Topfen entwickelte Käsesorten, sehr mager, verschiedene Geschmacksrichtungen regionaler Spezialitäten:
- Quargel
- Tiroler Graukäse
- Steirer Käse
- Glundner Käse
- Wiesner Kochkäse

**Schafkäse**
In den letzten Jahren haben die österreichischen Molkereien gemeinsam mit den Schafmilchbauern zahlreiche neue Schafkäse auf den Markt gebracht, die internationale Vergleiche nicht scheuen brauchen; teilweise mit Beigabe von Kuhmilch.

**Steirischer Schafkäse**
Milder, salzarmer Käse, pikant mariniert.

**Steirischer Selchkas**
Geräucherter Schnittkäse aus Mischmilch (mit 45 % Kuhmilch), würziger Geschmack.

**Steirischer Knappenkäse**
Kräftiger, vollaromatischer Weichkäse mit pikanter Rinde.

**Trautenfelsner Edelschimmel**
Blauschimmelkäse aus reiner Schafmilch; vollmundiger, leicht pikanter Geschmack.

**Weißer Prinz**
Brie aus reiner Schafmilch; milder, voller Geschmack.

**Ziegenkäse**
Speziell aus dem Salzburger Pongau kommen traditionell immer wieder neue Käsespezialitäten aus Ziegenmilch.

**Originaler Geisberger**
Camembert aus reiner Ziegenmilch; leichtes, feines Ziegenaroma.

**Ziegett**
Schnittkäse mit Oberflächenreifung; kräftiger Ziegengeschmack.

**Pongauer Ziegenkäse**
Frischkäse in Pflanzenöl mit Kräutern; mild im Geschmack.

**Ziegen-Spezial**
Cremiger Frischkäse aus Niederösterreich; feiner, milder Geschmack.

# Flambékarten

Das Vollenden und Flambieren von Speisen verschiedener Art ist ein Höhepunkt traditioneller Gastlichkeit und stellt eine besondere Dienstleistung dar.
In diesem Bereich findet die Gastronomie die Möglichkeit, ihrem Gästekreis ein spezielles Angebot und Entertainment zu bieten. Hierfür sind gewisse Voraussetzungen notwendig:

- gute Zusammenarbeit zwischen Küche und Service
- sehr gut geschultes Personal, welches die angebotenen Gerichte vorher geübt hat
- die Auswahl der Speisen soll saisongemäß erfolgen; die Zutaten sollen frisch am Markt erhältlich sein
- die Rezepte sollen einfach und rasch zu realisieren sein
- Verwendung hochwertiger Spirituosen, keine Verschnitte, keine Billigprodukte
- konzentrierte Grundsaucen wie Sauce demi-glace, Jus de veau lié, Sauce gibier, Glace de veau oder Glace de viande, Fischfond verwenden

Der Umfang einer Flambékarte ist von der Frequenz des Betriebes, der Jahreszeit und den Betriebsspezialitäten abhängig. Ein Fischrestaurant wird in erster Linie Krustentiere flambieren, ein Steakhaus eher Fleischflambés und Innereien anbieten. Andere Betriebe werden das Hauptgewicht des Flambéangebotes auf Süßspeisen legen.

Ein Gesamtangebot von Vorspeisen-, Hauptspeisen- und Dessertflambés ist eher unwahrscheinlich. Die nun folgende Karte ist ein gesammelter Vorschlag, welche Form eine sehr umfangreiche Anbotserstellung haben kann.

**Vorspeisenflambés**
Krustentiere
Teigwaren
Crêpes
Innereien

**Hauptspeisenflambés**
Steaks (Rind – Kalb – Schwein – Lamm – Wild)

**Dessertflambés**
Crêpes
Omeletts
Obst

## Pikante Crêpes

Crêpes mit Kalbslebermus (Weinbrand – Lebermus – Madeira – Obers – Kräuter)
Crêpes mit Lachsfülle (Lachsbutter – Ketakaviar – Dille – gehacktes Ei – Wodka)
Crêpes mit Käse (Knoblauch – Emmentaler – Appenzeller – Kirschwasser)
Crêpes mit Gorgonzola (passierter Gorgonzola – Kirschwasser – Kräuter)

## Flambégerichte von Innereien

Flambierte Kalbsleber (Apfelscheiben – Portwein – Armagnac – Kräuter)
Beilage: Blattspinat, überbackene Tomaten
Flambierte Kalbsnieren (Oberssauce – Weinbrand)
Beilage: Kartoffelpuffer
Kalbsnieren in Senfsauce (Dijonsenf – Schalotten – Weinbrand)
Beilage: Röstkartoffeln
Hühnerleber mit Pernod (Weinbrand – Pernod – Hühnersauce – Obers – Madeirawein)
Beilage: Reis
Gänseleber auf Apfelscheiben und Blattsalaten (Apfelscheiben – Blattsalate – Calvados – Portwein – Trüffeln oder Steinpilze)
Beilage: Weißbrot
Entenleberscheiben mit Rosinen
Beilage: Weißbrottoast oder Brioche

## Flambierte Suppen

Gordon's Gin Tomato soup, mit Gin flambiert
Altwiener Lungenbratensuppe, mit Weinbrand flambiert
Scampisuppe, mit Weinbrand flambiert

## Flambégerichte vom Rind

Zwischenrippenstück, mit polnischem Wodka flambiert
Beilage: Rote-Rüben-Salat, geschälte Salzgurken, gebackene Kartoffeln
Pfeffersteak nach Pariser Art mit schwarzem Pfeffer, Rotwein und mit Weinbrand flambiert
Beilage: hausgemachte Bandnudeln
Pfeffersteak Madagaskar mit grünem Pfeffer, Rotwein und mit Weinbrand flambiert
Beilage: gratinierte Kartoffelscheiben
Lendenschnitten Stroganoff mit Pilzen, Gurkerln, Sauerrahm und mit Weinbrand flambiert
Beilage: Rösti oder Butternockerln
Filetspitzengulyas nach Haushofmeisterart
mit Madeirawein, Schalotten, gehackten Kräutern und mit Weinbrand flambiert
Beilage: Butterspätzle

## Flambés vom Kalb

Kalbsmedaillons mit Marsalawein, Gänseleber und mit Weinbrand flambiert
Beilage: Weintraubenreis und feines Gemüse
Kalbsschnitzel mit Zucchini, Lachsschinken, Süßrahm und mit Pernod flambiert
Beilage: Butterkartoffeln
Kalbsgeschnetzeltes mit Bries, Muskatnuß, entkernten Rheinrieslingbeeren und mit Weinbrand flambiert
Beilage: Butterkartoffeln und Kohlsprossen

## Flambégerichte vom Schwein

Schweinsnüßchen mit Dörrpflaumen, Knoblauchbutter und mit Zwetschkenwasser (Slibowitz) flambiert
Beilage: Polentanockerln und Brokkoli
Schweinsmedaillons mit Kümmelbutter, Pfefferoni, Schalotten, Rotwein und mit Weinbrand flambiert (sehr scharf)
Beilage: Polentakrapfen oder Butterkartoffeln
Schweinsfilet nach Art des Wilhelm Tell (Apfel, Schinken, Emmentaler, Weißwein, mit Zuger Kirsch flambiert)
Beilage: Naturreis und Salatherzen

## Süße Crêpes, flambiert

Crêpes Suzette (Orangenbutter – Grand Marnier – Weinbrand)
Crêpes Schöne Helene (Birnen – Pistazien – Schokoladensauce – Mandelsplitter – Williams-Birnen-Brand)
Crêpes mit Grand Marnier (Himbeeren – Zitronensaft – Schlagobers – Himbeergeist)
Powidlpalatschinken (Pflaumenmus – Orangen – Jamaikarum – Mohn-Zucker-Gemisch)

## Obstflambés

Flambierte Banane Coruba (Banane – Orangensaft – Corubarum – Pistazieneis – Mandelsplitter)
Flambierte Banane (Banane – Jamaikarum – Honig – Mandeln – Schlagobers)
Flambierte Birnen (Birnen – frische Himbeeren – Vanilleeis – Birnenbrand)
Flambierte Heidelbeeren (Heidelbeeren – Grand Marnier – Zitroneneis)
Flambierte Weichseln – Herzkirschen (Erdbeermark – Orangensaft – Maraschino – Weinbrand – Vanilleeis)
Flambierte Erdbeeren mit schwarzem Pfeffer (Erdbeeren – Grand Marnier – schwarzer Pfeffer – Weinbrand – Vanilleeis – Schlagobers)
Flambierte Melone (Honigmelone – Portwein – Sauerkirschen – Apricot Brandy – Kirschwasser – Vanilleeis)

# Eisspezialitätenkarten

Eis ist für die Gastronomie ein wichtiger zusätzlicher Umsatzträger. Es ist im Gegensatz zu den meisten anderen Angeboten der Gastronomie ein Impulsgeschäft, dessen Erfolg vom aktiven Verkauf abhängt.
Ein Gast, der ins Restaurant kommt, tut das meistens, um etwas zu essen und zu trinken. Wer außerhalb einer Speisenfolge Eis oder Eisgerichte genießt, entschließt sich fast immer spontan dazu. Da sollte man vor allem am Beginn des Sommers diese Chancen nicht ungenützt verstreichen lassen.
Gastronomen, die die Technik der Eisverführung beherrschen, nützen jede Gelegenheit, um ihr Eisangebot aktiv anzubieten, d. h. zu verkaufen. Dabei spielt neben der Empfehlung des Servierpersonals die einladende Eiskarte eine zentrale Rolle. Eine gute gestaltete Eiskarte ist der beste Verkäufer.
Marktführende Eishersteller halten für ihre Kunden immer eine Auswahl professionell gestalteter Eiskarten bereit für die unterschiedlichsten Gästegruppen (von konservativ-anspruchsvoll über exotisch-bunt bis hochwertig-dezent).
Eis kann in Form einer Karte, eines Tischaufstellers, eines Untersets, eines Posters präsentiert werden. Oder man legt neben der Hauptkarte Aktionskarten auf, die das Eisgeschäft durch besondere Höhepunkte beleben (z. B. alle Eisvariationen mit Erdbeeren im Mai/Juni).
Vor jeder Kartenwahl ist zu prüfen, ob man eine ausreichende Menge der passenden Eissorten, Zutaten, des Servicegeschirrs, der Gläser etc. zur Verfügung hat.

## Eiskarte

**Eissorten**
Amarena
Aprikose
Banane
Diabetikereis (Vanille, Erdbeere, Schokolade, Haselnuß)
Erdbeere

Fiocco
Grapefruit
Haselnuß
Heidelbeere
Joghurteis (Topfen, Himbeerjoghurt, Erdbeerjoghurt, Aprikosenjoghurt, Müslijoghurt)
Kaffee
Kiwi
Kokos
Mandel
Malaga
Melone
Minze
Nougat
Orange
Passionsfrucht
Pistazien
Ribisel
Schokolade
Straciatella
Tee
Vanille
Walnuß
Zimt
Zitrone

**Eiscoupes**
Pêche Melba
*Vanilleeis, Pfirsich, Himbeersauce, Schlagobers, gehackte Pistazien*
Birne Belle-Hélène
*Vanilleeis, Birne, Schokoladesauce, Schlagobers*
Coupe Danmark
*Vanilleeis, heiße Schokoladesauce, Schlagobers*
Coupe Jacques
*Vanilleeis, Fruchteis, Fruchtsalat, Kirschlikör, Schlagobers*
Coupe Miramar
*Fioccoeis, Stracciatellaeis, Rumkakao, Schlagobers, reich garniert*

Bananensplit
*Vanilleeis, Schokoladeeis, Bananen, Schokoladesauce, Schlagobers, gehobelte geröstete Mandeln*
Coupe Amarena
*Haselnußeis, Schokoladeeis, Amarenakirschen, Amarenasirup, Schlagobers*
Coupe Romanow
*Vanilleeis, Erdbeeren, Erdbeersauce, Schlagobers*
Heidelbeercoupe
*Vanilleeis, Heidelbeeren, Heidelbeersaft, Schlagobers*
Maronicoupe
*Orangeneis, Maronieis, Orangenspalten, Schlagobers, Maronipüree*
Heiße Himbeeren
*Heiße Himbeeren mit Himbeereis, Himbeerlikör, Schlagobers*
Fitneßbecher
*Joghurteis, Fruchtsalat, Trockenmüsli, grob gehackte Schokolade, Schlagobers*
Copacabana
*Kokoseis, Ananaseis, Rum, Schokoladesauce, Schlagobers*
Coupe Hawaii
*Vanilleeis, Fruchteis, Ananasstücke, Schlagobers, mit Früchten garniert*
Coupe Parisienne
*Haselnußeis, Krokant, Cognac, Schlagobers*
Pfirsich Oriental
*Pistazieneis, Pfirsichlikör, Pfirsichkompott, Schlagobers, Pistazien*
Maracuja
*Marilleneis, Heidelbeereis und Fruchteis, Maracujalikör, Mandarinen, Schlagobers*
Tropical
*Fruchteis, exotische Früchte, Likör, Sekt, Pistazien, Schlagobers*
Coupe Kopenhagen
*Vanilleeis, Kaffee-Eis, Cherry Brandy, Schlagobers, Kirschen*
Coupe Espagnol
*Vanilleeis, Sultaninen, Malagawein, Schlagobers*

Coupe Cornelia
*Stracciatellaeis, Vanilleeis, Cassissirup, Cassislikör, Schlagobers*
Coupe Madame
*Vanilleeis, Schokoladeeis, Eierlikör, Amarenasaft*
Coupe Sinabell
*Haselnußeis, Schokoladesauce, grob gehackte Haselnüsse, Schlagobers*
Fruchtcocktail
*Fruchteis, Fruchtsalat, herber Weißwein, Schlagobers*
Coupe Dolce Vita
*Schokoladeeis, Haselnußeis, Vanilleeis und Pistazieneis, Eierlikör, frische Früchte, Schlagobers*
Coupe Suisse
*Stracciatellaeis, Haselnußeis, Schokoladeeis, heiße Schokoladesauce, Schlagobers*
Coupe Orange
*Orangeneis, Walnußeis mit Arancini, Haselnüsse, Schokoladesauce*
Punscheisdessert
*Schokoladeeis und Kaffee-Eis und Rumbiskuit, Schlagobers*

**Eistorten – Eisschnitten – Eisrouladen**
Schokoladeeistorte mit Schlagobers
*Schokoladebiskuit, gefüllt mit Schokoladeparfait, mit Schlagobers garniert*
Erdbeereistorte mit Schlagobers
*Biskuit, gefüllt mit Erdbeermarmelade und Erdbeerparfait, mit Schlagobers garniert*
Fürst-Pückler-Eistorte
*Biskuit mit drei verschiedenen Parfaits – Vanille, Erdbeere und Schokolade – gefüllt, mit Schlagobers garniert*
Tiramisu
*In Kaffee getränktes Biskuit mit Parfait aus Mascarpone und Schlagobers*
Eisroulade
*Gerolltes Biskuit, gefüllt mit Fruchtparfait und in Cointreau gebeizten kandierten Früchten*

Rehrücken
*Aus Maroniparfait, glaciert mit Schokolade, garniert mit Mandeln und Schlagobers*

**Eisomeletts**
Überbackenes Eis (Omelette surprise)
*Vanilleeis mit likörgetränkten Früchten auf Biskuit, in Windmasse gehüllt, überbacken, mit Früchten garniert*
Isländisches Omelett
*Verschiedene Eissorten und Marzipan, überbacken, mit Rum geflämmt*
Eiscrêpes mit Erdbeeren
*Zarte Pfannkuchen, mit Erdbeereis gefüllt, Erdbeersauce, Schlagobers*
Eiscrêpes mit Schokolade
*Zarte Pfannkuchen, mit Schokoladeeis gefüllt, Schokoladesauce, Schlagobers*

**Cassatas**
Sizilianische Cassata
*Schokoladeeis, gefüllt mit in Rum gebeizten Früchten, Fruchtsauce, Schlagobers*
Tessiner Cassata
*Erdbeereis, Pistazienparfait, gefüllt mit in Kirschwasser gebeizten Früchten*

**Parfaits**
Ananasparfait
*Auf likörgetränktem Biskuit, Schlagobers*
Erdbeerparfait
*Auf likörgetränktem Biskuit, Schlagobers, frische Erdbeeren*
Orangenparfait
*Auf Biskuit mit Orangenlikör und Orangensauce*
Haselnußparfait
*Auf Biskuit mit Cherry Brandy, Weichseln, Johannisbeersauce, Schlagobers*
Kaffeeparfait
*Auf Biskuit mit Weichseln, Kaffeelikör*

Lebkuchenparfait
*Mit Slibowitzzwetschken und Eierlikörschaum*
Maraschinoparfait
*Mit Erdbeersauce und Schlagobers*
Marillenparfait
*mit Haselnußkrokant, Marillenlikör, Schlagobers, Eisgebäck*
Pistazienparfait
*Mit Schlagobers und frischen Pistazien*
Schokoladeparfait
*Mit leichter Rumsauce, Schlagobers*
Vanilleparfait
*Auf Biskuitsockel, Curaçao, Schlagobers, Fruchtsauce, Waffeln*
Weinschaumparfait
*Mit Johannisbeersauce, Schlagobers, Eisgebäck*

**Sorbets**
Apfelsorbet
Erdbeersorbet
Granatapfelsorbet
Himbeersorbet
Holundersorbet
Johannisbeersorbet
Kiwisorbet
Mangosorbet
Maracujasorbet
Melonensorbet
Minzesorbet
Orangensorbet
Passionsfruchtsorbet
Pfirsichsorbet
Rhabarbersorbet
Zitronensorbet

**Granités**
Ananasgranité
Campagnergranité
Kirschengranité
Rieslinggranité

**Spooms**
Erdbeerspoom
*Schaumiges Joghurt-Erdbeer-Eis, mit Erdbeersauce überzogen*
Heidelbeerspoom
*Schaumiges Joghurt-Heidelbeer-Eis, mit Heidelbeersauce überzogen*
Zitronenspoom mit Minze
*Leichtes Weineis, mit Zitrone und Minzblättern garniert*

**Eisgetränke**
Wiener Eiskaffee
*Vanilleeis, kalter Kaffee, Schlagobers*
Liegos Eiskaffee
*Kaffeecremeeis, mit Kaffee verrührt, Schlagobers*
Irish Ice Coffee
*Vanille-Kaffee-Cremeeis, Irish Whisky, Schlagobers*
Fruchtperle
*Orangeneis mit Sekt*
Eis im Bad
*Zitroneneis mit Gin Fizz*

**Eispunsch**
Holunderpunsch
*Holundersirup, Zitronensaft, Sekt*
Römischer Punsch
*Assamtee, Orangentee, Weißwein*

# Diverse Saisonkarten

## Fondueabend

Fleischfondue ab zwei Personen
Rund um den Fonduetopf gibt's:
Rindslungenbraten
Schweinslungenbraten
Hühnerbrust
Putenleber
verschiedene panierte Gemüse
Remouladensauce
Kardinalsauce
Kräutermayonnaise
Knoblauch-Obers-Sauce
Dillen-Joghurt-Sauce
Schalotten-Estragon-Vinaigrette
Braterdäpfel
Nußbällchen
Folienkartoffeln mit Gorgonzola-Rahm-Sauce

## Knödelaufmarsch

Tiroler-Knödel-Suppe – ein kleiner Semmelknödel mit würzigem Geselchten
Mostviertler Speckknödel mit Ei im Rohr gebacken, serviert mit warmem Krautsalat
Spinatknödel, mit Schinken und Käse überbacken
G'röstete Knödel mit Ei und Häuptelsalat
Hausgemachte Grammelknödel mit Speckkrautsalat
Topfenknödel mit Pflaumenröster

## Jetzt ist Marillenzeit

**Marillenstrudel** in Blätterteig gehüllt, mit feiner Topfenfülle und frischen Marillen serviert, heiß, mit Vanillesauce

**Topfenschnitte mit Marillen** und Marillensauce

**Wachauer Träumereien** – cremiges Vanilleeis mit sonnenreifen Marillen, Marillenlikör und Schlagobers

**Marillenkuchen** – täglich frisch aus unserer Mehlspeisküche

Verschiedene Menükarten

Beispiele vorgefertigter Karten von Gastronomiezulieferern

Fisch
Spezialitäten
Wild

*Beispiele vorgefertigter Karten von Gastronomiezulieferern*

**Marillenknödel** – die österreichische Spezialität

**Joghurtbecher mit Marillen** – lockere Joghurt-Obst-Creme mit frischen Marillen

**Marillenfrappé** – sämig und köstlich

**Marillenfleck** – Germteig mit Marillen belegt, mit Streusel bestreut, knusprig gebacken

## Als Böhmen noch bei Österreich war!

(in Originalfassung)

**Vorgerichte**

Galizische Topirky mit Mastgansl-Leberfasch: Fein pürierte Mastgansl-Leber wird auf geknofeltes, gebähtes Vorschußbrot gethan und heiß überbacken

Moldauer Kukuruz-Rahmstrudel mit Kerbel, Ingwer und Topfen

Pfanzl vom böhmischen Spiegelkarpfen im gekneteten Strudelteigmantel

Schlesischer Grammelstrudel mit Gänsegrammeln, Ganslschmalz und faschierter Entenleber

**Suppen**

Egerländer Kuruzzensuppe mit Lattichnockerln und Kukuruz

Olmützer Brotsuppe mit Knofl, Zwiefl, Lorbeer, Paprika, Roggen-Gersten-Brot und Rahm; wird mit verrührten Eiern aufgetragen.

Mährische Paradeis-Suppe mit Zwiefl, Paradeis, Rahm und Teplitzer Käse überdeckt

**Hauptspeisen**

Ein böhmischer Schwarzbierkarpfen mit Kümmel, gebrathen mit Butter, Petersilie, Paprika, Kümmel, Bier aus Malz, dazu kommt ein Zwiefl-Erdäpfel-Schmarren

Ein Schöpsenschlögerl auf Brünner Art, mit Knofl und Kudlkraut eingebrathen und mit einer Thymian-Rothwein-Pilz-Sauce in einer Schüssel aufgetragen, dazu gebackene Erdäpfelkugeln, andererseits ein Bratapferl

Slowakisches Kalbs-Paprikasch mit grünen Kürbis-Nokkerln aus Dinkelmehl, Rahm und Salzgurkerl

Ein gebrathene Thaya-Barbe im Pfandl mit Limoni und Knofl gebrathen und mit Sardellenbutter und Mitgebrathenem aufgetragen.

**Mehlspeisen**
Slowakische schmalzgebackene Powidlzögerln auf heißem Topfenwandl mit Kakaosauce und geriebenen Nüssen
Nikolsburger Moosbeerpofesen
Karlsbader Topfen-Nudeln mit Mohn und heißer Butter

## Das Waffelvergnügen

Waffel Natur
Waffel mit Erdbeeren und Schlagobers
Waffel mit Walnußeis und Nüssen
Waffel mit Pfirsichspalten und Schlagobers
Waffel mit Heidelbeertopping und Schlagobers
Zu allen Waffeln servieren wir unsere Spezialsirupe: Waffel, Erdbeer oder Heidelbeer

## Erdbeerzeit

Frische Erdbeeren auf knusprig gebackenem Blätterteig
Erdbeertorte mit frischen Erdbeeren auf Nußbiskuit
Erdbeerroulade – feines Biskuit, gefüllt mit Schlagobers-Erdbeermark
Sonnenreife Erdbeeren mit Schlagobers oder Vanilleeis
Frische Erdbeeren Natur
Erdbeeren „Jacqueline" – frische Erdbeeren auf flaumigem Biskuitkuchen, Vanilleeis, Melbasauce, Schlagobers und gehobelte Mandeln
Palatschinken „Romanoff", gefüllt mit cremigem Vanilleeis, umgeben mit warmen Erdbeeren und einem Schuß Orangenlikör, Schlagobers
Erdbeer-Topfen-Schnitte – Erdbeeren auf Topfenobers
Erdbeeren-Dream-Land – luftige Cognaccreme mit Schoko- und Mandelsplittern
Erdbeereis, per Kugel
Erdbeer-Milch-Shake, ein Frappé mit sonnenreifen Erdbeeren

Erdbeersorbet mit Schlumberger-Sekt, köstlich und erfrischend
Joghurtcreme mit Erdbeeren und Erdbeersauce

## Palatschinken haben immer Saison!

Beerenüberraschung – gefüllt mit cremigem Vanilleeis, bedeckt mit heißen Erdbeeren, Himbeeren, Brombeeren und Heidelbeeren, dazu ein Schuß Orangenlikör, Schlagobers
Topfenpalatschinken – hausgemachte Palatschinken mit pikanter Topfenfülle, in sämiger Vanillesauce
Schwarzwälder Palatschinken mit pikanter Topfenfülle, übergossen mit Sauerkirschen in Sauce, serviert mit Schlagobers und Schokospänen
Orangenpalatschinken mit Orangenscheiben, Orangensauce, garniert mit Schlagobers
Brasilianische Palatschinken mit feiner Kaffeecreme, garniert mit Schlagobers und Haselnußkrokant
Palatschinken „Amadeus" – zarte Marzipannougatfülle, serviert mit Schokoladensauce und Schlagobers

## Kiwi-Festival

Kiwishake – Milchshake mit frischen Neuseeland-Kiwis und cremigem Vanilleeis

**Vorspeisen**
Rohschinken auf Vollkornbrot mit Piccottakäse und Kiwischeiben
Sautierte Hühnerfiletstreifen auf Joghurtdressing mit Blattsalaten und frischen Neuseeland-Kiwis

**Hauptspeisen**
Frisches Kabeljaufilet mit Mandeloberssauce, Kroketten, mit Neuseeland-Kiwis garniert
Hühnerfleischspießchen auf Reissockel mit Currysauce und Kiwistücken
Gegrillte Lammedaillons in Kräuterbröseln mit fruchtiger Kiwisauce und Petersilienkartoffeln

**Desserts**

Kiwipalatschinken – zwei Stück gefüllt mit Vanilleeis, Kiwisauce, Mandelsplitter und Schlagobers

Kiwijoghurttorte – zartes Biskuit auf Mürbteigboden mit luftiger Joghurtcreme und Kiwischeiben

# Kinderkarten

Die Familie mit Kindern ist für die Gastronomie eine der wichtigsten Zielgruppen.
Die Pflege dieser Zielgruppe durch entsprechende Angebote in Gastronomie und Hotellerie ist aber, der Wichtigkeit des Marktes entsprechend, noch mehr als lückenhaft. Die Bedürfnisse von Familien mit (kleineren) Kindern werden noch viel zu wenig beachtet. Das Auswärtsessen ist für die Kleinen das Erlebnis, für vielbeschäftigte Eltern ein legitimes Bedürfnis. Die Initiatoren zur Pflege des Angebotes für Familien mit Kindern aller Altersstufen werden zahlreicher, doch das schlummernde Potential ist sehr umfangreich und ausbaufähig (siehe auch Fotos „Kinderkarten" sowie „Kindermenüs").

## Für unsere kleinen Gäste im Restaurant...

Hühnerkraftbrühe mit buntem Gemüse und Reis
Kräuterrührei „Struppi" mit jungem Gemüse und Kartoffelschnee
Halberstädter Wursttiegel auf Kartoffelpüree, Sahnesauce und Salatbeilage
Schweinsmedaillon „Rotkäppchen" (Schweinsmedaillon mit ½ Ei, Sauce Choron, jungem Gemüse und Kartoffelbällchen)
Paniertes Schweinefilet „Borstel" mit Stampfkartoffeln
Pumuckels Lieblingsschmaus (bunte Nudeln mit Tomatensauce und Schinkenstreifen)
Kleine Ecken für den Mäusehunger (Weißbrot, Putenwurst, Schinken, Ei und Käse)
Eierkuchen „Leckermäulchen"
Eisbecher „Petra" (Fruchteis, Vanilleeis, Obstsalat, Sahne, Biskuitzunge, Schokospäne)

# Vegetarische Karten

## Unsere „grüne“ Küche

**Vorspeisen**

Kleiner Vitaminsalat mit ofenfrischen Dinkelsemmerln und Butter

Gefüllte Zucchiniblüten auf Sauce von roten Paprikaschoten

Gemüsekaviar mit Crème fraîche und Schnittlauch

Warmer Pilzflan mit Tomatenvinaigrette

**Suppen**

Kürbissuppe mit Vollkorncroûtons

Schaumige Kerbelsuppe

Klare Schwammerlessenz mit kleinem gerolltem Buchweizenpfannkuchen

**Hauptgerichte**

Hirseschnitten mit Tomaten-Parmesan- und Kräuter-Senf-Kruste auf Tomatenschaum und gefülltes Gemüse

Buchweizenlaiberl im Salbeiblatt mit Chutney von grünen Tomaten und Gemüsereigen auf Rotweinsauce

Tellerravioli, gefüllt mit Wurzelgemüsestreifen in Kapernsauce

Gefüllte Safrankartoffeln mit Butterbohnen auf Estragonsauce

**Desserts**

Beeren, mit Mascarponeschaum gratiniert

Hollerkoch mit weißem Zimteis

Champagnergelee mit Weinbergpfirsichen

Hippentulpe mit Erdbeeren und Joghurt-Honig-Sorbet

## Vegetarische Spezialitäten

**Vorspeisen**

Rohkostsalate mit Alfalfasprossen und Schnittlauchdip

(98 kcal/411 kJ; 5 g Ew., 5 g F; 6 g Kh.; 4 g Ballastst.; 0,5 BE; 16 mg Chol.; 35 mg HS)
Knackig frische Rohkostsalate leisten besonders im Winter einen wichtigen Beitrag zur Vitamin- und Mineralstoffversorgung. In Kombination mit einem pikanten Kräuterdip sorgt diese ballaststoffreiche Vorspeise für ein abwechslungsreiches Geschmackserlebnis.

kcal = Kilokalorien, kJ = Kilojoule, Ew. = Eiweiß, F = Fett, Kh. = Kohlenhydrate, Ballastst. = Ballaststoffe, BE = Broteinheiten, Chol. = Cholesterin, HS = Harnsäure

Gebratene Truthahnbrust auf Sojakeimlingen und Trauben in Sesammarinade

(415 kcal/1.743 kJ; 18 g Ew.; 30 g F; 12 g Kh.; 3 g Ballastst.; 1 BE; 30 mg Chol.; 99 mg HS) Für den kleinen Hunger bietet sich diese süß-saure Speise an. Durch die Verwendung von hochwertigem Distelöl und Sesam enthält sie viele ungesättigte Fettsäuren und Vitamin E. Sojakeime und Trauben liefern weitere wichtige Vitamine und Mineralstoffe.

Folienkartoffel mit Sauerrahm, Kräutern und gekochtem Grünkern

(185 kcal/777 kJ; 8 g Ew.; 6 g F; 21 g Kh.; 3 g Ballastst.; 1,7 BE; 21 mg Chol.; 20 mg HS) Dieses Gericht ist ein gutes Beispiel dafür, daß die Aufnahme von hochwertigem Eiweiß nicht nur durch Fleisch gewährleistet werden kann. Die lebenswichtigen Eiweißbausteine aus Kartoffeln und Milchprodukten ergänzen einander optimal, so daß die Eiweißqualität dieser Speise jene von Fleisch sogar übertrifft.

**Suppe**

Essenz von der Maispoularde mit Gemüse und Räuchertofu

(50 kcal/210 kJ; 4 g Ew.; 2 g F; 3 g Kh.; 2 g Ballastst.; 0 BE; 3 mg Chol.; 29 mg HS) Entfettete Geflügelbouillon stellt die Basis dieser kalorienarmen Suppe dar, die durch geräucherten Tofu (= Sojatopfen) einen eigenen Reiz bekommt.

**Hauptgerichte**

Soja-Reis-Laibchen mit Gemüsestreifen und kleinem Salat

(420 kcal/1.764 kJ; 17 g Ew.; 24 g F; 30 g Kh.; 6 g Ballastst.; 1,2 BE; 13 mg Chol.) Auch pflanzliche Lebensmittel (in diesem Fall Soja) können hochwertiges Eiweiß liefern. In Kombination mit Naturreis, Saisongemüse und frischem Salat wird daraus eine vollwertige, wohlschmeckende Alternative zur täglichen Fleischmahlzeit.

Gedämpfte Poulardenbrust mit jungem Lauch und Reisstrudelsäckchen

(467 kcal/1.961 kJ; 49 g Ew.; 15 g F; 36 g Kh.; 3 g Ballastst.; 3 BE; 175 mg Chol.; 318 mg HS) Dieses Gericht beweist, daß auch Fleischgerichte durch sparsamen Einsatz von Fett und schonende Zubereitung ihren Platz in der gesunden Küche finden.

Filet vom Zander mit jungem Gemüse, in der Folie gegart

(376 kcal/1.579 kJ; 31 g Ew.; 17 g F; 18 g Kh.; 5 g Ballastst.; 1,5 BE; 93 mg Chol.; 189 mg HS) Garen in der Folie erhält nicht nur Nährstoffe und Eigengeschmack der Speisen, sondern bietet ebenfalls eine ideale Möglichkeit zur fettarmen Zubereitung.

**Desserts**

Joghurtdessert mit Kiwischeiben und Zitronensaft

(239 kcal/1.003 kJ; 8 g Ew.; 8 g F; 31 g Kh.; 2 g Ballastst.; 2,6 BE; 15 mg Chol.; 17 mg HS) Der hohe Vitamin-C-Gehalt dieser Nachspeise ist vor allem in der kalten Jahreszeit zur Stärkung des Immunsystems äußerst willkommen. Obwohl das Dessert auf herkömmliche Weise gesüßt wurde, kann es auch von Diabetikern (unter Berücksichtigung der angegebenen Broteinheiten) genossen werden.

Bratapfel, mit Trockenfrüchten und Nüssen gefüllt

(286 kcal/1.201 kJ; 5 g Ew.; 8 g F; 44 g Kh.; 7 g Ballastst.; 3,7 BE; 0 mg Chol.; 41 mg HS) Mit diesem winterlichen Dessert wird durch die Verwendung von Trockenobst ein beachtlicher Beitrag zur Ballaststoffversorgung und damit zur Gesunderhaltung des Darms geleistet.

kcal = Kilokalorien, kJ = Kilojoule, Ew. = Eiweiß, F = Fett, Kh. = Kohlenhydrate, Ballastst. = Ballaststoffe, BE = Broteinheiten, Chol. = Cholesterin, HS = Harnsäure

# Vollwertkarten und Naturküchenkarten

## Unsere „gesunde" Karte

**Kalte Vorspeisen**
Lachsröllchen auf Basilikumschaum
Salatteller mit Dressing nach Wahl
Marinierter grüner Spargel auf Eichblattsalat mit Vinaigrette
Tofu-Gemüse-Terrine auf Vogerlsalat mit Walnußöl
Rindercarpaccio mit Kräutersauce

**Suppen**
Gemüsebouillon mit Topfennockerln oder Hirseschöberln
Gemüsebouillon mit Dinkelnockerln oder Polentaknöderln
Knoblauchsuppe mit Vollwertcroûtons
Fenchel- oder Zucchinibasensuppe
Brotsuppe mit Gartengemüse
Kümmelsuppe mit Sauerrahm und Kartoffeln
Gemüsemix-Kaltschale

**Warme Vorspeisen**
Hausgemachte Dinkelravioli mit Gemüsebasensauce
Brokkoli-Gemüse-Toast
Hirsesoufflé an Kräutersauce
Gefülltes Fasanenbrüstchen auf Steinpilzen
Kohlroulade mit Lachs und Zander

**Hauptspeisen**
Polentaschnitten mit Gemüseratatouille
Erdäpfelpizza an Majoranbasensauce
Tofuknödel mit Lauchstreifen im Gemüsebett
Zucchininudeln mit Tomates concassées
Dinkel-Spinat-Nudeln mit Steinpilzragout
Hirse-Käse-Krapferln mit tourniertem Gemüse
Fenchelgratin mit Hirsescheiben
Vollwertreisring mit Zucchini-Champignon-Ragout
Erdäpfelauflauf mit Mozzarella und Basensauce

Gefüllte Zucchini mit Erdäpfellaibchen
Hühnerfleisch mit Paprikaschoten und Pilzen
Lammeintopfgericht mit Kohlgemüse
Seezungenröllchen auf Basilikumcreme mit Dampfkartoffeln
Erdäpfelnudeln mit Käse und Thymiansauce
Gefüllte Ofenerdäpfel mit Füllung nach Wahl
Hirse-Makkaroni-Auflauf mit Basensauce
Pikante Gemüselasagne vom Blech

**Desserts**
Frische Feigen in Weinschaumsauce
Erdbeercharlotte
Topfenknödel mit Mangoschaum
Reis Trauttmansdorff
Dinkel-Grieß-Flammeri mit Himbeeren
Sauerkirschenpudding
Mürber Apfelkuchen mit Dinkelmehl
Karottentorte
Hirse- oder Maisroulade
Hirsecrêpes mit heißen Früchten

## Aus unserer Vollwert- und Naturküche

**Kalte Vorspeisen**
Salatteller nach Wahl
Waldviertler Bauernsalat
Schafkäseterrine auf Salatherzen
Marinierte Schwarzwurzeln auf Eichblattsalat
Hausgebeizter Lammschinken mit Kren

**Aus dem Suppentopf**
Klare Gemüsesuppe mit Dinkelfrittaten
Garser Kartoffelsuppe
Kresseschaumsuppe
Gemüsecremesuppe mit Spitzwegerich
Zwiebelsuppe mit Käsecroûtons
Klare Suppe mit Buchweizenknödel
Brennesselrahmsuppe
Grünkernsuppe

**Kleine warme Gerichte**
Spezialgemüsetoast
Hirsespaghetti mit Tomatensauce
Blätterteigpastetchen, gefüllt mit feinem Gemüseragout und grünen Spargelspitzen
Vollwertravioli mit Pilzen und Kräutern

**Naturküche**
Hausgemachte Dinkelnudeln in Pilzcreme mit frischen Kräutern
Spinat-Käse-Knödel in Sesamhülle auf Kürbisgemüse
Krautstrudel auf Paprikarahm
Grünkernlaibchen mit Ratatouillegemüse und Kümmelkartoffeln
Hirseschnitten mit Apfelrotkraut und Knoblauchsauce
Brokkoli-Zucchini-Flan auf Kressesauce mit Zuckererbsen und Pommes duchesse
Kräuterpastetchen auf Spargel-Champignon-Ragout
Zucchini, gefüllt mit Schafkäse, auf Schnittlauchsauce, Dampfkartoffeln und Tomatenwürfel
Polentaroulade auf Zucchinidillgemüse
Nudel-Gemüse-Auflauf mit Käsesauce

**Fische**
Variationen von Meeresfrüchten in Safrancreme mit wildem Reis
Kräuterforelle, gefüllt mit Kräutern aus eigenem Garten, in der Folie gegart, mit Dampfkartoffeln
Bachforelle, im Rohr gebraten, mit Mandelbutter und Kräuterkartoffeln
Zander vom Grill mit Knoblauchbutter, Saisongemüse und Folienkartoffeln
Seezungenfilets in Wermutsauce mit Champignons und Tomatenwürfeln, Vollwertreis

**Vollwertschlemmereien**
Sportlerpalatschinken mit Trockenfrüchten und Bio-Schokolade
Waldviertler Mohnpalatschinken
Topfenknödel mit Zwetschkenröster

Mohn-Honig-Parfait
Frische Joghurtcreme auf Beerenmark
Polentaflammeri mit frischen Früchten
Pochierte Birne auf Mandelcreme
Kastanienobersschnitte
Karotten-Mandel-Torte
Nußauflauf mit Feigen in Cassis
Zwetschkenterrine mit Müslieis

**Alles Käse**
Frischer Waldviertler Schafkäse
Käsevariation mit Walnüssen und Weintrauben
Hausgemachte Kräuteraufstriche

# Buffetkarten für verschiedene Anlässe

Das Buffet ist die Krönung der Küche. Im Idealfall erfüllt hier die Küchenbrigade alle Ansprüche an Ideenreichtum und Ausdrucksform, an handwerklichem Können und geschmackliche Vollkommenheit und nicht zuletzt an die gekonnte Präsentation der gebotenen Speisen.

Jeder gastronomische Betrieb, gleichgültig welcher Organisationsform, hat hier die Chance, seine Leistungen umfassend und attraktiv zur Schau zu stellen. Durch die Vielzahl der Speisen kann und darf ein Buffet niemals eintönig sein.

Vom kleinen Imbißbuffet über ein Frühstücksbuffet bis hin zum großen Galabuffet – auf jede Art muß die größtmögliche Sorgfalt angewendet werden. Eine solche Leistungsschau läßt dem begabten Koch alle Möglichkeiten offen, das Buffet nach den Grundsätzen der Harmonie und dem Sinn für das Schöne zu gestalten.

Buffets werden zu den verschiedensten Anlässen arrangiert. Sie haben meist festlichen Charakter mit einer reichlichen Auswahl von Speisen, die den Gästen als erfrischende Imbisse oder als Hauptgerichte angeboten werden. Auch eine größere Anzahl von Gästen kann dabei gleichzeitig und schnell bedient werden. Allerdings erfordert ein Buffet eine präzise Planung in Küche und Service.

Bei aller Neigung für farbenfrohe und künstlerische Kompositionen sollte man dem Natürlichen und Einfachen den Vorzug geben. Der Gast liebt in den seltensten Fällen überladene und in Saucen getauchte oder darunter verborgene Gebilde.

Man ist wieder darauf zurückgekommen, Schlachtfleisch, Geflügel, Wild, Fische und Krustentiere in ihrer natürlichen Form darzubieten. Ob es sich um einen Braten, Schinken, einen Lachs oder einen schönen Hummer handelt: gut zubereitet und mit den passenden Beilagen schmackhaft angerichtet, wirken sie appetitanregend und fördern das Renommee jedes Hauses.

Viele Köche sind durch die Schöpfungen von Buffetkreationen für ihren Beruf begeistert worden und ihm treu geblieben.

**Es gibt eine Reihe klassischer Buffets:** Lunchbuffet, Galabuffet, Konsumationsbuffet (Verkaufsbuffet), Fischbuffet, Heringsschmaus, rustikales Buffet (Bauernbuffet), Stehbuffet, Salatbuffet.
Buffets kann man aber grundsätzlich unter jedem nur erdenklichen Motto veranstalten (siehe nachfolgende Beispiele).

# Lunchbuffet

**Meisterstücke aus der kalten Küche**
Mild geräuchertes Forellenfilet mit Oberskren
Gefüllte Steinbuttschnitten
Lachs in Blätterteig
Kalbfleischrolle, gefüllt mit Gartenkräutern
Rohschinken mit vollreifer Honigmelone
Saftiges Rauchkarree
Hausgemachte Wildpastete mit Sauce Cumberland
Hühnerbrustmedaillons, gefüllt mit Leberfarce
Schinkenröllchen, gefüllt mit französischem Gemüsesalat
Blätterteigpastetchen mit Thunfisch und Sardellen

**Salate**
Griechischer Bauernsalat
Rahmiger Gurkensalat mit Dille
Frisch gemachter Kartoffelsalat
Waldorfsalat mit Walnüssen
Hühnersalat Hawaii
Champignonsalat mit Kresse

**Warme Spezialitäten**
Rindsuppe mit Schinkennockerln
Roastbeef, englisch gebraten, im Kräutermantel mit Prinzeßbohnen und Zwiebelkartoffeln
Butterschnitzel mit pikanter Champignonsauce
Kleines Wiener vom Jungkalb
Gratinierte Schinkenfleckerln
Kalbsrahmgeschnetzeltes mit Butterreis
Teigfleckerln mit Jungkraut
Grüne Nudeln Alfredo
Filet Stroganoff mit hausgemachten Nockerln
Quiche lorraine (Lothringer Specktorte)
Fleischbällchen in pikanter Gemüsesauce

**Käse und Mehlspeisen**
Käse aus dem In- und Ausland mit Gebäck und hausgebakkenem Nußbrot
Warme Topfenpalatschinken mit Royale und Vanillesauce

Apfeloberstorte
Obsttorteletten
Kleine Cremeschnitten
Schokomousse Savini
Petits fours

## Canapés

Ungarische Salami mit Cornichons
Coburger Saftschinken mit Spargelspitzen
Emmentaler Käse mit Weintrauben
Roastbeef, rosa gebraten
Putenmedaillon mit Mandarinenfilets
Camembert auf Pumpernickel
Melone mit rohem Schinken
Geräuchertes Forellenfilet
Schweinemedaillon mit Kiwischeiben
Creme von Brillat Savarin
Bündner Fleisch
Gravad lax
Garnelensalat
Tatar mit Silberzwiebeln
Geräucherte Entenbrust mit Mangospalten
Windbeutel mit Roquefortcreme

**Crudités**
Stäbchen von Paprika, Sellerie und Möhren mit verschiedenen Saucen

## Warmer Imbiß

Nürnberger vom Grill
Minihacksteak mit Senf
Kasseler Würfel mit Ananas
Minischinkenhörnchen
Minipizza
Miniquiche lorraine
Minicroissant
Schinkenmousse in Blätterteig

Fleischbällchen in Chilisauce
Champignonköpfe, mit Schnecken gefüllt, in Kräuterbutter
Filetspießchen vom Rinderfilet
Scampi, gebacken

**Arbeitsessen**
2 halbe belegte Brötchen und eine Tasse Gulaschsuppe

**Heiße Suppen für kalte Tage**
Kraftbrühe mit Flädle
Gulaschsuppe
Rahmsuppe von frischer Kresse

**Kalte Suppen für heiße Tage**
Joghurtkaltschale mit Beerenfrüchten der Saison
Vichyssoise – kalte Kartoffelsuppe
Gazpacho – spanische Gemüsesuppe

**Gourmetecke**
Feigen und Staudensellerie mit Edelpilzkäse
Gebeiztes Rinderfilet im Champignonkopf
Tatar von Lachs und Matjes
Roh marinierter Steinbutt mit Limonensauce
Hummer und Trüffel auf Kroepoek
Getrüffeltes Gänseleberparfait
Warme Canapés kulinarischer Gaumenfreuden
Gebackene Camembertbällchen, mit Trauben gefüllt
Angebratenes Tatar, mit Ziegenkäse gefüllt
Chinesische Strudeltasche mit Poularde und Bambussprossen
Lottemedaillon im Wurzelsud
Pikante Maiscrêpes mit marinierten Rinderfiletstreifen
Flambierte Wachtelbrüstchen auf einer Sternfrucht

**Tellergerichte**
Das exklusive Arbeitsessen
Rinderfiletschnitte und Hummerschwanz auf ihren Saucen, Gemüse der Saison, Schmelzkartoffeln
Das exklusive Arbeitsessen – Business class

T-bone-Steak vom Kalb, Grilltomate, sautierte Waldpilze, Ofenkartoffel mit Sauerrahm
Das exklusive Arbeitsessen – Economy class
Schweinefilet in Schnittlauchrahm, zweierlei Nudeln

## Imbißbuffet Nr. 1

Canapés (Roastbeef, Ei mit Kaviar, Tatar, angemacht, Krevetten und Dillsauce)
Käsewürfel, garniert
Schweinemedaillon
Pastetchen, gefüllt mit Heilbuttsalat
Piroggen mit Lachs
Filetspießchen
Hechtklößchen in Kräutersauce
Sabayon vom Riesling
Obstkorb

## Imbißbuffet Nr. 2

Variation vom Lachs
Geflügelsalat in der Ananas
Mariniertes Rinderfilet
Garnelen vom Grill mit Sauce tartare
Filetwürfel mit rosa Pfeffer
Kalbsgeschnetzeltes, süß-sauer
Minifrühlingsrollen
Internationales Käsebrett
Obstpyramide

## Frankfurter Vesper

**Kleinigkeiten**
Kartoffelsalat mit Räucherspeck
Rettichsalat
Radieschensalat

**Kalte Vesper**
Blutwurst
Preßkopf
Vogelsberger Wurstplatte

**Warm**
Hessische Lauchsuppe
Schweinekeule, gebraten, dazu Apfelmeerrettich
Frankfurter Rippchen mit grüner Sauce
Heiße Fleischwurst

**Vom Bäcker**
Brötchen, Wasserweck, Salzstangen, Kümmelstangen

**Nachtisch**
Frankfurter Kranz
Kirschenmichl mit Vanillesauce

## Kleines Cocktailbuffet

**Vorspeisen**
Fleischtomate mit Mozzarella
Schwarzbrot mit Räucheraal
Melone mit Schinken
Farmersalat mit Roastbeef
Poulardenbrust auf Gemüsesalat
Artischocken mit Krebsen in Dillsauce
Forellenfilet mit Brokkoli und Orangen

**Hauptgänge**
Lachsstreifen mit Estragon in Champagner
Filetspitzen in Whiskyschaum
Geschnetzelte Perlhuhnbrust, süß-sauer

**Desserts**
Orangenterrine im Schokoschmelz
Verschiedene Obsttorteletts

## Konferenzbuffet

**Salate**
Russische Eier auf Gemüsesalat
Rindfleischsalat mit Gurkerln und Zwiebeln
Italienischer Salat mit Mayonnaise
Schweizer Wurstsalat mit Käse
Mexikanischer Maissalat
Artischockenherzen mit Olivendressing
Hausfrauensalat mit Ziegenkäse
Krautsalat mit Speck
Karfiolsalat mit Curry-Joghurt
Bohnensalat mit Zwiebeln
Linsensalat mit Kernöl
Eine große Auswahl von frischen Salaten je nach Jahreszeit

**Verschiedene Käsesorten mit Bauernbrot**

**Warme Gerichte**
Consommé mit Einlage
Krautfleckerln
Geschnetzelte Truthahnbrust
Kalbsrahmgulyas
Roastbeef im Kräutermantel
Ratatouille
Gemüsereis
Gratinierte Kartoffeln
Kräuternockerln

**Desserts**
Verschiedene Früchte nach Ihrer Wahl
Cremen und Torten
Fruchtsalat mit Kirschwasser

**Kaffee**

## Konferenzpausen

Kaffee oder Tee nach Wahl
dazu servieren wir auf Wunsch
Teegebäck
Plundergebäck
Kuchenauswahl
Petits fours
Kandierte oder mit Schokolade überzogene Früchte
Buttercroissants
Croissants, gefüllt mit
Schokolade
Nußcreme
Pflaumenmus
Schinkenmus
Käse
Exotische Früchte im Korb
Obstbar: drei verschiedene frisch gepreßte Säfte, passend dekoriert
Halbe belegte Brötchen
Käse
gekochter Schinken
roher Schinken
Salami
Roastbeef
französischer Brie
Lachs
Krevetten
Parmaschinken
Gulaschsuppe mit Auswahl von verschiedenen Brötchen
Original Frankfurter mit Kartoffelsalat und Brot

## Konferenzpausen einmal ganz anders

**Brasil**
Kaffee, Cappuccino, Espresso, Tee
feinste Pralinen und De-Luxe-Kleingebäck, dekoriert mit frischen Blumen, dazu frisch gepreßter Orangen- und Grapefruitsaft

**Winzer**
Kaffee, Cappuccino, Espresso, Tee
Minipizza und Quiche lorraine, im Gemüsegarten serviert, dazu reichen wir einen roten italienischen sowie einen weißen elsässischen Wein

**Biothek**
Auswahl verschiedener Teesorten, Milch
Orangensaft, Grapefruit- und Tomatensaft, verschiedene Müslis (Bircher, Früchte), frisches Obst, Natur- und Fruchtjoghurt, angemachter Schnittlauch- und Kräuterquark, Vollwertbrotsorten

**Normandie und Calvados**
Café au lait und Tee, frische Milch, Apfelsaft, Apfelbeignets, Torteletts mit Äpfeln, fritierte Camembertecken mit Petersilie und Preiselbeeren, präsentiert in einer französischen Landschaft

# Galabuffet

## Galabuffetkarte

**Spezialitäten aus der kalten Küche**
Gravad lax
Langustenmedaillons auf pikantem Waldorfsalat
Jakobsmuschelterrine
Rehrücken auf Waldmeisterart
Rinderfilet Wellington
Kalbsmedaillons, gefüllt mit Dottercreme
Parmaschinken mit vollreifer Melone
Zarte Stubenkücken mit Edelpilzfüllung
Kalbsbriesröschen mit Pilzen in der Terrine
Artischockenböden mit marinierten Shrimps
Pochierte Seezungenrolle
Hechttimbale mit norwegischem Lachs
Gefüllter Fogosch im Teigmantel
Kalbsrücken Prinzeß
Roastbeef auf der Hochrippe
Galantine von der Barbarieente mit Pistazien
Lammrückenfilet in Weinblättern
Rotwildpasteten mit Cumberlandsauce
Rindsmedaillons mit dressierter Dottercreme
Blätterteigpastetchen, gefüllt mit Shrimps, in Dillrahm
Lachstatar mit Kerbel

**Salate**
Süß-saurer Matjessalat
Truthahnsalat mit Babyananas
Muschelsalat mit Tomaten
Eierschwammerlsalat mit Porree
Schwarzwurzelsalat mit geräuchertem Rohschinken oder mit Lachsstreifen
Shrimpssalat mit Hawaiiananas
Zucchinisalat mit Schafkäse und Oregano
Pikanter Kalbskopfsalat mit Kresse
Salat von frischen Artischocken und Krabbenfleisch

**Warme Spezialitäten**
Hummerkrabben in Dillsauce mit wildem Reis
Kalbsmedaillons mit frischen Champignons
Lasagne
Perlhuhnkeule in Grüner-Pfeffer-Sauce
Kalbsrahmgulyas mit hausgemachten Nockerln
Ravioli in einer fruchtigen Tomatensauce
Gedünstetes Kalbsrahmgeschnetzeltes mit hausgemachten Nockerln
Gesottenes Gustostück mit Bouillonkartoffeln, Schnittlauchsauce und Apfelkren
Gratinierte Schinkenfleckerln mit Reibkäse
Frikassee vom Perlhuhn mit Eierteigwaren
Steinbuttstreifen in Schnittlauchsauce
Moussaka mit rosa Pfeffer

**Käse und Mehlspeisen**
Käse aus dem In- und Ausland mit Gebäck und hausgebakkenem Nußbrot
Frischer Fruchtsalat mit Grand Marnier in der Eisfigur
Parfait mit frischen Früchten
Karamelcreme
Mousse au chocolat
Bayrische Vanillecreme
Tortenbuffet
Petits fours

## Galabuffet

**Kaltes Buffet**
Amuse gueule
Gefüllte Eier mit verschiedenen Cremen
Rohkost von Fenchel, Staudensellerie und Äpfeln
Gefüllte Weintrauben mit Gänseleber
Carpaccio von Kalb und Rind
Haxerlsulz in Zwiebelmarinade
Wachtelpralinen mit Beerensauce
Lachstatar mit grünem Spargel
Variationen von Fischmedaillons in verschiedenen Saucen

Gefüllte Seezungenröllchen mit Tomaten
Räucherforellenmousse an zarten Blattsalaten
Meeresfrüchteterrine mit Cocktailsauce
Tintenfischsulz mit Aceto balsamico
Roastbeef mit Gemüseschiffchen
Gerollte Kalbsrückenrose mit Kohlrabischüsserln
Schweinskarree mit gesulzten Mixed Pickles
Gefüllter Lammrücken mit Ratatouille
Hirschrücken mit Pilzmousse und Kastanien
Geflügelleberpastete
Kräuterpastete mit Lachsschinken und Bries
Gemüseterrine mit Kräuterjoghurtdressing
Rehbockterrine mit Périgord-Trüffeln
Entengalantine in Chaud-froid-Sauce

**Warmes Buffet**
Erdäpfel-Lauch-Cremesuppe
Blunzenstrudel
Grammelknöderln
Gekochte Entenwurst
Rostbratwürstchen
Gekochter Tafelspitz mit Schnittlauchsauce
Gebackene Hühnerkeulen
Truthahnmedaillons in Pilzcreme

**Salate und Saucen**
Gemischte Blattsalate mit verschiedenen Dressings
Erdäpfelsalat
Griechischer Bauernsalat
Waldorfsalat
Dillsenfsauce
Kräutermayonnaise
Vinaigrette
Pikante Preiselbeersauce

**Großes Käsebuffet**

**Desserts**
Apfelstrudel
Milchrahmstrudel

Himbeerschaumcreme
Schokoladenmousse
Tiramisu
Fruchttörtchen
Petits fours
Geeister Fruchtsalat

## Galabuffet

**Kalte Gustostückerln**
Honigmelone mit Rohschinken und schwarzem Pfeffer
Gefüllte Tomaten mit pikanter Schinkenmousse
Pochierter Lachs, garniert, mit Sauce verde
Forellenfilet, geräuchert, mit Oberskren
Gravad lax mit Senf-Dill-Sauce
Pochierter Meerbarsch, garniert mit Joghurtgemüse
Fogoschfilet, reich garniert, mit Sauce rémoulade
Jungmastente, gebraten, mit Orangenfilets auf Rotkrautsalat
Steirische Mastpoularde, mit Stangenspargel garniert
Entengalantine mit Trauben und Burgundergelee
Truthahnbrusttranche auf Sellerieapfelsalat
Steirische Poularde, mit frischen Früchten garniert
Wildterrine mit Champignons und Sauce Cumberland
Rehfilet auf Waldorfsalat, mit gehobelten Mandeln garniert
Glacierte Kalbsschulter mit feiner Gemüsegarnitur
Kalbsrücken auf Gärtnerinart mit reichhaltiger Gemüsegarnitur
Roastbeef mit Spargel und Tatarensauce
Milchleberpastete mit Lauchzwiebelsalat
Schweinslungenbraten Wellington in Blätterteig, reich garniert
Beinschinken, garniert mit Mixed Pickles und Oberskren

**Salate**
Rindfleischsalat mit Senfdressing
Krevetten-Artischocken-Salat mit Sauce vinaigrette
Zucchinisalat à la provençale mit Tomaten, Knoblauch und Kräutern
Salat von großen Bohnen mit Kernöl und grünem Paprika

Griechischer Bauernsalat mit Weißkäse, Zwiebeln, Oliven, Tomaten, gewürzt mit raffiniertem Kräuterdressing
Rohkostsalate und Blattsalate der Saison mit verschiedenen Dressings

**Warme Spezialitäten**
Kalbsstelze mit Gemüsereis
Filetgulyas Stroganoff mit Butternockerln
Beinschinken mit Champagnerkraut, Butterkartoffeln und Röstzwiebeln
Kleines Wiener Schnitzel
Gekochter Tafelspitz mit gebundenem Gemüse und gerösteten Erdäpfeln
Rehgeschnetzeltes in feiner Wildrahmsauce mit Serviettenknödel und Preiselbeeren

**Käse und Süßspeisen**
Käse vom Brett mit frischen Früchten und Nüssen
Gemischte Wiener Mehlspeisenspezialitäten (Strudel, Schnitten, Rouladen)
Fruchtsalat mit Maraschino
Rumtopf mit Beeren
Petits fours aus der eigenen Konditorei

**Butter und Gebäck**
Jourgebäck
Brot-, Gebäck- und Vollwertgebäckauswahl
Butter

## Galabuffet

**Warme Speisen**
Klare Ochsenschwanzsuppe mit Sherry
Knusprig gebratene Hochrippe
Geräucherte Putenbrust, im Ofen gegart
Schweinefiletbraten nach Art des Hauses
Dazu reichen wir gratinierten Brokkoli und hausgemachte Butterspätzle.

**Kalte Speisen**
Rinderlendenbraten im Blätterteigmantel
Gespickter Rehrücken mit Waldpilzen
Roastbeef – englisch gebraten – mit Mixed Pickles
Wildpastete mit Cumberlandsauce
Geflügelterrine mit Waldorfsalat
Verschiedene Medaillons, fein garniert
Verschiedene Tatar, pikant zubereitet
Lachsschinken mit Honigmelone
Krabben mit Marktgemüse in Aspik
Hausgebeizter Lachs mit Dillsahne
Geräucherte Forelle mit Sahnemeerrettich
Tomatensalat mit Sauce Vinaigrette
Geflügelsalat mit Früchten
Feine Streifen vom Tafelspitz in Schnittlauchrahm
Internationale Käsespezialitäten
Früchte der Saison mit Marsalarahm
Eiscremebuffet Bavaria, dazu Vanilleschlagsahne

---

**Warme Speisen**
Kalbsrahmsuppe mit gerösteten Mandeln
Beinschinken im Brotteig
Schweinebraten vom Halsgrat, mit Backpflaumen gefüllt
Rinderschmorbraten Esterházy

Dazu reichen wir Bohnenbündchen und Gratinkartoffeln.

**Kalte Speisen**
Allgäuer Filetschnitten, mit Zwiebeln und Käse überbacken
Roastbeef im Pfeffermantel – englisch gebraten
Poulardenkeulen, gebraten, mit Mais-Paprika-Salat
Geräucherte Forellenfilets mit Preiselbeermeerrettich
Finnischer Matjessalat
Geräucherte Schinkenspezialitäten
Geflügelsalat mit Sellerie und Äpfeln
Tomatensalat mit Vinaigrette
Gurkensalat in Dillrahm
Saisonale Blattsalate mit verschiedenen Dressings
Variationen von heimischen Käsespezialitäten

Gewürzbrot – Partysemmeln – Vinschgerl – Brezenstangen
Butter
Frischer Obstsalat mit Marillenbrand
Hausgemachte Rohrnudeln mit Vanillesauce
Bayerische Creme mit gerösteten Mandeln

## Internationales Buffet

**Kalte Gerichte**
Grapefruitcocktail mit Orangen
Krevettencocktail mit rosa Garnelen
Seezungenfilet mit Krebsmousse
Matjesfilets süß-sauer
Verschiedene Fische aus der Räucherkammer
Marinierter Lachs mit Dille
Filet vom Donauschill in Veltliner
Gemüseterrine mit Walnußdressing
Hühner- und Entenleberparfait mit Madeira
Gefüllte Wachteln nach Gutsherrenart
Melone mit Rohschinken
Roastbeef- und Schinkenröllchen
Glacierter Kalbsrücken
Perlhuhn mit Gemüse in Haselnußdressing
Lachsrose und Schwarzmeerstör
Gefüllte Eier auf russische Art
Verschiedene Terrinen je nach Fang- und Schußzeit
Carpaccio vom Rind, Lamm, Fisch oder von Krustentieren
Filet von Süßwasser- oder Meeresfischen En Bellevue
Salat von Hummer, Langusten oder Krebsen je nach Saison
Salpikons vom Kalbsbries mit Balsamicoessigdressing
Medaillons vom Kalb oder Rind im Blätterteig mit Entenleber und Trüffeln
Wachteleier mit Trüffeldressing
Waldorfsalat mit Nüssen
Geflügelsalat mit Früchten
Mexikanischer Maissalat
Artischocken mit Dille
Türkischer Salat
Glasnudeln mit Baumpilzen
Verschiedene Salate je nach Jahreszeit

**Saucen**
Cocktail-, Kräuter-Joghurt-Sauce, Sauce cardinal, mousquetaire, mousseline, vinaigrette, Burgundersauce mit Schalotten

**Käse vom Brett**

**Warme Gerichte**
Consommé mit Sherry
Roastbeef auf englische Art
Gespickter Lammbraten à la provençale
Salpikons vom Kalbsbries mit Schwammerln
Blätterteigpastetchen mit Pilzen
Überbackene Kartoffeln
Kartoffelkrapfen
Gemüsereis mit Walnüssen
Zucchinigemüse mit Tomaten
Grüne Bohnen mit brauner Butter
Gemüse der Saison

# Konsumationsbuffet

## Heurigenbuffet

**Kalte Speisen**
Geräucherte Ochsenzunge
Selchkarree
Salzburger Braten
Truthahnbrust
Bauernschinken
Leberpastete
Gefüllte Eier

**Salate**
Rindfleischsalat in pikantem Senfdressing
Käse-Wurst-Salat
Pferdebohnensalat mit Kernöl
Spargelsalat
Selleriesalat
Saisonsalate mit verschiedenen Dressings
Warmer Krautsalat

**Warme Speisen**
Schinkenfleckerln
Schweinebraten

**Beilagen**
Essiggemüse
Pfefferoni
Kren
Früchte
Nüsse

**Käseauswahl**
Liptauer
Edamer
Geheimratskäse
Tilsiter Käse

**Süßspeisen**
Apfellinzer
Topfenstrudel
Powidltascherln mit Zuckerbröseln

Große Brot- und Gebäckauswahl frisch aus der Backstube
Butter und Kräuterbutter

# Fischbuffet

## Großes Fischbuffet

**Vorspeisen, kalt**
Matjesfilet mit Paprika, Zwiebeln, Muscheln, Toast und Butter
Cocktail von Tiefseegarnelen, Ananas, Champignons, Spargel und Mandarinen, dazu Toast und Butter
½ Portion Graved Lachs mit Crème fraîche, dazu Toast und Butter

**Suppen**
Krebsrahmsuppe mit Sahnehäubchen
Tasse Bouillabaisse Karlsburg mit French-Brot (absolut grätenfrei)

**Vorspeisen, warm**
Gratinierte Jakobsmuscheln mit wildem Reis
Seeteufelmedaillons in Knoblauchschaum, leicht mariniert
Kleine Portion Spaghetti mit Muscheln und pikanter Sauce

**Hauptspeisen**
Bratheringsfilet mit Zwiebelringen und Röstkartoffeln
Gedünsteter Kabeljau mit Muscheln und Krabben, wilder Reis
Pochiertes Kabeljaufilet nach Art des Kardinals in Hummerdillrahmsauce mit Shrimps, Reis, Blattsalate
Störtebeker-Fischteller mit verschiedenen Fischfilets, knusprig gebraten, in Worcesterbutter, Salzkartoffeln, bunter Salatteller
Norwegische Lachsschnitte vom Grill, ca. 200 g, mit Sauce béarnaise, Schwenkkartoffeln, Blattsalate
Helgoländer Fischplatte, Potpourri vom Fisch, pochiert, mit Muscheln, Krabben, Fischnockerln, verschiedenen Saucen, Langkornreis
Husumer Speckscholle, gebraten, mit Petersilienkartoffeln, Blattsalaten
Schollenfilet auf Blattspinat, überbacken mit Sauce hollandaise, Schwenkkartoffeln

Steinbeißerfilet, gebraten, auf Knoblauchrahmsauce, grüne Nudeln
Fangfrische Seezunge nach Müllerinart mit brauner Butter und Petersilie, Dampfkartoffeln
Riesengarnelenschwänze auf provencalische Art auf sahniger Tomatensauce, wilder Reis und bunter Salatteller

## Kleine Fischbuffets

Kraftbrühe mit Atlantikfrüchten
Meerescocktail
Edelfischgalantine
Matjestatar mit Reibekuchen
Matjes im Sahneschmand
Gratinierte Kräutermuscheln
Party-Scampis am Spieß
Schollenfilets auf Traubenbett
Lachsröllchen mit Spargelspitzen
Hausgebeizter Weserbergland-Lachs
Aal in Rieslinggelee
Räucherfischsalat nach Bückeburger Art
Mokka – Teegebäck

---

Legierte Fischsuppe
Krabben-Ouvertüre
Gefüllte Matjesröllchen
Edle Matjesfilets
Paranuß-Matjes
Pikanter Schellfischsalat
Mokka – Geeister Obstsalat

---

Muschel-Gemüse-Salat
Räucherfischsalat
Heilbuttmedaillons
Geräucherte Forellenfilets
Graved lax
Aalgalantine auf Eichenblattsalat
Fischpiroggen
Mokka – Schwarz-Weiß-Gebäck

Essenz von Meeresfrüchten
Johannesberger Krabbencocktail
Matjestatar
Matjesfilets auf Komteßart
Matjesvariationen (Kräuter-, Räucher- und Zwiebelmatjes)
Eingelegte Heringshappen auf skandinavische Art
Mit Salmmus gefüllte Eier
Gefüllte Tomaten mit Thunfischsalat
Edelfischaspik
Heilbuttschnittchen auf Oranier Art
Coquille St. Jacques
Melone mit Räucherlachs
Pastetchen mit Räucherfischragout
Rhöner Räucherfischpotpourri
Mokka – Südländischer Fruchtsalat

---

Essenz von Edelfischen
Geräucherte Forellenfilets mit Preiselbeersahne
Graved makrel
Matjeshappen in Burgunder auf skandinavische Art
Ostfriesische Aalsülze
Straßburger Räucherfischsalat
Venezianischer Muschelsalat
Spanischer Salat von Tintenfischen
Blauer Wittling, gebacken, mit Frankfurter grüner Sauce
Medaillons vom Wittling
Dorschpastete
Gefüllte Eier nach Matrosenart
Tomaten, gefüllt mit Krabben
Piratenspieß mit Jakobsmuscheln
Mokka – Obstsalat aus Zitrusfrüchten mit Vanilleeis

---

Canapés von Meeresfrüchten
Klösterliche Fischsalate
Gefülltes Heringsfilet
Makrelenhappen
Fischsalat in Mandarinenkörbchen
Räucherfische, fein garniert
Schollenröllchen auf Salat

Fischgalantine aus Fischen heimischer Flüsse
Räucheraalterrine mit Dillrahm
Mokka – Frischer Feigensalat

---

Fischkraftbrühe mit Hechtklößchen
Ostfriesische Hechtsülze
Fisch mit Joghurt-Chau-froid
Eingelegte Bratheringe nach Großherrnart
Hausgemachte Rotzungengalantine
Schollenröllchen
Zander in Blätterteig nach Art des Hauses
Jütländer Angelschellfisch
Thunfischsalat, garniert mit Ketakaviar
Schellfisch mit Mangogelee
Tintenfisch in Bierteig
Gefüllte Ananas mit Salat von frischen Limfjordmuscheln
Bratkartoffeln, verschiedene Brotsorten und Butter
Mokka – Charlotte Russe und feines Gebäck

---

Cocktail von Meeresfrüchten
Matjesröllchen auf Apfelscheiben
Frischer Ostseesalm in Vinaigrette mit Sahnemeerrettich
Langustensalat in der Melone
Gefüllte Eier auf Krabbensalat
Frischer Räucheraal auf Grahambrot
Räucherlachs mit Sahnemeerrettich
Räucherfischplatte mit Paprikasalat
Geräucherte Forellenfilets mit Preiselbeersahne
Gefüllte Seezungenschleifen, gebacken, Mayonnaisesalat
Mokka – Englisches Teegebäck

---

Muschelsuppe
Krabben in Artischockenböden
Heilbuttmedaillons mit Ananas
Räuchergoldbarsch, andalusisch
Kieler Räucheraal auf Grahambrot
Matjeshappen mit gedünsteten Äpfeln in Kräuterrahm
Kabeljaupastete
Pochierter Lachs mit Gemüsesalat
Steinbuttsalat auf friesische Art

Apfelsine, gefüllt mit Fischobstsalat
Gefüllte Tomaten mit Krabbensalat
Frischer Aal in Weingelee
Lachstüten, gefüllt mit Spargelspitzen
Mokka – Fritierte, süße Bällchen

---

Krebssuppe
Heringshappen im Apfelrock
Fischvariationen in Aspik auf Welfenart
Verschiedene Fischmedaillons auf Sellerie mit Paprikaschoten, Gurke, Ei
Grillmakrele in Weinmarinade
Matjesfilet in Curryrahm
Räucheraal mit Sahnemeerrettich und Kaviar
Spanische Räucherfischmarinade
Heilbuttmayonnaise
Räucherlachs mit Spargelspitzen
Pikante Räucherfischmischung in Blätterteig
Charlotte von Schollenfilets
Fischpastete mit Senfsahne
Mokka – Beerensalat mit Vanillesahnesoße

---

Essenz von geräuchertem Heilbutt
Sülze von Krevetten und mildgeräuchertem Lachs mit Kaviarsahne und Spargel
Soufflierte Forelle mit Zander und Jakobsmuscheln auf Kohlrabi
Gefülltes Schollenfilet auf Waldorfsalat
Eier mit Sardellenmus auf Artischockenböden
Seelachsröllchen in Bierteig mit Senfmayonnaise
Geräucherte Makrelen mit Rührei
Geräucherter Seeaal mit Paprikasalat
Makrelenfilets auf Bratheringsart
Seelachs auf Nudeln mit Pesto, Tomatenschaum, Bohnenkerne
Scampi auf Bärlauch mit Morcheln in Cognacsauce
Filet vom Kabeljau, mit der Haut kroß gebraten, auf Spitzkohl, Kümmelsauce, Graupenrisotto
Mokka – Joghurt-Himbeer-Schaum auf Schokoladennußboden

## Kalt-warmes Fischbuffet

Meeresfrüchte in Tomatensülze mit mariniertem Seegras
Orangengebeizter Lachs
Rauchaal
Geräucherter Thunfisch mit Meerrettich
Scheveninger Matjes mit Fadenbohnensalat
Kalbsbriesperlen mit Lauchherzen in Trüffelvinaigrette
Marinierter Mozzarella mit Tomate in Thymiandressing

Algensuppe mit Reiswein und Fischnockerln

Seeteufelrücken in der Sesam-Brioche-Kruste auf Basilikumtomaten
Riesengarnelen auf Egerlingrahm mit Bärlauch
Souffliertes Salmfilet auf Petersilienwurzelsauce, Frühkartoffeln, Basmatireis
Putenfilet im Enokirahm, Gemüsenudeln

Auswahl von Salaten und Almkäse

Weichselkirschcreme und Sorbet auf Dialog von Früchten

# Heringsschmaus / Fasnachtbuffet

Der Karneval (Carne vale, gleichbedeutend mit Fleischesfreude) wird in Österreich seit jeher mit dem traditionellen Heringsschmaus beendet. Er hat sich in den letzten Jahrzehnten mehr und mehr zu einem gesellschaftlichen Großereignis, zu einem letzten kulinarischen Aufbäumen vor dem Eintritt in die Fastenzeit entwickelt.
Köche verschiedenster gastronomischer Betriebe setzen alles daran, einander an Einfallsreichtum, Vielseitigkeit und Prunk zu überbieten. Den feinschmeckerischen Ambitionen der Gäste kommt das heutige Riesenangebot feinster Delikatessen aus aller Welt in jeder Hinsicht entgegen.
Zum Heringsschmaus werden größtenteils Spezialitäten von Fischen, Krusten- und Schaltieren angeboten. Ein Teil des Buffets besteht aber dennoch aus Schlachtfleisch-, Wild- und Geflügelplatten.

## Heringsschmaus

Pikantes Entrée bei Tisch
Legierte Hummersuppe mit Champignons
Aus der warmen Fischküche
Forellenbouillabaisse mit Safran
Wildlachsravioli mit Kaviaroberssauce
Vom Galabuffet
Feine Aalterrine auf Dillgelee
Roulade von der Lachsforelle
Mousse von Räucherfischen
Garnelen in Cocktailsauce
Krabbenterrine mit Muschelfleisch
Gefüllter Dornhai
Galantine vom Steinbutt
Lachs und Zander in Blätterteig
Katfisch, gefüllt mit Lachsschaum
Terrine von Meeresfrüchten
Lammschinken auf Weichselobers
Roastbeef mit Oberskren
Gespickter Rehschlegel mit pochierter Birne

Schweinslungenbraten im Pilzrock
Sauce Cumberland, Honigsenfsauce
Dillobers, Sauce rémoulade
Früchteterrine mit Mandelobers
Orangensalat mit Walnußkrokant
Petit fours mit frischen Früchten
Bayrische Creme mit Pistazien
Nougatcharlotte
Käse vom Brett mit Nußbrot

## Heringsschmaus

Anglerterrine mit Hummer und Kaviarjoghurt
Hausgebeizter Lachs mit Dillmayonnaise
Hummercocktail mit Toast und Butter
Sulz von Angler und Riesengarnelen
Avocados mit Shrimps
Heringssalat
Matjesfilet in Rahm
Räucherlachs mit Toast und Butter
Geräuchertes Forellenfilet mit Oberskren
Hausgemachte Gänseleberpastete mit Toast und Butter
Hummersuppe
Klare Tomatensuppe mit Fischnockerln
Fischbeuschelsuppe
Frischer Hummer (Zubereitung nach Wahl)
½ Hummer Thermidor
Gratinierte Hummermedaillons auf Blattspinat
Seezungenfilet à la florentine
Seezunge auf Müllerinart mit Butterkartoffeln
Gratinierte Rotzunge mit Krebsbutter
Norwegischer Fjordlachs in Rieslingsauce
Norwegischer Fjordlachs, pochiert, mit Sauce hollandaise
Lachsforellenfilet und Steinbutt auf Jungzwiebelsauce
Angler, pochiert, mit Sauce provençale
Riesengarnelen und Angler, gegrillt, mit Reis und Saisonsalat
Gebackene Kalmare mit Sauce tartare
Fogosch am Rost mit Sauce tartare und Butterkartoffeln

Fogosch in Dillsauce mit Salzkartoffeln
Lunzer Saibling auf Müllerinart mit Butterkartoffeln
Forelle blau mit Kartoffeln und Butter
Forelle auf Müllerinart mit Butterkartoffeln
Kalbsnierensteak mit Curryreis
Naturschnitzel mit Reis
Filetsteak mit jungem Gemüse und Prinzessinnenkartoffeln
Perlhuhnbrüstchen mit jungem Gemüse, Prinzessinnenkartoffeln
Haselnußparfait
Mousse von weißer Schokolade auf Mokkasauce
Frischer Fruchtsalat
Bayrische Creme mit Himbeermark und frischen Beeren
Pfannkuchen Rothschild
Pfannkuchen Johann Strauß
Blutorangensorbet

## Heringsschmaus

Aalcocktail
Austern in grünen Mangos
Norwegisches Ei
Lachstatar mit grünem Spargel
Matjesfilet auf Apfelsalat
Gefüllte Miesmuscheln
Heringssalat mit Dille
Meeresfrüchtesalat
Muschelsalat
Scampisalat mit Spargel
Variationen von Fischmedaillons
Forellenfilets mit Kartoffel-Lauch-Salat
Lachsfilet in Blätterteig
Geräucherter Lachs mit Senfrahmsauce
Seezungenröllchen mit Lachs und Kerbel
Gefülltes Zanderfilet mit marinierten Salaten
Hechtpastete mit Lachsforelle
Meeresfrüchteterrine
Mousse von geräuchertem Bachsaibling
Tintenfischsulz

Hummer und Avocados mit Tomatenvinaigrette
Blattsalate mit Champignons
Griechischer Bauernsalat
Remouladensauce
Tomatenmayonnaise

## Katerschmaus

Variationen vom Matjeshering
Matjestatar mit Sauerrahm
Matjes mit Rotwein-Gemüse-Dill-Marinade
Matjes mit süß-saurer Tomaten-Pfeffer-Marinade
Matjes mit Apfel-Zwiebel-Kefir
Hausgebeizter Gravad lax
Feine Forellenpastete
Karpfen in Gemüsesulz
Salatpikanterien
Gefüllte Tomaten mit Brokkolipüree
Matjessalat mit Joghurtdressing
Pikanter Heringssalat
Gurken mit Kräutergervais
Mangoldblätter mit Selleriepüree
Und vieles mehr
Dazu gibt es frisches Bier vom Faß.

## Werte Gäste

Unser Haus will Sie heuer zu einem ganz besonderen Faschingsausklang einladen.
Erstmals wird am Rosenmontag ein Hummerschmaus veranstaltet. Ein erlesenes Menü mit neuen kulinarischen Hummerkreationen wird Sie begeistern.
Als Besonderheit zum Entrée eine Degustation vom roten Kaviar und dazu Champagner.
Wir hoffen damit für die Liebhaber von Hummer einen neuen Höhepunkt im Rahmen des Faschingsausklanges geschaffen zu haben.

Rosenmontag, den ______________ 19___

**Hummerschmaus**
Zum Entrée
Degustation vom roten Kaviar
Lörumkaviar aus Schweden
Ketakaviar aus Norwegen
Forellenkaviar aus Österreich
Faschingshummermenü
Mousse vom Hummer
Chablisgelee
Austern am Spieß
im Speckmantel mit Safransauce
Hummerbouillabaisse
Hummersoufflé
Champagnergranité
mit frischer Mango
Hummer im Mangoldblatt
in Gemüsesabayon mit Steinpilzen
Dolcelatte, auf Schwarzbrottoast
überbacken
Beerengratin mit Orangenbutter

## Fasnachtbuffet

Petits fours von Räucherlachs
Meeresfrüchtesalat im Chicoréestern
Marinierte Heringe mit Gemüserauten
Salat von Kalbshaxe mit Staudensellerie
Endiviensuppe mit Krabben
Bouillabaisse von Süßwasserfischen
Mais-Paprika-Suppe
Weinbergschnecken nach Elsässer Art
Muscheln in Weißwein mit Gemüsestreifen
Lauchkonfit
Saure Kutteln auf alte Art
Ochsenschwanzragout mit Austernseitlingen
Fenchel-Schinken-Auflauf
Kalbskopf auf Schildkrötenart
Kalbskopf mit Vinaigrettesauce
Senfmakrele vom Grill
Muscheln, in der Schale überbacken

## Rustikales Buffet

Das rustikale Buffet wird in Österreich als Bauernbuffet bezeichnet, wo durch gestalterische Elemente, Angebotsform und Speisen- und Getränkeauswahl bäuerliche Traditionen widergespiegelt werden. Die Servierausstattung und Gestaltung des Buffets sind ländlich einfach gehalten. Angerichtet wird auf rustikalem bäuerlichem Geschirr, aber auch auf Holzplatten bzw. Tellern und Holzschüsseln.
Vorrangig werden Speisen und Getränke angeboten, die den gebietstypischen regionalen Sitten und Lebensgewohnheiten entsprechen. Daher sind die Speisen regional oft sehr unterschiedlich, vom örtlichen Brauchtum abhängig, aber immer bodenständig und deftig.
Dazu gehören zum Beispiel

- das runde Bauernbrot
- Räucherwarenspezialitäten wie Landschinken, Speck usw.
- Sülzen von Kopf und Füßen
- hausgemachte Pasteten
- Blut- und Leberwürste
- Bratwürste
- Schweinshaxen (Eisbein)
- Sauermilch- oder Rahmsuppen
- Blunzensuppe
- deftige Beilagen und Salate
- Ziegen- und Schafkäse
- verschiedene regionale Süßspeisen, z. B. in Schmalz Gebackenes
- Getränke je nach Region: Most, Wein, Bier, Bauernschnäpse

### Rustikales Buffet

Gemüsecremesuppe nach Bauernart

**Kalt**
Salzburger Braten
Selchkarree
Schweinsleberterrine
Roulade nach Art des Hauses

Blätterteigpastetchen mit Thunfisch und Tomaten
Verschiedene gemischte Salate
Österreichische Käseauswahl
Verschiedene österreichische Brote

**Warm**
Schinken im Brotteig
Hausgemachte Blut- und Leberwürste
Spanferkelragout „St. Hubertus"
Gedünstete Karotten
Kartoffelgratin „Dauphinois"
Sautierte grüne Bohnen mit Schalotten
Surripperl auf Sauerkraut
Gratinierte Schinkenfleckerl
Bratwürstel
Kaninchenpastete

**Desserts**
Apfelstrudel
Früchtesorbet
Obstsalat
Cremekrapferl
Sachertorte

## Rustikales Buffet

**Kalt**
Gesulzter Wurzelkarpfen
Gesurter Schwartlbraten mit gefülltem Krautpaprika
Preßschinken mit Spargel
Tiroler Schwarzgeselchtes
Bratenfett im Topf
Liptauer
Kleine gefüllte Schinkenrollen
Gefüllte Gurken
Gefüllte Eier

**Warm**
Schinken in Brotteig
Bratwurst
Ausgelöste Kalbsstelze im Paprikarahm
Krautfleckerln

**Beilagen**
Rösti
Butternockerln
Verschiedene Brot- und Gebäcksorten
Butter

**Salate**
Kartoffelsalat
Pikanter Saubohnensalat
Würziger Rindfleischsalat
Krautsalat
Verschiedene Blattsalate mit Dressings
Große Auswahl an österreichischen Käsesorten

**Desserts**
Altwiener Apfelstrudel
Verschiedene Joghurt-Topfen-Cremen
Obstkorb

## Rustikales Buffet

**Kalt**
Hausgemachte Wurstsorten
Schweineschopfbraten in der Kümmelkruste
Zartes Jungschweinskarree
Luftgetrockneter Rauchspeck
Pastramy (Rinderkamm)
Knuspriges Brathuhn
Grammelschmalz im Topf
Liptaueraufstrich
Pfefferoni
Gefüllte Paprika mit Kraut
Frischer Kren
Gefüllte Eier
Gefüllte Gurken

**Warm**
Pikantes Rindsgulasch
Gegrillte Käse-Fleisch-Laibchen
Kleine Wiener Schnitzerl
Schinkenfleckerl gebacken

Gekochter Beinschinken
Internationales Käsebrett
Verschiedene Kornbrotsorten und Gebäck
Butter

**Beilagen**
Serviettenknödel
Sauerkraut

**Salate**
Kartoffelsalat
Bohnensalat
Selleriesalat
Matjessalat „Hausfrauenart"
Pikanter Rindfleischsalat
Verschiedene Blattsalate mit Dressings

**Desserts**
Wiener Apfelstrudel
Nußtascherln
Frischer Fruchtsalat

## Rustikales Buffet

Rollgerstelsuppe mit Selchfleisch – am Tisch serviert

**Kalt**
Geräucherte Gebirgsforelle mit Apfelkren
Matjesfilet „Hausfrauenart"
Gebratene Poulardenbrust mit frischer Ananas
Gepökelte Rinderzunge mit Mixed Pickles
Milder Tiroler Bauernspeck

**Salate**
Kartoffelsalat
Speckkrautsalat
Linsensalat
Rettich und Radieschen
Blattsalate mit verschiedenen Dressings

**Warm**
Beinschinken in Brotteig
Krautfleckerln
Gekochtes Ochsenfleisch
Wiener Saftgulasch

**Käse**
Marinierter Graukäse
Schnittlauchtopfen
Käse vom Brett

**Desserts**
Rieslingcreme
Apfelstrudel mit Vanillesauce
Sacherschnitte

Reichliche Brotauswahl und Butter

## Altwiener Buffet

**Kalte Gerichte**
Gefüllte Tomaten
Gefüllte Eier
Verschiedene Fische aus der Räucherkammer
Matjesfilet nach Hausfrauenart
Rollmops mit Zwiebelringen
Gepökelte Rindszunge mit Kren
Roher und gekochter Schinken, garniert
Gebratene Poularden
Hausgemachte Wildpastete
Wiener Wurstspezialitäten
Grammelschmalz auf Bauernbrot
Liptauer
Käse vom Brett
Marktfrische Saisonsalate
Krautsalat mit Speck
Wiener Kartoffelsalat
Radieschen und Rettich

**Warme Gerichte**
Salonbeuschel
Blunzengröstl
Beinschinken, in Brotteig gebacken und am Buffet geschnitten
Schinkenfleckerln

**Desserts**
Auswahl an Strudeln und Mehlspeisen

## Salzburger Bauernhochzeit

Brennsuppe, Erdäpfelsuppe, saure Rahmsuppe mit Brotschnitteln, Speckknödelsuppe, Grammelstrudelsuppe, Fleischstrudelsuppe
Kalbsnierenbraten, Schweinebraten, gefüllte Kalbsbrust, Enten, Bauerngeselchtes, Surbratl
Reis, Semmelknödel, Erdäpfelknödel, Mehlknödel, Erdäpfel
Sauerkraut, Speckkrautsalat, Paradeisersalat, Flachgauer Gurkensalat (Rahm, Gurken- und Erdäpfelsalat gemischt)
Nußstrudel mit Schlag, Topfengolatschen, Milirahmstrudel, Haustorten, Mohnnudeln, Apfelschlangerln, Zwetschkenknödel

## Sautanz

Bauernspeck, hausgemachte Sulz in Essig und Öl, Hirnpofesen
Klachlsuppe, Lebernockerlsuppe, Milzschnittensuppe
Leberknödel, frische Blut- und Leberwürste, Bauerngeselchtes, Schweinsbratwürste, Krenfleisch, Schweinsgulasch oder Szegedinger Gulasch, Schweinshaxen, Geselchte Ripperln, Rahmbeuschel, gebackene Leber, saure Nierndln, Saumaisen
Knödel, Erdäpfel, Reis, Nockerln
Speckkrautsalat, Sauerkraut, verschiedene Salate
Hausbrot, Weckerln, Salzstangerln

## Rustikales bayerisches Buffet

**Warme Schmankerln**
Leberknödelsuppe
Spanferkel aus dem Ofen
Gesottene Ochsenbrust im Sud
Knuspriger Kümmelbraten vom Schweinenacken
Dazu gibt's bayerisches Kraut und Serviettenknödel.

**Kalte Schmankerln**
Weißer und schwarzer Preßsack
Hausgemachte Bratensulz
Fleischpflanzerl, fein garniert
Griebenschmalztopf, geräucherter Speck und Schinken
Verschiedene Wurstspezialitäten
Kasseler Rippchen
Erdäpfelsalat – Speckkrautsalat – Gurkenrahmsalat
Obazta mit Schnittlauch
Bayerische Käsespezialitäten
Bauernbrot – Kümmelweckerl – Laugenstangerl
Apfelstrudel mit Vanillesauce – Guglhupf – Krapfen

## Schlachtfest

Schlachtfestsuppe
Kesselsuppe
Gebratener Hackepeter auf Schwarzbrot und Zwiebelringe
Wellfleisch auf Merrettich mit Brot
Speckfettbemmchen mit Sauermilchkäse
Hackepeter mit Butter und Brot und würziger Beilage
Sülze mit Remouladensoße und frischen Bratkartoffeln
Gebackenes Fischfilet mit Specksalat
Frische Restbratwurst mit Kartoffelbrei
Gehacktes Schweinesteak mit Champignons
Leber und Röstzwiebeln, Petersilienkartoffeln
Schweineschnitzel mit Specksalat
Leberknödel mit Sauerkraut und Petersilienkartoffeln
Schwartenbraten mit Sauerkraut und Knödel
Gepökeltes Eisbein mit Sauerkraut und Kartoffelklöße
Schweinehaxe vom Grill mit Sauerkraut und Kartoffeln

# Stehbuffet

Das Stehbuffet ist grundsätzlich ein einfacherer, rustikaler Cocktailempfang. Als besonders zweckmäßig eignen sich dazu Brötchen, Sandwiches beziehungsweise Canapés. Es sind jedoch auch (fast) alle anderen Speisenvarianten möglich.

## Stehbuffet

Schwarz- und Weißbrot mit verschiedenen Belägen:
Curry-Ei-Aufstrich mit Thunfisch oder Makrele
Räucherforellenfilet mit Oberskren und Spargel
Räucherlachs mit Olive
Matjesfilet auf Apfelscheibe
Hühnerbrustscheiben mit Ananas und Waldorfsalat
Roastbeefscheiben mit Brokkoli
Lammscheiben mit Ratatouille
Preßwurst auf Senfbutter mit Zwiebel
Blutwurst auf Senfbutter mit Kren
Salami mit Perlzwiebeln und Maiskolben
Schweinskarree auf Rahmkrautsalat
Rohschinken mit Melone
Gekochter Schinken mit Gurkerln
Kalbsleberpastete mit Orangenspalte
Landpastete
Gemischte Käsebrötchen
Gefüllte Eier mit Lachs, Kavier, Muscheln, ein Teil davon auf Gurkenscheiben angerichtet
Jourgebäck

**Saucen**
Geraffelte Gurken in Knoblauchjoghurt
Türkische Zwiebeln
Tatarensauce

**Salate**
Rotkrautsalat
Karottenrohkost

Griechischer Bauernsalat
Gemischte Blattsalate

**Desserts**
Petits fours

## Cocktailbuffet

**Kalt**
Gefüllte Avocados mit Shrimpscocktail
Hummerplatte mit gefüllten Eiern
Riesengarnelen auf frischer Ananas mit Orangen und Selleriesalat
Zanderschnitten in Paprikacreme, in Currycreme, in Dillcreme
Räucherforellen mit Spargel, Oberskren
Räucherlachsrosetten auf Gurkenscheiben
Dillgebeizter Lachs auf Senfsauce

**Warm**
Roastbeef mit Gemüsegarnitur
Kalbsrücken mit Artischocken und Pilzen
Vitello tonnato mit Tomaten
Rehrücken mit Kastanienpüree und Pilzen
Rehrücken mit Mandarinen und Birnengarnitur
Lammrücken mit Ratatouille
Schweinelendchen in Sesamkruste mit Mixed Pickles
Schweinskarree mit Rahmkrautsalat
Beinschinken mit Radieschen, Oberskren und kleinen Schinkenröllchen
Fleischentenbrustscheiben mit Rotkrautsalat auf Apfelscheiben
Gemüseterrine mit Kräuterjoghurt
Kalbsleberpastete mit Obstgarnitur

**Salate und Saucen**
Griechischer Bauernsalat
Gemüsemayonnaise
Fenchelsalat mit Karotten
Cumberland-, Tataren- und Cocktailsauce

**Desserts und Käse**
Dessertschnitten (Erdbeerobers, Topfenobers mit Früchten, Zigeuner-, Esterházyschnitte)
Cremen in Gläsern (Schokolade, Mokka, Wein)
Tiramisu
Käsebretter mit internationaler Käseauswahl
Obstkörbe

## Cocktailempfang

Gemüsecocktail
Krevettencocktail
Süß-saure Matjesfilets
Marinierter Lachs mit Dille
Filets von Räucherfischen
Terrine von Süßwasser- oder Meeresfischen
Hühnerleberparfait mit Madeira
Entenleberterrine mit grünem Pfeffer
Seezungenröllchen mit Krebsmousse
Roastbeef und Schinkenröllchen
Salpikons vom Kalbsbries mit Haselnußdressing
Carpaccio vom Rind

**Canapés**
Gekochter Schinken
Parmaschinken mit Grissini
Räucherlachsrose mit Kapern
Käsecreme auf Pumpernickel
Entenleberparfait mit Madeira
Krevetten mit Cocktailsauce
Verschieden belegte Brötchen
Verschiedene Gemüse mit Dressings
Champignons mit Tomaten
Salate der Jahreszeit

**Warm**
Käsetörtchen
Pizza mit Shrimps
Filetspitzen mit grünem Pfeffer

Lammkotelett mit Kräutern
Kalbsbeuschel
Lauchkuchen mit Zwiebeln
Marinierte Lammspießchen
Morchelpastetchen mit Champignons

**Desserts**
Auswahl an Käsegebäck
Teegebäck
Petits fours
Pralinen

# Salatbuffet

## Salatbuffet

Gefüllte Eier auf französischem Salat
Italienischer Salat
Gurken in Dilljoghurt
Schwammerlsalat in Kräuterdressing
Wiener Erdäpfelsalat
Karottensalat
Selleriesalat mit Nüssen
Verschiedene frische Salate je nach Jahreszeit mit Dressings nach Wahl

**Salatdesserts**
Frischer Obstsalat mit Maraschino

## Naturküchenbuffet

Mariniertes buntes Herbstgemüse
Fenchelsalat
Sprossensalat
Milchsaure Stoppelrüben mit Haselnüssen
Karotten-Bulgur-Röllchen auf Kräuterjoghurt
Gesulzte Rehschulter mit Kürbispreiselbeersalat
Gelierte Tomatenessenz mit Frischkäse
Saiblingsterrine mit Dillsauerrahm
Graukäsetatar
Rebhuhngalantine mit Berberitzensauce
Knoblauchrahmsuppe
Klare Fischsuppe mit Forellengoujons
Kukuruzsuppe mit Fasannockerln
Tofucrêpes-Lasagne
Dinkeltortillas
Piroggen mit Krautfülle
Kürbisragout mit Bries in Dinkelbrioche
Tofubällchen mit Currysauce, süß-sauren Früchten und Orangenreis
Hirse-Mangold-Strudel mit Topinambursauce
Zandermedaillons auf Safranrisotto mit Paprikasauce
Barbarieentenbrüsterl mit Pilzserviettenknödel und Apfel-Zwiebel-Konfit
Beiried vom Styria-Beef mit Ofenerdäpfeln und Kräutermayonnaise
Lammvariationen mit Polentaröllchen und Zwiebelsauce
Truthahnroulade mit Perlweizen
Heimischer Käse
Birnensulz in Zweigelt
Apfelmus
Maronischnitten mit Carobsauce
Topfencreme mit Winterfrüchten und kleinen Bäckereien
Dörrzwetschkenstrudel
Carobröllchen
Dinkelgebäck
Bauernbutter, Hefeaufstrich, Kräutertopfen

# Korrespondierende Getränke

# Korrespondierende Getränke

Richtig ausgewählte Getränke regen den Appetit an, **heben und vervollkommnen den Geschmack der Speisen** und fördern die Verdauung.
Die klassische Getränkereihenfolge lautet: **Aperitif – Bier – Weißwein – Roséwein – Rotwein – Dessertwein oder Schaumwein – Digestif.**
Von den alkoholfreien Getränken ist Mineralwasser zu empfehlen, da es auf Grund seines neutralen Geschmackes die Harmonie der Speisen nicht beeinträchtigt.

## Aperitifs

Aperitifs sind appetitanregende alkoholische oder alkoholfreie Getränke, die vor dem Essen getrunken werden.
Das Wort „Aperitif" kommt vom lateinischen Wort „aperire" (öffnen). Damit ist gemeint, daß man Gaumen und Magen auf die Aufnahme der Speisen einstimmt. Aperitifs sollen also lediglich die Produktion von Magensaft anregen und somit die Erwartung auf gutes Essen steigern, aber sie dürfen auf keinen Fall betrunken machen. Daher nennt man diese Art von Getränken im Englischen auch **„appetizer"** (Appetitanreger).
Der Aperitif ist eine Erfindung des Südens, der Mittelmeerländer, wo die Einnahme des Aperitifs zelebriert und viel Zeit dafür verwendet wird. Heute hat jedes Land seine eigenen Aperitifs, die zum jeweiligen Klima und zum Essen passen. Der Süden bevorzugt den leichten, der Norden den kompakteren Aperitif. In Frankreich zum Beispiel bevorzugt man Anis-Aperitifs und Gewürzweine, während man in England gern trockenen Sherry und Portwein trinkt. In den USA werden vor allem Aperitifcocktails serviert. In Italien hält man sich in erster Linie an weiße und rote Wermuts. Im

Norden Europas werden harte Drinks (z. B. klare Schnäpse, Whisky – evtl. mit Wasser verdünnt) bevorzugt. Österreich und Deutschland mit seinem gemäßigten Klima bewegt sich zwischen den Fronten.
Wichtig ist, daß der Aperitif auf das folgende Essen abgestimmt ist. Man wird vor einem deftigen Menü nicht den gleichen Aperitif reichen wie vor einem kalten Buffet mit feinen Delikatessen.

Grundsätzlich kann man die Aperitifs in folgende Gruppen einteilen:

1. Weine
   - Weine
   - Versetzte Weine
   - Schäumende Weine

2. Bier

3. Alkoholfreie Aperitifs

4. Spirituosen
   - Aperitifbitters und Bitterliköre
   - Branntweine

5. Mixgetränke
   - Trockene Cocktails
   - Wein-, Sekt- oder Champagnercocktails
   - Bowlen

6. Besondere Spezialitäten

## Weine als Aperitif

Wein in seiner Vielfalt bietet sich geradezu als Aperitif an. Man kann Wein pur oder in Verbindung mit Likören oder Früchten servieren (siehe Seite 647).
Als Aperitif eignen sich **leichte, trockene Weißweine.** Hervorragende, nicht alltägliche Aperitifs sind aber auch trokkene, nach moderner Kellertechnik ausgebaute **Bukettweine,** wie z. B. trockener Gelber Muskateller.

Selbst **Prädikatsweine** mit Restzucker, aber entsprechend hoher Säure als Ausgleich würden sich, in kleinen Mengen und kühl serviert, eignen.
Wein als Aperitif paßt vor einem eleganten Essen mit edlen Weinen.
Man serviert alle diese Weine gekühlt (8–12 °C) im Wein- oder Süd-(Dessert-)Weinglas.

## Versetzte Weine

Das sind Weine, deren Beschaffenheit neben der durch die Weintraube gegebenen Eigenart auf besondere Behandlungsweisen oder auf Zusätze bei der Erzeugung zurückzuführen ist. Das Ausgangsprodukt für die versetzten Weine (bzw. Süd-, Süß- oder Dessertweine) ist der Grundwein (siehe auch Seite 680 ff.).

**Sherry**
Der Sherry kommt aus der spanischen Provinz Andalusien. Er wird hauptsächlich aus der Palominotraube gekeltert und mit Weinbrand versetzt (Herstellung nach dem Solera-System). Man unterscheidet grundsätzlich zwischen trockenem (Fino) und süßem Sherry (Oloroso). Als Aperitif eignen sich nur die trockenen und halbtrockenen Sorten.

- **Fino:** Er ist hell- bis strohgelb, klar und sehr trocken (extra dry), der klassische Sherry. Er hat ein klar definiertes Aroma (Mandelaroma) und eignet sich nicht nur als Aperitif, sondern auch hervorragend zu Fisch, Krusten- und Schaltieren. Gekühlt serviert (mit 10 bis 12 °C).

- **Amontillado:** eine Spielart des Fino. Er ist kräftiger und dunkler in der Farbe als der Fino (bernsteinfarben) und meist in halbtrockene Richtung gesüßt (medium dry oder dry). Serviert mit zirka 12 °C.

- **Manzanilla:** ebenfalls eine Spielart des Fino, nur leichter und alkoholärmer. Ein vorzüglicher Aperitifwein mit salzig-herbem Geschmack, blaß in der Farbe. Er kommt ausschließlich aus der Küstenstadt Sanlúcar de Barrameda. Serviertemperatur 10 bis 12 °C.

Darüber hinaus gibt es noch verschiedene andere Geschmacksrichtungen; diese werden vor allem zu Desserts oder als Digestifs serviert (siehe Seite 680 ff.).

Sherrys werden entweder im Sherry- oder Südweinglas (Dessertweinglas) gereicht.
Bekannte Marken: Sandeman, Gonzales Byass, Harvey's, Duff Gordon, Williams & Humbert, Pedro Domecq, Zoilo Ruiz-Mateos usw.

**Portwein**
Portweine werden im oberen Tal des Douro (Portugal) gekeltert und bestehen aus fünf Teilen angegorenem Most und einem Teil Weinbrand. Grundsätzlich unterscheidet man zwischen weißem (white) und rotem (ruby) Port. Als Aperitif wird der trockene White Port bevorzugt, während die roten Portweine klassische Dessertweine, aber auch Digestifs sind (siehe Seite 680 ff.).

- **White Port:** Er ist aus weißen Trauben gekeltert, und es gibt trockene und süß ausgebaute Sorten. Nur die trockenen bis sehr trockenen White Ports mit zart-herbem Geschmack werden gekühlt (10 bis 12 °C) als Aperitif getrunken.

Portwein wird im Portwein- oder Süd-(Dessert-)Weinglas serviert.
Bekannte Marken: Croft, Dow, Sandeman, Cockburn, Kopke, Ferreira, Burmester, Warre, Taylor, Noval, Barro usw.

**Wermutweine**
Das sind die bekanntesten Aperitifs. Mit ihnen kann man nichts falsch machen, sie passen eigentlich immer.
Unter Wermut versteht man Weine, die mit Branntwein, Zucker und verschiedenen Kräutern, z. B. Wermutkraut, Wacholder, Ysop, Zimt, Nelken, Koriander, Melisse, Salbei, Kamille sowie Orangen- und Zitronenschalen versetzt werden. Die genaue Zusammensetzung ist Geheimnis der Hersteller.
Wermut kommt ursprünglich aus Italien (dunkler, süßer Wermut) und aus Frankreich (heller, trockener Wermut).

Heute unterscheidet man:
- **Secco ( dry oder extra dry):** hellgelbe Farbe, sehr trockener Geschmack.
- **Bianco:** dunkleres Gelb, süßer Geschmack.
- **Rosé:** roséfarben, halbsüß im Geschmack.
- **Rosso:** rotbraune Farbe, süßer Geschmack.
- **Amaro:** dunkles Rotbraun, bitter-süßer Geschmack.

Wermut wird mit einer Temperatur von 6 bis 8 °C im Süd-(Dessert-)Weinglas, in Italien mit etwa 8 °C im kleinen Tumbler serviert. Ebenso kann er „on the rocks" (mit Eiswürfeln) oder mit Soda aufgespritzt im kleinen Tumbler gereicht werden. Auch für Aperitifcocktails wird Wermut sehr häufig verwendet (siehe Seite 644 f.).
Bekannte Marken: Martini, Cinzano, Stock, Gancia, Punt e Mes aus Italien, Noilly Prat aus Frankreich (gilt als der trokkenste Wermut).

**Quinquinas**
Das sind ebenfalls versetzte Weine, die aus einer Mischung von Traubensaft, Branntwein, Chinarinde, aromatisierten Weinen und Aromapflanzen bestehen. Sie kommen vor allem aus Frankreich. Auch Quinquinas können vor jedem Essen kredenzt werden.
Sie werden gekühlt (6 bis 10 °C) im Südweinglas oder „on the rocks" (mit Eiswürfeln) im kleinen Tumbler serviert.
Bekannte Marken: Amer Picon (Aperitif à l'orange), St. Raphaël, Dubonnet (weiß und rot), Bhyrr aus Frankreich, Rosso Antico aus Italien.

## Schäumende Weine

Darunter versteht man Sekt und Champagner (nature, brut, extra sec, extra dry). Viele Feinschmecker vertreten die Meinung, daß das der beste Aperitif sei. Ein Glas Sekt oder Champagner macht den Anfang eines Essens nicht alkoholschwer und wirkt durch die natürliche Kohlensäure erfrischend und appetitanregend. Es regt den Kreislauf an und sorgt für eine gute Anfangsstimmung. Schäumende Weine eignen sich aber auch zum Mischen mit Fruchtsäften und

Likören (als Sekt- oder Champagnercocktail – siehe Seite 645 f.). Diese passen ebenfalls ausgezeichnet als Aperitif.
Schäumende Weine sind die edelsten Aperitifgetränke und gehen immer einem besonders feinen Essen voraus.
Sekt und Champagner werden in Sektflöten oder -kelchen gekühlt (Sekt: 4–6 °C, Champagner: 6–9 °C) serviert. Als Faustregel gilt: Je trockener der Schaumwein, desto wärmer wird er serviert.
Bekannte Marken:
Sekt: Fürst Starhemberg, Fürst von Metternich, Hochriegl (Kattus), Kleinoschegg, Klostersekt Klosterneuburg, Mounier, Schlumberger, Winzergenossenschaft Krems (Haus Österreich); Deinhard Lila, Henkell, Kupferberg, Mattheus Müller (MM), Söhnlein.
Champagner: Ayala, Charles Heidsieck, Krug & Co, Lanson Père & Fils, Moët & Chandon, G. H. Mumm & Co, Laurent Perrier, Pommery, Louis Roederer, Taittinger, Veuve Clicquot-Ponsardin.

## Bier als Aperitif

Bier hat in den letzten Jahren eine rasante Imageveränderung erfahren. Durch den Aufstieg des Bieres zum „salonfähigen Getränk" entwickelte sich eine enorme Bierkultur, mit der auch die Entwicklung einer breiteren Angebotspalette einherging. So ist es nicht verwunderlich, daß Bier heute auch als Aperitif angeboten werden kann (sehr zur Freude der Bierliebhaber).

Besonders **Pilsbier** mit seinem trocken-hopfenbitteren Grundton ist hervorragend dafür geeignet, den Gaumen aufzuschließen, ohne die Geschmacksnerven nachhaltig zu beeinträchtigen.
Besonders vor bodenständigen Menüs bietet sich Bier als Aperitif geradezu an, aber auch vor würzigen Speisen wie Gulasch, Pörkölt oder Currygerichten.
Serviert werden diese Biere in schmalen bis tulpenförmigen Gläsern (für beide Biersorten gibt es übrigens eigene Gläser-

formen) mit einer Trinktemperatur von 8 bis 10 °C (bei großer Kälte auch bis 12 °C).
Das altösterreichische Maß „Pfiff" (zirka 0,2 Liter) erscheint als richtige Größe für einen Aperitif besonders gut geeignet.

## Alkoholfreie Aperitifs

Selbstverständlich können auch alkoholfreie Getränke als Aperitif dienen. Sie dürfen auf keinen Fall im Angebot fehlen. Häufig werden sie vor Menüs aus der Vollwertküche serviert.
Alkoholfreie Getränke werden aber auch für Mixgetränke verwendet (siehe Seite 644 f.).

Geeignet sind dafür in erster Linie Getränke, die nicht zu süß sind.

- **Frucht- und Gemüsesäfte:** Appetitanregend wirken alle Säfte mit einem hohen Säuregehalt, z. B. frisch gepreßter Orangen-, Grapefruit- oder Tomatensaft, sowie Fruchtsaft-Gemüsesaft-Kombinationen, z. B. Karotten-Orangen-Saft, Karotten-Apfel-Saft.
- **Chininhaltige Limonaden:** Sie sind zartbitter im Geschmack und wirken durch den Chiningehalt anregend und erfrischend. Bekannt sind sie als Indian tonic water, Bitter lemon, Bitter orange, Bitter grapefruit usw.
- **Mineralwasser:** Vor allem Mineralwasser mit Kohlensäure wirkt sehr erfrischend und ist als Aperitif geeignet. Es ist außerdem eine positive Ergänzung zu vegetarischen Menüs, Reduktions- und Diätmenüs.

Alkoholfreie Aperitifs werden gekühlt (8 bis 10 °C) im mittleren oder hohen Tumbler serviert. Man kann auch Eiswürfel dazugeben.

# Spirituosen als Aperitif

## Aperitifbitters und Bitterliköre

In diese Gruppe fällt ein klassisches Aperitifgetränk aus Italien, der **Campari.** Auch er gehört zu jenen Aperitifs, die man vor jedem Essen servieren kann. Er wird pur (mit etwa 8 °C), mit Soda oder mit Orangensaft im kleinen Tumbler serviert.

- **Campari-Soda:** 2/5 eisgekühlter Campari, 3/5 eisgekühltes Soda.
- **Campari-Orange:** 1/3 gekühlter Campari, 2/3 gekühlter Orangensaft – ohne Zitronenzeste servieren.

Ein weiteres bitter schmeckendes Aperitif-Fertigprodukt aus der Schweiz, der **Cynar,** wäre noch zu erwähnen. Er wird pur (in der Likörschale) oder mit Soda aufgespritzt, gekühlt oder mit Eis im kleinen Tumbler serviert.

Auch der Bitterlikör **Fernet-Branca** kann, aufgespritzt mit eisgekühltem Soda (2/5 Fernet-Branca, 3/5 Soda), im kleinen Tumbler als Aperitif gereicht werden.
Auf diese Art serviert man auch andere Halb- oder Magenbitterliköre, z. B. Jägermeister, Rossbacher, Sechsämtertropfen, Boonekamp (siehe auch Seite 644).

## Branntweine

In vielen Gegenden, besonders im Norden Europas (Norddeutschland, Holland, Skandinavien), ist es üblich, vor dem Essen klare Schnäpse oder Branntweine zu reichen.
Die Meinungen der Fachleute gehen hier sehr stark auseinander. Das Argument, daß mit derartigen Aperitifs (durch ihre Intensität und den hohen Alkoholgehalt) die Geschmackspapillen zu stark belastet werden können und dadurch das Geschmacksempfinden beeinträchtigt wird, ist nicht von der Hand zu weisen. Trotzdem sind diese Getränke mit genügend Zeitabstand zum ersten Gang durchaus vorstellbar. Vorzugsweise sollten geschmacksarme Spirituosen gereicht werden.

- **Getreidedestillate:** Aquavit, Genever, Gin, Wodka, Korn, Doornkaat, Steinhäger usw. werden eisgekühlt (0–6 °C) in den für sie typischen eisgekühlten Gläsern (z. B. Aquavit-, Wodka-, Doornkaatglas) oder im Schnapsglas (Stamper, Stamperl), bei rustikalen Veranstaltungen auch im Schnapskrügerl serviert.
  Sehr beliebt sind auch Getränke wie Wodka-Feige (Wodka mit einer grünen Feige) oder Wodka-Kirsch (Wodka mit einer Cocktailkirsche), die eisgekühlt im Cocktailglas mit der Feige oder Kirsche am Stick serviert werden, sowie Gin Tonic im kleinen Tumbler (2 cl Gin mit Tonic water auffüllen).
  Liebhaber von **Whisky** trinken diesen auch als Aperitif, und zwar Blended Scotch Whisky oder Bourbon Whiskey pur (gekühlt mit 8 bis 10 °C), „on the rocks" (mit Eiswürfeln) oder mit Wasser, serviert im Old-fashioned-Glas.

- Auch **Obstdestillate,** z. B. Marillenbrand (Barack), Zwetschkenbrand (Slibowitz), Kirschwasser, Kriecherlschnaps, Williamsbirnenbrand, Obstler, Vogelbeerbrand, Holunderschnaps, werden als Aperitif angeboten. Man serviert sie gekühlt im Schnapsglas bzw., falls vorhanden, in den für das Getränk typischen Gläsern (z. B. Barackgläsern). In manchen Betrieben wird man die Obstdestillate in den für Kernobst, Steinobst und Beerenobst speziell entwickelten Gläsern servieren.

- **Weindestillate,** wie Weinbrand oder Calvados sowie Winzerbrand und Tresterbranntweine (Grappa – im speziellen Grappaglas), können gekühlt (8 bis 10 °C) vor dem Essen als Aperitif angeboten werden. Diese Getränke sind beispielsweise in Frankreich und Deutschland sehr beliebt.

- **Anisées:** Das ist eine Sammelbezeichnung für alle alkoholischen Getränke mit Anisgeschmack (Anisbranntweine, Anisliköre usw.). In Frankreich werden die Anisées gemeinhin als **Pastis** bezeichnet und sind das nationale Aperitifgetränk der Franzosen. Sie werden kühl (aber nicht zu kalt, weil sie sonst trüb werden) im kleinen Tumbler mit Eisschmelzwasser à part serviert. Der Gast mischt

sich das Getränk selbst nach Geschmack (ungefähr im Verhältnis 1 : 5). In letzter Zeit mischt man auch mit Orangensaft oder Cola.
Bekannte Marken: Pastis, Pernod, Ricard aus Frankreich, Ouzo aus Griechenland, Raki aus der Türkei. Siehe auch Seite 683 ff.

# Mixgetränke als Aperitif

## Aperitifcocktails und -drinks

Oft werden als Aperitif auch sogenannte Before-dinner- oder Pre-dinner-Cocktails und -drinks serviert, die sich vor allem in den USA großer Beliebtheit erfreuen.

Before-dinner-Cocktails sind trocken gehalten, häufig auf der Basis von Wermut mit Bitters, Branntweinen, Frucht- und Gemüsesäften. Ihr Alkoholgehalt ist bei einigen relativ hoch und daher dem heutigen Trend nicht mehr entsprechend.

Sehr bekannte Drinks sind:

- **Americano:** Eiswürfel in einen mittleren Tumbler geben, 3 cl Campari, 3 cl Wermut (rosso) dazugeben, mit Soda auffüllen, mit einer Zitronenschale (am Glasrand) servieren.
- **Bloody Mary:** 4 cl Wodka, Salz, 2 cl Zitronensaft, 5 cl Tomatensaft im Shaker zubereiten, in einen mittleren Tumbler mit Eiswürfeln gießen, mit Salz, weißem Pfeffer, Worcestershire- und Tabascosauce je nach Belieben würzen. Mit einer Zitronenspalte servieren.
- **Bronx:** 2 cl Dry Gin, 2 cl Wermut, 2 cl Orangensaft im Shaker zubereiten, im Cocktailglas servieren.
- **Daiquiri:** 5 cl weißen Bacardi-Rum, 1 Barlöffel Zitronensaft, 1 Barlöffel Läuterzucker im Shaker zubereiten und im Cocktailglas servieren.

- **Gibson:** 4 cl Dry Gin, 2 cl Wermut (extra dry) im Mixglas zubereiten, im Cocktailglas mit Cocktailzwiebel auf Stick servieren.
- **Manhattan:** 4 cl Bourbon Whiskey, 2 cl Wermut (rosso), 1 Spritzer Angostura-Bitter im Mixglas zubereiten und im Cocktailglas mit Kirsche servieren.
- **Martini dry:** 2 cl Wermut (extra dry), 4 cl Dry Gin im Mixglas zubereiten und im Cocktailglas mit Olive, Zitronenzesten oder Lemon twist servieren.
- **Martini sweet:** 2 cl Wermut (rosso), 4 cl Dry Gin im Mixglas zubereiten und im Cocktailglas mit Cocktailkirsche oder Zitronenzesten servieren.
- **Negroni:** 2 cl Dry Gin, 2 cl Campari, 2 cl Wermut (rosso) im kleinen Tumbler zubereiten, evtl. mit einem Schuß Soda vollenden, mit Orangenscheibe servieren.
- **Rob Roy:** 3 cl Scotch Whisky, 3 cl Wermut (rosso), 1 Spritzer Angostura-Bitter im Mixglas zubereiten und im Cocktailglas mit Kirsche (auf einem Stick) servieren.
- **Screw Driver:** 4 cl Wodka in einen kleinen Tumbler geben, Eisstücke dazu, mit frisch gepreßtem Orangensaft auffüllen (maximal ⅛ l) und umrühren.
- **Vodkatini:** 4 cl Wodka, 2 cl Wermut (extra dry) im Mixglas zubereiten und im Cocktailglas mit einem Stück Zitronenschale servieren.
- **Whisky Sour:** 4 cl Whisky, 2 cl Zitronensaft, 1 bis 2 Barlöffel Läuterzucker im Shaker zubereiten, im kleinen Tumbler mit einer Kirsche und einer halben Orangenscheibe (am Stick) servieren.

## Wein-, Sekt- und Champagnercocktails

Bekannt sind vor allem:

- **Kir:** 0,5–1 cl Crème de Cassis (Johannisbeerlikör) in ein Weinglas geben, mit trockenem Wein, z. B. Chablis, weißem Burgunder, auffüllen.

- **Kir Royal:** 0,5–1 cl Crème de Cassis in ein Sektglas geben, mit trockenem Sekt oder Champagner auffüllen.
- **Sekt-Orange:** 6 cl frischgepreßten Orangensaft in ein Sektglas geben, mit Sekt oder Champagner auffüllen.
- **Champagnercocktail:** 1 Stück Würfelzucker, 2 bis 3 Spritzer Angostura-Bitter, 1 cl Weinbrand in eine Sektflöte geben und mit Champagner auffüllen. Mit einer Orangenspirale servieren.
- **Kiwi- oder Holunder-Kir:** 0,5–1 cl Kiwi- oder Holunderlikör in ein Sektglas geben, mit Sekt oder Champagner auffüllen.

Diese Getränke werden gut gekühlt (6 bis 8 °C) serviert.

## Bowlen

In der heißen Jahreszeit sind auch trocken gehaltene Bowlen ein sehr beliebter Aperitif.

- **Früchtebowlen:** Frische, einwandfreie Früchte der Saison (z. B. Erdbeeren, Pfirsiche) werden kleingeschnitten und mit etwas Zucker und passenden Spirituosen (z. B. Weinbrand und Curaçao, Rum und/oder Fruchtlikören, die zu den jeweiligen Früchten passen) in einer Bowleschüssel angesetzt. Man läßt sie einige Stunden ziehen. Vor dem Service werden sie mit leichtem, trockenem Weißwein und/oder trockenem Sekt (oder Champagner) aufgefüllt. Man gießt die eisgekühlte Bowle (2 bis 4 °C) mit einem Schöpfer in Bowlegläser, die man entweder auf einen Gläseruntersatz oder einen Unterteller (Untertasse) mit Papierserviette oder Klapperdeckchen stellt. Dazu gibt man eine Bowlegabel oder einen Kaffeelöffel.
  In die Bowle darf man keine Eiswürfel hineingeben, da sie sonst verwässert wird.
- **Kalte Ente:** Eine Zitrone oder Orange wird spiralenförmig geschält, die Schale in einen Weinkrug gehängt, darüber eine Flasche trockener, spritziger Weißwein und eine halbe

Flasche halbsüßer oder trockener Sekt gegossen. Nach einiger Zeit wird die Schale entfernt und die Kalte Ente eisgekühlt (2 bis 4 °C) in Weißweingläsern serviert. Dieses Getränk erfreut sich vor allem in Deutschland großer Beliebtheit.

- **Sangria:** Das ist ein spanisches Nationalgetränk, das in den letzten Jahren in Österreich und Deutschland immer beliebter wurde. Geschälte Orangen und Zitronen (in manchen Gegenden werden zusätzlich noch andere Früchte genommen) werden in Würfel oder Scheiben geschnitten und mit weißem Rum sowie etwas dunklem Rum und Läuterzucker kalt angesetzt. Man gießt diesen Ansatz mit mildem oder säuerlichem Rotwein auf und serviert die Sangria eisgekühlt (2 bis 4 °C) mit viel Eis im großen Tumbler.

## Besondere Aperitifspezialitäten

In den letzten Jahren haben die heimischen Winzer verschiedene Spezialitäten entwickelt, die sich hervorragend als Aperitif eignen, z. B.:
- trockene, oxidativ ausgebaute Auslesen (siehe Seite 636 f.)
- trocken ausgebaute Bukettweine (siehe Seite 636 f.)
- trockener Birnen- oder Apfelsekt
- Veltliner-Aperitif
- Schilchersekt

Daraus wurden verschiedene Drinks entwickelt, die sich ebenfalls sehr gut als Aperitifs anbieten:
- Holunderblütensirup (0,5–1 cl) mit Most oder Sekt (auch Birnen- oder Apfelsekt)
- Pürierte Pfirsiche oder Erdbeeren mit Sekt

# Bier

Wie die kulinarische Kultur südlicher Länder vom Wein, so sind die lukullischen Traditionen der Alpenländer vom Bier bestimmt. Vor allem die österreichische, böhmische und süddeutsche Küche haben sich stets in unmittelbarer Nähe des Bieres entwickelt und sind ohne den Gerstensaft als Begleiter so gut wie undenkbar. Die Wiederentdeckung der regionalen Küche – auch in der Spitzengastronomie – war daher geradezu zwangsläufig mit einem weiteren Aufschwung der Bierkultur verbunden.

Die Palette der Biere, die in den einzelnen Ländern angeboten werden, ist sehr groß. Das Angebot reicht von trockenen, herben bis zu vollmundig-wuchtigen Bieren. Um eine fundierte Beratung anbieten zu können, sollte der Sommelier daher nicht nur Wein-, sondern auch Bierkenner sein.

Die ideale Trinktemperatur liegt zwischen 8 und 10 °C, je nach Witterung, bei großer Kälte um 1 bis 2 °C höher.

Die Gläserformen richten sich nach dem Stil des Betriebes bzw. dem Ambiente. In einfacheren bzw. rustikalen Betrieben werden Bierbecher, -stutzen oder -krügel verwendet, in gehobeneren Betrieben gibt es meist Bierpokale, -tulpen oder -schwenker.

Für bestimmte Biersorten verwendet man spezielle Formen:
- für Pilsbier: Pilsbierstange,
- für Weizenbier: Weizenbierstange, für die Berliner Weiße – Bierschale.

Im folgenden finden Sie eine Übersicht über die Biertypen und wozu man sie serviert:

| Biertyp/ Biersorte | Charakteristik | Stammwürze | Alkoholgehalt | Farbe | Wozu passend |
|---|---|---|---|---|---|
| **Leichtbier** | besonders leicht, um ein Drittel weniger Alkohol und Kalorien als Lagerbier | unter 9° | höchstens 3,7 Vol.-% | sehr hell | frische Sommersalate, leichte Gemüsegerichte, Süßwasserfische, Spargel |
| **Weizenbier/ Weißbier** | erfrischend, spritzig, kohlensäurereich, schwach gehopft, blank oder hefetrüb | üblicherweise 11 bis 13° | 4,5 bis 5,5 Vol.-% | hellgelb | Räucherfische (z. B. Lachs), Geflügel, Kalbfleisch |
| **Dunkles Bier, Nährbier** | vollmundig, schwach gehopft | 12 bis 14°, auch 16° | um 5,0 Vol.-% | sehr dunkel | Desserts, vor allem mit Bierteig, Schimmelkäse |
| **Pils** | erfrischend leicht, wenig malzig, angenehm hopfenbitter | 11 bis 13° | 4,0 bis 5,0 Vol.-% | hellgelb | Aperitif, Hors-d'œuvre, frische Sommersalate, leichte Gemüsegerichte, Spargel, Süßwasserfische, Meeresfische, Schaltiere, weißes Fleisch (Kalb, Geflügel, Kaninchen) |

| **Biertyp/ Biersorte** | **Charakteristik** | **Stammwürze** | **Alkoholgehalt** | **Farbe** | **Wozu passend** |
|---|---|---|---|---|---|
| **Schankbier** | leicht, mild hopfenbitter | 10 bis 12° | um 4,3 Vol.-% | hellgelb | einfache Gerichte aus der regionalen Küche |
| **Lagerbier/ Märzenbier** | harmonisch, ausgewogen malzig, mild hopfenbitter | 12 bis 12,8° | um 5,0 Vol.-% | gelb | deftigere Gerichte aus der regionalen Küche |
| **Spezialbier** | vollmundig, ausgewogen, würzig, fein gehopft | mindestens 13° | über 5,0 Vol.-% | hellgelb | deftigere Gerichte aus der regionalen Küche, Braten, Geflügel |
| **Bockbier/ Starkbier** | stark, vollmundig, würzig, fein gehopft, alkoholreich, wird im allgemeinen zu Weihnachten und Ostern verkauft | 16° und mehr | über 6,25 Vol.-% | bernsteinfarben | große Bratenstücke aus Rind oder Wild, aber auch Desserts, vor allem mit Bierteig |

# Wein und Schaumwein

Das klassische und zu den meisten Speisen am besten harmonierende Getränk ist Wein.
Wichtig ist, daß der Wein von guter Qualität ist und mit den Speisen, zu denen er gereicht wird, in Einklang steht. Darüber, welcher Wein mit welcher Speise wirklich gut harmoniert, gehen die Meinungen oft weit auseinander. Da aber jeder Wein besondere Eigenschaften hat, die den Geschmack gewisser Speisen ergänzen und ausbalancieren, haben sich einige **grundsätzliche Regeln** entwickelt, die bei der Weinauswahl eingehalten werden sollten (es bleibt trotzdem noch viel Spielraum für Phantasie und Kreativität).

Voraussetzung für die richtige Wahl ist, daß der Sommelier einerseits genauestens über den Reifegrad, die Struktur, die geschmackliche Richtung, die **Eigenheiten** und **Besonderheiten** (Restzucker- und Säuregehalt) **von möglichst vielen Weinen** Bescheid weiß. Das ist deshalb besonders wichtig, weil die Weinwirtschaft in den letzten Jahren sehr viel experimentiert hat und z.B. Rebsorten, die früher traditionell wenig Säure hatten oder mit viel Restsüße ausgebaut wurden, heute mehr Säure und wenig oder gar keine Restsüße mehr aufweisen. Es ist also notwendig, sich genauestens über das Angebot zu informieren, es reicht nicht mehr aus, bestimmte Rebsorten zu kennen.
Andererseits muß er sehr gut informiert sein über die **Zusammensetzung,** Zubereitung und Verarbeitung **der angebotenen Speisen,** die verwendeten Gewürze und sonstigen geschmacklichen Beigaben. Nur so ist es ihm möglich, eine Balance zwischen Wein und Speise herzustellen.

## Regel Nr. 1

**Den Wein immer nach dem persönlichen Geschmack und den Wünschen der Gäste auswählen.**
Beispiel: Wenn ein Gast zu einem bestimmten Fisch unbedingt einen leichten Rotwein trinken will, so serviere man

ihn auch dann, wenn es gegen die herkömmlichen Regeln verstößt. Der persönliche Geschmack oder der Wunsch der Gäste ist immer vorrangig.

## Klassische Grundregeln (und ihre Ausnahmen)

**1. Bier vor Wein**

**2. Leichte vor schweren Weinen**
**Junge vor alten Weinen**
**Trockene vor süßen Weinen**

Aber: Wird zu Gänseleber ein wuchtiger Traminer mit entsprechender Restsüße serviert, kann zu einem darauffolgenden Fischgericht trotzdem ein leichter, trockener Weißwein serviert werden.
Eine Pause zwischen den Gängen und ein Glas Mineralwasser helfen beim Neutralisieren der Geschmacksnerven.

**3. Einfache vor qualitativ höherwertigen (großen) Weinen**
**Weniger aromatische vor aromatischen Weinen**
**Körperarme vor körperreichen Weinen**
**Säurearme vor säurereichen Weinen**

Es ist darauf zu achten, daß die Weine innerhalb einer Menüfolge qualitativ in aufsteigender Reihenfolge serviert werden.
Aber: Ein Glas Sekt oder Champagner oder ein besonderer Prädikatswein im trockenen oder halbtrockenen Bereich kann auch vor dem Essen als Aperitif serviert werden.

**4. Weißweine vor Rosé- und Rotweinen**
**Rotweine vor Süß- und Dessertweinen**

Aber: Weiße Prädikatsweine (Auslese, Beerenauslese, Eiswein, Trockenbeerenauslese) können auch nach dem Rotwein zum Dessert serviert werden.

**5. Weißwein zu hellem Fleisch (Kalb, helle Teile vom Schwein, Geflügel, Kaninchen, Kitz, Spanferkel, helle Innereien)**

Aber:
- Wenn das helle Fleisch mit einer kräftigen Sauce zubereitet ist, paßt meistens ein leichter Rosé- oder Rotwein besser.
- Ein mit Rosé- oder Rotwein zubereitetes Gericht verlangt nach dem gleichen Wein, auch wenn die Speise aus hellem Fleisch besteht.

**6. Weißwein zu Fisch und Meeresfrüchten**

Aber:
- In südlichen Ländern werden beispielsweise auch leichte, frische Rotweine dazu serviert.
- Auch hier gilt: Wenn der Fisch mit Rosé- oder Rotwein zubereitet wird, trinkt man auch denselben Wein dazu.

**7. Rotwein zu dunklem Fleisch (Rind, Wild, Wildgeflügel, Lamm)**

Aber: Zu gekochtem Rindfleisch harmoniert ein trockener Weißwein besser (z. B. Tafelspitz mit seinen klassischen Beilagen und Grüner Veltliner).

**8. Zu leichten Speisen leichte Weine**
**Zu schweren Speisen schwere, alkoholreiche Weine**

**9. Zu einfachen Gerichten Tisch- und Tafelweine oder einfache Landweine (bzw. Bier)**
**Zu klassischen Gerichten Qualitäts- oder Prädikatsweine**

**10. Wird zu einem Menü nur ein einziger Wein verlangt oder empfohlen,** so soll es ein relativ neutraler Wein sein. Er soll weder durch sein Alter noch durch seine Besonderheit im Geschmack die verschiedenen Gerichte im Menü beeinträchtigen.
Besonders geeignet zu diesem Zweck sind leichte Weiß- und Rotweine in der Qualitätsstufe Tisch- und Tafelweine.

**11. Innerhalb einer Menüfolge verlangt die Reihenfolge der Weine einen angenehmen und ausgeglichenen Übergang.** Es ist nicht ideal, z. B. von einem spritzigen Weißwein auf einen extrem schweren Rotwein überzugehen. Mehr als vier Weine zu einem Menü können unter Umständen die Harmonie und die Ausgeglichenheit der Speisenfolge stören. Bei zu vielen Geschmacksveränderungen können die Geschmackspapillen überfordert werden.

**12. Traditionelle regionale oder nationale Trinkgewohnheiten und -gepflogenheiten sollte man beachten.** Zu regionalen Spezialitäten jene Getränke servieren, die aus der gleichen Region stammen. In der Regel passen die Weine des heimischen Bodens am besten zu den Gerichten der heimischen Küche.

**13. Schaumweine (Sekte und Champagner) können serviert werden:**

- als Aperitif,
- zu Vorspeisen aus Fischen und Meeresfrüchten,
- ein trockener Schaumwein (brut) zu einem ganzen Menü, wenn nur eine Sorte Schaumwein serviert wird,
- Schaumweine lieblicher Art am Schluß des Menüs zu einigen Desserts.

Wie beim Wein gilt auch bei Sekt und Champagner die Regel, daß man mit den trockenen Brut-Qualitäten (extra sec = sehr trocken, brut = naturbelassen) beginnen, nach und nach bis zum Ende des Mahles mit den süßeren Qualitäten (sec = trocken, demi-sec = halbtrocken, demi-doux = mild, süßlich, doux = süß) abschließen soll. Werden mehrere Jahrgangschampagner gereicht, sollte der jüngste zuerst serviert werden.

**14. Die Auswahl des Weines wird auch von der Jahreszeit beeinflußt.** Je nach Jahreszeit wird der Vorzug gegeben:
- im Frühjahr frischen und fruchtigen Weinen,
- im Sommer spritzigen und säurehaltigen Weinen,
- im Herbst vollen, weichen und samtigen Weinen,
- im Winter körperreichen und großen Weinen.

**15. Darüber hinaus sind noch folgende Faktoren zu berücksichtigen:**

- der Anlaß,
- der Ort und
- die Atmosphäre.

Diese Regeln sind sozusagen „klassisch", werden aber in manchen Bereichen auf Grund der neueren Entwicklungen heute häufig gebrochen.

## Neue Regeln, die bei der Abstimmung von Speisen und Weinen zu berücksichtigen sind

Damit zwischen Speise und Getränk eine wirkliche Harmonie entsteht, genügt es nicht, den Wein auf eine bestimmte Fleischsorte abzustimmen. Meist ist das Drumherum, also Saucen und Beilagen, wesentlich intensiver im Geschmack. Um eine echte begründbare Empfehlung machen zu können, ist es also notwendig, beide Produkte – die Speisen und den Wein – möglichst genau zu analysieren.
Nicht nur die Rohware, sondern auch im gleichen Maß die Zubereitungsart und vor allem die **geschmacksgebenden Substanzen,** die bei der Zubereitung der Speisen verwendet werden, muß der Sommelier kennen.
Eine gute Zusammenarbeit zwischen ihm und dem Küchenchef ist daher die Grundlage für eine optimale Weinempfehlung.

Die Intensität des Geschmackes von Essen und Wein muß ausbalanciert werden. Weder Essen noch Wein dürfen Übergewicht erhalten. Der Wein ist deshalb auf das geschmacksintensivste Produkt auf dem Teller abzustimmen. Im Zweifelsfall soll eher der Wein etwas zurückstehen.
In den meisten Fällen ist die Sauce der geschmacksintensivste Teil einer Speise (manchmal auch die Beilage), und sie soll auch die Grundlage für die Weinauswahl sein. Nicht nur auf das Fleisch, sondern auch auf die Sauce (oder die Gemüsebeilagen) ist abzustimmen.

Bei der Analyse der Speise ist es notwendig, die Geschmackskomponenten, die die Speise dominieren, herauszufinden. Dann muß man wissen, wie diese auf die Geschmackskomponenten des Weines reagieren.

Dazu folgende Regeln:

**1. Säure und Säure**

In Speisen sind die verschiedensten Säuren anzutreffen, z. B. Essig- und Milchsäure. Weine hingegen enthalten Wein- und Apfelsäure.

Treffen die Säuren von Speisen und Wein nun zusammen, addieren sie sich unangenehmerweise – der Geschmack wird bitter.

Dazu ein Beispiel: Salat und Wein ist, klassisch gesehen, undenkbar, da die Essigsäure der große Feind des Weines ist. Daher ist zu allen Salaten, Hors-d'œuvre, Fisch- und Fleischspeisen, die mit Essig gewürzt sind, sowie Essiggemüse Wein nicht zu empfehlen.

Erlaubt ist jedoch, was schmeckt! Wird zu einem Salat Wein serviert, ist das Dressing ganz wichtig. Es ist zu beachten, daß geschmacksstarker Essig durch neutrales Öl zurückgedrängt wird. Zu Salaten, die man mit solchen Dressings mariniert, kann durchaus Wein genossen werden; besonders dann, wenn man den Salaten durch Zugabe von ausgelassenem Speck, zarten Fleisch- oder Leberstücken mehr Körper verleiht (z. B. bei vielen Vorspeisen) und so der Salat im Hintergrund steht.
Serviert werden können etwas leichtere, nicht zu säurebetonte Weine, wie Frühroter Veltliner, Müller-Thurgau.

**2. Salz und Säure**

Stärker gesalzene Speisen (wie Fischsalate, Matjeshering, Surbraten) und die Säuren des Weines (Wein- und Apfelsäure) addieren sich ebenfalls. Der Gesamtgeschmack wird unangenehm bitter.

**3. Süße und Säure**

Auch die Süße in Speisen und die Säure eines Weines harmonieren nicht. Ein säurebetonter Wein wird durch Zucker in jeglicher Form noch aggressiver, d. h., daß zu Speisen, die mit Zucker zubereitet werden, keine säurebetonten Weine serviert werden dürfen.
Dazu ein Beispiel: Einige Gemüse, wie z. B. Karotten, Erbsen, Rosenkohl, Kraut, Fenchel oder Zwiebel, verfügen in gegartem Zustand über eine gewisse Süße. Bei manchen fügt man bei der Zubereitung sogar Zucker bei (Karotten). Diese Süße der Gemüse trägt auch zum geschmacklichen Gesamteindruck einer Speise bei und sollte deshalb auch bei der Weinempfehlung beachtet werden.

**4. Bitterstoffe und Säure**

Bitterstoffe in einer Speise addieren sich mit der Säure des Weines, der Gesamtgeschmack wird unharmonisch.

**5. Säure und Süße**

Säure in Speisen (z. B. solche, die mit Früchten zubereitet werden) und Zucker (Restzucker in Wein bzw. hoher Extraktgehalt) gleichen sich aus. Der Gesamteindruck ist harmonisch.

**6. Salz und Süße**

Salz in Speisen (vor allem in Käse) und Zucker oder hoher Extraktgehalt gleichen sich ebenfalls aus. Auch hier entsteht ein harmonischer Gesamtgeschmack.

**7. Süße und Süße**

Auch die Süße in einer Speise und die Süße im Wein addieren sich nicht, sondern heben sich gegenseitig auf und ergeben einen harmonischen Gesamteindruck.

**8. Bitterstoffe und Süße**

Bitterstoffe in Speisen und die Restsüße in halbtrockenen und süßen Weinen wirken ausgleichend aufeinander.

**9. Säure und Gerbstoffe**

Säure in Speisen und Gerbstoffe im Wein verhalten sich wie Säure und Säure (siehe Punkt 1) zueinander, es entsteht also ein unangenehmer Geschmack.

**10. Salz und Gerbstoffe**

Salz in Speisen und Gerbstoffe im Wein verhalten sich wie Salz und Säure (siehe Punkt 2), der Geschmack wird ebenfalls unharmonisch.

**11. Süße und Gerbstoffe**

Süße in Speisen und Gerbstoffe im Wein verhalten sich wie Süße und Säure (siehe Punkt 3), der Gesamteindruck ist daher auch unangenehm.

**12. Bitterstoffe und Gerbstoffe**

Bitterstoffe in einer Speise addieren sich mit den Gerbstoffen (Tannin), vor allem in Rot- und Barriqueweinen, der Wein wirkt unharmonisch und bitter.
Dazu ein Beispiel: Es gibt Gemüse, die Bitterstoffe enthalten, wie z.B. Chicorée oder Radicchio. Sehr oft werden sie als Salat verzehrt, aber sie schmecken auch in gedämpftem Zustand vorzüglich. Die Bitterstoffe werden allerdings in gegartem Zustand intensiver, was in der Küche mit einer Prise Zucker ausgeglichen wird.
Weine mit einem höheren Tanningehalt sollten zu solchen Gemüsen nicht serviert werden. Besonders in Barriques ausgebaute Weine reagieren empfindlich auf Bitterstoffe im Gemüse und können durchaus aus dem Gleichgewicht gebracht werden.
Hingegen wären tanninärmere, nicht barriqueausgebaute Weine geeignet.

**13. Verschiedene Zutaten müssen bei der Weinempfehlung besonders berücksichtigt werden**

- **Rahm- und Buttersaucen:** Saucen, die mit Crème double, Obers oder Butter gebunden sind, bekommen durch die

Beigabe einer Reduktion und den darin enthalteten Milchzucker eine bestimmte Süße. Weine mit hohem Säuregehalt sind daher nicht der richtige Begleiter, zumal ja auch noch Salz in der Sauce enthalten ist. Diese Geschmackskomponenten würden sich addieren und ein unharmonisches Bild ergeben.
Hier ist es angebracht, trockene, säurearme Weine zu servieren oder Weine mit hohem Extrakt, in den die Säure gut eingebettet ist, die so keinen Störfaktor darstellt.
Selbstverständlich eignen sich auch Weine im halbtrockenen Bereich, denn hier gleichen sich der vorhandene Milchzucker in der Sauce und der Restzucker des Weines aus.

- **Sauce hollandaise, Sauce béarnaise:** Diese Saucen harmonieren nicht sehr gut mit Wein, da sie sehr viel Eier und Fett enthalten. Beides belegt die Zunge, und die Eier binden auch noch die Geschmacksstoffe (die Geschmackspapillen werden isoliert).
  Es ist daher relativ schwierig, den richtigen Wein zu diesen Saucen zu finden. Am ehesten eignen sich noch extraktreichere, vollmundige (wuchtige) Weine.

- **Kräuter und Gewürze:** Da bei der Zubereitung von Speisen, um den größtmöglichen Wohlgeschmack zu erreichen, entsprechende Kräuter und Gewürze verwendet werden, ist es für den Sommelier unbedingt notwendig, sich ein gewisses Fachwissen auf diesem Gebiet anzueignen. Er sollte Geruch und Geschmack möglichst vieler Kräuter und Gewürze gut kennen und wissen, welcher Wein dazu paßt.
  Manche Kräuter und Gewürze harmonieren sehr gut mit Wein, wie Basilikum, Dille, Kerbel, Majoran, Muskat, Oregano, Petersilie, Pfeffer, Salbei, Thymian und Wacholder. Diese müssen bei der Weinauswahl nicht besonders berücksichtigt werden.
  Bei Kräutern und Gewürzen, die einen hohen Anteil an ätherischen Ölen haben, wie z.B. Knoblauch, Kren, Minze, Rosmarin oder Schnittlauch, ist Vorsicht geboten. Knoblauch läßt sich durch mehrmaliges Abkochen im

Geschmack mildern. Kren, wenn er gerieben in die Sauce kommt, ist vorsichtig und sparsam zu verwenden. Grundsätzlich steht und fällt alles mit der Dosierung.
Bei intensiven Gewürzen sind auch geschmacklich intensivere Weine notwendig.

- **Eher neutrale Gemüse,** z. B. Auberginen, Zucchini, muß man, wenn sie ihren natürlichen Geschmack beibehalten, eher weniger Beachtung in bezug auf die Weinempfehlung schenken.

## 14. Nicht zu jeder Speise kann Wein empfohlen werden

Solche Speisen sind beispielsweise:

- Speisen, die mit Curry oder anderen intensiven Gewürzen zubereitet sind
- Schokoladenspeisen und Speisen mit Obers: Schokolade und Obers überziehen die Geschmackspapillen der Zunge und des Gaumens mit einem Film und stören so das Geschmacksempfinden.
- Speisen mit Zitrusfrüchten (besonders Zitronen, aber auch Orangen, Mandarinen, Grapefruits) und Obstsalate, die mit Likören oder Destillaten zubereitet werden: Einerseits werden die im Obst, besonders in Zitrusfrüchten, vorhandenen Fruchtsäuren als Störfaktoren wirksam, andererseits enthalten Liköre und Destillate extrem starke geschmacksgebende Substanzen.
  Aber: Trotzdem werden zu Schokolade- und Obersgerichten des öfteren hochwertige Prädikatsweine serviert.
- Eis jeder Art: Eis überzieht ebenfalls die Geschmackspapillen mit einem Film. Außerdem wird durch die starke Unterkühlung das Geschmacksempfinden der Zunge weitgehend ausgeschaltet.
  Aber: Auch zu Eisgerichten werden fallweise hochwertige Prädikatsweine serviert.

# Die passenden Weine in der Menüfolge

## Kalte Vorspeisen

In der Regel kommt man bei der Weinauswahl für die kalten Vorspeisen mit leichteren Weißweinen und Roséweinen aus.

- Die Weinempfehlung hängt davon ab, ob die Vorspeise aus Gemüse, Fisch oder Fleisch (geräuchert, gekocht oder gebraten) besteht und ob sie mit bestimmten Saucen zubereitet wurde.

**Krusten- und Weichtiere**
Spritzige, resche Weißweine.
Ö: Grüner Veltliner, trockener Riesling, Chardonnay, Weißer Burgunder (Pinot blanc).
D: trockener Riesling, halbtrockener Ruländer.
F: Chablis, Sancerre.
I: Cortese di Gavi, Terlaner.

**Hummer und Langusten**
Trockene, kräftige Weißweine.
Ö: Ruländer, Chardonnay, Weißer Burgunder (Pinot blanc), trockene Riesling-Spätlese.
D: trockene Riesling-Spätlese, Ruländer.
F: Chablis, Pouilly Fuissé.
I: Pinot grigio, Soave.

**Fische**
Fische als Vorspeise sind meist mariniert oder geräuchert. Zu mariniertem Fisch serviert man am besten keinen Wein, zu geräuchertem Fisch leichte bis mittlere, nicht zu säureintensive, trockene Weißweine.
Als Faustregel gilt: je fetter der Fisch, desto kräftiger muß der dazu servierte Wein sein (z. B. zu geräucherter Forelle ein Grüner Veltliner oder Welschriesling, zu Aal hingegen gehaltvollere, extraktreichere Weine).

**Räucherlachs**
Trockene, elegante Weißweine, die voll im Körper sind.
Ö: Ruländer, Sauvignon blanc, Weißer Burgunder (Pinot blanc).
D: Silvaner, Müller-Thurgau.
F: Graves blanc sec, Chablis.
I: Orvieto secco, Frascati.

**Gravad lax**
Das ist Lachs, der mit Zucker, Dille und sonstigen Gewürzen gebeizt ist.
Ö: Sauvignon blanc, Ruländer, Weißer Burgunder (Pinot blanc), evtl. auch halbtrockene Weine bester Qualität (durch die besondere Art der Verarbeitung enthält der Gravad lax eine gewisse Süße, die zu berücksichtigen ist).
D: Silvaner-Spätlese, halbtrockener Müller-Thurgau.
F: Chablis, Pouilly Fuissé.
I: Pinot grigio, Vernaccia di San Gimignano.

**Kaviar**
Trockener Sekt oder Champagner.

**Geflügelvorspeisen**
Trockene, blumige Weißweine.
Ö: Gewürztraminer, Riesling-Silvaner.
D: halbtrockener Müller-Thurgau, Riesling-Spätlese.
F: Muscadet, Gewürztraminer.
I: Cortese di Gavi, Terlaner.

**Früchtevorspeisen**
Da die Früchte sehr viel Säure enthalten, ist es günstiger, keinen Wein dazu zu servieren.

**Gänseleber- und verschiedene andere Pasteten, Terrinen und Galantinen**
- Säureärmere und extraktreiche Weine, in denen die Säure gut eingebettet ist, von bester Qualität oder
- natürliche Süßweine, wie Spätlese, Auslese oder Beerenauslese, sowie sonstige volle, trockene, körper- und extraktreiche Weißweine von bester Qualität.

Als Rebsorten kommen in Frage:
Ö: Ruländer, Weißer Burgunder (Pinot blanc), evtl. auch Müller-Thurgau, Traminer, Gewürztraminer.
D: halbtrockener Gewürztraminer, Silvaner-Spätlese.
F: Sauterne, Puligny-Montrachet.
I: Vernaccia di San Gimignano.

**Rohschinken**
Trockene Weißweine.
Ö: Welschriesling, Grüner Veltliner, aber auch Roséweine. Bei stark geräuchertem Rohschinken evtl. auch Schilcher.
D: Weißer Burgunder (Pinot blanc), trockener Gutedel.
F: Tokay d'Alsace, Entre-Deux-Mers.
I: Tocai Friulano, Terlaner.

**Deftige Speisen (Speck, Geselchtes, Hauswürste)**
Kräftige, resche Weißweine, aber auch Rosé- und Schilcherweine, sowie leichte, lebendige Rotweine. Besonders gut paßt zu diesen Speisen natürlich auch Bier und in manchen Gegenden Most.
Ö: Grüner Veltliner, Welschriesling, Blaufränkisch, Blauer Zweigelt.
D: Trollinger, Schillerweine.
F: Côtes de Provence rosé, Mâcon rosé.
I: Riviera del Garda, Lagrein-Kretzer.

## Suppen

In der Regel wird innerhalb einer Menüreihenfolge zur Suppe kein Wein gereicht. Ausnahmen bestätigen aber auch hier die Regel. Es kann beispielsweise zu einer kräftigen, gebundenen Suppe ein kräftiger Weißwein als Abrundung hervorragend harmonieren (z.B. steirischer Morillon zu Kürbisschaumsuppe). Auch zu einer Weinsuppe wird naturgemäß der für die Zubereitung verwendete Wein serviert.

Werden Suppen mit Sherry oder Madeira verfeinert, kann gegebenenfalls derselbe Wein auch dazu serviert werden.

## Warme Vorspeisen

Bei der Weinempfehlung für warme Vorspeisen kommt es wie bei allen Speisen auf die am meisten hervortretenden Geschmacksmerkmale des Gerichtes an.
Bei den warmen Vorspeisen, die hauptsächlich aus Teigwaren und Reis zubereitet sind, unterscheidet man grundsätzlich zwei Gruppen:

**Vorspeisen, die z. B. mit Béchamelsauce oder Gemüse zubereitet werden:**
Hier empfiehlt es sich, vollere Weißweine zu bevorzugen.
Ö: Neuburger, reiferer Veltliner, Malvasier (Frühroter Veltliner), jungen Ruländer oder Welschriesling aus dem Burgenland.
D: Müller-Thurgau, Ruländer.
F: Sauvignon blanc (Graves).
I: Vernaccia di San Gimignano, Cortese di Gavi, Pomino.

**Vorspeisen, die auf Fleischbasis zubereitet werden:**
Es sind eher leichtere Rotweine oder mittlere, kräftige Weißweine zu bevorzugen.
Ö: Blauer Portugieser, Blaufränkisch; Grüner Veltliner, Silvaner, Chardonnay.
D: Trollinger, Lemberger; Kerner.
F: Beaujolais, Côtes du Rhône; Tokay d'Alsace, Graves.
I: Valpolicella, Vernatsch; Pinot grigio, Chardonnay.

Einige Beispiele:

**Teigwaren mit Butter und Käse**
Trockene, nicht zu schwere Weißweine.
Ö: Grüner Veltliner, Welschriesling, Riesling, Frühroter Veltliner.
D: trockener Gutedel, trockener Silvaner.
F: Bourgogne Aligoté, Muscadet.
I: Soave, Galestro.

**Schinkenfleckerln, Schinkenspätzle**
Eher mittelschwere Rotweine.
Ö: Blaufränkisch, Blauer Zweigelt und Blauer Portugieser aus dem Weinviertel.

D: Ahr-Weine.
F: Côtes du Rhône, Graves rouge.
I: Marzemino trentino, Grignolino.

**Käsespätzle, Käseauflauf oder Käsenudeln**
Dazu trinkt man kräftige Rosé- oder Rotweine bzw. kräftige Weißweine.
Ö: Blauer Zweigelt; Chardonnay, Malvasier (Frühroter Veltliner).
D: Weißherbst, Trollinger.
F: Rosé de Loire.
I: Lagrein-Kretzer, Cirò rosato.

**Risotto ohne Fleisch**
Keine zu säureintensiven Weine.
Ö: burgenländische Weißweine – Welschriesling, Grüner Veltliner, Neuburger.
D: trockener Riesling, trockener Silvaner.
F: Entre-Deux-Mers, Edelzwicker.
I: Terlaner, Cortese di Gavi.

**Risotto mit Fleisch**
Dazu sollten deftigere Weißweine oder junge Rotweine, aber auch Roséweine empfohlen werden.
Ö: junger Veltliner; Blauer Zweigelt, Blauer Portugieser.
D: Weißherbst; Trollinger.
F: Côtes du Ventoux rosé, Lirac.
I: Scala brone, Bardolino.

**Warme Pasteten, gefüllt mit Ragouts etc.**
Dazu serviert man am besten kräftige, evtl. bukettreiche Weißweine oder Roséweine oder zartherbe Rotweine.
Ö: Traminer; Blauer Portugieser.
D: Ruländer, Weißherbst.
F: Muscat d'Alsace, Côtes du Ventoux.
I: Pinot grigio, Traminer Aromatico.

**Eiergerichte**
Zu Eiergerichten, besonders solchen mit viel Eidotter, paßt Wein eigentlich nicht besonders. Der Dotter überzieht den

Gaumen und die Geschmackspapillen der Zunge mit einer hauchdünnen Schicht, die den Wein oftmals metallisch schmecken läßt.
Ist jedoch Wein erwünscht, kombiniert man Eiergerichte am besten mit einem angenehm weichen Weißwein oder einem leichten Rotwein.
Ö: Müller-Thurgau; Blauer Portugieser, Blaufränkisch.
D: trockener Gutedel, trockener Riesling.
F: Entre-Deux-Mers, Mâcon blanc.
I: Cortese di Gavi, Terlaner.

## Fischgerichte

Bei den Fischgerichten muß man nach der Art des Fisches (Süßwasser- oder Meeresfisch) und der Art der Zubereitung (gekocht, gedünstet, gebraten oder gegrillt) unterscheiden. Grundsätzlich kann man sagen, daß zu Fisch Weißwein besser als Rotwein paßt.

Der im Rotwein enthaltene Gerbstoff Tannin verleiht beispielsweise einem salzigen Meeresfisch einen etwas bitteren Geschmack, der in Verbindung mit dem Fischöl oftmals einen nachhaltigen metallischen Eindruck am Gaumen hinterlassen kann. Der Säuregehalt der Weißweine hingegen begünstigt den Geschmack eines Meeresfisches, auch der erfrischende Geschmack des Weines kommt besser zur Geltung.
Zu Fisch kann auch ein trockener Sherry (Fino) sehr gut passen.

**Gekochter Fisch**
Leichte, trockene Weißweine.
Ö: Riesling, Welschriesling, Grüner Veltliner, Silvaner.
D: Riesling, spritziger, trockener Silvaner.
F: Edelzwicker, Entre-Deux-Mers.
I: Cortese di Gavi, Soave.

**Fisch in leichten, hellen Soßen**
Trockene bis halbtrockene Weißweine.

Ö: Riesling, Frühroter (Malvasier) oder Roter Veltliner.
D: Riesling, Weißer Burgunder (Pinot blanc).
F: Meursault, Chablis.
I: Vernaccia di San Gimignano, Orvieto.

**Fisch in schweren Cremesaucen**
Extraktreiche Weißweine.
Ö: Weißer Burgunder (Pinot blanc), Chardonnay, Ruländer.
D: reifer Weißburgunder (Pinot blanc), trockener Traminer.
F: Corton Charlemagne, Puligny-Montrachet.
I: Pinot grigio, Pinot bianco.

**Fisch in Rotweinsauce**
Man trinkt dazu denselben Wein, den man zur Saucenherstellung verwendet hat.

**Muscheln und Krustentiere**
Trockener Sherry, trockene Weißweine.
Ö: Chardonnay, Riesling.
D: trockener Silvaner, Chardonnay.
F: Chablis, Sancerre, Pouilly Fuissé.
I: Cortese di Gavi, Südtiroler Chardonnay.

## Gemüsegerichte

Zu **zartem Gemüse,** wie Spargel, trinkt man entsprechend zartblumige oder leicht aromatische Weißweine.
Ö: Müller-Thurgau, Riesling, Sauvignon blanc.
D: Riesling, Scheurebe halbtrocken.
F: Blanc de Blancs, Sancerre.
I: Bianco di Custoza, Sauvignon blanc aus Friaul.

Im Geschmack **etwas kräftigere Gemüsesorten,** z. B. Karfiol, Spinat oder Schwarzwurzeln, verlangen leichte, süffige Rotweine.
Ö: Blauer Portugieser, Blauer Zweigelt (nicht zu jung).
D: Trollinger, Blauer Portugieser.
F: Beaujolais, leichter Côtes du Rhône.
I: Bardolino, Valpolicella.

Bei Gerichten aus **deftigem, kräftigem Gemüse,** wie Kartoffeln, Kohl oder Bohnen, bevorzugt man eher kräftige Rotweine.
Ö: Blauer Zweigelt, Blaufränkisch.
D: Spätburgunder aus dem Ahrgebiet.
F: Côtes du Rhône, Mercurey (Burgund).
I: Nebbiolo d'Alba, Grignolino.

Wenn man zum Gemüse auch noch **Pilze** reicht, empfiehlt man ebenfalls eher kräftigere Rotweine.
Ö: Blaufränkisch, Blauer Zweigelt, Blauer Burgunder, St. Laurent (je nach Pilzart und Zubereitungsart – je kräftiger die Pilze im Geschmack bzw. die Zubereitungsart, desto kräftiger muß auch der dazu servierte Wein sein).
D: Spätburgunder, Lemberger aus Württemberg.
F: Graves rouge, Morey-St-Denis.
I: Marzemino trentino, Chianti.

## Fleischgerichte

**Helles Geflügel, gekocht, gedünstet oder in hellen Soßen**
Trockene, vollmundige Weißweine.
Ö: Riesling, Grüner Veltliner, Welschriesling, Chardonnay.
D: Silvaner, Traminer.
F: Graves blanc, Meursault.
I: Est! Est!! Est!!!, Verduzzo (Friaul).

**Helles Geflügel, gebraten, gegrillt oder gebacken**
Milde bis würzige, nicht zu säurebetonte Weißweine, eventuell auch Roséweine.
Ö: Neuburger, Malvasier (Frühroter Veltliner), reifer Weißer Burgunder (Pinot blanc), Müller-Thurgau.
D: trockener Silvaner, Riesling.
F: Hermitage blanc, Vouvray rosette.
I: Orvieto abboccato (Umbrien), Est! Est!! Est!!!

**Dunkles Geflügel, wie Ente, Gans oder Truthahn, gebraten**
Milde, samtige Rotweine.

Ö: reifer St. Laurent, Blauer Burgunder, Blaufränkisch, Blauer Zweigelt.
D: Assmannshäuser Blauer Spätburgunder.
F: Volnay, Pommard.
I: Barbaresco, Taurasi.

**Leichte Innereien (Bries, Hirn)**
Eher leichte Weißweine.
Ö: Welschriesling, Grüner Veltliner, Silvaner.
D: Gutedel, Silvaner.
F: Mâcon blanc, Entre-Deux-Mers.
I: Terlaner, Soave.

**Geschmacksintensive Innereien (Zunge, Herz, Lunge, Leber oder Nieren)**
Mittelschwere Rotweine.
Ö: Blaufränkisch, Blauer Zweigelt, Blauer Burgunder.
D: Trollinger, Lemberger.
F: Beaujolais, Touraine rouge.
I: Grignolino, Sangiovese.

**Helles Fleisch (Kalb, Kitz, Kaninchen, Spanferkel)**
Gehaltvollere Weißweine oder leichtere Rotweine.
Ö: Neuburger, Riesling, Weißer Burgunder (Pinot blanc); Blauer Portugieser, Blaufränkisch.
D: Kerner, Silvaner.
F: Vouvray, Côtes du Ventoux.
I: Orvieto abboccato, Pinot nero aus Südtirol.

Bei den Zubereitungsarten grillen und am Spieß braten mit leichten bis intensiven Soßen harmonieren mittlere Rotweine.
Ö: Blauer Zweigelt, St. Laurent, Blauer Burgunder.
D: Blauer Spätburgunder, Lemberger.
F: Pomerol, Graves rouge.
I: Nebbiolo, Marzemino.

**Schweinefleisch, je nach Zubereitungsart und Intensität**
Zu deftigeren, gebratenen Speisen, z. B. Schopfbraten – leichte bis mittlere Rotweine.

Ö: Blauer Zweigelt, Blaufränkisch.
D: Trollinger, Ahrweine.
F: Beaujolais, Graves rouge.
I: Südtiroler Blauer Burgunder, Chianti.

Zu zarten Gerichten, z. B. Lendchen – kräftige, gehaltvolle Weißweine, zu Gebackenem – eher kräftige, neutrale Weißweine.
Ö: Weißer Burgunder (Pinot blanc), trockene Spätlesen; Neuburger.
D: Ruländer, Weißer Burgunder (Pinot blanc).
F: Pouilly Fuissé, Vouvray.
I: Bianco di Custoza, Verduzzo.

**Dunkles, extraktreiches Fleisch, wie Rind, Lamm**
Mittlere bis schwere Rotweine.
Ö: Blauer Burgunder, St. Laurent, Blauer Zweigelt aus dem Burgenland oder vollmundiger, samtiger Blaufränkisch.
D: Blauer Spätburgunder, Lemberger.
F: Pomerol, Pommard.
I: Dolcetto, Gattinara.

**Wild und Wildgeflügel**
Sie verlangen in der Regel auf Grund ihres intensiven extraktreichen Fleisches dementsprechend körperreiche, extraktreiche, wuchtige und schwere Rotweine.
Ö: St. Laurent, evtl. Blaufränkisch im Spätlesebereich, Blauer Burgunder, Cabernet, Merlot, auch als Barriqueweine.
D: Blauer Spätburgunder.
F: Vosne-Romanée, Grand Cru (Bordeaux).
I: Barolo, Vino Nobile di Montepulciano.

## Käse

Zu Käse den richtigen Wein zu finden ist gar nicht so einfach. Verschiedene Käse bilden denkbar schlechte Voraussetzungen für den Wein.

Nach traditioneller Auffassung sollte man zu Käse eher Rotwein genießen.

*Selbstgestaltete, nicht gedruckte Karten*

*Spezialitätenkarten*

«NOILLY PRAT»
DM 21.50
2 KÖNIGSCREVETTEN «ROSE ISLAND»
Gebraten, auf Rose Island-Sauce mit Apfel-Ananas-Salat. Brioche-Toast.
DM 18.50
3 KÖNIGSCREVETTEN «CURRY»
Mit Mango, Paprika, Lauch und Baumpilzen an Curryrahmsauce. Reis.
DM 21.50
4 KÖNIGSCREVETTEN «MAH-MEE»
Mit Lauch, Karotten, Judasohren,
Shitakepilzen und chinesischen
abgerundet mit Sojasauce und
KLEINES KÄSE-LEXIKON
UNSER TIP:
Verlangen Sie unser wohlsortiertes
KÄSEBRETT!!!

Selbstgestaltete, nicht gedruckte Karten

Man liegt auch grundsätzlich nicht falsch, wenn man milde Weine zu mildem Käse und kräftige Weine zu kräftigem Käse serviert.

Die in Käse enthaltene Milchsäure, aber auch die Reifung und der Salzgehalt sind Kriterien für die Auswahl des richtigen Weines. Hat eine Käsesorte beispielsweise sehr viel Milchsäure und Salz, so muß man darauf achten, daß man eher säurearme Weine dazu empfiehlt. Es addieren sich nämlich die beiden Geschmackskomponenten mit der Säure des Weines, und das ergibt eine Disharmonie im Geschmack.
Sehr wichtig ist, zu berücksichtigen, daß es sich um Weine handelt, die keinen biologischen Säureabbau durchgemacht haben. Der Grund dafür liegt darin, daß bei der zweiten oder sogenannten malolaktischen Gärung die fruchtige Apfelsäure im Wein in die mildere Milchsäure umgewandelt wird. Auch im Käse findet sich Milchsäure, die sich stark mit der Milchsäure im Wein addiert und den Wein bitter erscheinen lassen kann.
Dies bedeutet, daß vor allem einfachere frische und fruchtigere Rotweine zu Käse empfohlen werden, bei denen der Anteil an Säure und an Tannin eher gering ist.

Der Käseverkauf sollte immer unter Berücksichtigung des dazu getrunkenen Weines erfolgen, um dem Gast das tatsächliche Geschmackserlebnis in vollen Zügen zukommen zu lassen. Man sollte unbedingt darauf achten, dem Genießer und dem Wein zuliebe nur Käsesorten ähnlicher oder gleicher Intensität auszuwählen. Es ist daher auch ratsam, dem Gast nur zwei bis drei Käsesorten zu empfehlen und nicht auf einem Teller viele grundverschiedene Sorten zu servieren.

Wichtig ist zu unterscheiden, ob es sich um Frischkäse, Weichkäse oder um ältere, reife Hartkäse handelt.

**Hartkäse**
Zu Hartkäse, wie z. B. Emmentaler, Gaishorner Auslese, Bergkäse, Parmesan, Pecorino, Sbrinz, Cheddar, passen ein

gut entwickelter Grüner Veltliner mit nicht zu ausgeprägter Säure, reifer Weißer Burgunder oder einfachere tanninarme Rotweine (z. B. Blauer Portugieser, Blaufränkisch, Blauer Burgunder).

**Schnittkäse, halbfeste Schnittkäse**

Zu Schnittkäsen, wie Tilsiter, Alpzirler, Edamer, Geheimratskäse, Gouda, Bel Paese, Räucherkäse, Bergbaron, Provolone, Chester, Port-Salut usw., bzw. zu halbfesten Schnittkäsen, wie Butterkäse, Innviertler, Murecker, Grieskirchner, Rival; Mondseer, St. Patron sowie St. Albray, Reblochon, Pont l'Evêque, Mont-d'Or, Graukäse, passen Riesling-Silvaner oder ein extraktreicher abgerundeter Riesling (zu milderen Käsetypen) sowie Pinot blanc (Weißer Burgunder), Chardonnay, Neuburger, Muskateller oder tanninarme Rotweine (z. B. Blauer Zweigelt).

**Weichkäse**

- **mit Weißschimmel** (Boursin, Brillat-Savarin, Camembert Brie, Vacherin usw.): Am besten passen sauber ausgebaute, nicht zu junge Weißweine mit verhaltener Säure.
  Da Gerbstoffe und Schimmel nicht gut harmonieren, empfehlen sich tanninreiche bzw. barriqueausgebaute Weine nicht. Wenn Rotweine dazu getrunken werden, dann sehr volle, reife Rotweine, bei denen auf Grund ihrer Reife und des Extrakts das Tannin bereits abgebaut oder gut eingebunden ist, z. B. Blauer Burgunder und Blauer Zweigelt.
  Sehr gut ergänzen sich Weißschimmelkäse und trockene Weine, z. B. Grüner Veltliner, Weißer Burgunder (Pinot blanc), Chardonnay, aber auch trockener Sekt oder Champagner. Diese Kombination ergibt allerdings ein etwas ungewohntes Geschmackserlebnis.
- **mit Blau- oder Grünschimmel sowie Doppelschimmel:** Blau-, Grün- und Doppelschimmelkäse (Roquefort, Stilton, Gorgonzola, Dolcelatte, Bresse bleu, Danablu, Bon Bleu, Bavaria blue, Österzola, Trautenfelser Edelschimmel, Weissensteiner, Dolce bianco, Troubadour usw.) enthalten

eine gewisse Süße, weil im Zuge der Schimmelreifung Fett unter anderem in Glyzerin (schmeckt süßlich) umgebaut wird. Da Süße und Süße sich gegenseitig aufheben, muß zwischen der Süße des Käses und der des Weines eine Balance erreicht werden.
In England ist es üblich, zu Blauschimmelkäse (Blue Stilton) einen Port zu servieren. Daher kann man auch zu den übrigen Blau- und Grünschimmelkäsearten Wein mit entsprechender Restsüße und ausbalancierter Säure empfehlen, z. B. Auslesen oder nicht zu süße Beerenauslesen, aber auch Sauternes oder Tokajer. Die Süße ist auch immer von der pikanten Schärfe des jeweiligen Käses abhängig.
Es passen aber auch reife, volle ältere Gewürztraminer oder reife Rieslinge mit trockenem Ausbau vorzüglich.
Sind Schimmelkäse schon etwas reifer, paßt auch Sekt oder Champagner. Diese Kombination ist zwar ungewöhnlich, aber durchaus reizvoll.

- **mit Rotschmiere** (Schloßkäse, Romadur, Limburger, St. Severin, Münster, Quargeln usw.): reiferer Käse, meist sehr kräftig im Geschmack.
  Zu diesen Sorten würde ein extraktreicher Weißwein (z. B. ein nicht zu junger Weißer Burgunder [Pinot blanc], Riesling mit verhaltener Säure, Ruländer) oder ein samtiger, tanninarmer Rotwein mit wenig Säure (z. B. reifer Zweigelt) gut harmonieren, bei überaus hohem Reifegrad des Käses auch ein Weißwein im halbtrockenen Bereich. Der Extrakt- und Restzuckergehalt im Wein gleicht Salz, Milchzucker und Säure im Käse etwas aus und läßt den Wein trockener erscheinen, als er tatsächlich ist.
  Zu Quargeln serviert man am besten Bier.

**Frischkäse**
Das sind ungereifte Käseerzeugnisse, die sofort nach der Herstellung genußfertig sind. Sie sind für den baldigen Verbrauch bestimmt; z. B. Topfen, Cottage cheese, Mascarpone, Ricotta, Gervais, Le Tartar, Mozzarella, weiße Schaf- und Ziegenkäse. Dazu passen leichte Weißweine wie Grüner Veltliner, gelber, trockener Muskateller, Welschriesling, evtl. Weißweine im halbtrockenen Bereich sowie Roséweine.

## Süßspeisen und Desserts

Auf keinen Fall soll man zu Süßspeisen und Desserts trokkene Weine oder trockenen Sekt empfehlen. Geeignet sind halbsüßer Sekt, Prädikatsweine oder Weißweine besonderer Reife oder Leseart (Spätlesen, Auslesen, Beerenauslesen, Ausbruchweine, Trockenbeerenauslesen, Eisweine – siehe Seite 682 f.) aus den Sorten Welschriesling, Müller-Thurgau, Neuburger, Traminer und Muskat-Ottonel sowie Dessert-, Süd- oder Süßweine (Sherry – Oloroso oder Cream, Portwein – alle Rubys, Madeira, Malaga, Samos, Tokajer – siehe Seite 680 ff.).

## Welcher Wein zu welcher Speise – auf einen Blick

**Trockene Weißweine**
- Als Aperitif
- Zu leichten Fisch- und Fleischvorspeisen
- (Manchmal zu gebundenen Suppen)
- Zu gekochten Süßwasser- und Meeresfischen
- Zu Muscheln
- Zu gekochtem Geflügel

**Trockene und aromatische Weißweine**
- Auch diese als Aperitif (besonders Altweine)
- Zu warmen Vorspeisen mit leichten Saucen
- Zu gegrilltem Fisch
- Zu Krusten- und Weichtieren

**Roséweine**
- Zu geschmacksintensiveren kalten Vorspeisen
- Zu manchen warmen Vorspeisen mit Fleischsaucen
- Zu pikanten und gebratenen Fischgerichten
- Zu leicht gewürzten Gerichten aus hellem Fleisch

**Leichte Rotweine**
- Zu geschmacksintensiveren Vorspeisen
- Zu Speisen aus hellem, aber etwas gehaltvollerem Fleisch

**Volle, körperreiche Rotweine**
Zu Gerichten aus dunklem Fleisch, wie
- Rind
- Schwein
- Lamm
- Wild und Jungwild
- dunklem Geflügel und Wildgeflügel

**Große, edle und alte Rotweine**
Zu großen, besonderen Gerichten aus dunklem, geschmacksintensivem Fleisch, im speziellen Wild.

## Richtige Serviertemperaturen

**Achtung: Es ist unbedingt zu berücksichtigen, daß die Trinktemperatur nicht gleich der Serviertemperatur ist.**

Die empfohlene Trinktemperatur ist zirka ein bis zwei Grad höher als die Serviertemperatur und ergibt sich aus dem Transport des Getränkes zum Gast.
Es ist wichtig, daß jeder Wein mit der richtigen Temperatur serviert wird. Je nach Jahreszeit gibt es hier kleinere Verschiebungen.

Als Richtschnur kann gelten:

| | |
|---|---|
| Junge, frische Weiß- und Roséweine | 8–10 °C |
| Gereifte, gehaltvolle, körperreiche Weißweine | 10–12 °C |
| Prädikatsweine | 12–14 °C |
| Leichte, junge Rotweine | 12–15 °C |
| Körperreiche Rotweine | 15–17 °C |
| Schwere alte und körperreiche Rotweine | um 18 °C |
| Sekt und Champagner (je trockener, desto weniger kühl) | ca. 6 °C |

# Digestifs

Digestifs sind das Gegenstück zum Aperitif. Sie werden am Ende eines Menüs zur Verdauungsförderung getrunken. Häufig reicht man sie zu Kaffee oder Mokka.
Der Digestif wurde in Frankreich erfunden. Ursprünglich servierte man etwas Hochprozentiges, also unvermischten, unverdünnten Branntwein. Die Kultivierung des Digestifs hat dazu geführt, daß man die Geschmackspalette erweitert hat. So wurden bittere und herbe oder gaumenschmeichelnde Liköre und ausgesprochene „Magenaufräumer" mit zahlreichen Kräutern geschaffen.

Als Digestif serviert man heute:
- Weine
- Dessert-, Süd- und Süßweine
- Prädikatsweine

2. Branntweine
   - Weindestillate
   - Getreidedestillate
   - Obstdestillate

3. Liköre
   - Edelliköre
   - Tafelliköre

4. Mixgetränke (After-dinner-Cocktails)

5. Kaffee mit Alkohol

## Weine als Digestifs

Als Digestifs eignen sich vor allem die **Dessert-, Süd- und Süßweine.** Diese Weine sind alle versetzte Weine, d. h., der Grundwein wird mit Alkohol, Most oder Mostkonzentrat versetzt (siehe auch Seite 637 ff.). Als Digestif eignen sich allerdings nur die süßen Vertreter dieser Weine.

Als Digestif werden aber auch alle jene Weine serviert, die ähnliche Werte auf natürliche Weise erreichen, das sind die

**Prädikatsweine** Spätlese, Auslese, Beerenauslese, Ausbruch, Trockenbeerenauslese, Eiswein und Strohwein.

## Dessert-, Süd- und Süßweine

**Sherry**

Wird Sherry als Digestif serviert, dann nur die halbsüßen und süßen Olorosos.

- **Oloroso:** meist halbtrocken bis halbsüß (medium). Er hat eine goldgelbe bis bernsteingelbe Farbe, ein volles Aroma, einen schweren, wuchtigen Körper und ist sehr aromatisch. Er wird nicht nur als Digestif, sondern auch zu Suppen gereicht.
- **Rayas:** wuchtiger und körperreicher als die Olorosos, bernsteinfarben.
- **Cream oder Milk:** ist eine Oloroso-Auslese mit vollem, kräftigem Körper und dunkler Farbe, sehr süß (sweet). Er wird ungekühlt zu Desserts und als Digestif serviert.
- **Pale Cream:** Diese Neuentwicklung ist ein süßer (Cream-)Sherry, der auf hellen Finos aufgebaut ist.

Die süßen Sherrys serviert man heute auch leicht gekühlt (zirka 15 °C) im Sherry- oder Südweinglas.

**Portwein**

Beim Portwein kommen, wie bereits besprochen, nur die roten (ruby) Ports als Digestif in Frage.

- **Ruby Port:** Grundtypus des Portweines mit zwei- bis dreijähriger Faßlagerung. Er ist dunkel- bis hellrubinrot und fruchtig bis süßlich im Geschmack.
- **Tawny Port:** Durch lange Faßlagerung nimmt er eine rötlichbraune Farbe an. Er ist leichter als die anderen Portweine.
- **Vintage Port:** Jahrgangsport, der nicht mit anderen Jahrgängen verschnitten ist. Er ist schwer, fettig und duftig und wird sehr früh in Flaschen abgefüllt.

- **Late bottled Vintage:** wird bereits reif in Flaschen abgefüllt. Er ist dem Vintage Port sehr ähnlich, nur etwas leichter.
- **Vintage Character:** ist ein Verschnitt hochwertiger Rubies mehrerer Jahrgänge.

Die Trinktemperatur liegt in Österreich zwischen 15 und 17 °C, je älter der Portwein ist, desto höher ist auch die Serviertemperatur. International ist es genau umgekehrt – die Portweine mit Süße werden gerne kühl getrunken, d. h., je süßer der Portwein ist, desto kühler ist die Serviertemperatur (14–15 °C).

**Sonstige Dessertweine**

- **Madeira:** Er darf nur auf der portugiesischen Insel Madeira erzeugt werden. Bezeichnet wird er nach der Traubensorte, aus der er gewonnen wird. Madeiraweine sind gekennzeichnet durch ihren rauchigen Geschmack mit einer charakteristischen Karamelnote. Sie werden in verschiedenen Geschmacksrichtungen (von dry bis sweet) angeboten.
- **Malaga:** Er stammt aus der Region Malaga in der südspanischen Provinz Andalusien. Der Malaga ist halbsüß bis süß und wird in verschiedenen Sorten angeboten.
- **Marsala:** Er kommt aus dem Nordwesten Siziliens, ist dunkelrot bis braun mit leicht bitterem Geschmack und je nach Erzeugung trocken bis süß.
- **Samos:** weißer Dessertwein von der gleichnamigen griechischen Insel. Er ist süß und voll im Geschmack.
- **Mavrodaphne:** roter Dessertwein vom Peloponnes (Patras) sowie von den griechischen Inseln Kephalonia und Ithaka. Er ist süß und zartbitter im Geschmack.
- **Tokajer:** Der Name stammt von der kleinen ungarischen Stadt Tokaj. Tokajer ist sowohl normaler Weißwein als auch ein Dessertwein. Als solcher kommt er (sehr selten) als Tokaji Esszencia (Tokajeressenz – sehr süß, wenig Alkohol) und vor allem als Tokaji Aszú in den Handel.

Dessertweine werden im Dessert- oder Südweinglas leicht gekühlt (zirka 15 °C) serviert.

## Prädikatsweine

Das sind Qualitätsweine, die nicht aufgebessert werden dürfen. Die Angabe des Jahrganges ist zwingend vorgeschrieben, bei Spätlese- und Ausleseweinen auch die Angabe der Rebsorte.

- **Spätlese:** Wein aus Trauben, die erst nach der allgemeinen Lese der betreffenden Sorte im vollreifen Zustand geerntet wurden. Diese Art von Wein hat oft noch den Charakter seiner Sorte, eine goldgelbe Farbe und einen bereits beginnenden überreifen Geschmack.
  Mindestmostgewicht: 19° KMW (Österreich), 76–95° Oe (Deutschland).
- **Auslese:** Spätlese, die ausschließlich aus sorgfältig ausgelesenen Trauben unter Aussonderung aller nicht vollreifen, fehlerhaften und kranken Beeren gewonnen wurde. Der Wein ist goldgelb, mild und hat meist einen natürlichen Zuckerrest. Der edelfaule Geschmack („Edelfäule") ist oft schon deutlich vorhanden.
  Mindestmostgewicht: 21° KMW (Österreich), 83–105° Oe (Deutschland).
- **Eiswein:** Wein, der ausschließlich aus Weintrauben hergestellt wurde, die bei der Lese und Kelterung gefroren waren.
  Mindestmostgewicht: 25° KMW (Österreich), 110–128° Oe (Deutschland).
- **Strohwein:** Wein aus Trauben, die mindestens drei Monate auf Stroh oder Schilf gelagert oder luftgetrocknet wurden. Österreichische Spezialität.
  Mindestmostgewicht: 25° KMW (Österreich).
- **Beerenauslese:** Auslese aus überreifen und edelfaulen Trauben, die in guten Lagen gewonnen werden. Der Wein hat eine tief goldgelbe Farbe und einen hohen Natur-

zuckerrest. Der Alkoholgehalt ist auf Grund der hohen Restsüße nicht besonders hoch.
Mindestmostgewicht: 25° KMW (Österreich), 110–128° Oe (Deutschland).

- **Ausbruch:** Dieser Wein ist ausschließlich aus edelfaulen und überreifen, auf natürliche Weise eingetrockneten Beeren erzeugt.
  Ausbruchsweine sind eine österreichische Spezialität. Sie sind goldgelb bis bernsteinfarben, haben ein öliges Aussehen, einen nachhaltigen Edelreifegeschmack und einen hohen natürlichen Restzuckergehalt. Sie sind lange lagerfähig.
  Mindestmostgewicht: 27° KMW (Österreich).

- **Trockenbeerenauslese:** Beerenauslese aus edelfaulen, rosinenartig eingeschrumpften Beeren. Sie haben ein ähnliches Aussehen und ähnliche Eigenschaften wie die Ausbruchsweine. Trockenbeerenauslesen sind natursüße Weine der Spitzenklasse.
  Mindestmostgewicht: 32° KMW (Österreich), 150–200° Oe (Deutschland).

Prädikatsweine werden im Dessert- oder Südweinglas leicht gekühlt (zirka 12 bis 14 °C) serviert.

## Branntweine als Digestifs

### Weindestillate

Das sind Branntweine aus Wein, Branntweinverschnitte, Branntweine aus Weinhefe und Weintrestern.
Die berühmtesten Weinbrände kommen aus Frankreich, nämlich Cognac und Armagnac, aber auch in Deutschland, Österreich, Italien, Griechenland, Spanien und Portugal werden hervorragende Weinbrände erzeugt.
Alle Weinbrände von guter Qualität entfalten einen besonderen Duft, weshalb sie auch in speziellen Cognacgläsern serviert werden. Diese Gläser verjüngen sich nach oben, und somit bleibt das Aroma lange im Glas.

**Cognac**

Er stammt aus der Charente, und der Name ist gesetzlich geschützt, d. h., nur Weinbrand aus diesem genau definierten Gebiet darf Cognac genannt werden. Cognac wird nach einem besonderen Verfahren hergestellt (Cognacmethode), zweimal gebrannt und mindestens ein Jahr in Eichenfässern gelagert. In Flaschen gefüllt, reift er nicht mehr, daher sollte man Cognac in der Flasche nicht zu lange aufheben.
Die wichtigsten Cognacbezeichnungen sind:
- Grande Fine Champagne: Cognac aus der Grande Champagne, der besten Gegend
- Fine Champagne: Cognac aus der Grande und der Petite Champagne (zweitbeste Gegend)

Für Cognac verwendet man ein Cognacglas. Man schenkt etwa zwei, maximal drei Zentiliter (das ist etwa einen Finger hoch) ein. Cognac serviert man mit einer Temperatur von etwa 16 bis 18 °C (Zimmertemperatur).
Bekannte Marken: Martell, Hennessy, Courvoisier, Delamain, Camus, Hine, Rémy Martin, Baron Otard, Salignac.

**Armagnac**

Das ist der älteste französische Weinbrand, er stammt aus dem Weinbaugebiet Armagnac im Südwesten Frankreichs in der Nähe der Pyrenäen. Er ist nur aus weißen Trauben hergestellt, und der Maische werden verschiedene Kräuter beigefügt. Armagnac wird zum Unterschied von Cognac nur einmal gebrannt und anschließend ebenfalls in Eichenfässern gelagert.

Armagnac wird wie Cognac serviert.
Bekannte Marken: Clés des Ducs, Janneau, Marquis de Montesquieu, Kressmann, Larresingle.

**Eau-de-vie de Vin, Weinbrand, Brandy**

Eau-de-vie de Vin ist die Bezeichnung für französischen Weinbrand außerhalb des Cognac- und des Armagnac-Gebietes.
In Deutschland und Österreich wird ein Weindestillat als Weinbrand bezeichnet. Weinbrände (zum Unterschied von

Weinbrandverschnitt) werden ebenfalls nach der Cognacmethode hergestellt und ausschließlich aus Wein gebrannt. International wird Weinbrand als Brandy bezeichnet.

Für alle Weinbrände verwendet man Weinbrandschwenker. Man schenkt etwa zwei, maximal drei Zentiliter (das ist etwa einen Finger hoch) ein. Weinbrand mit den Bezeichnungen V.S.O.P., V.V.S.O.P., X.O. usw. serviert man mit einer Temperatur von etwa 16 bis 18 °C (Zimmertemperatur), Drei-Sterne-Weinbrand kann man auch kühl (10 bis 15 °C) servieren.
Bekannte Marken: Bouchet, Stock, Spitz (Österreich), Asbach, Dujardin (Deutschland), De Ville (Frankreich), Stock (Italien), Carlos I. (Spanien), Antiqua (Portugal).

**Metaxa**
Sehr bekannt ist auch der griechische Weinbrand, der unter dieser Firmenbezeichnung im Handel ist. Seine Qualitätsbezeichnungen werden in Sternen angegeben, wobei sieben Sterne die höchste Qualitätsstufe darstellen. Er wird wie Weinbrand serviert.

**Hefebrände**
Sie werden durch Destillation des in der Weinhefe oder Obstweinhefe verbleibenden Alkohols gewonnen. Bekannt sind sie als Glöger-, Klöger- oder Gelägerbrand. Sie werden im Schnapsglas serviert, und zwar kalt (4–6 °C).

**Tresterbrände**
Sie werden aus dem Preßrückstand (bei der Weinerzeugung) destilliert. Der bekannteste Tresterbrand ist der italienische Grappa; in Frankreich heißt er Marc, in der Schweiz Träsch. Man reicht sie im Schnapsglas. Sie schmecken nur, wenn sie gekühlt (6 bis 10 °C) getrunken werden.

## Getreidedestillate

**Whisk(e)y**
Das bekannteste Getreidedestillat ist der Whisky. Man unterscheidet zunächst nach dessen Herkunft:

- **Scotch Whisky (schottischer Whisky):** Den Scotch teilt man in der Hauptsache in Pure Malt Whisky (reinen Malzwhisky) und Blended Scotch Whisky (Verschnitte aus verschiedenen Whiskys) ein. Lange gelagerte Malt Whiskys sind Edelprodukte besonderer Art. Man kann sie mit edlem Cognac vergleichen. Malt Whiskys serviert man im kleinen Tumbler mit einer Temperatur von 16 bis 18 °C (Zimmertemperatur). Zum Verdünnen kann etwas Trinkwasser bereitgestellt werden. Edle Whiskys serviert man keinesfalls mit Eis oder Sodawasser.

  Blended Whiskys sind leichter und neutraler im Geschmack. Sie werden pur (gekühlt, mit zirka 8 bis 10 °C) oder mit Sodawasser im kleinen Tumbler oder „on the rocks" (mit Eis) im Old-fashioned-Glas serviert.

- **Irish Whisk(e)y:** Er ist milder und malziger als der Scotch. Man serviert ihn im kleinen Tumbler entweder pur mit zirka 16 bis 18 °C oder eventuell mit kaltem Sodawasser. Wird er „on the rocks" serviert, verwendet man ein Old-fashioned-Glas.

- **American Whisk(e)y:** In den USA gibt es verschiedene Whisk(e)ysorten. Der bekannteste ist der Bourbon Whisk(e)y, der aus Kentucky kommt. Es ist dunkler in der Farbe als der Scotch. Außerdem gibt es noch den Tennessee- und den Rye Whisk(e)y. Dieser kommt aus den Nordstaaten der USA und aus Kanada.

  American Whisk(e)y wird im Old-fashioned-Glas oder im kleinen Tumbler mit viel Eis serviert. Die Amerikaner lieben es, ihren Whisk(e)y sehr kalt (4 bis 6 °C) und oft mit Limonaden aufgegossen (z. B. Cola, Ginger ale, Seven up) zu trinken.

- **Canadian Whisk(e)y:** Er ist der leichteste und geschmacksneutralste Whisk(e)y und wird entweder pur im kleinen Tumbler mit etwa 16 bis 18 °C oder „on the rocks" mit Limonaden vermischt (z. B. Seven up) im Old-fashioned-Glas serviert.

## Sonstige Getreidedestillate

- **Aquavit:** Seine Heimat sind die skandinavischen Länder und Norddeutschland. Er wird aus Korn (unter Verwendung von Kräutern und Gewürzen) gebrannt. Bekannte Marken: Aalborg, Holger Danske Line, Malteserkreuz.
- **Genever:** Er kommt ursprünglich aus Holland (Ende des 15. Jh.s), heute wird er in vielen Länder erzeugt, und zwar aus Gerste, Roggen und Mais (unter Verwendung von Darrmalz, Wacholderbeeren und Gewürzen).
  Bekannte Marken: Bokma, Bols, De Kuyper.
- **Gin:** Gin stammt aus England und wird aus Gerste und Roggen (unter Verwendung von Wacholderbeeren und Gewürzen) hergestellt. Es gibt verschiedene Sorten: Dry Gin (ungesüßt), Old Tom und Plymouth Gin (leicht gesüßt) sowie mit verschiedenen Aromen versetzte Gins (Äpfel, Zironen, Bittermandeln usw.).
  Bekannte Marken: Beefeater, Bols, Seagram's, Gilbey's, Gordon's.
- **Wodka:** Er stammt ursprünglich aus Rußland und Polen, wird heute aber auch in den USA, in Finnland und Schweden hergestellt. Grundmaterialien der Wodkaerzeugung sind entweder Getreidemischungen oder Kartoffeln, mit Gerstengrünmalz versetzt.
  Bekannte Marken: Stolitschnaya, Moskovskaya, Wyborowa, Puschkin, Smirnoff.
- **Weitere Getreidebranntweine:** Die bekanntesten sind **Doornkaat** und **Steinhäger** aus Deutschland.

Getreidedestillate werden im Schnapsglas (Wodka auch im Wodkaglas) serviert, und zwar eisgekühlt im geeisten Glas.

## Obstdestillate

Sie werden aus Kernobst (Äpfeln, Birnen, Quitten usw.), Steinobst (Kirschen, Marillen, Pfirsichen, Zwetschken, Mirabellen usw.) und Beerenobst (Himbeeren, Holunder, Vogelbeeren) gebrannt.

**Calvados**

Calvados stammt aus einem abgegrenzten Gebiet in der Normandie in Frankreich. Er wird aus Apfelwein (Cidre) destilliert und in Eichenfässern gereift.
Reifer Calvados wird von Feinschmeckern wie Cognac behandelt und serviert. Alten Calvados erkennt man an der dunklen Farbe. Er wird im Cognacschwenker mit einer Temperatur von 14 bis 16 °C serviert. Jungen Calvados serviert man gekühlt (8 bis 10 °C) im Cognacschwenker.
Bekannte Marken: Gilbert, Boulard, Busnel, Père Magloire.

**Sonstige Obstdestillate**

- **Birnenbrand:** Der bekannteste Birnenbrand ist der Williams-Birnen-Brand. Er darf nur aus der Maische der Williams Birnen erzeugt werden.
  Bekannte Marken: Dettling, Freiherr von Seldeneck, Le Bon Père, Schladerer.
- **Obstler:** Dieser aus Äpfeln und Birnen erzeugte Branntwein kommt hauptsächlich aus Österreich und Süddeutschland.
  Bekannte Marken: Freihof, Steinbacher, Zwettler.
- **Kirschwasser:** wird hauptsächlich in der Schweiz, im Elsaß und im Schwarzwald (Deutschland) destilliert.
  Bekannte Marken: Schladerer, Dettling, Schwarzwälder Kirschwasser, Zuger Kirsch.
- **Marillenbrand:** Er wird vor allem in Österreich und Ungarn (Barack Pálinka) produziert.
  Bekannte Marken: Bailoni, Zwack.
- **Zwetschken-(Pflaumen-)Brand:** Der berühmteste Zwetschkenbrand kommt aus dem ehemaligen Jugoslawien, der Slibowitz.
  Bekannte Marken: Navip, Badel, Stroh.
- **Himbeergeist:** wird meist in Deutschland und Österreich erzeugt.
  Bekannte Marken: Schladerer, Freiherr von Seldeneck, Raunikar.

- **Vogelbeerbrand:** Er wird auch als Ebereschenbrand bezeichnet und kommt vor allem aus Österreich und Deutschland.
  Bekannte Marken: Freihof, Stroh.

Obstbrände werden entweder im Schnapsglas oder in den eigens für Kernobst-, Steinobst- und Beerenobstbrände entwickelten Gläsern serviert. In diesen Spezialgläsern können aromareiche Schnäpse wie die Obstdestillate ihr Bukett und Aroma voll zur Entwicklung bringen.

## Liköre als Digestifs

Liköre sind gesüßte, aromatisierte Spirituosen, d.h., Alkohol wird versetzt mit Zucker-, Farb-, Aroma- und Geschmacksstoffen. Die ersten Hinweise auf die Likörherstellung gehen auf das 13. Jahrhundert zurück, und zwar versetzte man Branntweine mit Kräutern und Honig. Diese Getränke wurden als Medizin eingenommen.

Nicht alle Liköre sind süß, sie werden daher heute von Damen und Herren gleichermaßen getrunken.

Nach der Qualität unterscheidet man **Edelliköre** und **Tafelliköre.** Edelliköre werden aus Edelbranntweinen wie Cognac, Weinbrand, Whisk(e)y oder Rum mit natürlichen Geschmacksstoffen erzeugt. Die Beigabe von künstlichen Aroma- und Farbstoffen ist verboten. Bei den Tafellikören ist die Basis Monopolsprit oder mit Monopolsprit versetzte Edelbranntweine. Natürliche und künstliche Aroma-, Geschmacks-, Farb- und Süßstoffe sind erlaubt.

Nach den Geschmackszugaben unterteilen sich die Liköre in folgende Gruppen:

- **Kräuterliköre:** vor allem Abtei-, Mönchs- und Klosterliköre, z.B. Chartreuse, Strega
- **Gewürzliköre:** z.B. Anis-, Kümmel-, Chinarinden-, Ingwer-, Kalmusliköre

- **Kräuter-und-Gewürz-Liköre:** z. B. Bénédictine D.O.M., Galliano, Angelikalikör
- **Destillatsliköre (wasserklar):** z. B. Anis-, Kümmellikör, Kakao-Nuß-Likör
- **Bitterliköre:** Dazu zählen Würzbitter (z. B. Angostura-Bitter), Stark- oder Vollbitter (z. B. Reiterliköre), Halbbitter (z. B. Rittmeisterliköre) und Magenbitter (z. B. Fernet-Branca, Unicum, Rossbacher, Underberg, Jägermeister, Sechsämtertropfen, Boonekamp).
- **Fruchtsaftliköre:** Kirsch-, Erdbeer-, Himbeer-, Johannisbeer-, Orangenlikör
- **Fruchtaromaliköre:** z. B. Curaçao triple sec, Grand Marnier, Cointreau
- **Kakao-, Kaffee-, Teeliköre:** z. B. Crème de Cacao; Crème de Mocca, Kahlúa, Tia Maria; Tiffin
- **Emulsionsliköre:** z. B. Eierlikör, Cremeliköre, Bailey's Irish Cream, Tamara
- **Honigliköre:** z. B. Drambuie, Bärenfang, Irish Mist, Glen Mist
- **Sonstige Liköre:** z. B. Danziger Goldwasser

Sie werden folgendermaßen serviert:

- eisgekühlt, 2 bis 4 °C: Kümmellikör
- stark gekühlt, 6 bis 8 °C: Irish Mist, Glen Mist, Curaçao
- gekühlt, 8 bis 10 °C: Bitterliköre, Curaçao, Kakao- und Kaffeeliköre, Emulsionsliköre, Honigliköre, sonstige Liköre
- leicht gekühlt, 10 bis 14 °C: Bénédictine, Chartreuse, Anislikör, Fruchtsaftliköre, Grand Marnier, Emulsionsliköre, Drambuie
- ungekühlt (Zimmertemperatur), 16 bis 18 °C: Galliano, Gewürzliköre, Chinarindenlikör, Grand Marnier, Cointreau, Teeliköre

Liköre serviert man im Likörglas bzw., wenn sie dickflüssig sind, in der Likörschale. Besonders edle Liköre, wie Cointreau, Grand Marnier, Curaçao, Chartreuse, Bénédictine usw., kann man auch im Schwenker anbieten.

## Mixgetränke als Digestifs (After-dinner-Cocktails)

Als Digestif kommen natürlich auch Mixgetränke in Frage, die sogenannten After-dinner-Cocktails.

Die bekanntesten von ihnen sind:

- **Alexander:** 2 cl Cognac oder Weinbrand, 2 cl Crème de Cacao, 2 cl Obers (Sahne) im Shaker zubereiten, in der Cocktailschale oder im Cocktailcreamer servieren.
- **Alexandra:** 2 cl Dry Gin, 2 cl Crème de Cacao, 2 cl Obers (Sahne) im Shaker zubereiten, in der Cocktailschale oder im Creamer servieren, auf Wunsch mit geriebener Muskatnuß oder Schokolade.
- **B and B Cocktail:** 3 cl Cognac oder Weinbrand, 3 cl Bénédictine im Mixglas zubereiten, im Cocktailglas servieren.
- **Black Russian:** 4 cl Wodka, 2 cl Kahlúa in einen kleinen Tumbler mit Eiswürfeln geben und servieren.
- **White Russian:** 3 cl Wodka, 2 cl Kahlúa, 1 cl Obers (Sahne) im Shaker zubereiten, in der Cocktailschale oder im Creamer servieren.
- **Golden Dream:** 1,5 cl Galliano, 1,5 cl Cointreau, 1,5 cl Orangensaft, 1,5 cl Obers (Sahne) im Shaker zubereiten, in der Cocktailschale oder im Creamer servieren.
- **Grasshopper:** 2 cl Crème de Menthe grün, 2 cl Crème de Cacao weiß, 2 cl Obers (Sahne) im Shaker zubereiten, in der Cocktailschale oder im Creamer servieren.
- **Rusty Nail:** 3 cl Scotch Whisky, 3 cl Drambuie in einen kleinen Tumbler mit Eiswürfeln geben und servieren.

- **Stinger:** 4 cl Cognac oder Weinbrand, 2 cl Crème de Menthe weiß im Shaker oder Mixglas zubereiten, im Cocktailglas servieren.

## Kaffee mit Alkohol

- **Irish coffee:** 2 Kaffeelöffel Rohzucker und 4 cl Irish Whiskey mit einem Verlängerten im Irish-coffee-Glas aufgießen, halbgeschlagenes Obers (Sahne) vorsichtig über einen warmen Löffel in den Kaffee laufen lassen, evtl. mit einer Prise feinstgemahlenem Kaffee bestreuen. Ohne Löffel und Trinkhalm servieren. Man kann Irish coffee auch flambieren, dann enthält er weniger Alkohol.
- **Rüdesheimer Kaffee:** In die vorgewärmte Rüdesheimer-Kaffee-Tasse 3–4 Stück Würfelzucker und 4 cl angewärmten Weinbrand (Asbach Uralt) geben, mit einem langen Streichholz anzünden und eine Minute brennen lassen. Dabei mit einem langen Löffel so lange umrühren, bis sich der Zucker gelöst hat und der Alkohol verbrannt ist. Mit heißem Kaffee (Espresso) aufgießen, mit Vanillezucker gesüßtes geschlagenes Obers (Sahne) darauf geben und mit Schokoladeraspeln bestreuen. Ohne Löffel und Trinkhalm servieren.
- **Cafè corretto:** Das ist ein kleiner Espresso kurz mit einem Schuß Grappa.
- **Café royal:** Über einen großen Mokka hält man einen Barlöffel mit einem Stück Würfelzucker, begießt ihn mit einem Schuß Cognac, entzündet ihn und läßt ihn langsam in den Kaffee tropfen.
- **Kaffee-Kirsch:** Kaffee mit einem Schuß Kirschwasser oder Kirschbrandy, Zucker und Obers (Sahne).
- **Pharisäer:** In einer Doppelmokkaschale 2 Stück Würfelzucker und 4 cl Rum mit heißem Kaffee aufgießen und mit Schlagobers (Schlagsahne) garnieren.

# Getränkekarten

# Getränkekarten

Getränkekarten werden in Gasthäusern, Restaurants, Kaffeehäusern, Diskotheken und Hotels verwendet. Sie beinhalten das Getränkeangebot von Aperitifs über Weine und Biere bis zu den Digestifs. Für das Weinangebot gibt es meist eine eigene Weinkarte (siehe Seite 721 ff.). Je nach Betriebstyp werden eigene Aperitifkarten (siehe Seite 778 ff.), Barkarten (siehe Seite 777 ff.), Cocktailkarten (siehe Seite 781 ff.), Digestifkarten (siehe Seite 785 ff.) und Bierkarten (siehe Seite 762 ff.) aufgelegt.

Wie bei allen anderen Karten auch, hängen Gestaltung und Umfang einer Getränkekarte von der Art des Betriebes ab. In jedem Fall soll sie als Visitenkarte des Betriebes ansprechend und künstlerisch gut gestaltet sein. Sie muß ein breites Getränkeangebot aufweisen, das systematisch zu gliedern ist. Die Karte kann durch Grafiken, Etiketten oder amüsante Verse aufgelockert werden.

Um die Getränkekarte anziehend zu machen, darf der Wein des Tages, der Woche, des Monats nicht fehlen. Das gleiche gilt für den Aperitif und für den Frucht- und Gemüsesaft. Hier sieht man die Parallelen zur Speisenkarte.

Beim Aufbau und bei der Gliederung einer Getränkekarte ist folgende Reihenfolge zu beachten:
- Aperitifs (vgl. Aperitifkarten, Seite 778 ff.)
- Weine (vgl. Weinkarten, Seite 721 ff.)
- Biere (vgl. Bierkarten, Seite 762 ff.)
- Alkoholfreie Getränke
- Kaffee, Tee, Schokolade, evtl. Milchmischgetränke
- Digestifs (vgl. Digestifkarten, Seite 785 ff.)

Folgende Vermerke sollen auf einer Getränkekarte vorhanden sein:
- Preisangabe
- Ausschankmenge (vgl. einzelne Karten; bei allen Getränken, mit Ausnahme von Kaffee, Tee und Schokolade, muß ersichtlich sein, auf welche Menge sich der Preis bezieht)
- Verweis auf Inklusivpreis

# Getränkekarte

**Aperitifs**
Martiniy Dry
Carpano
Campari
Sherry

**Österreich**

**Sauvignon Blanc**
J. Leberl, Großhöflein / 89
F. Hirschmugl, Sausal / Kabinett 89
R. Polz, Graßnitzberg / Kabinett 89
K. Prünte, Spielfeld / 89
M. Tement, Berghausen / 89

**Chardonnay (Morillon)**
A. Gross, Ratsch / 89
R. Polz, Graßnitzberg, Kabinett / 89
F. Hirschmugl, Sausal / Kabinett-Cuvée 89
K. Prünte, Spielfeld / 89
G. Schellmann, Gumpoldskirchen / 89
M. Tement, Berghausen / 89
F. Wieninger, Stammersdorf / 89

**Chardonnay – Barrique**
W. Bründlmayer, Langenlois / 88
F. Loimer, Langenlois / 88
H. Topf, Straß im Straßer Tal / 88

**Riesling**
L. Alzinger, Unterloiben, Loibenberg Smaragd 89
W. Bründlmayer, Langenlois, Heiligenstein Kabinett 88
P. Dolle, Straß im Straßer Tal, Gaisberg Kabinett 86
F. Hirtzberger, Spitz, Hochrain Federspiel 89
J. Jamek, Joching, Klaus Kabinett 89
E. Knoll, Unterloiben, Loibenberg Federspiel 89
Pfaffenberg Kabinett 89

K. Lagler, Spitz, Steinborz Federspiel 89
J. Mantler, Gedersdorf, Tiefenthal Kabinett 88
M. Nigl, Senftenberg, Rammeln Kabinett 89
Hochäcker Kabinett 89
F. X. Pichler, Oberloiben, Steiner Tal Kabinett 88
Oberhauser Smaragd 88
Oberhauser Federspiel 89
F. Prager, Weißenkirchen, Steinriegl Federspiel 89
Steinriegl Smaragd 89
J. Schmelz, Joching, Dürnsteiner Freiheit Smaragd 89
F. Schmiedl, Dürnstein, Küß den Pfennig Federspiel 89
Küß den Pfennig Smaragd 89

**Grüner Veltliner**
J. Alzinger, Unterloiben Steiner Tal Smaragd 89
E. Knoll, Unterloiben, Kreutles Federspiel 89
M. Nigl, Senftenberg, Cuvée Kabinett 89
F. X. Pichler, Oberloiben, Klostersatz Federspiel 89
Mühlpoint Smaragd 89
J. Schmelz, Joching, Pichlpoint Smaragd 89

**Muskateller**
F. Lackner-Tinnacher, Gamlitz / 89

**Pinot Blanc / Weißburgunder**
P. Dolle, Straß im Straßer Tal / 89
F. Hirschmugl, Sausal / Kabinett 88
H. Jöbstl, Gamlitz / Kabinett 89
A. Kollwentz, Großhöflein / 89
K. Prünte, Spielfeld / 89
M. Tement, Berghausen / Kabinett Zieregg 89
H. Topf, Straß im Straßer Tal / „Classic" 89

**Roter Traminer**
A. Gross, Ratsch / Kabinett 89
M. Tement, Berghausen / Kabinett 89

**Zierfandler**
A. Schafler, Traiskirchen / Kabinett 88

**Schilcher**
M. Klug, St. Stefan / Stainz / Qu. W. 89
Kabinett 89, ½ Bouteille

**Prädikatsweine**
E. Triebaumer, Rust, Neuburger Beerenauslese 88
Traminer Ausbruch 88
F. Lackner-Tinnacher, Gamlitz, Ruländer Auslese 89

**Welschriesling**
E. Tscheppe, Leutschach / 90

**Blaufränkisch**
A. Kollwentz, Großhöflein / 89
H. Krutzler, Deutsch Schützen / 89
J. Leberl, Großhöflein / 88
H. Nittnaus, Gols / 87
R. Schuster, Zagersdorf / „Classic" 87
T. Szemes, Horitschon (Pinkafeld) / 88
E. Triebbaumer, Rust „Gmärk" / 89

**Cabernet Sauvignon / Cuvée – Barrique**
J. Leberl, Großhöflein / Cuvée 87
H. Nittnaus, Gols / Cabernet Sauvignon 88
H. Krutzler, Deutsch-Schützen / Cabernet Sauvignon / Blaufränkisch 88
H. Reinisch, Tattendorf / Cabernet Sauvignon / Merlot 88
R. Schuster, Zagersdorf / C.M.B. 88

**Blaufränkisch – Barrique**
T. Szemes, Horitschon (Pinkafeld) / 87
E. Triebaumer, Rust
Oberer Wald / 88
Mariental / 87

**St. Laurent – Barrique**
H. Nittnaus, Gols / 87

**Zweigelt – Barrique**
J. Umathum, Frauenkirchen / 88

**Pinot noir / Blauburgunder**
H. Reinisch, Tattendorf / 89

**Blauer Portugieser**
H. Reinisch, Tattendorf / „Reserve" 88

**Schwarzriesling**
M. Tement, Berghausen / 88

**Italien**

**Toskana**
Tenuta di Capezzana
Conte Conti Bonacossi
Carmignano 85
„Fontodi"
Panzano (Greve), Chianti Classico 86
Fattoria di Felsina „Berardenga"
Chianti Classico Riserva 85
„Fontalloro" 85
Palazzino Monti in Chianti
„Grosso Sanese" 85
Monte Vertine
Radda in Chianti
Il Sodaccio 85
Antinori
Tignanello 85
Tignanello 86
Sassicaia 87
Ornellaia 87
Il Poggione
Brunello di Montalcino 85
Altesino
Montalcino
„Palazzo Altesi" 85

**Piemont**
Alfredo Prunotto
Barbera d'Alba Riserva 87

Barbaresco Montestefano Riserva 83
Barolo Cannubi Riserva 83
Paolo Scavino
Barolo „Bric del Fiasc" 85
Cordero di Montezemolo
Barolo „Enrique VI" 85
Elio Altare
Barolo 85
Ceretto
Barolo „Zonchera" 86
Angelo Gaja
Barbaresco 85

**Lombardei**
Ca' del Bosco M. Zanella
Franciacorta Rosso 86

**Frankreich**

**Côtes du Rhone**
Paul Avril
Chateauneuf du Pape A.C. 88

**Burgund**
**Côte du Beaune**
Comte Armand Clos des Epeneaux
Pommard ler Cru 87

**Côte de Nuits**
Domaine Daniel Rion et Fils
Vosne Romanée A.C. 88

**Bordeaux**
Château Troplong – Mondot 86
Grand Cru Classé (Saint-Émilion)
Château Haut-Bages Liberal
5e Cru Classé Pauillac 87
Château Haut-Marbuzet
(Saint-Éstephe) 86
Cru Grand Bourgeois Exeptionnel
Château Hortévie (Saint-Julien) 85

Cru Bourgeois
Château Chasse-Spleen (Moulis) 86
Cru Grand Bourgeois Exeptionnel
Château Labégorce-Zédé
(Margaux) 87
Cru Bourgeois Supérieur
Château Siran (Margaux)
Grand Cru Exeptionnel 82

**Spanien**

**Rioja**
Bodegas Martinez Bujanda (Alavesa)
Conte de Valdemar Reserva 85
Granja Ntra. Sra. de Remelluri (Alavesa)
Remelluri Reserva 85
Compania Vinicola del Norte (Haro)
Imperial Reserva 78

**Ribera del Duero**
Bodegas Alejandor Fernandez
Pesquera Especial Reserva 86

**Chile**
Santa Rita
(Cabernet Sauvignon) 84

**USA / Kalifornien**
Stag's Leap Vineyards
Napa Valley 83
Cabernet Sauvignon

**Glühwein**
Weiß
Rot

**Sekt – Champagner**
Leberl brut, Großhöflein / Bgld.
Schlumberger Sparkling brut
Taittinger brut

Lechére brut
Prosecco di Valdobbiadene
Bisol brut

**Trumer Pils vom Faß**
Pfiff
Seidel
Krügel

**Alkoholfrei**
Sodawasser
Mineralwasser
Coca-Cola
Apfelsaft
Pago
Tonic, Bitter Lemon

**Kaffee – Tee**
Melange
Kleiner Espresso
Großer Espresso
Tee

**Schnäpse – Brände – Bitter – Liköre**
Wachauer Marillenbrand
F. Hirtzberger
Bacardi
Gordon's Gin
Wodka Moskovskaya
Tequila Sauza Gold
Asbach
Martell V.S.O.P.
Calvados Busnel
Johnny Walker Black Label
Jack Daniels Bourbon
Ramazotti
Fernet Branca
Underberg
Amaretto di Saronno
Cointreau

**Edelschnäpse aus Kärnten von Valentin Latschen, Pfau**
Apfel
Zwetschken
Williams
Holunder
Weichsel
Brombeer
Himbeer
Schwarzbeer

**Grappa**
Barone Rosso (Friaul)
Il Palazzino (Toskana)
Grappa di Chianti Classico
Fratelli Marolo (Piemont)
Grappa di Moscato
Angelo Gaja (Piemont)
Grappa Costa Russi
Polz und Polz (Südsteiermark)

# Kaffeehauskarten (Wiener-Kaffeehaus-Karte)

Wer Österreichs Donaumetropole besucht, wird eine Einrichtung nicht übersehen können: das Kaffeehaus. Kaum eine andere Stadt auf der Welt hat so viele Cafés aufzuweisen wie Wien: etwa 450 waren es nach der letzten Zählung. Für viele ist das Kaffeehaus eine Weltanschauung. In der Tat verstehen die Wiener ein Kaffeehaus als Ort, wo man sich zu Hause fühlen und fast umsonst einen ganzen Tag mit Lesen, Diskutieren, Billardspielen oder Nichtstun verbringen kann. Kein Wunder, daß die Cafés nicht nur Menschen anziehen, die Gesellschaft lieben, sondern auch zu einem Treffpunkt für Kunstfreunde geworden sind. Es gibt spezielle Konzert-, Künstler- und Literatencafés.
Wer einen Bummel durch Wien macht, ist gut beraten, die verschiedensten Kaffeearten, wie sie speziell im Wiener Kaffeehaus zubereitet werden, zu studieren und sich ein wenig näher mit den dazugehörigen Mehlspeisen zu beschäftigen. Auch werden verschiedene Getränke, kleine Speisen, vor allem Eiergerichte, vom Frühstücksbeginn bis in die Nacht angeboten.
Für den Gast liegen die neuesten Zeitungen und Zeitschriften im typischen Zeitungshalter bereit, und er kann stundenlang vor seinem Getränk sitzen, ohne gefragt zu werden, ob er noch etwas bestellen möchte.

## Wiener Kaffeebezeichnungen

**Einspänner:** Schwarzer Kaffee im Glas mit Schlagobers.

**Espresso:** groß oder klein, mit der Espressomaschine hergestellt.

**Kaffee crème:** Kännchen Mokka mit kleinem Kännchen Obers (Schweiz und Frankreich).

**Filterkaffee:** starker Kaffee, der aus einem Filtergefäß direkt in die Tasse oder das Kännchen fließt (Frankreich, Österreich).

**Kaffee Hag:** koffeinfreier Kaffee, der besonders von älteren, herzkranken Gästen bevorzugt getrunken wird. Achtung vor Verwechslungen!

**Kaisermelange:** Schwarzer Kaffee mit Eidotter.

**Kaffee-Kirsch (Kaffee-Cognac):** Kaffee mit Kirschwasser oder Cognac.

**Kaffee mit Schlagobers:** ist eine Schale Kaffee mit Schlagobers darauf, oder aber das Schlagobers wird à part (extra) dazugegeben (Staubzuckerstreuer).

**Kaffee verkehrt:** mehr Milch als Kaffee.

**Kapuziner:** eine kleine Schale schwarzer Kaffee mit einem Tropfen Obers.

**Konsul:** Schwarzer Kaffee mit kleinem Schuß ungeschlagenem Obers.

**Masagran (Mazagran):** kalter Kaffee mit Eiswürfeln, Rum (Maraschino) zum Dazumischen, Glas und Trinkhalm.

**Melange:** Milchkaffee in der Tasse oder im Glas (auch mit Schlagobers).

**Mokka (groß oder klein):** ist ein besonders starker Kaffeeaufguß, in der Mokkaschale serviert.

**Mokka gespritzt:** schwarzer Kaffee mit einem Schuß Cognac.

**Nescafé:** ist ein Produkt der Fa. Nestlé in der Schweiz. Es ist ein reiner Bohnenkaffee, der sich sowohl in kaltem als auch warmem Wasser sofort auflöst.

**Original Fiaker:** schwarzer Kaffee mit Rum.

**Piccolo:** kleiner Schwarzer in Piccoloschale mit oder ohne Schlagobers.

**Portion Kaffee:** ein Kännchen Kaffee und ein Kännchen Milch oder Obers. Besonders von deutschen Gästen bevorzugt.

**Schale Braun oder Gold:** schwarzer Kaffee, der durch die Zugabe von Obers eine goldbraune Farbe erhält.

**Schwarzer oder Mokka (groß, klein):** ist eine Schale schwarzer Kaffee.

**Teeschale Obers gespritzt:** eine Schale Milch und ein paar Tropfen Kaffee.

**Türkischer Kaffee:** Zur Herstellung benötigt man eine türkische Kaffeemühle, die die Bohnen zu feinem Pulver vermahlt. In ein Kupfer- oder Messingkännchen gibt man den gemahlenen Kaffee sowie Zucker nach Belieben und bringt das Ganze mit kaltem Wasser zum Kochen; nach einmaligem Aufwallen vom Feuer nehmen. Türkischer Kaffee soll schaumbedeckt auf den Tisch kommen. In einer kleinen Schale (Mokkaschale) soll er ganz heiß serviert werden.

**Wiener Eiskaffee:** ein Kaffeeglas, halb mit Vanilleeis gefüllt, wird mit kaltem, starkem schwarzem Kaffee aufgefüllt und mit Schlagobers bedeckt. Trinkhalm, Limonadenlöffel. (Berliner Eiskaffee mit Kaffee-Eis.)

## Wiener-Kaffeehaus-Karte

**Kaffee, Tee, Schokolade**
Mokka oder Brauner, klein
Mokka oder Brauner, groß
Melange
Melange mit Schlag
Einspänner
Türkischer, klein
Türkischer, groß
Portion Kaffee mit Milch
Schokolade
Schokolade mit Schlag
Tee mit Zitrone oder Milch
Portion Tee, Zitrone oder Milch
Kräutertee: Pfefferminze, Kamille oder Hagebutte

**Kaffeespezialitäten**
Irish coffee
Rüdesheimer Kaffee
Fiakerkaffee
Auf Wunsch servieren wir Ihnen koffeinfreien Kaffee

**Wiener Frühstück**
Eine Kanne Kaffee oder Tee
Ein Ei, Butter, Jam, Gebäck

**Milchgetränke**
Glas Milch oder Joghurt
Portion Schlagobers, klein
Portion Schlagobers, groß
Kännchen Obers, klein
Kännchen Obers, groß
Frappés: Erdbeere, Banane, Ananas, Schokolade

**Alkoholfreie Getränke**
Soda-Himbeer oder -Zitrone
Orangeade, Zitronade
Obi gespritzt
Cola
Cola mit Zitrone
Apfelsaft
Tonic water
Bitter lemon, Fl.
Flasche Mineralwasser
Pago-Fruchtsäfte
Orangen- oder Tomatensaft
¼ l Soda
⅛ l Soda

**Biere**
Gösser Spezial
Gösser Export
Schwechater Steffel
Dortmunder Export
Budweiser

Tuborg Export
Beck's Bier
Gösser vom Faß, 0,3 l
Gösser vom Faß, 0,5 l

**Heiße Getränke**
Glühwein
Grog
Jagatee

**Unsere hausgemachten Mehlspeisen wählen Sie bitte aus der Vitrine**
Torten
Apfelstrudel
Topfenstrudel
Gugelhupf
Bischofsbrot
Fruchtsalat
Kompott
Palatschinken mit Marmelade
Palatschinken mit Schokolade
Mohr im Hemd

**Eisspezialitäten siehe Eiskarte**

**Kleine Speisen**
Ham and eggs (zwei Eier)
Eierspeise (zwei Eier)
Zwei Eier im Glas
Frankfurter, Senf oder Kren
Portion Sardinen
Schinkentoast
Käsetoast
Spezialtoast (Schinken und Käse)
Sandwiches: Schinken, Salami, Ei, Kaviar, Lachs, Käse
Butterbrot oder Buttersemmel
Schinkenbrot
Käsebrot
Portion Butter

Portion Marmelade
Kaisersemmel
Hausbrot

**Aperitifs, 5 cl**
Campari-Orange
Wermut Martini trocken, rot
Wermut Martini süß, rosé
Campari-Soda
Dubonnet
Cynar
Pernod
Sherry dry Pedro Domecq

**Cocktails**
Martini
Manhattan
Side Car
White Lady
Tom Collins
Gin-Fizz

**Offene Weine**
¼ l Kremser Weinberg
¼ l Neuburger (Gols)
¼ l Blaufränkischer
¼ l Kanzler Rot (Osberger, Straß)
¼ l Rosé (Osberger, Straß)
0,2 l französischer Landwein

**Flaschenweine weiß**
Grüner Veltliner
Kremser Schmidt
Dürnsteiner Flohhaxen
Heiligensteiner Rheinriesling
Neuburger

**Flaschenweine rot**
Straßer Rubin (Osberger, Straß)
Roter Storch

Beaujolais
Osberger Rosé
Merlot Grave de Friuli
Chianti Classico

**Sekt**
1/1 l Henkell trocken
1/2 l Henkell trocken
1/1 l Hochriegl trocken oder süß
1/2 l Hochriegl trocken oder süß
1/1 l Schlumberger trocken oder süß
1/2 l Schlumberger trocken oder süß
eine Flasche Baby-Sekt

**Brandy, Cognac, Whisky**
Bouchet naturmild
Bouchet V. V. S. O. P.
Stock Royal
Asbach Uralt
Rémy Martin
Courvoisier
Hennessy V. S. O. P.
Martell V. S. O. P.
Johnnie Walker
Jack Daniel's Bourbon Whisky
Black & White
Canadian Club
Four Roses

**Schnäpse**
Baračk-Pálinka
Slibowitz Badel
Wodka Wyborowa
Steinhäger, Kirschwasser
Gordon's Gin
Himbeerbrand, Birnenbrand
Obstler
Bols Dry Gin
Doornkaat

Rossbacher
Underberg
Fernet-Branca
Calvados
Inländerrum
Jamaikarum
Bacardi

**Liköre**
Bols Apricot
Half om half
Crème de menthe
Eierlikör
Blue Curaçao
Kümmel
Cointreau
Maraschino
Bénédictine D. O. M.
Cherry Heering
Kahlúa-Kaffeelikör

**Dessertweine**
Malaga
Refoško
Marsala
Samos
Portwein

# Teekarten

Tee ist eines der ältesten überlieferten Kulturgüter unserer Zeit und stammt aus China. Um die Entstehung des Teegetränkes ranken sich unzählige Legenden.
Vor allem die Engländer mit ihren zahlreichen Kolonien im orientalischen Raum kamen schnell auf den Teegeschmack und entwickelten ihre eigene Teekultur.
Heute sind die Bewohner sowohl der heißesten als auch der kältesten Gebiete der Erde zugleich auch die größten Teetrinker der Welt. An der Spitze des Weltverbrauches liegen die Bewohner des Persischen Golfes und der afrikanischen Wüsten, aber auch Eskimos, Ostfriesen, Iren und Engländer.
Tee ist eines der vielseitigsten Getränke und paßt im Grunde genommen zu jeder Gelegenheit, Jahres- und Tageszeit. Tee belebt den Organismus, weckt die Lebensgeister, schärft den Verstand sowie die Konzentrationsfähigkeit und verfügt – je nach Art und Sorte – über die unterschiedlichsten positiven Heilwirkungen.
Das Naturprodukt Tee hat null Kalorien (Joule), aber isotonische Eigenschaften.
Tee bietet sich in der Gastronomie durch seine große Geschmacks- und Aromavielfalt zu den verschiedensten Gelegenheiten an:

- kalt und warm als erfrischender Durstlöscher
- als Basis zu Mixgetränken, Bowlen, Grogs etc.
- als Eis bzw. Sorbet
- zum Frühstück
- zum Essen
- zur Jause – Tea time
- als Schlaftrunk
- in medizinischer Anwendung

## Aufbau und Gliederung einer Teekarte

- Nach der Herkunft
  - Indien – Darjeeling, Assam
  - Ceylon
  - China
  - sonstige – Java, Sumatra, Japan, Rußland

- Nach der Qualität
  - Blatt-Tees
  - Broken Teas
  - Fannings, Dust
- Teemischungen
- aromatisierte Tees
- Kräuter- und Früchtetees

## Tee-Qualitätsstufen

**Blatt-Tees**
FOP – Flowery Orange Pekoe: normales, drahtiges Blatt.
GFOP – Golden Flowery Orange Pekoe: dünnes, drahtiges Blatt.
TGFOP – Tippy Golden FOP: dünnes, drahtiges Blatt mit „Tips", das sind helle Spitzen vom jüngsten Blatttrieb.
OP – Orange Pekoe: langes, drahtiges Blatt.
P – Pekoe: kürzeres und gröberes Blatt.

**Broken Teas**
FBOP – Flowery Broken Orange Pekoe: gut gerolltes Blatt mit viel Tips.
BP – Broken Pekoe: grobes Blatt.
BPS – Broken Pekoe Souchong: gröbste Blattsortierung.
BM – Broken Mixed.

**Fannings und Dust**
BOPF – Broken Orange Pekoe Fannings: kleine Aussiebung, wenig Tips.
OF – Orange Fannings: kleinste Aussiebung der nicht geschnittenen Tees.
PF – Pekoe Fannings.
F – Fannings: feine Aussiebung geschnittener Sorten.
PD – Pekoe Dust.
D – Dust: feinste Aussiebung.

## Geschmackscharakteristika

**Darjeeling:** goldener Aufguß, aromatisch mild
**Assam:** dunkler Aufguß, kräftig, gehaltvoll

**Ceylon:** goldener/dunkler Aufguß, spritzig, herb, würzig
**China:** heller Aufguß, mild, blumig, wenig Gerbsäure
**Rußland:** dunkler Aufguß, mild, wenig Gerbsäure
**Afrika:** heller/dunkler Aufguß, herb

Dies sind Oberbegrifffe. Jeder Tee einer anderen Plantage schmeckt in der Feinabstimmung anders. Auch die verschiedenen Härtegrade des Wassers bedingen immer einen unterschiedlichen Geschmack.

## Angebote zum Fünf-Uhr-Tee / Five o' clock tea

Das Angebot besteht aus
- Tee nach Wahl mit Milch, Sahne oder Zitrone, Zucker bzw. Roh- oder Kandiszucker (Süßstoff)
- Sandwiches oder kleinen belegten Brötchen bzw. Canapés
- für Gäste aus den anglo-amerikanischen Ländern: Toast mit Butter und Jam oder Honig
- kleinen trockenen, nicht zu süße Bäckereien (Teegebäck*) und Teekuchen
- kleinen Salz- bzw. Käsegebäcken

### Süßes und Pikantes zum Tee

Scones (engl. Rosinenbrötchen)
Bath bims (engl. Teebrötchen)
Shrewsbury biscuits
Shortbread fingers
Löffelbiskuits
Makronenzwieback
Anisscharten
Ingwerbäckerei
Teemakronen
Zimtsterne

Dundee cake (schottischer Früchtekuchen)
Tea-cakes (engl. Teekuchen)

* Im deutschsprachigen Raum ist der Begriff Teegebäck die Bezeichnung für süßes Kleingebäck verschiedenster Art. Typische Weihnachtsbäckereien wie Vanillekipferln, Kokosbusserln, zu süße Makronenbäckerei etc. fallen daher unter den Überbegriff „Teegebäck". Diese Art von Gebäcken sind für den typischen Five o' clock tea nicht geeignet.

Königskuchen
Pfefferkuchen
Bischofsbrot
Linzer Torte
Anisbrot

Muffins (engl. Teebrötchen)
Käsekekse
Käsebiskuit
Käsestangerln
Kümmelstangen
Salzbrezeln, -stangerln
Salzkekse

## Teekarte

**China Black Tea**

Der Charakter: kräftige Mischung aus traditionellem Keemun-Tee. Sehr bekömmlich, vollkommen in der Harmonie.

Der Anlaß: zu oder nach einem orientalischen Mahl. Nachmittags oder abends.

Die Zubereitung: mit oder ohne Milch. Köstlich als Eistee.

**Prince of Wales Tea**

Der Charakter: eine exklusive Mischung aus langblättrigem schwarzem Tee. Der „Burgunder" unter den Tees. Ein Klassiker.

Der Anlaß: Man reicht ihn am Nachmittag oder am Abend.

Die Zubereitung: Pur servieren, eventuell mit Milch. Köstlich als Eistee.

**English Breakfast Tea**

Der Charakter: kurzblättrige Teemischung aus Ceylon und Indien. Ausgewogenes, volles Aroma, rassig, typisch englisch.

Der Anlaß: ideal zu jeder Tageszeit, am beliebtesten zum Frühstück.

Die Zubereitung: heiß, mit Milch oder Zitrone oder als Eistee.

**Earl Grey Tea**

Der Charakter: exklusive Mischung feinster China- und Darjeeling-Tees, angereichert mit dem Aroma kostbaren Bergamotteöls.

Der Anlaß: eine Erfrischung zu jeder Tageszeit, bevorzugt am Nachmittag und Abend. Empfohlen zu Fisch und Süßigkeiten.

Die Zubereitung: nach Belieben mit oder ohne Milch.

**Vintage Darjeeling Tea**

Der Charakter: edle Mischung zartester Teeblätter und Knospen aus Darjeeling (Indien). Exquisites Aroma, nobel im Charakter.

Der Anlaß: zwischen den Mahlzeiten zur traditionellen englischen Teestunde.

Die Zubereitung: Pur servieren oder mit einer frischen Zitronenschale.

**Gunpowder Green Tea**

Der Charakter: unfermentierter chinesischer Tee aus gerollten grünen Blättern. Zart duftend, mit dem niedrigsten Teingehalt.

Der Anlaß: zu chinesischen und japanischen Gerichten, an heißen Sommerabenden.

Die Zubereitung: Man serviert ihn heiß und genießt ihn pur.

**Lapsang Souchong Tea**

Der Charakter: langblättriger schwarzer Tee mit ausgeprägt rauchigem Geschmack, hervorgerufen durch den hohen Mineralgehalt der Erde in seiner chinesischen Heimat.

Der Anlaß: nachmittags oder abends. Ideal nach einem feinen Nachtmahl (dem Dinner). Kenner nehmen ihn zu Fleisch- und Käsegerichten.

Die Zubereitung: heiß, ohne Milch. Als Eistee mit Zitrone.

**Queen Mary Tea**

Der Charakter: Queen Mary bevorzugte diese Teemischung aus Darjeeling wegen des zarten, erfrischenden Muskatgeschmacks.

Der Anlaß: Teeliebhaber genießen ihn am Morgen und am Abend.

Die Zubereitung: heiß, mit oder ohne Milch. Eventuell mit Zitrone.

**Ceylon OP Tea**
Der Charakter: Ceylon-Tee mit mittelgroßen Blättern. Duftig im Aroma. Weich und lieblich im Geschmack.
Der Anlaß: köstlich zu jeder Tageszeit. Empfehlenswert zum Mittagessen und am Nachmittag.
Die Zubereitung: heiß, mit oder ohne Milch. Als Eistee mit Zitrone.

**Tropentraum**
Der Charakter: exotische Teemischung mit Jack-fruit-Geschmack.

**Hawaiizauber**
Der Charakter: frische, fruchtige Maracuja-Orange-Mischung.

**Früchtereigen**
Der Charakter: voller Aprikose-Pfirsich-Geschmack, mit Sonnenblumenblüte.

**Waldbeere**
Der Charakter: Früchtemischung mit feinem Waldbeerengeschmack.

## Erlesene Teespezialitäten

**Special Ceylon Orange Pekoe**
Ausgewählte feine Broken Teas aus Ceylon/Indien. Aromatisch und kräftig im Geschmack.

**Golden Assam Broken Tea**
First-class Assam Broken Tea bester indischer Provenienz. Schwerer, vollwürziger Geschmack.

**Feinster chinesischer Keemun-Tee**
Apart zarter Nachmittagstee, wenig Tein, für geschmacksverwöhnte Teeliebhaber.

**Finest Highgrown Darjeeling**
Flowery Orange Pekoe. Feinstes Hochgewächs von den Südhängen des Himalaja. Vollmundiger, lieblicher Geschmack.

Aromatisierter schwarzer Tee
**Special Earl Grey**
Eine China-Indien-Teemischung mit dem natürlichen Aroma der Bergamottefrucht.

**Russischer Samowar-Tee**
Eine Teekomposition nach alten russisch-chinesischen Rezepten, bevorzugt wegen seiner kräftigen, vollmundigen Tasse.

**Queens-Tee**
Eine königliche Ceylon-Darjeeling-Mischung, herb-blumig, nach englischem Rezept.

Aromatisierter schwarzer Tee
**Wildkirsch**
Einer besonders fein abgestimmten Indien-China-Java-Teemischung wird das intensive Aroma der japanischen Wildkirsche beigemischt.

Aromatisierter schwarzer Tee
**Mango**
Erlesene Ceylon-Indien-Teemischung mit frischduftigem Mangoflavour und Ringelblumenblüten (Calendula).

Aromatisierter schwarzer Tee
**Maracuja**
Feine Indien-Tees, verfeinert durch das exotische, volltropische Flavour der Maracujafrucht und Sonnenblumenblüten.

Dazu servieren wir Kandis und Sahne.

Im Aufgußbeutel:
Darjeeling superfine
Pfefferminztee
Hagebuttentee
Kamillentee

## Teekarte

**Liebe Teefreunde,**
Das Auswählen erlesener Tees erfordert Geduld, Sorgfalt und Sachverstand. Wir haben für Sie eine anspruchsvolle

und interessante Auswahl getroffen und wünschen Ihnen eine anregende und entspannende Teestunde in unserem Haus.

**Schwarzer Tee**

Edler Darjeeling Nurbong
Tippy Golden Flowery Orange Pekoe,
first flush
Heller, lieblicher Tee mit zartem und blumigem Aroma.

Edler Darjeeling Jungpana
Tippy Golden Flowery Orange Pekoe,
second flush
Feines, blumiges und vollmundiges Aroma.

Edler Assam Mokalbarie
Golden Broken Orange Pekoe,
second flush
Malzig, würzig, rassig und extravagant.

Edler Ceylon St. James
Flowery Broken Orange Pekoe,
Herbstgewächs
Vollmundig-reif, herbe Fülle und prickelndes Flavour.

Breakfast Tea
Feinste Ceylon-Broken-Mischung
Vollschwerer, fruchtiger Geschmack.

**Schwarzer Tee im Aufgußbeutel (Premium-Qualität)**

Darjeeling Superfine,
second flush
Vollblumiger, aromatischer Hochlandtee.

**Aromatisierter schwarzer Tee**

Special Earl Grey
Feine China/Indien-Teemischung mit dem Aroma der Bergamotte.

Flowery Orange Tea
Feine Java/Indien-Teemischung mit dem Aroma reifer Orangen.

Vanille
Indien-Tees mit Vanilleschoten.

Black Currant
Feine Java/Ceylon-Mischung mit Johannisbeerblättern.

Wildkirsch
Feine Java/China/Indien-Teemischung.

Diese Teesorten servieren wir in Porzellankännchen auf einem Stövchen. Dazu reichen wir Sahne und Kandis.

**Grüner Tee**

Formosa Gunpowder
Unfermentierter, grüner, ostasiatischer Tee mit leicht bitterem Geschmack.

# Weinkarten

## Die Weinkarte ist eine wichtige Verkaufshilfe

**Bedeutendster Teil innerhalb der Getränkekarte**

Die Weinkarte ist der bedeutendste Teil innerhalb der Getränkekarte, denn Weine sind neben Bier meistens die Umsatzträger, weit vor Spirituosen, alkoholfreien Getränken, Schaumweinen und Champagner. Hier sind, genau wie bei der Speisenkarte, gewisse Punkte zu beachten.

Eine Weinkarte muß übersichtlich und auch bei Kerzenlicht gut lesbar sein. Grafische Finessen spielen eine untergeordnete Rolle, ebenso die Sprüche zum Wein, die für das Auge und für den Geist das Niveau des edlen Getränkes unterstreichen müssen, die klare Gliederung darf darunter jedoch nicht leiden.

In der Spitzengastronomie ist die Weinkarte während der letzten Jahre nahezu zu einer Art Visitenkarte geraten. Hundert und mehr Weine sind ja keine Seltenheit, mancher Weinkeller gleicht gar einem wohnlichen Herrenhaus. Abgesehen davon, ob soviel Weinkultur – gar nicht so selten wird der Wein zur teuren Leidenschaft eines Gastronomen – ökonomisch überhaupt vertretbar ist, erhebt sich die Frage nach der Sinnhaftigkeit eines derartig umfangreichen Weinangebots. Die meisten – selbst anspruchsvolle – Gäste sind dadurch eher überfordert, die Weinkarte reduziert sich zum „Who is who" mehr oder weniger bekannter Weingüter, was aber auch nicht der Zweck der Übung war.

Wie so oft, liegt auch hier die Wahrheit in der Mitte. Eine Weinkarte – samt dazugehörigem Weinkeller – mit 20 bis 40 Weinen sollte jeder kulinarischen Herausforderung gewachsen sein. Wie viele und welche Weine letztlich auf der Weinkarte stehen, hängt jedoch vor allem von der jeweiligen Restaurantküche und ihren Ambitionen ab. Für schlichte, geradlinige Hausmannskost benötigt man weniger und einfachere Weine als beispielsweise für eine saison- und marktorientierte Regionalküche, wo alleine schon die größere Vielfalt von Produkten nach einer größeren Weinauswahl verlangt.

Es ist daher auch nicht ganz einfach, ein gleichsam allgemein gültiges Modell einer Weinkarte zu erstellen, zumal publikumsspezifische Bedürfnisse berücksichtigt werden.

Nichtsdestoweniger kann man nach einer allgemeinen Bedafsanalyse verschiedene Gruppen von Weinen zusammenstellen, die den Anforderungen in der Gastronomie weitgehend gerecht werden. Eine solche Liste könnte etwa so aussehen:
- leichte, trockene Weißweine (Qualitätsweine bis inkl. Kabinettstufe)
- schwerere, körperreiche, trockene bis halbtrockene Weißweine
- ev. trockene Roséweine
- leichte, frische Rotweine
- reife, körperreiche Rotweine
- Süßweine (hohe Prädikatsweine wie Beerenauslese, Ausbruch, Trockenbeerenauslese, Stroh- und Eiswein)
- Schaumweine

Aus dieser Aufstellung kann man nun bereits jene Gruppe(n) von Weinen streichen, wonach kein Bedarf besteht. Man kann sich allerdings auch die Frage stellen, ob dieser Bedarf wirklich nicht besteht oder einfach nicht erkannt wurde.
Die Zusammensetzung der Weine innerhalb der einzelnen Gruppen wird nun am besten mit den Zielsetzungen der jeweiligen Küche abgestimmt.
Den größten Anteil aller Weine werden z. B. in Österreich die leichten trockenen Weißweine haben, weil sie den klassischen österreichischen Weintyp darstellen. Darüber hinaus sind sie sehr vielseitig, man kann sie als Aperitif anbieten, sie passen zu Gemüse-, Fisch- und Fleischgerichten und lassen sich auch sehr gut „solo" trinken.
Als Rebsorte kommen vor allem Grüner Veltliner, Riesling, Welschriesling, Muskat-Sylvaner (Sauvignon blanc), Grüner Sylvaner und Neuburger in Frage.
Eher als Spezialisten können schwerere, körperreiche Weißweine der Rebsorten Chardonnay, Weißer Burgunder, Ruländer sowie Rotgipfler und Zierfandler gelten. Am

besten bietet man sie zu Gerichten mit schwereren, gehaltvollen Saucen oder – im Falle halbtrockener Spätauslesen und Auslesen – als Alternative zu kräftigen Rotweinen an.

Roséweine – zumal österreichischer Provenienz – haben eine merkwürdige Eigenschaft: Sie passen zu fast allen Gerichten, aber meistens nicht ganz. Das allerdings scheinen ein paar Liebhaber besonders zu schätzen, weshalb man einen Rosé auf der Karte haben sollte.

Der Typ des leichten, fruchtig-frischen Rotweines paßt besonders gut zu Nudel- und Reisgerichten, aber auch zu Pilzen und – kühl serviert – sogar zu Fisch. Solche Weine werden vor allem aus den Rebsorten Blauer Portugieser, Zweigelt und Blauer Burgunder gekeltert. Es hängt jedoch vor allem vom jeweiligen Jahrgang ab, wie sich ein Rotwein entwickelt, in sehr guten Jahren (etwa 1983 oder 1986) neigt selbst der Blaue Portugieser zu größerer Fülle.

In vielen Fällen, besonders im Rahmen eines größeren Menüs, ist das Hauptgericht ein Braten, sei es Rind, Lamm, Wild oder (Wild-)Geflügel. Der passende Wein dazu ist der klassische, volle Rotwein. Dafür braucht man seit einigen Jahren nicht mehr auf ausländische Importe zurückzugreifen, vor allem das Burgenland liefert mittlerweile ganz ausgezeichnete Rotweine dieses Typs, vorzugsweise von der Sorte Blaufränkisch. Als Alternative bieten sich noch Cabernet und Merlot sowie Cuvées aus diesen Rebsorten an. Solche Weine können auch zu einem eventuell nachfolgenden Käsegang weitergetrunken werden.
Zum Dessert stehen vor allem heimische Süßweine zur Disposition.

## Wie groß muß eine Weinkarte wirklich sein?

Irgendwer hat vor gar nicht langer Zeit das Ende der „Diktatur der Sommeliers" proklamiert. Abgesehen davon, daß ein Sommelier, der diesen Namen auch verdient, grundsätzlich Diener des Gastes wie des Weins ist, stimmt es, daß in der Vergangenheit Empfehlungen manchmal ganz schön pu-

shend gekommen sind – von jenem Unglücksraben eines Vertreters der Zunft ganz abgesehen, der als einzige Rotweinempfehlung in einem Wiener Ringstraßenhotel ergriffen „Château Pétrus" murmelte, die Flasche um 15.000 Schilling. Nun können selbst solche Flaschen auf einer Weinkarte vertreten sein, allerdings erfordert das Warten auf den Ölscheich oder Popstar, der solches zu diesem Preis zu trinken bereit ist, die geduldige Gelassenheit eines buddhistischen Priesters.
Irgendwo stand auch zu lesen, eine Weinkarte müsse „mindestens 300 Positionen aufweisen, bevor ein Lokal zu höheren Weihen in gastronomischen Führern kommen könne". Abgesehen vom völligen Nonsens solcher Behauptungen (beim Moa-Sepp in Pötting beispielweise ist die Bitte um eine Weinkarte absolut deplaciert), muß man sich auch die Frage stellen, in welche Richtung es weitergehen soll. Denn Bordeauxkeller, die aus allen Fugen quellen, bei gleichzeitig stagnierendem Absatz können nicht der Weisheit letzter Schluß sein. Hier also einige Regeln, die bei der Weinkartenerstellung sinnvoll und nützlich sind.

**Regel 1**
**Erkenne deine Grenzen**
Es hat wenig Sinn, eine Weinkarte nach dem Nachbarwirt, dem nächsten Gourmettempel oder den Billigstangeboten der anbietenden Händler zu erstellen, wenn man selber nicht zu jedem Wein stehen kann und über Lagerperspektiven wirklich Bescheid weiß. Steinfeder, jene jungen, leichten Weine der Wachau, sollten, wie auch Beaujolais Primeurs, im Jahr nach der Ernte ausgetrunken sein. Wer zuviel kauft, ist selbst schuld. Kräftigere Spätlesen und Smaragde wiederum (einen gut temperierten Keller – kein Kühlhaus! – vorausgesetzt) vertragen locker drei, vier und fünf Jahre im Keller und gewinnen noch dabei, von Bordeaux und Burgundern aus guten Jahren ganz zu schweigen.

**Regel 2**
**Aktiv verkaufen**
Wer aktiv verkauft, ist besser dran. Wer wartet, bis der Gast von sich aus die Weinkarte bestellt, wird hinter seinen Wein-

umsatzerwartungen zurückbleiben. Dazu gehört auch ein attraktives glasweises Angebot (Mittag und im Sommer jedenfalls), jedes Gegenargument ist längst entkräftet. Freilich auch hier mit Maß und Ziel: Wer glaubt, 20 und mehr Weine im Glas anbieten zu müssen, wird auf schalen Resten sitzenbleiben. Vier, fünf sind fast immer mehr als genug.

**Regel 3**
**Optik spielt mit**
Wie man seine Weinkarte gliedert (Herkunft, Rebsorten, Farben) ist jedermann selbst überlassen, doch sollte sich ein Gliederungssystem durchgängig bis zum Schluß durchziehen. Zum zweiten empfiehlt es sich, vor allem bei größeren Karten, so viele Weine wie möglich auf einer Seite unterzubringen (Großformat!), sonst blättert sich der Gast zu Tode. Zum dritten ist es keine Schande, wenn einmal ein Wein ausgeht, das kann immer passieren (und tut es bei großen Karten auch mit Regelmäßigkeit). Doch ist das im Zeitalter der Textverarbeitung kein Grund, monatelang dieselbe alte Karte nicht auszutauschen. Bei gedruckten Karten kann es durchaus vorteilhaft sein, Jahrgang und Preis freizulassen und mit der Hand einzutragen.

## Weine für die Erstellung der Weinkarte

Beim Aufbau und bei der Gliederung einer Weinkarte sind folgende Punkte zu beachten:
- offene Weine vor Flaschenweinen
- inländische Weine vor ausländischen Weinen
- Weißweine vor Rosé- und Rotweinen
- Tafel- und Qualitätsweine vor Weinen besonderer Reife und Leseart
- Stillweine vor schäumenden Weinen

Folgende Vermerke sollen auf einer Weinkarte vorhanden sein:
- Kassa- bzw. Bin-card-Nummer
- Bezeichnung des Weines
- Rebsorte

- Jahrgang
- Erzeuger
- Ausschankmenge (1/8 l; 1/4 l; halbe Flaschen mit 0,35 l; 0,5-l-Flaschen; 0,7-l-Flaschen; 0,75-l-Flaschen; 1,5-l-Flaschen etc.)
- Preisangabe
- Verweis auf Inklusivpreis

Darüber hinaus sollen durch das Gesetz geschützte Herkunftsbezeichnungen (z. B. D.O.C., Grand-cru-Lage) sowie besondere Herstellungsverfahren (z. B. Méthode champenoise) hervorgehoben werden.
Neben dem ständigen Angebot sollen besondere Weine (z. B. Wein des Monats) sowie Spezialitäten (z. B. Beaujolais Primeur und Beaujolais Nouveau) angeführt werden.

○ leicht ● schwer
◗ mittelschwer ●● sehr schwer

# Offene Weine

## Offene Weißweine aus Österreich

**Grüner Veltliner** ○
Weingut Bründlmayer
Langenlois – Kamptal-Donauland

**Riesling** ◗
Weingut Hirtzberger
Spitz – Wachau

## Offene Roséweine aus Österreich

**Schloß Kirchberg Rosé** ○
Schloßweingut Kirchberg
Kirchberg/Wagram – Donauland-Carnuntum

## Offene Rotweine aus Österreich

**Blauer Portugieser** ○
Weingut Fischer
Sooß – Thermenregion

**Blaufränkisch ●**
Weingut Leberl
Großhöflein – Neusiedler See-Hügelland

### Offener Weißwein aus Italien

**Soave ○**
Weinbaugebiet Venetien

### Offener Roséweine aus Portugal

**Casal Mendes Rosé ◗**
Weinbaugebiet Vinho Verde (Minho)

### Offene Rotweine aus Südtirol

**St. Magdalener ●**
Weinbaugebiet Bozen-Umgebung

**Kalterer See ◗**
Weinbaugebiet Überetsch

## Flaschenweine weiß aus Niederösterreich

### Weinbaugebiet Weinviertel

**Feenhaube Grüner Veltliner ○**
Ried Hinterm Dorf
Weinbau Neuhold – Gauderndorf

**Urkristall Rheinriesling ◗**
Ried Röschitzer-Mühlberg
Weinbau Hammer – Kleinreinprechtsdorf

**Grüner Veltliner ○**
Winzergenossenschaft Retz-Röschitz

### Weinbaugebiet Wachau

**Weißenkirchner Grüner Veltliner ○**
Ried Hinter der Burg
Weingut Prager – Weißenkirchen

**Steinfeder Riesling ○**
Weingut Hick – Rossatz

**Steinfeder Grüner Veltliner** ○
Weingut Silberbichlerhof – Mautern

**Pinot Chardonnay** ◗
Ried Zweikreuzgarten
Weingut Jamek – Joching

## Weinbaugebiet Kamptal-Donauland

**Kremser Kögl Rheinriesling Kabinett** ◗
Weingut Undhof – Krems-Stein

**Zöbinger Heiligenstein Riesling** ◗
Weingut Bründlmayr – Langenlois

**Straßer Pinot Blanc** ◗
Weingut Topf – Straß im Straßer Tale

**Langenloiser Riesling Platin** ◗
Weingut Sonnhof – Langenlois

## Weinbaugebiet Donauland-Carnuntum

**Weißer Burgunder** ◗
Ried Altweingarten
Kelleramt Chorherrenstift Klosterneuburg

**Felser Sauvignon Blanc** ○
Weingut Leth – Fels am Wagram

## Weinbaugebiet Thermenregion

**Prälatenwein Rotgipfler** ●
Weingut Freigut Thallern – Gumpoldskirchen

**Neuburger** ◗
Weingut Weiszbart – Leobersdorf

**Riesling-Sylvaner** ○
Weingut Johanneshof – Tattendorf

**Zierfandler** ●
Weingut Mühlfeldhof – Pfaffstätten

**Tattendorfer Mitterfeld Weißer Burgunder** ◗
Weingut Rebhof – Tattendorf

**Traminer** ●
Weingut Reinisch – Tattendorf

**Rheinriesling Kabinett** ◗
Weingut Schellmann – Gumpoldskirchen

**Weißer Burgunder Auslese** ●
Jahrgang 19..
Weingut Schlager – Sooß

# Flaschenweine weiß aus dem Burgenland

## Weinbaugebiet Neusiedler See

**Muskat-Sylvaner** ◗
Terra Galos (Erste Golser Weingüterkooperation) – Gols

**Traminer Spätlese** ●
Jahrgang 19..
Weingut Niessl – Jois

**Neuburger Kabinett** ◗
Weingut Stiegelmar – Gols

**Weißer Burgunder Spätlese** ●
Jahrgang 19..
Weingut Stiegelmar – Gols

## Weinbaugebiet Neusiedler See-Hügelland

**Muskat-Ottonel** ●
Weingut Artner – St. Margarethen

**Welschriesling Spätlese** ◗
Jahrgang 19..
Weingut Leberl – Großhöflein

**Ruster Goldburger Auslese** ●
Jahrgang 19..
Esterházysche Schloßkellerei – Eisenstadt

**Welschriesling Kabinett** ○
Ried Mariental
Weingut Mad – Oggau

**Neuburger Spätlese** ◗
Jahrgang 19..
Ried Geier-Umriß
Weingut Marienhof – Rust

**Sauvignon Blanc Spätlese ●**
Jahrgang 19..
Weingut Römerhof – Großhöflein

**Ruländer Auslese ●**
Jahrgang 19..
Weingut Schandl – Rust

### Weinbaugebiet Mittelburgenland

**Chardonnay ◗**
Weingut Gesellmann – Deutschkreutz

## Flaschenweine weiß aus der Steiermark

### Weinbaugebiet Südoststeiermark

**Weißburgunder ◗**
Ried Weinberg
Weingut Simmerl – Halbenrain

**Müller-Thurgau ○**
Gräflich Stürgkh'sches Weingut – Klöch

### Weinbaugebiet Südsteiermark

**Gelber Muskateller ◗**
Weingut Regele – Sulztal

**Sauvignon Blanc ◗**
Weingut Sattlerhof – Gamlitz

**Welschriesling Kabinett ○**
Weingut Schliefsteiner – Kitzeck im Sausal

**Schluchtenhang Pinot Gris ◗**
Schloßweinbau Harrachegg – St. Andrä im Sausal

**Pößnitzberger Römerstein Morillon ◗**
Weingut Tscheppe – Leutschach

**Pinot Chardonnay ◗**
Ried Czamillonberg
Weingut Tscheppe – Leutschach

### Weinbaugebiet Weststeiermark

**Sauvignon Blanc** ◗
Weingut E. & M. Müller – Groß St. Florian

**Muskateller** ●
Weingut E. & M. Müller – Groß St. Florian

## Flaschenweine weiß aus Wien

**Rheinriesling Kabinett** ○
Weingut Wieninger – Stammersdorf

**Weißburgunder Spätlese** ◗
Jahrgang 19..
Von den Rieden Jungenberg und In den Gernen
Weingut Schilling – Strebersdorf

**Grinzinger Nußberger Pinot Chardonnay** ●
Weingut Mayer am Pfarrplatz – Heiligenstadt

**Alsegger Rheinriesling** ◗
Weingut Mayer am Pfarrplatz – Heiligenstadt

**Siev'ringer Hasenlauf Grüner Veltliner** ○
Weingut Diem – Nußdorf

## Flaschenweine rot aus Niederösterreich

### Weinbaugebiet Weinviertel

**Blauburger** ○
Ried Blaue Treu
Weingut Taubenschuß – Poysdorf

**Gutswein Blaufränkisch** ●
Khevenhüller-Metsch'sches Weingut – Leodagger/Pulkau

### Weinbaugebiet Wachau

**Donauried Pinot Noir** ◗
Weingut Jamek – Joching

### Weinbaugebiet Kamptal-Donauland

**Rotspon Blauburgunder-Blaufränkisch ●**
Weingut Sonnhof – Langenlois

**Langenloiser Dechant Blauer Burgunder ●**
Weingut Bründlmayer – Langenlois

### Weinbaugebiet Donauland-Carnuntum

**Cabernet Sauvignon ●**
Weingut Artner – Höflein

### Weinbaugebiet Thermenregion

**Schlumberger Privatkeller Cabernet-Merlot ●**
Wein- und Sektkellerei Schlumberger – Bad Vöslau

**Cabernet Sauvignon ●**
Ried Stechtal
Weingut Wertek – Bad Vöslau

**Tattendorfer St. Laurent ◗**
Weingut Braborec – Tattendorf

**Bärenblut Blauer Portugieser ●**
Weingut Schlager – Sooß

## Flaschenweine rot aus dem Burgenland

### Weinbaugebiet Neusiedler See

**Blauburger Kabinett ○**
Weingut Preiner – Apetlon

**Zweigelt Auslese ◗**
Jahrgang 19..
Weingut Scheiblhofer – Andau

**Rotburger ○**
Weingut Stiegelmar – Gols

**Blauer Burgunder ●**
Weingut Stiegelmar – Gols

**Bühel St. Laurent ○**
Weingut Guttmann – Weiden am See

## Weinbaugebiet Neusiedler See-Hügelland

**Cabernet Sauvignon Spätlese ●**
Jahrgang 19..
Weingut Römerhof – Großhöflein

**St. Georgener Zweigelt ◗**
Weingut Moser – St. Georgen bei Eisenstadt

**Blaufränkisch Auslese ●**
Jahrgang 19..
Weingut Moorhof – St. Margarethen

**Blaufränkisch Ausstich ●**
Ried Zeiselheide
Weingut Mad – Oggau

**Rotburger ○**
Weingut Braunstein – Purbach

## Weinbaugebiet Mittelburgenland

**Blaufränkisch ●**
Weingut Gesellmann – Deutschkreutz

## Weinbaugebiet Südburgenland

**Deutsch-Schützener Blauburger ◗**
Weingut Arkadenhof – Deutsch-Schützen

# Flaschenweine rot aus Wien

**Blauer Burgunder ●**
Weingut Wieninger – Stammersdorf

**St. Laurent ◗**
Ried In den Gernen
Weingut Schilling – Strebersdorf

**Blauer Burgunder ●**
Weingut Mayer am Pfarrplatz – Heiligenstadt

**Blauer Burgunder ◗**
Ried Weißleiten
Weingut Diem – Nußdorf

## Prädikatsweine (sonnengereifte Süßweine)

**Ruländer Eiswein ●**
Jahrgang 19..
Weingut Johanneshof – Tattendorf
Thermenregion/NÖ.

**Neuburger Eiswein ●**
Jahrgang 19..
Weingut Römerhof – Großhöflein
Neusiedler See-Hügelland/Bgld.

**Grüner Veltliner Beerenauslese ●**
Jahrgang 19..
Weingut Knoll – Unterloiben
Wachau/NÖ.

**St. Margarethener Jubiläumsrebe Beerenauslese ●**
Jahrgang 19..
Esterházy'sche Schloßkellerei – Eisenstadt
Neusiedler See-Hügelland/Bgld.

**Weißer Burgunder Strohwein ●**
Jahrgang 19..
Weingut Stiegelmar – Gols
Neusiedler See/Bgld.

**Neuburger Ausbruch ●●**
Jahrgang 19..
Weingut Marienhof – Rust
Neusiedler See-Hügelland/Bgld.

**Jubiläumsrebe Trockenbeerenauslese ●●**
Jahrgang 19..
Weingut Mühlfeldhof – Pfaffstätten
Thermenregion/NÖ.

**Riesling Trockenbeerenauslese ●●**
Jahrgang 19..
Weingut Nikolaihof – Mautern an der Donau
Wachau/NÖ.

**Ruster Müller-Thurgau Trockenbeerenauslese ●●**
Jahrgang 19..
Weingut Freiler – Rust
Neusiedler See-Hügelland/Bgld.

## Roséweine, Clairette-Weine und Schilcher aus Österreich

**Blanc de Noirs Clairet** ◗
Weingut Stiegelmar – Gols
Neusiedler See/Bgld.

**Blauer Portugieser Rosé** ◗
Metternich'sche Weingüter – Krems
Kamptal-Donautal/NÖ.

**Kremser Rosé** ○
Weingut der Stadt Krems – Krems
Kamptal-Donauland/NÖ.

**Lutzmannsburger Zweigelt Rosé** ◗
Weingut Plöchl – Lutzmannsburg
Mittelburgenland/Bgld.

**Vöslauer Zweigelt Rosé** ○
Weingut Ceidl – Baden
Thermenregion/NÖ.

**Wachauer Rosé** ○
Weingut Machherndl – Wösendorf
Wachau/NÖ.

**Rosé-Blaufränkisch** ◗
Weingut Leberl – Großhöflein
Neusiedler See-Hügelland/Bgld.

**St. Laurent Rosé** ○
Ried Umriß
Weingut Marienhof – Rust
Neusiedler See-Hügelland/Bgld.

**Schilcher** ◗
Weingut E. & M. Müller – Groß St. Florian
Weststeiermark/Stmk.

**Schilcher** ◗
Weingut Jochum, Greisdorf bei Stainz
Weststeiermark/Stmk.

# Flaschenweine aus Südtirol, Trentino, Friaul-Julisch Venetien

## Weißweine

**Terlaner D.O.C.** ○
Gottardi – Innsbruck
Terlan/Südtirol

**Pinot Bianco**
Baroni a Prato – Trentino

**Pinot Grigio**
Fattoria Fratelli Ferrari – Latisana/Friaul-Julisch Venentien

## Roséweine

**Lagrein-Kretzer** ○
Kellereigenossenschaft Girlan/Südtirol

## Rotweine

**Bozner Leiten D.O.C.** ◗
Gottardi – Innsbruck
Bozen/Südtirol

**St. Magdalena D.O.C.** ◗
Schloß Rametz
Meran/Südtirol

**Brunnecker Grauvernatsch** ●
Morandell – Innsbruck
Brunneck/Südtirol

**Carbernet Franc** ●
Sergio Pevere – Latisana/Friaul-Julisch Venetien

# Französische Flaschenweine weiß

## Weinbaugebiet Elsaß

**Edelzwicker** ◗
Winzergenossenschaft Bennwhir

**Tokay Pinot Gris** ◗
Winzergenossenschaft Orschwhir

### Weinbaugebiet Loiretal

**Muscadet de Sèvre-et-Maine** ○
Domaine du Bois Bruley – Nantes

### Weinbaugebiet Burgund

**Pouilly-Fuissé** ◗
Georges Dubœuf – Mâconnais

**Le Montrachet** ●
Domaine Marquis de la Guiche
Joseph Drouhin – Côte de Beaune

**Meursault** ●
Joseph Drouhin – Côte de Beaune

**Corton-Charlemagne** ●
Hospice de Beaune – Côte de Beaune

**Chablis Grand Cru Valmur** ◗
Paul Dorin – Chablis

**Chablis Grand Cru Vaudésir** ◗
Regnard & Fils – Chablis

### Weinbaugebiet Bordeaux

**Château Olivier Blanc** ●
Château Olivier – Léognan/Graves

**Château d'Yquem** ●●
Grand Premier Cru Classé
Château d'Yquem – Sauternes

## Französische Flaschenweine rosé und rot

### Weinbaugebiet Bordeaux

**Château Lafite-Rothschild** ◗
Premier Grand Cru Classé
Château Lafite-Rothschild – Pauillac/Médoc

**Château Latour ◗**
Premier Grand Cru Classé
Château Latour – Pauillac/Médoc

**Château Pétrus ●**
Château Pétrus – Pomerol

## Weinbaugebiet Burgund

**La Tâche ●**
Grand Cru
Leroy – Vosne-Romanée/Côte de Nuits

**Pommard Grands Epenots ◗**
Premier Cru
Gaunoux – Pommard/Côte de Beaune

**Clos de Vougeot ◗**
Grand Cru
Rebourseaux – Gevrey Chambertin/Côte de Nuits

**Moulin-à-Vent ○**
Grand Cru
Louis Jadot – Beaujolais

## Andere Gebiete

**Clairette de Die ●**
Cave Coopérative de Die – Côtes du Rhône

**Tavel ◗**
Maby & Fils – Tavel/Côtes du Rhône

**Rosé d'Anjou ◗**
Chéné-Beaulieu sur Layon – Anjou-Saumur/Loiretal

**Bandol ◗**
Domaine Tempier – Le Castellet/Côtes de Provence

# Flaschenweine aus anderen Weinbauländern – weiß

## Italien

**Tocai di Lison Classico ◗**
Tenuta la Brighina – Lison/Venetien

**Prosecco di Conegliano-Valdobbiadene** ○
Antica Querica (Riello) – Venetien

**Soave D.O.C.** ○
Bertani – Venetien

**Orvieto D. O. C.** ●
Barberani – Umbrien

**Frascati D.O.C.** ○
Lorenzo Bertolo – Latium

## Deutschland

**Schloß Vollradser Beerenauslese** ●●
Graf Matuschka-Greiffenclau
Schloß Vollrads – Rheingau

**Rüdesheimer Berg Roseneck Auslese**
Weingut J. Leitz' Erben – Rheingau

**Bernkasteler Doctor** ●
Großlage Badstube – Mittelmosel
Mosel-Saar-Ruwer

## Schweiz

**Aigle les Murailles** ◗
H. Badoux – Aigle/Waadt

**Baculus Arvine** ◗
A. Orsat S.A. – Martigny/Wallis

**Château de Chardonne Dorin** ◗
Obrist S.A. – Vevey/Waadt

## Kalifornien

**Chablis** ◗
Paul Masson Vineyards – Saratoga/Santa Clara County

# Flaschenweine aus anderen Weinbauländern – rosé und rot

## Italien

**Cabernet di Pramaggiore ●**
Dialma – Pramaggiore/Venetien

**Valpolicella Classico D.O.C. ◗**
G. Campagnola – Venetien

**Barolo D.O.C. G. ●**
Accademia Torregiorgi – Piemont

**Chianti D.O.C. ●**
Fattoria Casenuove – Toskana

**Chianti Classico „Gallo Nero" D.O.C. G. ●**
Casa Sola – Toskana

## Deutschland

**Assmannshäuser Frankenthal ◗**
Spätburgunder Weißherbst
Weingut A. Kessler – Assmannshausen/Rheingau

**Assmannshäuser Hinterkirch Spätlese ●**
Jahrgang 19..
Spätburgunder
Weingut V. Schlotter – Assmannshausen/Rheingau

**Bönnigheimer Sonnenberg Kabinett ◗**
Spätburgunder
Weingärtnerei Bönnigheim/Württemberg

## Schweiz

**Cagliostro Merlot Rosé ◗**
Fratteli Valsangiacomo Fu Vittore S.A. – Chiasso/Tessin

**Balladin Salvagnin ●**
Pinot-noir- und Gamay-Trauben
H. Contesse S.A. – Cully/Waadt

## Spanien

**Imperial Gran Reserva ●**
Compañia Vinicola del Norte de España – Haro/Rioja Alta

## Österreichischer Sekt

**Hochriegl Halbsüß**
Méthode champenoise

**Hochriegl Alte Reserve**
Méthode champenoise

**Hochriegl Großer Jahrgang Brut**
Méthode champenoise
Johann Kattus – Wien

**Schlumberger Goldeck Trocken**
Méthode champenoise

**Schlumberger Sparkling Brut**
Méthode champenoise

**Schlumberger Ultra Brut**
Méthode champenoise

**Schlumberger Don Giovanni**
Roter Sekt
Firma Schlumberger – Wien

**Mounier Cuvée 262**
Méthode champenoise
Mounier & Co. – Wien

**Schloß Grafenegg Brut**
Metternich'sche Weingüter – Krems

**Schloß Sekt Trocken**
Schloß Gobelsburg/Kamptal-Donauland

**Henkell Trocken Rosé**
Henkell & Söhnlein – Salzburg

**Schilcher Sekt**
Brüder Kleinoscheg – Graz-Gösting

## Champagner

**Dom Pérignon Vintage**
Moët & Chandon – Epernay

**Roederer Cristal Vintage Brut**
Louis Roederer – Reims

**René Lalou Vintage**
G. H. Mumm & Co. – Reims

**Cordon Rouge Brut**
G. H. Mumm & Co. – Reims

**Blanc de Noirs Vintage**
Bollinger – Aÿ

**Veuve Clicquot Ponsardin Brut**
Veuve Cliquot Ponsardin – Reims

**Veuve Clicquot Brut Rosé Vintage**
Veuve Cliquot Ponsardin – Reims

**Charles Heidsieck Demi Sec**
Charles Heidsieck – Reims

**Krug Grande Cuvée Brut**
Krug & Co. – Reims

**Piper Heidsieck Brut Sauvage**
Piper Heidsieck – Reims

**Ruinart Brut Vintage Rosé**
Ruinart Père Fils – Reims

**Cuvée Marie Antoinette**
Irroy Ernest & Co. – Reims

**Blanc de Blancs Crémant Brut**
Henriot – Reims

# Musterseite einer Weinkarte

## Offene Weine

[1] 001 — [6] GRÜNER VELTLINER — [3] 1990 — [4] ⅛ l — [5] öS…
[8] Weingut Bründlmayer
[9] Langenlois
[10] Kamptal-Donauland
[11] Ein leichter, trockener, sortentypischer Vertreter eines eleganten Veltliners

## Flaschenweine

[1] 107 — [6] PINOT CHARDONNAY — [3] 1989 — [4] 0,7 l — [5] öS…
[7] Ried Zweikreuzgarten
[8] Weingut Jamek
[9] Joching
[10] Wachau
[11] Ein trockener, mittelschwerer, eleganter Chardonnay aus der Wachau

[1] 107a — [6] PINOT CHARDONNAY — [3] 1989 — [4] 0,35 l — [5] öS…
[7] Ried Zweikreuzgarten
[8] Weingut Jamek
[9] Joching
[10] Wachau
[11] Ein trockener, mittelschwerer, eleganter Chardonnay aus der Wachau

[1] 102 — [2] URKRISTALL — [3] 1990 — [4] 0,7 l — [5] öS…
[6] RHEINRIESLING
[7] Ried Röschitzer Mühlenberg
[8] Weinbau Hammer
[9] Kleinreimprechtsdorf
[10] Weinviertel
[11] Ein trockener, elegant-kräftiger, sortentypischer Gebietsvertreter

[12] Inklusivpreise
(Alle Abgaben beinhalten 10 % Alkoholsteuer, 5 bzw. 10 % Getränkesteuer, 20 % Umsatzsteuer sowie 10 % Bedienungsentgelt.)

[1] Bin-Card-Nummer
[2] Weinname
[3] Jahrgang
[4] Ausschankmaß, Flaschengröße
[5] Preis
[6] Rebsorte
[7] Riedbezeichnung
[8] Erzeuger
[9] Weinbauort
[10] Weinbauregion
[11] Weinbeschreibung
[12] Inklusivpreis bei Bier, Wein und Spirituosen

## Weinkarte

Wenn wir Sie bei der Wahl ein wenig beraten dürfen...

| | |
|---|---|
| Einen feinen | nicht zu schweren Weißwein oder einen Rosé zu den Vorspeisen. |
| Einen leichten | lieblichen Wein zum Fisch, zum Hummer und zu Austern. |
| Einen ausgewählten | trockenen Weißwein zum geräucherten Lachs und zum Seezungenfilet. |
| Einen hochwertigen | Weißwein oder einen Sauternes zur Gänseleberpastete. |
| Einen edlen | doch nicht zu schweren Rotwein zum Geflügel und zu allen Braten vom Kalb. |
| Einen sehr gepflegten | Rotwein aus den besten Jahrgängen aus Bordeaux und Burgund zum Chateaubriand, Entrecôtes, zu Steaks und Rinderbraten, Hammel, Wild und Käse. |
| Zum Dessert | ein Glas Portwein, rot oder weiß, oder nach Belieben einen edlen Likör. |
| Mit der Wahl | von Sekt und Champagner kann man nichts falsch machen; sie passen zu allen Gerichten.<br>Von der Vorspeise bis zum Dessert<br>Sie passen zu jedem Gespräch<br>Machen Sie uns die Freude, zu wählen<br>Machen Sie sich das Vergnügen, zu trinken |

### Österreichische Weine

**Weißweine**
Welschriesling trocken 1985
A. Kollwentz, Großhöflein, Burgenland

Riesling Cabinet 1984
Ried Klaus, J. Jamek, Joching, Wachau

Riesling 1983 „Küß den Pfennig"
Weingut Schmidl, Dürnstein

Ried Achleiten Cabinet 1983
Grüner Veltliner, J. Jamek, Joching, Wachau

Dürnsteiner Kaiserberg 1985, Kabinett
Grüner Veltliner, Weingut Franz Prager, Wachau

Ried Süssenberg 1984 Kabinett
direkt von der Hefe
Weingut Nikolaihof, Mautern, Wachau

Grüner Veltliner Kabinett 1985
Ried Rotes Tor, Weingut Hirtzberger, Spitz

Gobelsburger Meßwein 1984
Schloß Gobelsburg, Weingut des Stiftes Zwettl

Grüner Veltliner trocken 1984
Ried Steinhaus, Weingut Jurtschitsch

Pinot Blanc Kabinett 1983
Ried Spiegel, Weingut Jurtschitsch

**Rosé**
Schilcher Spätlese 1985
Prinz Liechtensteins'ches Weingut

Kremser Rosé 1985 aus der Sorte St. Laurent
Weingut Bründlmayer-Malat

**Rotweine**
Blaufränkisch Kabinett 1983
Weingut Wiesler, Deutschschützen

Blaufränkisch 1984
Klosterkellerei Siegendorf, Siegendorf

Spätburgunder Kabinett 1984
Weingut J. Jamek, Joching, Wachau

Blauer Burgunder Ried Kugelzipf 1984
Freigut Thallern, Gumpoldskirchen

Blauer Portugieser 1983
Ried Aussatzen, Ing. Josef Lust, Haugsdorf

**Burgund**

**Rotweine**
Romanée St. Vivant 1978
Domaine de la Romanée Conti

Echezeaux 1978
Domaine de la Romanée Conti

Granz puy Ducasse 1981

Beaujolais moulin à Vent 1981
Château de Jacques

**Bordeaux**

**Rotweine**
Château Domaine de Chevalier 1976
Léognan, Graves

Château rouget 1976
Grand Cru Pomeral

Château Pichon Longueville Baron 1976
Pauillac, Médoc

Château Rauzan Gassies 1966
Margaux, Médoc

**Weißweine**
Château Suduiraut 1966
Sauternes

Château d'Yquem 1970
Lur Saluces, Sauternes

Château Rieussec 1970
Sauternes

**Chablis**
Chablis grand Cru 1985
„Les Clos" Domaine de la Maladeire

**Côtes du Rhône / Côtes de Provence**
Rosé Côtes de Provence 1984
Château Grand Boise

Hermitage 1978
M. Chapoutier S.A., Tain-L'Hermitage Drôme

**Italien**

**Rotweine**
Chianti classico 1981
Doc Riserva Ducale, Ruffino, Firenze

Brunello di Montalcino 1979
Tenuta il Poggione

**Südtirol**
Cabernet 1981 Riserva
Schloß Schwanburg

**Spanien**
Imperial gran Reserva 1973
Haro, Rioja

Vina Tondonia Reserva 1970
Bodegas Lopez de Heredia

**Champagner**
Louis Roederer Cristal 1979
Pommery & Greno, Brut
Veuve Clicquot Ponsardin Brut
Pol Roger Brut
Perrier Jouet 1982 „Belle Epoque" Rosé
Laurent Perrier Ultra Brut
Heidsieck Monopole Diamant bleu 1976
Moët & Chandon Brut Imperial
René Lalou 1979 Mumm

**Sekt**
Hochriegl trocken
Hochriegl trocken 1/2
Schlumberger Sparkling
Schlumberger Magnum Sparkling
Steirischer Schilcher-Sekt 1985

## Unser Weinangebot

**Muskateller**
F. Lackner-Tinnacher
Gamlitz 89

**Pinot blanc / Weißburgunder**
P. Dolle, Straß im Straßertal 89
F. Hirschmugl, Sausal Kabinett 88
H. Jöbstl, Gamlitz Kabinett 89
A. Kollwentz, Großhöflein 89
K. Prünte, Spielfeld 89
M. Tement, Berghausen Kabinett, Zieregg 89
H. Topf, Straß im Straßertal „Classic" 89

**Roter Traminer**
A. Gross, Ratsch Kabinett 89
M. Tement, Berghausen Kabinett 89

**Zierfandler**
A. Schafler, Traiskirchen Kabinett 88

**Schilcher**
M. Klug, St. Stefan Stainz 89
Kabinett

**Welschriesling**
E. Tscheppe, Leutschach 90

**Prädikatsweine**
E. Triebaumer, Rust
Neuburger Beerenauslese 88
F. Lackner-Tinnacher, Gamlitz
Ruländer Auslese 89

**Blaufränkisch**
A. Kollwentz, Großhöflein 89
H. Krutzler, Deutsch-Schützen 89
J. Leberl, Großhöflein 88
H. Nittnaus, Gols 87
R. Schuster, Zagersdorf „Classic" 87
T. Szemes, Horitschon (Pinkafeld) 88
E. Triebbaumer, Rust „Gemärk" 89

**Cabernet Sauvignon 88**
J. Leberl, Großhöflein Cuvée 87
H. Nittnaus, Gols
H. Krutzler, Deutsch-Schützen
Cabernet Sauvignon Blaufränkisch 88
H. Reinisch, Tattendorf
Cabernet Sauvignon Merlot 88
R. Schuster, Zagersdorf C. M. B. 88

**Blaufränkisch – Barrique**
T. Szemes, Horitschon (Pinkafeld) 87
E. Triebbaumer, Rust
Oberer Wald 88
Mariental 87

**St. Laurent – Barrique**
H. Nittnaus, Gols 87

**Zweigelt – Barrique**
J. Umathum, Frauenkirchen 88

**Pinot Noir / Blauburgunder**
H. Reinisch, Tattendorf 89

**Blauer Portugieser**
H. Reinisch, Tattendorf „Reserve“ 88

**Schwarzriesling**
M. Tement, Berghausen 88

## Zur Weinempfehlung

**Österreich**

**Riesling**
L. Alzinger, Unterloiben
Loibenberg Smaragd 89

W. Bründlmayer, Langenlois
Heiligenstein Kabinett 88

P. Dolle, Straß im Straßertal
Gaisberg Kabinett 86

F. Hirtzberger, Spitz
Hochrain Federspiel 89

J. Jamek, Joching
Klaus Kabinett 89

E. Knoll, Unterloiben
Loibenberg Federspiel 89

J. Mantler, Gedersdorf
Tiefenthal Kabinett 88

M. Nigl, Senftenberg
Rammeln Kabinett 89

Hochäcker Kabinett 89

F. X. Pichler, Oberloiben
Steiner Tal Kabinett 88

Oberhauser Smaragd 88

Oberhauser Federspiel 89

F. Prager, Weißenkirchen
Steinriegl Federspiel 89

Steinriegl Smaragd 89

J. Schmelz, Joching
Dürnsteiner Freiheit Smaragd 89

F. Schmiedl, Dürnstein
„Küß den Pfennig" Federspiel 89

**Grüner Veltliner**
L. Alzinger, Unterloiben
Steiner Tal Smaragd 89

E. Knoll, Unterloiben
Kreutles Federspiel 89

M. Nigl, Senftenberg
Cuvée Kabinett 89

F. X. Pichler, Oberloiben
Klostersatz Federspiel 89

Mühlpoint Smaragd 89

J. Schmelz, Joching
Pichlpoint Smaragd 89

**Italien**
Tenuta di Capezzana
Conte Contini Banacossi, Carmignano 85

„Fontodi"
Panzano (Greve), Chianti Classico 86

Fattoria di Felsina „Berardenga"
Chianti Classico Reserva 85

„Fontalloro" 85
Palazzino Moni in Chianti
„Grosso Sanese" 85

Monte Vertine
Radda in Chianti
Il Sodaccio 85

Antinori
Tignanello 85

Sassicaia 87

Ornelaia 87

Il Poggione
Brunello di Monalcino 85

Altesino
Montalcino
„Palazzo Altesi" 85

**Piemont**
Alfredo Prunotto
Barbera d'Alba Riserva 87

Barbaresco Montestefano Riserva 83

Barolo Cannubi Reserva 83

Paolo Scavino
Barolo „Bric del Fiasc"

Cordero di Motezemolo
Barolo „Enrique VI" 85

Elio Altare
Barolo 85

Ceretto
Barolo „Zonchera" 86

Angelo Gaja
Barbaresco 85

**Lombardei**
Ca del Bosco M. Zanella
Franciacorta Rosso 86

**Frankreich**

**Côtes du Rhône**
Paul Avril
Châteauneuf du Pape A. C. 88

**Burgund / Côte du Beaune**
Comte Armand Clos des Epeneaux
Pommard ler Cru 87

**Côte de Nuits**
Domaine Daniel Rion et Fils
Vosne romanée A. C. 88

**Bordeaux**
Château Troplong-Mondot 86
Grand Cru Classé (Saint-Émilion)

Château Haut-Bages Liberal
5e Cru Classé Pauillac 87

Château Haut-Marbuzet
(Saint-Estèphe) 86
Cru Grand Bourgeois Exceptionnel

Château Hortévie (Saint-Julien) 85
Cru Bourgeois

Château Chasse-Spleen (Moulis) 86
Cru Grand Bourgeois Exceptionnel

Château Labégorce-Zédè
(Margaux) 87
Cru Bourgeois Supérieur

Château Siran (Margaux)
Grand Cru Exceptionnel 82

**Spanien**
Bodegas Martinez Bujanda (Alavesa)
Conde de Valdemar Reserva 85

Granja Ntra. Sra. de Remelluri (Alavesa)
Remelluri Reserva 85

Compania Vinicola del Norte (Haro)
Imperial Reserva 78

Bodegas Alejandro Fernandez
Pesquera Especial Reserva 86

**Kalifornien**
Cabernet Sauvignon
Stag's Leap Vineyards, Napa Vally 83

**Chile**
Santa Rita
Cabernet Sauvignon 84

**Sekt - Champagner**
Leberl Brut, Großhöflein, Burgenland
Schlumberger Sparkling Brut
Taittinger Brut
Lechére Brut
Prosecco di Valdobbiadene, Brut Bisol

# Aus unserem Keller

## Deutschland

Baden

Weißweine

1989 Oberbergener Baßgeige, Sivaner-Qualitätswein, Franz Keller
1989 Oberbergener Pulverbuck, Weißburgunder Spätlese trocken, Franz Keller
1989 Grauburgunder, Tafelwein Selektion „S" (Barrique), Franz Keller
1990 Ihringer Winklerberg, Grauburgunder Spätlese trocken, Dr. Heger
1990 Ihringer Winklerberg, Weißburgunder Spätlese trocken, Dr. Heger

Rotweine

1989 Spätburgunder, Rotwein Spätlese trocken Barrique, Dr. Heger
1988 Königschaffhauser Steingüble, Spätburgunder-Rotwein, Barrique, Winzergenossenschaft Königschaffhausen

Württemberg

1990 Verrenberger Verrenberg, Riesling Kabinett trocken, Fürst von Hohenlohe-Ohrringen
1988 Brüssele Kleinbottwarer, Traminer Spätlese trocken, Graf Adelmann
1989 Brüssele Kleinbottwarer, Süßmund Riesling Kabinett trocken „Brüsseler Spitzen", Graf Adelmann
1989 Brüssele Kleinbottwarer, Muskateller Oberer Berg Kabinett trocken, Graf Adelmann

Franken

1989 Würzburger Innere Leiste, Riesling Kabinett trocken, Staatsweingut Würzburg
1988 Iphöfer Julius Echter Berg, Silvaner Kabinett trocken, Dr. Wirsching
1990 Iphöfer Echter Berg, Riesling Spätlese trocken, Dr. Wirsching
1989 Randersackere Ewig Leben, Kerner Spätlese trocken, Robert Schmitt
1990 Bürgstadter Centgrafenberg, Silvaner Kabinett trocken, Rudolf Fürst

Rheingau

1988 Schloß Johannisberger Rotlack, Riesling Kabinett trocken
1990 Schloß Vollrads, Riesling-Qualitätswein trocken

1990 Schloß Vollrads, Riesling Kabinett trocken
1990 Silvaner, Qualitätswein trocken, August Kesseler
1909 Schloß Johannisberger Rosalack, Riesling Auslese
Roséwein
1989 Spätburgunder Weißherbst, trockener Qualitätswein, August Kesseler

Mosel–Nahe
1989 Wehlener Sonnenuhr, Riesling Kabinett trocken, Joh. Josef Prüm
1988 Bernkasteler Lay, Riesling Auslese halbtrocken, Joh. Josef Prüm
1989 Kreuznacher Gutenthal, Riesling Kabinett trocken, Carl Finkenauer
1989 Kreuznacher Mollenbrunnen, Riesling Spätlese trocken, Carl Finkenauer

## Österreich

Weißweine
1990 Müller-Thurgau, Toni Mörwald, Feuersbrunn
1990 Grüner Veltliner, Rotes Tor, Federspiel, Franz Hirtzberger, Spitz
1990 Welschriesling, Manfred Tement, Berghausen
1990 Sauvignon Blanc, Kabinett, Reinhold Polz, Graßnitzberg
1990 Riesling, Federspiel, Joh. & Monika Schmelz, Joching
1990 Riesling, Smaragd, Hollerin, Leo Alzinger, Unterloiben
1990 Morillon-Chardonnay, Hochgraßnitzberg, Reinhold Polz, Graßnitzberg
1988 Weißer Burgunder, Peter Dolle, Straß
1990 Chardonnay Cabinett Barrique, Georg Stiegelmar, Gols
Rotweine
1989 St. Laurent Barrique, Georg Stiegelmar, Gols
1987 Cuvée St. Georg, Georg Stiegelmar, Gols

## Frankreich

Weißweine
Elsaß
1988 Riesling „Hügel"
1986 Riesling Cuvée Frederic Emile, Trimbach
1989 Riesling Prälatenberg Grand Cru, Dom. des Prelats, Engel

1989 Gewürztraminer „Prälatenberg“ Grand Cru, Dom. des Prelats, Engel
1988 Clos des Capucins Pinot Noir, Maison Faller

Loire
1989 Cuvée Nr. 1, Muscadet de Sevre & Main, Metaireau
1990 Sancerre Dom. Millet AC
1990 Sancerre Dom. Patrice Moreux AC
1990 Pouilly-Fumé «L'arret Buffatte» AC, Domaine F. Tinel-Blondelet
1989 Pouilly-Fumé «Quercus», Tinel-Blondelet AC
1988 Pouilly-Fumé Baron de «L», Ladoucette

Rhône–Beaujolais

Weißweine
1988 Hermitage «Chevalier de Sterimberg», P. Jaboulet

Dessertwein
1988 Muscat de Baumes de Venise

Rotweine
1985 Châteauneuf-du-Pape «Cuvée du Vatican»
1986 Châteauneuf-du-Pape «Vieux Télégraphe»
1988 Hermitage «La Chapelle», Jaboulet
1986 Côtes Rôtie, «Côtes de Brune et Blonde», Guigal
1986 Côtes Rôtie, «La Turque», Guigal

Weißweine

Bourgogne
1988 Saint Veran AC, Paul Bocuse
1989 Chablis, «Champs Royaux», Auffray
1989 Chablis 1 Cru, «Montée de Tonnerre», L. Michel
1988 Chablis Grand Cru, «Les Grenouilles», Droin
1988 Pic Premier Chablis prop., Baron Ladoucette
1990 Aligoté de Bourgogne, Dom. Thevenot-Machal
1988 Bourgogne Chardonnay, «Corps de Garde», Dom. Goisot
1989 Borugogne Blanc AC, Dom. Leflaive
1988 Beaune «Clos des Mouches» 1 Cru, Drouhin
1989 Meursault Villages AC, Thevenot
1988 Meursault Charmes 1 Cru, Thevenot-Machal
1988 Meursault Genevières 1 Cru, Michelot
1985 Chassagne-Montrachet, «Les Ruchottes», Dom. Ramonet
1986 Ruligny Montrachet Dom. Laroche, Cht. de Puligny-Montrachet
1988 Bienvenu-Batard-Montrachet Dom. Ramonet
1988 Batard Montrachet Dom. Ramonet
1983 Le Montrachet Dom. Ramonet

1989 Vougeot 1 Cru Domaine Bertagno
1985 Corton Charlemagne Bonneau du Martray
1988 Corton Charlemagne Louis Latour

Rotweine

Côtes de Beaune
1988 Bourgogne Rouge, Leflaive
1988 Hautes Cotes de Beaune, «La Combotte», F. Charles
1985 Pernand Vergelesses 1 Cru, Les Vergelesses
1983 Santenay 1 Cru, «Passe-Temps», Dom. Mestre
1987 Beaune, «Clos des Mouches» 1 Cru, Brouhin
1986 Volnay, «Les Caillerets» 1 Cru, Dom. De la Pousse d'Or
1985 Aloxe Corton Chevalièr Père & Fils
1986 Aloxe Corton les Chaillots Louis Latour
1986 Corton Bressades Grand Cru, Joseph Drouhin
1983 Cht. Corton Gracey, Louis Latour

Côtes de Nuits
1987 Côtes de Nuits Villages, Dom. Laluere Piot
1986 Clos de la Roche, A. Rousseau
1988 Gevrey-Chambertin, A. Rousseau
1988 Morey-St-Denis, Dom. Bryczek
1987 Chambolle Musigny, Dom. Bryczek
1985 Fixin 1 Cru «Clos du Chapitre», Dom. Gelin
1986 Mazy-Chambertin, A. Rousseau
1979 Chambertin Grand Cru, Dom. Camus
1987 Chambolle Musigny, Comte de Vogue
1987 Charmes Chambertin, A. Rousseau
1987 Chambertin, A. Rousseau
1988 Vosne-Romanée, «Les Beau Monts Bas», Dom. Bertagna
1976 Romanée-St-Vivant, Dom. Romanée-Conti
1987 Bonnes Mares Grand Cru, Domaine Roumier
1978 Echezeaux, Dom. Romanée-Conti
1978 La Tache, Dom. Romanée-Conti

Bordeaux

Weißweine
1987 Château Fieuzal Graves
1987 Château La Louvière Graves
1990 Château Mousseyron Bordeaux

Sauternes
1980 Château Suduiraut 1° Grand Cru Classé
1985 Château Rieussec 1° Grand Cru Classé
1988 Château Guiraud 1° Grand Cru Classé
1977 Château d'Yquem 1° Grand Cru Classé

Rotweine

Médoc
1985 Château Tour Haut Caussan, Cru Bourgeois
1985 Château Lanessan Cru Bourgeois, Superieur Haut-Médoc
1985 Château La Lagune

Moulis
1985 Château Chasse Spleen
1986 Château Poujeaux-Theil

Graves
1983 Château La Louvière
1982 Château Haut-Bailly
1985 Domaine de Chevalier
1985 Château La Mission Haut-Brion
1985 Château Haut-Brion

St-Emilion
1987 Château Canon La Gaffelière
1983 Château Figeac
1982 Château La Doninique
1987 Château Balestard La Tonnelle
1983 Château Canon
1985 Château Pavie
1985 Château Magdelaine
1985 Château Cheval Blanc
1987 Cht. Ausone

St-Julien
1985 Château Beychevelle
1985 Château Gruaud-Larose
1987 Château Leoville-Las-Cases
1987 Château Durcu-Beaucaillou

St-Estèphe
1987 Château Les Ormes de Pez
1987 Château Cos d'Estournel

Pomerol
1985 Vieux-Château-Certan
1984 Château Lafleur
1987 Château Lafleur-Petrus
1987 Château Le Pin
1955 Château Petrus, Abfüllung Van der Meulen
1976 Château Petrus Jeroboam
1980 Château Petrus Doppelmagnum
1980 Château Petrus Imperial
1983 Château Petrus

Margaux
1987 Château Giscours
1982 Château Palmer
1982 Château Palmer Doppelmagnum
1987 Château Margaux

Paulliac
1987 Château Lynch-Bages
1985 Château Pontet Canet
1985 Moulin des Carruades (Zweitwein von Lafite-Rothschild)
1986 Château Pichon Cesse Lalande
1987 Château Pichon Longueville Baron
1973 Château Mouton Rothschild Jeroboam
1986 Château Mouton Rothschild
1970 Château Lafite-Rothschild Jeroboam
1987 Château Lafite-Rothschild
1979 Château Latour

## Italien

Weißweine

Venetien – Friaul
1990 Soave Classico Fratelli, Speri DOC
1990 Breganze di Breganze, Maculan DOC
1988 Soave Capitel Croce, Roberto Anselmi
1989 Chardonnay Colli Orientali, Torre Rozazzo
1989 Ronco delle Acacie, Abbazia di Rosazzo

Südtirol – Trentino
1990 Pinot Bianco DOC, Alois Lageder
1990 Pinot Grigio «Benefizium Porer», Alois Lageder
1988 Chardonnay Löwengang, Alois Lageder
1989 Trentino Pinot Bianco, Vegneto Sgarzon, Foradori

Lombardei – Toskana – Piemont
1989 Chardonnay, Ca'del Bosco
1989 Le Grance Chardonnay, Caparzo
1989 Chardonnay Vinattieri, Maurizio Castelli
1989 Chardonnay, Isole e Olena
1990 Poggio alle Gaze, Sauvignon, Antinori Bolgheri
1989 Chardonnay Gaja & Rey, A. Gaja

Rotweine

Südtirol
1985 Cabernet Sauvignon Löwengang, Alois Lageder
1987 Cabernet Sauvignon Löwengang, Alois Lageder

1985 Vernatsch von alten Reben, Kellergenossenschaft Girlan
1989 Istrice, Cabernet Sauvignon, Eleonore Walch

Toscana
1987 Chianti Gineprone, Col d'Orcia
1989 Rosso di Montalcino, Poggio Antico
1985 Brunello di Montalcino Riserva, Poggio Antico
1985 Brunello di Montalcino, Case Base
1988 Chianti Classico, Castello dei Rampolla
1986 Castello dei Rampolla «Sammarco»
1986 Fontalloro, Felsina, Berardenga
1988 Cepparelli, Isole & Olena
1985 Tignanello
1986 Sassicaia
1987 Ornellaia
1985 Solaia
1987 Masseto

Piemont – Lombardei
1985 Bricco dei Manzoni, Castello Monzoni
1988 Bricco della Bigotta, Ciacomo Bologna
1988 Bricco del'Uccelone, Giacome Bologna
1982 Barolo «Cru Falletto», Brono Giacosa
1985 Barbaresco Barale «Cru Rabaja»
1987 Vignarey, Angelo Gaja
1986 Barbaresco, Angelo Gaja
1986 Barbaresco Martinenga «Gajun», Marqueste de Gresy
1974 Barbaresco Riserva, Scarpa
1988 Maurizio Zanella

Trentino
1988 Teroldego Rotaliano Vigneta Sgarzon, Foradori
1988 Granato, Selectione-Steines, Foradori

Dessertweine
1990 Moscato d'Asti «Vigna Senza Nome», G. Bologna, Piemont
1989 Torcolato, Maculan, Venetien
1987 Recioto dei Capitteli Anselmi, Venetien
1988 Moscato Rosa, Alois Lageder, Bozen

**La Maison Krug**

Krug Grande Cuvée
Krug Vintage 1982
Krug Rosé
Krug Clos du Mesnil 1982
Krug Collection 1976

## Spanien

Las Lunes Vino Tinto, Altro Ebro
1987 Chianza Cosecha Vino Tinto, Ramon Bilbao
1987 Raimat Cabernet Sauvignon Costers del Segre
1983 Yllera Vino de Mesa Reserva, Los Curros
1981 Cabernet Sauvignon «Jean Leon», Penedes
1985 La Rioja Cune, Imperial Reserva
1985 Rioja Muga, «Gran Reserva», Prade Enea
1978 «Reserva 904», Rioja Tinto Gran Reserva, La Rioja Alta
1973 Reserva Centenario, «Gran Reserva», La Rioja Alta

## Kalifornien

Weißweine
1985 Chardonnay, Sonoma Cutrer, Sonoma Valley
1988 Husch Vineyards, Chardonnay, Mendocino County
1988 Silverado Vineyards, Chardonnay, Napa Valley

Rotweine
1984 Merlot, Newton, Napa Valley
1984 Cabernet Sauvignon Andrus Reserve, Pine Ridge, Napa Valley
1988 Pinot Noir Wild Horse Winery, Santa Barbara Country
1982 Opus One, Robert Mondavi, Napa Valley

Dessertwein
1983 Sauvignon Blanc Botrytis, Robert Mondavi, Napa Valley

## Champagner

Champagne P. Louis Martin
Champagne Larmandier-Bernier Club 21985
Champagne Veuve Clicquot Ponsardin Brut
Champagne Veuve Clicquot Vintage Réserve 1985
Champagne Taittinger Brut Reserve
Champagne Taittinger Comtes de Champagne 1985, Blanc de Blancs
Champagne Taittinger Roy Lichtenstein Brut 1985
Champagne Laurent-Perrier Grand Siècle
Champagne Bollinger Special Cuvée Brut
Champagne Moët & Chandon Brut Imperial
Champagne Dom Perignon Vintage 1983

Champagne Moët & Chandon rosé Vintage 1986
Champagne Dom Perignon rosé 1980
Champagne Beaumet rosé Vintage 1983
Champagne Roederer Cristal 1985
Champagne Charles Heidsieck Blanc des Millénaires Vintage 1983
Champagne Legras Blanc de Blanc Brut
Champagne Pol Roger Extra Cuvée de Réserve
Champagne Ruinart «R» Brut
Champagne Dom Ruinart Blanc de Blanc Vintage 1983
Champagne Dom Ruinart Rosé Vintage 1982

Coteaux de Champagne
Saran Blanc de Blancs Moët & Chandon
Laurent-Perrier, Pinot Franc Cuvée Pinot Noir

**Schaumweine / Sekte**

Kessler Sekt Hochgewächs
Kessler Sekt Hochgewächs Ultra Brut
Fürst von Metternich Brut Jahrgang 1985
Adam Brut Sekt

# Bierkarten

Die Harmonie von Speisen und Getränken ist ein wesentliches Kriterium aller kulinarischen Genüsse. Sind die Gerichte der südländischen Küche eng mit Wein verknüpft, so ist die lukullische Tradition der Alpenländer und der norddeutschen Länder kaum vom Bier zu trennen.
Die Renaissance der bodenständigen Küche, derer sich Spitzengastronomen immer mehr verpflichten, ist auch ein Bekenntnis zu Bier als Teil gehobener Tischkultur.
Immer mehr Gäste wissen es zu schätzen, wenn ein Sommelier, der nicht nur Wein, sondern auch Bierkenner sein sollte, zu einem Gericht die passende Bierspezialität empfiehlt. Näheres dazu finden Sie im Kapitel „Korrespondierende Getränke".
Wachsende Sortenvielfalt, stimmige Darbietung durch entsprechende Gläserpflege und Ausstattung der Produkte tun ein übriges, um das Produktimage vom Massengetränk der 70er Jahre (dessen Stellenwert als Wirtschaftsfaktor hoch angesehen wurde) zum **gesellschaftsfähigen Getränk** über alle sozialen Schichten stetig zu verändern.

Unter der **Anhebung der Bierkultur in der Gastronomie** versteht man:
- Anhebung des gesellschaftlichen Stellenwertes des Produktes Bier
- Ritual und Typik des Bierkonsums (Genußkomponente)
- Neue Wege des Bierangebotes für die Gastronomie.

**Ziele:**
- Faßbierqualität als Zeichen gepflegter Gastlichkeit (Zapfkunst – von der Lagerung bis zur Gläserpflege)
- Schaffen von Bierambiente (werblich, konzeptionell, baulich)
- Erlebniswerte rund um das Bier (Unterhaltung, soziale Komponente)
- Auf Gästegruppen abgestimmtes Angebot als Umsatzgarantie (individuelle, regionale und betriebstypenspezifische Sortimentsauswahl)
- Die Gestaltung einer Bierkarte

## Biere für die Erstellung einer Bierspezialitätenkarte

Beim Aufbau und bei der Gliederung einer Bierspezialitätenkarte sind folgende Punkte zu beachten:
- alkoholfreie Biere vor alkoholarmen Bieren und Starkbieren
- inländische Biere vor ausländischen Bieren
- offene Biere vor Flaschenbieren
- Spezialbiere immer am Schluß anführen

Folgende Vermerke sollen auf einer Bierspezialitätenkarte vorhanden sein:
- eventuell Kassa-Nummer
- Herkunftsland
- Bezeichnung des Bieres
- Stammgewürzgehalt und/oder Alkoholgehalt
- Ausschankmenge (Stange 0,2 l, Pfiff ⅛ l, Seidel 0,3 l, 0,4 l, Krügel bzw. „Halbe" 0,5 l, Maß 1 l, 0,25-l-Flaschen, 0,33-l-Flaschen, 0,5-l-Flaschen; Sondergrößen bei Spezialbieren)
- Preisangabe
- Verweis auf Inklusivpreis

Für den Gast sollen darüber hinaus Erklärungen bei speziellen Sorten (z. B. Dampfbier ist ein obergäriges, sehr fruchtiges, hellrotes Bier mit einer Geschmacksnote, die an Vanille erinnert) angegeben werden. Neben dem ständigen Angebot können besondere Biere (z. B. Bier der Woche) sowie Spezialitäten (z. B. Lambic) angeführt werden.

### Alkoholfreie Biere

**Österreich:** Schloßgold
**Deutschland:** Clausthaler
**Schweiz:** Moussy (Brauerei Cardinal)

### Leichtbiere

**Österreich:** Reininghaus L
**Deutschland:** Stade's leicht (Dortm. Actien-Brauerei AG)
**Holland:** Amstel Light
**USA:** Coors Light

**Weizenbiere**

**Österreich:**
Jörger Kristall Weizen (Brauerei Grieskirchen AG)
Hefeweizen (Brauerei Hofstetten Krammer Caspar)

**Deutschland:**
Weihenstephaner Altbayrisches Hefe-Weizenbier
Berliner Weiße (Berliner Kindl Brauerei AG)
Stephani-Weizen Dunkel (Ehnle L. Privatbrauerei)
Schneider Weisse (Privatbrauerei Schneider G. & Sohn KG)

**Schweiz:** Calanda Weizenbräu

**Landbier**

**Österreich:** Kapsreiter Landbier

**Lagerbiere**

**Schweiz:** Boxer Old Lager
**Dänemark:** Carlsberg Special Strong Lager
**Tschechien:** Gambrinus, Staropramen
**Irland:** Smithwicks Lager
**USA:** Samuel Adam's Boston Lager

**Pilsbiere**

**Österreich:** Hubertusbräu Herren-Pils, Zwettler Zwickl Pils
**Deutschland:** Bitburger Pils, Löwenbräu Diätpils

**Altbiere**

**Deutschland:** Barre Altstadt Alt, Diebels Alt
**Tschechien:** Gemer Special

**Märzenbiere**

**Österreich:**
Märzen-Edelpils (Huber-Bräu)
Märzen Dunkel (Braucommune Freistadt)

**Deutschland:**
Hacker-Pschorr Oktoberfest-Märzen
Arcobräu Festbier

**Schweiz:** Eichhof Festbier

## Bockbiere

**Österreich:**
Eggenberger Festbock
Eggenberger Urbock
Hubertusbräu Festbock
Stieglbräu Osterbock
Fohrenburger Bock
Gösser Dunkler Bock

**Deutschland:**
Berliner Kindl Bock Hell
Dunkler Bock (Doppelbockbier; Bayer. Brauhaus Pforzheim)
Eisbock (Kulmbacher Reichelbräu)

**Dänemark:** Carlsminde Bryggerier Guld Bock

**Holland:**
Brand Brouwerij Imperator (Malz-Bockbier)
Dommelsch Bockbier

## Malzbiere

**Österreich:**
Hirter Morchel
Kaiser Doppelmalz (Hofbräu Kaltenhausen)
Kapsreiter Edelmalz

**Deutschland:** Braumeister's Kraftmalz Malztrunk

## Starkbier

**Deutschland:** Schäffbräu Feuerfest Edelbier

## Ales

**Großbritannien:**
Mary Ann (Light Ale)
Argyle 80 (Dark Ale)
Belhaven Scottish Ale
Courage Best Bitter (Bitter Ale)

**USA:** Bridgeport Ale, Genesee Cream Ale
**Holland:** Arcener Grand Prestige (Dark Ale)
**Dänemark:** Ceres Bryggeri Strong Ale

**Porter**

**Großbritannien:** Caledonian Porter
**USA:** Anchor Porter

**Stouts**

**Irland:** Guinness Extra Stout, Beamish XXX Stout
**USA:** Grant's Imperial Stout
**Dänemark:** Ålborg Stout

**Klosterbiere – Gueuze-Biere – Lambic-Biere**

**Belgien:**
De Brabandere Triple Petrus (Klosterbier)
Gueuze de Neve
Kriek de Neve (Krieken-Lambic)

## Bierkarte

Guten Tag, guten Abend oder auch guten Morgen allen Biertrinkern und Kneipenfans, Denkern und Diskutierern, Singles und Pärchen, Skat-Trips und Gruppen.
Willkommen im ..., wo draußen der Bayernbrunnen fließt und drinnen der Bierhahn läuft.
Aus 28 Fässern von 14 weltberühmten Brauereien. Übrigens – ein gut gezapftes Bier ist eine Gabe Gottes.
Es dauert 10 Minuten, bitte haben Sie Geduld! Oder lesen Sie einfach weiter ......

**...ein gut gezapftes Bier vom Faß**

1 Warsteiner
Eine Königin unter den Bieren
Im Henkelglas

2 Pilsner Urquell
Das Einzige – gebraut in Pilsen

3 Budweiser
Original Budvar
Helles, mild-süffiges Exportbier

4 Weihenstephan
Hefeweißbier

5 Bitburger Pils
Herzhaft und würzig

6 Krombacher
Mit Felsquellwasser gebraut

7 Warsteiner – fresh
Alkoholfrei

8 Weihenstephan
Helles Exportbier
Aus der ältesten Brauerei der Welt

9 Weihenstephan
Dunkel und süffig

10 Klosterbrauerei Andechs
Dunkler Bergbock, als Faßbier eine Rarität

11 Hannen alt
Original vom Niederrhein

12 Garde Kölsch
Hell und erfrischend
Kölsche Braukunst seit 1805

13 Kloster – Schwarzbier
Aus der Kulmbacher Mönchshof-Brauerei
Dunkel, süffig, lieblich

**Flaschenbiere**

15 Schwarze Weiße, 5,6 Vol.-% Alkohol
Dunkles Hefeweizen

16 Ahornberger Landbier, 4,8 Vol.-% Alkohol
Hell, hopfig

17 Wernersgrüner, 4,9 Vol.-% Alkohol
Hell, Pilsener Brauart

18 Tennent's Stout, 6,0 Vol.-% Alkohol
Dunkel, aus Schottland

19 Aventinus, 8,0 Vol.-% Alkohol
Dunkel, Weizenstarkbier

20 König Ludwig, 5,1 Vol.-% Alkohol
Dunkel, Vollbier

21 Jever Pils, 4,9 Vol.-% Alkohol
Hell, friesisch-herb

22 Das Echte, 5,6 Vol.-% Alkohol
Hell, Schwabenbräu

23 Peroni Nastro Azzuro, 5,2 Vol.-% Alkohol
Hell, aus Italien

24 Paulaner Salvator, 7,5 Vol.-% Alkohol
Dunkel, Starkbier

25 Weihenstephan Kristall, 5,4 Vol.-% Alkohol
Hell, Weizenbier

26 Kloster Andechs Spezial, 5,5 Vol.-% Alkohol
Hell

27 EKU 28, 11,0 Vol.-% Alkohol
Hell, eins der stärksten Biere der Welt

28 Löwenbräu
Hell, alkoholfrei

29 Maisel's Dampfbier, 4,9 Vol.-% Alkohol
Hell

30 Brauhaus Tegernsee, 5,6 Vol.-% Alkohol
Hell

31 Reichelbräu Eisbock, 10,0 Vol.-% Alkohol
Dunkel, urstark

32 Bass Pale Ale, 5,0 Vol.-% Alkohol
Hell, aus England

33 Alpirsbacher Pils, 4,8 Vol.-% Alkohol
Hell

34 Corona Beer, 4,6 Vol.-% Alkohol
Hell, aus Mexiko

*Beispiele amerikanischer Karten*

Beispiele amerikanischer Karten

- Am Anfang
COSMO TIDBITS . . . . . 18,50
Spareribs, Taschenkrebse, Shrimps und Schweinefleisch
LOMI LOMI POLYNESIAN . . . . . 15,50
Salm, wie er in Polynesien zubereitet wird
SMOKED SALMON . . . . . 24,–
In unseren chinesischen Öfen geräucherter Lachs
LONGOUSTINE OPU . . . . . 26,–
Langoustinen gefüllt mit Hummermousse
OYSTER FLORENTIN
Meats from my Chinese Oven
Spezialitäten aus dem Chinesischen Ofen
(BIS 0.30 UHR)
NEW YORK STEAK) . . . . 29,50
PORK LOIN, Luau style
Schweinekotelett – original hawaiianisch
21,50
TRADER VIC'S
FINE OLD
XXX RUM
Harry's
SAFARI
BAR & GRILLE

*Beispiele amerikanischer Karten*

35 Thurn & Taxis Postmeister, 6,5 % Vol.-% Alkohol
Dunkel, Starkbier

36 Weihenstephan Edelpils, 5,2 Vol.-% Alkohol
Hell, aus der ältesten Brauerei der Welt

37 Jever light, 2,7 Vol.-% Alkohol
Hell, friesisch-herb

38 Einbecker Urbock, 6,5 % Vol.-% Alkohol
Hell, Starkbier

39 Neumarkter Lammsbräu, 5,0 Vol.-% Alkohol
Hell, Öko-Pilsner

40 UNERTL, 4,8 Vol.-% Alkohol
Dunkel, Hefeweizen

41 Augustiner Edelstoff, 5,5 Vol.-% Alkohol
Hell, Exportbier

42 Fränkisches Urbier, 4,7 Vol.-% Alkohol
Dunkel, bekömmlich und spritzig

43 Rauchenfels Steinweizen, 5,0 Vol.-% Alkohol
Hell

44 Eichbaum Ureich Pils, 4,8 Vol.-% Alkohol
Hell, einzigartig herb

45 Kaiserdom Extra Dry, 4,9 Vol.-% Alkohol
Hell

46 Franziskaner, 5,0 Vol.-% Alkohol
Dunkel, Hefeweizen

47 Franz Joseph Jubelbier, 5,5 Vol.-% Alkohol
Hell, Export-Vollbier

48 Kronenbourg, 4,7 Vol.-% Alkohol
Hell, aus Frankreich

49 Radeberger Pilsner, 4,8 Vol.-% Alkohol
Hell, süffig und bekömmlich, seit 1817

50 Hofer Schützenbruder, 5,4 Vol.-% Alkohol
Hell, Festbier vom Hofer Schlappentag

51 Aecht Schlenkerla Rauchbier, 4,8 Vol.-% Alkohol
Dunkel

52 Schneider Kristall, 5,5 Vol.-% Alkohol
Hell, Weizenbier

53 Bohemia, 4,8 Vol.-% Alkohol
Hell, aus Mexiko

54 Flensburger Pils, 4,8 Vol.-% Alkohol
Hell

55 Schäff Feuerfest Edelbier, 10,5 Vol.-% Alkohol
Dunkel, das teuerste Bier der Welt

56 Pikantus Weizenbock, 7,3 Vol.-% Alkohol
Dunkel, Starkbier

57 Beck's, 4,7 Vol.-% Alkohol
Hell, herb und frisch

58 Rauchenfels Steinbier, 4,9 Vol.-% Alkohol
Hell

59 Thurn & Taxis, das fürstliche Pils, 4,9 Vol.-% Alkohol
Hell, edel, würzig, frisch

60 Erdinger Weißbier, 5,3 Vol.-% Alkohol
Hell, Hefeweizen

61 Ludwig Thoma Dunkel, 5,5 Vol.-% Alkohol
Dunkel, Exportbier

62 Foster's Lager Beer, 4,8 Vol.-% Alkohol
Hell

63 Schwarzbräu Exquisit, 5,3 Vol.-% Alkohol
Hell, Spezialbier

64 Altenmünster, 5,0 Vol.-% Alkohol
Hell, urig, würzig

65 Rother Bräu, 4,7 Vol.-% Alkohol
Hell, feinherbes Pilsner

66 Tsing Tao, 5,5 Vol.-% Alkohol
Hell, aus China

67 Staropramen, 5,0 Vol.-% Alkohol
Hell, aus Tschechien

68 Erdinger Kristall, 5,3 Vol.-% Alkohol
Hell, Weizenbier

69 Münchner Hofbräu Royale, 5,4 Vol.-% Alkohol
Hell

70 Dinkelacker, 4,9 Vol.-% Alkohol
Hell, feinherb

71 Augustiner Pils, 5,2 Vol.-% Alkohol
Hell

72 Scherdel Urtyp, 4,5 Vol.-% Alkohol
Dunkel

73 Fürstenberg Export, 5,3 Vol.-% Alkohol
Hell

74 Lübzer Pils, 4,9 Vol.-% Alkohol
Hell

75 Dilirium Tremens, 9,0 Vol.-% Alkohol
Dunkel, Starkbier aus Belgien

76 Kirin Lager Beer, 5,0 Vol.-% Alkohol
Hell, aus Japan

77 Schneider Weiße, 5,7 Vol.-% Alkohol
Hell, Hefeweizen

78 Bölkstoff, 4,9 Vol.-% Alkohol
Hell, Wernerbier

79 Grolsch Premium, 5,0 Vol.-% Alkohol
Hell, aus Holland

80 König-Pilsner, 4,9 Vol.-% Alkohol
Hell

81 Karg Weißbier, 5,0 Vol.-% Alkohol
Hell, Hefeweizen

82 Rex Pils, 4,6 Vol.-% Alkohol
Hell, bekömmlich

83 Kilkenny, 5,5 Vol.-% Alkohol
Hell, aus Irland

84 Hexenbräu-Spezial, 5,4 Vol.-% Alkohol
Dunkel, aus der Schweiz

85 Abt Andreas Klostertrunk, 5,3 Vol.-% Alkohol
Dunkel

86 Holsten Pilsner, 4,8 Vol.-% Alkohol
Hell

87 Eggenberger Urbock, 9,9 Vol.-% Alkohol
Hell, Starkbier aus Österreich

88 Tuborg Beer Luxus Gold, 4,9 Vol.-% Alkohol
Hell, würziges dänisches Pils

89 Kaltenberg, 4,8 Vol.-% Alkohol
Hell, süffig und bekömmlich

90 Sapporo Lager Beer, 5,0 Vol.-% Alkohol
Hell, aus Japan

91 Pragovar Dunkel, 5,5 Vol.-% Alkohol
Dunkel, aus Tschechien

92 Singha Gold, 4,2 Vol.-% Alkohol
Hell, aus Thailand

93 Samuel Adam's, 5,0 Vol.-% Alkohol
Hell, aus den USA

94 Brooklyn Lager Beer, 5,5 Vol.-% Alkohol
Hell, aus den USA

95 Rock'n Roll, 4,9 Vol.-% Alkohol
Hell, aus den USA

96 Binding Römer Pils, 4,9 Vol.-% Alkohol
Hell

97 Einbecker Urbock, 6,5 Vol.-% Alkohol
Dunkel, Starkbier

98 Weltenburger Koster, 5,1 Vol.-% Alkohol
Barock Dunkel

99 Mac Queens Nessi, 7,5 Vol.-% Alkohol
Hell, Starkbier aus der Schweiz

100 Zunft Kölsch, 4,8 Vol.-% Alkohol
Hell

**Spezialbiere**
Berliner Weiße mit Schuß (Himbeersirup)
Berliner Weiße mit Schuß (Waldmeistersirup)
Berliner Weiße mit Schuß Pils
Berliner Weiße ohne Malztrunk
Maisel's Edelhopfen Diätpils
Clausthaler alkoholfrei
Waitzinger Weiße alkoholfrei

**Bier-Mischgetränke**
Alsterwasser (Fanta/Pils)
Radler (Zitronenlimonade/Pils)
Brauner Bär (Guiness/Cola)
Krefelder (Alt/Cola)
Grüner Süden (Curacao/Exportbier)
African Star (Campari/Exportbier)
Kirby (Kirschsaft/Exportbier)
Für den großen Durst: Russe (Kristallweizen mit Zitronenlimonade)

## Biergartenkarte

**Frisch vom Faß**

Chadim-Bier
Das exklusiv für uns gebraute Bier von der Brauerei ..., 12° Stammwürze

1/2 Meter Chadim-Bier (4 Seideln Bier)

Meter Chadim-Bier (8 Seideln Bier)

Ottakringer 12er
Das traditionelle Wiener Lagerbier, 12° Stammwürze

Landbier-Zwickl
Das unfiltrierte, vitaminreiche Goldbraune der Kapsreiter-Brauerei, 12,8° Stammwürze

Puntigamer Zwicklbier
Naturtrübe, erfrischende Bierspezialität

Puntigamer Panther-Bräu
Ausgewogen gehopft, vollmundig, 12,6° Stammwürze

Bockbier
Nur zu Weihnachten und Ostern

**Bier in der original Bügelflasche**

Fisher Bitter Pils
Mäßig stark gehopft, vollmundiger Geschmack, 11,3° Stammwürze

Kapsreiter-Landbier
Hell, goldblonde Farbe, würzig abgerundeter Geschmack, 12,8° Stammwürze

Wieselburger Stammbräu
Edelhopfig, Vollbier mit 12,6° Stammwürze

Altmünster Rauchenfels Steinbier
Obergärig, nach uralter Brautradition

Franz Joseph Jubelbier
Das bayrische Jubiläumsbier

**Bier in der Flasche**

Reininghaus Edel Pils
Zartbitter, spritzig, 11,8° Stammwürze

Hirter Privat Pils
Feinhopfiges Bier, ausschließlich Saazer Hopfen, 12,3° Stammwürze

Grieskirchner Jörger hefetrüb
Obergäriges Hefeweizenbier, Flaschengärung, 12,3° Stammwürze

Grieskirchner kristallklar
Klares, spritziges, obergäriges Weißbier

Löwenbräu Schwarze Weiße
Dunkles Hefebier aus München

Fohrenburger Jubiläum
Stark gehopftes und hoch vergorenes Bier, 13,3° Stammwürze

Löwenbräu Premium
Pilsner der Löwenbrauerei, 12,1° Stammwürze

Adelscott
Französisches Whisky-Malzbier

Tsingtao
Spezialität aus China, Normalbier, 12° Stammwürze

Meisel's Dampfbier
Bierrarität aus Beirut

Hacker Pschorr Edelhell
Bier aus München

Corona Extra Mexico modelo
Wundern Sie sich nicht, wenn Sie kein Glas bekommen, dieses Bier wird aus der Flasche getrunken, 11,3° Stammwürze

Warsteiner Premium Verum
Spitzenpilsener, Premiumklasse, 11,8° Stammwürze

Paulaner Bräu Salvator
Starkbier, vollmundig, würzig, fein gehopft, 16° Stammwürze

Original Dinkelbier
Aus Dinkel, dem wiederentdeckten Korn gebraut, von der Brauerei Apostel

Thurn & Taxis Postmeister
Bersteinfarbener Doppelbock

Erdinger Weißbier
Klar, Qualitätsweiße aus Erding

Schierlinger Roggenbier
Obergärig, hefetrüb, aus Roggen gebraut

Grieskirchner Export
Dunkel, vollmundiges Spezialbier mit typisch österreichischer Prägung, 13 ° Stammwürze

Holzfaßgereifter Bierschnaps

Dazu empfehlen wir unsere großen Aufstrichbrote, unsere heißen Brote und die kalte oder warme Jaus'n.

# Barkarten

## Aufbau und Gliederung einer Barkarte

Der Inhalt der Barkarte ist abhängig von der Größe der Bar und vom Gästekreis, der die Bar frequentiert. Eine internationale Bar wird zwangsläufig ein größeres Angebot haben als eine Bar mit nur regionaler Bedeutung. Eine moderne Barkarte enthält nicht nur Cocktails und Mixgetränke, sondern auch eine Reihe anderer alkoholischer und nichtalkoholischer Getränke.

Beim Aufbau und bei der Gliederung einer Barkarte ist folgende Reihenfolge zu beachten:

- Aperitifs
- Sherrys
- Portweine
- Before-dinner-Cocktails
- Champagner- oder Sektcocktails
- Standardcocktails
- Pick-me-ups
- Fancy Drinks
- After-dinner-Cocktails
- Non-alcoholic Drinks
- Whisk(e)ys (Highland Malt Scotch Whisky – Blended Scotch Whisky – Irish Whiskey – Canadian Whiskey – Bourbon Whiskey)
- Cognacs
- Weinbrände
- Armagnac
- Tresterbranntweine
- Wodka
- Gin
- Rum (weißer Rum – dunkler Rum)
- Tequila
- Obstbranntweine (aus Kernobst – aus Steinobst – aus Beerenfrüchten)
- Liköre
- Weiß- und Rotweine
- Sekt und Champagner

- Bier
- Alkoholfreies Bier
- Alkoholfreie Getränke

Folgende Vermerke sollen auf einer Barkarte vorhanden sein:
- Warenbezeichnung
- Ausschankmenge (vgl. Aperitif, siehe unten, und Digestif, Seite 785)
- Preisangabe
- Verweis auf Inklusivpreis

## Aperitifs für die Erstellung der Aperitifkarte

Aperitifs sind appetitanregende Getränke, die vor dem Essen getrunken werden, Sie können trocken, fruchtig, aber auch bitter sein. Aperitifs sind z. B. die versetzten Weine, wie Sherry, Portwein und Wermut, aber auch Anisettes (Pernod, Ouzo), Bitters (Fernet, Underberg, Campari, Unicum) und Before- oder Pre-dinner-Cocktails. Immer häufiger werden alkoholfreie Aperitifs (z. B. in Form von Fruchtsäften) angeboten.

Beim Aufbau und bei der Gliederung einer Aperitifkarte ist zu beachten, daß alkoholfreie vor alkoholischen Getränken zu reihen sind.

Folgende Vermerke sollen auf einer Aperitifkarte vorhanden sein:
- Warenbezeichnung
- Ausschankmenge (Frucht- und Gemüsesäfte – ⅛ l; Bier, offen – 0,2 l; Wein, offen – ⅛ l; Schaumwein, offen – 0,1 l; versetzte Weine – 5 cl; Anisettes und Aperitif-Fertigprodukte – 4 cl; Kir – ⅛ l; Cocktails mit Sekt oder Champagner – 0,1 l; Before-dinner-Cocktails – 6 cl, international 5 cl)
- Preisangabe
- Verweis auf Inklusivpreis

Eine kurze Beschreibung der Cocktails bzw. Aperitifgetränke ist zu empfehlen. Spezielle bzw. aktuelle Angebote sollen hervorgehoben werden.

## Fruchtsäfte

Orangensaft
Grapefruitsaft

## Gemüsesäfte

Tomatensaft
Karottensaft
Roter-Rüben-Saft

## Biere

Reininghaus Pils
Zwettler Zwickelbier

## Herbe, fruchtige Weiß- und Roséweine

**Traminer**
Weingut Simmerl – Halbenrain, Südoststeiermark

**Schilcher**
Weingut E. & M. Müller – Groß St. Florian, Weststeiermark

## Trockener Sekt und Champagner

Schlumberger Ultra Brut
Piper-Heidsieck Brut Sauvage

## Versetzte Weine

Noilly Prat Extra Dry
Martini (Bianco, Rosso)
Carpano Punt e Mes
Sandeman Don Fino
Don Zoilo Manzanilla
Harveys Club Amontillado
Domecq Rio Viejo Oloroso
Sandeman Apitiv (White Port)

## Anisettes (Pastis)

Pernod
Ricard
Ouzo 12
Yeni Raki
Berger Blanc

## Klassische Aperitif-Fertigprodukte

Amaro Felsina Ramazotti
Campari
Aperol
Cynar
Dubonnet
St. Raphaël (Blanc, Rouge)
Suze
Byrrh
Aalborg Akvavit

## Klassische Aperitifgetränke aus der Bar

**Kir**
Crème de Cassis, trockener Weißwein

**Kir Royal**
Crème de Cassis, trockener Champagner oder Sekt

**Bellini**
Pfirsichmark, trockener Champagner oder Sekt

**Testarossa**
Himbeermark, trockener Champagner oder Sekt

**Champagnercocktail**
Würfelzucker, Angostura-Bitter, Cognac oder Weinbrand, Champagner oder Sekt

## Before-dinner-Cocktails

**Martini Dry Cocktail**
Gins, extra trockener Wermut

**Manhattan**
Canadian Whiskey, roter Wermut, Angostura-Bitter

**Americano**
Campari, roter Wermut, Soda auf Wunsch

**Negroni**
Gin, Campari, roter Wermut

**Bloody Mary**
Wodka, Salz, weißer Pfeffer, Worcestershiresauce, Tabascosauce, Zitronensaft, Tomatensaft

**Virgin Mary**
Zitronensaft, Salz, weißer Pfeffer, Worcestershiresauce, Tabascosauce, Tomatensaft

**Whisky Sour**
Whisky, Zitronensaft, Läuterzucker

**White Lady**
Gin, Cointreau, Zitronensaft

**Gin and It Cocktail**
Gin, roter Wermut

**Teqini**
Tequila, extra trockener Wermut

**Margarita**
Tequila, Cointreau, Limettensaft

**Daiquiri**
Weißer Rum, Limettensaft, Läuterzucker

**Bacardi Cocktail**
Weißer Rum, Grenadine-Sirup, Zitronensaft

**Caipiriña**
Limettenspalten, brauner Zucker, Pitú

## Cocktails für die Erstellung der Cocktailkarte

Cocktails sind alkoholische Getränke, die aus Spirituosen, Likören, Süd-, Süß- und Dessertweinen, Früchten, Fruchtsäften und Aromaten in Form von Würzbitters hergestellt werden. Non-alcoholic-Cocktails werden immer beliebter.
Cocktails sind Shortdrinks, mit Ausnahme der Champagner- oder Sektcocktails.

## Before-dinner-Cocktails

**Astoria**
Französischer Wermut, Gin, Grenadine-Sirup

**Americano**
Campari, roter Wermut, Soda auf Wunsch

**Campari-Cocktail**
Campari, Wodka, Angostura-Bitter, Zitronensaft

**Brazil**
Trockener Sherry, französischer Wermut, Pernod, Soda

**Martini Dry Cocktail**
Gin, extra trockener Wermut; als Garnitur Olive und Zitronenschale

**Gibson**
Gin, extra trockener Wermut; als Garnitur Perlzwiebeln

**Manhattan**
Canadian Whiskey, roter Wermut, Angostura-Bitter

**Manhattan Perfect Cocktail**
Canadian Whiskey, roter Wermut, trockener Wermut

**Rob Roy**
Scotch Whisky, roter Wermut, Angostura-Bitter

**Negroni**
Gin, Campari, roter Wermut

**Pink Gin**
Gin, Angostura-Bitter

## Champagner- oder Sektcocktails

**Champagnercocktail**
Würfelzucker, Angostura-Bitter, Cognac oder Weinbrand, Champagner oder Sekt

**Prince of Wales Cocktail**
Cognac oder Weinbrand, Curaçao (orange), Bénédictine D. O. M., Angostura-Bitter, Champagner oder Sekt

**French 76**
Wodka, Grenadine-Sirup, Zitronensaft, Champagner oder Sekt

**Kir Royal**
Crème de Cassis, trockener Champagner oder Sekt

**Bellini**
Pfirsichmark, trockener Champagner oder Sekt

**Black Velvet**
Porter oder Stout, Champagner oder Sekt

## Die Klassiker

**Between the Sheets**
Cognac oder Weinbrand, weißer Rum, Cointreau, Zitronensaft

**Bronx**
Gin, roter Wermut, trockener Wermut, Orangensaft

**Bourbon Sour**
Bourbon Whiskey, Zitronensaft, Läuterzucker, Soda auf Wunsch

**Gimlet**
Gin, Limettensaft

**Margarita**
Tequila, Cointreau, Limettensaft

**Daiquiri**
Weißer Rum, Limettensaft, Läuterzucker

**Bacardi Cocktail**
Weißer Rum, Grenadine-Sirup, Zitronensaft

## Pick-me-ups

**Apotheke 2**
Fernet-Branca, roter Wermut, Crème de Menthe (weiß)

**Corpse Reviver 1928**
Fernet-Branca, Cognac, Crème de Menthe (weiß)

**Bloody Mary**
Wodka, Salz, weißer Pfeffer, Worcestershiresauce, Tabascosauce, Zitronensaft, Tomatensaft

## Fancy Drinks

**Piña Colada**
Weißer Rum, Batida de Coco, Ananas- oder Zitronensaft

**Chi Chi**
Wodka, Batida de Coco, Ananassaft, Obers

**Mexicano**
Zitronensaft, Ananassaft, Grenadine-Sirup, Mezcal

**Planter's Punch**
Dunkler Rum, Limettensaft, Orangensaft, Grenadine-Sirup

**Mai Tai**
Weißer Rum, dunkler Rum, Curaçao (orange), Zitronensaft, Läuterzucker, Apricot Brandy

**Tequila Sunrise**
Tequila, Orangensaft, Grenadine-Sirup

**Zico 1986**
Limettensaft, Papayasaft, Coconut Cream, weißer Rum, Pitú

## After-dinner-Cocktails

**A and P Cocktail**
Armagnac, Portwein

**B and B Cocktail**
Cognac oder Weinbrand, Bénédictine

**Black Russian**
Wodka, Kahlúa

**White Russian**
Wodka, Kahlúa, Obers

**Godfather Cocktail**
Scotch Whisky, Amaretto di Saronno Originale

**Godmother Cocktail**
Wodka, Amaretto di Saronno Originale

**Golden Dream**
Orangensaft, Obers, Cointreau, Galliano

**Golden Cadillac I. B. A.**
Orangensaft, Obers, Galliano, Crème de Cacao (weiß)

**Golden Nail**
Bourbon Whiskey, Southern Comfort

**Rusty Nail**
Scotch Whisky, Drambuie

**Stinger**
Cognac oder Weinbrand, Crème de Menthe (weiß)

**Wodka Stinger**
Wodka, Crème de Menthe (weiß)

**B 52 Pousse Café**
Kahlúa, Bailey's Original Irish Cream, Cointreau

### Non-alcoholic Drinks

**Shirley Temple**
Grenadine-Sirup, Ginger Ale

**San Francisco**
Orangensaft, Zitronensaft, Ananassaft, Grenadine-Sirup, frische Banane

## Digestifs für die Erstellung der Digestifkarte

Digestifs sind verdauungsfördernde Getränke, die nach dem Essen getrunken werden. Bevorzugt werden alle Destillate sowie Edelliköre bzw. Kaffee mit verschiedenen Alkoholika.

Beim Aufbau und bei der Gliederung einer Digestifkarte ist folgende Reihenfolge zu beachten: versetzte Weine vor Branntweinen, Likören und After-dinner-Cocktails; am Schluß sind die Kaffeegetränke mit Alkohol anzuführen.

Folgende Vermerke sollen auf einer Digestifkarte vorhanden sein:

- Warenbezeichnung
- Ausschankmenge (versetzte Weine – 5 cl; Branntweine und Liköre – 2 cl, international bei Whiskys 4 cl, international bei sonstigen Spirituosen 2,5 cl; After-dinner-Cocktails – 6 cl, international 5 cl; Kaffeegetränke mit Alkohol – in der Regel ein kleiner Espresso mit 2 cl Spirituose, bei Rüdesheimer Kaffee und Irish coffee ein großer Espresso mit 4 cl Spirituose)
- Preisangabe
- Verweis auf Inklusivpreis

## Dessertweine, Süßweine

Harveys Bristol Cream
Croft Fine Ruby Port
Niepoort's Fine Tawny
Dow's Late Bottled Vintage
Cossart Finest Boal Madeira
Madelios Cordon Blanc Malaga
Tokaji Eszencia

Eisweine
Beerenauslesen
Ausbruchweine
Trockenbeerenauslesen
Strohweine

## Branntweine aus Wein

Larresingle Armagnac
Martell Cordon Bleu Cognac
Asbach Uralt Weinbrand
Carlos I Brandy

## Tresterbranntweine

Marc de Bourgogne
Grappa Julia

## Branntweine aus Getreide

Glengoyne – Single Highland Malt Scotch Whisky

## Branntweine aus Kernobst

Calvados Gilbert
Morand Williamine – Williamsbirnenbrand
Massenez Eau-de-vie de Coing – Branntwein aus Quitten

## Branntweine aus Steinobst

Barack Pálinka
Zuger Kirsch
Slibowitz

## Branntweine aus Beerenfrüchten

Schladerer Himbeergeist
Gerasdorfer Vogelbeerbrand

## Liköre

**Bénédictine D. O. M.**
Kräuter-und-Gewürz-Likör

**Chartreuse**
Kräuterlikör

**Liquore Strega**
Kräuterlikör

**Galliano**
Kräuter-und-Gewürz-Likör

**Rossbacher**
Bitterlikör

**Fernet-Branca**
Bitterlikör

**Fernet-Menta**
Bitterlikör

**Unicum**
Bitterlikör

**Underberg**
Bitterlikör

**Grand Marnier**
Fruchtaromalikör

**Cointreau**
Fruchtaromalikör

**Drambuie**
Honiglikör

**Glayva**
Honiglikör

**Irish Mist**
Honiglikör

**Tia Maria**
Kaffeelikör

**Kahlúa**
Kaffeelikör

**Amaretto di Saronno Originale**
Likör mit Bittermandelaroma

**Sambuca di Cesari**
Holunderbeerlikör mit Anisgeschmack

**Crème de Mandarines**
Fruchtaromalikör

**Bols Advokaat**
Eierlikör

**Bailey's Original Irish Cream**
Emulsionslikör aus Schokolade, Obers und irischem Whiskey

## After-dinner-Cocktails

**Alexander**
Weinbrand oder Cognac, Crème de Cacao, Obers

**Alexandra**
Gin, Crème de Cacao, Obers

**Black Russian**
Wodka, Kahlúa

**White Russian**
Wodka, Kahlúa, Obers

**Stinger**
Cognac oder Weinbrand, Crème de Menthe (weiß)

**Rusty Nail**
Scotch Whisky, Drambuie

**B and B Cocktail**
Cognac oder Weinbrand, Bénédictine

**Apotheke 1**
Fernet-Branca, Crème de Menthe (weiß)

## Kaffee mit Alkohol

**Irish coffee**
Brauner Zucker, Irish Whiskey, Kaffee, halbgeschlagenes Obers

**Rüdesheimer Kaffee**
Würfelzucker, Weinbrand (Asbach Uralt), Kaffee, Schlagobers mit Vanillezucker, Schokoladestreusel

**Kaffee-Kirsch**
Kaffee, Kirschwasser oder Kirschbrandy, Zucker, Obers

**Café Coretto**
Kleiner Espresso kurz, Grappa

**Café Amaretto**
Kleiner Espresso kurz, Amaretto

## Barkarte

**Aperitifs und Südweine**
Americano
Manhattan
Martini-Cocktail
Pernod
Punt & Mès
Portwein Sandeman
Sherry dry
Campari Soda
Dubonnet
Martini rot
Martini dry

**Cognac und Weinbrand**
Hennessy
Martell
Courvoisier
Rémy Martin
Martell Cordon bleu
Scharlachberg Meisterbrand
Asbach Uralt

**Whiskies**
Johnny Walker Black Label
Chivas Regal
Dimple Scotch

Bourbon nach Wahl
Irish nach Wahl

**Edelschnäpse aus...**
Äpfeln
Zwetschken
Williamsbirnen
Holunder
Weichseln
Brombeeren
Himbeeren
Schwarzbeeren

**Grappa**
Barone Rosso (Friaul)
Il Palazzino (Toskana)
Grappa die Chianti Classico
Fratelli Marole (Piemont)
Grappa di Moscato
Angelo Gaja (Piemont)
Grappa Costa Russi
Polz u. Polz (Südsteiermark)

**Schnäpse – Brände – Bittere**
Barack Pálinka
Bulgarischer Slibowitz
Le bon père William
Wachauer Marillenbrand, F. Hirtzberger
Zuger Kirsch
Bacardi
Aquavit
Doornkaat
Schlichte Steinhäger
Gordonś Dry Gin
Wodka Moskovskaya
Wodka Stolichnaya
Wodka Wyborowa
Tequila Sauza Gold
Calvados Busnel

Ramazotti
Fernet Branca
Underberg

**Liköre**
Amaretto
Bénédictine D. O. M.
Drambuie
Grand Marnier
Cointreau
Chartreuse
Cherry Brandy
Apricot Brandy

**Bier**
Zipfer Urtyp vom Faß
Zipfer Pils
Brau AG Kur Pils
Budweiser
Tuborg Beer
Diät Bier (Adams-Bräu)

**Erfrischungsgetränke**
Orangenjuice Natur
Tonic Water
Bitter Lemon
Keli Orange
Keli Zitrone
Pago Multivitamin
Coca-Cola
Gasteiner
Güssinger
Preblauer
Perrier
Sodawasser
Soda-Himbeer
Apfelsaft
Obi, gespritzt
Alkoholfrei

## Offene Weine

### Weißweine
Grüner Veltliner, leicht, sehr resch
Kremser Weinzierl, mild, süffig
Traismauer, jugendlich, blumig, spritzig

### Rotweine
Ruster, der milde, blumige Rotwein für den Kenner
Klosterneuburger Markgraf, angenehmer Tischwein, rot oder weiß, gespritzt

## Flaschenweine

Dürnsteiner Urgesteinsriesling
Dürnsteinkrug

Dürnsteiner Himmelsstiege
Grüner-Veltliner-Spätlese

Dürnsteiner Hollerin
Riesling

Dürnsteiner Katzensprung
Grüner Veltliner

Edler von Krems
Rheinriesling, November-Auslese

Gumpoldskirchner Herbstgold
Spätrot, Rotgipfler

Goldener Storch
Ruster Spätlese

Hohenwarter Herrenberg
Grüner Veltliner

Kremser Schmidt
Gerebelter Grüner Veltliner

Kremser Pulverturm
Extra trockener Veltliner

Nußberger Preußengraben
Spätlese

Poysdorfer Saurüssel
Grüner Veltliner

Steiner Burgherr
Fruchtiger, gerebelter Rheinriesling

Steinwein
Leichter Veltliner

Undhof Wieden
Grüner Veltliner

**Ausländische Weiß- und Rotweine**

**Bordeaux, weiß**
Chablis Moillard
Graves Superior
Haut Sauternes

**Bordeaux, rot**
Medoc
St-Émilion

**Burgunder, rot**
Beaujolais
Pommard
Châteauneuf du Pape 1957
Châteauneuf du Pape

**Original Schloßabzüge**
Chateau Calon Segur
Nuits St-George
Grands Echezeaux Vosne Romane

**Italienische Rotweine**
Chianti Brolio
Kalterer See Auslese
Valpolicella

**Schaumweine**
Henkell trocken
Henkell Kardinal (rot)
Henkell Rosé
Henkell Royal
Schlumberger Goldeck Sparkling Extra dry
Schlumberger Goldeck halbsüß

Hochriegl Alte Reserve
Hochriegl Rubin (rot)
Hochriegl halbsüß
Hochriegl Baby

**Champagner**
Mumm Cordon Rouge
Ein trockener Champagner. Seine Eleganz und sein Bouquet kennzeichnen den frischen, lebendigen und leichten Wein.
Laurent Perrier
Ein extratrockener Champagner mit viel Substanz und Charme. Feiner und fruchtiger Charakter.
Piper Heidsieck
Grünlich-zartgelb, jugendlich, blumiges Bouquet, besonders frischer Geschmack.
Louis Roederer
Brillantes, helles Goldgelb, reichlich Schaum; sehr feine, dichte Perlen. Gut entwickeltes fruchtiges Bouquet.
Taittinger
Spritzig-leicht mit edeltrockener Geschmacksnote.
Veuve Clicquot
Elegantes, vollmundiges Champagnerbouquet mit außergewöhnlich feinem Mousseux. Dosage mit fruchtiger Säure – ein ausgewogenes Produkt höchster Qualität.

**Kaffee – Tee**
Kleiner Mokka
Großer Mokka
Melange
Verlängerter
Einspänner
Türkischer Kaffee mit Rahat
Irish Coffee
Galliano Coffee
Swiss Coffee
Tee mit Zitrone
Tee mit Rum
Früchtetee
Kräutertee

# Mineralwasserkarten

Eine Weinkarte ist nichts Außergewöhnliches in gut geführten gastronomischen Betrieben. Was ist jedoch mit dem großen Marktangebot an Mineralwässern?
Warum nicht einmal den Versuch wagen und eine Mineralwasserkarte anlegen? Schließlich ist es auch in diesem Bereich nicht mehr damit getan, eine Sorte zu führen. Zuallererst gibt es hier die Aufteilung in natürliche Mineralwässer und Heilwässer. Weiters kann man zwischen kohlensäurehältigen und stillen Wässern unterscheiden.
Warum also nicht auf einer speziellen Mineralwasserkarte diverse Wässer anbieten und sich so positiv und innovativ von der Konkurrenz abheben?
Zusätzlich kann man dem Gast auf der Karte noch eine Entscheidungshilfe bieten, indem man die Besonderheiten der einzelnen Wässer anführt, wie beispielsweise einen hohen Magnesium- oder Eisengehalt.
Denken wir also einmal ganz besonders an diejenigen unserer Gäste, die es, ganz im Trend unserer Zeit, sprudelnd alkohol- und kalorienfrei lieben.
Auch die neuen „Flavoured Waters" bieten sich als Zusatzverkaufsartikel für die Gastronomie an. Nicht vergessen sollte man dabei, daß Mineralwasser im Bereich der Getränke die Warengruppe mit dem höchsten Deckungsbeitrag ist.
Die Frage „Wünschen Sie ein Mineralwasser?" oder noch besser: „Welches Mineralwasser darf ich Ihnen servieren?", sollte dem Gast grundsätzlich gestellt werden.
Natürlich benötigt der Servicemitarbeiter in diesem Fall ein umfangreiches Wissen, was die im Betrieb angebotenen Wasser betrifft. Er sollte folgende Fragen beantworten können:

- Eignet sich das Wasser als Aperitif?
- Handelt es sich um ein heimisches oder ausländisches Mineralwasser?
- Wie steht es mit der Eignung zum Mischen (z. B. mit Weiß- oder Rotweinen, Fruchtsäften)?
- Was läßt sich über den Kohlensäuregehalt sagen?

- Gibt es Wissenswertes über die enthaltenen Mineralstoffe?
- Welches Mineralwasser ergibt eine passende Kombination mit den gewählten Speisen?
- Gibt es als Alternative ein „Flavoured Water“ (z. B. Lemon, Orange)?

## Mineralwasserkarte

**Mit Kohlensäure**

**Selters** aus Selters an der Lahn
Harmonisch mineralisch, leicht und neutral im Geschmack

**Arienheller** aus Bad Hönningen
Mild, mineralisch, neutral im Geschmack

**Apollinaris** aus Bad Neuenahr
Kräftig, zurückhaltender salziger Mineralgeschmack, natürliche Zitronenauszüge

**San Pellegrino** aus Bergamo, Italien
Weich und feinperlig, harmonisch und angenehm im Geschmack

**Perrier** aus Vergèze/Gard, Frankreich
Frische Kohlensäure, angenehme Frische, harmonisch im Geschmack

**Bad Harzburger Juliushaller**
Klassisch, wohlschmeckend, ein richtiger Durstlöscher

**Mit wenig Kohlensäure**

**Heppinger** aus Bad Neuenahr
Leichte, natürliche Kohlensäure, ausgeprägter Mineralgeschmack

**Ferrarelle,** Riardo, Italien
Weich, zurückhaltend, neutral im Geschmack

**Gerolsteiner Stille Quelle**
Feinperlig, natürlich, wohlausgewogen im Gehalt wertvoller lebenswichtiger Mineralien

**Bad Harzburger Urquell**
Leicht, natriumarm

**Ramlösa mildperlend,** Schweden
Ausgewogener Mineraliengehalt, edler Geschmack

**Ohne Kohlensäure**

**Staatlich Fachingen** aus Fachingen
Mild-mineralisch, neutral im Geschmack

**Evian** aus Evian-es-Bains, Hochsavoyen, Frankreich
Weich, leicht bekömmlich, geschmacksneutral

## Österreichische Mineralwasserkarte

**Mit Kohlensäure**

**Römerquelle,** Edelstal/Burgenland
Kohlensäurehältiges Mineral- und Heilwasser. Klare Linie, harmonisch und vielfältig einzusetzen.

**Gasteiner Tafelquellwasser,** Badgastein
Mit Kohlensäure versetzt, angenehm neutrale, elegante Geschmacksnote; ebenfalls passend zum Mischen mit Wein und Fruchtsäften.

**Gasteiner prickelnd,** Badgastein
Kristallklares, reines, kohlensäurehältiges Tafelquellwasser. Nicht uninteressant, aber im Abgang etwas spitz (Kohlensäure).

**Vöslauer,** Bad Vöslau
Prickelndes Tafelquellwasser mit erfrischender Kohlensäure. Weiche, buttrige, angenehme Geschmacksnote. Zum Mischen sehr gut geeignet.

**Alpquell,** Münster/Tirol
Natürliches („Gletscherton") Mineralwasser, mit Kohlensäure versetzt. Gut geeignet zum Mischen mit Wein, Fruchtsäften und Sirup, ebenso als Begleiter zu Whiskies.

**Mit wenig Kohlensäure**

**Vöslauer mild,** Bad Vöslau
Ein mildes Tafelquellwasser mit dezent-mineralischer und frischer Note.

**Römerquelle mit wenig Kohlensäure,** Edelstal/Burgenland
Natürliches, mildes Mineralwasser, mit wenig Kohlensäure versetzt. Dezent salzig-mineralische Note.

**Güssinger mild,** Gerersdorf, Sulz bei Güssing
Mineralwasser mit (in dieser Gruppe) relativ viel Kohlensäure. Angenehm frische Note; zum Essen sehr gut geeignet, weniger zum Mischen mit Wein.

**Montes leicht perlend,** Reith/Tirol
Ein Mineralwasser mit ausgewogenem, mildem Kohlensäureanteil und geringem Natriumgehalt, was es zur idealen Ergänzung für hochwertige Weine macht.

**Mit Geschmacksstoffen versetzt**

**Römerquelle Lemon**
Kohlensäurehältiges, mit natürlichem Zitronenaroma versetztes Mineralwasser und Erfrischungsgetränk. Für spezielle Liebhaber geeignet; aber kaum als Essensbegleiter und zum Mischen.

Das gilt auch für das folgende Wasser:

**Römerquelle Orange**
Mit natürlichem Orangenaroma versetztes Mineralwasser und Erfrischungsgetränk.

# Karten für Rauchwaren

In fast allen gastronomischen Betrieben werden Rauchwaren angeboten. Neben den üblichen Zigarettensorten sind es vor allem Zigarren, mit denen sich ein Betrieb bei seinen Gästen profilieren kann.

Schauwagen, Displays, neuerdings Karten, auf denen das Rauchwarenangebot beschrieben ist, sind Mittel, den Gast darauf aufmerksam zu machen.

Es gibt Servicefirmen, die auf die speziellen Bedürfnisse der Gastronomie abgestimmte, eigens zusammengestellte Sortimente anbieten.

Zigarren- wie Pfeifenraucher sind Individualisten, die eine fachkundige Beratung (besonders ausländische Gäste) schätzen.

Zigarren und Zigarillos müssen fachgerecht gelagert werden – kühl und nicht trocken, am besten in einem gleichmäßigen, gleichbleibenden Klima. Auch die beste Zigarre enttäuscht, wenn sie zu sehr ausgetrocknet ist. Die Aufbewahrung neben einer Heizung verbietet sich deshalb. Auch häufiger Wechsel von extrem trocken auf feucht, heiß auf kalt ist zu vermeiden.

Die richtige Luftfeuchtigkeit ermöglicht daher nur ein Humidor mit einem Hygrometer.

Folgende Angaben sollten für die Empfehlung bzw. Beratung der einzelnen Rauchwaren aufscheinen:

- Aroma und Geschmack
- Rauchinhaltsstoffe, Nikotingehalt, leicht oder schwer
- Fasson – Format
- Marke
- Firma
- Herkunft
- Tabaksorte, Einlage, Deckblatt
- Mischung

## Beispiel für Empfehlungen

| Marke | Deckblatt | Fasson | Aroma |
|---|---|---|---|
| Jubilar 200 | Java-Vorstenlanden | Corona Grande | 3 |
| Mozart No 1 Idomeneo | Java | Corona Grande | 3 |
| Mozart No 2 Don Giovanni | Java | Corona | 3 |
| Mozart No 4 Figaro | Java | Half Corona | 3 |
| Mozart No 5 Papageno | Java | Small Panetela | 3 |
| Imperiales Superiores | Sumatra | Corona Grande | 3 |
| Imperiales | Sumatra | Corona Grande | 2 |
| Falstaff No 1 | Brasil | Corona Grande | 3 |
| Falstaff No 2 | Brasil | Corona | 3 |
| Airport | Sumatra | Panetela | 2 |
| Carmen y José Sumatra | Sumatra | Panetela | 2 |
| Carmen y José Brasil | Brasil | Panetela | 3 |
| Regalia Media | Sumatra | Half Corona | 2 |
| Jubiläums-Virginier | Virginia | Virginier | 3 |
| Anatol Virginia | Virginia | Virginette | 3 |
| Anatol Sumatra | Sumatra | Virginette | 2 |
| Wachauer | Java | Mundstückzigarre | 1 |
| Havanitos | Havanna | Zigarillo | 3 |
| Samba | Brasil | Zigarillo | 2 |
| Capriole Brasil | Brasil | Zigarillo | 2 |
| Capriole Sumatra | Sumatra | Zigarillo | 2 |
| Capriole Light | Sumatra | Zigarillo | 1 |
| Mocca | Java-Typ | Filterzigarillo | 1 |

**Aroma:**
1 = leicht aromatisch 2 = mittel aromatisch 3 = voll aromatisch

## Rauchwarenkarte

### Zigarren

**Jubilar 200**
Spitzenprodukt in einmaliger Jubiläumsausgabe aus exzellenten Übersee- und Havannatabaken. Decke und Umblatt von Hand ausgelesen, Zigarre in Handarbeit gefertigt. Corona-Grande-Fasson. Rauchfertig durch Rundbohrung. Vollaromatisch.

**Mozart No 1 Idomeneo**
Handsortierte, edelste Tabake aus den klassischen Anbaudistrikten in Übersee, mit einer speziell komponierten Einlage, die von Havannatabaken dominiert ist. Corona-Grande-Fasson mit Bohrung, in Zedernholzfolie eingeschlagen. Vollaromatisch.

**Mozart No 2 Don Giovanni**
Ausgewähltes Deckblatt aus Java; ausgewogene Havanna-Java-Brasil-Einlage. Corona-Format mit Bohrung. Vollaromatisch.

**Mozart No 4 Figaro**
Qualität wie No 2. Half-Corona-Format mit Bohrung. Vollaromatisch.

**Mozart No 5 Papageno**
Qualität wie No 2. Small-Panetela-Format, Zigarillo. Vollaromatisch.

**Imperiales Superiores**
Sumatra-Deckblatt, von Hand ausgelesen. Bouquetreiche Einlage aus feinsten Havanna-, Java- und Brasiltabaken. Corona-Grande-Fasson mit Bohrung, in Zedernholzfolie. Vollaromatisch.

**Imperiales**
Sumatra-Deckblatt, von Hand aussortiert. Harmonisch abgestimmte Einlage aus erlesenen Havanna- und Javatabaken. Corona-Grande-Fasson mit Bohrung, in Zedernholzfolie. Vollaromatisch.

**Falstaff No 1**
Brasil-Deckblatt exzellenter Qualität, von Hand ausgelesen. Feinste Brasilzigarre, besonders feinwürzig und aromareich. Corona-Grande-Fasson mit Bohrung, Zigarre in Zedernholzfolie. Vollaromatisch.

**Falstaff No 2**
Wie No 1. Corona-Fasson mit Bohrung. Vollaromatisch.

**Carmen y José Sumatra**
Sumatra-Deckblatt feinster Qualität. Ausgewählte Einlagetabake aus Übersee. Zartes, bouquetreiches Aroma. Panetela-Fasson mit Bohrung. Mittelaromatisch.

**Carmen y José Brasil**
Brasil-Deckblatt feinster Qualität. Ausgewählte Einlagetabake aus Übersee. Feinwürziges Aroma. Panetela-Fasson mit Bohrung. Vollaromatisch.

**Airport**
Sumatra-Naturdeckblatt, Java-Umblatt und Übersee-Einlagetabake. Ausgewogenes, bouquetreiches Aroma. Panetela-Fasson mit Bohrung. Mittelaromatisch.

**Regalia Media**
Sumatra-Deckblatt. Speziell abgestimmte Einlage aus Überseetabaken. Gehaltvoll und sehr aromatisch. Half-Corona-Fasson mit Kerbschnitt. Mittelaromatisch.

**Großglockner**
Feine Java-Decke. Einlage aus besonderen, abgestimmten Überseetabaken.

**Virginier**

**Jubiläums-Virginier**
Österreichische Spezialzigarre mit Tradition. Jubiläumsqualität, vollaromatisch, jedoch milder als andere Virginiermarken. Deckblatt: handsortierter dark-fired Virginiatabak; Wickel (Umblatt): Java; Einlage: Komposition aus exzellenten Überseetabaken. Naturstrohmundstück, Durchzugshalm aus Espartogras.

**Anatol Virginette Sumatra**
Mit Sumatra-Deckblattauslese und einer Einlage aus leichten, besonders selektionierten Überseetabaken. Moderne, leichte Zigarre auf Basis der 1846 erzeugten österreichischen Spezialität – der Virginier, mittelaromatisch. Strohmundstück, Durchzugshalm aus Espartogras.

## Zigarillos

**Havanitos**
Echter Havanna-Zigarillo aus Kuba-Tabaken. Würzig und hocharomatisch.

**Samba**
Brasil-Typ feinster Qualität. Feinwürziger, moderner Zigarillo, mittelaromatisch.

**Capriole Brasil**
Dunkler Zigarillo mit einer echten Brasildecke und einer besonders komponierten Einlage aus Überseetabaken. Angenehm feinwürzig und voll im Aroma.

**Capriole Sumatra**
Echter Sumatra-Zigarillo mit einer besonders selektionierten Einlage aus Überseetabaken. Leichter, mittelaromatischer Zigarillo.

**Capriole Light**
Wie Sumatra, dank eines speziellen Verfahrens besonders leicht.

**Mocca**
Filterzigarillo im Langformat mit einer besonders ausgewogenen Einlage aus Überseetabaken. Extrem leicht und angenehm.

**Leichte Bruns**
Java-Typ. Keulenfasson. Zigarre nach deutschem Originalrezept.

## Zigarren-Importmarken

**Siboney Especiales**
Handgefertigte original Havanna-Zigarre von Cubatabaco. Long-filler-Zigarre im Corona-Format aus erlesenen Kuba-Tabaken. Geschmackvoll, vollaromatisch.

**Davidoff No 2 Tubos**
Handgefertigte Long-filler-Zigarre im Corona-Format aus erlesenen Tabaken aus Santo Domingo. Geschmackvoll, vollaromatisch.

**Bella Diana**
Havanna-Typ aus der Schweiz. Corona-Format, rauchfertig durch Kerbschnitt. Vollaromatisch.

**Schimmelpenninck**
Sumatra-Typ, Keulenfasson, Sumatrazigarre aus Holland.

**Villiger Export**
Feinste Havannamischung mit hellem Naturdeckblatt. Stumpen in Vierkantpressung. Zigarre aus der Schweiz.

## Zigarrenkarte

Davidoff Dom Perignon
Davidoff Nr. 1
Davidoff Nr. 2
Davidoff 1000
Davidoff Château Latour
Davidoff Château Haut-Brion
Davidoff Château Mouton Rothschild
Davidoff Château Lafite-Rothschild
Davidoff Château Margaux
Davidoff Ambassadrice
Davidoff Mini-Cigarillos
Davidoff Demi-Tasse Indonesia
Davidoff Long Panatellas Indonesia
Partagos Habana
Romeo y Julieta Habana
Hoyo de Monterrey de José Habana

# Outside catering (Party-Service)

# Outside catering / Party-Service

Von der genauen Planung zur perfekten Organisation, Technik und Tips, Rezepte, Konzepte und Checklisten.
Was einst in Einzelfällen als Dienstleistung für gute Stammkunden begonnen wurde, hat sich im Laufe der Zeit zu einem richtigen Zusatzgeschäft in der Gastronomie entwikkelt bzw. immer mehr Party-Service-Firmen entstehen lassen.
Caterer sind im Gegensatz zur traditionellen Gastronomie die Bedarfskünstler, die gastronomische Eingreifbrigade für besondere Fälle. Während die traditionelle Normalgastronomie ihre Leistung ohne Auftrag und somit auf eigenes Risiko für einen anonymen Markt bereitstellt, erbringt die Bedarfsgastronomie ihre Leistungen auf den Gebieten der Einzel-, Gemeinschafts- bzw. Großverpflegung immer im Auftrag eines anderen.
Auftraggeber kann ein einzelner Haushalt ebenso sein wie eine Kommune, eine Anstalt des öffentlichen Rechts, Religionsgemeinschaften, Veranstaltungsträger usw.
Da es sich bei Catering immer um einen festen Auftrag handelt, der noch dazu ganz exakt im voraus kalkuliert werden kann, ist die Dienstleistung Outside catering ein **rentables Zusatzgeschäft.**
Das Bedürfnis der Gäste, Anlässe nicht im Restaurant, sondern privat in eigenen oder gemieteten Räumen durchzuführen, wird immer größer. Besonders Geschäftsleute ziehen es vor, wichtige Besprechungen in der diskreten Abgeschiedenheit im privaten Rahmen zu führen, ohne dabei auf ein vorzügliches Essen und den gepflegten Service zu verzichten.
Die Möglichkeiten beim Catering sind fast unbeschränkt. Bei manchen Betrieben kann dieser Service schon ab zwei Personen in Anspruch genommen werden. Nach oben sind je nach Leistungsfähigkeit des Caterers variable Grenzen gesetzt. So kann sich der Betrieb dafür entscheiden, ob er sich nur auf Anlässe im kleinen Rahmen bis 50 Personen oder ob er sich nur auf größere Anlässe spezialisieren will.

Mögliche Anlässe:
- private Feiern jeder Art
- Geschäftsfrühstück
- Besprechungen, Konferenzen, Firmenjubiläen
- Besprechungen und Feiern offizieller Stellen (z. B. Behörden)
- Tagungen, Seminare, Kongresse
- Waldhüttenfest, Wiesenfest, Festzelt
- ...

Was erwarten die Gastgeber:
- Die Gastgeber wollen sich ungezwungen und ohne Verpflichtungen bzw. Ablenkungen unter den Gästen aufhalten.
- Die Gastgeber wollen sich auf dem kulinarischen Sektor keine Blöße geben. Die Gäste sollen sich auf kulinarischem Gebiet wie im Restaurant fühlen.
- Die Gastgeber wollen sich nicht mit allzuviel Arbeit (Organisation, Geschirr, Reinigung ...), die jede Festivität mit Geladenen verursacht, belasten.

Eine Außer-Haus-Lieferung muß aus dieser Sicht stets mit den Augen des Gastes, also des Bestellers, gesehen werden. Es ist für ihn in vielen Fällen der Anlaß des Jahres und daher eine Identifikation mit seiner Person. Für offizielle Stellen (Behörden, Wirtschaft), die Anlässe außerhalb von Restaurants oder Bankettträumen ausführen, sind es sehr oft Anlässe, zu denen wichtige Gäste geladen werden. Aus der Sicht des Kunden, des Gastgebers oder Auftraggebers ist es immer ein sehr wichtiger Anlaß. Es muß dem Gastronomen daher ein großes Anliegen sein, die hohen Erwartungen zu erfüllen. Diese Erwartungen sind vielfach wesentlich höher, als wenn der gleiche Gast im Restaurant seine Gäste empfangen würde.
Eine gute Beratung des Kunden im Vorfeld des Anlasses ist die wichtigste Voraussetzung für eine erfolgreiche Auftragsentwicklung. Die individuellen Wünsche des Gastes stehen im Zentrum allen Handelns. In den meisten Fällen haben die Gäste schon ganz konkrete Vorstellungen. Sie wissen, was sie wollen, und je mehr wir davon in Erfahrung bringen

können, desto besser können wir sie beraten. Der Gastgeber muß sich während des Festes als Gastgeber und Gast fühlen können, und er sollte sich nicht um Details aus Küche, Ablauf, Service und Zeitplan kümmern müssen. Es ist selbstverständlich, daß man die gewählte Umgebung auf sich einwirken lassen muß. Bestuhlung, Tische, Tischwäsche sollen zur Innenausstattung des Raumes passen.
Von der redseligen Stehparty bis zum gediegenen „Zeig-alles-Anlaß" reicht der Bogen. Grundsätzlich ist beim Catering alles möglich, auch ausgefallene Wünsche oder Örtlichkeiten können verlangt werden.

**Alles ist eine Frage des Preises.**

Manche Kunden machen sich darüber völlig unrealistische Vorstellungen, daher ist es die Aufgabe des Caterers, aufgrund des verfügbaren Budgets und der besprochenen Vorstellungen des Kunden praktische Vorschläge bzw. Angebote zu unterbreiten.
Bei einem Großanlaß – ab etwa 100 Personen – liegen die effektiven Kosten für Essen und Trinken bei zirka 75 Prozent, beim Kleinanlaß bei etwa 70 Prozent. Also je größer der Anlaß, desto geringer fallen die sogenannten Peripheriekosten (Transporte, Geschirr, Personal) aus.

Eine fachlich gute Beratung erstreckt sich über den ganzen Ablauf.

- Einladungen
- Zeitplan
- Empfang
- Garderobe
- Toilette
- Aperitif
- Menü, Buffet
- Getränke
- Kaffee
- Spirituosen
- Rauchwaren
- Ansprachen
- Tischplan
- Tischkarten
- Menükarten
- Bestuhlung
- Tischwäsche
- Dekorationen, Mobiliar
- Geschirr
- Transport
- Engagement der Musik
- Digestifs
- Mitternachtsverpflegung
- Personal, Aushilfskräfte
- polizeiliche Meldung
- Feuerwehr
- …

Je nach Größe des Anlasses wird bei Bedarf Mobiliar gemietet. Im Service läßt es sich ebenfalls nicht vermeiden, daß Aushilfskräfte – in der Regel aber immer solche, die dem Hotel bekannt sind – beigezogen werden. Der Kader – Chefköche und Oberkellner – wird aber in jedem Fall vom Hotel bzw. Restaurant gestellt.
Voraussetzung für ein perfektes Outside catering ist eine einwandfreie betriebliche Organisation. Für den Caterer stellen sich die Fragen:

- Ist die Infrastruktur des Betriebes groß genug und ausreichend ausgebaut?
- Sind die personellen Voraussetzungen gegeben (Fachpersonal und Aushilfen)?
- Steht das notwendige Material – Geschirr, Platten, Warmhaltemöglichkeiten … – zur Verfügung?
- Besteht eine betriebsinterne Organisation, die notwendig ist, um das Geschäft außer Haus abzuwickeln?

Neben den altbewährten Klassikern aus dem Partybereich wie Canapés, belegten Brötchen, kalten und warmen Snacks, Salatbuffets … weist die Nachfragelinie heute eindeutig hin zu qualitativ hochstehenden Lebensmitteln, Meeresspezialitäten und Rohprodukten. Besonders gefragt im Party-Jetset ist, wer kalorienarme Erzeugnisse frisch vom Markt à la minute zubereitet.

---

## Der besondere Party-Service

Verehrte gnädige Frau, sehr geehrter Herr!
Wir freuen uns, Ihnen ein umfassendes Angebot unseres traditionsreichen Hauses präsentieren zu können.
Die hohen Qualitätsansprüche unserer Kunden sind für uns stets Verpflichtung und Ansporn, das reiche Angebot an feinen Delikatessen, erlesenen Getränken und süßen Köstlichkeiten zu erweitern und zu verbessern.
Mit besonderem Stolz dürfen wir dabei auf die bewährten Leistungen unseres Party-Service hinweisen: Spezialitäten der kalten und warmen Küche werden von unserem ambitionierten Küchenteam delikat gekocht und attraktiv ange-

richtet. Geschulte Mitarbeiter sorgen dafür, daß die feinen Speisen und Getränke bei Ihnen stilgerecht präsentiert und serviert werden – bei kleinen und bei großen Festen.
Unsere Berater sagen Ihnen gerne, wie wir Ihnen bei der Bewirtung Ihrer Gäste helfen können. Denn unser Service reicht von der Empfehlung kleinster kalter und warmer Köstlichkeiten bis zum erlesenen Buffet. Wir sorgen auch für die passende Dekoration, stellen bei Bedarf Geschirr und die jeweils richtigen Gläser bereit und sorgen durch erfahrenes Personal für den reibungslosen Ablauf Ihres Festes.
Die folgenden Seiten sollen Ihnen Anregungen und weitere Informationen bieten und Ihnen Appetit auf die ausgewählten Delikatessen unseres Hauses machen.
Bitte rufen Sie einfach an. Wir glauben, daß unsere langjährige Erfahrung Ihnen schon bei der Vorbereitung einer kleinen Veranstaltung nützlich sein kann. Wir besuchen Sie gerne, um Details zu besprechen.

**Für Ihre Buffetauswahl (je Sorte ab ... Stück)**

**Sandwiches, Canapés**

Party-Sandwiches, Weißbrot
Karreespeck, ungarische Salami, Lachsschinken, Hering, Thunfisch, Lachs/Kaviarersatz, Spargel, Artischocken, Ei/Shrimps, Kalbsleberpastete

Party-Sandwiches, Schwarzbrot
Wacholderspeck, westfälische Mettwurst, Streichwurst, Halleiner Wurst, Hamburger, gekocht, Pfefferkarree, Zigeunerwurst, Goudakäse, Rosmarinschinken, pikanter Eiaufstrich

Bauernbrote, schwarz
Fleischaufstrich, Eiaufstrich, scharf, Knoblauchaufstrich, Sardinenaufstrich, Verhackertes, Gorgonzolabutter, Butterstreichkäse, Frühlingskäse

Speckhappen auf Zwiebelbrot

Gourmet-Sandwiches, Weißbrot
Muscheln, geräuchert, Lachsersatz, Kaviarersatz, Brie, Kalbsleberpastete mit Gänselebereinlage, Preßschinken, Cervelat oder Mailänder Salami, Zunge, Tiroler Speck

Canapés, rund, Weißbrot
Belag wie Gourmet-Sandwiches, weiß

Gourmet-Sandwiches, Schwarzbrot
Kalbsleberpastete, getrüffelt, Kaminschinken, Kaiserschinkenbraten, Rauchschopfbraten, Gewürzschinken, Surbauchfleisch, Kaiserkrakauer, Osso collo, Mortadella, Käse

Lukullus-Sandwiches, Weißbrot
Huhn, geräucherte Forelle, Schweinsbraten, Heringsfilet nach Matjesart, Eitoast, Roastbeef, Rohschinken, Shrimps

Exquisite Canapés
Getrüffelte Gänseleberpastete, Ostsee-Räucherlachs, Malossolkaviar (ab 6 Stück), Krabbenfleisch, Ketakaviar

**Sandwiches für Kalorienbewußte**

Sechskornbrot
Truthahnbrust, Osso collo, Bündner Fleisch, Rinderschinken, Hüttenkäse, Forellenpastete

Sechskornbrot mit verschiedenen Gemüsen der Saison

**Cocktailhappen**
Gefüllte Datteln
Rohschinken-Melonen-Spieße
Schinkenröllchen
Schweinsmedaillons im Speckmantel
Roastbeefröllchen mit Kräutergervais
Fleischbällchen in pikanter Sauce
Crackers mit diversen Belägen
  Brie, Dolcelatte, Ei/Kaviar, Lachsbutter, Knoblauchaufstrich, Lachsschinken, Schinken, Salami, Kräutergervais, Osso collo, Schweinsbraten
Crackers mit Gorgonzola und Birne
Cocktailei – Ketakaviar, Shrimps, Matjes, Lachs
Blätterteigpastete – Räucherforellenmousse
Geräucherte Austern in Speck auf Weißbrot
Mild gefüllte Matjesröllchen auf Schwarzbrotsockel
Wachtelei auf Blätterteigpastete mit echtem Lachs
Käseröllchen

Käsespieß international
Pumpernickel-Spieß
Brandteigkrapfen mit verschiedenen Füllungen
Mürbteigschüsserln, gefüllt mit Gänselebermousse, Forellenmousse oder Streichkäse

**Häppchen aus dem Ofen**
Party-Schnitzerl, Karree
Party-Schnitzerl, Schweinsfilet
Party-Schinkenkipferln
Würstel im Teig
Butterteig-Fleischtaschen mit Käse
Blätterteig-Piroggen, Huhn und Champignons
Cordon bleu
Riesengarnelen in Weinteig
Lauchstrudel
Frühlings-, Kraut-, Spinat- und Fleischstrudel
Steirischer Speckstrudel
Zwetschken im Speck
Quiche lorraine

**Kleine warme Speisen**
Krautfleckerln
Überbackene Schinkenfleckerln
Krautfleisch mit Kartoffeln
Faschierte Laibchen

**Vorspeisen**
Hühnerbrust auf Ananas
Rohschinken mit Melone
Roastbeefrolle mit Kräutergervais
Schinkenrolle mit Krengervais oder Wurstsalat
Gemüselaibchen mit Dillsauce
Gefüllte Tomaten mit Kräutergervais oder Wurstsalat
Geräucherte Forellenfilets auf pikantem Sockel
Fischvorspeise
Thunfischvorspeise
Shrimpsvorspeise
Matjes auf Hausfrauenart auf Apfel, Joghurt und Zwiebel

Gefüllte Paprika mit Gemüsemayonnaise
Prager Vorspeise
Gefülltes Ei
Gefüllte Orangen mit Shrimpssalat
Shrimpsdariolen in Weingelee
Shrimpscocktail im Glas
Krebscocktail im Glas
Muschelcocktail mit Artischockenherzen
Avocados mit Kräutershrimps oder Roquefortcreme
Seezungenröllchen mit Ketakaviarsauce
Schweinefiletcocktail im Glas
Fogosch, pochiert
Räucherforelle in Gelee
Spargelschinken in Gelee
Gemüse in Gelee
Gänseleber in eigenem Fett (70 g Gänseleber)
Vitello tonnato

**Nur auf Vorbestellung**
Schinkenmousseterrine
Hühnerleberparfait
Lachspastete
Mousse von Räucherforellen
Wildterrine
Kaninchenterrine
Kaninchensulz
Gänseleberparfait
Forellenpastete

**Kalte Platten, garniert**
Wurstplatte
Heurigenbrett
Fleisch-und-Wurst-Platte, gemischt
Fleischplatte
Beinschinkenplatte mit Kren oder Spargel, Butter
Rohschinkenplatte mit Melone
Roastbeefplatte mit Spargel
Hauspastetenplatte
Rehrücken (8–10 Personen) auf Apfel-Sellerie-Sockel,

Fruchtgarnitur, Kastanienpüree, Preiselbeeren oder Sauce Cumberland
Filet Wellington, englisches Gemüse, ca. 150 g pro Person (ab 5 Portionen)
Schweinslungenbraten in Butterteig und Weinblättern
Rosa gebratenes Rinderfilet in pikanter Kräutersauce
Hirtenrolle (Rinderfilet, gefüllt mit Spinat, Schinken und Ei)
Tafelspitz mit Apfelkren
Geflügelplatte (Poularde, Ente)
Wildplatte (Fasan, Reh, Wachteln, Hirsch, Rebhuhn)
Gefüllter Lachs mit Kräutern und Dillsauce
Gravad lax mit Senfsauce (3 Tage Vorbestellung)
Räucherlachsplatte mit Oberskren
Hirschkalbsrücken (25 Personen)
Gänsebrust, geschnitten, im eigenen Fett
Gekochter Hummer
Königskrabbe
Internationale Käsespezialitäten auf Brett
Gebratene vordere Stelze (auf Vorbestellung)
Spanferkel

**Hausgemachte Mehlspeisen, Konfekt, Savories**
Bosnische, Schoko-Nuß-, Linzer Schnitten
Apfel-, Topfen-, Bananenschnitten
Gezogener Apfel-, Topfenstrudel
Mürbteigvariationen, süß
Miniplunder
Petits fours

Käse-, Salz- und Mohngebäck aus Blätterteig
Mandeln, geröstet und gesalzen
Cashew-Kerne, geröstet und gesalzen

**Hausgemachte Salate mit Mayonnaise**
Eisalat
Gemüsesalat
Schinken-Käse-Salat
Veroneser Spaghettisalat
Apfel-Sellerie-Salat
Champignonsalat

Indischer Salat
Englischer Roastbeefsalat
Avocadosalat

**Salate ohne Mayonnaise**
Krautsalat
Gurkensalat mit Dillrahm
Maissalat
Wiener Wurstsalat
Griechischer Salat
Artischockensalat mit Joghurtdressing
Hühnersalat mit Palmenherzen
Rindfleischsalat
Frühlingssalat
Schwarzwurzelsalat
Spargelsalat mit Joghurtdressing

Große Auswahl an Rohkostsalaten
Frische Blattsalate je nach Saison mit Joghurt-, Roquefort-, Kräuter-Eier-, French Dressing

**Fischsalate**
Shrimpssalat
Heringssalat in Remoulade
Kräuter-Matjes-Salat
Matjessalat nach Hausfrauenart
Thunfischsalat Natur
Hummersalat (auf Bestellung)

**Obstsalate**
Fruchtsalat mit Maraschino
Melonensalat mit Joghurt

**Für Ihre Menüauswahl**

**Suppen**
Sherryconsommé
Eintropfsuppe
Frittatensuppe
Gemüsesuppe

Grießnockerlsuppe
Kartoffelsuppe
Lauchsuppe
Leberknödelsuppe
Minestrone
Rahmsuppe
Rohschinken mit Melone
Schinkenschöberlsuppe
Selleriecremesuppe
Tiroler-Knödel-Suppe

**Hauptspeisen**
Bœuf bourguignonne mit Safranreis
Esterházyrostbraten mit Kartoffelkroketten
Frisches Lachsfilet in Weißweinsauce, tournierte Kartoffeln
Gefüllte Kalbsbrust mit Blattsalat
Gefüllte Schweinsbrust mit warmem Krautsalat
Gespicktes Kalbsvögerl in Rahmsauce mit Spätzle
Gespicktes Rahmherz mit Butternudeln
Jungschweinernes mit Serviettenknödel, Rotkraut
Kalbsgeschnetzeltes mit Champignons, dazu Risipisi
Kalbsgulasch mit Spinatnockerln
Krautfleisch mit Salzkartoffeln
Naturschnitzel (Kalb oder Schwein) mit Erbsenreis und Blattsalat
Schweinsgeschnetzeltes mit Champignons, dazu Risipisi
Schweinsmedaillons nach Zingara-Art
Tafelspitz mit Röstkartoffeln, Schnittlauchsauce, Apfelkren

**Desserts**
Altwiener Milchrahmstrudel
Brandteigkrapfen (2 Stück)
Cognaccreme
Dukatennudeln mit cremiger Vanillesauce
Erdbeercreme
Fruchtsalat
Fruchtschnitte aus Biskuit
Gezogener Apfelstrudel
Grießpudding mit Honigsauce
Haselnußparfait mit eingelegten Weichseln

Joghurttörtchen
Melonensalat
Mousse au chocolat
Topfenstrudel

**Unser Aperitif-Vorschlag**
Haussekt, trocken
Sekt-Orange
Campari-Soda
Sherry dry
Wermut
Gin-Tonic
Wodka-Orange
Kir Royal

Muscat-Lunel, 1990, trocken, 0,75 l, der besondere Aperitif

**Unsere Getränkeempfehlung**
Schloß Gobelsburg, Roter Prälat, 1 l
Weingut Gesellmann, Zweigelt, rot, 1,5 l
Weingut Räschitz, Urveltliner, 1 l
Weingut Mantlerhof, Kremser Grüner Veltliner, 1 l

Hubertus-Herrenpils, Faßbier, 25 l, mit Zapfgerät

Mineralwasser, 1 l
Orangenjuice, 1 l
Orangensaft, frisch gepreßt
Apfelsaft, 1 l

Kaffee
Digestifs auf Wunsch

Getränke werden nach Verbrauch verrechnet.
Nicht geöffnete Flaschen werden zurückgenommen.
Fordern Sie unsere Getränkekarte und unsere Präsenteliste an!

**Leihgebühr**
Gläser, Teller
Besteck
Tisch

Sessel
Stofftischtuch
Stoffserviette
Tischschmuck, Obstkörbe
Koch und Servierpersonal
Ein Festsaal für bis zu 50 Personen steht für Geburtstags-, Hochzeits- und Familienfeierlichkeiten, für Seminare, Betriebszusammenkünfte und Jubiläen, für Empfänge, Cocktails, Vereins- und Gesellschaftsabende zur Verfügung.
Änderungen vorbehalten!

## Unser Party-Service

Vom familiären Zusammensein, von kleinen Empfängen bis zum großen Diner reicht unsere Erfahrung. Die folgende Zusammenstellung bietet Ihnen erste Empfehlungen, die Sie gerne im persönlichen Gespräch mit unseren kompetenten Mitarbeitern an Ihre Bedürfnisse anpassen können.

Canapés – appetitliche, mundgerechte Bissen, die Sie in den verschiedenen Preisgruppen kombinieren können. Canapés werden für jede Bestellung frisch zubereitet. Deshalb können wir je Sorte nur ab ... Stück liefern. Die Mindestbestellmenge für jede Bestellung beträgt ... Stück. Rechnen Sie etwa fünf bis sechs Stück pro Person.

**Canapés, belegt mit**
Hechtparfait mit grüner Sauce
Süß-saurem Forellenfilet
Matjestatar
Champagnersalami mit Korinthen
Schweinebraten mit Sauce rémoulade
Mild geräucherter Truthahnbrust
Oldenburger Bauernschinken
Fränkischer Landrotwurst
Preetzer-Holsteiner Mettwurst
Pfälzer Leberwurst mit Röstzwiebeln
Fleischpflanzerl mit Sauce rémoulade
Frischkäsecreme, mit Früchten garniert

Geräuchertem Ostseeaal mit Kresseschaum
Terrine von Atlantikfischen mit Cocktailsauce
Marinierten Grönlandshrimps
Heilbuttmedaillon auf Zucchini
Roastbeef, englisch, mit gepfefferter Crème fraîche
Mini-Wiener-Schnitzel mit Sauce tartare
Luftgetrocknetem Schweizer Bergschinken
Gebratener Hähnchenbrust
Geflügelleberpastete
Truthahnschnitzel in der Mandelkruste
Schinkentütchen mit Sahnemeerrettich
Wildpastete mit Preiselbeeren
Artischockenherzen auf Cocktailsauce
Allgäuer Bergkäse
Bavaria blu
Französischem Camembert
Französischem Tortenbrie
Fourme d'Ambert
Mittelaltem Gouda
Walnußkäse (Torta noci)
Gorgonzola dolce
Fontal (aus dem Aostatal)
Ziegenfrischkäsecreme mit Kräutern auf Pumpernickel
Hausgebeiztem Gravad-lax-Filet mit Senf-Dill-Sauce
Geräuchertem norwegischem Fjordlachs
Medaillon von Riesengarnele mit Currysauce
Geräuchertem Wallerfilet
Crabmeatsalat
Scampi mit Limonensauce
Mildem gewürfeltem San-Daniele-Schinken
Pikant angemachtem Tatar
Rehnüßchen mit Sauce Cumberland
Gebratener Entenbrust mit Orangenfilets
Hausmacherpastete mit Gänseleberstücken
Bündner Fleisch mit Meerrettichcreme
Würfel vom Rinderfilet mit Artischocke
Parmaschinken mit Basilikum-Käse-Creme
Kalbsnüßchen mit grüner Sauce
Piccata vom Schweinefilet

**Besondere Canapés, belegt mit**
Geräuchertem Beluga-Stör
Medaillon von kanadischem Hummer
Getrüffelter Gänseleberterrine
Ossetra-Malossol-Kaviar
Beluga-Malossol-Kaviar

**Kalte Snacks**
Scampi mit verschiedenen Saucen
Röllchen von geräuchertem Fjordlachs
Garnele auf Zwergtomate
Kugeln von Entenlebercreme mit geriebenen Haselnüssen
Armagnacpflaume in französischem Pfefferschinken
Tütchen von geräucherter Truthahnbrust mit Shrimpsmouses
Kleine Roastbeefröllchen, mit Käsecreme gefüllt
Filetwürfel im Speckmantel mit Pfeffersauce
Würzige Wildpastete im Blätterteigmantel
Medaillons von Entenbrust

**Warme Snacks**
Warme Snacks liefern wir ab ... Stück je Sorte in feuerfesten Formen. Sie können sie leicht im vorgeheizten Backrohr bei ca. ... °C in ... Minuten aufwärmen, sofern nicht unser Personal Ihnen die kleine Mühe abnimmt.

Schinkenhörnchen
Gebackene Brokkoliröschen, grüne Sauce
Gefüllte Champignonköpfe
Gemüsestrudel mit Schnittlauchjoghurt
Nürnberger Rostbratwürstel mit Senf
Hamburger mit Knoblauch-Kräuter-Sauce
Spinatkuchen mit Räucherlachsstreifen
Kartoffelkrapferln mit Forellenkaviar
Gebackene Shrimps mit Safran
Garnelen-Lauch-Kuchen
Marinierte Spanferkelkoteletts
Wiener Backhuhn, Tiroler Sauce
Kleine Taler von Wiener Schnitzel
Piccata vom Schweinefilet, Pfeffersauce

Gebratenes Tatarbeefsteak, Tomatenschaum
Gebackene Scampi mit Sojasauce (japanisches Tempura)
Lammkoteletts mit Mintsauce
Würfel vom Rinderfilet, Sauce Choron
Rehrückensteaks mit Brombeersauce
Entenbrust mit Dattel-Chutney im Blätterteigmantel

**Käse-Savories**
Diverse Käsecocktailhappen, garniert
Erdbeeren mit Frischkäsecreme
Roquefortkugeln mit Kräutern
Datteln, gefüllt mit Mandel-Mascarpone-Creme
Geräucherter Scarmozze auf Feige
Milder Blauschimmelkäse auf Birnenspalte
Ricotta-Senf-Creme in der Kirschtomate

**Kleine Süßigkeiten**
Diverse Petits fours
Walliser Birnenkuchen
Mandelhörnchen
Zitronenrolle
Rhabarberkuchen
Tiramisu-Schnitte
Frankfurter Kirschkuchen
Kleine Obst- oder Erdbeertörtchen
Feines Teegebäck

**Kalte klassische Buffets**
Unsere kalten Platten sind auf Silber servierfertig angerichtet und schön dekoriert. Das Geschirr wird ungespült zurückgenommen.

**Vorschlag 1**
Kaltgeräucherter Seesaibling mit Mandelmeerrettich
Marinierte Shrimps mit Filets von rosa Grapefruits auf Chicorée
Rehnüßchen, umlegt mit Trauben-Kiwi-Salat
Kalbssteak auf Mini-Ananas mit Entenleberparfait, Sauce Cumberland
Artischockenherzen in Vinaigrette

Wiener Geflügelsalat
Diverse Brotsorten, Partysemmeln und Gewürzgebäck
Gesalzene Normandie-Butter

**Vorschlag 2**
Süß-sauer eingelegtes Forellenfilet mit Kräuterjoghurt
Potpourri von Atlantikfischen und Gemüsen in Basilikumsauce
Hausgemachte Wildpastete auf Pfirsich mit Brombeersauce
Gebratene Ente, glaciert, mit einem Salat von Orangenfilets, Kiwistreifen und Mandeln
Palmenherzen in Cocktailsauce
Diplomatensalat
Diverse Brotsorten, Partysemmeln und Gewürzgebäck
Gesalzene Normandie-Butter

**Vorschlag 3**
Heißgeräucherter Stremel-Lachs mit Estragon-Meerrettich-Creme
Exotischer Scampi-Perlhuhn-Salat mit Kiwi, Papayas und Macadamianüssen
Melonenschiffchen mit Bündner Fleisch, Bresaola und Chiantischinken
Filet Wellington mit Gemüsevinaigrette
Glacierte Wachteln auf einer mit pikantem Pagodensalat gefüllten Ananas
Gemischter Pilzsalat mit Brokkoliröschen
Mexikanischer Salat
Eiersalat auf karibische Art mit Shrimps
Französische und italienische Käsespezialitäten, mit Trauben garniert
Diverse Brotsorten, Partysemmeln und Gewürzgebäck
Gesalzene Normandie-Butter

**Vorschlag 4**
Feinster, geräucherter norwegischer Fjordlachs mit Sahne-Preiselbeer-Meerrettich
Krone von Riesengarnelen, mit Früchten garniert, Limonenschaum
Hausgemachte Gemüseterrine mit Kräutervinaigrette

Hochrippe vom Angus-Rind mit Dijonsenfsauce
Brüstchen von der Barberie-Ente mit Madeiragelee
Rehrücken mit Gänselebermousse auf Apfel mit einem Salat von frischen Pilzen
Farmersalat
Italienischer Zucchinisalat
Waldorfsalat
Käsespezialitäten aus Frankreich, Italien und Bayern, mit Früchten garniert
Diverse Brotsorten, Partysemmeln und Gewürzgebäck
Gesalzene Normandie-Butter

**Kalte rustikale Buffets**

**Vorschlag 1**
Matjestatar, umlegt mit marinierten Heringsfilets, Schnittlauch-Remoulade
Rösch gebratenes Spanferkel auf bayerische Art
Hähnchenschlegel auf Kartoffelsalat mit frischen Gurken
Garniertes Brotzeitbrett mit Ripperln, Eisacktaler Bauernspeck, Regensburger, Pfälzer Leberwurst, Thüringer Fleischrotwurst, Bauerngeselchtem
Gemischte Salatplatte mit Schnittlauch-Joghurtdressing, geräucherten Speckstreifen, Röstbrotwürfeln
Bunter Rindfleischsalat mit Gurken, Tomaten, Radieschen und Senfei
Bohnensalat
Blumenkohlsalat
Bayerische Käseauswahl auf Holzbrett, garniert
Buttertöpferln und würzige Brotsorten

**Vorschlag 2**
Geräuchertes Wallerfilet mit Sahnemeerrettich und pochierte Flußzanderschnitte mit Dill-Senf-Sauce
Heringstopf mit roten Rüben und Sauerrahm
Würzige Schweinefleischpastete mit Gänseleberstücken
Gefüllter Spanferkelrücken
Bauernente mit pikanter Leber-Nuß-Füllung
Gebratene Tatarpflanzerln mit Knoblauch-Kräuter-Sauce
Niederbayerisches Schwarzgeräuchertes mit Kren

Kalter Rehbraten mit Wildweichseln und gefüllten Birnen
Münchner Wurstsalat
Kartoffelsalat mit frischen Gurken
Kraut-Speck-Salat
Tomatensalat mit Brunnenkresse
Käsebrett mit Topfenkräuterkäse, Miesbacher Nockerln, Allgäuer Bergkäse, Bavaria blu, Weihenstephaner Camembert, Andechser Bauernkäse und bayerischem Ziegenkäse
Original Griebenschmalz, nach altem Rezept hergestellt
Buttertöpferln und würzige Brotsorten

**Frische Salate aus unserem großen Programm**
Amerikanischer Salat (mit Rindfleisch)
Artischockenherzen in Vinaigrette
Diplomatensalat
Farmersalat
Griechischer Salat mit Schafskäse
Indischer Geflügelsalat
Wiener Geflügelsalat
Pagodensalat
Palmenherzen in Cocktailsauce
Shrimps in Vinaigrette/Cocktailsauce
Waldorfsalat

**Käsespezialitäten**
Französische Käsespezialitäten im Körbchen, mit Trauben garniert
Internationale Käsespezialitäten auf Holzbrett, mit Früchten garniert
Bayerisches Käsebrett, mit Radieschen und Rettich garniert

**Delikate Suppen**
Gerne liefern wir Ihnen unsere beliebten Suppen auch im Topf zum Wiedererwärmen.

Zum kalten Buffet empfehlen wir:
Tomatenconsommé mit Basilikumnockerln
Klare Ochsenschwanzsuppe mit Madeira
Zucchinirahmsuppe mit Shrimps

**Mitternachtssuppen**

Gulaschsuppe mit Paprikaschoten, Pfefferschoten und Kartoffelwürfeln

„Mulligatawny soup", ostindische Hühnersuppe mit Curry, Hühnerfleisch, Apfelwürfeln und Mandeln

Bouillabaisse mit Sauce aïoli und Croûtons

**Warme Gerichte und Spezialitätenbuffets**

Es ist eine gute Tradition, Menüs nach Jahreszeiten, das heißt nach den saisonalen Angeboten, zusammenzustellen. Hierzu Vorschläge zu bringen würde aber den Rahmen dieses Angebotes sprengen. Bitte fragen Sie deshalb nach individuellen Menüzusammenstellungen.

Gerne gehen wir bei der Buffetzusammenstellung auch auf Ihre individuellen Wünsche ein und sorgen für das entsprechende Ambiente. Unser Repertoire umfaßt Arrangements aus aller Herren Länder, Spezialitätenbuffets aus Europa, Amerika, der Karibik und dem Fernen Osten. Eine besondere Attraktion ist unsere große indonesische Reistafel, über die Sie sich von uns informieren lassen sollten.

**Süßspeisen**

Beerengrütze mit flüssiger Sahne

Bayerische Creme mit verschiedenen Früchten: Ananas, Mandarinen, Erdbeeren, Himbeeren und Kirschen

Mousse au chocolat

Salat von frischen Früchten mit Maraschino

Malakoffcharlotte mit Löffelbiskuit in Weinbrand und Himbeeren mit Melbasauce

Trüffel-Orangen-Mousse auf mit Grand Marnier marinierten Orangenscheiben und Erdbeermark

Mangocreme mit gerösteten Mandeln, Himbeermark und frischen Himbeeren

Aurummousse, Mascarponecreme mit Löffelbiskuit und sizilianischem Orangenlikör

Frische Erdbeeren auf andalusische Art mit Orangenmousseline und Pistaziencreme

Nymphenburger Hollercharlotte mit Mandelschaum und gemischten Beeren

Zum Erwärmen liefern wir Ihnen die hausgemachten Strudel in feuerfesten Formen:
Wiener Apfelstrudel
Rahmkirschenstrudel
Münchner Topfenstrudel

**Eisspezialitäten**
Unsere hauseigene Patisserie bietet Ihnen auf Anfrage ein reiches Sortiment zur Auswahl an. Wenn wir Trockeneis zur Anlieferung benötigen, müssen wir es selbst beschaffen und deshalb berechnen. Wir bitten um Verständnis.

**Wichtige Hinweise für Ihre Bestellung**
In Kombination mit Lieferungen von Speisen und Getränken bieten wir Ihnen folgende Leistungen an:

**Geschultes Fachpersonal**
(Stundensatz pro Kraft)
Serviceleitung
Oberkellner
Bedienung/Kellner
Getränkekellner
Küchenchef
Koch
Hilfskraft

Auf diese Sätze erheben wir einen Zuschlag von ...% für Sozialleistungen. An- und Abfahrtszeiten des Personals werden zu denselben Konditionen berechnet. Für Anlässe an Samstagen erheben wir ab 15.00 Uhr einen Aufschlag von...%.

**Geschirr**
Unser Leihgeschirr stellen wir gerne zur Verfügung.
Leihgebühr für Einzelteile
Pauschale pro Person für ein kleines Gedeck mit Gläsern und Servicematerial
Pauschale pro Person für das komplette Geschirr mit Gläsern, Chrombesteck, Porzellan und Servicematerial
Größere Gedecke mit Platzteller

**Tischwäsche**
Tischtuch, rechteckig
Tischtuch, rund
Stoffservietten
Papierservietten liefern wir kostenlos.

Selbstverständlich liefern wir Ihnen auch das notwendige Mobiliar, fertigen Menükarten, Blumen- und Buffetgestecke nach Ihren Wünschen, sorgen für Dekoration, stellen die entsprechenden Accessoires zur Verfügung und kümmern uns um alle Dinge, die mit Ihrem geplanten Fest zusammenhängen, damit auch Sie als Gastgeber ohne Hektik und Streß die Feier genießen und sich Ihren Gästen widmen können.

**Getränke**
Unsere Getränkeauswahl ist vorteilhaft für Sie: Sie können aus dem umfangreichen Sortiment unseres hauseigenen Angebotes Ihre individuelle Zusammenstellung wählen, und wir berechnen alle Getränke zu Ladenpreisen bei Festabnahme.
Selbstverständlich liefern wir Ihnen auch gern alle Getränke in Kommission. Die Abrechnung erfolgt dann nach Verbrauch zu Ladenpreisen zuzüglich eines Kommissionsaufschlags von ... %.
Cocktails nach Maß. Für spezielle Anlässe oder ganz einfach der Jahreszeit angepaßt, sind sie immer eine wohlgelungene Überraschung für Ihre Gäste. Lassen Sie sich bitte Vorschläge machen.

**Tabakwaren**
Wenn Sie Tabakwaren wünschen, stellen wir für Sie gerne eine Auswahl zusammen. Die Abrechnung geschieht nach dem Verbrauch zuzüglich ... % Kommissionsaufschlag.

**Unser Fotodienst**
Die schönsten Augenblicke Ihres Festes macht unser professioneller Fotoservice unvergeßlich. Auch Sofortlieferung der Fotos ist in unserem Angebot enthalten.

# Fünf-Sprachen-Verzeichnis

# Fünf-Sprachen-Verzeichnis

| Deutsch | Französisch | Englisch | Italienisch | Spanisch |
|---|---|---|---|---|
| **A** | | | | |
| Aal | anguille (f.) | eel | anguilla (f.) | anguila (f.) |
| Aalraute, Aalrutte | lotte (f.) | eel(-)pout, burbot | lasca (f.) | capitón (m.), barbo (m.) |
| abdrehen | tourner | to turn off, switch off | spegnere | retorcer |
| Abendessen | dîner (m.) | supper, dinner | cena (f.) | cena (f.) |
| Abendessen, spätes | souper (m.) | supper | – | – |
| abflämmen | flamber | to flame | fiammeggiare | flamear |
| abkühlen | refroidir | to cool (down) | raffreddare, rinfrescare, refrigerare | refrescar |
| ablöschen | déglacer | to add (water) to | aggiungere (acqua) | extinguir |
| abreiben | frotter | to wipe | raschiare | restregar |
| abschaben | gratter | to scrape (off) | raschiare | rozar |
| abschäumen | écumer | to foam | schiumare | despuniar |
| abschmecken | parfumer | to taste, sample, season | degustare | degustar |
| Abstelltisch | table à débarrasser (f.), guéridon (m.) | side table | tavolo d'appoggio (m.) | mesa de depósito (f.) |
| Absud | bouillon (m.) | decoction, bouillon | decotto (m.), brodo (m.) | bullón (m.) |
| abtropfen | égoutter | to drip, drain (Geschirr) | (s)gocciolare, gocciare | escurrir, chorrear |
| Abwäscher | plongeur (m.) | dishwasher | lavastoviglie (f.) | lavador (m.) |
| acht | huit | eight | otto | ocho |
| achtzehn | dix-huit | eighteen | diciotto | dieciocho |
| achtzig | quatre-vingts | eighty | ottanta | ochenta |

| Deutsch | Französisch | Englisch | Italienisch | Spanisch |
|---|---|---|---|---|
| Aitel | chevaine (m.) | chub | lencisco (m.), ido (m.) | ciprino (m.) |
| Alkohol | alcool (m.) | alcohol | alcool (m.) | alcohól (m.) |
| alkoholfrei | sans alcool | non-alcoholic | analcolico | sin alcohól |
| Alkoholgehalt | richesse en alcool (f.), teneur en alcool (f.) | alcohol(ic) content, percentage of alcohol | contenuto alcolico (m.), gradazione alcolica (f.) | contenido alcohólico (m.) |
| alkoholisch | alcoolique | alcoholic | alcolico | alcoholico |
| alt | vieux, vieil, vieille | old, vintage | vecchio | viejo |
| Amerika | Amérique (f.) | America | America (f.) | América (f.) |
| Amerikaner(in) | Américain(e) | American (m.+f.) | americano(a) | Americano(a) |
| amerikanisch | américain(e) | American | americano(a) | americano(a) |
| Ananas | ananas (m.) | pine(-)apple | ananas (m.) | piña (f.) |
| anbieten | offrir | to offer | offrire | ofrecer |
| anbraten (anziehen lassen) | revenir (faire revenir) | to sear, brown | saltare, soffriggere, arrostire leggermente | sofreir |
| Angler | baudroie (f.) | frog-fish | rospo di mare (m.) | rape (m.) |
| Anis | anis (m.) | aniseed, anise | anice (m.) | anis (m.) |
| annehmen | accepter | to accept | accettare | aceptar |
| Anrichtegeschirr, topfartig | cocotte (f.) | bowl, dish, tableware | servizio (m.), vasellame (m.) | vajilla de aliñar (f.) |
| anrichten (von Speisen) | dresser | to prepare, serve, dress, present | servire | aliñar, preparar |
| Aperitif | apéritif (m.) | aperitif, before-dinner-drink | aperitivo (m.) | aperitivo (m.) |
| Apfel | pomme (f.) | apple | mela (f.) | manzana (f.) |
| Apfelwein | cidre (m.) | cider | sidro (m.) | sidra (f.) |

| Deutsch | Französisch | Englisch | Italienisch | Spanisch |
|---|---|---|---|---|
| Appetit | appétit m. | appetite | appetito (m.) | apetito (m.) |
| Appetithappen | amuse-gueule (m.), bouchée (f.) | canapé | bocconcino (m.) | bocadillo (m.), bocas (f./pl.), tapas (m./pl.) |
| Aroma | arôme (m.) | aroma, flavo(u)r | aroma (m.) | aroma (m.) |
| Aroma des Weines | bouquet (m.) | bouquet | bouquet (m.) | aroma (m.), buqué (m.) |
| Aromat | aromate (m.) | flavo(u)ring, condiment | spezie (f./pl.) | aromatico |
| Artischocke | artichaut (m.) | artichoke | carciofo (m.) | alca(r)chofa (f.) |
| Artischockenboden | fond d'artichaut (m.) | artichoke bottom | fondo di carciofi (m.) | fondo de alcachofa (m.) |
| Artischockenherz | cœur d'artichaut (m.) | artichoke heart | cuore di carciofi (m.) | corazón de alcachofa (m.) |
| Äsche | ombre (m.) | grayling | temolo (m.) | timalo (m.) |
| Aschenbecher | cendrier (m.) | ashtray | portacenere (m.) | cenicero (m.) |
| Aspik (in) | (en) gelée (f.) | (in) jelly, aspic | (in) gala(n)tina (f.) | (en) gelatina (f.) |
| Aubergine | aubergine (f.) | aubergine, egg plant | melanzana (f.) | berenjena (f.) |
| auf … Art | à la … | … style | alla … | a la … |
| Aufenthaltsraum | salon (m.) | day-room, lounge | sala di soggiorno (f.), soggiorno (m.) | sala de estar (f.) |
| aufgießen | mouiller | to pour something on something, brew (Tee) | versare, aggiungere, fare un'infusione | verter sobre |
| Aufguß | infusion (f.) | infusion, brew | infuso (m.), infusione (f.) | infusion (f.) |
| Auflauf | soufflé (m.) | soufflé, light pudding | sformato (m.), soufflé (m.), sformatino (m.) | alboroto (m.), soufflé (m.) |

| Deutsch | Französisch | Englisch | Italienisch | Spanisch |
|---|---|---|---|---|
| auflösen | délayer | to dissolve | sciogliere, diluire, liquefare | deshacer, liquidar |
| Aufschnitt | charcuterie (f.) | (assorted) cold cuts | affettato (m.) | surtido de fiambres (m.) |
| Aufschnittmaschine | machine à couper la viande (f.) | slicer | affettatrice (f.) | cortadora (de carne) (f.) |
| Aufschnittplatte | assiette anglaise (f.), charcuterie assortie (f.) | plate of selected cold meats | affettato (m.) | plato de fiambres (m.) |
| auftauen | dégeler, décongeler | to thaw | scongelare | deshelar |
| aufwärmen | réchauffer | to warm up | riscaldare | recalentar |
| Aufzucht | élevage (m.) | rearing, raising | allevamento (m.) | criá (f.) |
| Aufzug | ascenseur (m.) | elevator, lift | ascensore (m.) | ascensor (m.) |
| Ausgang | sortie (f.) | way out, exit | uscita (f.), uscio (m.) | salida (f.) |
| Aushilfskraft | aide supplémentaire (f.) | help, part-timer, temporary worker | aiuto (m.) | suplente (m.) |
| aushöhlen | creuser | to hollow out | scavare | almecar |
| ausnehmen | vider | to take out, remove | sventrare | sacar de |
| ausschütten | verser | to empty, tip out | versare, rovesciare | verter |
| Auster | huître (f.) | oyster | ostrica (f.) | ostra (f.), concha (f.) |
| Auswahl | choix (m.) | assortment, choice, selection | scelta (f.), selezione (f.) | selección (f.) |
| Avocado | avocat (m.) | avocado | avocado (m.) | aguacate (m.) |
| **B** | | | | |
| backen (im Ofen) | cuire (au four) | to bake | cuocere al forno | hornear |
| backen (in heißem Fett) | frire | to fry | friggere | freir |
| Backfett | friture (f.) | cooking fat | grasso da frittura (m.) | grasa (f.) |

| Deutsch | Französisch | Englisch | Italienisch | Spanisch |
|---|---|---|---|---|
| Backhuhn | poulet à la viennoise (m.) | fried chicken | pollo fritto | gallina frita a la vienesa (f.) |
| Backofen | four (m.) | oven | forno (m.) | horno (m.) |
| Backteig (in) | (en) fritot (m.) | (in) frying batter | (in) pastella (f.), (per) fritture (f./pl.) | (en) pasta (f.) |
| Backwerk | pâtisserie (f.) | pastry | pasticceria (f.) | galleta reposteriá (f.) |
| Banane | banane (f.) | banana | banana (f.) | plátano (m.), banana (f.) |
| Bandnudeln | nouilles (plates) (f./pl.) | ribbon noodles (pl.) | tagliatelle (f./pl.), fettucine (f./pl.) | tallarin (m.) |
| Bankett | banquet (m.) | banquet | banchetto (m.) | bonquete (m.) |
| Bar | bar (m.) | bar | bar (m.) | bar (m.) |
| Barbe | barbeau (m.) | barbel | barbio (m.) | barbo (m.) |
| bardieren | barder | to bard | lardare | envolver en (tiras de) tocino |
| Barkeeper | barman (m.) | barkeeper | barman (m.) | barman (m.), tabernero (m.) |
| Barlöffel | cuillère à mélange (f.) | bar spoon | cucchiaio lungo (m.) | cucharilla (f.) |
| Barsch | perche (f.) | perch | pesce persico (m.) | perca de rió (f.) |
| Basilikum | basilic (m.) | basil | basilico (m.) | albahaca de binón (f.) |
| Bauchfleisch | poitrine (f.) | belly | pancetta (f.) | vientre (m.) |
| Becherform | dariole (m.) | cup | timballo (m.) | – |
| bedecken | couvrir | to cover | coprire | cubrir |
| Beefsteak | bifteck (m.) | beefsteak | biftecca (f.) | bisté (m.), bistec (m.) |
| beenden | finir, terminer | to finish | finire, terminare | afinar |
| begießen (eines Bratens) | arroser | to baste | pillottare l'arrosto | bañar con |

| **Deutsch** | **Französisch** | **Englisch** | **Italienisch** | **Spanisch** |
|---|---|---|---|---|
| beiderseits | des deux côtés | on both sides | da entrambe le parti | a cada lado |
| Beilage | garniture (f.) | garnish, side dish | guarnitura (f.), contorno (m.) | guarnición (f.) |
| Beiried | contre-filet (m.) | roastbeef, roast sirloin | lombata di manzo (f.) | rosbif (m.) |
| Beistelltisch | guéridon (m.) | service table | tavolino (m.) | mesita de servicio (f.) |
| beizen | macérer, mariner | to marinate | marinare, macerare | adobar |
| belegen | garnir | to cover, garnish | imbottire, coprire | adornar, guarnecer |
| Belgien | Belgique (f.) | Belgium | Belgio (m.) | Bélgica (f.) |
| Belgier(in) | Belge (m.+f.) | Belgian (m.+f.) | belga (m.+f.) | belga (m.+f.) |
| belgisch | belge | Belgian | belga | belga |
| bemehlen (in Mehl wenden) | fariner | to dust (with flour) | infarinare | voltiar en harina |
| beschweren, sich | se plaindre | to complain | lamentarsi | reclamar |
| Besteck | couvert (m.) | cutlery | posate (f./pl.) | cubierto (m.) |
| bestehend aus | composé(e) de … | to consist of … | consistere di … | compuesto de … |
| bestellen | commander | to order | ordinare | ordenar, pedir |
| Bestellung | commande (f.), demande (f.), réservation (f.) | order | ordine (m.) | pedido (m.) |
| eine Bestellung (in der Küche) ausrufen | annoncer | to announce an order | annunciare un ordine | anunciar |
| bestreuen | saupoudrer | to sprinkle | spolverizzare | esparcir, sobre |
| Beuschel | mou (m.) | lights (pl.) | polmone (m.) | asadura (f.) |
| bezahlen | payer | to pay, settle | pagare | pagar |
| Bezahlung | paiement (m.) | payment | pagamento (m.) | pago (m.) |

| Deutsch | Französisch | Englisch | Italienisch | Spanisch |
|---|---|---|---|---|
| Bier | bière (f.) | beer | birra (f.) | cerveza (f.) |
| Bier, dunkel | bière brune | dark beer | birra scura | cerveza oscura |
| Bier, hell | bière blonde | light beer, pale ale | birra chiara | cerveza clara |
| Bier, offen | bière à la pression | draught beer | birra alla spina | cerveza a presión |
| Flaschenbier | bière en bouteille | bottled beer | birra in bottiglia | cerveza en botella |
| in Bier | à la bière | in beer | alla birra | en cerveza |
| Bierglas | verre à bière (m.) | beer glass | bicchiere da birra | vaso de cerveza (m.) |
| billig | bon marché | cheap | a buon mercato | barato |
| binden | lier | to bind | legare | atar, liar |
| Birkhuhn | poule de bruyère (f.) | heath-cock, black grouse | fagiano di monte (m.) | ortega (f.), gallo lira (m.) |
| Birne | poire (f.) | pear | pera (f.) | pera (f.) |
| Biskotte | biscuit à la cuillère (m.) | ladyfinger | savoiardo (m.) | bizcocho (m.) |
| Biskuit | biscuit (m.) | sponge | pan di Spagna (m.) | bizcocho galleta (m.) |
| Biskuitroulade | roulade de biscuit (f.) | Swiss roll | rotolo di Spagna (m.) | brazo de guitano (m.) |
| Biskuitteig | pâte à biscuits (f.) | sponge mixture | impasto per pan di Spagna (m.) | pasta de biscuit (f.) |
| Bissen | morceau (m.) | bite (to eat) | boccone (m.) | bocado (m.) |
| bitter | amer, amère | bitter | amaro | amargo |
| blanchieren | blanchir (faire blanchir) | to blanch, scald | bianchire, scottare | escaldar |
| Blatt | feuille (f.) | leaf | foglio (m.) | hoja (f.) |
| Blätterteig | pâte feuilletée (f.), feuilletage (m.) | feuilleton-dough, puff pastry | sfogliata (f.), pasta sfoglia (f.) | hojaldre (m.) |
| Blätterteigpastetchen | bouchée (f.) | puff pastry patty | sfogliatina (f.), pasta sfoglia (f.) | empanada de hojaldre (f.) |

| Deutsch | Französisch | Englisch | Italienisch | Spanisch |
|---|---|---|---|---|
| Blätterteigschnittchen | fleuron (m.) | puff pastry slices | fleurons (m./pl.), bastoncini di ... | hojaldre (m.) |
| Blattspinat | épinards en feuilles (m./pl.) | leafy spinach | spinaci (m./pl.) | espinaca |
| blau | bleu(e) | blue | blu | azúl |
| blau gekocht (Fisch) | au bleu | poached au bleu | al vapore, affogato | a vapor |
| Blaufelchen | omble bleu (m.) | ferra blue | sciena (f.) | farra (f.) |
| Blaukraut | chou rouge (m.) | red cabbage | càvolo rosso (m.), cappuccio rosso (m.) | lombarda (f.) |
| Bleie | brème (f.) | bream | orada (f.) | sargo (m.) |
| Blitzkuchen | éclair (m.) | éclair/in (a) jiffy cake | bignè (m.) | éclair (m.) |
| Blume (beim Wein) | bouquet (m.) | bouquet | bouquet (m.), profumo (m.) | buqué (del vino) (m.) |
| Blumenvase | vase à fleurs (m.) | vase | vaso (m.) | florero (m.) |
| blumig | bouqueté(e) | flowery bouquet | amabile | aromatico |
| blutig, englisch | saignant(e) | medium rare (3,5 min.), rare (3 min.) | sanguinante | poco hecho |
| blutig, stark | au bleu | bleu (2,5 min.) | al sangue | sangriente |
| Blutwurst | boudin noir (m.) | black pudding | sanguinaccio (m.) | morcilla (f.) |
| Bohne, grün (Fisole) | haricot vert (m.) | French bean, string bean | fagiolino (m.) | judía verde (f.) |
| Bohne, rot | haricot rouge (m.) | red bean | fagiolo rosso (m.) | judía roja (f.) |
| Bohne, weiß | haricot blanc (m.) | white bean | fagiolo bianco (m.) | judía blanca (f.) |
| Bohnenkern | flageolet (m.) | seed-bean, haricot bean | fava verde (f.) | – |
| Bohnenkraut | sarriette (f.) | savory | santoreggia (f.) | ajedrea de jardin (f.) |

| Deutsch | Französisch | Englisch | Italienisch | Spanisch |
|---|---|---|---|---|
| Brachse | brème (f.) | bream | orada (f.) | braza (f.) |
| Brandteig | pâte à choux (f.) | choux pastry | pasta da chou (f.), pasta da bignè (f.) | – |
| Brandteigkrapferl, kleines | profiterole (f.) | choux pastry fritter, profiterole | bigné (m.) | – |
| Branntwein | eau-de-vie (f.) | brandy | acquavite (f.) | aguaardiente (m.) |
| Braten | rôti (m.) | roast | arrosto (m.) | asado (m.) |
| braten (im ganzen) | rôtir (poêler, sauter) | to roast | arrostire, cucinare al forno | asar (al horno) |
| Bratenduft | fumet (m.) | smell, aroma | profumo d'arrosto | olor (m.), aroma (f.) |
| Bratensaft | jus de rôti (m.) | gravy | sugo (m.) | jugo de asado (m.) |
| Bratpfanne | poêle à frire (f.), rôtissoire (f.) | frying-pan, skillet | padella per frittura (f.) | caldero para asados (m.) |
| Bratrost | grill (m.) | grill | graticola (f.) | parilla (f.) |
| Brauerei (Bierhalle) | brasserie (f.) | brewery | fabbrica di birra (f.), birreria (f.) | cervezería (f.) |
| braun | brun(e), marron | brown | marrone | castaño, marron |
| Brei (flüssig, ohne Mehl) | coulis (m.), purée (f.) | mush | passato (m.) | puré (m.) |
| Brezel | craquelin (m.) | pretzel | ciambello (m.) | rosca rosquilla (f.) |
| bridieren | brider | to truss | legare | – |
| Bries | ris (m.) | sweetbread | animella (f.) | mollejuelas (f./pl.) |
| Brioche | brioche (f.) | bun | brioche (f.) | brioche (m.) |
| Briocheteig | pâte à brioche (f.) | bun dough | impasto da brioche (f.) | masa de brioche (f.) |
| Brokkoli | brocoli (m.) | broccoli | broccoli (m./pl.) | broculi (m.) |

| **Deutsch** | **Französisch** | **Englisch** | **Italienisch** | **Spanisch** |
|---|---|---|---|---|
| Brombeere | mûre sauvage (f.) | blackberry | mora del rovo (f.) | zarzamora (f.) |
| Brösel | chapelure (f.) | bread crumbs | pane grattugiato (m.), grattato (m.) | pan rallado (m.) |
| Brot | pain (m.) | bread | pane (m.) | pan (m.) |
| Brötchen, belegt | canapé (m.) | open sandwich | tartina (f.) | panecillo (m.) |
| Brotröster | grille-pain (m.) | toaster | tostapane (m.) | tostador (m.) |
| Brotschnitte | tartine (f.) | slice of bread | tartina (f.) | rebanada (f.) |
| Brotteller | assiette à pain (f.) | bread plate | cestino di pane (m.) | plato para el pan (m.) |
| Brotwürfel, kleine geröstete | croûtons (m./pl.) | croutons | crostoncini (m./pl.) | trocitos de pan fino (m./pl.) |
| Brust | poitrine (f.) | breast | petto (m.) | pecho (m.) |
| Brustkern | grumeau (m.) | brisket | petto (m.) | pecho de vaca (m.) |
| Brustkernspitz | pointe de grumeau (f.) | corned beef | punta di petto (f.) | punta de pecho de vaca (f.) |
| Buchweizen | sarrasin (m.) | buckwheat | grano saraceno (m.) | trigo negro sarraceno (m.) |
| Bückling | hareng fumé (m.) | bloater | aringa affumicata (f.) | arenque ahumado (m.) |
| Büffet | buffet (m.) | buffet | buffet (m.), tavola (f.) | bufé (m.) |
| Bug | gras d'épaule (m.) | shoulder | fesone di spalla (m.) | (en) corvado lomo (m.) |
| Bund (beim Gemüse) | botte (f.) | brunch | mazzo (m.) | haz (m.) |
| Bundsalat | laitue romaine (f.) | cos lettuce, Roman lettuce | lattuga (f.) | lechuga (f.) |
| Butter | beurre (m.) | butter | burro (m.) | mantequilla (f.), manteca (f.) |
| (mit) braune(r) Butter | (au) beurre noisette | (with) black butter | (con) burro dorato | (con) mantequilla castaña |

| Deutsch | Französisch | Englisch | Italienisch | Spanisch |
|---|---|---|---|---|
| Bröselbutter | beurre polonaise | bread-crumb butter, butter Polish style | burro e pangrattato | sémola con mantequilla (f.) |
| Buttermischung | beurre composé | butter mixture | miscela di burro (f.) | mezcla de mantequilla (f.) |
| Kaviarbutter | beurre au caviar | caviar butter | burro al caviale | mantequilla con caviar |
| Knoblauchbutter | beurre à l'ail | garlic butter | burro all'aglio | mantequilla con ajo |
| (mit) Kräuterbutter | (au) beurre (aux) fines herbes, maître d'hôtel | (with) herb butter | (con) burro alle erbe | (con) mantequilla con hierbas |
| Krebsbutter | beurre aux écrevisses | crayfish butter | burro ai gamberi | mantequilla con cangrejo |
| Krenbutter | beurre au raifort | horseradish butter | burro al rafano | mantequilla con rábano rustico |
| Mehlbutter | beurre manié | kneaded butter | burro e farina | mantequilla con harina |
| mit (heißer) Butter | au beurre | with (hot) butter | al burro | con mantequilla (caliente) |
| mit Butter bestreichen | beurrer | to butter | imburrare | mantequillar |
| mit Butter und Bröseln | à la polonaise | with butter and breadcrumbs | al burro e pangrattato | con mantequilla y sémola |
| mit zerlassener Butter | au beurre fondu | with melted butter | al burro fuso | con mantequilla derretida |
| Sardellenbutter | beurre d'anchois | anchovy butter | burro alle acciughe | mantequilla con anchoa |

| Deutsch | Französisch | Englisch | Italienisch | Spanisch |
|---|---|---|---|---|
| Senfbutter | beurre à la moutarde | mustard butter | burro alla mostarda | mantequilla con mostaza |
| zerlassene Butter | beurre fondu | melted butter | burro fuso | mantequilla derretida |
| Butterbiskuitmasse | pâte sablée (f.) | Genoese mixture | pan di Spagna al burro (m.) | pasta de bizcocho (f.) |
| Butterbrot | pain beurré (m.), tartine beurrée (f.) | bread and butter | pane e burro (m.), pane imburrato (m.) | pan con mantequilla (m.) |
| Butterteig | pâte au beurre (f.) | butter pastry | impasto al burro (m.) | hojaldre (m.) |
| **C** | | | | |
| Calvados (Apfelbranntwein) | calvados (m.) | calvados | calvados (m.) | calvados (m.) |
| Champagner | champagne (m.) | champagne | champagne (m.) | champán (f.) |
| Champagnerglas | verre à champagne (m.) | champagne glass | flûte (m.) | copa de champán (f.) |
| Champignon, gezüchtet | champignon de Paris (m.) | white mushroom | fungo coltivato (m.) | champiñón hongo (m.) |
| Chef, Chefin | patron (m.), patronne (f.) | boss | padrone (m.), padrona (f.) | patrón (m.), patrona (f.) |
| Chemie-, chemisch | chimique | chemistry, chemical | chimico | químico |
| Chicoree | endive (f.) | chicory | cicoria (f.) | endivia de Bruchas (f.) |
| Clementine | clémentine (f.) | clementine | mandarancio (m.) | clementina (f.) |
| Cloche | cloche (f.), assiette clochée (f.) | silver plated cover, dome cover | campana (f.) | cloche (f.) |
| Cocktail | cocktail (m.) | cocktail | cocktail (m.) | cóctel (m.) |
| Cognac | cognac (m.) | cognac | cognac (m.) | coñac (m.) |
| Creme | crème (f.) | cream | crema (f.) | crema (f.) |

| Deutsch | Französisch | Englisch | Italienisch | Spanisch |
|---|---|---|---|---|
| Cremeschnitte | feuilletage à la crème (m.), millefeuille (f.) | cream slices, Napoleons | sfogliatina alla crema (f.), bavarese (m.) | rebanada de crema (f.), natillas (f./pl.) |
| Cremesuppe | potage crème (m.) | cream soup | crema (f.) | sopa de crema (f.) |
| Champignoncreme-suppe | potage crème de champignons | cream of mushroom (soup) | crema di funghi | crema de champiñónes |
| Geflügelcremesuppe | potage crème de volaille (potage à la reine) | chicken cream soup | crema di pollo | crema de ave |
| Gerstencremesuppe | potage crème d'orge | barley cream soup | crema d'orzo | sopa de cebada |
| Knoblauchcreme-suppe | potage crème d'ail | cream of garlic, garlic cream soup | crema d'aglio | sopa de ajo |
| Lauchcremesuppe | potage crème de poireaux | leek cream soup, cream leek soup | crema di porro | crema de puerros |
| Spargelcremesuppe | potage crème d'asperges (potage Argenteuil) | cream of asparagus soup, asparagus cream soup | crema di asparagi | crema de esparragos |
| Spinatcremesuppe | potage crème d'épinards (potage florentine) | cream of spinach soup, spinach cream soup | crema di spinaci | crema de espinacas |
| Tomatencremesuppe | potage crème de tomates | cream of tomato soup, tomato cream soup | crema di pomodoro | crema de tomates |
| Crêpe | crêpe (f.) | crepe, small pancake | crespella (f.), crêpe (f.) | panqueque (m.), crep(é) (m.) |
| Crevette | crevette (f.) | shrimp | gamberetto (m.) | camarón (m.) |
| Curry | curry (m.) | curry | curry (m.) | curry (m.) |

| Deutsch | Französisch | Englisch | Italienisch | Spanisch |
|---|---|---|---|---|
| **D** | | | | |
| Dampf | vapeur (f.) | steam, vapour | vapore (m.) | vapor (m.) |
| unter Dampf | à la vapeur | to have vapour, steam up | al vapore | à vapor |
| dämpfen | étouffer (étuver) (faire ...) | to steam | cuocere al vapore | vaporizar |
| Dampfnudeln | nouilles à la levure (f./pl.) | braised dumplings with vanilla cream | bombe al vapore (f./pl.) | pastas al vapor (f./pl.) |
| Dattel | datte (f.) | date | dattero (m.) | dátil (m.) |
| Deckel | couvercle (m.) | lid | coperchio (m.) | tapa (dera) (f.) |
| Dessert | dessert (m.) | dessert | dessert (m.) | postre (m.) |
| Dessertgebäck | petits-fours (m./pl.) | dessert pastries | pasticceria minuta (f.), pasticcini (m./pl.) | pasteles (pastas) (f./pl.) |
| Dessertlöffel | cuiller à dessert (f.) | dessert spoon | cucchiaio da dessert (m.) | cuchara para postre (f.) |
| deutsch | allemand(e) | German | tedesco | alemán |
| Deutscher, Deutsche | Allemand(e) m. (f.) | German (m.+f.) | tedesco (m.), tedesca (f.) | alemán(a) m. (f.) |
| Deutschland | Allemagne (f.) | Germany | Germania (f.) | Alemania (f.) |
| Diät | régime (m.) | diet | dieta (f.) | dieta (f.) |
| Dicker Spitz | épais d'épaule (m.) | thick shoulder | sottospalla (f.) | espaldilla gorda (f.) |
| Dienst | service (m.) | service | servizio (m.) | servicio (m.) |
| Dienstag | mardi (m.) | Tuesday | martedì (m.) | martes (m.) |
| Digestif | digestif (m.) | digestif | digestivo (m.) | digestivo (m.) |
| Dill(kraut) | aneth (m.) | dill | aneto (m.) | eneldo (m.), aneldo (m.) |
| Direktor | directeur (m.) | director, manager | direttore (m.) | director (m.) |

| Deutsch | Französisch | Englisch | Italienisch | Spanisch |
|---|---|---|---|---|
| Donnerstag | jeudi (m). | Thursday | giovedì (m.) | jueves (m.) |
| Doppellendenstück | Chateaubriand (m.) | double fillet steak | chateaubriand (m.) | lomo (m.) |
| doppelt, Doppel- | double | double | doppio | doble |
| Dorade | dorade (f.), daurade (f.) | dorado | orata (f.) | dorada (f.) |
| Dorsch | merluche (f.) | codling | merluzzo (m.), merlango (m.) | colinabo (m.), bacalao pequeño (m.) |
| Dosenöffner | ouvre-boîte (m.) | tin-opener, can-opener | apriscatole (m.) | abrelatas (m.) |
| Dotter | jaune d'œuf (m.) | egg-yolk | tuorlo d'uovo (m.) | yema de huevo (f.) |
| drei | trois | three | tre | tres |
| dreißig | trente | thirty | trenta | teinta |
| dreizehn | treize | thirteen | tredici | trece |
| Dressiernadel | aiguille à brider (f.) | trussing needle | ago per lardellare (m.) | aguja para adiestrar (f.) |
| Drittel | tiers (m.) | third | terzo (m.) | tercio (m.) |
| Duft | parfum (m.) | aroma, smell | profumo (m.) | perfume (m.), olor (m.) |
| dünsten | braiser (faire braiser) | to braise, stew | brasare, stufare | rehogar, estofar |
| durchgebraten | bien cuit(e) | well done | ben cotto | muy hecho |
| Durst (haben) | (avoir) soif | thirst (to be thirsty) | sete (avere) | (tener) sed |
| **E** | | | | |
| Ei | œuf (m.) | egg | uovo (m.), uova (f./pl.) | huevo (m.) |
| Ei im Glas | œuf dans un verre | egg in glass | uovo nel bicchiere | huevo al vaso |
| hartes Ei | œuf dur | hard-boiled egg | uovo sodo | huevo duro |
| kernweiches Ei | œuf à la coque | four-minute egg | uovo bazzotto | huevo pasado par agua |
| Mayonnaiseei | œuf à la mayonnaise | egg with mayonnaise | uovo ripieno con maionese | huevo relleno con mayonera |

| Deutsch | Französisch | Englisch | Italienisch | Spanisch |
|---|---|---|---|---|
| Rührei | œuf brouillé | scrambled egg | uovo strapazzato | huevos revueltos |
| … mit Schinken | … au jambon | … with ham | … al prosciutto | … con jamon |
| … mit Speck | … au lard | … with bacon | … allo speck | … con tocino |
| … mit Wurst | … à la saucisse | … with sausage | … al salame | … con salchicha |
| russisches Ei | œuf à la russe | stuffed egg Russian style | uovo ripieno alla russa | huevo russo |
| Setzei | œuf sur le plat | shirred egg | uovo al tegame | huevo al plato |
| Spiegelei | œuf sur le plat | fried egg | uovo al tegamino | huevo frito, huevo al plato |
| verlorenes (pochiertes) Ei | œuf poché | poached egg | uovo in camicia, uova affogate (f./pl.) | huevo escalfado |
| weichgekochtes Ei | œuf mollet | soft-boiled egg | uovo alla coque | huevo en casca, pasado por agua |
| Eierbecher | coquetier (m.) | eggcup | portauovo (m.) | huevera (f.) |
| Eiercognac | cognac aux œufs (m.) | advocaat | cognac all'uovo (m.) | ponche de huevo (m.) |
| Eierfrucht | aubergine (f.) | eggplant | melanzana (f.) | berenjena (f.) |
| Eiergericht | plat d'œufs (m.) | egg dish | piatto di uova (m.) | plato de huevos (m.) |
| Eiernockerln | noques aux œufs (f./pl.) | egg dumplings | gnocchi all'uovo (m./pl) | albondinguillas de huevos (f./pl.) |
| Eierschwammerl | chanterelle (f.) | chanterelle | cantarello (m.), gallinaccio (m.) | cantarela (f.), seta (f.) |
| Eigelb | jaune d'œuf (m.) | egg yolk | tuorlo d'uovo (m.) | yema de huevo (f.) |
| ein(s) | un, une | one | un, una | uno, una |
| Einbrenn | roux (m.) | roux | soffritto di farina (m.) | harina tostada (con grasa escaldada) (f.) |

| Deutsch | Französisch | Englisch | Italienisch | Spanisch |
|---|---|---|---|---|
| einfüllen | verser, remplir | to fill in | versare | envasar |
| Eingang | entrée (f.) | entrance | entrata (f.) | entrada (f.) |
| eingemacht | (au) velouté | creamed | vellutato | cremoso |
| einlösen | encaisser | to cash (in) | incassare | redimir |
| eintauchen | tremper | to dip in/into, dump in/into, immerse in/into | immergere | mojar |
| Eintopf | potée (f.) | stew | minestrone (m.) | puchero (m.) |
| Eintropfsuppe | consommé à la pâte filante (m.) | clear soup with butter drops | stracciatella in brodo (f.) | – |
| Eis | glace (f.) | ice cream | gelato (m.), ghiaccio (m.) | helado (m.), hielo (m.) |
| gemischtes Eis mit Schlagobers | glace panachée à la crème Chantilly | assorted (mixed) ice cream with whipped cream | gelati misti, panna montata (f.) | helado mixto con nata |
| Schokoladeneis | glace au chocolat | chocolate ice cream | gelato al cioccolato | helado de chocolate |
| Vanilleeis | glace à la vanille | vanilla ice cream | gelato alla vaniglia | helado de vainilla |
| Eisbecher | coupe (f.), coupe glacée (f.) | coupe, ice-cup | coppa di gelato (f.) | copa de helado (f.) |
| Eischnee | blancs (d'œufs) en neige (m./pl.) | beaten egg white | chiaro d'uovo montato (m.) | clara de huevo batida (f.) |
| Eiskübel | seau à glace (m.) | ice bucket | secchiello per ghiaccio (m.) | garapiñera (f.) |
| Eislöffel | cuillère à glace (f.) | ice cream spoon | cucchiaio da gelato (m.) | cuchara para helados (f.) |
| Eiswürfel | glaçon (m.) | ice cube | cubetto di ghiaccio (m.) | cubo de hielo (m.) |
| Eiweiß | blanc d'œuf (m.) | white of egg | albume (m.) | clara de huevo (f.) |

| Deutsch | Französisch | Englisch | Italienisch | Spanisch |
|---|---|---|---|---|
| Elektroofen | four éléctrique (m.) | electric oven | forno elettricio (m.) | horno electrico (m.) |
| empfangen | acceuillir | to receive, welcome | ricevere, accogliere | recibir |
| empfehlen | recommander, conseille | recommend | raccomandare, consigliare | recomendar |
| Empfehlung | recommandation (f.) | recommendation | raccomandazione (f.) | recomendación (f.) |
| Endivie, gekraust | chicorée (f.) | endive | indivia (f.) | escarda (f.) |
| England | Angleterre (f.) | England | Inghilterra (f.) | Inglaterra (f.) |
| Engländer(in) | Anglais(e) | Englishman, (-woman) | inglese (m.+f.) | Inglés(a) |
| englisch | anglais(e) | English | inglese | inglés |
| englisch, blutig | saignant(e) | rare | al sangue | sangriente, poco hecho |
| Ente (jung) | canard (m.) (caneton m.) | duck (duckling) | anitra (f.) (anatra f.) | pato (m.) |
| entfernen | enlever | to remove | togliere, levare | apartar, quitar |
| entfetten | dégraisser | to clean, remove the grease from, degrease | sgrassare | desengrasar |
| entkernen | dénoyauter | to stone | snocciolare | desgranar, deshuesar |
| Erbse, grüne | petit pois (m.) | green pea | pisello (m.) | guisante (m.) |
| Erdartischocke | topinambour (m.) | Jerusalem artichoke | topinamburo (m.) | batata de cana (f.) |
| Erdbeere | fraise (f.) | strawberry | fragola (f.) | fresa (f.) |
| Erdnußöl | huile d'arachide (f.) | peanut oil | olio di arachide (m.) | aceite de cacahuete (m.) |
| erhitzen | chauffer (faire chauffer) | to heat | scaldare | calentar |
| ersetzen | remplacer | to replace | sostituire | substituir |
| erweichen | ramollir | to soften | ammollire | ablandar |
| erzeugen | produire | to produce | produrre | producir |

| Deutsch | Französisch | Englisch | Italienisch | Spanisch |
|---|---|---|---|---|
| essen | manger | to eat | mangiare | comer |
| zu Abend essen, speisen | dîner | to dine | cenare | cenar |
| zu Mittag essen | (prendre le) déjeuner | to have lunch | pranzare | almorzar |
| Essenz | essence (f.) | essence | essenza (f.) | esencia (f.) |
| Essig | vinaigre (m.) | vinegar | aceto (m.) | vinagre (m.) |
| Apfelessig | vinaigre de pommes | cider vinegar | aceto di mele | vinagre de manzana |
| Kräuteressig | vinaigre aux herbes | herb vinegar | aceto alle erbe | vinagre de hierbas |
| Obstweinessig | vinaigre de fruits | fruit wine vinegar | aceto di frutta | vinagre de fruta |
| Weinessig | vinaigre de vin | wine vinegar | aceto di vino | vinagre de vino |
| Essiggurkerl | cornichon (m.) | gherkin, pickle | cetriolino (m.) | pepinilio (en vinagre) (m.) |
| Essigmenage | vinaigrier (m.) | cruetstand | ampolliera (f.) | vinagreras (f./pl.) |
| Estragon | estragon (m.) | tarragon | dragoncello (m.) | estragón (m.) |
| Euroscheck | eurochèque (m.) | Eurocheque | eurochèque (m.) | eurocheque (m.) |
| extrahieren | extraire | to extract | estrarre | extraer, sacar |
| Extrakt | glace (f.) | extract | estratto (m.) | extracto (m.) |
| **F** | | | | |
| Fadennudeln | vermicelle (m.) | vermicelli (pl.) | vermicelli (m./pl.) | macarrones (m./pl.), tallarines (m./pl.) |
| falsch | faux, fausse | mock, false | falso | falso |
| falten | plier | to fold | piegare | plegar, chablar |
| Fasan | faisan (m.) | pheasant | fagiano (m.) | faisán (m.) |
| faschieren | hacher | to mince, grind | tritare, macinare | picar (carne) |

| Deutsch | Französisch | Englisch | Italienisch | Spanisch |
|---|---|---|---|---|
| Faschiertes im Netz | crépinettes (f./pl.) | minced meat (in a net) | polpettone in retina (m.) | – |
| Faschingskrapfen | beignet de pâte à levure fourré à la confiture d'abricots (m.) | doughnuts fritters Viennese style | crafen (m.), bomba (f.), krapfen (m.) | buñuelo (m.), relleno con marmelada de albaricoque (m.) |
| Federwild | gibier à plumes (m.) | feathered game | selvaggina da penna (f.) | caza de pluma (f.) |
| Feiertag | jour de fête (m.) | holiday | giorno festivo (m.) | día feriado (f.), dia festivo (f.) |
| Feige | figue (f.) | fig | fico (m.) | higo (m.) |
| fein | fin | fine | fino | fino |
| Feinschmecker | gourmet (m.) | gourmet | buongustaio (m.) | gastrónomo (m.) |
| Fenchel | fenouil (m.) | fennel | finocchio (m.) | hinojo (m.) |
| fertig | prêt(e) (à servir) | ready (to serve) | pronto | acabado, hecho, listo |
| Fest | fête (f.) | festival, feast | festa (f.) | fiesta (f.), festejo (m.) |
| fest | ferme | solid, tight, firm | sodo | firme |
| Fett | graisse (f.) | fat, suet | grasso (m.) | grasa (f.), manteca (f.) |
| fett | gras(se) | fatty | grasso | graso |
| feucht | humide | damp, moist | umido | húmedo |
| Feuer | feu (f.) | fire | fuoco (m.) | fuego (m.) |
| Feuerzeug | briquet (m.) | lighter | accendino (m.) | encendedor de bolsillo (m.) |
| Filet | filet (m.), steak (m.) | fillet (z. B. Fisch), filet | filetto (m.) | filete (m.) |
| filtern | filtrer | to filter | filtrare | filtrar |
| Fingerschale | rince-doigts (m.) | finger-bowl | sciacquadita (m.), bacinella (f.) | lavadedo (m.) |
| Fisch | poisson (m.) | fish | pesce (m.) | pescado (m.) |

| Deutsch | Französisch | Englisch | Italienisch | Spanisch |
|---|---|---|---|---|
| Fischkessel | poissonnière (f.) | fish-kettle | pesciera (f.) | besuguera (f.) |
| Fischsud, garniert | court-bouillon (m.) | fish marinade | brodo di pesce (m.) | cocción de pescado (f.) |
| Fischsuppe, frz. | bouillabaisse (f.) | fish soup French style | zuppa di pesce (f.) | bouillabaisse (f.) |
| Fläche | superficie (f.) | surface | superficie (f.), area (f.) | superficie (f.) |
| Flachkasserolle | sautoir (m.), sauteuse (f.) | fish casserole | casseruola (f.) | perol (m.) |
| Flade | galette (f.) | galette, flat cake | schiacciata (f.) | boñigo (m.) |
| Fladenteig | pâte à galettes (f.) | dough for flat cake | impasto per focacce (m.) | pasta de boñigos (f.) |
| flambieren | flamber | to flame | flambare | flamear |
| Flasche | bouteille (f.) | bottle | bottiglia (f.) | botella (f.) |
| Flaschenöffner | décapsuleur (m.), ouvre-bouteille (m.) | bottle opener | apribottiglia (m.) | abrebotellas (m.) |
| Fleckerln | petits carrés en pâte à nouilles (m./pl.) | square pasta | quadrucci (m./pl.) | fideos cuadrados (m./pl.), cuadraditos de pasta (m./pl.) |
| Fleisch | viande (f.) | meat | carne (f.) | carne (f.) |
| Fleisch-, fleischig | charnu(e) | flesh/fleshy | carnoso | carnoso |
| Fleischhauer | boucher (m.) | butcher | macellaio (m.) | carnicero (m.) |
| Fleischsaft | jus (m.) | beeftea, beef broth | sugo (m.) | jugo (de carne) (m.) |
| Fleischteil | morceau de viande (m.) | meat cut | taglio di carne (m.) | pedazo (de carne) (m.) |
| Fleischwolf | hachoir (m.) | meat mincer | tritacarne (m.) | máquina para picar/moler carne (f.) |
| Fliege, Querbinder | nœud papillon (m.) | bow tie | farfalla (f.) | corbatin (m.) |
| Flügel | aile (f.) | wing | ala (f.), ali (f./pl.) | ala (f.) |
| Flunder | flet (m.) | flounder | pesce passera (f.) | lenguado (m.) |

| Deutsch | Französisch | Englisch | Italienisch | Spanisch |
|---|---|---|---|---|
| Fogosch | fogas (m.) | fogas, pike-perch | fogàs (m.) | lucioperca (f.) |
| folgen | suivre | to follow | seguire | seguir |
| Fond | fond (m.) | stock | fondo (m.), cozione (f.) | fondo (m.) |
| Forelle | truite (f.) | trout | trota (f.) | trucha (f.) |
| Form | forme (f.), moule (m.) | form, mould, model | forma (f.), stampo (m.) | modelo (m.), forma (f.) |
| formen | mouler | to form, shape | formare, modellare | formar, amoldar |
| fortsetzen | continuer | to continue | continuare | continuar |
| Frankreich | France (f.) | France | Francia (f.) | Francia (f.) |
| Franzose (Französin) | Français(e) | Frenchman (-woman) | francese | Francés(a) |
| französisch | français(e) | French | francese | francés |
| frappieren | frapper | to amaze, astound | mettere in fresco | resfrescar, helar |
| frei | libre, vacant(e) | vacant | libero | libre |
| im Freien | en plein air | in the open (air), outdoors | all'aperto | al aire libre |
| Freitag | vendredi (m.) | Friday | venerdì (m.) | viernes (m.) |
| Frikandeau | fricandeau (m.) | fricandeau | fricandò (m.), girello (m.) | fricandó (m.) |
| frisch | frais, fraîche | fresh | fresco | fresco |
| frisch gepreßt | pressé(e) | fresh-pressed | spremuto | exprimido, estrujado |
| Frische | fraîcheur (f.) | freshness | freschezza (f.) | frescura (f.) |
| Friteuse | friteuse (f.) | chip pan, deep-fat fryer | friggitrice (f.) | freidora (f.) |
| fritieren | frire (faire frire) | to deep-fry | friggere | freir |
| Frucht | fruit (m.) | fruit | frutta (f.) | fruta (f.) |
| Frucht-, Gemüsemark | coulis (m.) | pulp | concentrato (m.) | pulpa (f.) |

| Deutsch | Französisch | Englisch | Italienisch | Spanisch |
|---|---|---|---|---|
| Fruchtfleisch (der Tomate) | chair (de tomate) (f.) | (tomato) flesh | polpa (del pomodoro) (f.) | pulpa (de tomate) (f.) |
| fruchtig | fruité(e) | fruity | fruttato | sabroso |
| Frühling | printemps (m.) | spring | primavera (f.) | primavera (f.) |
| Frühstück | petit déjeuner (m.) | breakfast | prima colazione (f.) | desayuno (m.) |
| Fülle | farce (f.) | stuffing, filling | farcia (f.) | relleno (m.) |
| füllen (mit) | farcir (à), fourrer (bei Mehlspeisen) | to stuff, fill (with) | farcire (di), riempire | (re)llenar |
| fünf | cinq | five | cinque | cinco |
| Fünfuhrtee | goûter (m.) | five o'clock tea | tè delle cinque (m.) | té de las cinco (m.) |
| fünfzehn | quinze | fifteen | quindici | quince |
| fünfzig | cinquante | fifty | cinquanta | cincuenta |
| für | pour | for | per | para |
| Fuß | pied (m.) | foot, leg | piede (m.) | pie (m.) |
| **G** | | | | |
| Gabel | fourchette (f.) | fork | forchetta (f.) | tenedor (m.) |
| Gabelfrühstück | collation (f.) | mid-morning snack | colazione alla forchetta (f.) | desayuno al tenedor (m.) |
| Galettenteig | pâte à galettes (f.) | pastry for galettes (flat cakes) | pasta per focacce (f.) | pasta para galletas (f.) |
| Gans | oie (f.) | goose | oca (f.) | ganso (m.) |
| Gänseklein | abats d'oie (m./pl.) | goose giblets | frattaglie d'oca (f./pl.) | menudillos de ganso (m./pl.) |
| Gänseleber | foie gras (m.) | goose-liver | fegato d'oca (m.) | hígado de ganso (m.) |

| Deutsch | Französisch | Englisch | Italienisch | Spanisch |
|---|---|---|---|---|
| Gänseleberparfait | parfait de foie gras (m.) | goose liver parfait | parfait di fegato d'oca (m.) | parfait de hígado de ganso (m.) |
| Ganzes | tout (m.) | whole | tutto (m.), intero (m.) | todo (m.) |
| Garderobe | vestiaire (m.) | wardrobe | guardaroba (m.) | guardarrop (m.) |
| garen | cuire | to cook | cucinare | cocer |
| Garnele | crevette (f.) | shrimp | granchiolino (m.), gamberetti (m./pl.) | cannarón (m.), gamba (f.) |
| garnieren | garnir | to garnish | guarnire | guarnecer, adornar |
| Garnierung | garniture (f.) | garnish | guarnitura (f.) | guarnición (f.) |
| Garniturmesser | couteau à agrumes (m.) | set knife | coltello da agrumi (m.) | cuchillo para guarnecer (m.) |
| Garten | jardin (m.) | garden | giardino (m.) | jardín (m.) |
| Gartenbohne | fève fraîche (f.) | broad bean | fava (f.) | – |
| Gartenschenke | guinguette (f.) | garden tavern | locanda (f.) | – |
| Gasanzünder | allume-gaz (m.) | gas lighter | accendigas (m.) | encendedor de gas (m.) |
| Gasofen | four à gaz (m.) | gas stove | forno a gas (m.) | estufa (de gas) (f.) |
| Gast | client(e) m. (f.) | guest (m.+f.) | ospite (m.+f.) | huésped(a) m. (f.) |
| gastgewerbliche Berufsschule | école professionnelle de la restauration (f.) | vocational school for catering business | scuola professionale per la gastronomia (f.) | escuela profecional gastronomica (f.) |
| Gasthof | auberge (f.) | inn | osteria (f.), trattoria (f.) | fonda (f.) |
| Gaumen | palais (m.) | palate | palato (m.) | paladar (m.) |
| Gebackenes | fritot (m.) | fried dish | fritto (m.), frittura (f.) | fritada (f.) |
| gebackenes Ei | œuf frit (m.) | fried egg | uovo fritto (m.) | huevo frito (m.) |
| geben | donner | to give | dare | dar |
| gibt es? | y a-t-il? | is there? (sg.), are there? (pl.) | c'è? (sg.), ci sono? (pl.) | hay? |

| Deutsch | Französisch | Englisch | Italienisch | Spanisch |
|---|---|---|---|---|
| gebraten | sauté, rôti | sauté, roast, fried | rosolato, arrosto | asado |
| Gebrauchsgegenstand | ustensile (m.) | utensil | oggetto d'uso comune (m.) | utensilio (m.), artículo de primera necesidad (m.) |
| gebunden | lié | bound | legato | aleado |
| Gedeck | couvert (m.) | cover | coperto (m.) | cubierto (m.) |
| gedünstet | braisé | braised | brasato | estofado |
| gedünstetes Rindfleisch | bœuf braisé (m.) | braised beef | stufato di manzo (m.), manzo brasato (m.) | carne de vaca estofada (f.) |
| Geflügel | volaille (f.) | poultry | pollame (m.) | averío (m.) |
| Geflügelfond | fond de volaille (m.) | chicken stock | fondo di pollame (m.) | fondo de pollo (m.) |
| Geflügelfrikassee | fricassée de volaille (f.) | chicken fricassee, white chicken stew | fricassea di pollo (f.) | fricasé de pollo (m.) |
| Geflügelgrundsauce | sauce suprême (f.) | sauce Suprême | salsa suprema (f.) | salsa suprema (f.) |
| Geflügelkeule | cuisse de poulet (f.) | chicken leg | coscia di pollo (f.) | pierna de pollo (f.) |
| Geflügelleber | foie de volaille (m.) | poultry liver | fegato di pollame (f.) | hígado de pollo (m.) |
| Gefriermaschine | sorbetière (f.) | freezer | sorbettiera (f.) | sorbetera (f.) |
| Gefrorenes | glace (f.) | frozen ..., ice cream | ghiacciato (m.), gelato (m.) | helado (m.) |
| gefüllt | farci | stuffed | ripieno, farcito | (re)lleno |
| gefülltes Kalbsschnitzel | paupiette de veau (f.) | stuffed rolled veal cutlet | involtino di vitello (m.) | escalope de ternero relleno (m.) |
| gegenwärtig | actuel(le) | present | attualmente | presente, actual |
| Gehacktes | hachis (m.) | hash, ground meat, minced meat | carne tritata (f.) | picadillo (m.) |

| Deutsch | Französisch | Englisch | Italienisch | Spanisch |
|---|---|---|---|---|
| gekrauste Endivie | chicorée (f.) | chicory, curled salad | cicoria (f.) | escarda (f.) |
| Gekröse | fraise, fressure (f.) | chitterling, pluck | trippa (f.) | intestino delgado (m.) |
| gelb | jaune | yellow | giallo | amarillo |
| Geldschein | billet (m.) | bank-note | banconota (f.) | billete (m.) |
| Gelee | gelée (f.), aspic (m.) | jelly, aspic | gelatina dolce (f.) | gelatina (f.) |
| in Sülze | en aspic, en belle vue | in jelly/aspic | in aspic | en gelatina |
| Gemisch (von Gemüsen oder Früchten) | macédoine (f.) | mixed …, assorted … | macedonia (f.) | mixtura (f.) |
| gemischt | varié(e), mêlé(e), melangé(e), composé(e) | mixed …, varied … | misto | mixto |
| gemischtes Obst | fruits divers | mixed fruit | frutta varia, frutta assortita | frutas diversas, frutas variadas |
| Gemse | chamois (m.) | chamois | camoscio (m.) | gamuza (f.) |
| Gemüse | légume (m.) | vegetable | verdura (f.) | verdura (f.) |
| mit Frühlingsgemüse | à la printanière | with spring vegetables | con verdure fresche | con verdura de primavera |
| mit Gemüse | à la jardinière | with vegetables | alla giardiniera | a la jardinera |
| mit Gemüsestreifen | à la julienne | with sliced vegetables | giuliana di ortaggi | en tiras |
| Gemüsegarten | potager (m.) | vegetable garden | orto (m.) | huerta (f.) |
| Gemüsekürbis | courgette (f.) | vegetable marrow | zucchino (m.), -a (f.) | calabacín (m.) |
| Gemüse-, Rohkostplatte | crudités (f./pl.) | assorted raw vegetables | piatto di ortaggi crudi (m.) | verduras (f./pl.), crudas (f./pl.) |
| Gemüsesuppe | potage aux légumes (m.) | vegetable soup | minestrone (m.), minestra di verdura (f.) | sopa de verduras (f.) |
| genießbar | mangeable | edible | commestibile | comestible |

| Deutsch | Französisch | Englisch | Italienisch | Spanisch |
|---|---|---|---|---|
| genug | assez | enough | abbastanza, quanto basta | suficiente |
| genügend | suffisamment | sufficient | sufficientemente | suficiente |
| gepökelt | salé(e) | pickled | salato | adobado, escabechado |
| geräuchert | fumé(e) | smoked | affumicato | ahumado |
| geräucherter Schellfisch | aiglefin fumé (m.) | smoked haddock | eglefino affumicato (m.) | besugo ahumado (m.) |
| geräucherter Speck | lard fumé (m.) | smoked bacon | pancetta affumicata (f.), speck (m.) | tocino ahumado (m.) |
| Gericht | plat (m.) | dish | piatto (m.) | plato (m.) |
| gerieben | rapé(e) | grated | grattugiato | raspado |
| Germ (Hefe) | levure (f.) | yeast | lievito (m.) | levadura (f.) |
| Germknödel | quenelle au pavot (f.) | yeast dumpling | gnocco di pasta lievitata (m.) | – |
| Germteig | pâte à la levure (f.) | yeast dough | pasta lievitata (f.) | pasta de levadura (f.) |
| geronnen | caillé(e) | curdled | coagulato | cuajado |
| Gerste | orge (f.) | barley | orzo (m.) | cebada (f.) |
| Geruch | odeur (f.) | smell | odore (m.) | olor (m.) |
| geruchlos | sans odeur | scentless, odourless | inodoro | inodoro, sin olor |
| Geschäftsführer | gérant (m.) | manager | amministratore (m.) | gerente (m.) |
| Geschirrtuch | torchon (m.) | tea towel | canovaccio (m.), panno (m.) | paño de cocina (m.) |
| Geschmack | goût (m.) | taste, flavour | gusto (m.) | sabor (m.) |
| geschmacklos | sans goût | tasteless | insipido | sin sabor |

| Deutsch | Französisch | Englisch | Italienisch | Spanisch |
|---|---|---|---|---|
| geschmackvoll | savoureux (-euse) | tasteful | di buon gusto | rico, sabroso |
| Geschnetzeltes | emincé (m.) | sliced meat | spezzatino (m.) | – |
| Geselchtes | viande fumée (f.) | smoked meat | carne affumicata (f.) | carne ahumado (f.) |
| gestern | hier | yesterday | ieri | ayer |
| gesulzte Creme | crème bavaroise (f.) | Bavarian cream | bavarese (f.) | – |
| Getränk | boisson (f.) | drink | bevanda (f.) | resfresco (m.), bebida (f.) |
| Getreidekorn | blé (m.) | grain, corn | grano (m.) | grano (m.) |
| Getreide(produkt) | céréale (f.) | cereal | cereale (m.) | trigo (m.), cereales (m./pl.) |
| gewöhnlich | habituel, habituelle | usual(ly) | abitualmente, di solito | regular, comun |
| Gewürz | assaisonnement (m.), épice (f.) | seasoning, condiment, spice | condimento (m.), spezia (f.) | especie (f.), condimento (m.) |
| Gewürzmenage | saupoudreuse (f.), flacon de condiments (m.) | cruet (set) | spargispezie (m.) | – |
| Gewürznelke | clou de girofle (m.), girofle (f.) | clove | chiodo di garofano (m.) | clavo de olor (m.), clavillo (m.) |
| gezuckert | au sucre, sucré(e) | sweetened | zuccherato | azucarado |
| gießen | mouler, verser | to pour | versare | verter |
| giftig | vénéneux | poisonous | velenoso | toxico, venenoso |
| Ginger | gingembre (m.) | ginger | ginepro (m.) | jenjibre (m.) |
| glacieren | glacer | to glaze | glassare | bañar |
| Glas | verre (m.) | glass | vaso (m.), bicchiere (m.) | vaso (m.) |

| Deutsch | Französisch | Englisch | Italienisch | Spanisch |
|---|---|---|---|---|
| Glasur | glaçage (m.) | icing, frosting | ghiaccia (f.), glassa (f.), glassatura (f.) | baño (m.) |
| Goldbarsch, Goldbrasse | dorade (f.) | redfish, golden bream | acernia (f.), orata (f.) | dorda (f.) |
| Goldbutt | carrelet (m.) | golden brill | passera di mare (f.) | platija (f.) |
| goldgelb braten | dorer (faire dorer) | to roast, to brown | dorare | dorar |
| Grammel | creton (m.) | greave | cicciolo (m.) | chicharrón (m.) |
| Granatapfel | grenade (f.) | pomegranate | melagrana (f.) | granada (f.) |
| Granatapfelsaft | grenadine (f.) | pomegranate syrup, grenadine | grenadina (f.) | zumo de granada (m.) |
| Grapefruit | pamplemousse (f.) | grapefruit | pompelmo (m.) | toronja (f.), pomelo (m.) |
| Gräte | arête (f.) | fish-bone | lisca (f.), spina (f.) | espina de pescado (f.) |
| gratinieren (im heißen Ofen überkrusten) | gratiner (faire gratiner) | to gratinate | gratinare | gratinar |
| gratiniert | gratiné(e), au gratin | gratinated | gratinato | al horno, al gratín |
| grau | gris(e) | grey | grigio | gris |
| Graupen | orge (f.) | barley | orzo (m.) | cebada (f.), perlada (f.) |
| Grieche, Griechin | Grec, Grecque | Greek (m.+f.) | greco, -a | griego, -a |
| Griechenland | Grèce (f.) | Greece | Grecia (f.) | Grecia (f.) |
| griechisch | grecque | Greek, Grecian | greco | griego |
| Grieß | semoule (f.) | semolina | semolino (m.) | sémola (f.) |
| Grillage | praliné (m.) | praline | pralina (f.) | enrejado (m.) |
| grillen (auf einem Grill, einem drehenden Spieß, im Backrohr oder auf dem Feuer garen) | griller | to grill | cuocere alla griglia | asar a la parilla |

| Deutsch | Französisch | Englisch | Italienisch | Spanisch |
|---|---|---|---|---|
| Grillhuhn | poulet grillé (m.) | grilled chicken | pollo alla griglia (m.) | pollo a la parilla (m.) |
| groß | grand(e) | big | grande | grande |
| Großbritannien | Grande-Bretagne (f.), Royaume Uni (m.) | Great Britain | Gran Bretagna (f.) | Gran Bretaña (f.) |
| grün | vert(e) | green | verde | verde |
| Grundbrühe | fond (m.), fumet (m.) | stock | brodo (m.) | fondo (m.) |
| Grundlage | base (f.) | basis | base (f.) | base (f.) |
| Gründling | goujon (m.) | gudgeon | chiozzo (m.) | gobio (m.) |
| Grünkern | blé vert (m.) | green pea | grano verde (m.) | grano verde de eselta (m.) |
| Grünkohl | chou-vert (m.) | green cabbage, kale | càvolo (verde) riccio (m.) | berza (f.), col (m.) |
| grüßen | saluer | to greet | salutare | saludar |
| Gugelhupf | gougelhof (m.), kougelhof (m.), kouglof (m.) | gugelhupf | gubbana (f.) | – |
| Gulasch | goulache (f.), gulyas (m.) | goulash | spezzatino all'ungherese (m.), gulasch (m.) | (estofado) gulyas (m.) |
| Gummispachtel | spatule (f.) | spatula | spatola (f.) | espátula (f.) |
| Gurke | concombre (m.) | cucumber | cetriolo (m.) | cogambro (m.), pepino (m.) |
| gut | bon, bonne | good | buono | bueno |
| Guten Appetit! | Bon appétit! | Enjoy your meal! | Buon apetito! | Buen provecho! |

| Deutsch | Französisch | Englisch | Italienisch | Spanisch |
|---|---|---|---|---|
| **H** | | | | |
| Haarwild | gibier à poil (m.) | game | selvaggina (f.) | salvajina (f.), venado (m.) |
| Hafer | avoine (f.) | oat | avena (f.) | avena (f.) |
| Hagebutte | églantine (f.) | rose-hip | rosa canina (f.) | majoleta (f.) |
| Hagebuttentee | tisane d'églantine (f.) | rose-hip tea | infuso di rosa canina (m.) | té de majoleta (m.) |
| Hahn (in Wein) | coq (au vin) (m.) | cock (in wine) | galletto (al vino) (m.) | pollo (al vino) (m.) |
| Hahnenkamm | crête de coq (f.) | cockscomb | cresta di gallo (f.) | cresta de gallo (f.) |
| halb | demi(e) | half | mezzo | medio |
| halbe Höhe | mi-hauteur (f.) | half the height | mezza altezza (f.) | media altura (f.) |
| halb durch | à point | underdone, medium | mezzo cotto | a punto |
| Halbgefrorenes | parfait (m.) | parfait | semifreddo (m.) | parfait (m.) |
| Halbpension | demi-pension (f.) | half board, part board | mezza pensione (f.) | media pension (f.) |
| halbtrocken | demi-sec | semi-dry | abboccato, demi-sec | semi-seco |
| Hälfte | moitié (f.) | half | metà (f.) | mitad (f.) |
| Hals | cou (m.), collet (m.), collier (m.) | neck, scrag | collo (m.) | cuello (m.) |
| Hammel | mouton (m.) | mutton | montone (m.), castrato (m.) | cordero (m.), carnero (m.) |
| Hammel von Salzweiden | mouton pré-salé | first choice mutton | montone da pascoli salati | – |
| Hammeldrüsen | glandes de mouton (f./pl.) | glands of mutton | glandole di montone (f./pl.) | glandulas de carnero (f./pl.) |
| Hammelfuß | pied de mouton (m.) | mutton's foot | piede di castrato (m.) | pie de carnero (m.) |

| Deutsch | Französisch | Englisch | Italienisch | Spanisch |
|---|---|---|---|---|
| Hammelragout | navarin printanière (m.) | mutton stew | spezzatino di montone (m.) | ragú de carnero (m.) |
| Hammelrückenstück | carré de mouton (m.) | saddle of mutton | lombata (f.), carrè di montone (m.) | lomo de carnero/ cordero (m.) |
| Hammeltopfgericht | cassoulet de mouton (m.) | stewed mutton, mutton stew | stufato di montone (m.) | puchero (plato única) de carnero (m.) |
| handeln | agir | to trade, act, deal with | agire | negociar, tratar |
| es handelt sich um | il s'agit de | to be about, concern | si tratta di | se trata de |
| hart | dur(e) | tough | duro | duro |
| Hase | lièvre (m.) | hare | lepre (f.) | liebre (f.) |
| Haselhuhn | gelinotte (f.) | hazel-grouse | gallina regina (f.) | ganga francolín (f.) |
| Haselnuß | noisette (f.) | hazelnut | nocciola (f.) | avellana (f.) |
| Hasenklein, Hasenpfeffer | civet de lièvre (m.) | jugged hare | lepre in salmì (f.) | guiso de liebre (m.) |
| Hasenlauf | cuisse de lièvre (f.) | leg of hare | zampa di lepre (f.) | cagón de liebre (m.) |
| Hasenpunsch | punch de lièvre (m.) | hare punch | punch di lepre (m.) | ponche de liebre (m.) |
| Häuptelsalat | laitue (f.) | lettuce, green salad | lattuga (f.) | lechuga (f.) |
| Hauptgericht | plat principal (m.) | main dish | secondo (piatto) (m.) | plato principal (m.) |
| Hausbrot | pain maison (m.) | household bread | pane casereccio (m.) | pan casero (m.) |
| Hausspezialität | spécialité de la maison (f.) | speciality of the house | specialità della casa (f.) | especialidad de la casa (f.) |
| Haut | peau (f.) | skin | pelle (f.) | piel (f.) |
| Haut (Obst, Gemüse) | pelure (f.), épluchure (f.) | peel | peluria (f.) | piel (f.), cáscara (f.) |
| Haxe | jarret (m.) | leg, knuckle | cosciotto (m.) | pata (f.) |
| Hecht | brochet (m.) | pike | luccio (m.) | lucio (m.) |

| Deutsch | Französisch | Englisch | Italienisch | Spanisch |
|---|---|---|---|---|
| Hechtnockerl | noque de brochet (f.) | pike dumpling | gnocco di luccio (m.) | – |
| Hefe | levure (f.) | yeast | lievito (m.) | levadura (f.) |
| Hefeteig | pâte levée (f.), pâte à levure (f.) | yeast dough | pasta lievitata (f.) | pasta de levadura (f.) |
| Heidelbeere | myrtille (f.) | blueberry, huckleberry | mirtillo (m.) | arándano (m.) |
| Heilbutt | flétan (m.) | halibut | fletano (m.), halibut (m.), ippoglosso (m.) | mero (m.) |
| heiß | chaud(e) | hot | caldo | caliente |
| hell | clair(e) | light, pale | chiaro | claro |
| herb | sec (sèche), âcre | dry | acerbo | acre |
| herbeibringen | apporter | to bring over | portare | traer |
| Herbst | automne (m.) | autumn, fall | autunno (m.) | otoño (m.) |
| Herd | fourneau (m.) | cooker, stove, range | cucina (f.) | estufa (f.) |
| Hering | hareng (m.) | herring | aringa (f.) | arenque (m.) |
| Herr | monsieur (m.) | gentleman | signore (m.) | señor (m.) |
| Herrenpilz | cèpe (m.) | yellow boletus | porcino (m.) | boleto (m.) |
| Herrschaften | messieurs-dames (m./pl.) | ladies and gentlemen (pl.) | signori (m./pl.) | señores (m./pl.) |
| Herz | cœur (m.) | heart | cuore (m.) | corazón (m.) |
| Heuriger, Gartenschenke | guinguette (f.) | garden tavern | locale con giardino (m.) | bodega (f.) |
| heute | aujourd'hui | today | oggi | hoy |
| Hieferschwanzel | culotte de bœuf (f.) | aitch-bone | noce (f.) | rabo de vaca (m.) |
| Himbeere | framboise (f.) | raspberry | lampone (m.) | frambuesa (f.) |

| Deutsch | Französisch | Englisch | Italienisch | Spanisch |
|---|---|---|---|---|
| hinzufügen | ajouter | to add | aggiungere | añadir |
| Hirn | cervelle (f.) | brain | cervello (m.) | sesos (m./pl.) |
| Hirsch | cerf (m.) | deer, stag | cervo (m.) | ciervo (m.) |
| Hirse | millet (m.) | millet | miglio (m.) | maicillo (m.), almorejo (m.) |
| Hitze | chaleur (f.) | heat | calore (m.) | calor (m.) |
| hoch | haut(e) | high | alto | alto |
| Hochsaison | haute saison (f.) | high season | alta stagione (f.) | temporada alta (plena) (f.) |
| Holland | Hollande (f.) | Holland, Netherlands | Olanda (f.) | Holanda (f.) |
| Holländer(in) | Hollandais(e) | Dutch (m.+f.) | olandese (m.+f.) | holandés(a) |
| holländisch | hollandais(e) | Dutch | olandese | holandés(a) |
| Holzbrett | assiette de bois (f.) | board, wooden platter | piatto di legno (m.), tagliere (m.) | plato de madera (m.) |
| Honig | miel (m.) | honey | miele (m.) | miel (m.) |
| Hopfen | houblon (m.) | hop | luppolo (m.) | lúpulo (m.) |
| Hopfensprossen | pousses de houblon (f./pl.) | hop sprouts | punte di luppolo (f./pl.) | peldaño de lúpulo (m.) |
| Hörnchen | cornet (m.) | cornet, croissant | cornetto (m.) | crois(s)ant (m.), media luna (f.) |
| Huchen | houch (m.) | huck | hucho (m.) | especie de salmón (m.) |
| Hüferscherzel, Zapfen | aiguillette (f.) | aitch-bone of beef | scamone (m.) | – |
| Hüferschwanzel | culotte (f.) | aitch-bone of beef | noce (f.) | rabo (m.) |
| Huhn | poulet (m.), poule (f.) | chicken | pollo (m.) | pollo (m.) |
| Hühnerbrust | suprême de volaille (f.) | chicken breast | petto di pollo (m.) | pecho de pollo (m.) |
| Hühnerleber | foie de poulet (m.) | chicken liver | fegatini di pollo (m./pl.) | hígado de pollo (m.) |

Kaffeehaus- und Brasseriekarten

Cocktails
BINGO
DIE HAUTE CULTURE DES GENIESSENS
COCKTAIL
Wohin sich der Mensch am liebste
Leben im Reaggy-Rhythmus
Eine kühle Meeresbrise
Der Tag hält den Atem an. Der Ge
Früchte weckt die Lebensgeister. Und der kühle
trockener Sekt.
I WANT
&
SALO
Testarossa
ekt mit köstlichem Himbeermark,
puccino Cocktail
ne, Kaffeelikör und Vodka
und belebend
erous ! Be careful !
taker
höllisch!
Mexicana, Sahne, brauner Ru
ene Rumsorten, Kirsch-Juic
und Liköre
sons Blood
Seelöwen
Rum, Preiselbeer-Juice
ner!
& schwarze Olive
Unsere Cocktails
Floridita
Ernest Hemingway's Favorit in Havanna
Caipirinha
Cachaca de Carice, Lemon juice und brauner Zucker
Margarita
Tequila, Cointreau und Lemon juice
Tequila Sunrise
Tequila, Orangensaft und Grenadine
Mai Tai
weißer und dunkler Rum, Triple Sec, Lemon juice
und Orange juice
Sex in the Jungle
Heller und dunkler Rum, Coruba Rum, Papaya, Mango,
Orange juice und Lemon juice
French Kiss
Ginger Ale, Lemon juice und Grenadine
Pina Colada
Dunkler Rum, Coconut Cream, Pineapple juice, Sweet Cream
Tamara, Amaretto,

*Barkarten*

drinks
Soft cocktails for sweet ladies
PAPA JOE AND HIS HOT DRINKS FOR UNTOUCHABLES
RELAXING
PJ's Favourite
SPECIAL
bee
PAPA JO
GRILL · CANT
FINO QUINTA
OSBORNE
SODAS
Coca Cola
Coca Cola light
Fanta
Sprite
Schweppes Bitter Lemon
Schweppes Tonic Water
Schweppes Ginger Ale
Schweppes Orange Bitter
Schweppes Grapefruit Bitter
Gasteiner Tafelwasser
Himbeer Soda
Soda Zitron
JUICES
Orangensaft frisch gepreßt
Orangensaft Cappy
Apfelsaft
Apfelsaft gespritzt
Johannisbeersaft
Multivitaminsaft
Traubensaft rot
Weichselsaft
Tomatensaft
TEQUILAS 2 cl
Sauza Silver
Sauza Gold
El Gran Matador
Sierra
Olmeca Silver
Olmeca Gold
Mezcal – der mit dem Wurm!
RUM 2 cl
Bacardi light Carta blanca
Bacardi Premium black
Bacardi gold Carta de Oro
Meyer's Rum
Pitù
Cachaca de Carice
MATADOR
3744
SHORT & POWERFUL
Bull - Shot 60,-
Galliano, Espresso, Sahnehäubchen zum munter werden
Panama 85,-
unheimlich suuuper!!! Kahlua, Grand Marnier, Baileys
Black Russian 75,-
Kaffee-Likőre & Vodka
Caipirinha - Caipiroska 75,-
Mit Pitú oder Vodka, Limetten, Zucker und Eis
Mojito 85,-
Karibik total, Jamaika-Rum, Rohzucker, Pfefferminz, Limetten
Gimlet 55,-
Hemingway's Lieblings-Drink
Manhatten 75,-
Canadien - Roter Martini, Bitter
Negroni 75,-
Gin, Campari, Martini
Slammer
Gut geklopft und schnell getrunken
Roter Affe
Roter Vodka, Red Bull
MAGIS - Ladner ©
120,-
120,-
85,-
60,-

VIS·A·VIS
Riesling
Grüner Veltliner
Wollzeile 5
1010 Wien
KELLEREIEN MÖVENPICK
SHERRY DON ZOILO
COCKTAILS & LONG DRINKS
FRUCHTSÄFTE ETC.
MÖVENPICK
BIER VOM
Weingut Undhof / Krems - Stein
Undhof Wieden - Grüner Veltliner
Undhof Wieden - Grüner Veltliner
Kremser Kögl - Riesling Kabinett
Weingut Sonnhof / Langenlois
Sonnhof Grüve - Grüner Veltliner
Rotspon Blauburger - Rotburger
Frühroter Veltliner Unaufgebessert
Kremser - Grüner Veltliner Unaufgebess
Kremser - Rheinriesling Kabinett
Kremser - Rheinriesling Kabinett 0,375 l
Chardonnay
Blauer Burgunder u. Merlot

Weinkarten

| Deutsch | Französisch | Englisch | Italienisch | Spanisch |
|---|---|---|---|---|
| Hühnerrollpastete | galantine de volaille (f.) | chicken galantine | galantina di pollo (f.) | gelantina de pollo (f.) |
| Hummer | homard (m.) | lobster | astaco (m.), astice (m.) | bogavante (m.) |
| Hummersuppe | bisque de homard (f.) | lobster soup | zuppa di astaco (f.) | sopa de bogavante (f.) |
| hundert | cent | hundred | cento | cien |
| Hunger (haben) | (avoir) faim (f.) | hunger (to be hungry) | (avere) fame (f.) | (tener) hambre (f.) |
| **I** | | | | |
| Imbiß | collation (f.) | snack | spuntino (m.) | bocadillo (m.), colación (f.) |
| Indian (Truthahn) | dinde (f.) | turkey | tacchino (m.) | pavo (m.) |
| Indianerkrapfen | beignet fourré à la crème Chantilly (m.) | fritter with whipped cream | bignè con panna montata e cioccolato fuso (m.) | buñuelo relleno con natillas (m.) |
| indisch | indien (indienne) | Indian | indiano(a) | indio(a) |
| industriell | industriel, industrielle | industrial | industriale | industrial |
| Ingwer | gingembre (m.) | ginger | zenzero (m.) | jeybre (m.) |
| international | international(e) | international | internazionale | internacional |
| Irish-Stew | mouton à l'irlandaise (m.) | Irish stew, mutton stew with cabbage | montone stufato all'irlandese (m.) | carnero à la Irlandesa (m.) |
| Italien | Italie (f.) | Italy | Italia (f.) | Italia (f.) |
| Italiener(in) | Italien(ne) | Italian (m.+f.) | italiano(a) | Italiano(a) |
| italienisch | italien(ne) | Italian | italiano(a) | italiano(a) |
| **J** | | | | |
| Jahreszeit | saison (f.) | season | stagione (f.) | estación (f.), temporada (f.) |

| Deutsch | Französisch | Englisch | Italienisch | Spanisch |
|---|---|---|---|---|
| Jause (Vesper) | goûter (m.) | snack | spuntino (m.), merenda (f.) | merienda (f.) |
| jetzt | maintenant | now | adesso | ahora |
| Joghurt | yoghourt (m.), yaourt (m.) | yoghurt | iogurt (m.), yogurt (m.) | yoghurt (m.) |
| Johannisbeere | groseille (f.) | red currant | ribes (m.) | grosella (f.) |
| Johannisbeere, schwarze | cassis (m.) | black currant | ribes nero (m.) | grosella negra (f.) |
| jung | jeune | young | giovane | joven |
| Junge | garçon (m.) | boy | ragazzo (m.) | muchacho (m.) |
| **K** | | | | |
| Kabeljau | cabillaud (m.) | cod | merluzzo (m.) | bacalao (m.) |
| Käferbohne | grain de haricot noir (m.) | black bean | fagiolo nero (m.) | – |
| Kaffee | café (m.) | coffee | caffè (m.) | café (m.) |
| Eiskaffee | café glacé | iced coffee | caffè con gelato | café con helado |
| Filterkaffee | café filtré | percolated coffee | caffè passato al filtro | café filtrado |
| Kaffee mit Obers | café (à la) crème | coffee with cream | caffè con panna | café con crema |
| koffeinfreier Kaffee | (café) décaféiné | decaffineated coffee | caffè decaffeinato | café sin cafeina |
| Milchkaffee | café au lait | coffee with milk | caffellatte (m.) | café con leche |
| schwarzer Kaffee | café nature, café noir | black coffee | caffè | café negro |
| Kaffeemaschine | machine à café (f.), percolateur (m.) | percolator | macchina per il caffè (f.) | maquina de café (f.) |
| Kaffeemühle | moulin à café (m.) | coffee grinder | macinino per il caffè (m.) | molino de café (m.) |

| Deutsch | Französisch | Englisch | Italienisch | Spanisch |
|---|---|---|---|---|
| Kaffeetasse | tasse à café (f.) | coffee cup | tazza da caffè (f.) | taza de café (f.) |
| Kaiserschmarren mit Zwetschkenkompott | omelette rissolée et sucrée avec compote de prunes (f.) | browned omelet with stewed plums | pezzetti di pastella fritta con prugne cotte (m./pl.) | tortilla a la vienesa con dulce de ciruelas (f.) |
| Kaki | kaki (m.), figue caque (f.) | persimmons | cachi (m.) | kaki (m.) |
| Kaktusfeige | figue d'Inde (f.) | fig | fico d'India (m.) | chumbera (f.) |
| Kalb | veau (m.) | veal | vitello (m.) | ternera (f.) |
| Kalbsbrust | poitrine de veau (f.) | breast of veal | petto di vitello (m.) | pecho de ternera (m.) |
| Kalbskopf | tête de veau (f.) | calf's head | testina di vitello (f.) | cabeza de ternera (f.) |
| Kalbsnierenbraten | longe de veau (f.) | veal kidney roast, roast loin of veal with kidney | lombata di vitello (f.) | solomillo de ternera (m.) |
| Kalbsnuß | noix de veau (f.) | (joint of) veal, kernel of veal, veal nut | noce di vitello (f.) | nuez de ternera (f.) |
| Kalbsvögerl | jarret de veau à la viennoise (m.) | veal knuckle | coscia di vitello alla viennese (f.) | jarrete de ternera a la vienesa (m.) |
| kalt | froid(e) | cold | freddo | frio(a) |
| kalt (bei Platten) | à l'anglaise | cold | freddo | al Inglés |
| kalt machen | refroidir | to cool, chill | raffreddare | (refrescar), lular |
| Kammstück | palette (f.), basse côte (f.) | ribs of beef, rib steak | braciole (f.) | chuleta (f.) |
| Kaninchen (jung) | lapin (m.) (lapereau m.) | rabbit | coniglio (m.) | conejo (m.) |
| Kapaun | chapon (m.) | capon | cappone (m.) | capón (m.) |
| Kaper | câpre (f.) | caper | cappero (m.) | alcaparra (f.) |
| Karaffe | carafe (f.) | carafe | caraffa (f.) | garrafa (f.) |

| Deutsch | Französisch | Englisch | Italienisch | Spanisch |
|---|---|---|---|---|
| Karambole | carambole (f.), pomme de Goa (f.) | carambole | carambola (f.) | carambola (f.) |
| Karde | cardon (m.) | cardoon | cardone (m.) | cardo ajonjero (m.) |
| Karfiol | chou-fleur (m.) | cauliflower | cavolfiore (m.) | coliflor (f.) |
| Kärnten | Carinthie (f.) | Carinthia | Carinzia (f.) | Carintia (f.) |
| Kärntner(in) | Carinthien(ne) | Carinthian (m.+f.) | carinziano(a) | Carintiano(a) |
| Karotte | carotte (f.) | carrot | carota (f.) | zanahoria (f.) |
| Karotten, mit Mineralwasser zubereitet | carottes (à la) Vichy | Vichy carrots, glazed carrots | carote preparate in acqua minerale | zanahorias (à la) Vichy |
| Karpfen | carpe (f.) | carp | carpione (f.), carpa (f.) | carpa (f.) |
| Karree, Rippenstück | carré (m.) | loin | carrè (m.) | costilla (f.) |
| Karte | carte (f.) | menu | carta (f.) | carta (f.) |
| Kartoffel | pomme de terre (f.) | potato | patata (f.) | patata (f.), papa (f.) |
| Annakartoffeln | pommes (de terre) Anna | Anna potatoes, roast potatoes with butter | patate Anna (tortino di patate al forno) | patatas Ana, patatas y mantequilla |
| Bäckerinkartoffeln | pommes (de terre) boulangère | potatoes – baker's style, oven-baked potatoes with onions | patate alla fornaia | patatas a la panadera (asadas al horn con cebolla) |
| Berner Rösti | pommes (de terre) sautées à la bernoise | rösti – Bernese style | patate bernesi | patatas asadas a la Bernesa |
| Bouillonkartoffeln | pommes (de terre) au bouillon | bouillon potatoes | patate lessate nel brodo | patatas caldosas |
| Bratkartoffeln | pommes (de terre) rissolées | browned/roast/baked potatoes | patate al forno | patatas salteadas |

| Deutsch | Französisch | Englisch | Italienisch | Spanisch |
|---|---|---|---|---|
| Butterkartoffeln | pommes (de terre) au beurre | buttered potatoes, potatoes with butter | patate al burro | patatas con mantequilla |
| Dampfkartoffeln | pommes (de terre) à la vapeur | steamed potatoes | patate al vapore | patatas al vapor |
| Folienkartoffeln | pommes (de terre) au four | baked potatoes, jacket potatoes | patate al cartoccio | patatas en papel de estaño |
| gekochte Kartoffeln | pommes (de terre) bouillies | boiled potatoes | patate lesse | patatas bullidas |
| gestürzte Kartoffeln | pommes (de terre) moulées | moulded potatoes, potatoes in a mould | sformato di patate (m.) | patatas derramadas |
| Herzoginkartoffeln | pommes (de terre) duchesse | duchess potatoes | patate duchessa | patatas a la duquesa (croquetas cocidas al horno f./pl.) |
| heurige Kartoffeln | pommes (de terre) nouvelles | new (early) potatoes | patate novelle | patatas nuevas |
| Kartoffelchips | pommes (de terre) chips | potato chips, potato crisps | patatine (f./pl.) | patatas chips |
| Kartoffelkrapfen | pommes (de terre) dauphine | potato fritters, dauphine potatoes | crocchette di patate (f./pl.) | patatas a la delfina (croquetas en forma de tapón f./pl.) |
| Kartoffeln, gebacken | pommes (de terre) frites | deep-fried potatoes | patate fritte | patatas fritas |
| Kartoffeln in der Schale | pommes (de terre) en robe de chambre | jacket potatoes | patate in camicia | patatas asadas al horno (con pelar) |
| Kartoffeln nach Pariser Art | pommes (de terre) à la parisienne | potatoes – Parisian style | patate alla parisina | patatas a la parisiense (salteadas al jugo de carne) |

| Deutsch | Französisch | Englisch | Italienisch | Spanisch |
|---|---|---|---|---|
| Kartoffelplätzchen | pommes (de terre) Macaire | Macaire potatoes | tortine di patate (f./pl.) | patatas racaire (paste de patatas darado en mantequilla m.) |
| Kartoffelpüree | purée de pommes de terre (f.) | mashed potatoes | purè di patate (f.) | puré de patatas (m.) |
| Kartoffelstäbe | pommes (de terre) pont-neuf | chips, French fried potatoes | bastoncini di patate (m./pl.) | patatas Pont Neuf (fritas en forma de bastoncillos) |
| Mandelkartoffeln | pommes (de terre) Berny, pommes (de terre) aux amandes | almond potatoes, Berny potatoes | patate Berny | patatas Berny (croquetas empanadas con almendras) almendras (f./pl.) |
| Nußkartoffeln | pommes (de terre) noisettes | noisette potatoes | patate nocciola | patatas salteadas (en forma de avellana) |
| Petersilkartoffeln | pommes (de terre) persillées | parsley potatoes | patate al prezzemolo | patatas al perejil |
| Röstkartoffeln, Rösti | pommes (de terre) sautées, rösti (m.) | hashed brown potatoes, rösti | patate saltate | patatas asadas |
| Röstkartoffeln mit Zwiebeln | pommes (de terre) à la lyonnaise | hashed brown potatoes with onions, potatoes – Lyon style | patate saltate alla cipolla | patatas a la lionèsa (patatas salteadas con cebolla) |
| Salzkartoffeln | pommes (de terre) à l'anglaise, nature | boiled potatoes | patate lesse | patatas cocidas |
| Schaumkartoffeln | pommes (de terre) mousseline | mousseline potatoes | purè (spuma) di patate con panna (f.) | patatas mousseline (puré de patatas adicionado de nata batida m.) |

| Deutsch | Französisch | Englisch | Italienisch | Spanisch |
|---|---|---|---|---|
| Schloßkartoffeln | pommes (de terre) château | chateau potatoes | patatine rosolate | patatas castillo, sal patatas |
| Schmelzkartoffeln | pommes (de terre) fondantes | fondant potatoes | patate fondanti | patatas fundientes |
| Strohkartoffeln | pommes (de terre) paille | straw potatoes | potate paglia | patatas paja |
| Waffelkartoffeln | pommes (de terre) gaufrettes | wafer potatoes | cialde di patate | patatas fritas (en forma de barquillos) |
| Zündholzkartoffeln | pommes (de terre) allumettes | shoestring potatoes | patate allumettes | patatas fritas (cortadas en forma de fósforos) |
| Kartoffelteig | pâte de pommes de terre (f.) | potato dough | pasta di patate (f.) | pasta de patatas (f.) |
| Käse | fromage (m.) | cheese | formaggio (m.) | queso (m.) |
| Brie | brie (m.) | Brie | brie (m.) | Brie (m.) |
| Camembert | camembert (m.) | Camembert | camembert (m.) | Camembert (m.) |
| Edamer | hollandais (m.), edam (m.) | Edam | edam (m.) | queso de bola |
| Greyerzer Käse | gruyère (m.) | Gruyère cheese | groviera (f.) | – |
| Roquefort | roquefort (m.) | Roquefort/blue cheese | roquefort (m.) | queso suizo |
| Schafkäse | fromage de brebis | sheep's cheese, ewe's milk cheese | (cacio) pecorino (m.) | queso de carnero, queso de oveja |
| Ziegenkäse | fromage de chèvre | goat cheese | formaggio di capra | queso de cabra |
| Käsebäckerei | savories (m./pl.) | savoury, cheese biscuits | biscotti al formaggio (m./pl.) | panado al queso (m.) |

| Deutsch | Französisch | Englisch | Italienisch | Spanisch |
|---|---|---|---|---|
| Käsebehälter (für geriebenen Käse) | fromagière (f.) | cheese jar (dome) | formaggiera (f.) | quesero (m.) |
| Käseplatte | plateau de fromage (m.) | cheese tray | piatto di formaggi vari (m.) | plato de quesos (m.) |
| Kassa | caisse (f.) | cash-box | cassa (f.) | caja (f.) |
| Kasserolle | casserole (f.) | casserole | casseruola (f.) | cazuela (f.), sartén (f.) |
| Kasserolle, halbhohe (mit Stiel) | casserole russe (f.) | saucepan | casseruola a manico (f.) | cazuela russa (f.) |
| Kassier | caissier (m.) | cashier | cassiere (m.) | cajero (m.) |
| kassieren | encaisser | to collect, to take in | incassare | cobrar |
| Kastanie (Edelkastanie) | marron (m.) | chestnut | castagna (f.) | castaña (f.) |
| Kastanienreis | purée de marrons à la crème (f.) | chestnut puree | purè di castagne (f.) | puré de castaña (m.) |
| kaufen | acheter | to buy | comprare | comprar |
| Kaviar | caviar (m.) | caviar | caviale (m.) | caviar (m.) |
| Kegelbahn | piste de quilles (f.) | bowling alley | pista dei birilli (f.) | bolera (f.) |
| kegeln | jouer aux quilles (au bowling) | to play bowls, to play skittles/ninepins | giocare a birilli | jugara a los bolos |
| Keller | cave (f.) | cellar | cantina (f.) | sótano (m.), bodega (f.) |
| Kellner, Kellnerin | garçon (m.), serveur (m.), serveuse (f.) | waiter, waitress | cameriere, -a | camarero, -a |
| Keramik | céramique (f.) | pottery | ceramica (f.) | cerámica (f.) |
| Kerbel | cerfeuil (m.) | chervil | cerfoglio (m.) | perifollo (m.) |
| Kerze | bougie (f.) | candle | candela (f.) | candela (f.), vela (f.) |

| Deutsch | Französisch | Englisch | Italienisch | Spanisch |
|---|---|---|---|---|
| Kerzenständer | bougeoir (m.) | candlestick | candelabro (m.) | candelabro (m.) |
| Keule | cuissot (m.), gigot (m.) | leg | coscia (f.), cosciotto (m.) | clava (f.), maza (f.) |
| Kind | enfant (m.) | child | bambino, -a | niño, -a, infante (m.) |
| Kipferl | croissant (m.) | crescent, croissant | cornetto (m.) | pasta de brioche en forma de media luna (f.) |
| Kirsche | cerise (f.) | cherry | ciliegia (f.) | cereza (f.) |
| Kiwi | kiwi (m.), souris de Chine (f.), groseille de Chine (f.) | kiwi | kiwi (f.) | kiwi (m.) |
| Kitz | chevreau (m.) | kid | capretto (m.) | chivato (m.) |
| klar | clair(e) | clear | chiaro, limpido | claro |
| Kleiderbügel | cintre (m.) | coat-hanger | stampella (f.) | percha (f.) |
| klein | petit(e) | small | piccolo | pequeño |
| Kleingebäck | petits-fours (m./pl.) | fancy biscuit | pasticcini (m./pl.) | petits-fours (m./pl.) |
| Kleingeld | monnaie (f.) | change | spiccioli (m./pl.) | (dinero) suelto (m.) |
| Kleinkürbis | courgette (f.) | courgette | zucchino (m.) | calabaza pequeña (f.) |
| Klippfisch | morue (f.) | stockfish | stoccafisso (m.) | lobo de mar (m.) |
| kneten | pétrir | to knead | impastare | amasar |
| Knoblauch | ail (m.) | garlic | aglio (m.) | ajo (m.) |
| Knoblauchzehe | gousse d'ail (f.) | garlic clove | spicchetto di aglio (m.) | diente de ajo (m.) |
| Knochen | os (m.) | bone | osso (m.) | hueso (m.) |
| Knochensäge | scie à os (f.) | butcher's saw | sega per ossa (f.) | sierra de huesos (f.) |
| Knödel | quenelle (f.) | dumpling | gnocco (m.), polpetta (f.) | albondiguilla (f.), albóndiga (f.), bola (f.) |
| Marillenknödel | quenelles aux abricots | apricot dumplings | gnocchi di albicocche | albóndigas con albaricoques |

| Deutsch | Französisch | Englisch | Italienisch | Spanisch |
|---|---|---|---|---|
| Semmelknödel | quenelles de pain | bread dumplings | gnocchi di pane | bolas de pan |
| Topfenknödel | quenelles de fromage blanc | white cheese (curd) dumplings | gnocchi alla ricotta | albóndigas de requesón |
| Zwetschkenknödel | quenelles aux prunes | plum dumplings | gnocchi di prugne | albóndigas con ciruelas |
| Knollensellerie | céleri-rave (m.) | celeriac | sedano rapa (m.) | apio tuberoso (m.) |
| Knoten | nœud (m.) | knot | nodo (m.) | nudo (m.) |
| Koch, Köchin | cuisinier, -ère | cook | cuoco, -a | cocinero, -a |
| Koch (z. B. Nußkoch) | soufflé (m.) | light soufflé, pudding | sufflé (m.) | soufflé (m.) |
| Kochen, Sieden | ébullition (f.) | cooking, simmering | bollitura (f.), cottura (f.) | cocción (f.) |
| kochen | bouillir, cuire | cook, boil | cucinare, bollire, lessare, cuocere | cocer, hervir, bullir |
| auf kleiner Flamme kochen | cuire à petite flamme/ à petit feu | to simmer | cuocere a fiamma bassa | cocer a poco fuego |
| bei mittlerer Hitze kochen | cuire à feu moyen | cook at moderate temperature | cuocere a fiamma media | cocer a medio fuego |
| bei starker Hitze kochen | cuire à feu vif | to boil | cuocere a fiamma alta | cocer a gran fuego |
| gekocht und in Butter geschwenkt | à l'anglaise | boiled and sautéed (buttered) | bollito e saltato al burro | al Inglés |
| langsam kochen, langsam kochen lassen | cuire à feu doux, mijoter (faire mijoter) | boil slowly, let simmer over low heat | cuocere lentamente, lasciare cuocere lentamente | cocer lentamente |
| Kochhaube | toque (f.) | cooking hat | – | cofia (de cocinero) (f.) |
| Kochlöffel | cuiller/cuillère à pot (f.) | cooking spoon | cucchiaio di legno (m.) | cucharón (m.) |
| Kochsalat | laitue (f.) | lettuce | lattuga (f.) | lechuga (f.) |

| Deutsch | Französisch | Englisch | Italienisch | Spanisch |
|---|---|---|---|---|
| Kochtopf | pot (m.) | cooking pot | pentola (f.) | olla (f.), puchero (m.) |
| hoher Kochtopf | marmite (f.) | casserole | pentola alta (f.) | marmita (f.) |
| Kochzeit, Kochvorgang | cuisson (f.) | cooking-time | tempo di cottura (m.) | tiempo de cocción (m.) |
| koffeinfrei | décaféiné(e) | caffein-free | decaffeinato | sin caféina |
| Kohl | chou (m.) | cabbage | cavolo verza (m.) | col (f.), berza (f.) |
| Kohlrabi | chou-rave (m.) | kohlrabi | cavolo rapa (m.) | colirrábano (m.) |
| Kohlsprossen | choux de Bruxelles (m.) | Brussels sprouts | cavolini di Bruxelles (m./pl.) | col de bruselas (f.) |
| Kokosnuß | noix de coco (f.) | coconut | noce di cocco (f.) | nuez de coco (f.) |
| kommen (aus, von) | venir (de), arriver | to come (from) | venire (da) | venir (de) |
| Kompott | compote (f.) | compote | composta (f.), frutta sciroppata (f.) | compota (f.) |
| Früchtekompott | compote de fruits | stewed fruit | composta di frutta | compota de fruta |
| gemischtes Kompott | compote panachée | assorted stewed fruit | frutta cotta mista (f.) | compota mixta |
| Konditorei | pâtisserie (f.) | confectionary | pasticceria (f.) | pastelería (f.) |
| Konferenzraum | salle de réunion (f.) | conference room, meeting room | sala di riunione (f.) | sala de réunión (f.) |
| Konserve | conserve (f.) | preserve | conserva (f.) | conserva (f.) |
| in der Konserve | en conserve | tinned, canned | in scatola | en conserva |
| Konservendose | boîte de conserves (f.) | tin, can | scatola (f.) | lata de conserva (f.) |
| Kontrolle | contrôle (m.) | control, vertification | controllo (m.) | control (m.) |
| Kopf | tête (f.) | head | testa (f.) | cabeza (f.) |
| Kopfsalat | laitue (f.) | lettuce | lattuga (f.) | lechuga (f.) |
| Koriander | coriandre (f.) | coriander | coriandolo (m.) | cilandro (m.) |
| Korken | bouchon (m.) | cork | sughero (m.) | corcho (m.) |

| Deutsch | Französisch | Englisch | Italienisch | Spanisch |
|---|---|---|---|---|
| Korkenzieher | tire-bouchon (m.) | corkscrew | cavatappi (m.), cavaturaccioli (m.) | sacacordos (m.), tirabuzón (m.) |
| Körper | corps (m.) | body | corpo (m.) | cuerpó (m.) |
| kosten | goûter | to taste | assaggiare | gastar |
| kosten, wert sein | coûter | to cost | costare | costar, valer |
| köstlich | délicieux, délicieuse | delicious, exquisite | delizioso | delicioso |
| Kotelett | côtelette (f.) | chop | costoletta (f.), braciola (f.) | chuleta (f.) |
| Kraftbrühe | consommé (m.) | clear soup, broth | brodo ristretto (m.), consommé (m.) | consomé (m.) |
| Kraftbrühe mit Backerbsen | consommé à la pâte filante frite | clear soup with fried batter pearls | consommé con pasta reale | – |
| Kraftbrühe mit Brandteigkrapferln | consommé aux profiteroles | clear soup with profiteroles | consommé con bignè salati | – |
| Kraftbrühe mit Butternockerln | consommé aux noques au beurre | clear soup with butter dumplings | consommé con gnocchetti al burro | consomé con alboudiguilla de mantequilla |
| Kraftbrühe mit Eierstich | consommé royale | clear soup royale | consommé reale | consomé royal |
| Kraftbrühe mit Fadennudeln | consommé au vermicelle (aux vermicelles) | clear soup with vermicelli | consommé con vermicelli | consomé con fideos |
| Kraftbrühe mit Fleischstrudel | consommé au stroudel de viande hachée | clear soup with ground (minced) meat strudel | consommé con strudel di carne | consomé strudel de carne |
| Kraftbrühe mit Frittaten | consommé Céléstine | clear soup with sliced pancakes, clear soup Celestine | consommé con tagliolini di crespelle (celestina) | consomé con panqueques costados |

| Deutsch | Französisch | Englisch | Italienisch | Spanisch |
|---|---|---|---|---|
| Kraftbrühe mit Gemüse und pochiertem Ei | consommé Colbert | clear soup with vegetables and poached egg | consommé con verdure all'uovo | consomé con verduras y huevo escalfado |
| Kraftbrühe mit Gemüsestreifen | consommé julienne | clear soup with sliced vegetables | consommé con giuliana | consomé con vedura cortada en tiras |
| Kraftbrühe mit Grieß | consommé à la semoule | clear soup with semolina | consommé al semolino | consomé con semolina |
| Kraftbrühe mit Grießnockerln | consommé aux noques de semoule | clear soup with semolina dumplings | consommé con gnocchetti di semolino | consomé con albondiguillas de semolina |
| Kraftbrühe mit Kaiserschöberln | consommé aux biscuits au fromage | clear soup with cheese sponge squares | consommé con pan di Spagna salato | consomé con falletas de queso |
| Kraftbrühe mit Käsekrusteln | consommé aux diablotins | clear soup with cheese croutons | consommé con crostini al formaggio | – |
| Kraftbrühe mit Leberknödeln | consommé aux quenelles de foie | clear soup with liver dumplings | consommé con polpette di fegato | consomé con albóndigas de hígado |
| Kraftbrühe mit Leberreis | consommé au riz de foie | clear soup with liver rice | consommé con grattini al fegato | consomé vienés de hígado; consomé con fideos muy finos de hígado |
| Kraftbrühe mit Markknödeln | consommé aux quenelles à la moelle | clear soup with marrow dumplings | consommé con gnocchi di midollo | consomé con albondiguillas de tuétano |
| Kraftbrühe mit Milzschnitten | consommé aux croûtons à la râte | clear soup with milt-croutons | consommé con crostini alla milza | consomé con croûtons de bazo |
| Kraftbrühe mit Schöberln | consommé aux biscuits | clear soup with sponge squares | consommé con pan di Spagna salato | consomé con gualletitas |

| Deutsch | Französisch | Englisch | Italienisch | Spanisch |
|---|---|---|---|---|
| Kraftbrühe mit Tiroler Speckknödeln | consommé aux quenelles au lard tyrolienne | clear soup with Tyrolean bacon dumplings | consommé con canederli allo speck | consomé con albondigas de tocino tyrolés |
| Kraftbrühe, doppelt | consommé double (m.) | beef tea, consommé double | brodo ristretto (m.) | consumado (caldo) doble (m.) |
| doppelte Kraftbrühe mit Sherry | consommé double au sherry | beef tea with sherry | brodo ristretto doppio allo sherry | consumado con vino de jerez |
| kräftig (beim Wein) | corsé(e) | heavy, coarse, full-bodied | corposo | fuerte |
| Krammetsvogel | grive (f.) | fieldfare | tordo (m.) | tordella (f.) |
| Krapfen | beignet (m.) | fritters | frittelle (f./pl.), bignè (m. + m./pl.), crafen (m.) | buñuelo (m.) |
| Krapfenteig | pâte à beignets (f.) | fritter dough | pasta per crafen (f.) | pasta para buñuelos (f.) |
| Kraut | chou (m.) | cabbage | cavolo cappuccio (m.) | repollo (m.) |
| Kräuter | herbes (f./pl.) | herbs | erbe (f./pl.) | hierbas (f./pl.) |
| mit Kräutern | aux fines herbes | with herbs | alle erbe | con hierbas |
| Kräuterbündel | bouquet garni (m.) | bunch of herbs | mazzetto di erbe (m.) | haz de hierbas (m.) |
| Kräutertee | tisane (f.), infusion (f.) | herb tea | infuso di erbe (m.) | té de hierbas (m.) |
| Krautfleckerln | pâtes carrées au chou blanc (f./pl.) | square noodles with white cabbage | quadretti di pasta al cavolo (m./pl.) | fideos cuadrados con col (m./pl.) |
| Krawatte | cravate (f.) | tie | cravatta (f.) | corbata (f.) |
| Krebs | écrevisse (f.) | crayfish, crab, crawfish | gambero (m.) | cangrejo (m.) |
| Krebssuppe | bisque d'écrevisse (f.) | crayfish-soup | zuppa di gamberi (f.) | sopa de cangrejo (f.) |
| Krebstopfgericht mit Butter | cassolette au beurre d'écrevisses (f.) | freshwater-crayfish stew with butter | gamberi in umido al burro (m./pl.) | cazuela de cangrejo con mantequilla (f.) |

| Deutsch | Französisch | Englisch | Italienisch | Spanisch |
|---|---|---|---|---|
| Kreditkarte | carte de crédit (f.) | credit card | carta di credito (f.) | carta de crédito (f.) |
| Kren (Meerrettich) | raifort (m.) | horseradish | rafano (m.) | rábano rusticano (m.) |
| mit Kren | au raifort | with horseradish | al rafano | con rábano |
| Kresse | cresson (m.) | cress | crescione (m.) | berro (m.) |
| Krevetten | crevettes (f./pl.) | shrimps | gamberetti (m./pl.) | camarónes (m./pl.) |
| Krickente | sarcelle (f.) | widgeon, teal | farchetola (f.) | cerceta (f.) |
| Krokette | croquette (f.) | croquette | crocchetta (f.) | croqueta (f.) |
| Kartoffelkrokette | croquette de pommes de terre | potato croquette | crocchetta di patate | croqueta de patatas |
| Wildkrokette | croquette de gibier | game croquette | crocchetta di selvaggina | croqueta de venado |
| Krug | pichet (m.) | jug, pitcher | brocca (f.) | cántaro jarro (m.) |
| Kruspelspitz | os blanc (f.) | – | fiocco (m.) | – |
| Kruste | croûte (f.) | crust, crackling | crosta (f.) | costra (f.) |
| Krusteln | croquettes (f./pl.) | croquets | crostoncini, crostini (m./pl.) | croquetas (f./pl.) |
| Krustentiere | crustacés (m./pl.) | shellfish | crostacei (m./pl.) | crustáceos (m./pl.) |
| Küche | cuisine (f.) | kitchen | cucina (f.) | cocina (f.) |
| Kuchen (hoch) | gâteau (m.) | cake | focaccia (f.) | pastel (m.) |
| Apfelkuchen | gâteau aux pommes | apple pie | dolce di mele (m.) | pastel de manzana |
| kleine Kuchen | petits gâteaux | small cakes | piccole focacce | pasteles pequeños |
| Obstkuchen | gâteau aux fruits | fruit pie, fruit tart, fruit cake | dolce di frutta (m.) | pastel de frutas |
| Obstkuchen, belegt (flach) | tarte aux fruits (f.) | fruit pie, fruit tart, fruit cake | torta di frutta (f.) | torta (tarta) de frutas (f.) |

| Deutsch | Französisch | Englisch | Italienisch | Spanisch |
|---|---|---|---|---|
| Topfenkuchen | gâteau au fromage blanc | curd cake | dolce di ricotta (m.) | pastel de requesón |
| Küchenchef | chef de cuisine (m.) | head cook, chef | capocuoco (m.), chef (m.) | cocinero jefe (m.) |
| Kuchenform | moule à pâtisserie (m.) | cake tin | stampo per dolci (m.) | tortera (f.) |
| Küchengegenstand | ustensile de cuisine (m.) | kitchen utensil | utènsile da cucina (m.) | utensilio de cocina (m.) |
| Küchenjacke | veste de cuisine (f.) | cook's jacket, kitchen jacket | giacca da cucina (f.) | chaqueta de cocina (f.) |
| Küchenwerkzeug | batterie de cuisine (f.) | kitchen utensil (equipment) | arnesi da cucina (m./pl.) | avios de cocina (m./pl.) |
| Kücken | poussin (m.) | spring chicken | pulcino (m.) | polluelo (m.) |
| Kugelschreiber | stylo à bille (m.) | ball-point pen | biro (m.) | lapicero (m.) |
| kühl, frisch | frais, fraîche | cool, fresh | fresco | fresco |
| Kühlraum | chambre réfrigérante (f.) | cold storage room | cella frigorifera (f.) | cámara frigorífica (f.) |
| Kühlschrank | frigidaire (frigo) (m.) | refrigerator | frigorifero (m.), frigo (m.) | refrigerador (m.), frigorífico (m.) |
| Kukuruz | maïs (m.) | maize, Indian corn | granoturco (m.) | maíz (m.) |
| Kümmel | cumin (m.) | caraway | cumino (m.) | comino (m.) |
| Kunde (Kundin) | client(e) m./(f.) | client | cliente (m./f.) | cliente (m./f.) |
| künstlich | artificiel, artificielle | artificial | artificiale | artificial |
| Kürbis | potiron (m.) | pumpkin | zucca (f.) | calabaza (f.) |
| Kurs (Wechselkurs) | cours (de change) (m.) | rate of exchange | cambio (m.) | curso (m.), tipo de cambio (m.) |
| kurz | court(e) | short | corto | corto |
| Kuttelflecke | gras-double (m.), tripes (f./pl.) | tripe | trippa (f.), busecca (f.) | tripa callo (f.) |

| Deutsch | Französisch | Englisch | Italienisch | Spanisch |
|---|---|---|---|---|
| Kutteln | tripes (f./pl.) | tripes | trippe (f./pl.) | tripas (f./pl.) |
| Kuvertüre | couverture (f.) | coating | coperto (m.) | couverture (f.) |
| **L** | | | | |
| Lachs | saumon (m.) | salmon | salmone (m.) | salmón (m.) |
| Lachsforelle | truite saumonée (f.) | salmon-trout | trota salmonata (f.) | trucha salmonada (f.) |
| Lamm | agneau (m.) | lamb | agnello (m.) | cordero (m.) |
| Lammilcher | ris d'agneau (m.) | lamb's sweetbreads | animelle d'agnello (f./pl.) | – |
| Lammviertel | quartier (m.) | lamb's quarter | quarto d'agnello (m.) | cuarto de cordero (m.) |
| Lamprete | lamproie (f.) | lamprey | lampreda (f.) | lamprea (f.) |
| landwirtschaftlich | agricole | agricultural | agricolo | agrícolo |
| lang | long, longue, longuement (adv.) | long | lungo | largo |
| lange (zeitlich) | longtemps | a long time | per molto tempo | largo tiempo |
| langsam | lent(e), lentement (adv.) | slow | lento, lentamente (adv.) | lento |
| Languste | langouste (f.) | spiny lobster | aragosta (f.) | langosta (f.) |
| lardieren (Fleisch mit Speckscheiben durchziehen) | larder | to lard | lardellare | mechar |
| Lasagne | lasagnes (f./pl.) | lasagne, large noodles | lasagne (f./pl.) | lasagna (f.) |
| Lattich | laitue (f.) | lettuce | lattuga (f.) | lechuga (f.) |
| Lauch | poireau (m.) | leek | porro (m.) | puerro (m.) |
| läuten | sonner | to ring | suonare | sonar |
| lau(warm) | tiède | lukewarm | tiepido | templado |
| leben | vivre | to live | vivere | vivir |

| Deutsch | Französisch | Englisch | Italienisch | Spanisch |
|---|---|---|---|---|
| lebend | vif, vive | alive | vivo | vivo |
| Leber | foie (m.) | liver | fegato (m.) | hígado (m.) |
| Lebkuchen | pain d'épice (m.) | gingerbread | panforte (m.) | pan de especies (m.) |
| leer | vide | empty | vuoto | vacío |
| legieren (sämig machen, mit Eigelb und Rahm oder Stärkemehl, binden) | lier | to thicken, to bind | legare | alear |
| legierte Geflügelgrundsauce | sauce suprême (f.) | Supreme sauce | salsa suprema (f.) | salsa Suprema (f.) |
| legierte Kalbfleischsauce | sauce allemande (f.) | German sauce | salsa tedesca (f.) | salsa alemana (f.) |
| Lehrling | apprenti(e) (m./f.) | apprentice | apprendista (m./f.) | aprendiz (m.) |
| leicht | léger, légère, légèrement (adv.) | light, easy | leggèro, leggermente | ligero |
| Lendenbraten | filet (m.), aloyau (m.) | loin, sirloin | lombata (f.), filetto arrosto (m.) | asado de lomo (m.) |
| Lendenschnitte | tournedos (m.) | (slice of) loin | tournedo (m.) | costado (m.) |
| Lerche | alouette (f.) | lark | allodola (f.) | alondra (f.) |
| lieben (gerne mögen) | aimer (bien) | to like | amare | querer, amar |
| liebenswürdig | aimable | kind | gentile | amable |
| lieblich | tendre | charming, lovely, delightful, (Wein:) sweet | amabile | agradable |
| Lieblingsspeise | plat favori (m.), plat préféré (m.) | favourite dish | piatto preferito (m.) | plato favorito (m.) |

| Deutsch | Französisch | Englisch | Italienisch | Spanisch |
|---|---|---|---|---|
| Liebstöckel | livèche (f.) | lovage | levistico (m.) | apio de montaña (m.) |
| liefern | fournir | to deliver, to supply | fornire | entregar |
| Likör | liqueur (f.) | liqueur | liquore (m.) | licor (m.) |
| Kaffeelikör | crème de café (f.) | coffee liqueur | liquore al caffè | (crema) licor de café (f.) |
| Kirschlikör | cherry brandy (m.) | cherry (liqueur) brandy | cherry brandy (m.) | licor de cerezas |
| Kümmellikör | kummel (m.) | caraway liqueur | kümmel (m.) | licor de comino |
| Likör von schwarzen Johannisbeeren | crème de cassis (f.) | cassis = black currant liqueur | liquore di ribes (m.) | crema de cassis (f.) |
| Pfefferminzlikör | crème de menthe (f.) | peppermint liqueur | liquore alla menta (m.) | crema de menta (f.) (crème de menthe) |
| Limonade | limonade (f.) | lemonade | limonata (f.) | limonada (f.) |
| Linsen | lentilles (f./pl.) | lentils | lenticchie (f./pl.) | lentejas (f./pl.) |
| Linsen mit Speck | lentilles au lard | lentils with bacon | lenticchie allo speck | lentejas con tocino |
| Linzer Torte | tarte aux noisettes et aux amandes (f.) | trellis cake | crostata di nocciole e mandorle alla marmellata (f.) | tarta con nueces y almendras (f.) |
| Liter | litre (m.) | liter | litro (m.) | litro (m.) |
| halber Liter | demi-litre | half a liter | mezzo litro | medio litro |
| Litschi | cerise de Chine (f.) | litchi, lichee | litchi (f.) | cereza de China (f.) |
| Löffel | cuiller (f.), cuillère (f.) | spoon | cucchiaio (m.) | cuchara (f.) |
| ein Löffel voll | cuillerée (f.) | a spoonful | cucchiaiata (f.) | cucharada (f.) |
| Lorbeer | laurier (m.) | laurel, bay leaf | lauro, alloro (m.) | lauro (m.) |
| Löser | tripes (f./pl.) | tripe | trippa (f.) | tripa (f.) |

| **Deutsch** | **Französisch** | **Englisch** | **Italienisch** | **Spanisch** |
|---|---|---|---|---|
| Löwenzahn | pissenlit (m.) | dandelion | dente di leone (m.) | diente de leòn (m.) |
| Luft | air (m.) | air | aria (f.) | aire (m.) |
| luftdicht | sous vide | airtight, airproof | ermetico (sotto vuoto) | hermético |
| Lunge | mou (m.) | lights, lungs | polmone (m.) | pulmón (m.) |
| Lungenbraten | filet (m.) | fillet, tenderloin | filetto (m.) | filete (m.) |
| **M** | | | | |
| Mädchen | fille (f.) | girl | ragazza (f.) | muchacha (f.) |
| Madeira | madère (m.) | Madeira | madera (f.) | Madeira (f.) |
| Magen | estomac (m.) | stomach | stomaco (m.) | estómago (m.) |
| Magenbitter | bitter (m.) | bitter | bitter (m.), amaretto (m.) | estomacal (m.) |
| mager | maigre | lean, low-fat | magro | magro, flaco |
| Mahlzeit | repas (m.) | meal | pasto (m.) | comida (f.) |
| Maifisch | alose (f.) | shad | alosa (f.), cheppia (f.) | especie de lencisco (f.) |
| Mais | maïs (m.) | Indian corn, maize | granturco (m.) | maíz (m.) |
| Maiskolben | épi de maïs (m.) | corn on the cob, corn cob | pannocchia di granturco (f.) | panocha (f.) |
| Maiskörner | grains de maïs (m./pl.) | grains of corn, maize kernels | grani di granturco (m./pl.) | gramos de maíz (m./pl.) |
| Maismehl | polenta (f.) | Indian flour | polenta (f.) | maicena (f.) |
| Majoran | marjolaine (f.) | marjoram | maggiorana (f.) | majorana (f.) |
| Makkaroni | macaroni (m./pl.) | macaroni | maccheroni (m./pl.) | macarrones (m./pl.) |
| Makkaroni auf Mailänder Art | macaroni à la milanaise | macaroni with tomatoes and ham, maccaroni Milanese style | maccheroni alla milanese | macarrones a la milanesa |

| Deutsch | Französisch | Englisch | Italienisch | Spanisch |
|---|---|---|---|---|
| Makkaroni auf neapolitanische Art | macaroni à la napolitaine | macaroni with tomato sauce, maccaroni Napolitan style | maccheroni alla napoletana | macarrones a la neapolitana |
| Makrele | maquereau (m.) | mackerel | sgombro (m.) | caballa (f.) |
| Malakofftorte | gâteau aux biscuits à la cuillère (m.), gâteau Malakoff (m.) | Malakoff cake (Lady finger cake) | torta malakoff (f.) | pastel de bizcochos (m.), pastel Malakoff (m.) |
| Mandarine | mandarine (f.) | mandarin, tangerine | mandarino (m.) | mandarina (f.) |
| Mandel | amande (f.) | almond | mandorla (f.) | almendra (f.) |
| gebrannte Mandeln | amandes pralinées | burnt almonds | mandorle pralinate | almendras garapiñadas |
| Mandelmilch | orgeat (m.) | almond milk | orzata (f.) | horchata de almendras (f.) |
| Mango | mango (m.) | mango | mango (m.) | (fruta del) mango (m.) |
| Mangold | bette, blette (f.) | mangel | bietola (f.), bieta (f.) | alelga beleda (f.) |
| Mantel | manteau (m.) | coat | cappotto (m.) | abrigo (m.) |
| Maracuja | fruit de la passion (m.) | passion fruit | frutto della passione (m.), maracujà (f.) | maracuyá (m.) |
| Maraschino | marasquin (m.) | maraschino | maraschino (m.) | marrasquino (m.) |
| Marille | abricot (m.) | apricot | albicocca (f.) | albaricoque (m.) |
| Marinade (Flüssigkeit, die zum Marinieren dient) | marinade (f.) | marinade, dressing | marinata (f.) | escabeche (m.) |

| Deutsch | Französisch | Englisch | Italienisch | Spanisch |
|---|---|---|---|---|
| marinieren (in eine Marinade einlegen, beizen) | mariner | to pickle, to marinade | marinare | escabechar |
| Mark | moelle (f.) | marrow | midollo (m.) | meollo (m.) |
| Marmelade | confiture (f.) | jam | marmellata (f.) | mermelada (f.), confitura (f.) |
| Marone | marron (m.) | chestnut | marrone (m.) | castaña (f.) |
| Marzipan | massepain (m.) | marzipan | marzapane (m.) | mazapán (m.) |
| Masse | appareil (m.) | mixture | pasta (f.) | masa pasta (f.) |
| Masthuhn | poularde (f.) | pullet, fattened chicken | pollastra (f.), pollo da ingrasso (m.) | pollo cebon (m.) |
| Material | matériel (m.) | material, stuff | materiale (m.) | material (m.) |
| Matjesfilet | filet de hareng (m.) | young herring | filetto di aringa (m.) | filete de arenque (m.) |
| Maulbeeren | mûres (f.) | mulberries | more di gelso (f./pl.) | mora (f.) |
| Maurachen | morilles (f/pl.) | morels | spugnoli (m./pl.) | morilla (f.) |
| maximal | au maximum | maximum | al massimo | al máximo |
| Medaillon | médaillon (m.) | medallion | medaglione (m.) | medallón (m.) |
| Meeraal | congre (m.) | conger eel | grongo (m.) | congrio (m.) |
| Meerbarbe | loup de mer (m.) | red mullet, goat fish | muggine (m.), mullo (m.) | salmonete (m.) |
| Meerbutt | barbue (f.) | brill | rombo liscio (m.) | barbada (f.) |
| Meeresfisch | poisson de mer (m.) | seafish | pesce di mare (m.) | pescado de mar (m.) |
| Meeresfrüchte | fruits de mer (m./pl.) | seafood | frutti di mare (m./pl.) | frutas de mar (f./pl.) |
| Meerigel | oursin (m.) | sea urchin | riccio di mare (m.) | erizo de mar (m.) |
| Meerkrebse | écrivisses (f./pl.) | scampi | scampi (m./pl.) | camarones (m./pl.) |
| Meerlachs | saumon de mer (m.) | sea salmon | salmone di mare (m.) | salmón de mar (m.) |

| Deutsch | Französisch | Englisch | Italienisch | Spanisch |
|---|---|---|---|---|
| Meerrettich | raifort (m.) | horseradish | rafano (m.) | rábano (m.) |
| Meerspinne | crabe (f.) | crab, spider | granchio (m.), granchiolino (m.) | centolla (f.) |
| Meerwasserfische | poissons de mer (m./pl.) | seafish | pesce di mare (m./pl.) | pescados de mar (m./pl.) |
| Mehl | farine (f.) | flour | farina (f.) | harina (f.) |
| Mehlspeisenküche | pâtisserie (f.) | pastry kitchen | pasticceria (f.) | pasteleria (f.) |
| mehr | plus | more | più | más |
| mein | mon, ma, mes | my, mine | il mio, i miei, le mie, la mia | mio, mia, mios, mias |
| Melanzane | aubergines (f./pl.) | egg-plants | melanzane (f./pl.) | berenjena (f.) |
| Melisse | mélisse (f.) | balm | melissa (f.) | melisa (f.) |
| Melone | melon (m.) | melon | melone (m.) | melón (m.) |
| Melone mit Portwein | melon au porto | melon with port | melone al porto | melón al vino de Porto |
| Melone mit Schinken | melon au jambon | melon with ham | prosciutto e melone | melón con jamón |
| Menagen | ménages (m./pl.) | cruets | ampolliera (f.) | vinagreras (f./pl.) |
| Menge | portion (f.) | amount, quantity | quantità (f.) | cantidad (f.), porción (f.) |
| Menü | menu (m.) | set meal, table d'hôte | menù (m.) | menú (m.) |
| Menüabfolge | ordre du menu (m.) | menu | ordine del menù (m.) | orden de menú (m.) |
| Messer | couteau (m.) | knife | coltello (m.) | cuchillo (m.) |
| Meßglas | mesure (f.) | measuring glass | bicchiere graduato (m.) | frasco graduado (m.) |
| Miesmuscheln | moules (f./pl.) | mussels | mitili (m./pl.), cozze (f./pl.) | mejillón (m.) |

| Deutsch | Französisch | Englisch | Italienisch | Spanisch |
|---|---|---|---|---|
| Miesmuscheltopf-gericht mit Spinat | cassolette de moules à la florentine (f.) | mussel stew with spinach | cozzé alla fiorentina (f./pl.) | plato de mejillones con espinaca (m.) |
| Milch | lait (m.) | milk | latte (m.) | leche (f.) |
| Milcheinmachsauce | sauce béchamel (f.) | béchamel sauce | salsa besciamella (f.) | salsa de bejamel (f.) |
| Milcheis | glace (de crème) (f.) | ice cream | gelato di crema (m.) | helado de (leche) crema (m.) |
| Milchrahmstrudel | stroudel à la crème (m.) | sweet white cheese strudel with vanilla sauce | strudel alla panna (m.) | remolino de la crema (m.) |
| Milchreis | riz au lait (m.) | rice pudding | riso al latte (m.) | arroz con leche (m.) |
| mild | doux, douce, doucement (adv.) | mild | dolce | dulce, suave |
| Milz | rate (f.) | milt | milza (f.) | melsea bazo (m.) |
| Mineralwasser | eau minérale (f.) | mineral water | acqua minerale (f.) | agua mineral (f.) |
| Minute | minute (f.) | minute | minuto (m.) | minuto (m.) |
| Minze | menthe (f.) | mint | menta (f.) | hierbabuena (f.), menta (f.) |
| mischen | mêler | to mix | mescolare | mezclar |
| Mischung | mélange (m.) | mixture | miscela (f.) | mezcla (f.) |
| Mispeln | nèfles (f./pl.) | medlars | nespole (f./pl.) | nispero (m.) |
| mit | à (+ Artikel) | with | con | con |
| Mittag | midi (m.) | midday | mezzogiorno (m.) | mediodia (f.) |
| zu Mittag | à midi | at midday | a mezzogiorno | a mediodia |
| Mittagessen | déjeuner (m.) | lunch, luncheon | pranzo (m.) | comida (f.) |
| mittel | moyen, moyenne | middle | medio | mediano |

| Deutsch | Französisch | Englisch | Italienisch | Spanisch |
|---|---|---|---|---|
| Mitternacht | minuit (m.) | midnight | mezzanotte (f.) | medianoche (f.) |
| um Mitternacht | à minuit | at midnight | a mezzanotte | a medianoche |
| Mittleres Kügerl | poitrine (f.) | jug | pancia (f.) | pecho (medio) (m.) |
| Mittwoch | mercredi (m.) | Wednesday | mercoledì (m.) | miércoles (m.) |
| Mixer | mixeur (m.) | mixer | frullatore (m.) | coctelero (m.) |
| möglich | possible | possible | possibile | posible |
| Möglichkeit | possibilité (f.) | possibility | possibilità (f.) | posibilidad (f.) |
| Mohn | pavot (m.) | poppy (seed) | papavero (m.) | adormidera (f.) |
| Mohnnudeln | nouilles au pavot (f./pl.) | poppy-seed noodles | gnocchi al papavero (m./pl.) | (pastas) fideos con adormidera (m./pl.) |
| Mohr im Hemd | pouding au chocolat (m.) | steamed chocolate pudding with whipped cream | budino di cioccolato (m.) | flan de chocolate (m.) |
| Moment | instant (m.), moment (m.) | moment | momento (m.) | momento (m.) |
| Monat | mois (m.) | month | mese (m.) | mes (m.) |
| Montag | lundi (m.) | Monday | lunedì (m.) | lunes (m.) |
| Morchel | morille (f.) | morel | spugnolo (m.) | colmenilla morilla (f.) |
| morgen | demain | tomorrow | domani | mañana |
| heute morgen | ce matin | this morning | stamattina | esta mañana |
| in der Früh | au matin | in the morning | la mattina | en la mañana |
| Most | moût (m.), cidre (m.) | must | mosto (m.) | mosto (m.) |
| moussierend | gazeux, -euse, mousseux, -euse | sparkling | spumeggiante | espumante |
| Möwenei | œuf de mouettes (m.) | seagull egg | uovo di gabbiano (m.) | huevo de gaviota (m.) |

| Deutsch | Französisch | Englisch | Italienisch | Spanisch |
|---|---|---|---|---|
| Müllerin | meunière (f.) | meuniere | mugnaia (f.) | molinera (f.) |
| auf Müllerinart | à la meunière | fried in butter | alla mugnaia | a la molinera |
| Muräne | murène (f.) | moray | murena (f.) | mo(u)rena (f.) |
| mürbe | tendre | tender | tenero | mórbido, tierno |
| Mürbteig | pâte sablée (f.), pâte brisée (f.) | short pastry, short crust | pasta frolla (f.) | pasta blanda (f.) |
| Muscheln | coquillages (m./pl.) | mussels | conchiglie (f./pl.), molluschi (m./pl.) | concha (f.) |
| Muschelschale | coquille (f.) | shell | conchiglia (f.) | carapacho (m.) |
| Muskat | muscade (f.) | nutmeg | noce moscata (f.) | nuez moscada (f.) |
| Muskatblüte | macis (m.) | mace | fiore di macis (m.) | flor de la nuez moscada (f.) |
| Muskatnuß | noix de muscade (f.), muscade (f.) | nutmeg | noce moscata (f.) | nuez moscada (f.) |
| Muskatnußreibe | râpe à muscade (f.) | nutmeg grater | gratuggia per noce moscata (f.) | rallo de moscada (m.) |
| **N** | | | | |
| nach … Art | à la (mode) | … style | alla | a la |
| nach (Ihrem) Belieben | à votre gré | to your choice | a piacere | a su gusto |
| Nachmittag | après-midi (m.) | afternoon | pomeriggio (m.) | la tarde (f.) |
| heute nachmittag | cet après-midi | this afternoon | questo pomeriggio | hoy por la tarde |
| Nachsaison | hors-saison (f.) | off-peak season | bassa stagione (f.) | temporada baja (f.) |
| nachschauen | consulter | to watch, to have a look, to check | consultare | revisar |
| Nachspeise | dessert (m.) | dessert | dessert (m.) | postre (m.) |

| Deutsch | Französisch | Englisch | Italienisch | Spanisch |
|---|---|---|---|---|
| Nachtlokal | boîte de nuit (f.) | night club | night (m.) | night club (m.), bar (m.) |
| nahrhaft, Nähr... | alimentaire | nourishing | alimentare | suculento, alimental |
| Näpfchen | cocotte (f.) | cocotte | cocottina (f.) | copa (f.) |
| nappieren (mit Sauce oder Gelee überziehen) | napper | to cover, to coat | coprire, ricoprire | napar, bañar |
| Natur | natur(e) | nature (natural) | plain al naturale | natural |
| Natur | nature (f.) | nature | natura (f.) | naturaleza (f.) |
| Natureis | glace naturelle (f.) | ice | ghiaccio (m.) | hielo (m.) |
| natürlich | naturellement | naturally | naturalmente | naturalmente |
| neu | nouveau, nouvel, nouvelle | new | nuovo | nuevo |
| Neuling | nonat (m.) | whitebait | ghiozzo (m.), pesce biancho (m.) | novato (m.), principante (m.) |
| neun | neuf | nine | nove | nueve |
| Neunauge | lamproie (f.) | lamprey | lampreda (f.) | lamprea (f.) |
| neunzehn | dix-neuf | nineteen | diciannove | diezynueve |
| neunzig | quatre-vingt-dix | ninety | novanta | noventa |
| Niederlande | Pays-Bas (m./pl.) | the Netherlands, Holland | Olanda (f.) | Páises Bajos (m./pl.), Holanda (f.) |
| Niederländer(in) | Néerlandais(e) | Dutch | olandese | neerlandés (-a), holandes |
| niederländisch | néerlandais(e) | Dutch | olandese | neerlandés, holandes |
| Niere | rognon (m.) | kidney | rognono (m.) | riñón (m.) |
| Nierenbraten | longe de veau (f.) | loin of veal | rognonata di vitello (f.) | riñonada (f.) |
| Nocke | gnocchi (m.) | dumpling | gnocco (m.) | alboudiguilla (f.) |
| Nockerln | noques (f./pl.) | dumplings | gnocchetti (m./pl.) | alboudiguillas (f./pl.) |

| Deutsch | Französisch | Englisch | Italienisch | Spanisch |
|---|---|---|---|---|
| Nudeln | nouilles (f./pl.) | noodles | taglierini (m./pl.) | pastas (f./pl.), fideos (m./pl.) |
| Nudelteig | pâte à nouilles (f.) | noodle dough | pasta (f.) | pasta de fideos (f.) |
| Nudelwalker | rouleau à pâte (m.) | rolling-pin | matterello (m.) | rodillo (m.) |
| Nummer | numéro (m.) | number | numero (m.) | numéro (m.) |
| Nuß (beim Obst und beim Fleisch) | noix (f.) | nut | noce (f.) | nuez (f.) |
| Nuß, kleine (Rose) | noisette (f.) | nut | nocciola (f.) | nuez pequeña (f.) |
| Nußbeugel | cornet de pâte à levure fourré aux noix (m.) | nut cornet | cornetto alle noci (m.) | cuerno relleno con nuezes (m.) |
| Nußkoch | soufflé à la viennoise aux noix (m.) | Viennese soufflé with nuts | sformato di noci alla viennese (m.) | suflé a la vienesa con nuezes (f.) |
| **O** | | | | |
| Oberfläche | superficie (f.) | surface | superficie (f.) | superficie (f.) |
| Oberkellner, erster | maître d'hôtel (m.) | head-waiter | primo cameriere (m.), capocameriere (m.) | jefe de camarero (m.) |
| Obers | crème (f.) | cream | panna (f.) | nata (f.) |
| Obst | fruits (m.) | fruit | frutta (f.) | frutas (f./pl.) |
| Obstsaft | jus de fruits (m.) | fruit juice | succo di frutta (f.) | (zumo) jugo de frutas (m.) |
| Obstsalat, frisch | macédoine de fruits (f.) | fruit salad (cocktail) | macedonia (f.) | macedonía de frutas (f.) |
| Obstwein | cidre (m.) | cider | sidro (m.) | sidra (f.) |
| Ochsenschlepp (Ochsenschwanz) | queue de bœuf (f.) | ox-tail | coda di bue (f.) | rabo de buey (m.) |
| Ochsenschwanzsuppe, gebunden | potage à la queue de bœuf (m.) | ox-tail soup, thick ox-tail soup | zuppa di coda di bue (m.) | sopa de rabo de buey (f.) |

| Deutsch | Französisch | Englisch | Italienisch | Spanisch |
|---|---|---|---|---|
| Ochsenschwanzsuppe, klar | consommé à la queue de bœuf (m.) | clear ox-tail soup | brodo di coda di rabo bue (f.) | sopa de rabo de buey (f.) |
| Ofen | four (fourneau) (m.) | oven (stove) | forno (m.) | horno (m.) |
| offen | ouvert(e) | open | aperto | abierto |
| Office | office (m.) | waiters' work room | office (m.) | office (m.) |
| öffnen | ouvrir | to open | aprire | abrir |
| ohne | sans | without | senza | sin |
| Ohren | oreille (f.) | ear | orecchio (m.) | oreja (f.) |
| Öl | huile (f.) | oil | olio (m.) | aceite (m.) |
| in Öl | à l'huile | in oil | sott'olio | en aceite |
| Kernöl | huile de potiron | grain oil | olio di semi | aceite de grano |
| Leinöl | huile de lin | linseed oil | olio di lino | aceite de lino |
| Olivenöl | huile d'olive | olive oil | olio d'oliva | aceite de oliva |
| Sonnenblumenöl | huile de tournesol | sunflower oil | olio de semi di girasole | aceite de girasol |
| Olive | olive (f.) | olive | oliva (f.) | oliva (f.) |
| Ölmenage | huilier (m.) | cruet for oil (and vinegar) | oliera (f.) | vinagreras (f./pl.) |
| Omelett | omelette (f.) | omelet | frittata (f.) | tortilla (f.) |
| Eisomelett | omelette surprise | baked Alaska, omelet surprise | crespella con gelato (f.) | sierra Nevada (f.) |
| Omelett auf Bauernart | omelette à la paysanne | omelet with bacon and potatoes, omelet farmer's style | frittata alla campagnola | tortilla al paisano |
| Omelett mit Champignons | omelette aux champignons | omelet with white mushrooms | frittata ai funghi | tortilla con hongos |

| Deutsch | Französisch | Englisch | Italienisch | Spanisch |
|---|---|---|---|---|
| Omelett mit Geflügelleber | omelette au foie de volaille | omelet with chicken liver | frittata ai fegatini di pollame | tortilla con hígado de ave |
| Omelett mit Hühnerleber und Champignons | omelette chasseur | omelet with chicken liver and white mushrooms | frittata alla cacciatora | tortilla al cazador |
| Omelett mit Käse | omelette au fromage | omelet with cheese | frittata al formaggio | tortilla con queso |
| Omelett mit Kräutern | omelette aux fines herbes | omelet with herbs | frittata alle erbe | tortilla con hierbas finas |
| Omelett mit Schinken | omelette au jambon | omelet with ham | frittata al prosciutto | tortilla con jamón |
| Omelett mit Speck | omelette au lard | omelet with bacon | frittata allo speck | tortilla con tocino |
| Omelett mit Spinat | omelette aux épinards, omelette florentine | omelet with spinach | frittata agli spinaci | tortilla con espinaca |
| Omelett mit Tomaten | omelette aux tomates, omelette portugaise | omelet with tomatoes | frittata ai pomodori | tortilla con tomates |
| Omelett mit Zwiebeln und Tomaten | omelette espagnole | omelet with onions and tomatoes | frittata alla spagnola (con cipolle e pomodori) | tortilla con cebollas y tomates |
| Omelett ohne Fülle | omelette nature | plain omelet | frittata al naturale | tortilla natural |
| Omelettpfanne | poêle (f.) | pan | padella (f.) | sartén de tortilla (f.) |
| orange | orange | orange | arancione | anaranjado |
| Orange | orange (f.) | orange | arancia (f.) | naranja (f.) |
| Orangenlimonade | orangeade (f.) | orangeade | aranciata (f.) | naranjada (f.) |
| Orangensaft | jus d'orange (m.) | orange juice | succo d'arancia (m.) | zumo fresco de naranja (m.) |

| Deutsch | Französisch | Englisch | Italienisch | Spanisch |
|---|---|---|---|---|
| Oregano | origan (m.) | oregano | origano (m.) | orégano (m.) |
| orientalisch | oriental(e) | oriental | orientale | oriental |
| mit Tomaten, Knoblauch und Safran | à l'orientale | with tomatoes, garlic and saffran | all'orientale | a l'oriental |
| Ostern | Pâques (m./pl.) | Easter | Pasqua (f.) | pascua (f.) |
| Österreich | Autriche (f.) | Austria | Austria (f.) | Austria (f.) |
| Österreicher(in) | Autrichien(ne) | Austrian | austriaco (-a) | Austríaco (-a) |
| österreichisch | autrichien(ne) | Austrian | austriaco | austríaco |
| **P** | | | | |
| Paar | paire (f.) | pair | paio (m.) | pareja (f.) |
| Palatschinke | pannequet (f.) | pancake | crespella (f.), crêpe (f.) | crepe con mermelada (m.) |
| panieren (eintauchen in Brot [Brösel]; in heißem Fett herausbacken) | paner | to bread and fry | impanare e friggere | empanar, rebozar |
| paniert und fritiert | à l'anglaise | – | impanato e fritto | al Inglés |
| Papaya | papaye (f.), melon des tropiques (m.) | papaya, paw paw | papaya (f.) | papaya (f.) |
| Papierhülle | papillote (f.) | papillote | cartoccio (m.) | papillote (m.) |
| in Papierhülle | en papillote | en papillote, in paper casing | al cartoccio | en papillote (avado en un papel) |
| Papierserviette | serviette en papier (f.) | paper napkin, paper serviette | tovagliolo di carta (m.) | servilleta de papel (f.) |
| Paprika | paprika (piment) (m.) | paprika | paprica (f.), peperoncino rosso (m.) | pimentón (m.), pimiento (m.) |

| Deutsch | Französisch | Englisch | Italienisch | Spanisch |
|---|---|---|---|---|
| mit Paprika | au paprika | with paprika | all'ungherese | con paprika |
| Paprikahuhn | poulet au paprika (m.) | chicken with paprika | pollo all'ungherese (m.) | pollo con pimentón (m.) |
| Paprikaschoten | poivrons (m/pl.) | peppers | peperoni (m./pl.) | pimientós (m./pl.) |
| mit Paprikaschoten | aux poivrons | with peppers | ai peperoni, in peperonata | con pimientós |
| Parmesan | parmesan (m.) | Parmesan (cheese) | parmigiano (m.) | parmesano (m.) |
| passieren (auch: durch ein Sieb oder Passiertuch laufen lassen) | passer | to strain | passare | pasar |
| Passiertuch | étamine (f.) | muslin cloth | calza (f.), setaccio (m.) | etamine (f.) |
| Pastete | pâté (m.) | pie, pâté, patty | pasticcio (m.), pâté (m.), sfogliata ripiena (f.) | pastel (m.) |
| Fasanpastete | pâté de faisan | pheasant pâté | pâté di fagiano | pastel de faisán |
| Gänseleberpastete | pâté de foie gras | goose liver pâté | pâté di fegato d'oca | pastel de hígado de ganso |
| Hühnerpastete | pâté de volaille | chicken pâté | pâté di pollo | pastel de pollo |
| Kalbfleischpastete | pâté de veau | veal pâté | pâté di vitello | pastel de ternero |
| Rollpastete | galantine (f.) | galantine | galantina (f.) | gelatina (f.) |
| Wildpastete | pâté de gibier | game pâté | pâté di selvaggina | pastel de caza |
| Pastetenteig | pâte à pâtés (f.) | paste for pies (pâtés) | pasta da pâté (f.) | pasta para pasteles (f.) |
| Pastis | Pastis (m.) | pastis | Pastis (m.) | pastis (m.) |
| Pension | pension (f.) | pension, boarding-house | pensione (f.) | casa de huéspedes (f.), pensión (f.) |
| Perlhuhn | pintade (f.) | Guinea fowl | gallina di faraone (f.) | pintada (f.) |

| Deutsch | Französisch | Englisch | Italienisch | Spanisch |
|---|---|---|---|---|
| Perlzwiebel | échalote (f.) | pearl-onion | cipollina (f.) | cebollita perla (f.) |
| Pernod | Pernod (m.) | Pernod | Pernod (m.) | Pernod (m.) |
| Petersfisch | Saint-Pierre (m.) | John-Dory | pesce san Pietro (m.), sanpietro (m.) | pez de san Pedro (m.) |
| Petersilie | persil (m.) | parsley | prezzemolo (m.) | perejil (m.) |
| mit Petersilie | au persil, persillé(e) | with parsley | al prezzemolo | con perejil |
| Pfanne | poêle (f.) | pan | padella (f.) | sartén (f.) |
| in der Pfanne | à la poêle | in the pan | in padella | en sartén |
| Pfannkuchen | pannequet (crêpe) (m.) | pancake | frittella (f.) | crepe (m.) |
| Pfeffer | poivre (m.) | pepper | pepe (m.) | pimienta (f.) |
| Pfefferkorn | grain de poivre (m.) | pepper corn | grano di pepe (m.) | grano de pimienta (m.) |
| Pfefferminztee | tisane de menthe (f.) | peppermint tea | tè di menta (m.) | té de menta (m.) |
| Pfeffermühle | moulin à poivre (m.) | pepper mill | macinino del pepe (m.) | molino de pimienta (m.) |
| pfeffern | poivrer | to pepper | mettere il pepe | pimentar |
| Pfefferoni | piment (m.) | pimientos | peperoncino (m.) | pimiento (m |
| Pfefferstreuer | poivrière (f.) | pepper shaker | pepaiola (f.) | pimentero (m.) |
| Pfirsich | pêche (f.) | peach | pesca (f.) | melocotón (m.) |
| Pflaume (Zwetschke) | prune (f.) | plum | prugna (f.) | ciruela (f.) |
| pikant | piquant(e) | piquant | piccante | picante |
| Pilgermuschel | coquille (Saint-Jacques) (f.), pèlerine (f.) | scallop | pellegrina (f.) | concha de peregrino (f.) |
| Pilz | champignon (m.) | mushroom | fungo (m.) | hongo (m.), seta (f.) |
| Pistazie | pistache (f.) | pistachio | pistacchio (m.) | pistacho (m.) |
| Plan | plan (m.) | plan | pianta (f.) | plan (m.) |

| Deutsch | Französisch | Englisch | Italienisch | Spanisch |
|---|---|---|---|---|
| Platte | plat (m.), côte plate (f.) | plate, platter | piatto (m.), piastra (f.) | plato (m.) |
| Platten-, Tellerwärmer | réchaud (m.) | plate-warmer | scaldapiatti (m.) | calientaplatos (m.) |
| Platz | place (f.), lieu (m.) | place | posto (m.) | lugar (m.) |
| Plätzchen | galette (f.) | biscuit, cookie | pasticcini (m./pl.) | galleta (f.) |
| Platzregen | averse (f.) | cloudburst, shower | acquazzone (m.) | chubasco (m.) |
| Plunderteig | pâte à la levure au beurre levain (f.) | flaky pastry | pasta sfoglia (f.) | – |
| pochieren (kurz garen unter dem Siedepunkt) | pocher | to poach | affogare | escalfar |
| poelieren (in der Bratpfanne in Fett oder im eigenen Saft langsam garen) | poêler | to pan-fry, to braise | cuocere in padella | hervir, cocer |
| pökeln | saler | to pickle | salmistrare | adobar |
| Pökelzunge | langue à l'écarlate (f.) | smoked tongue | lingua in salamoia (f.) | lengua salada/en salazón (f.) |
| Polenta | polenta (f.) | polenta | polenta (f.) | polenta (f.) |
| Portion | portion (f.) | portion | porzione (f.) | porción (f.), ración (f.) |
| Portugal | Portugal (m.) | Portugal | Portogallo (m.) | Portugal (m.) |
| Portugiese, Portugiesin | Portugais(e) | Portuguese | portoghese (m./f.) | Portugués(a) |
| portugiesisch | portugais(e) | Portuguese | portoghese | portugués |
| Portwein | porto (m.) | port | porto (m.) | oporto (m.) |
| Portweinglas | verre à porto (m.) | port glass | bicchiere da porto (m.) | vaso para oporto (f.) |
| Preis | prix (m.), tarif (m.) | price | prezzo (m.) | precio (m.) |
| Preiselbeeren | airelles rouges (f./pl.) | cranberries | mirtilli rossi (m./pl.) | arándanos rojos (m./pl.) |
| Prinzeßbohne | haricot nain (m.) | French bean | fagiolo nano | judía verde (f.) |

| Deutsch | Französisch | Englisch | Italienisch | Spanisch |
|---|---|---|---|---|
| Prise | pointe (f.) | pinch, dash | presa (f.), pizzico (m.) | pizca (f.) |
| privat | privé(e) | private | privato | privado |
| Pudding | pouding (m.) | pudding | budino (m.) | budin (m.), flan (m.) |
| Schokoladenpudding | pouding au chocolat | chocolate pudding | budino al cioccolato | budin de chocolate |
| Vanillepudding | flan à la vanille | vanilla pudding | budino alla vaniglia | budin de vanilla |
| Püreesuppe | potage purée (m.) | puree soup | passato (m.) | sopa de puré (f.) |
| Erbsenpüreesuppe | potage purée de petits pois (potage Saint-Germain) | puree soup of green peas, Saint-Germain soup | passato di piselli | sopa de (puré) guisantes |
| Gemüsepüreesuppe | potage purée de légumes (potage Garbure) | vegetable puree soup | passato di verdure | sopa de puré de verdura |
| Hirnpüreesuppe | potage purée de cervelle | brain puree soup | passato di cervello | sopa de sesos |
| Karottenpüreesuppe | potage purée de carottes (potage Crécy) | carrot puree soup | passato di carote | sopa (de puré) de zanahorias |
| Kartoffelpüreesuppe | potage purée de pommes de terre (potage Parmentier) | potato puree soup | passato di patate | sopa (de puré) de patatas |
| Leberpüreesuppe | potage purée de foie | liver puree soup | passato di fegato | sopa de puré de hígado |
| Linsenpüreesuppe | potage purée de lentilles | lentil puree soup | passato di lenticchie | sopa (de puré) de lentejas |
| Püreesuppe von weißen Bohnen | potage purée de haricots blancs | puree soup of white beans | passato di fagioli bianchi | sopa de crema de alubias |

| Deutsch | Französisch | Englisch | Italienisch | Spanisch |
|---|---|---|---|---|
| Wildpüreesuppe | potage purée de gibier (potage Saint-Hubert) | cream of game soup, game cream soup | passato di selvaggina | sopa de venado |
| **Q** | | | | |
| Querbinder, Fliege | nœud papillon (m.) | bow tie | farfalla (f.) | lazo (m.) |
| Querrippe | côte plate (f.) | rib | taglio reale (m.) | – |
| Quirl | moussoir (m.) | whisk, beater | frullino (m.) | molinillo (m.), batidor (m.) |
| Quitte | coing (m.) | quince | cotogna (f.) | membrillo (m.) |
| **R** | | | | |
| Radieschen | radis (m.) | radishes | ravanello (m.) | rabanito (m.) |
| Ragout | ragoût (m.) | stew | spezzatino (m.) | estofado (m.) |
| Rahm | crème (f.) | cream | panna (f.) | nata crema (f.) |
| in Rahmsauce | à la crème | in cream sauce | alla panna | a la crema |
| Rahmfarce | mousse (f.), mousseline (f.) | mousse | spuma (f.) | – |
| Rahmkäse | fromage à la crème (m.) | cream-cheese | giuncata (f.), formaggio alla crema (m.) | queso de nata (m.) |
| Rand | bordure (f.) | border, edge, top, rim | bordura (f.) | borde (m.), orilla (f.), márgen (f.) |
| Rand(fläche), Umfang | pourtour (m.) | border, edge, side | bordo (m.), area circonferenta (f.) | periferia (f.) |
| Rapunzel | mâche (f.) | cornsalad, lamb's lettuce | raperonzolo (m.) | rapónchigo (m.) |
| räuchern | fumer | to smoke | affumicare | ahumar |
| Rauchfleisch | viande fumée (f.) | smoked meat | carne affumicata (f.) | carne de vaca ahumada (f.) |

| Deutsch | Französisch | Englisch | Italienisch | Spanisch |
|---|---|---|---|---|
| Raum, Stück | pièce (f.) | piece | stanza (f.), pezzo (m.) | pieza (f.) |
| Ravioli | ravioli (m./pl.) | ravioli | ravioli (m./pl.) | ravioli (m./pl.) |
| Rebe | vigne (f.) | vine | vigna (f.) | cepa (f.) |
| Rebhuhn | perdreau (m.) | partridge | pernice (f.) | perdiz (f.) |
| Rechaud | réchaud (m.) | rechaud, heater | scaldapiatti (m.) | estufilla rejuela (f.) |
| Rechnung | addition (f.), facture (f.), note (f.) | bill, check | conto (m.), nota (f.), fattura (f.) | cuenta (f.) |
| reduzieren (eine Flüssigkeit durch Einkochen auf ein gewisses Maß vermindern) | réduire (faire réduire) | to reduce | ridurre | reducir |
| Regenpfeifer | pluvier (m.) | plover | – | chorlito (m.) |
| regional | régional(e) | regional | regionale | regional |
| Reh | chevreuil (m.) | venison, roe | capriolo (m.) | corzo (m.) |
| Rehpfeffer | civet de chevreuil (m.) | jugged venison | spezzatino di capriolo (m.) | civet de corzo (m.) |
| Reibeisen | râpe (f.) | grater | grattugia (f.) | rallo (m.) |
| reiben | râper | to grate | grattugiare | rozar |
| reichlich | copieux, copieuse, copieusement (adv.) | plentiful, substantial | abbondante | abundante, rico (de) |
| reif | mûr(e) | ripe, matured | maturo | maduro |
| Reihenfolge | ordre (m.) | order | ordine (m.) | par orden, turno (m.) |
| Reinanke | ombre bleu (m.) | blue whitefish | sciena (f.) | – |
| reinigen | nettoyer | to clean | pulire | limpiar |

| Deutsch | Französisch | Englisch | Italienisch | Spanisch |
|---|---|---|---|---|
| Reis | riz (m.) | rice | riso (m.) | arroz (m.) |
| Butterreis | riz au beurre | rice with butter | riso in bianco | arroz blanco |
| Champignonreis | riz aux champignons | rice with white mushrooms | riso ai funghi | arroz con champiñónes |
| Curryreis | riz au curry | curry rice | riso al curry | arroz con curry |
| Erbsenreis | riz aux petits pois, risi-pisi (m.) | rice with peas, risi-pisi | riso ai piselli | arroz con guisantes |
| Kreolenreis | riz à la créole | rice Creole style | riso alla creola | arroz con criollo |
| Mandelreis | riz aux amandes | almond rice | riso alle mandorle | arroz con almendras |
| mit Reis | au riz | with rice | al riso | con arroz |
| Reisring | bordure de riz (f.) | rice ring | anello di riso (m.) | corona de arroz (f.) |
| Reis Trauttmansdorff | riz au marasquin | rice Trauttmansdorff | riso al maraschino | arroz Trauttmansdorff |
| Risotto | risotto (m.) | risotto | risotto (m.) | risotto (m.) |
| Risotto mit Pilzen | risotto aux champignons | risotto with mushrooms | risotto con funghi | arroz con champiñónes |
| Safranreis | riz au safran | saffron rice | risotto alla milanese (m.) | arroz con azafraín |
| Reisescheck | chèque de voyage (m.) | traveller's check | assegno turistico (m.) | cheque de viaje (m.) |
| Reisfleisch | pilaf viennois (m.) | pork stew Serbian style with bacon and rice | spezzatino di vitello all'ungherese con riso (m.) | pilav vienés (m.) |
| reservieren | réserver | to book, to reserve | riservare | reservar |
| Reservierung | réservation (m.) | reservation | prenotazione (f.) | reservación (f.) |
| Rest | reste (m.) | rest | resto (m.) | resto (m.), restante (m.) |

| Deutsch | Französisch | Englisch | Italienisch | Spanisch |
|---|---|---|---|---|
| Restaurant | restaurant (m.), brasserie (f.) | restaurant | ristorante (m.) | restaurante (m.) |
| Restaurantchef | chef de restaurant (m.) | restaurant manager | maître d'hôtel (m.) | jefe de restaurante (m.) |
| Rettich | raifort (m.), radis (m.) | radish | rafano (m.) | rábano (m.) |
| Rezept | recette (f.) | recipe | ricetta (f.) | receta (f.) |
| Rhabarber | rhubarbe (f.) | rhubarb | rabarbaro (m.) | ruibarbo (m.) |
| Rheinanke | omble bleu (m.) | fera blue | sciena (f.) | trucha común (f.) |
| Ribisel | groseille (f.) | red currant | ribes (f./pl.) | grosella roja (f.) |
| richtig, gerade | juste, exact(e) | right, correct | giusto, esatto | justo |
| Rind | bœuf (m.) | beef | bue, manzo (m.) | vaca (f.) |
| Rinde (Schale) | écorce (f.) | peel, rind, crust | scorza (f.) | corteza (f.), cáscara (f.) |
| Rinderbraten | bœuf braisé | roast beef, braised beef | arrosto di manzo (m.) | asado de vaca (m.) |
| Rind(fleisch) | bœuf (m.) | beef | manzo (m.) | carne de vaca (f.) |
| gekochtes Rindfleisch | bœuf bouilli (m.) | boiled beef | manzo bollito (m.), manzo lesso (m.) | carne de vaca cocida (f.) |
| Rindsroulade | paupiette de bœuf (f.) | beef roll, beef paupiette, rolled stuffed slice of beef | involtino di manzo (m.) | filete relleno de vaca (m.) |
| Rindsrückenstück | faux-filet (m.) | sirloin steak | lombata (f.) | lomo (m.) |
| Rindsschnitte | beefsteak (m.) | beefsteak | bistecca (f.) | bistec (m.) |
| Rindsuppe | bouillon (m.) | beef-broth, bouillon | brodo (m.) | caldo (m.) |
| Rindsuppe mit Ei | bouillon à l'œuf | bouillon with egg | brodo all'uovo | caldo con huevo |
| Rindszunge | langue de bœuf (f.) | ox-tongue | lingua di bue (f.) | lengua de vaca (f.) |
| Rippchen, Rippe | côtelette (f.), côte (f.) | rib | costoletta (f.) | chuleta (f.), costilla (f.) |

| Deutsch | Französisch | Englisch | Italienisch | Spanisch |
|---|---|---|---|---|
| Rippenstück | carré (m.) | rib of beef, sirloin | costola (f.), taglio reale (m.) | chuleta (f.) |
| Roastbeef | rosbif (m.) | roastbeef | roast beef (m.) | rosbif (m.) |
| Rochen | raie (f.) | ray | razza (f.) | raya (f.) |
| Roggen | seigle (m.) | rye | segale (m.) | centeno (m.) |
| roh (beim Schinken) | cru(e) | raw | crudo | crudo |
| Rohkostplatte | crudités (f./pl.) | raw vegetable dish | ortaggi crudi (m./pl.) | verduras crudas (f./pl.) |
| Rolle | paupiette (f.) | roll | involtino (m.) | rollo (m.) |
| rollen | rouler | to roll | rotolare | enrollar |
| Rondeau | rondeau (m.) | rondo | rondello (m.) | plaza circular (f.) |
| rosa | rosé(e) | rose, pink | rosa | rosado, rosa |
| Rosmarin | romarin (m.) | rosemary | rosmarino (m.) | romero (m.) |
| Rost | grille (f.) | grill | graticola (f.), griglia (f.) | rejilla (f.) |
| Rostbraten | tranche de bœuf braisée (f.) | cutlet of beef | lombata di manzo brasata (f.) | bistec a la parilla (m.) |
| Esterházyrostbraten | tranche de bœuf braisée aux légumes à racines et raifort | cutlet of beef Esterházy | lombata alle radici | bistec de vaca »Esterházy« |
| Vanillerostbraten | tranche de bœuf braisée à l'ail | cutlet of beef with garlic | lombata all'aglio | bistec de vaca con ajo |
| Zwiebelrostbraten | tranche de bœuf braisée à l'oignon (aux oignons) | cutlet of beef with onions | lombata alla cipolla | vaca con cebolla (m.) |
| Rostbratenried | côte couverte (f.) | prime rib of beef | braciole (f.) | bistec cubierto (m.) |
| Röstbrot | pain grillé (m.) | toast | pane tostato (m.) | tostada (f.) |

| Deutsch | Französisch | Englisch | Italienisch | Spanisch |
|---|---|---|---|---|
| rösten | sauter | to sauté, to grill, to roast, to toast | arrostire, saltare, soffriggere | tostar |
| rot | rouge | red | rosso | rojo |
| Rotbarbe | rouget (m.) | red mullet | traglia (f.) | barbo de mar salmonete (m.) |
| Rotforelle | truite rouge (f.) | river-trout | trota rossa (f.) | trucha roja (f.) |
| Rotkraut | chou rouge (m.) | red cabbage | cavolo cappuccio rosso (m.) | lanbarda (f.) |
| Rotzunge | limande (f.) | lemon sole | limanda (f.) | especie de lenguado (f.) |
| Roulade | roulade (f.) | roll | rotolo (m.) | rollo (m.) |
| Rübe | betterave (f.), rave (f.) | beet, turnip | rapa (f.) | remolacha (f.) |
| rote Rübe | betterave (rouge) (f.) | beet root | barbabietole (f./pl.) | remolacha colorada (f.) |
| weiße Rübe | navet (m.) | white turnip | rapa bianca (f.) | nabo (m.) |
| rubinrot | rubis | ruby(-red) | rosso rubino | rubí |
| Rücken | selle (f.) | saddle | schiena (f.), sella (f.) | lomo (m.) |
| Rückenmark | moelle épinière (f.) | marrow | midollo (m.) | médula espinal (f.) |
| Ruhetag | jour de repos (m.) | closing day, rest day, day off | giorno di riposo (m.) | día de descanso (m.) |
| rühren | remuer, brasser | to stir | rimestare, mescolare | revolver |
| Rührglas | verre à mélanger (m.) | mixing glass | mixing glass (m.), bicchiere (m.) | – |
| Rumpsteak | romsteck, rumsteck, rum steak (m.) | rumpsteak | costata di manzo (f.) | bistec de vaca (m.) |
| rundherum | tout autour | all round, totally | tutto intorno | alrededor |
| Rüssel (beim Schwein) | groin (m.) | snout, trunk | grugno (m.) | bocico (m.) |

| Deutsch | Französisch | Englisch | Italienisch | Spanisch |
|---|---|---|---|---|
| **S** | | | | |
| Säckchen | sachet (m.) | sack, bag, packet | bustina (f.) | saco (m.) |
| Safran | safran (m.) | saffron | zafferano (m.) | azafrán (m.) |
| Saft | jus (m.) | juice | sugo (m.), succo (m.) | jugo (m.) |
| Saibling | omble chevalier (m.) | char | salmerino (m.) | mubla (f.) |
| Salat | salade (f.) | salad | insalata (f.) | ensalada (f.) |
| Blattsalat | salade de feuilles mêlées | lettuce (salad) | insalatina (f.) | ensalada de lechuga |
| Fischsalat | salade de poisson | fish salad | insalata di mare | ensalada de pescado |
| Früchtesalat, Obstsalat | salade de fruits | fruit salad | macedonia (f.) | ensalada de frutas |
| gemischter Salat | salade composée | mixed (tossed) salad | insalata mista | ensalada variada |
| Häuptelsalat | salade de laitue | lettuce | lattuga (f.) | ensalada de lechuga |
| Heringssalat | salade de hareng | herring salad | insalata di aringa | ensalada de arenque |
| Kressesalat | salade de cresson | cress salad | insalata di crescione | ensalada de berro |
| Löwenzahnsalat | salade de pissenlits | dandelion salad | insalata di dente di leone | ensalada de dientes de león |
| Nizzaer Salat | salade niçoise | Nicoise salad | insalata nizzarda | ensalada nizarda |
| Ochsenmaulsalat | (salade de) museau de bœuf | ox-palate salad | insalata di muso di bue | ensalada de morro |
| Radicchio | salade de radicchio | curled-chicory salad | radicchio (m.) | ensalada de rabanitos |
| Rindfleischsalat | salade de bœuf bouilli | beef salad | (insalata di) manzo bollito freddo con cipolle | ensalada de carne de vaca |

| Deutsch | Französisch | Englisch | Italienisch | Spanisch |
|---|---|---|---|---|
| Rote-Rüben-Salat | salade de betteraves rouges | redbeet salad | insalata di barbabietola | ensalada de remolacha |
| Vogerlsalat | salade de mâche | lamb's lettuce, corn salad | valeriana (f.) | ensalada de hierba de canónigos |
| Waldorfsalat | salade de Waldorf | Waldorf salad, salad with apples, celery, walnuts | insalata Waldorf | ensalada de Waldorf |
| Salatschüssel | saladier (m.) | salad bowl | insalatiera (f.) | ensaladera (f.) |
| Salbei | sauge (f.) | sage | salvia (f.) | salvia (f.) |
| Salm | saumon (m.) | salmon | salmone (m.) | salmón (m.) |
| Salz | sel (m.) | salt | sale (m.) | sal (f.) |
| salzen | saler | to salt | salare | salar |
| Salzgurke | concombre salé (m.) | cucumber | cetriolo salato (m.) | pepinillo en salmuera (m.) |
| Salzlake | saumure (f.) | brine | salamoia (f.) | salmuera (f.) |
| Salzstreuer | salière (f.) | salt cellar, salt shaker | saliera (f.) | salero (m.) |
| Samstag | samedi (m.) | Saturday | sabato (m.) | sábado (m.) |
| samtig | velouté(e) | velvety (velouté) | vellutato | aterciopelado |
| Sandmasse | pâte à génoise (f.) | sand-mixture | pasta genovese (f.) | pasta genovesa (f.) |
| sanft | doux, douce, doucement (adv.) | tender, gentle | dolce | dulce |
| sanitäre Einrichtungen | installations sanitaires (f./pl.) | sanitary facilities | impianti sanitari (m./pl.) | instalaciones sanitarias (f./pl.) |
| Sankt-Peters-Fisch | Saint-Pierre (m.) | John Dory | pesce San Pietro (m.) | Santo Pedro (m.) |
| Sardelle | anchois (m.) | anchovy | acciuga (f.), alice (f.) | ancho(v)a (f.) |

| Deutsch | Französisch | Englisch | Italienisch | Spanisch |
|---|---|---|---|---|
| Sardine | sardine (f.) | sardine | sardina (f.) | sardina (f.) |
| Sattelstück | filet (m.), selle (f.) | saddle | sella (f.) | filete (m.) |
| sauber | propre | clean | pulito | limpio |
| Sauce | sauce (f.) | sauce | salsa (f.) | salsa (f.) |
| amerikanische Hummersauce | sauce américaine | American lobster sauce | salsa americana | salsa americana de bogavarte |
| Apfelkrensauce | sauce (au) raifort aux pommes | apple sauce with horseradish | salsa di mela e rafano | salsa de rábano picante con manzana |
| Aspiksauce | sauce chaud-froid | chaud-froid sauce, coating sauce | salsa gelatina | – |
| Béchamelsauce, Milcheinmachsauce | sauce Béchamel | Bechamel sauce, white sauce | besciamella (f.) | salsa bechamel |
| braune Fleischgrundsauce | sauce demi-glace | brown sauce | salsa bruna | salsa española |
| braune Zwiebelsauce | sauce aux oignons, sauce lyonnaise | onion sauce | salsa di cipolle, salsa lionese | salsa lyonesa (con cebolla) |
| Champignonsauce | sauce aux champignons | white mushroom sauce | salsa di funghi coltivati | salsa de champiñónes |
| Choronsauce | sauce Choron | Choron sauce, butter sauce with tomato puree | salsa Choron | salsa Choron |
| Dillsauce | sauce à l'aneth | dill sauce | salsa all'aneto | salsa de eneldo |
| Essigkräutersauce | sauce vinaigrette | vinaigrette sauce, vinegar herb sauce | salsa vinaigrette | salsa de vinagre |
| Estragonsauce | sauce béarnaise | tarragon sauce | salsa bearnese | salsa de estragón |

| Deutsch | Französisch | Englisch | Italienisch | Spanisch |
|---|---|---|---|---|
| Geflügelcremesauce | sauce suprême | supreme sauce, poultry cream sauce | salsa suprême vellutata di pollo con panna | salsa suprema |
| holländische Sauce (aufgeschlagene Buttersauce) | sauce hollandaise | Dutch sauce | salsa olandese | salsa holandesa |
| Kalbseinmachsauce | sauce allemande | thick white sauce, German sauce | vellutata di vitello (f.) | salsa alemana |
| Kaviarsauce | sauce au caviar | caviar sauce | salsa di caviale | salsa de caviar |
| Kräutersauce | sauce aux fines herbes | herb sauce | salsa alle erbe, salsa verde | salsa de hierbas finas |
| Krebssauce | sauce aux écrevisses (Nantua) | crayfish sauce | salsa ai gamberi | salsa de cangrejos |
| Krensauce | sauce au raifort | horseradish sauce | salsa al rafano | salsa de rábano picante |
| Krevettensauce | sauce aux crevettes | shrimp sauce | salsa ai gamberetti | – |
| Madeirasauce | sauce au madère | Madeira sauce | salsa al madera | salsa madera |
| Marksauce | sauce à la moelle | bone-marrow sauce | salsa al midollo | salsa de tuétano |
| Mayonnaisesauce | sauce mayonnaise | mayonnaise (sauce) | salsa maionese | salsa mayonesa |
| Oberskrensauce | sauce à la crème au raifort, sauce raifort à la crème | creamed horseradish sauce | panna al rafano | salsa de rábano picante con crema |
| Paprikasauce | sauce au paprika | paprika sauce | salsa alla paprica | salsa de paprica |
| Pfeffersauce | sauce au poivre, sauce poivrade | pepper sauce | salsa peverata | salsa de pimienta |

| Deutsch | Französisch | Englisch | Italienisch | Spanisch |
|---|---|---|---|---|
| Preiselbeersauce | sauce Cumberland | cranberry sauce | salsa Cumberland, salsa di mirtilli rossi | salsa de aránados |
| Rahmsauce | sauce à la crème | cream sauce | salsa alla panna | salsa a la crema |
| Remouladensauce | sauce remoulade | Remoulade sauce, sauce with capers, gherkins, anchovies | salsa rémoulade | salsa remolada |
| Sardellensauce | sauce d'anchois | anchovy sauce | salsa d'acciughe | salsa de anchoas |
| Schlagoberssauce | sauce Chantilly | sauce with whipped cream, Chantilly sauce | salsa alla panna | salsa de nata batida (f.) |
| Schnittlauchsauce | sauce ciboulette, sauce civette | chive sauce | salsa di erba cipollina | salsa de cebollino |
| Senfsauce | sauce à la moutarde, sauce Robert | mustard sauce | salsa di senape, salsa mostarda | salsa de mostaza |
| Tatarensauce | sauce tartare | Tartar sauce | salsa tartara | salsa tártara |
| Weißweinsauce | sauce vin blanc | white wine sauce | salsa di vino bianco | salsa de vino blanco |
| Wildgrundsauce | sauce gibier | game sauce | salsa grand-veneur di cacciagione | salsa de venado |
| zusammengesetzte Saucen | sauces composées | compound sauces | salse composte | salsas compuestas |
| Saucenschüssel | saucière (f.) | sauce-boat | salsiera (f.) | salsera (f.) |
| sauer | acide, aigre | sour, acid | acido | ácido |
| Sauerampfer | oseille (f.) | sorrel | acetosella (f.) | acedera (f.) |
| Sauerkirschen | griottes (f./pl.) | morellos, sour cherries | marasche (f./pl.), amarene (f./pl.) | guindas (f./pl.) |
| Sauerkraut | choucroute (f.) | sauerkraut | crauti (m./pl.) | chucrut (m.) |

| Deutsch | Französisch | Englisch | Italienisch | Spanisch |
|---|---|---|---|---|
| Sauerteig | levain (m.) | leaven | lievito (m.) | levadura (f.) |
| sautieren (bei starker Hitze anbraten und dabei die Pfanne schwenken) | sauter (faire sauter) | to sauté | saltare | saltear |
| Savarinteig | pâte à savarin (f.) | savarin dough | pasta savarin (f.) | pasta para sawarin (f.) |
| Scampi | scampi (m./pl.) | scampi | scampi (m./pl.) | cigalas (f./pl.) |
| Schaf | mouton (m.) | mutton, sheep | pecora (f.) | oveja (f.) |
| Schaf von Salzweiden | mouton pré-salé | first choice mutton | pecora da nascoli salati | oveja pre-salado |
| Schaiden | silure (f.) | catfish | siluro (m.) | siluro (m.) |
| Schale | coquille (f.), peau (m.) | peel, crust, shell, skin | scorza (f.) | concha (f.) |
| Schale (vom Gemüse) | épluchure (f.) | skin, peel | buccia (f.) | piel (f.), cáscara (f.) |
| schälen | éplucher, peler (Obst) | to peel, to pare, to shell, to husk | sbucciare | pelar |
| Schälmaschine | machine à éplucher (f.) | peeling machine | macchina sbucciatrice (f.) | máquina para pelar (f.) |
| Schalotte | échalote (f.) | shallot | scalogna (f.) | chalote (m.) |
| Schaltier | coquillage (m.) | crustacean | conchiglia (f.) | crústaceo (m.) |
| scharf | piquant(e) | sharp, spicy, hot | piccante | picante |
| scharf anbraten (braune Kruste beim Fleisch) | saisir (faire saisir) | to sear | soffriggere | sofreir |
| Schaumbrot | mousse (f.) | mousseline | schiuma (f.), mousse (m.) | (espuma) (f.), mousse (m.) |
| Geflügelschaumbrot | mousse de volaille | chicken mousseline | mousse di pollame | mousse de aves |

| Deutsch | Französisch | Englisch | Italienisch | Spanisch |
|---|---|---|---|---|
| Hechtschaumbrot | mousse de brochet | pike mousseline | mousse di luccio | mousse de lucio |
| Krevettenschaum | mousse de crevettes | shrimp mousseline | mousse di gamberetti | – |
| Schinkenschaumbrot | mousse de jambon | ham mousseline | mousse di prosciutto | mousse de jamón |
| Schokoladenschaum | mousse au chocolat | chocolate mousseline | mousse al cioccolato | mousse de chocolate |
| schäumend | mousseux (-euse) | sparkling, foaming | spumante | espumoso |
| Schaumlöffel | écumoire (f.) | skimmer | schiumarola (f.) | espumadera (f.) |
| Scheck | chèque (m.) | cheque, check | assegno (m.) | cheque (m.) |
| Scheckkarte | carte bancaire (f.) | cheque card, banker's card | carta bancaria (f.) | tarjeta de banca (f.) |
| Scheibe | rondelle (f.), lamelle (f.), tranche (f.) | slice | disco (m.), fetta (f.) | raja (f.) |
| Schellfisch | aiglefin (m.) | haddock | eglefino (m.) | eglefino (m.) |
| Schiffchen | barquettes (f./pl.) | boats, barquette | barchette (f./pl.) | navichuela (f.) |
| Schildkröte | tortue (f.) | turtle | tartaruga (f.) | tortuga (f.) |
| Schill | sandre (m.) | pike-perch | luccioperca (f.) | lucioperca (f.) |
| Schimmelpilz | pénecillium (m.) | mould | aspergillo (m.) | moho blanco (m.) |
| Schinken | jambon (m.) | ham | prosciutto (m.) | jamón (m.) |
| gekochter Schinken | jambon cuit | cooked ham | prosciutto cotto | jamón cocido |
| geräucherter Schinken | jambon fumé | smoked ham | prosciutto affumicato | jamón ahumado |
| Parmaschinken | jambon de Parme | Parma ham | prosciutto di Parma | jamón de Parma |
| Rohschinken | jambon cru | air-dried ham | prosciutto crudo | jamón crudo |
| Schinkenfleckerln | pâtes carrées au jambon (f./pl.) | square noodles with ham | quadretti di pasta al prosciutto (m./pl.) | fideos cuadrados con jamón (m./pl.) |

| Deutsch | Französisch | Englisch | Italienisch | Spanisch |
|---|---|---|---|---|
| Schinkenrolle | cornet de jambon (m.) | ham roll | cornetto di prosciutto cotto (m.) | rollo de jamón (m.) |
| Schlachtfleisch | boucherie (f.) | butchery, butcher's meat | carne da macello (m.) | carne de consumo (f.) |
| schlagen | battre | to beat | battere, abbattere | golpear |
| schlagen (mit dem Schneebesen) | fouetter | to beat, to whip | montare | batir |
| Schlagrahm, Obers | crème fouettée (Chantilly) (f.) | whipped cream | panna montata (f.), crema Chantilly (f.) | nata batida (f.) |
| schlecht | mauvais(e) | bad | cattivo, male | malo |
| Schlegel, Keule | cuisse (f.) | leg | coscia (f.) (Geflügel) | mazo (m.) |
| allgemein, Huhn, Schwein | jambon (m.) (Schwein), cuisseau (m.) (Kalb), cuissot (m.) (Wild), gigot (m.) (Schaf) | leg | cosciotto (m.), coscia (f.) | pernil (m.), pierna (f.), muslo (m.) |
| Schleie | tanche (f.) | tench | tinca (f.) | tenca (f.) |
| schließen | fermer | to close | chiudere | cerrar |
| Schlüssel | clé (f.), clef (f.) | key | chiave (f.) | llave (f.) |
| Schmarren | omelette rissolée (f.) | browned omelette | crespella rosolata (f.), frittata dolce spezzata (f.) | tortilla a la vienesa (f.) |
| schmelzen | fondre (faire fondre) | to melt | fondere | derretir |
| Schmorbraten | bœuf braisé (m.) | braised beef | manzo brasato (m.), stufato di manzo (m.) | carne estofada (f.) |
| Schmorpfanne | braisière (f.) | stew-pan, casserole | casseruola (f.) | perol (m.) |

| Deutsch | Französisch | Englisch | Italienisch | Spanisch |
|---|---|---|---|---|
| Schnecke | escargot (m.) | snail | lumaca (f.) | caracol (m.) |
| Schnecken auf Burgunder Art | escargots à la bourguignonne | snails with herb butter, snails Burgundy style | lumache alla borgogna (bourguignonne) | caracoles a la borgoñona |
| Schnee | neige (f.) | whipped egg whites, snow | neve (f.) | clara batida (f.) |
| Schneeballen | boules à neige (f./pl.) | snowballs | palle di vene (f./pl.) | bolas de nieve (f./pl.) |
| Schneebesen | fouet (m.) | whisk, beater | frusta (f.) | batidor (m.) |
| Schneekessel | bassine (f.) | mixing bowl | terrina (f.) | – |
| schneiden | couper | to cut | tagliare | cortar |
| in feine Streifen schneiden | couper en fines lanières, couper en julienne | to slice | tagliare in strisce sottili | cortar en trozos finos |
| in kleine/große Würfel schneiden | couper en dés/carrés | to dice | tagliare in dadi piccoli/grandi | cortar en trozos cuadrados |
| in Scheiben schneiden | couper en rondelles | to slice | tagliare a fette | cortar en trozos redondos |
| in Stücke schneiden | couper en morceaux | to dice | tagliare in pezzi | cortar en trozos |
| vierteln | couper en quarts | to quarter | tagliare in quarti | partir en cuatro partes |
| würfelig schneiden | couper en brunoise, couper en dés | to dice | tagliare in dadini | cortar en trozos cuadrados |
| Schnepfe | bécasse (f.) | woodcock | beccaccia (f.) | chocha (f.) |
| schnetzeln (in feine Scheiben/Streifen schneiden) | émincer | to slice | tagliuzzare | cortar en trozos finos |

| Deutsch | Französisch | Englisch | Italienisch | Spanisch |
|---|---|---|---|---|
| Schnittbohnen | haricots verts (m./pl.) | French beans | fagiolini (m./pl.) | alubias (f./pl.) |
| Schnitte | tranche (f.) | slice | fetta (f.), trancia (f.) | rebanada (f.) |
| Schnittlauch | ciboulette (f.) | chive | erba cipollina (f.) | cebollino (m.) |
| Schnitzel | escalope (f.) | schnitzel, escalope | scaloppina (f.) | escalope (m.) |
| Schokolade | chocolat (m.) | chocolate | cioccolato (m.), cioccolata (f.) | chocolate (m.) |
| Schokoladenstreusel | vermicelles de chocolat (m./pl.) | grated chocolate | vermicelli di cioccolato (m./pl.) | pedacitos de chocolate (m./pl.) |
| Scholle | carrelet (m.) | plaice | passera (f.), platessa (f.) | platija (f.) |
| schön | beau, bel, belle | beautiful | bello | bello, bonito |
| Schopfbraten | échine de porc (f.) | pork collar (scrag), neck of pork | collo (m.) | – |
| Schöpflöffel | louche (f.) | ladle | mestolo (m.) | cucharón (m.) |
| Schrank | armoire (f.) | cupboard, closet | armadio (m.) | armario (m.) |
| Schreibblock | bloc à souches (m.) | (writing) pad | blocco per appunti (m.) | bloc (m.) |
| schreiben | écrire | to write | scrivere | escribir |
| schriftlich | par écrit | written | per iscritto | escrito |
| Schublade | tiroir (m.) | drawer | cassetto (m.) | gaveta (f.) |
| Schuh | chaussure (f.) | shoe | scarpa (f.) | zapato (m.) |
| Schuh, flach | soulier (m.) | flat shoe | moccassino (m.) | escarpín (m.) |
| Schuldner | débiteur (m.) | debtor | debitore (m.) | deudor (m.) |
| Schulter | épaule (f.) | shoulder | spalla (f.) | hombro (m.) |
| schuppen | écailler | to scale | squamare | escamar |
| Schürze | tablier (m.) | apron | grembiule (m.) | delantal (m.) |

| Deutsch | Französisch | Englisch | Italienisch | Spanisch |
|---|---|---|---|---|
| Schüssel | plat (m.) | bowl | scodella (f.) | plato (m.) |
| Schüssel, kleine | coupe (f.) | bowl (small) | scodellina (f.) | copa (f.) |
| Schüttelbecher | mélangeur (m.) | shaker | shaker (m.) | shaker (m.) |
| schütteln | brasser | to shake | agitare | agitar |
| schützen | protéger | to protect | proteggere | proteger |
| Schwanz | queue (f.) | tail | coda (f.) | cola (f.) |
| schwarz | noir(e) | black | nero | negro |
| Schwarzbrot | pain noir (m.) | brown bread | pane nero (m.) | pan negro (m.) |
| Schwarzwurzel | salsifis (m.) | viper's grass, salsify | scorzonera (f.) | escorzonera (f.) |
| Schwein | porc (m.) | pork, pig | maiale (m.), porco (m.) | cerdo (m.) |
| Schweinefett | saindoux (m.) | lard | grasso di maiale (m.), sugna (f.), strutto (m.) | grasa de cerdo (f.) |
| Schweinefleisch | porc (m.) | pork | carne suina (di maiale) (f.) | carne de cerdo (f.) |
| Schweinskopf in Aspik | tête de porc en gelée (f.) | pig's head | testa di maiale in galatina (f.) | cabeza de cerdo en gelatina (f.) |
| Schweiz | Suisse (f.) | Switzerland | Svizzera (f.) | Suiza (f.) |
| Schweizer, Schweizerin | Suisse (m.), Suissesse (f.) | Swiss | svizzero, -a | Suizo, -a |
| schweizerisch | suisse | Swiss | svizzero | suizo |
| schwer | lourd(e), corsé (beim Wein) | heavy | pesante | pesado |
| sechs | six | six | sei | seis |
| sechzehn | seize | sixteen | sedici | dieziseis |
| sechzig | soixante | sixty | sessanta | sesenta |

| Deutsch | Französisch | Englisch | Italienisch | Spanisch |
|---|---|---|---|---|
| See | lac (m.) | lake | lago (m.) | lago (m.) |
| Seeaal | anguille de mer (f.) | conger eel | anguilla di mare (f.) | anguila de mar (f.) |
| Seebarsch | perche de mer (f.) | perch | pesce persico (m.) | róbalo (m.) |
| Seefisch | poisson de mer (m.) | salt-water fish | pesce di mare (m.) | pescado de mar (m.) |
| Seehecht | colin (m.) | hake, pike | luccio marino (m.) | merluza (f.) |
| Seeteufel | lotte (f.) | frog-fish, sea devil, monk fish | rana pescatrice (f.) | pejesapo (m.) |
| Seewolf | loup de mer (m.) | sea wolf | branzino (m.) | lobo de mar (m.) |
| Seezunge | sole (f.) | sole | sogliola (f.) | lenguado (m.) |
| Seezungenfilet in Backteig mit Tomatensauce | filet de sole en fritot à l'Orly (m.) | fillet of sole Orly, fillet of sole in frying butter with tomato sauce | filetti di sogliola Orly (m./pl.), (fritti e serviti con salsa di pomodoro) | filetes de lenguado Orly (filetes fritos con salsa de tomate) (m./pl.) |
| Sektkühler | seau à champagne (m.) | champagne bucket | secchiello da spumante (champagne) (m.) | cubo de champán (m.) |
| selchen | fumer | to smoke | affumicare | ahumar |
| Sellerie | céleri (m.) | celery | sedano (m.) | apio (m.) |
| Semmel | petit pain (m.) | roll | panino (m.) | panecillo (m.) |
| Semmelbrösel | chapelure (f.) | breadcrumbs | pane grattuagiato (m.), pangrattato (m.) | pan rallado (m.) |
| Senf | moutarde (f.) | mustard | mostarda (f.) | mostaza (f.) |
| Senfbehälter | moutardier (m.) | mustard pot | vasetto da senape (m.) | mostacera (f.) |
| Service | service (m.) | service | servizio (m.) | servicio (m.) |
| servieren | servir | to serve | servire | servir |
| Serviergegenstand | ustensile de service (m.) | serving utensil | aggetto di servizio (m.) | utensilio de servicio (m.) |

| Deutsch | Französisch | Englisch | Italienisch | Spanisch |
|---|---|---|---|---|
| Serviertisch (Sideboard) | table de service (f.), console (f.), guéridon (m.) | sideboard, sidetable | tavolino di servizio (m.), mensola (f.) | mesita de servicio (f.) |
| Serviette | serviette (f.) | serviette, napkin | tovagliolo (m.) | servilleta (f.) |
| Sessel | chaise (f.) | chair | sedia (f.) | silla (f.) |
| setzen | placer, mettre, poser | to place, to lay, to put, to set | mettere | sentar |
| Shaker | shaker (m.) | shaker | shaker (m.) | shaker (m.) |
| sich beschweren | se plaindre | to complain | reclamare | reclamar |
| Sieb | passoire (f.), tamis (m.) | sieve | setaccio (m.) | tamiz (m.) |
| sieben | sept | to strain | setacciare, sette | siete |
| siebzehn | dix-sept | seventeen | diciassette | diecisiete |
| siebzig | soixante-dix | seventy | settanta | setenta |
| sieden | bouillir | to boil | bollire | bullir |
| Silber(besteck) | argenterie de table (f.) | silverware | argenteria da tavola (f.) | cubierto de plata (m.) |
| Sirup | sirop (m.) | syrup | sciroppo (m.) | jarabe (m.) |
| Sodawasser | eau de Seltz (f.), eau gazeuse (f.), soda (m.) | soda-water | acqua selz (f.) | agua con gas (f.), gaseosa (f.) |
| Sojabohne | soja (m.) | soybean | soia (f.) | retoños de soia (m./pl.) |
| Sommer | été (m.) | summer | estate (f.) | verano (m.) |
| sommerlich, Sommer... | estival(e) | summery | estivo | veraniego, estival |
| Sommersaison | saison d'été (f.) | summer season | stagione estiva (f.) | temproada de verano (f.) |
| Sonnenschirm | parasol (m.) | sun-shade, parasol | ombrellone (m.) | parasol (m.), sombrilla (f.) |
| Sonntag | dimanche (m.) | Sunday | domenica (f.) | domingo (m.) |

| Deutsch | Französisch | Englisch | Italienisch | Spanisch |
|---|---|---|---|---|
| Sorbet | sorbet (m.) | sorbet | sorbetto (m.) | sorbete (m.) |
| Sorte | sorte (f.) | sort | tipo (m.), sorta (f.), genere (m.) | clase (f.), especie (f.) |
| Spaghetti | spaghetti (m./pl.) | spaghetti | spaghetti (m./pl.) | espaguetis (m./pl.) |
| Spaghetti auf Bologneser Art | spaghetti à la bolognaise | spaghetti with Bolognese sauce, spaghetti with minced meat | spaghetti alla bolognese | espaguetis a la boloñesa |
| Spalterbsen | pois cassés (m./pl.) | split peas | piselli spaccati (m./pl.) | – |
| Spanferkel | cochon de lait (m.) | suckling pig | maialetto da latte (m.) | cochinillo (m.), lechón (m.) |
| Spanferkel am Spieß | cochon de lait à la broche | suckling pig on the spit | porchetta (f.) | cochinillo asado, lechón asado |
| Spanien | Espagne (f.) | Spain | Spagna (f.) | España (f.) |
| Spanier(in) | Espagnol(e) | Spaniard, Spanish | spagnolo, -a | español, -a |
| spanisch | espagnol(e) | Spanish | spagnolo | español |
| Spargel | asperges (f./pl.) | asparagus | asparago (m.), sparagio (m.) | espárrago (m.) |
| Spargelbohnen | haricots asperges (m./pl.) | asparagus-beans | fagiolini in buccia (m./pl.), fagiolo asparago (m.) | judias de espárragos (f./pl.) |
| Spargelspitzen | pointes d'asperges (f./pl.) | asparagus tips | punte di asparagi (f./pl.) | puntas de espárragos (f./pl.) |
| spätes Abendessen | souper (m.) | supper | cenone (m.) | cena (f.) |
| Speck | lard (m.) | bacon | lardo (m.), speck (m.) | tocino (m.) |
| mit Speck | au lard | with bacon | al lardo, allo speck | con tocino |
| mit Speck umwickeln | barder | in bacon strips | lardellare | enrollar (algo) con tocino |

| Deutsch | Französisch | Englisch | Italienisch | Spanisch |
|---|---|---|---|---|
| Speck- oder Schinkenkuchen | quiche (f.) | bacon (ham) tart Lorraine | quiche (f.) | tarta con tocino y crema (f.) |
| Speckknödel, Tiroler | quenelles au lard (à la) tyrolienne (f./pl.) | bacon dumplings Tyrolean style | canederli alla tirolese (m./pl.) | bolas Tirolesas (con tocino) (f./pl.) |
| Speckkuchen, lothringischer | quiche lorraine (f.) | bacon tart Lorraine | quiche lorenese (f.) | tarta de lorena (f.) |
| Speckwürfel, Speckstück, sautiert | lardon (m.) | bacon dice, sautéed bacon | lardello saltato (m.) | pedazo de tocino (m.) |
| Speise | nourriture (f.) | food | alimento (m.) | plato (m.), guiso (m.) |
| Speisenfolge | menu (m.) | menu | menù (m.) | menú (m.), minuta (f.) |
| Speisenkarte | carte (f.) | menu, bill of fare | menù (m.), carta (f.) | carta (f.) |
| Speisesaal | salle à manger (f.) | dining-room | sala da pranzo (f.) | sala de comer (f.), comedor (m.) |
| Spezialität | spécialité (f.) | speciality | specialità (f.) | especialidad (f.) |
| Spezialsuppe | soupe (f.) | special soup | zuppa (f.) | sopa especial (f.) |
| spicken | piquer | to lard | lardellare | mechar |
| Spicknadel | aiguille à piquer (f.) | larding pin | ago per lardellare (m.) | aguja mechera (f.) |
| Spiegel | miroir (m.) | mirror | specchio (m.) | espejo (m.) |
| Spiegelei | œuf au miroir (m.) | fried egg | uovo al tegame (m.) | huevo frito (m.) |
| Spieß | broche (f.) | spit | spiedo (m.) | asador (m.) |
| am Spieß | à la broche | on the spit | allo spiedo | al asador |
| Spießchen | brochette (f.) | skewer | spiedino (m.) | brocheta (f.) |
| Spinat | épinards (m./pl.) | spinach | spinaci (m./pl.) | espinaca (f.) |
| mit Spinat | aux épinards | with spinach | agli spinaci | con espinaca |
| Spitze, Prise | pointe (f.) | pinch, dash | presa (f.), pizzico (m.) | pellisco (m.), pizca (f.) |

| Deutsch | Französisch | Englisch | Italienisch | Spanisch |
|---|---|---|---|---|
| Spitzsieb | chinois (m.) | conical strainer | cinese (m.), passino fine (m.) | tamiz (m.) |
| spritzig | nerveux, nerveuse | piquant, tangy | frizzante | burbujeante |
| Sprotte | sprat (m.), petit hareng (m.) | sprat | spratto (m.) | espadin (m.) |
| Stachelbeere | groseille à maquereau (f.) | gooseberry | uva spina (f.) | uva espina (f.) |
| Stachys | crosnes (f./pl.) | stachys, Chinese artichokes | crosnes (f.), tuberi giapponesi (m./pl.) | – |
| Stamm …, gewöhnlich | habituel, habituelle | habitual | abitualmente | común, habitual |
| stammend (aus) | issu(e) (de) | to come, to be derived | proveniente da | oriundo, proveniente |
| Stangen | bâtons (m./pl.) | sticks | bastoni (m./pl), bastoncini (m./pl) | palos (m./pl.) |
| Stangenbrot, Weißbrot (franz.) | baguette (f.) | French bread | filone (m.) | barra de pan (f.), baguette (m.), pan francés (m.) |
| Stangensellerie | céleri en branches (m.) | celery sticks | sedano a coste (m.) | apio (m.) |
| stark | fort(e), fortement (adv.) | strong | forte | fuerte |
| stark blutig (Steak) | bleu | rare | al sangue | – |
| Stärkemehl | fécule (f.) | starch | fecola (f.) | fécula (f.) |
| Staubzucker | sucre en poudre (m.) | powdered sugar | zucchero a velo (m.) | azúcar en polvo (m.) |
| Steinbutt | turbot (m.) | turbot | rombo (m.) | rodaballo (m.) |
| Steinhuhn | bartavelle (f.) | red partridge | pernice bartavella (f.) | perdiz (f.) |
| Steinpilz | cèpe (m.) | yellow boletus | porcino (m.) | boleto (comestible) (m.) |
| mit Steinpilzen | aux cèpes | with boletus (ceps) | ai porcini | con boletos |
| Stelze, hintere | jarret (m.) | leg, trotter | geretto posteriore (m.), cosciotto posteriore (m.) | jarrete (m.) |

| Deutsch | Französisch | Englisch | Italienisch | Spanisch |
|---|---|---|---|---|
| Stelze, vordere, Eisbein | jambonneau (m.) | leg of pork | geretto anteriore (m.) | jarete de cerdo (salado) (m.) |
| Sterlet | sterlet (m.) | sterlet | sterleto (m.) | esterlete (m.) |
| Steuer | taxe (f.) | tax | tassa (f.), imposta (f.) | impuesto (m.) |
| stickig | irrespirable | sticky, stuffy, close | soffocante | sofocante |
| Stiege | escalier (m.) | stairs | scala (f.) | escalera (f.) |
| Stielglas | verre à pied (m.) | stem glass | calice (m.) | – |
| Stint | éperlan (m.) | smelt | pesce argentino (m.), eperlano (m.) | eperlano (m.) |
| Stockfisch | morue (séchée) (f.) | dried cod, stockfish | baccalà (f.) | bacalao (m.) |
| Stockwerk | étage (m.) | floor | piano (m.) | piso (m.) |
| Stör | esturgeon (m.) | sturgeon | storione (m.) | esturión (m.) |
| stornieren | annuler | to cancel | annullare | anular |
| Storno | annulation (f.) | cancellation | annullamento (m.) | anulación (f.) |
| stoßen | piler | to pulverize, to powderize, to pound | pestare | pulverizar |
| Strainer | passoire (f.) | strainer | colino (m.) | filtradora (f.) |
| Strich, Strahl | trait (m.) | line, ray | getto (m.) | rayo (m.) |
| Strohhalm | chalumeau (m.), paille (f.) | straw | cannuccia (f.) | pajita (f.), paja (f.) |
| Strudel | stroudel (m.) | strudel | strudel (m.) | strudel (m.) |
| Topfenstrudel | stroudel au fromage blanc (m.) | curd strudel | strudel di ricotta | strudel de requesón |
| Strudelteig | pâte à stroudel (f.) | strudel dough | pasta per strudel (f.) | pasta para strudel (f.) |
| Stück | morceau (m.), pièce (f.) | piece | pezzo (m.) | pedazo (m.), trozo (m.) |

| Deutsch | Französisch | Englisch | Italienisch | Spanisch |
|---|---|---|---|---|
| Stuhl | chaise (f.) | chair | sedia (f.) | silla (f.) |
| Stunde | heure (f.) | hour | ora (f.) | hora (f.) |
| halbe Stunde | demi-heure (f.) | half an hour | mezz'ora (f.) | media-hora |
| Viertelstunde | quart d'heure (m.) | quarter of an hour | quarto d'ora (m.) | un cuarto de hora (m.) |
| stürzen (aus einer Form nehmen) | démouler | to turn out | rovesciare, sformare | volcar |
| Summe | somme (f.) | sum, amount | somma (f.) | suma (f.) |
| Sumpfschnepfe | bécassine (f.) | snipe | beccaccino (m.) | becacina (f.) |
| Suppe | soupe (f.) | soup | minestra (f.), zuppa (f.) | sopa (f.) |
| Suppe, gebunden | potage (m.) | thick soup | vellutata (f.) | crema (f.) |
| Fisolensuppe | potage aux haricots verts | French bean soup | zuppa di fagiolini (f.) | sopa de judias verdes |
| Kohlsuppe | potage au chou | cabbage soup | zuppa di cavolo verza | sopa de coles |
| Kräutersuppe | potage aux fines herbes | herb soup | minestra alle erbe | sopa de hierbas finas |
| Lauchsuppe | potage aux poireaux | leek soup | minestra di porro | sopa de puerros |
| Zwiebelsuppe (gebunden) | potage aux oignons (Soubise) | onion soup | zuppa di cipolle | sopa de cebollas |
| Suppe, klar | consommé (m.) | clear soup | brodo (m.) | sopa (f.) |
| Suppenschüssel | soupière (m.) | soup bowl | zuppiera (f.) | sopera (f.) |
| Suppentopf | pot au feu (m.), marmite (f.) | soup tureen | zuppiera (f.) | olla (f.) |
| Surbraten | rôti de porc salé (m.) | pickled pork | arrosto di maiale salmistrato (m.) | asado de cerdo salado (f.) |

| Deutsch | Französisch | Englisch | Italienisch | Spanisch |
|---|---|---|---|---|
| süß | doux, douce | sweet | dolce | dulce |
| Süßspeise | entremets sucré (m.) | sweets | dolce (m.) | dulce (m.) |
| Süßwasserfisch | poisson d'eau douce (m.) | fresh-water fish | pesce d'acqua dolce (m.) | pescado de agua dulce (m.) |
| Szegediner Gulasch | goulache de porc à la choucroute (f.) | pork stew with sauerkraut, Szekely goulash | spezzatino di maiale all'ungherese con crauti (m.), gulasch di maiale con crauti (m.) | gulasch de cerdo con chucruta azafate (m.) |
| **T** | | | | |
| Tablett | plateau (m.) | tray | vassoio (m.) | bandeja (f.) |
| Tafelpilze | champignons (m./pl.) | mushrooms | funghi (m./pl.) | hongos (m./pl.) |
| Tafelspitz | pointe de culotte (de bœuf) (f.) | boiled round of beef, boiled rump | sottofiletto (m.) | carne del cocido (f.) |
| Tagesgericht | plat du jour (m.) | today's speciality | piatto del giorno (m.) | plato del dia (m.) |
| Tageskarte | carte du jour (f.) | today's menu | carta del giorno (f.) | carta del dia (f.) |
| Tasse | tasse (f.) | cup | tazza (f.) | taza (f.) |
| Tatarbeefsteak | bifteck tartare (m.) | steak tartare | bistecca tartara (f.) | bistéc tartar (m.) |
| Taube | pigeon (m.) | pigeon | piccione (m.) | pichón (m.) |
| Taverne | taverne (f.) | tavern, inn | taverna (f.) | taverna (f.) |
| Tee | thé (m.) | tea | tè (m.) | té (m.) |
| Kamillentee | tisane de camomille (f.) | camomile tea | infuso di camomilla (m.) | té de manzanilla, infusion (f.) |
| Schwarztee | thé nature | black tea | tè nero | té ruso, té negro |
| Tee mit Rum | thé au rhum | tea with rum | tè al rum | té con ron |
| Tee mit Zitrone | thé au citron | tea with lemon | tè al limone | té con limón |

| Deutsch | Französisch | Englisch | Italienisch | Spanisch |
|---|---|---|---|---|
| Teekanne | théière (f.) | tea-pot | teiera (f.) | tetera (f.) |
| Teig | pâte (f.) | dough, paste, batter | pasta (f.) | pasta (f.) |
| Teigwaren | pâtes (f./pl.) | pasta | pasta (f.) (nur Singular) | fideos (m./pl.) |
| Teil | morceau (m.) | part, piece, portion, cut | parte (f.), pezzo (m.) | pedazo (m.) |
| teilen | partager | to divide, to part, to separate, to share | dividere, spartire | partir |
| Telefon | téléphone (m.) | telephone, phone | telefono (m.) | teléfono (m.) |
| Telefonkabine | cabine téléphonique (f.) | telephone box | cabina telefonica (f.) | cabina (f.) |
| Teller | assiette (f.) | plate | piatto (m.) | plato (m.) |
| Teller-, Plattenwärmer | réchaud (m.) | plate-warmer | scaldapiatti (m.) | calentador de platos (m.) |
| Teppich | tapis (m.) | rug, carpet | tappeto (m.) | alfombra (f.) |
| Terrasse | terrasse (f.) | terrace | terrazza (f.) | azotea (f.), terraza (f.) |
| Terrine (Schüsselpastete) | terrine (f.) | terrine | terrina (f.) | pastelillo (m.) |
| Ententerrine | terrine de canard | duck terrine | terrina d'anitra | pastelillo de pato |
| Feldhasenterrine | terrine de lièvre | hare terrine | terrina di lepre | pastelillo de liebre |
| Hechtterrine | terrine de brochet | pike terrine | terrina di luccio | pastelillo de lucio |
| in der Terrine | en terrine | in the terrine | in terrina | en cubilete |
| teuer | cher, chère | expensive | caro, costoso | caro |
| Thunfisch | thon (m.) | tunny, tuna fish | tonno (m.) | atún (m.) |
| Thymian | thym (m.) | thyme | timo (m.) | tomillo (m.) |
| tiefgefroren, Tiefkühl... | surgelé(e) | deep-frozen | surgelato | congelado |
| Tintenfisch | calmar (m.) | squid | calamaro (m.) | calamar (m.) |

| Deutsch | Französisch | Englisch | Italienisch | Spanisch |
|---|---|---|---|---|
| Tisch | table (f.) | table | tavolo (m.), tavola (f.) | mesa (f.) |
| Tischnummer | numéro de table (m.) | table number | numero di tavolo (m.) | numeró de la mesa (m.) |
| Tischtuch | nappe (f.) | table cloth | tovaglia (f.) | mantél (m.) |
| Titel | titre (m.) | title | titolo (m.) | titulo (m.) |
| Toast | pain grillé (m.), toast (m.) | toast | pane tostato (m.) | tostada (f.) |
| Toilette(n) | toilettes (f./pl.), WC, w.c. (m.) | toilet, lavatory, restroom | gabinetto (m.), toilette (f.), ritirata (f.) | lavabo (m.), servicio (m.) |
| Toilettenpapier | papier de toilette (m.), papier hygiénique (m.) | toilet paper | carta igenica (f.) | papel higienico (m.) |
| Tomate | tomate (f.) | tomato | pomodoro (m.) | tomate (m.) |
| Tonschüssel, kleine | cocotte (f.) | cocotte | cocottina (f.) | marmita de barro (f.) |
| Töpfchen, kleines (aus Porzellan) | cassolette (f.) | pot | vasetto (m.), cocottina (f.) | ollita (f.) |
| Topfen | fromage blanc (m.) | curd, white cheese | ricotta (f.) | requesón (m.) |
| Topfenteig | pâte au fromage blanc (f.) | curd dough | pasta alla ricotta (f.) | pasta de requesón (f.) |
| Töpferei | poterie (f.) | pottery | ceramica (f.) | olleria (f.) |
| Törtchen | tartelette (f.) | tartlet | tortina (f.) | tartaleta (f.) |
| Torte, flach | tarte (f.), tourte (f.) | tart, flan | torta (f.) | tarta (f.), pastel (m.) |
| Obsttorte, belegt | tarte aux fruits | tart, pie | torta alla frutta | tarta de frutas |
| Torte, Kuchen, hoch | gâteau (m.) | cake, gateau | dolce (m.) | pastel (m.) |
| Apfelkuchen | gâteau aux pommes | apple pie | dolce di mele | pastel de manzana |
| Obstkuchen | gâteau aux fruits | fruit tart, fruit pie | dolce di frutta | pastel de frutas |

| Deutsch | Französisch | Englisch | Italienisch | Spanisch |
|---|---|---|---|---|
| Topfentorte | gâteau au fromage blanc | white cheese cake | dolce di ricotta | pastel de requesón |
| Tranchierbesteck | couvert à découper (m.) | carving set | arnesi per tranciare (m./pl.) | cubierto para trinchar (m.) |
| Tranchierbrett | planche à découper (f.) | carving board | tagliere (m.) | tabla para trinchar (f.) |
| tranchieren | trancher | to carve | tranciare | trinchar |
| Trappe | outarde (f.) | bustard | otarda (f.) | avutarda (f.) |
| Traube | raisin (m.) | grape | uva (f.) | uva (f.) |
| Treppe | escalier (m.) | staircase | scale (f./pl.) | escalera (f.) |
| Tresterbranntwein | marc (m.) | draff brandy | grappa (f.) | aguardiente de arujo (m.) |
| Trichter | entonnoir (m.) | funnel | imbuto (m.) | embudo (m.) |
| trinkbar | buvable | drinkable | potabile | potable |
| trinken | boire | to drink | bere | beber |
| Trinkgeld | pourboire (m.) | tip | mancia (f.) | propina (f.) |
| Trinkhalm | chalumeau (m.), paille (f.) | straw | canuccia (f.) | pajita (f.) |
| Trinkschokolade | chocolat chaud (m.), cacao (m.) | cocoa, chocolate | cioccolata calda (f.) | chocolate (m.), cacao (m.) |
| trocken | sec, sèche | dry | secco | seco |
| Trockenfrüchte | fruits secs (m./pl.) | dried fruit | frutta secca (f.) | fruta seca (f.) |
| trocknen | sécher | to dry | seccare, asciugare | secar |
| Tropfen | goutte (f.) | drop | goccia (f.) | gota (f.) |
| Tropfteig | pâte filante (f.) | dropping paste | pastella (f.), stracciatella (f.) | – |

| Deutsch | Französisch | Englisch | Italienisch | Spanisch |
|---|---|---|---|---|
| trüb | trouble | cloudy, dull, dim | torbido | empañado, turbio |
| Trüffeln | truffes (f./pl.) | truffles | tartufi (m./pl.) | trufas (f./pl.) |
| getrüffelt | truffé(e) | truffled | tartufato, con tartufi | trufado |
| Truthahn | dinde (f.) | turkey | tacchino (m.) | pavo (m.) |
| Tuch, Geschirrtuch | torchon (m.) | cloth, tea towel | panno (m.), asciugapiatti (m.) | paño de cocina (m.) |
| Tuch, Leintuch | drap (m.) | sheet | lenzuolo (m.) | paño (m.), sabana (f.) |
| Türe | porte (f.). | door | porta (f.) | puerta (f.) |
| Türkei | Turquie (f.) | Turkey | Turchia (f.) | Turquía (f.) |
| Tüte | cornet (m.) | cornet, cone, bag, packet | busta (f.) | cucurucho (m.), bolsa (f.) |
| **U** | | | | |
| überbacken | gratiner | gratinated | gratinare | gratinado |
| überdacht | couvert(e) | roofed (covered) over | coperto | cubierto |
| übergießen | mouiller, verser | to pour over, to baste | versare | verter |
| überglänzen (mit einer Glasur überziehen) | glacer | to cover, to coat | glassare | glasear, cubrir con una capa de . . . |
| übermorgen | après-demain | the day after tomorrow | dopodomani | pasado mañana |
| Überraschung | surprise (f.) | surprise | sorpresa (f.) | sorpresa (f.) |
| um (zeitlich) | à | at | all', alle, a | a |
| Umfang, Rand(fläche) | pourtour (m.) | edge, border, surrounding | bordo (m.), circonferenza (f.) | circunferencia (f.) |
| umgeben | entouré(e) | surrounded | circondare | rodeado |
| Umgebung | environs (m./pl.) | surrounding | dintorni (m./pl.) | cercanías (f./pl.) |

| Deutsch | Französisch | Englisch | Italienisch | Spanisch |
|---|---|---|---|---|
| umhüllen | envelopper, enrober | to wrap, to cover, to envelop | avvolgere | envolver |
| unangenehm | désagréable | disagreeable | sgradevole | desagradable |
| unerträglich | insupportable | unbearable | insopportabile | insoportable |
| Ungar(in) | Hongrois (m.), Hongroise (f.) | Hungarian | Ungherese | Hungaro, -a |
| Ungarn | Hongrie (f.) | Hungary | Ungheria (f.) | Hungría (f.) |
| ungarisch | hongrois(e) | Hungarian | ungherese | hungaro |
| ungefähr | environ | about | circa | aproximadamente |
| ungenießbar | immangeable | inedible | immangiabile | incomible |
| Untergeschoß | sous-sol (m.) | basement (Keller) | sottosuolo (m.), scantinato (m.) | pisobajo (m.) |
| im Untergeschoß | au sous-sol | in the basement | nello scantinato | en el pisobajo |
| unterirdisch | souterrain(e) | underground | sotteraneo | subterráneo |
| Unternehmen | entreprise (f.) | company, business | impresa (f.) | empresa (f.) |
| unterscheiden | distinguer | to distinguish | distinguere | distinguir |
| unterschiedlich | différent(e), différemment (adv.) | different | diverso | diferente, diverso |
| unterschreiben | signer | to sign | firmare | firmar |
| Unterschrift | signature (f.) | signature | firma (f.) | firma (f.) |
| Untertasse | soucoupe (f.) | saucer, undercup | piattino (m.) | platillo (m.) |
| untrinkbar | imbuvable | undrinkable | imbevibile | impotable |
| **V** | | | | |
| Vanille | vanille (f.) | vanilla | vaniglia (f.) | vainilla (f.) |
| Vanillezucker | sucre vanillé (m.) | vanilla sugar | zucchero vanigliato (m.) | vainilla azucarada (f.) |

| Deutsch | Französisch | Englisch | Italienisch | Spanisch |
|---|---|---|---|---|
| Vase | vase (m.) | vase | vaso (m.) | florero (m.) |
| verabschieden (jemanden) | prendre congé de qn | to say goodbye | congedare | despedir |
| verantwortlich | responsable | responsible | risponsabile | responsable |
| verbessern | rédiger | to improve | migliorare | mejorar |
| verbinden | lier | to connect | legare | juntar, reunir |
| verdünnen | allonger | to prolong, to thin | allungare | diluir |
| vereinbaren | accorder | to agree | accordare | convenir |
| Vereinigte Staaten | États-Unis (m./pl.) | United States of America | Stati Uniti (m./pl.) | Estados Unidos (m./pl.) |
| verfehlen | manquer | to miss | mancare | equivocarse |
| verflüssigen | délayer | to liquefy | diluire | derretir |
| Verfügung | disposition (f.) | disposal | disposizione (f.) | disposición (f.) |
| zu Ihrer Verfügung | à votre disposition | to be at your disposal | a vostra (a sua) disposizione | a sus ordenes |
| Vergnügen | plaisir (m.) | pleasure, amusement | piacere (m.) | placer (m.) |
| mit Vergnügen | avec plaisir | with pleasure | con piacere | con placer |
| verkaufen | vendre | to sell | vendere | vender |
| vermengen | mélanger, mêler, incorporer | to mix | mescolare, impastare | mezclar |
| verschieden | divers | different | vario, diverso | diverso, distinto |
| Verschiedenartigkeit | varieté (f.) | difference, variety | varietà (f.), diversità (f.) | variedad (f.) |
| versetzen | ensemencer | to move, to transfer | spostare, trasferire | desplazar |
| verteilen | répartir | to distribute, to give out | dividere, spartire | repartir |

| Deutsch | Französisch | Englisch | Italienisch | Spanisch |
|---|---|---|---|---|
| vervollständigen | compléter | to complete | completare | completar |
| verwenden | employer | to use | usare | usar |
| verzehren | consommer | to consume | consumare | comer, consumar |
| verzieren | décorer | to decorate | decorare | decorar |
| viel | beaucoup (de) | much | molto | mucho |
| vier | quatre | four | quattro | cuatro |
| viereckig | carré(e) | square | quadrato | cuadrado |
| Viertel | quartier (m.), quart (m.) | quarter | quartiere (m.) | cuarto (m.) |
| Viertel (Bier) | bock (m.) | half a pint | quarto (m.), quartino (m.) | cuarto (m.) |
| vierteln | couper en quarts | to divide into four, to divide into quarters | quadripartire | cortar en cuartos, cuartear |
| vierzehn | quatorze | fourteen | quattordici | catorce |
| vierzig | quarante | forty | quaranta | cuarenta |
| Vinaigrette | (sauce) vinaigrette (f.) | vinegar sauce with herbs, vinaigrette sauce | salsa all'agro (f.), vinaigrette (f.) | vinagreta (f.) |
| violett | violet, violette | violet, purple | viola | violeta |
| voll | plein(e) | full | pieno | lleno, completo |
| vollkommen | parfait(e), parfaitement | perfect, complete, absolute | perfetto | perfecto, ideal |
| Vollpension | pension complète (f.) | full board | pensione completa (f.) | pensión completa (f.) |
| vorbereiten | préparer | to prepare | preparare | preparar |
| vorbestellen | retenir | to order in advance, to book, to reserve | prenotare | reservar |

| Deutsch | Französisch | Englisch | Italienisch | Spanisch |
|---|---|---|---|---|
| vorgestern | avant-hier | the day before yesterday | l'atro ieri | anteayer |
| Vorhang | rideau (m.) | curtain | tenda (f.) | cortina (f.) |
| vorkommen | figurer | to happen, to occur, to seem | figurare, comparire | existir |
| Vorkommen | gisement (m.) | occurrence, incidence | esistenza (f.), giacimento (m.) | existencia (f.), presencia (f.) |
| Vorliebe | préférence (f.) | preference | preferenza (f.) | preferencia (f.) |
| vornehm, vorzüglich | distingué(e) | distinguished, excellent, superb | distinto, squisito | distinguido |
| Vorratsraum | stock (m.) | store room | dispensa (f.) | bodega (f.), despensa (f.) |
| Vorsaison | hors-saison (f.) | off season | bassa stagione (f.) | entretiempo (m.) |
| Vorspeise | hors-d'œuvre (m.) | hors-d'œuvre, starter, appetizer | antipasto (m.) | entremeses (m./pl.) |
| vorstellen | présenter | to introduce | presentare | presentar |
| Vorstellung | présentation (f.) | introduction | presentazione (f.) | presentación (f.) |
| Vorzug | préférence (f.) | preference | preferenza (f.) | preferencia (f.) |
| vorzugsweise | de préférence | preferably | preferibilmente | preferentemente |
| **W** | | | | |
| Waage | balance (f.) | scales | bilancia (f.) | báscula (f.) |
| Wacholder | genièvre (m.) | gin | ginepro (m.) | enebro (m.) |
| Wacholderbeeren | baies de genèvre (f./pl.) | juniper berries | bacche di ginepro (f./pl.), ginepre (f./pl.), coccole (f./pl.) | enebrina (f.) |
| Wachtel | caille (f.) | quail | quaglia (f.) | codorniz (f.) |

| Deutsch | Französisch | Englisch | Italienisch | Spanisch |
|---|---|---|---|---|
| Wachtelkönig | râle des genêts (m.) | landrail | quaglione (m.), re di quaglie (m.) | réy de codorniz (m.) |
| Wadschinken | jarret (m.) | ham | pesce (m.), muscolo (m.) | zancarrón (m.) |
| Waffeln | gaufres (f./pl.) | wafers | cialde (f./pl.) | barquillos (m./pl.) |
| kleine Waffeln | gaufrettes (f./pl.) | small wafers | piccole cialde (f./pl.) | barquillos pequeños (m./pl.) |
| Wahl | choix (m.) | choice, selection | scelta (f.) | elección (f.) |
| zur Auswahl | au choix | to choose from | a scelta | a elegir |
| wählen | choisir | to choose | scegliere | elegir |
| Währung | valeur monétaire (f.) | currency | moneta (f.), valuta (f.) | moneda (f.), valuta (f.) |
| Wald | forêt (f.) | forest | bosco (m.), foresta (f.) | bosque (m.) |
| Walderdbeeren | fraises des bois (f./pl.) | wild strawberries | fragole di bosco (f./pl.) | fresas de bosque (f./pl.) |
| Waldmeister | aspérule (f.) | woodruff | mughetto (m.) | asperilla (f.), aspérula (f.) |
| Waldschnepfe | bécasse (f.) | woodcock | beccaccia (f.) | chocha (perdiz) (f.) |
| Waller | silure (m.) | catfish | siluro (m.) | siluro (m.) |
| warm | chaud(e) | hot | caldo | caliente |
| wärmen | chauffer (faire chauffer) | to warm, to heat | riscaldare | calentar |
| Waschbecken | lavabo (m.) | wash-basin | lavabo (m.) | lavabo (m.) |
| waschen | laver | to wash | lavare | lavar |
| Wasser | eau (f.) | water | acqua (f.) | agua (f.) |
| heißes Wasser | eau chaude | hot water | acqua calda | agua caliente |
| kochendes Wasser | eau bouillante | boiling water | acqua bollente | agua hierviente |
| lauwarmes Wasser | eau tiède | luke warm water | acqua tiepida | agua tibia |

| Deutsch | Französisch | Englisch | Italienisch | Spanisch |
|---|---|---|---|---|
| Wasserbad | bain-marie (m.) | bain-marie | bagnomaria (m.) | baño (de) Maria (m.) |
| Wasserflasche | carafe (f.) | carafe, decanter | caraffa (f.) | jarra (f.) |
| Wasserglas | verre à eau (m.) | water glass | bicchiere da acqua (m.) | vaso (m.) |
| Wasserhahn | robinet (m.) | water tap, water faucet | rubinetto (m.) | grifo (m.) |
| Wasserkresse | cresson (m.) | water-cress | crescione (m.) | berros (m./pl.) |
| Wassermelone | melon d'eau (m.) | water-melon | anguria (f.), cocomero (m.) | sandía (f.) |
| wässern (Reinigen von Fischteilen etc. unter fließendem Wasser) | dégorger (faire dégorger) | to water | lavare sotto l'acqua corrente | aguar |
| Wasserschale, Fingerschale | rince-doigts (m.) | finger-bowl | bacinella (f.) | lavadedos (m./pl.) |
| wechseln | changer | change | cambiare | cambiar |
| weich | mou, mol, molle | soft | molle | suave |
| Weichseln | griottes (f.) | St. Lucie cherries, sour cherries | marasche (f./pl.), visciole (f./pl.) | guinda (f.) |
| Weichtiere | mollusques (f.) | mollusks | molluschi (m./pl.) | moluscos (m./pl.) |
| Weihnachten | Noël (m.) | Christmas | Natale (m.) | Navidad (f.) |
| Wein | vin (m.) | wine | vino (m.) | vino (m.) |
| Bordeauxwein | vin de Bordeaux | Bordeaux wine | bordeaux (m.) | vino de Burdeos |
| Burgunderwein | vin de Bourgogne | burgundy | borgogna (m.) | vino de Borgoña |
| Dessertwein | vin de dessert | dessert wine/sweet wine | vino da dessert | vino de postre |
| Glühwein | vin chaud | mulled wine/hot wine | vino brûlé | vino caliente |
| Landwein | vin du pays | local wine | vino nostrano | vino del país |
| Roséwein | vin rosé | rose wine | vino rosato | vino rosado |

| Deutsch | Französisch | Englisch | Italienisch | Spanisch |
|---|---|---|---|---|
| Rotwein | vin rouge | red wine | vino rosso | vino tinto |
| Schaumwein, Sekt | vin mousseux | sparkling wine | spumante (m.) | vino espumoso |
| Wein im Krug | vin en pichet | wine in a decanter | vino in brocca | vino en la jarra |
| Wein in der Karaffe | vin en carafe | wine in the carafe | vino in caraffa | vino en la garrafa |
| Weißwein | vin blanc | white wine | vino bianco | vino blanco |
| Weinberge | vignes (f./pl.) | vineyards | vigneti (m./pl.) | viñas (f./pl.) |
| Weinbrand | eau-de-vie (f.) | brandy | acquavite (f.) | brandy (m.) |
| Weinglas | verre à vin (m.) | wine glass | bicchiere da vino (m.) | vaso de vino (m.) |
| Weinkarte | carte des vins (f.) | wine-list | carta dei vini (f.) | lista de vinos (f.) |
| Weinkellner | sommelier (m.) | wine-butler/wine-waiter | cameriere ai vini (m.) | sommelier (m.) |
| Weinschaum | sabayon (m.) | sabayon | zabaione (m.) | crema sabayon (f.) |
| Weinstock, Weinrebe | cépage (m.) | vine, grapevine | vite (f.) | cepa (f.) |
| Weintrauben | raisins (m/pl.) | grapes | uve (f./pl.) | uvas (f./pl.) |
| Wein- und Sektkühler | glacière à vin (f.) | wine cooler | secchiello termico per vino (m.) | cubo del champán (m.) |
| weiß | blanc, blanche | white | bianco | blanco |
| Weißbrot | pain blanc (m.) | white bread | pane bianco (m.) | pan blanco (m.) |
| Weißbrot (franz.), Stangenbrot | baguette (f.) | French bread | filone (m.) | barra de pan (f.), pan francés (m.), baguette (m.) |
| Weißfisch | merlan (m.) | whiting, whitefish | nasello (m.) | albur (m.) |
| Weißgebäck | petits pains blancs (m./pl.) | rolls | panini (m./pl.) | panillos blancos (m./pl.) |
| Weißkraut | chou blanc (m.) | white cabbage | cavolo cappuccio bianco (m.) | repollo (m.) |
| Weißling | merlan (m.) | whitebait | argentina (m.) | mariposa de la col (f.) |

| Deutsch | Französisch | Englisch | Italienisch | Spanisch |
|---|---|---|---|---|
| Weißschimmelrinde | croûte fleurie (f.) | mouldy rind | crosta bianca (f.) | – |
| weit | loin | wide | lontano, largo | lejos |
| Weizen | froment (m.), blé (m.) | wheat | grano (m.), frumento (m.) | trigo (m.) |
| Wels, Waller | silure (m.) | sheat-fish, catfish | siluro (m.) | siluro (m.) |
| weltweit, Welt … | mondial(e) | global, world-wide | mondiale | mundial |
| wenden | tourner, rouler | to turn (over) | girare | dar una vuelta |
| wenig | peu | little | poco | poco |
| weniger | moins | less | meno | menos |
| Wermut | absinthe (f.), vermouth (m.) | vermouth | vermut (m.), assenzio (m.) | ajenjo (m.), vermut (m.) |
| wieder bedecken | recouvrir | to recover | riscoprire | recubrir |
| wiedererwärmen | réchauffer | to warm up, to reheat | riscaldare | recalentar |
| wiederherstellen | reconstituer | to restore, re-establish | ricostruire | restaurar, reconstruir |
| Wien | Vienne (f.) | Vienna | Vienna (f.) | Viena (f.) |
| Wiener(in) | Viennois (m.), Viennoise (f.) | Viennese | viennese | vienés, -a |
| wienerisch | viennois, viennoise | Viennese | viennese | vienés |
| Wiener Schnitzel | escalope de veau à la viennoise (f.) | Wiener Schnitzel | cotoletta alla milanese/viennese (m.) | escalopa vienés (f.) |
| wieviel | combien (de) | how much | quanto | cuanto |
| Wild | gibier (m.) | game, venison | selvaggina (f.) | venado salvagina (m.) |
| Wildente | canard sauvage (m.) | wild duck | anitra selvatica (f.) | pato silvestre (m.) |

| Deutsch | Französisch | Englisch | Italienisch | Spanisch |
|---|---|---|---|---|
| Wildfond | fond de gibier (m.) | game stock | fondo di selvaggina (m.) | fondo de venado (m.) |
| Wildgeflügel | gibier à plumes (m.) | feathered game | selvaggina da penna (f.) | aves salvajina (f./pl.) |
| Wildkaninchen | lapin de garenne (m.) | wild rabbit | coniglio selvatico (m.) | conejo silvestre (m.) |
| Wildragout | civet (m.) | game stew | spezzatino (m.) | guisado de venado (m.) |
| Wildschwein | sanglier (m.) | wild boar | cinghiale (m.) | jabalí (m.) |
| Wildschweinschinken | jambon de sanglier (m.) | ham of wild boar | prosciutto di cinghiale (m.) | jamón de jabalí (m.) |
| Windbeutel | choux à la crème (m./pl.), éclairs (m./pl.) | cream puffs, éclaires | profiteroles (f./pl.), bignè (m.) | lionesa con crema (f.) |
| Windgebäck | vacherin (m.) | meringue | meringa (f.) | buñuelo de viento (m.) |
| Winter | hiver (m.) | winter | inverno (m.) | invierno (m.) |
| winterlich, Winter… | hivernal(e) | wintry | invernale | invernal |
| Wintersaison | saison d'hiver (f.) | winter season | stagione invernale (f.) | temporada de inverno (f.) |
| Wirsing | chou frisé (m.) | savoy cabbage | cavolo verza (m.) | berza (f.) |
| Wolfsbarsch | loup de mer (m.) | bass | barbio (m.) | róbalo (m.), lobo de mar (m.) |
| Würfel | dé (m.) | dice, cube | dado (m.) | dado (m.) |
| würfelig | en dés | cubic | a dadi | cúbico (en forma de dado) |
| würfeln (Tomaten) | concasser | to dice, to cut into cubes | tagliare a dadi | cortar (en forma de dado) |
| Wurst, Würstel, Würstchen | saucisse (f.) | sausage(s) | salsiccia (f.) | salchicha (f.) |

| Deutsch | Französisch | Englisch | Italienisch | Spanisch |
|---|---|---|---|---|
| Wurst (dicke Wurst, geräuchert, gekocht, Hartwurst) | saucisson (m.) | sausage, smoked, boiled, hard sausage | salame (m.), insaccato (m.) | salchichón (m.) |
| Wurstwaren | charcuterie (f.) | sausages | salumi (m./pl.), insaccati (m./pl.) | fiambres (m./pl.), salchichas (f./pl.) |
| Würze | assaisonnement (m.), épice (f.) | seasoning | condimento (m.) | especia (f.), condimento (m.) |
| Wurzelfleisch, steirisches | porc bouilli aux légumes, aux racines (m.) | boiled pork with horseradish | maiale bollito alle radici (m.) | cerdo hervido con verduras (m.) |
| Wurzeln | racines (f./pl.) | roots | radici (f./pl.) | raíces (f./pl.) |
| würzen | assaisonner, épicer | to season, to spice, to flavour | condire | condimentar, sazonar |
| Würzfleisch | ragoût (m.) | stew | spezzatino (m.) | estofado (m.) |
| würzig | épicé(e), aromatique | spicy, aromatic | saporito, piccante | aromático |
| **Z** | | | | |
| zäh | dur(e) | tough | duro | duro |
| zahlreich | nombreux, nombreuse | plenty | numeroso | numeroso |
| Zahnstocher | cure-dents (m.) | tooth-pick | stuzzicadente (m.) | palillo (m.) |
| Zahnstocherbehälter | porte cure-dents (m.) | tooth-pick holder | porta stuzzicadenti (m.) | palillero (m.) |
| Zander | sandre (m.) | pike-perch | lucioperca (f.) | lucioperca (f.) |
| zart | tendre | tender | tenero | tierno |
| zehn | dix | ten | dieci | diez |
| zeigen | montrer, présenter | to show, to present | presentare, dimostrare, mostrare | mostrar |
| Zeit haben | avoir le temps (m.) | time (to have time) | (avere) tempo (m.) | (tener) tiempo (m.) |
| Zeitschrift | magazine (m.) | magazine | rivista (f.) | revista (f.) |

| Deutsch | Französisch | Englisch | Italienisch | Spanisch |
|---|---|---|---|---|
| zerdrücken | écraser | to squash, to crush, to mash | schiacciare | estrujar |
| zerschneiden, in Tranchen schneiden | trancher | to cut | tranciare, tagliare | partir |
| zerstoßen | piler | to crush, to pound, to grind | pestare | machacar |
| Zestenreißer | zesteur (m.) | grater | tagliascorza (f.) | – |
| Zichorie | chicorée (f.) | chicory | cicoria (f.) | achicoria (f.) |
| Zigarette | cigarette (f.) | cigarette | sigaretta (f.) | cigarillo (m.) |
| Zimt | cannelle (f.) | cinnamon | cannella (f.) | canela (f.) |
| Zitrone | citron (m.) | lemon | limone (m.) | limón (m.) |
| Zitronenlimonade | citronnade (f.) | lemonade | limonata (f.) | limonada (f.) |
| Zitronen- oder Orangenschale (sehr dünn abgeschält oder gerieben) | zeste (m.) | lemon or orange peel | scorza (f.) | corteza de limón (f.), cáscara de limón (f.) |
| Zitrusfrucht | agrume (m.) | citrus fruit | agrumi (m./pl.) | cítricos (m./pl.) |
| Zitruspresse | presse-citron (m.) | lemon squeezer | spremilimoni (m.) | exprimidero (m.) |
| zubereiten | préparer | to prepare | preparare | preparar |
| Zubereitungsart | mode de préparation (m.) | preparation | modo di preparazione (m.) | modo de preparación (m.) |
| Zucchini | courgettes (f./pl.) | zucchini, vegetable marrows, baby marrows, courgettes | zucchini (m./pl.) | calabacines (m./pl.) |
| Züchtung | élevage (m.) | cultivation, growing, culture | coltivazione (Pflanzen) (f.), allevamento (Tiere) (m.) | cría (f.), cultivo (m.) |

| Deutsch | Französisch | Englisch | Italienisch | Spanisch |
|---|---|---|---|---|
| Zucker | sucre (m.) | sugar | zucchero (m.) | azúcar (m.) |
| Zucker, gebrannt | caramel (m.) | burnt sugar | caramella (m.) | caramelo (m.) |
| Zuckerbäcker | pâtissier, confiseur (m.) | confectioner | pasticciere (m.) | confitero (m.), repostero (m.) |
| Zuckererbsen | petits pois (m./pl.) | sweet peas | piselli dolci (m./pl.) | guisante de azúcar (m.) |
| Zuckergehalt | richesse en sucre (f.) | sugar content | contenuto zuccherino (m.) | substancia (de azúcar) (f.) |
| Zuckerguß | glace royal (f.) | sugar-icing, sugar-coating | crosta di zucchero (f.), glassatura (f.), brillantatura (f.) | baño de azúcar (m.) |
| zuckern | sucrer | to sugar | zuccherare | azucarar |
| Zuckerstreuer, -dose | sucrier (m.) | sugar bowl | spolverino (m.) | azucarero (m.) |
| Zuckerzange | pince à sucre (f.) | sugar tongs | mollette per lo zucchero (f./pl.) | tenacillas del azúcar (f./pl.) |
| zudecken | couvrir | to cover | coprire | cubrir |
| zufrieden | content(e) | content | contento | contento |
| Zuger Rötel | mulet (m.), muge (m.) | red mullet | barboni triglia (m./pl.) | salmonete (m.) |
| Zum Wohl! | (À votre) santé! | Cheers! | alla salute | (A su) salud! |
| Zündholz | allumette (f.) | match | fiammifero (m.) | fósforo (m.) |
| Zunge, Sprache | langue (f.) | tongue | lingua (f.) | lengua (f.) |
| zurückgeben | redonner, rendre, retourner | to return | ritornare, rendere, restituire | devolver |
| zusammengesetzte Saucen | sauces composées (f./pl.) | compound sauces | salse composte (f./pl.) | salsas compuestas (f./pl.) |
| zusammenlegen | plier | to pile together, to fold, to combine | piegare | doblar |

| Deutsch | Französisch | Englisch | Italienisch | Spanisch |
|---|---|---|---|---|
| zusammenstellen | composer | to put together, to arrange | comporre | componer |
| Zutat | ingrédient (m.) | ingredient | ingrediente (m.) | ingredientes (m./pl.) |
| zuviel | trop | too much | troppo | demasiado |
| zwanzig | vingt | twenty | venti | veinte |
| zwei | deux | two | due | dos |
| Zwergkürbis | courgette (f.) | vegetable marrow | zucchette (f./pl.) | calabaza (f.) |
| Zwetschke (österreichisch) | prune (f.), quetsche (f.) | plum | prugna (f.) | ciruela (f.) |
| Zwetschkenfleck | pâte à levure garnie aux prunes (f.) | plum tart | crostata di prugne (f.) | pasta de levadura con ciruelas (f.) |
| Zwetschkenknödel | quenelles aux prunes (f./pl.) | plum dumplings | gnocchi di prugne (m./pl.) | albóudigas con ciruelas (f./pl.) |
| Zwieback | biscotte (f.) | rusk | fette biscottate (f./pl.), biscotto (m.) | bizcocho (m.) |
| Zwiebel | oignon (m.) | onion | cipolla (f.) | cebolla (f.) |
| Zwiebelsuppe | soupe à l'oignon (f.) | onion soup | zuppa di cipolle (f.) | sopa de cebolla (f.) |
| Zwischengericht | entrée (f.) | between dish, entrée | primo (piatto) (m.) | entremés (m.) |
| Zwischenrippenstück | entrecôte (f.) | sirloin steak, entrecôte | costata (f.) | entrecôte (f.) |
| Zwischenrippen-stück, doppelt | entrȩcôte double | double sirloin steak | costata doppia | entrecôte doble |
| Zwischenrippenstück mit Markscheiben und Rotweinsauce | entrecôte bordelaise | entrecôte with bone-marrow slices and bordeloise sauce | costata di manzo bordelese (con fette di midollo al vino rosso) | entrecôte a la bordelesa |
| zwölf | douze | twelve | dodici | doce |

# Anhang

# Ländertypische Bezeichnungen (Österreich/Deutschland)

Immer wieder kommt es auch innerhalb der deutschsprachigen Länder zu Mißverständnissen und Verwechslungen aufgrund von ländertypisch unterschiedlichen Bezeichnungen. Damit diese zwar liebenswerten, aber für die jeweiligen Gäste oft undurchschaubaren Begriffe **von den Servicemitarbeitern bei Bedarf** erklärt werden können, finden Sie die nachstehende Übersicht.
Diese alphabetischen Verzeichnisse sind nur eine Auswahl und erheben keinen Anspruch auf Vollständigkeit. Sie können jedoch im Anschluß daran persönliche Ergänzungen vornehmen, um ständig auf dem laufenden zu bleiben.

| **Österreich** | **Deutschland** |
|---|---|
| Aspik | Gelee |
| Backerbsen | Mehlerbsen |
| Beiried | Rindsrippenstück |
| Beuschel | Lunge |
| Blaukraut | Rotkohl |
| Blutwurst | Rotwurst |
| Bohnensuppe | Bohnensauf |
| Braten | Brätel |
| Bries | Kalbsmilch, Kalbsschweser |
| Brotanschnitt | Knüste |
| Buchtel | Rohrnudel |
| Chipolatas | Perlwürstchen |
| Dalken, dünne | Plinsen |
| Dampfl | Hefestück |
| dünsten | schmoren |
| Eidotter | Eigelb |
| Eierschwammerln | Pfifferlinge, Reherl |
| Eiklar | Eiweiß |
| Einmach | Mehlschwitze |

| | |
|---|---|
| Erbsen, frisch aus der Schale | Phalerbsen |
| Erdapfel, Kartoffel | Stärkknolle, Kartoffel, Krumbeere |
| Erdbeere | Brestling |
| Faschiertes | Hackfleisch, Hackepeter, Gehacktes |
| Feldsalat | Rapunzelsalat, Ackersalat |
| Filz | Schweinespeck |
| Fisolen, gelb | Wachsbohnen |
| Fisolen, grün | grüne Bohnen |
| Fleischknödel | Klöpse |
| Fleischlaibchen | Frikadelle |
| Frittaten | Flädle, Pfannkuchenstreifen |
| Gansbeugel | Ganskeule |
| Gansljunges | Gänseklein |
| gekocht | gestoft |
| Gelee | Grütze |
| Germ | Hefe |
| Gerstl, geriebenes | (Teig-)Graupen |
| Geselchtes | Geräuchertes |
| Gespritzter | Schorlemorle |
| gespritzter … (gespritzter Apfelsaft) | … schorle (Apfelschorle) |
| Grammeln | Grieben |
| Grapefruit, dickschalige | Pampelmuse |
| Grashecht (einjähriger Hecht) | grüner Hecht |
| Gugelhupf | Napfkuchen |
| Hasenjunges | Hasenpfeffer |
| Häuptelsalat | Kopfsalat |
| Heurige | Frühkartoffeln |
| Hirn | Bregen |
| Holler, Holunder | Holder, Holunder |
| Hollerbeeren, Holunderbeeren | Holunderbeeren, Fliederbeeren |
| Hühnerjunges | Hühnerklein |
| Indian | Truthahn, Puter |
| Indianerkrapfen | Mohrenkopf |
| Kalbsvögerl | ausgelöste Hesse |
| Karfiol | Blumenkohl |

| | |
|---|---|
| Karotte | Möhre |
| Karree | Rippenspeer |
| Kartoffel, Erdapfel | Stärkknolle, Kartoffel, Krumbeere |
| Kartoffelnudeln | Ritterzipfle, Bubespitzle |
| Kartoffelpuffer | Reibeküchlein, Reiberdatschi |
| Kartoffelpüree | Muskartoffeln, Kartoffelbrei |
| Knödel | Klöße |
| Koch | Auflauf (Soufflé) |
| Kohlsprossen | Rosenkohl, Brüsselkohl |
| Koteletts | Karbonaden, Rippchen |
| Krapfen | Berliner |
| Kren | Meerrettich |
| Kronfleisch | Zwerchried, Platte |
| Kugerl, Häufchen | Bemmchen |
| Kukuruz | Maiskolben |
| Kuttelfleck | Kaldaune, Fleck |
| Kuttelkraut | Thymian |
| Löwenzahn | Bettseicher |
| Lungenbraten | Lende |
| Marille | Aprikose |
| Marmelade mit Fruchtstückchen | Konfitüre |
| Maroni | Edelkastanien |
| Mehlspeise | Süßspeise |
| Melanzane | Eierfrüchte |
| Nudeln, handgerieben | Riwwel |
| Obers | süße Sahne |
| Orange | Apfelsine |
| Palatschinke | Eierkuchen, Pfannkuchen |
| Paradeiser | Tomate |
| Porree | Lauch |
| Powidl | Pflaumenmus |
| Preiselbeeren | Kronsbeeren |
| reiben | schaben |
| Ribiseln | Johannisbeeren |
| Rinderfilet | Mürbebraten |
| Rindsbraten, gespickt | Böfflamott, Bifflamott |

| | |
|---|---|
| Ring(erl) | Kringel |
| Rollgerstl | Graupen |
| Rostbraten | Rippenstück, Hochrippe |
| rote Rüben, Roner, Rauner | rote Beten |
| Rotkraut | Rotkohl |
| Rumpsteak | Rindsrippenstück |
| Sauce | Soße |
| Sauermilch | Stippmilch, Dickmilch |
| Sauerrahm | saure Sahne |
| Schaf (niedersächsische Rasse) | Heidschnucke |
| Schlagobers | Schlagsahne |
| Schlegel, Schlögel | Keule |
| Schmalz | Schweinefett, Schmant |
| Schöpsernes | Hammelfleisch |
| Schupfnudeln | Bubespitzle |
| Schwammerln | Pilze |
| Schweinsstelze | Eisbein |
| Selchfleisch | Räucherfleisch |
| Selchkarree | Kasseler Rippchen |
| Semmel | Weißbrötchen |
| Semmelbrösel | Weckmehl |
| Senf | Mostrich |
| Spanferkel | Milchferkel |
| Spargelbohnen | Wachsbohnen |
| Spätzle | Eiernudeln, Spätzle |
| Speigerl, Spalte | Schnitz |
| Sprossenkohl | Rosenkohl, Brüsselkohl |
| Stanitzel | Tüte |
| Staubzucker | Puderzucker |
| Steckrüben | Wruken |
| Stelze | Hesse |
| Streifen | Striemen |
| Striezel | Zopf |
| Sulz | Weißsauer, Sülze |
| Suppe | Brühe |
| Süßspeise, kalt (aus Grieß, Reis …) | Flammeri |
| Tafelspitz | Tafelstück |
| Topfen | Quark |

| | |
|---|---|
| Topfenoberstorte | Käse-Sahne-Torte |
| Vogerlsalat | Rapunzelsalat, Ackersalat |
| Weichsel | Schattenmorelle |
| Weißbier (mit Himbeersaft) | Berliner Weiße (mit Schuß) |
| Weißkraut | Weißkohl |
| Zwetschke | Quetsche, Pflaume, Zwetschge |

| **Deutschland** | **Österreich** |
|---|---|
| Ackersalat | Vogerlsalat, Feldsalat |
| Apfelsine | Orange |
| Aprikose | Marille |
| Auflauf (Soufflé) | Koch |
| Bemmchen | Kugerl, Häufchen |
| Berliner | Krapfen |
| Berliner Weiße (mit Schuß) | Weißbier (mit Himbeersaft) |
| Bettseicher | Löwenzahn |
| Blumenkohl | Karfiol |
| Böfflamott, Bifflamott | gespickter Rindsbraten |
| Bohnen, grün | Fisolen, grün |
| Bohnensauf | Bohnensuppe |
| Brätel | Braten |
| Bregen | Hirn |
| Brestling | Erdbeere |
| Brühe | Suppe |
| Brüsselkohl | Sprossenkohl, Kohlsprossen |
| Bubespitzle | Schupfnudeln, Kartoffelnudeln |
| Dickmilch | Sauermilch |
| Edelkastanien | Maroni |

| | |
|---|---|
| Eierfrüchte | Melanzane |
| Eierkuchen | Palatschinke |
| Eiernudeln | Spätzle |
| Eigelb | Eidotter |
| Eisbein | Schweinsstelze |
| Eiweiß | Eiklar |
| Flädle, Pfannkuchenstreifen | Frittaten |
| Flammeri | kalte Süßspeise (aus Grieß, Reis ...) |
| Fliederbeeren | Hollerbeeren, Holunderbeeren |
| Frikadelle | Fleischlaibchen |
| Frühkartoffeln | Heurige |
| Gänseklein | Gansljunges |
| Ganskeule | Gansbeugel |
| Gelee | Aspik, Gelee |
| Geräuchertes | Geselchtes |
| gestoft | gekocht |
| Graupen | Rollgerstl, geriebenes Gerstl |
| Grieben | Grammeln |
| Grütze | Gelee |
| Hackfleisch, Hackepeter, Gehacktes | Faschiertes |
| Hammelfleisch | Schöpsernes |
| Hasenpfeffer | Hasenjunges |
| Hecht, grüner | Grashecht (einjähriger Hecht) |
| Hefe | Germ |
| Hefestück | Dampfl |
| Heidschnucke | Schaf (niedersächsische Rasse) |
| Hesse | Stelze |
| Hesse, ausgelöst | Kalbsvögerl |
| Hochrippe | Rostbraten |
| Holder, Holunder | Holler, Holunder |
| Holunderbeeren | Hollerbeeren, Holunderbeeren |
| Hühnerklein | Hühnerjunges |
| Johannisbeeren | Ribiseln |

| | |
|---|---|
| Kalbsmilch, Kalbsschweser | Bries |
| Kaldaune, Fleck | Kuttelfleck |
| Karbonaden | Koteletts |
| Kartoffel | Erdapfel, Kartoffel |
| Kartoffelbrei | Kartoffelpüree |
| Käse-Sahne-Torte | Topfenoberstorte |
| Kasseler Rippchen | Selchkarree |
| Keule | Schlegel, Schlögel |
| Klöpse | Fleischknödel |
| Klöße | Knödel |
| Knüste | Brotanschnitt |
| Konfitüre | Marmelade mit Fruchtstückchen |
| Kopfsalat | Häuptelsalat |
| Kringel | Ring(erl) |
| Kronsbeeren | Preiselbeeren |
| Krumbeere, Kartoffel | Erdapfel, Kartoffel |
| Lauch | Porree |
| Lende | Lungenbraten |
| Lunge | Beuschel |
| Maiskolben | Kukuruz |
| Meerrettich | Kren |
| Mehlerbsen | Backerbsen |
| Mehlschwitze | Einmach |
| Milchferkel | Spanferkel |
| Möhre | Karotte |
| Mohrenkopf | Indianerkrapfen |
| Mostrich | Senf |
| Mürbebraten | Rinderfilet |
| Muskartoffeln | Kartoffelpüree |
| Napfkuchen | Gugelhupf |
| Pampelmuse | dickschalige Grapefruit |
| Perlwürstchen | Chipolatas |
| Pfannkuchen | Palatschinke |
| Pfifferlinge | Eierschwammerln |
| Pflaumen | Zwetschken |
| Pflaumenmus | Powidl |
| Phalerbsen | Erbsen, frisch aus der Schale |

| | |
|---|---|
| Pilze | Schwammerln |
| Platte | Kronfleisch |
| Plinsen | dünne Dalken |
| Puderzucker | Staubzucker |
| Puter, Truthahn | Indian, Truthahn |
| Quark | Topfen |
| Quetsche | Zwetschke |
| Rapunzelsalat | Vogerlsalat, Feldsalat |
| Räucherfleisch | Selchfleisch |
| Reherl | Eierschwammerln |
| Reibeküchlein, Reiberdatschi | Kartoffelpuffer |
| Rindsrippenstück | Beiried, Rumpsteak |
| Rippchen | Koteletts |
| Rippenspeer | Karree |
| Rippenstück | Rostbraten |
| Ritterzipfle | Kartoffelnudeln |
| Riwwel | handgeriebene Nudeln |
| Rohrnudel | Buchtel |
| Rosenkohl | Sprossenkohl, Kohlsprossen |
| rote Bete | rote Rüben, Roner, Rauner |
| Rotkohl | Rotkraut, Blaukraut |
| Rotwurst | Blutwurst |
| Sahne, saure | Sauerrahm |
| Sahne, süße | Obers |
| schaben | reiben |
| Schattenmorelle | Weichsel |
| Schlagsahne | Schlagobers |
| Schmant | Schmalz |
| schmoren | dünsten |
| Schnitz | Speigerl, Spalte |
| Schorlemorle | Gespritzter |
| ...schorle (Apfelschorle) | gespritzter ... (gespritzter Apfelsaft) |
| Schweinefett | Schmalz |
| Schweinespeck | Filz |
| Soße | Sauce |
| Stärkknolle, Kartoffel | Erdapfel, Kartoffel |
| Stippmilch | Sauermilch |
| Striemen | Streifen |

| | |
|---|---|
| Sülze | Sulz |
| Süßspeise | Mehlspeise |
| Tafelstück | Tafelspitz |
| Thymian | Kuttelkraut |
| Tomate | Paradeiser |
| Tüte | Stanitzel |
| Wachsbohne | Spargelbohne, gelbe Fisole |
| Weckmehl | Semmelbrösel |
| Weißbrötchen | Semmel |
| Weißkohl | Weißkraut |
| Weißsauer | Sulz |
| Wruken | Steckrüben |
| Zopf | Striezel |
| Zwerchried | Kronfleisch |
| Zwetschge | Zwetschke |

# Die Autoren

## Dr. Christian Duch

Dr. Christian Duch, Jahrgang 1946, ist gelernter Koch. Die üblichen Lehr- und Wanderjahre führten ihn mehrere Jahre ins Ausland, wo er zunächst ins Service wechselte und danach als Trainee in internationalen Häusern alle Abteilungen eines Hotels kennenlernte. Der Abschluß an der Hotelfachschule in Heidelberg rundete die Ausbildung ab.
Es folgten Tätigkeiten als Geschäftsführer kleinerer Betriebe, als Direktionsassistent sowie schließlich als stellvertretender Direktor eines Konzernhotels.
Mit 27 Jahren entschied sich Dr. Duch für ein Hochschulstudium, schloß als Diplomkaufmann ab und promovierte 1980 an der Universität München in den Fächern Fremdenverkehr, Empirische Betriebswirtschaft zum Doctor rerum politicarum.
Danach wechselte Dr. Duch in die Industrie zu einer namhaften Management-Beratungsfirma, wo er für Unternehmen unterschiedlichster Branchen Maßnahmenprogramme zur strategischen Zukunftssicherung entwickelte und zuletzt die Position des Geschäftsgebietsleiters „Effizienzverbesserung/Sanierung" bekleidete.
Seit 1985 ist Dr. Duch Leiter des Konzernbereiches Entwicklung der Steigenberger Hotels AG, Frankfurt. Im Januar 1992 wurde er zum Generalbevollmächtigten der Gesellschaft ernannt. Daneben nimmt er einen Lehrauftrag an der Fachhochschule Heilbronn wahr.
Veröffentlichungen von Dr. Duch sind u. a. im „Harvard-Manager" und im „Handbuch für Strategisches Marketing" erschienen.

## Kurt Bauer

Kurt Bauer, 1936 in Baden bei Wien geboren, erlernte den Beruf eines Kochs in einem von der englischen Besatzungsmacht besetzten Hotel.

Anschließend folgten die internationalen Wanderjahre und die Perfektionierung in namhaften Häusern in Zürich, Luzern, Genf, Oslo und bei diversen Schiffahrtslinien.
1959 kam Herr Bauer als Fachlehrer an die Berufsschule für das Gastgewerbe in Wien, wo er heute noch tätig ist. Neben dem Schuldienst arbeitete er noch mehrere Jahre in dem renommierten Wiener Restaurant „Zu den drei Husaren" sowie als Unternehmensberater für Einrichtung, Marketing und Management.
1960 nahm er an der internationalen Kochkunstausstellung teil und errang in Frankfurt für die belgische Nationalmannschaft die Goldmedaille.
Seit 1970 ist Herr Bauer zunächst am Berufspädagogischen Institut, später an der Berufspädagogischen Akademie tätig, wo er für die fachliche Ausbildung neuer Lehrer zuständig ist.
Daneben war er Leiter verschiedener Koch- und Rationalisierungskurse und -seminare für Gastronomie im Rahmen der Erwachsenenbildung.
Seit Mitte der 70er Jahre ist Herr Bauer außerdem Fachbuchautor, besonders für Schulbücher, im Trauner-Verlag.
1990 wurde Herr Bauer zum Direktor der Berufsschule für das Gastgewerbe in Wien bestellt.

## Siegfried Schaber

Siegfried Schaber, Jahrgang 1935, ist ebenfalls gelernter Koch. 1963 absolvierte er die Küchenmeisterprüfung in München.
Seine Praxis holte er sich in renommierten Betrieben Deutschlands, Englands, Schwedens, Spaniens und der Schweiz sowie auf verschiedenen Kreuzfahrtschiffen.
Kurze Zeit leitete er auch den schwiegerelterlichen Betrieb „Hotel Klasen" auf Sylt.
Ab 1984 war Herr Schaber Fachlehrerassistent an der Steigenberger-Hotelberufsfachschule Bad Reichenhall und ist heute an dieser Schule als Direktor der Gastronomie tätig.
Seit 1989 ist Herr Schaber außerdem Präsident des VKD

(Deutscher Kochverband) sowie Botschafter der World Association of Cook Society (Weltbund der Kochverbände). Er ist Mitglied im Prüfungsausschuß für Auszubildende und Meister, Vorsitzender des Kochvereines Bavaria sowie Mitglied der Gastronomischen Akademie Deutschlands.
Herr Schaber hat an vielen in- und ausländischen Wettbewerben erfolgreich teilgenommen. 1990 wurde ihm von der Johnson & Wales University, Rhode Island, der Doktortitel h. c. der Kochkunst verliehen.

## Artur Ramsebner

Artur Ramsebner, geboren 1950, begann seine berufliche Laufbahn als Kellnerlehrling. Nach bestandener Lehrabschlußprüfung ging er ins Ausland, wo er u. a. auf der Insel Jersey und auf Luxusschiffen der Holland-America-Line arbeitete.
Von 1972 an war Herr Ramsebner als Inhaber eines Café-Restaurants selbständig, war aber bald auch in der Prüfungskommission für die Lehrabschlußprüfungen für Kellner sowie nebenberuflich als Trainer und Seminarleiter im Bereich Gastronomie in der Erwachsenenbildung tätig.
1986 absolvierte er die Serviermeisterprüfung, 1989 als einer der ersten in Österreich die Prüfung zum Diplom-Sommelier sowie 1991 in Deutschland die Barmeisterprüfung.
1987 wurde er Mitbegründer des „Oberösterreichischen Sommeliervereins".
1991 übergab Herr Ramsebner seinen Betrieb an seine Tochter und ist seit 1992 als Betriebsberater und Managementtrainer in einer auf Gastronomie spezialisierten Unternehmensberatungsfirma tätig.
Herr Ramsebner ist Mitglied der ÖBU (Österreichische Barkeeper-Union), der DBU (Deutsche Barkeeper-Union) sowie Obmann des „Österreichischen Sommeliervereins".

# Danksagung

Der Dank gilt vor allem jenen Kolleginnen und Kollegen sowie Firmen, die durch ihre Fachbeiträge bei der Entstehung dieses Lexikons mitgewirkt haben:

Gerhard Bauer
Vizepräsident,
Küchenmeister VKD

Ernst Birsner
Küchenmeister VKD

Klaus Böhler
Küchenmeister VKD

Lutz Bormann
Küchenmeister VKD, Fachlehrer

Konrad Bösl
Küchenmeister VKD

KM Manfred Brugger
Fachlehrer an der
Tourismusschule Kleßheim

Bernd Brunckhardt
Küchenmeister VKD

Wirtschaftsdirektor
Hannes Brunner
Hotel Rosenberger, Salzburg

Küchenmeister Manfred
Buchinger
Hotel Intercontinental, Wien

Bundeskammer der
gewerblichen Wirtschaft,
Fachverband Gastronomie,
Wien

Adolf Burgthaler
Küchenmeister VKD,
Arge-Leiter Bayern

Franz Xaver Bürkle
Küchenmeister VKD

Günther Chevalier
Küchenmeister VKD,
Fachlehrer,
Arge-Leiter Niedersachsen

Gerhard Dammert
Küchenmeister VKD,
Fachlehrer

Rudolf Decker
Küchenmeister VKD,
Arge-Leiter Hessen

Do & Co
Party-Service, Wien

BOL Franz Dörflinger
Berufsschule für Gastgewerbe
Wien

Werner Dührkop
Küchenmeister VKD

Willi Ehrenfelder
Küchenmeister
Hotel Sheraton, München

BOL Eduard Fruth
Berufsschule für Bäcker und
Konditoren Wien

Ludwig Gäng
Küchenmeister VKD

Dipl.-Diätassistentin
Edith Gertlbauer

Familie Glünz, Altstadthotel
Wilde Rose, Eppingen

Karl Ludwig Goos
Küchenmeister VKD

BOL Johann Hagenauer
Landesberufsschule für das Gastgewerbe Waldegg

Eckhard Heinrich
Küchenmeister VKD

Küchenchef Christian Klimond
Bio-Trainingshotel Gars am Kamp

Horst-Günter Kloß
Küchenmeister VKD

Heinrich Koch
Küchenmeister VKD

Joachim Köhler
Küchenmeister VKD

Dir. Erich König
Airest-Restaurant- und -Hotel-BetriebsGmbH. Flughafen Wien-Schwechat

Franz Kramer
Vizepräsident,
Küchenmeister VKD,
Fachlehrer

Küchenchef Emmerich Krems
Restaurant Marchfelder Hof
Deutsch Wagram

Hansjoachim Mackes
Küchenmeister VKD

Peter Mahler
Küchenmeister VKD

Hotel Vienna Marriott, Wien

BOL Karl Martna
Berufsschule für Gastgewerbe Wien

Executive Chef Werner Matt
Vienna-Plaza

Dipl.-Diätassistentin
Irmgard Mayer
Bio-Trainingshotel Gars am Kamp

Dipl.-Diät-KM Peter Mayer
Gesundheitszentrum Golf-Hotel, Maria Wörth-Dellach

Christian Mertl
Werbeleiter Austria-Tabak, Wien

KM Karl Messner
Seehotel Werzer-Astoria, Pörtschach

Reinhold Metz
Küchenmeister VKD,
Fachlehrer

Klaus Wilfried Meyer
Küchenmeister VKD

Helmut Million
Küchenmeister VKD

Thea Nothnagel
Küchenmeister VKD

Küchenchef
Helmut Österreicher
Restaurant „Steirereck", Wien

Günter Petzold
Küchenmeister VKD

Restaurateur Ewald Plachutta
Restaurant „Zu den drei Husaren", Wien

Reinwalt Renz
Vizepräsident,
Küchenmeister VKD

Autobahnrestaurant Rosenberger Ges. m. b. H. & Co KG
Großram bei Wien

Hotel Sacher, Wien

Sommelier Adolf Schmid
Restaurant „Steirereck", Wien

Dipl.-Diätassistentin
Barbara Schmid
Leiterin der Diätschule des allgem. öffent. Krankenhauses der Stadt St. Pölten

Adolf und Georg Schmücker,
Savognin bzw. Eppingen

Hotel im Palais Schwarzenberg,
Wien

KM SR Hans Senk
Landesberufsschule für das
Gastgewerbe Bad Gleichenberg

Peter Stang
Küchenmeister,
Hotel Bayrischer Hof,
München

Wolfgang Stein
Küchenmeister VKD

Henning Steller
Küchenmeister VKD

Gastro-Fachberater
Josef Stiendl,
Graz (AMF-Käsemarken:
Schärdinger und Desserta)

Marion Troyer
Restaurantleiterin Airest-
Restaurant- und -Hotel-
BetriebsGmbH., Flughafen
Wien-Schwechat

Dir. Werner Ultsch
Hotel Quellenhof, Leutschach-
Weidach, Tirol

Rolf Unsorg
Küchenmeister VKD

BD i. R. SR Peter Vazny
Berufsschule für Gastgewerbe
Wien

Heinz Hubert Veith
Präsident WACS,
Küchenmeister VKD

Heinrich Wächter
Küchenmeister VKD,
Arge-Leiter
Nordrhein-Westfalen

Dipl.-Diätassistentin
Angelika Weiß, Leipzig

Rudolf Weyrauch
Küchenmeister VKD

Komm.-Rat Robert Winkler
Taverne am Sachsengang,
Großenzersdorf bei Wien

Restaurateur
Eckart Witzigmann
Restaurant „Aubergines",
München

Anton Zech
Küchenmeister VKD

Hans-Jürgen Ziegler
Küchenmeister VKD,
Arge-Leiter West

KM Karl Zobel
Sandoz-Forschungsinstitut
Wien

# Register

**N**



**O**



**P**



**R**

# Bildverzeichnis

# Literaturverzeichnis

Bauer, K., Bauer, G., Deisl, E.: Ernährungslehre und Lebensmittelkunde, 7., überarbeitete und erweiterte Auflage, Trauner-Verlag, Linz 1992.

Bauer, K., Bauer, G., Deisl, E.: Speisen- und Menükunde, Kochen, 7., überarbeitete Auflage, Trauner-Verlag, Linz 1992.

Coltmann, Michael M.: Food and Beverage Cost Control, Englewood Cliffs 1977.

Diekmann, J.: Woran verdienen Sie mehr – an der Bratwurst oder am Filetsteak? Fachartikel in: AHGZ (Allgemeine Hotel- und Gaststätten-Zeitung), Nr. 33, August 1993.

Ernährungsstudie „Mensch und Ernährung 2000", Nestlé Deutschland und GfK, Nürnberg 1985.

Fearn, David A.: Food and Beverage Management, London 1973.

Gutmayer, W., Stickler, H., Siegel, S., Siegel, S., Lenger, H., Lenger, R.: Servierkunde. Restaurant- und Veranstaltungswesen für mittlere und höhere Lehranstalten für Tourismus, Trauner-Verlag, Linz 1993.

In die Karten geschaut. Die Speisenkarte – das unbekannte Wesen. Fachartikel in: Gast, das Fachmagazin, Heft 12, Dezember 1991.

Kahrl, William L.: Planning and Operating a successfull Food Service Operation, New York 1973.

Keister, Douglas C.: Food and Beverage Control, Englewood Cliffs 1977.

Lettenbichler, J., Büger, A., Pristavnik, F., Schranz, T.: Wirtschaftsrechnen mit Buchführung im Gastgewerbe, Trauner-Verlag, Linz 1992.

Meyer, S., Schmid, E., Spühler, C.: Service-Lehrbuch, überarbeitete Auflage 1990, Verlag Schweizer Wirteverband.

Partner der Gastronomie, Arbeitsunterlagen der Österreichischen Brau-AG.

Phantasie ist bei der Speisenkarte Trumpf. Fachartikel in: AHGZ (Allgemeine Hotel- und Gaststätten-Zeitung), Nr. 16, April 1989.

Poggendorf, A.: Auf Mark und Pfennig. Der Preis auf der Speisenkarte. In: Heidelberger Handbuch, Mai 1992.

Rachfahl, G., Wiegand, W.: Menü- und Speisenkartengestaltung – aber richtig! Behr's Verlag, Hamburg 1986.

Ramsebner, A.: Aperitifs und Digestifs, Manuskript für den gleichlautenden Kurs im WIFI (Wirtschaftsförderungsinstitut) Linz.

Rebernig, K.: Strategische Menüplanung oder wie immer „Eck-Kalkulation"? Fachartikel in: Gastro, das Fachmagazin, Heft 9, September 1992.

Richtlinien der GAD (Gastronomische Akademie Deutschlands) für Speisenkarten und Menükarten.

Rund um den Gast. Die österreichische Küche. Offizielles Organ des Verbandes der Köche Österreichs und Mitteilungsblatt des Food-&-Beverage-Manager-Clubs.

Schaetzing, Edgar E.: Management in Hotellerie und Gastronomie, Deutscher Fachverlag, Frankfurt am Main 1985.

Schaetzing, Edgar E.: Checklist: Hotel- und Restaurantmanagement, Band 1 bis 3, Verlag moderne industrie, Zürich 1976 (Bd. 1), 1977 (Bd. 2 zus. mit Klaus W. Jamin und Giuseppe L. Bazzani), 1978 (Bd. 3).

Siegel, S., Siegel, S., Gallaun, W., Lenger, H., Lenger, R., Leitner, H.: Getränke- und Menükunde, Trauner-Verlag, Linz 1992.

Speisen- und Getränkeangebot, Arbeitshandbuch 1, Coca-Cola Ges. m. b. H., Wien, und Brugger-Training, Neu-Essing b. München 1988.

Speisenkarten und Menükarten: Gestaltung und Rechtschreibung. Merkblatt der GAD (Gastronomische Akademie Deutschlands).

Szallies, R., Wiswede, G.: Wertewandel und Konsum – Fakten, Perspektiven und Szenarien für Markt und Marketing, Verlag moderne industrie, Landsberg am Lech 1990.

Weiss, G. (Hrsg.): Erfolgskonzepte 2, Deutscher Fachverlag, Frankfurt am Main 1989.

Werbung, Speisenkarten, Hotelsprospekte, Aktionen und Vernissagen, Telefonmarketing u. a. Fachartikel in: Welt der Gastlichkeit, Fachbeilage der AHGZ (Allgemeine Hotel- und Gaststätten-Zeitung), August 1989.

Karl Duch

# Handlexikon der Kochkunst

Band 1: Internationale Hotel- und Restaurantküche

Das übersichtliche Nachschlagewerk umfaßt in stichwortartigen Rezepten das gesamte Speisenrepertoire der internationalen Hotel- und Restaurantküche. Die kurzgefaßten Speisenerklärungen in Deutsch, Französisch, Englisch und Italienisch ermöglichen es auch dem weniger Sprachkundigen, die gewünschte kulinarische Auskunft zu geben. Durch seine zahlreichen praktischen küchenkundlichen Hinweise stellt dieses klassische Kompendium der Küche eine unerläßliche Fachkunde für alle Angehörigen des Gastgewerbes, d. h. sowohl für den Koch als auch für das Servierpersonal, dar.

Zusammen mit dem vorliegenden Band 2 bildet das zweibändige Kompendium Duch – Handlexikon der Kochkunst ein unerläßliches Nachschlagewerk für das umfangreiche Wissen, das qualifizierte Fachleute in der Küche und im Service als Grundlage für ihren Beruf brauchen.

Simon Siegel, Sieglinde Siegel, Heinz Lenger,
Peter Roman, Gerhard Radl

# Handlexikon der Getränke

Band 1: Bar, Mixgetränke, Spirituosen
Band 2: Alkoholfreie Getränke, Kaffee, Kakao, Tee, Bier
Band 3: Wein, Champagner, Sekt, Sherry, Portwein

Diese moderne „Enzyklopädie der Getränke" faßt in übersichtlicher und leicht verständlicher Form alles Wissen über Getränke zusammen, das sonst nur mit sehr viel Mühe zugänglich oder verstreut zu finden ist. Sie gibt in stichwortartiger Form einen umfassenden Überblick über den aktuellen Stand der derzeit gängigsten und bekanntesten Getränke am Markt.
Der Schwerpunkt liegt dabei in einer kurzgefaßten, prägnanten Charakteristik dieser Produkte bzw. deren Herkunft, Herstellung und Verwendungsmöglichkeiten.
Trotz der über 10.000 Stichwörter und Begriffe je Band versuchen die Autoren, dem Verwender durch eine klare Gliederung und übersichtliche Darstellung eine relativ einfache Überschau über das weitreichende Gebiet der Getränke zu ermöglichen.